AF828192

Lars Rühlicke

Entlastung und Rechtsverlust

Lars Rühlicke

Entlastung und Rechtsverlust

DE GRUYTER

ISBN 978-3-11-040817-1
e-ISBN (PDF) 978-3-11-040824-9
e-ISBN (EPUB) 978-3-11-040842-3

Library of Congress Cataloging-in-Publication Data
A CIP catalog record for this book has been applied for at the Library of Congress.

Bibliografische Information der Deutschen Nationalbibliothek
Die Deutsche Nationalbibliothek verzeichnet diese Publikation in der Deutschen Nationalbibliografie; detaillierte bibliografische Daten sind im Internet über http://dnb.dnb.de abrufbar.

© 2015 Walter de Gruyter GmbH, Berlin/Boston
Druck und Bindung: Hubert und Co. GmbH & Co. KG, Göttingen
♾ Gedruckt auf säurefreiem Papier
Printed in Germany

www.degruyter.com

Vorwort

Die Arbeit lag der Juristischen Fakultät der Universität Potsdam im Sommersemester 2014 als Dissertation vor. Ihre Veröffentlichung fällt in eine Zeit, in der die aktienrechtliche Organhaftung erneut intensiv diskutiert wird. Anlässlich des 70. Deutschen Juristentags im September 2014 sind nach Abschluss des Promotionsverfahrens zahlreiche Diskussionsbeiträge erschienen, die ich bei der Fertigstellung des Manuskripts für den Druck nicht unberücksichtigt lassen wollte. Die Arbeit ist daher auf dem Stand vom April 2015.

Herzlich bedanken möchte ich mich zuallererst bei meinem Doktorvater und Lehrer, Herrn *Prof. Dr. Jens Petersen*, für die stets wohlwollende Unterstützung, Förderung und Ausbildung, die er mir seit vielen Jahren an seinem Lehrstuhl zuteilwerden lässt. Mein Dank gilt daneben Herrn *Prof. Dr. Tilman Bezzenberger* für die zahlreichen wertvollen Anregungen und nicht zuletzt für die rasche Erstellung des Zweitgutachtens. Besonderer Dank gebührt weiter Herrn *Prof. Dr. Werner Merle*, der mich schon während des Studiums besonders gefördert und für das Zivilrecht begeistert hat, und von dem letztlich auch die Anregung des Themas dieser Arbeit stammt. Zu großem Dank verpflichtet bin ich auch meinen Potsdamer Freunden und Kollegen *Hannes Arndt*, *David Hötzel* und vor allem *Roy F. Bär*. Sie haben nicht nur in unzähligen Gesprächen zum Gelingen dieser Arbeit beigetragen, sondern mir in den letzten Monaten vor der Abgabe auch selbstlos den Rücken frei gehalten. Dank schulde ich auch dem Verein der Freunde und Förderer der Juristischen Fakultät der Universität Potsdam, der diese Arbeit im Juni 2015 mit dem *Wolf-Rüdiger Bub*-Preis ausgezeichnet und damit einen nicht unerheblichen Teil der Druckkosten übernommen hat.

Bedanken möchte ich mich schließlich aber ganz besonders bei meiner Familie und vor allem bei meinen Eltern für die in jeder Hinsicht gewährte Geduld, Unterstützung und Förderung. Ihnen widme ich diese Arbeit.

Potsdam im Juli 2015 *Lars Rühlicke*

Inhaltsübersicht

Inhalt

Einleitung

Die vorliegende Untersuchung behandelt mit der Entlastung des Geschäftsführers ein klassisches Problem aus dem Recht der Geschäftsbesorgung.[1] Es geht um die Frage, in welchem Umfang der Geschäftsherr ihm zustehende Ersatzansprüche und andere auf pflichtwidriger Geschäftsführung beruhende Rechte gegen den Geschäftsführer verliert, wenn er diesem nach Abschluss der Geschäfte und mit Rücksicht auf zuvor geleistete Rechenschaft vorbehaltlos »Entlastung« erteilt. Mit den unterschiedlichsten Begründungsansätzen entspricht es nahezu einhelliger Ansicht, dass der Geschäftsherr mit solchen Ersatzansprüchen und anderen Rechten ausgeschlossen ist, die ihm im Zeitpunkt der Entlastungserteilung bekannt waren oder die er bei sorgfältiger Prüfung der geleisteten Rechenschaft zumindest hätte erkennen können.[2]

Da eine spezielle gesetzliche Anordnung des durch die Entlastung ausgelösten Rechtsverlusts fehlt, soll im Folgenden näher untersucht werden, ob und inwieweit sich das herrschende Entlastungsverständnis mit den allgemeinen Grundsätzen des Privatrechts vereinbaren lässt. Unter dem Stichwort der »Rechtsnatur« der Entlastung wird diese Frage zwar seit Jahrzehnten intensiv diskutiert,[3] ohne dass sich allerdings – so viel sei an dieser Stelle vorweggenommen – unter den vertretenen Standpunkten ein befriedigender Lösungsansatz ausmachen lässt. Ließe sich der Verlust bekannter und erkennbarer Ersatzansprüche mit dem anerkannten Instrumentarium des Privatrechts aber nicht erklären, so erwiese sich das klassische Entlastungsverständnis letztlich als nicht haltbar und müsste, wenn nicht aufgegeben, dann doch in wesentlichen Teilen abgeschwächt werden. Die mangelnde Leistungsfähigkeit der bisherigen dogmatischen Begründungsansätze stellt damit den Anlass für die vorliegende Untersuchung dar und steckt zugleich ihren Rahmen ab.

---

1 Für die systematische Einordnung der Entlastung bei der Geschäftsbesorgung *Isay*, S. 131; *Bachmann*, FS Cohn, 1915, S. 696; *Picenoni*, S. 5; *Bonse*, S. 28 ff.; *Buchner*, GmbHR 1988, 9 (12); *Zöllner*, in: KöKo/AktG, § 120 Rn. 21; *Knoche*, S. 5 ff.; wohl auch *Tellis*, S. 2; *Barner*, S. 19; ähnlich *J. Wagner*, S. 34: Geschäftsbesorgung mit »Vertrauensverhältnis«. Eingeschränkt wird die Zuordnung bisweilen dahin, dass es sich um eine längerfristige Geschäftsbesorgung handeln müsse, vgl. BGHZ 156, 19 (26); *Dernburg*, S. 107; *Isele*, S. 133; *Pinner*, DJZ 1903, 470; *Rösing*, S. 7; *Brox*, BB 1960, 1226 (1228 f.); *Schönle*, ZHR 126 (1964), 206; *Barz*, in: GK/AktG, § 120 Rn. 3; *Flume*, AT I/2, § 10 I 4, S. 351. Hierzu ausführlicher S. 36 ff.

2 Vgl. ausführlich die Nachweise auf S. 14 Fn. 45 und S. 30 Fn. 122; anders vor allem *Barner*, S. 44 ff., 85 f. und *Häublein*, ZfIR 2003, 764 (766): nur Ausschluss bekannter Ansprüche, sowie jüngst *Beuthien*, GmbHR 2014, 682 ff.: grundsätzlich nur Beweislastumkehr zugunsten des Geschäftsführers.

3 Vgl. ausführlich S. 112 ff.

Mit der Entlastung verbinden sich über die Frage des Rechtsverlusts hinaus viele Spezialprobleme, die ihren Grund in aller Regel in den Besonderheiten der einzelnen Geschäftsbesorgungsverhältnisse haben. Hierzu gehört etwa das in jüngerer Zeit breit diskutierte Problem der Reichweite des Ermessens bei kollektiven Entlastungsentscheidungen im Verbandsrecht und die damit verbundene Frage nach der Anfechtbarkeit des Entlastungsbeschlusses bei Überschreitung des der Versammlung eingeräumten Ermessensspielraums.[4] Ausschließlich bei kollektiven Entlastungsentscheidungen stellt sich auch die Frage nach der Reichweite von Stimmrechtsbeschränkungen bei der Beschlussfassung.[5] Beide Fragen erweisen sich bei näherer Betrachtung als hinreichend geklärt. Vor allem aber haben sie keinen spezifischen Bezug zu dem hier behandelten Problem der dogmatischen Konstruktion des Rechtsverlusts. Ausgespart bleiben sollen aus diesem Grunde auch die vielfältigen Streitigkeiten im Zusammenhang mit der Entlastungsverweigerung[6] und ebenso die öffentlich-rechtliche Entlastung,[7] zumal für diese gänzlich andere Prämissen gelten. Gleichwohl ist eine erhebliche Stofffülle zu bewältigen, da die Frage nach der »Rechtsnatur« der Entlastung in nahezu allen Abhandlungen, die sich mit diesem Rechtsinstitut befassen, zumindest gestreift, nicht selten aber ausführlicher erörtert wird.

---

4 Für die AG: BGHZ 153, 47 (Macrotron); BGHZ 160, 385 (Thyssen-Krupp); monografisch *Graff*, S. 175 ff. Für die GmbH: BGH NJW-RR 2010, 49 Tz. 20. Für die Wohnungseigentümergemeinschaft: BGHZ 156, 19; BGH NJW 2003, 3554; BGH NJW 2010, 2127.

5 Ausführlich etwa *A. Zimmermann*, S. 275 ff. und *Graff*, S. 251 ff.

6 Vgl. BGHZ 94, 324 (329); *K. Schmidt*, ZGR 1978, 425 (443 ff.); *K. Schmidt*, in: Scholz, GmbHG, § 46 Rn. 102; *Zöllner*, in: Baumbach/Hueck, GmbHG, § 46 Rn. 47. In jüngerer Zeit ausführlicher: *Weitemeyer*, ZGR 2005, 208 (304 f.); *Schmeling*, 2004, S. 183 ff.; *Graff*, 2007, S. 132; *A. Zimmermann*, 2008, S. 245 ff.; *von den Steinen*, 2009.

7 Monografisch: *Bouwman*, Die Bedeutung der staatsrechtlichen Entlastung unter Besonderer Berücksichtigung des Artikels 114 Absatz 2 des Grundgesetzes, 1969; *Bonse*, Die Entlastung der leitenden Gemeindebeamten, 1972; *Knoche*, Die sog. »Verzichtswirkung« der Entlastung im privaten und im öffentlichen Recht, 1995, S. 116 ff.

1. Teil: **Die Grundlagen der Untersuchung**

§ 1 Die funktionelle Identität der bürgerlich-rechtlichen und der gesellschaftsrechtlichen Entlastung

Die Untersuchung der dogmatischen Konstruktion der Entlastungsfolgen setzt zunächst voraus, dass Klarheit über den Untersuchungsgegenstand besteht. Hierfür ist eine umfassende Analyse der Interessenlage der Beteiligten und der zugrunde liegenden gesetzlichen Wertungen erforderlich. Denn dogmatische Konstruktionsfragen stellen keinen Selbstzweck dar.[1] Sie dienen dazu, die in Ansehung der gesetzlichen Wertungen schutzwürdigen Belange der Beteiligten zur Geltung zu bringen. Zudem entspricht die hier zugrunde gelegte Einordnung der Entlastung als allgemeines Institut der Geschäftsbesorgung längst nicht dem gesicherten Rechtsbestand. Im Gegenteil wird im Gesellschaftsrecht einhellig vertreten, dass die Entlastung ein besonderes gesellschaftsrechtliches,[2] verbandsrechtliches,[3] körperschaftsrechtliches[4] bzw. organschaftliches[5] Rechtsinstitut sei. Wie sich im Laufe der Untersuchung zeigen wird, handelt es sich hierbei nicht nur um eine unzulässige begriffliche Verengung. Vielmehr kaschiert der Hinweis auf organschaftliche Grundsätze auch den Mangel an rechtsdogmatischer Begründung. Denn die Rechtfertigung der klassischen Entlastungsfolgen mit Hinweis auf organschaftliche Grundsätze bleibt solange rein begrifflich, wie nicht offengelegt wird, inwieweit hierin eine Abweichung von den allgemeinen Grundsätzen des Privatrechts liegt und – letztlich entscheidend – worin der sachliche Grund für diese Abweichung besteht. Für die Darstellung folgt hieraus, dass die Entlastung – gleichsam induktiv – zunächst im Bürgerlichen Recht (I.) und sodann im Gesellschaftsrecht (II.) näher zu untersuchen ist, um auf dieser Grundlage die funktionelle Identität der beiden Erscheinungsformen nachzuweisen (III.). Darüber hinaus lassen sich aus dem Verhältnis von Rechenschaft und Entlastung bereits gewisse rechtliche Konkretisierungen des Entlastungsin-

---

1 Vgl. *Larenz*, Methodenlehre, S. 441 f.; *Hassold*, AcP 181 (1981), 131 ff.

2 *Thomas*, S. 14; *Wiegand*, S. 48; *Liebscher*, in: MüKo/GmbHG, § 46 Rn. 138; *Schindler*, in: Ziemons/Jaeger, GmbHG, § 46 Rn. 66.1: »gesellschaftsrechtliches Institut sui generes«.

3 *Barner*, Die Entlastung als Institut des Verbandsrechts, 1990; *Zöllner*, in: Baumbach/Hueck, GmbHG, § 46 Rn. 41.

4 *J. Wagner*, S. 32; *Zöllner*, in: Baumbach/Hueck, GmbHG, § 46 Rn. 41.

5 Meist ist freilich weniger spezifisch von einer »organschaftlichen Erklärung« die Rede: BGH NJW 1959,192 (193); *K. Schmidt*, GesR, § 14 IV 1, S. 428; *Schönle*, ZHR 126 (1964), 199 (215); *Rawert*, in: MüKo/HGB, § 114 Rn. 71; *Gernhuber*, Erfüllung, § 16 II 3, S. 391: »organschaftlicher Akt«; ähnlich *K. Schmidt*, ZGR 1978, 425 (433): »organisationsrechtlicher präkludierender Akt«.

stituts ableiten (IV.), denen die dogmatische Konstruktion der Entlastungsfolgen gerecht werden muss. Nach dieser Grundlegung sind die denkbaren Konstruktionsansätze herauszuarbeiten und im Einzelnen auf ihre Tauglichkeit zur Rechtfertigung der anerkannten Entlastungsfolgen zu untersuchen.

I. Die Entlastung im Bürgerlichen Recht

Bei den klassischen Geschäftsbesorgungsverhältnissen des Bürgerlichen Rechts taucht die Entlastung vor allem im Zusammenhang mit »Schlussrechnungen« nach Abschluss der übertragenen Geschäfte auf.[6] Das beruht auf dem engen funktionalen Zusammenhang der Entlastung mit der Rechenschaftsablegung durch den Geschäftsführer. Da dieser Zusammenhang für das Verständnis des Entlastungsinstituts grundlegend ist, soll hiervon gleich zu Beginn ausführlicher die Rede sein.

1. Die Rechenschafts- und Rechnungslegungspflicht des Geschäftsführers nach Ausführung der Geschäfte

Schon der Auftragsvertrag als Grundform der bürgerlich-rechtlichen Geschäftsbesorgung verpflichtet in § 666 BGB den Geschäftsführer – den Beauftragten – »nach der Ausführung des Auftrags« zur Rechenschaft.[7] Handelt es sich bei der Geschäftsführung um »eine mit Einnahmen und Ausgaben verbundene Verwaltung«, so erweitert und ergänzt § 259 Abs. 1 BGB diese Rechenschaftspflicht um eine Rechnungslegungspflicht. Der Geschäftsführer hat danach eine »geordnete Zusammenstellung der Einnahmen und der Ausgaben« anzufertigen und die erforderlichen Belege vorzulegen. Die Schlussrechnung hat dabei nicht nur die Aufgabe, die noch ausstehenden Leistungsverpflichtungen der Parteien näher zu konkretisieren. Vielmehr dient sie als integraler Bestandteil des Rechenschaftsvorgangs dazu, den Geschäftsherrn über die Einzelheiten der vorgenommenen Geschäfte und die daraus resultierenden Rechte und Pflichten in Kenntnis zu setzen. Das Erfordernis einer geordneten Zusammenstellung der Rechnungspositionen macht deutlich, dass der Geschäftsherr durch die Schlussrechnung in die Lage versetzt werden soll, die Geschäftsführung und die geltend gemachten An-

6 Zur periodischen Entlastung ausführlicher S. 38 f.

7 Besondere Ausprägungen finden sich in § 675 BGB (Geschäftsbesorgung), §§ 1840, 1841, 1890 BGB (Vormund); § 1908i BGB (Betreuer); § 1915 BGB (Pfleger); § 2218 BGB (Testamentsvollstrecker) sowie im Handelsrecht in § 384 Abs. 2 HGB (Kommissionär).

sprüche des Geschäftsführers auf ihre sachliche Berechtigung hin zu überprüfen. Hierdurch unterscheidet sich die Rechenschafts- und Rechnungslegungspflicht von der ebenfalls in § 666 BGB normierten Benachrichtigungs- und Auskunftspflicht. Diese dient während der laufenden Geschäftsführung vornehmlich dazu, dem Geschäftsherrn eine effektive Wahrnehmung des in § 665 BGB vorausgesetzten Weisungsrechts zu ermöglichen, um so auf den weiteren Verlauf der Geschäftsführung Einfluss zu nehmen.[8]

Die Rechnungslegungspflicht verdrängt die Rechenschaftspflicht nicht, sondern gestaltet sie im Bereich der finanzbezogenen Geschäfte besonders aus.[9] Aus der Rechenschaftspflicht kann sich nach § 242 BGB deshalb die Verpflichtung ergeben, über die erteilten Belege hinaus zusätzliche Unterlagen zu unterbreiten oder die Geschäftsführung in einem mündlichen oder schriftlichen Rechenschaftsbericht eingehender zu erläutern.[10] Daneben steht es dem Geschäftsführer frei, den Geschäftsherrn über das geschuldete Maß hinaus über den Verlauf der Geschäfte zu informieren. Allgemein gilt, dass die Rechenschaft – ebenso wie die Rechnungslegung – »vollständig, richtig, verständlich und nachprüfbar« sein muss.[11] Da in bürgerlich-rechtlichen Rechtsverhältnissen das sog. Selbstbelastungsverbot des Strafrechts (»nemo tenetur se ipsum accusare«, vgl. § 136 Abs. 1 Satz 2 StPO) nicht greift, ist der Geschäftsführer im Rahmen der Rechenschaftspflicht grundsätzlich verpflichtet, tatsächliche oder etwaige Pflichtverletzungen und sogar gegen den Geschäftsherrn begangene Straftaten (§§ 263, 266 StGB) von sich aus offenzulegen.[12] Gerade an diesen Informationen hat der Geschäftsherr typischerweise ein besonderes Interesse. Die Vorschrift des § 666 BGB soll dem Geschäftsherrn deshalb auch und gerade dann die notwendige Übersicht verschaffen, wenn der Geschäftsführer gegen die ihm obliegenden Pflichten verstoßen hat und die Rechenschaft den Nachweis des Vertrauensmissbrauchs erst ermöglicht oder zumindest erleichtert.[13] Zum pflichtgemäßen Inhalt der Rechenschaft gehören deshalb sämtliche Umstände, die nach der Verkehrsan-

---

8 Statt vieler: *Seiler*, in: MüKo/BGB, § 666 Rn. 5, 8.

9 BGHZ 41, 318 (321); BGHZ 109, 260 (266); *D. Fischer*, in: Bamberger/Roth, § 666 Rn. 10; vgl. auch *Seiler*, in: MüKo/BGB, § 666 Rn. 10: »besondere Form der Rechenschaft«.

10 Vgl. RGZ 53, 252 (254); BGHZ 41, 318 (321); BGHZ 109, 260 (266); BGH NJW 1985, 2699; BGH NJW-RR 1988, 1072 (1073); *D. Fischer*, in: Bamberger/Roth, § 666 Rn. 10.

11 RGZ 53, 252 (254); RGZ 100, 150 (152); RGZ 127, 243 (244); BGHZ 109, 260 (266); BGH NJW 2008, 3055 (3058); *Seiler*, in: MüKo/BGB, § 666 Rn. 8.

12 RGZ 70, 132 (134); BGHZ 41, 318 (322 f.); BGHZ 109, 260 (268); monografisch *Taupitz*, Die zivilrechtliche Pflicht zur unaufgeforderten Offenbarung eigenen Fehlverhaltens, 1989.

13 RG Recht 21, 1343; BGHZ 41, 318 (322 f.); BGHZ 109, 260 (268); Palandt/*Sprau*, § 666 Rn. 9.

schauung und vernünftigem Ermessen zur sachgerechten Beurteilung der Geschäftsführung erforderlich sind.[14]

2. Die Rechtsfolgen abgelegter Rechenschaft für die Haftung des Geschäftsführers

Rechenschaft und Rechnungslegung zielen nach den vorstehenden Ausführungen darauf ab, den Geschäftsherrn in die Lage zu versetzen, sich ein umfassendes Bild über die Geschäftsführung zu machen und zu entscheiden, ob der Geschäftsführer die ihm übertragenen Geschäfte ordnungsgemäß und erfolgreich geführt hat. Neben dieser Kontrolle soll die Rechenschaft den Geschäftsherrn aber auch in die Lage versetzen, die Geschäfte künftig wieder selbst in die Hand zu nehmen. Da die Rechenschaft insoweit den förmlichen Schlusspunkt der zurückliegenden Geschäftsführung darstellt, lässt sich zwangslos formulieren, dass der Geschäftsführer Rechenschaft ablegt, um sich für die Zukunft selbst von den übertragenen Aufgaben *zu entlasten.* Dieser Gedanke klingt z. B. in Art. 114 Abs. 1 GG an, wo es heißt, dass der Bundesminister der Finanzen »dem Bundestage und dem Bundesrate über alle Einnahmen und Ausgaben ... *zur Entlastung* der Bundesregierung Rechnung zu legen« hat.[15] Damit ist freilich nicht das hier zu untersuchende Rechtsinstitut der Entlastung gemeint. Zu einem Anspruchsverlust führt die Rechenschaftsablegung nämlich nur im Hinblick auf die Rechenschaftspflicht selbst, da der Geschäftsführer von ihr durch Erfüllung (§ 362 Abs. 1 BGB) frei wird.[16] Das entbindet ihn grundsätzlich von der Last, zu einem späteren Zeitpunkt erneut zu den Einzelheiten der Geschäftsführung Stellung zu nehmen.[17] Auf diese Weise bleibt ihm erspart, sich die Einzelheiten der Geschäftsführung nach längerer Zeit durch u. U. aufwendiges Aktenstudium erneut vor Augen führen zu müssen.

a) Die Darlegungs- und Beweislast des Geschäftsführers im Ersatzprozess

Selbst wenn der Geschäftsführer seine Rechenschaftspflicht aber ordnungsgemäß erfüllt hat, verbleibt eine Konstellation, in der eine erneute Stellungnahme und Erläuterung erforderlich werden kann. Macht der Geschäftsherr später nämlich

---

14 BGH NJW-RR 1988, 745 (748); BGH NZG 2002, 195 (197); BGH NZG 2005, 562 (563), jeweils im Zusammenhang mit der Entlastung im Vereins- und Genossenschaftsrecht.

15 Zur Entlastung im öffentlichen Recht ausführlicher: *Knoche*, S. 116 ff.; vgl. auch *Weitemeyer*, ZGR 2005, 280 (281 f.).

16 *Seiler*, in: MüKo/BGB, § 666 Rn. 12; PWW/*Fehrenbach*, § 666 Rn. 6.

17 BGHZ 93, 327 (330).

Ansprüche aus pflichtwidriger Geschäftsführung geltend, trifft den Geschäftsführer nach allgemeinen Grundsätzen die Darlegungs- und Beweislast, dass er die ihm vorgeworfene Pflichtverletzung nicht zu vertreten hat (§ 280 Abs. 1 Satz 2 BGB) und ihn insbesondere kein Verschulden trifft (§ 276 Abs. 1 Satz 1 BGB).[18] Zwar ändert § 280 Abs. 1 Satz 2 BGB seinem Wortlaut nach nichts daran, dass zunächst der Geschäftsherr die Pflichtverletzung des Geschäftsführers und den daraus entstandenen Schaden darlegen und ggf. beweisen muss. Doch stellt sich gerade bei handlungsbezogenen Pflichten, die im Wesentlichen auf die Beachtung der bei der Geschäftsführung erforderlichen Sorgfalt gerichtet sind, die Frage, ob nicht auch hinsichtlich der objektiven Pflichtverletzung eine Umkehr der Darlegungs- und Beweislast zulasten des Geschäftsführers gelten muss. Besteht nämlich die Pflichtverletzung in einem Sorgfaltspflichtverstoß, so ist mit dem Nachweis der objektiven Pflichtverletzung in aller Regel zugleich auch der Nachweis für das Vertretenmüssen in der Form der Fahrlässigkeit (§ 276 Abs. 2 BGB) erbracht.[19] Denn für Fahrlässigkeit gilt nach allgemeiner Ansicht kein individueller, sondern ein auf die allgemeinen Verkehrsbedürfnisse ausgerichteter objektiv-abstrakter Sorgfaltsmaßstab.[20] Das hätte zur Folge, dass § 280 Abs. 1 Satz 2 BGB bei handlungsbezogenen Pflichten weitgehend leerliefe, weil nicht der Schuldner die fehlende Fahrlässigkeit, sondern der Gläubiger als Voraussetzung des § 280 Abs. 1 Satz 1 BGB bereits den Sorgfaltspflichtverstoß darzulegen und ggf. zu beweisen hätte. Die Rechtsprechung gelangt zutreffend jedenfalls dann zu einer Beweislastumkehr hinsichtlich der objektiven Pflichtverletzung, wenn die Schadensursache allein aus der Verantwortungssphäre des Schuldners herrühren kann.[21] Während diese Frage im Allgemeinen von den Umständen des Einzelfalls abhängt, wird die Schadensursache für die Schadensersatzpflicht des Geschäftsführers dagegen nicht selten allein aus dem Obhuts- und Gefahrenbereich des Ge-

18 Entgegen dem missverständlichen Wortlaut, der Verschulden als Anspruchsvoraussetzung nahelegt, gilt § 280 Abs.1 Satz 2 BGB auch bei §§ 1833, 1908i, 1915 BGB für Vormund, Betreuer und Pfleger sowie bei § 2219 BGB für den Testamentsvollstrecker. Vgl. BGH NJW-RR 2011, Tz. 21 für §§ 1833, 1908i BGB und *Reimann*, ZEV 2006, 186 (187) für § 2219 BGB; a.A. *Wagenitz*, in: MüKo/BGB, § 1833 Rn. 14. Zum Verschuldensmaßstab siehe BGH NJW 2004, 220 (221); *Wagenitz*, in: MüKo/BGB, § 1833 Rn. 4; für den Beauftragten ausführlich auch: *Medicus/Petersen*, BR, Rn. 369 ff.

19 *Riehm*, FS Canaris, S. 1079 (1088 ff.); *S. Lorenz*, Karlsruher Forum 2005, S 39 f.; *S. Lorenz*, in: Bamberger/Roth, § 280 Rn. 81; vgl. auch *Spindler*, in: MüKo/AktG, § 93 Rn. 180.

20 BGHZ 39, 283; BGHZ 106, 323 (330); BGH NJW 2003, 2022 (2024); Palandt/*Grüneberg*, § 276 Rn. 15.

21 BGHZ 8, 239 (241); BGHZ 27, 236 (238); BGHZ 126, 124 (127); BGHZ 131, 95 (103); BGH NJW 1988, 60 (62); BGH ZMR 2005, 520; BGH NJW 2009, 142 Tz. 15; vgl. hierzu *Riehm*, FS Canaris, S. 1078 (1086); *S. Lorenz*, in: Bamberger/Roth, § 280 Rn. 82; *Ernst*, in: MüKo/BGB, § 280 Rn. 148.

schäftsführers stammen.[22] In einem solchen Fall muss der Geschäftsführer dann ausnahmsweise darlegen und beweisen, er habe weder objektiv noch subjektiv pflichtwidrig gehandelt.[23] Im Gesellschaftsrecht ist dieser Befund in besonderen Vorschriften sogar zwingend festgeschrieben (§§ 93 Abs. 2 Satz 2, 116 Satz 1 AktG, §§ 34 Abs. 2 Satz 2, 41 GenG, § 52 Abs. 1 GmbHG), weil die Gesellschaft dort *typischerweise* nicht über die für die Beurteilung der Pflichtwidrigkeit erforderliche Nähe zur Unternehmensführung verfügt.[24] Die Gesellschaft trifft folglich die Darlegungs- und Beweislast nur dafür, dass und inwieweit ihr durch ein Verhalten des Organmitglieds in dessen Pflichtenkreis ein Schaden erwachsen ist.[25] Hingegen hat das Organmitglied darzulegen und ggf. zu beweisen, dass er seinen Sorgfaltspflichten nachgekommen ist oder ihn kein Verschulden trifft, oder dass der Schaden auch bei pflichtgemäßem Alternativverhalten eingetreten wäre.[26] Zwar fehlen im übrigen Gesellschaftsrecht entsprechende Regelungen, doch werden § 93 Abs. 2 Satz 2 AktG, § 34 Abs. 2 Satz 2 GenG bei der GmbH,[27] beim Verein[28] und auch im Personengesellschaftsrecht[29] entsprechend herangezogen. Die Analogie wird nicht zuletzt mit der Erwägung begründet, dass der Geschäftsführer einer Rechenschaftspflicht unterliege und sich deshalb auch hinsichtlich der Pflichterfüllung entlasten müsse.[30] Diese Begründung lässt sich zwanglos auf alle rechenschaftspflichtigen Geschäftsführer übertragen, soweit die Geschäftsführung gegenüber dem Geschäftsherrn derart verselbständigt ist, dass

---

22 *J. Prölss*, Beweiserleichterungen im Schadensersatzprozeß, 1966, S. 80, 82ff.; vgl. auch *Ernst*, in: MüKo/BGB, § 280 Rn. 148.

23 Zurückhaltender: *Merle*, in: Bärmann, WEG, § 27 Rn. 324; vgl. aber: OLG Oldenburg ZMR 2008, 238; OLG Düsseldorf ZMR 1997, 432.

24 Ausführlich *Goette*, ZGR 1995, 648 (672) m.w.N.

25 Vgl. nur BGHZ 152, 280 (283).

26 Ebenda.

27 BGHZ 152, 280 (283); BGH NJW-RR 2008, 905 Tz. 5; BGHZ 179, 71 Tz. 20; *Zöllner/Noack*, in: Baumbach/Hueck, GmbHG, § 43 Rn. 36; *Kleindiek*, in: Lutter/Hommelhoff, GmbHG, § 43 Rn. 43; *Schneider/Crezelius*, in: Scholz, GmbHG, § 43 Rn. 234; *Paefgen*, in: Ulmer, GmbHG, § 43 Rn. 107; *Fleischer*, in: MüKo/GmbHG, § 43 Rn. 270; ausführlich: *Goette*, ZGR 1995, 648 (650ff.).

28 *Reichert*, Hdb/VereinsR, Rn. 3303.

29 *Schäfer*, in: MüKo/BGB, § 708 Rn. 19; *Roth*, in: Baumbach/Hopt, § 114 Rn. 5; *Rawert*, in: MüKo/HGB, § 114 Rn. 69; *v. Ditfurth*, in: MüHdb/GesR, Band 1, § 7 Rn. 64, § 53 Rn. 32; *Podewils*, BB 2014, 2632 (2634).

30 Vgl. für die Zeit vor Inkrafttreten der aktienrechtlichen Sonderregelung bereits: *Staub*, HGB, 6./7. Auflage 1900, § 241 Anm. 2 m.w.N.; außerdem: *Altmeppen*, in: Roth/Altmeppen, § 43 Rn. 110; *Reimann*, ZEV 2006, 186 (189) mit Verweis auf RGZ 98, 98 (100); gegen diese Entscheidung aber *Goette*, ZGR 1995, 648 (652f.): »weit über das Ziel hinausschießend«. Erwähnt ist der Gedanke schließlich auch in BGHZ 152, 280 (283f.) und bei *Beuthien*, GenG, § 34 Rn. 19.

er diejenige Handlung oder Unterlassung, die den Schaden verursacht hat, nicht mehr konkret benennen kann und er deshalb »immer in einer Beweisnot wäre«.[31]

b) Die Gefahr der Beweisnot vor Ablauf der Verjährungsfrist

Dass dem Geschäftsführer danach in einem Ersatzprozess vielfach der *Entlastungsbeweis* für objektiv und subjektiv pflichtgemäßes Handeln obliegt, führt dazu, dass er die Geschäftsführung in einem späteren Rechtsstreit mit dem Geschäftsherrn selbst dann erneut rechtfertigen muss, wenn dieser gegen die ursprünglich geleistete Rechenschaft gar keine Einwendungen erhoben hat. Zwar verliert der Geschäftsherr infolge der geleisteten Rechenschaft nach § 362 BGB seinen Anspruch auf Rechenschaft, im Rahmen eines etwaigen Ersatzprozesses muss sich der Geschäftsführer gleichwohl nochmals eingehend zur Ordnungsmäßigkeit der angegriffenen Geschäftsführungsmaßnahme äußern. Das kann mit zunehmendem Zeitablauf zu erheblichen Schwierigkeiten und letztlich zu einer unberechtigten Inanspruchnahme führen, insbesondere wenn der Geschäftsführer die relevanten Unterlagen an den Geschäftsherrn längst zurückgegeben hat (§ 667 BGB)[32] und – was nicht selten ist – kraft vertraglicher Vereinbarung zur Vernichtung eigener Aufzeichnungen verpflichtet war. Zwar ist dem Geschäftsführer zur Vermeidung von Beweisnot nach dem Rechtsgedanken des § 810 BGB ein Einsichtsrecht in die Unterlagen des Geschäftsherrn zu gewähren.[33] Im historischen Kontext bestand gleichwohl das Problem, dass sich die regelmäßige Verjährungsfrist bis zur Reform des Schuldrechts im Jahre 2002 auf immerhin dreißig Jahre ab Anspruchsentstehung belief (§ 195 BGB a.F.) und für den Geschäftsführer damit erhebliche Unwägbarkeiten und Haftungsrisiken begründete, nicht zuletzt auch in Ansehung der deutlich kürzeren handels- und steuerrechtlichen Aufbewahrungsfristen (vgl. §§ 147 Abs. 3 AO, § 257 Abs. 4 HGB).[34] Eine

---

31 Vgl. BGHZ 152, 280 (283) für das GmbH-Recht.

32 BGH NZG 2008, 834 Tz. 3 m.w.N.

33 *Habersack*, in: MüKo/BGB, § 810 Rn. 8; *Gehrlein*, in: Bamberger/Roth, § 810 Rn. 3; für die GmbH: BGHZ 152, 280 (285); für die AG: OLG Stuttgart NZG 2010, 141 (142); *Spindler*, in: MüKo/AktG, § 93 Rn. 170; *Fleischer*, in: Spindler/Stilz, AktG, § 93 Rn. 224; *Fleischer*, NZG 2010, 121 (122).

34 Relativierend freilich Bundestags-Drs. 17/3547, S. 12 für die AG: Könne die Gesellschaft eine Akteneinsicht nach Ablauf der Aufbewahrungsfrist nicht mehr gewähren, »weil sie die betreffenden Unterlagen bereits vernichtet hat, so darf dies nicht zu Lasten des Organs gehen. Eine Verurteilung zur Leistung von Schadensersatz im Wege einer Beweislastentscheidung kommt nach Überzeugung des Rechtsausschusses in diesen Fällen nicht in Betracht. ... Der Rechtsausschuss ist zu dem Ergebnis gekommen, dass diese Frage keiner gesetzlichen Regelung bedarf, sondern es der Rechtsprechung überlassen werden kann, hier faire und flexible Lösungen zu entwickeln.« Zu den Besonderheiten der aktienrechtlichen Entlastung vgl. ausführlich S. 56 ff.

immense praktische Bedeutung hatte die Verjährungsproblematik für den Testamentsvollstrecker[35] und für den Verwalter im Wohnungseigentumsrecht, weil deren umfangreiche und regelmäßig auch langjährige Geschäftsführung seit jeher vielfältige Haftungsrisiken birgt, die mit fortschreitendem Zeitablauf wegen der schwieriger werdenden Exkulpation stetig zunehmen.

Im Gesellschaftsrecht stellte sich das Verjährungsproblem hingegen nicht in dieser Schärfe, weil das Gesetz für Ersatzansprüche dort besondere Regelungen vorsieht, um den betroffenen Organwaltern »nach objektiven Kriterien Gewissheit [zu geben], ab wann ihnen für ein bestimmtes Verhalten keine Inanspruchnahme mehr droht.«[36] So gilt bei Kapitalgesellschaften seit jeher eine grundsätzlich fünfjährige Verjährungsfrist (§ 93 Abs. 6 AktG, § 43 Abs. 4 GmbHG, ebenso: § 34 Abs. 6 GenG),[37] die mit der Entstehung des Anspruchs beginnt (§ 200 BGB).[38] Zwar erstreckt sich die besondere gesellschaftsrechtliche Verjährung grundsätzlich nicht auf konkurrierende Ansprüche aus Bereicherungs- und Deliktsrecht,[39] doch galt für deliktische Ansprüche bereits vor der Schuldrechtsreform die dreijährige Verjährungsfrist des § 852 BGB a.F. Hinzu kommt, dass die Darlegungs- und Beweislast bei deliktischen und bereicherungsrechtlichen Ansprüchen nach allgemeinen Grundsätzen ohnehin beim Geschäftsherrn liegt. Nach altem Recht musste ein Geschäftsführer daher zwar auch noch nach vielen Jahren mit einer Inanspruchnahme aus Bereicherungsrecht rechnen, jedoch war er hierbei nicht in der gleichen Schärfe der mit einem Exkulpationsbeweis verbundenen Gefahr einer Beweisnot ausgesetzt.[40]

---

35 *Bonefeld*, S. 1 ff.

36 So Bundestags-Drs. 15/3653, S. 12.

37 Vgl. zur Beibehaltung der gesellschaftsrechtlichen Sondervorschriften trotz Reformierung des Verjährungsrechts im Übrigen: Bundestags-Drs. 15/3653, S. 12; *Schürnbrand*, S. 348 f.; *Thiessen*, ZHR 168 (2004), 503, 537 f.

38 Für die GmbH: BGH NJW 2009, 68 Tz. 16; für die AG: *Spindler*, in: MüKo/AktG, § 93 Rn. 255 mit Verweis auf Bundestags-Drs. 15/3653, S. 12. Für börsennotierte Gesellschaften (§ 3 Abs. 2 AktG) hat das Restrukturierungsgesetz vom 9. Dezember 2010 zwar zu einer Anhebung der Verjährungsfrist auf zehn Jahre geführt. Doch spielt die Entlastung wegen § 120 Abs. 2 Satz 2 AktG in diesem Zusammenhang ohnehin keine Rolle mehr, vgl. S. 56 ff.

39 Für die Deliktshaftung BGHZ 100, 190 (200 ff.); BGH NJW 2011, 2427 Tz. 14 ff.; *Spindler*, in: MüKo/AktG, § 93 Rn. 259; *Schneider/Crezelius*, in: Scholz, GmbHG, § 43 Rn. 279, 286; *Fleischer*, in: MüKo/ GmbHG, § 43 Rn. 332; für andere konkurrierende Ansprüche: RGZ 96, 55 (55); RG JW 1938, 2414; *Spindler*, in: MüKo/AktG, § 93 Rn. 260. Ausführlich *Schürnbrand*, S. 346 ff.

40 Zur Darlegungs- und Beweislast bei § 812 BGB ausführlicher S. 147 bei Fn. 87.

c) Die Möglichkeit einer negativen Feststellungklage

Nur unter besonderen Voraussetzungen kann der Geschäftsführer die gewünschte zeitnahe Klarheit über das Fehlen einer Haftung durch Erhebung einer negativen Feststellungsklage gemäß § 256 ZPO erlangen. Eine solche Klage erfordert als Sachurteilsvoraussetzung nämlich ein rechtliches Interesse an alsbaldiger Feststellung. Dieses ist nur gegeben, »wenn dem Recht oder der Rechtslage des Klägers eine gegenwärtige Gefahr der Unsicherheit droht und das Feststellungsurteil geeignet ist, diese Gefahr zu beseitigen.«[41] Begehrt der Geschäftsführer die Feststellung, dass bestimmte Ersatzansprüche nicht bestehen, so ist hierfür erforderlich, dass sich der Geschäftsherr dieser Ersatzansprüche »berühmt«.[42] Äußert sich der Geschäftsherr anlässlich der Rechenschaft in diesem Sinne, so steht es dem Geschäftsführer frei, von sich aus eine gerichtliche Klärung herbeizuführen. Selbst wenn er davon absieht, kann er in neuralgischen Punkten aber zumindest für eine zeitnahe Beweissicherung sorgen. Die negative Feststellungsklage nutzt dem Geschäftsführer dagegen wenig, wenn der Geschäftsherr die Rechenschaft zunächst klaglos hinnimmt und erst später Ersatzansprüche erhebt. Zwar kann der Geschäftsherr auch dann noch über § 256 ZPO auf die Klärung der Sach- und Rechtslage dringen, doch ändert die Einbettung des Ersatzanspruchs in die negative Feststellungsklage und die damit verbundene Umkehr der Parteirollen nichts an der Verteilung der Darlegungs- und Beweislast nach Maßgabe des materiellen Rechts.[43] Hat der Zeitablauf also bereits zu einer Verschlechterung der Beweissituation geführt, wirkt sich das in gleicher Weise auf die negative Feststellungsklage aus.

3. Die Erweiterung des Rechenschaftsvorgangs um die Entlastungserklärung des Geschäftsherrn

Im rechtshistorischen Kontext bestand für den bürgerlich-rechtlichen Geschäftsführer vor diesem Hintergrund vielfach ein besonderes Bedürfnis, im Zusammenhang mit der Erfüllung der Rechenschaftspflicht zugleich Rechtssicherheit in der Weise zu erlangen, dass die Haftungsfrage einem künftigen Streit weitgehend entzogen wird. Zu diesem Zweck wird der Rechenschaftsvorgang um eine förm-

---

41 Statt vieler: BGH NJW-RR 2011, 1232 Rn. 11 m.w.N.; *Becker-Eberhard*, in: MüKo/ZPO, § 256 Rn. 37; Zöller/*Greger*, ZPO, § 256 Rn. 7.

42 BGHZ 69, 144 (147); BGHZ 91, 37 (41); BGHZ 94, 324 (329); BGH NJW 2011, 3657 Tz. 11; *Becker-Eberhard*, in: MüKo/ZPO, § 256 Rn. 38; Zöller/*Greger*, ZPO, § 256 Rn. 7.

43 Vgl. nur BGH NJW 2012, 3294 Tz. 35; BGH NJW 1986, 2508 (2509); *Becker-Eberhard*, in: MüKo/ZPO, § 256 Rn. 68; Zöller/*Greger*, ZPO, § 256 Rn. 18.

liche Abschlusserklärung des Geschäftsherrn erweitert. Über die bloße Quittierung der Rechnungslegung (§ 368 BGB) hinaus kommt es dabei zu einer rechtlichen Billigung – einem »Anerkenntnis« – der Schlussrechnung durch den Geschäftsherrn. Die Besonderheit eines derartigen Anerkenntnisses besteht darin, dass es sich nicht darauf beschränkt, die *Rechnung* sei formell und rechnerisch richtig, sondern weitergehend zum Ausdruck bringt, dass auch die der Rechnung zugrunde liegenden *Geschäfte* ordnungsgemäß geführt worden seien.[44] Soweit sie in der Rechnung zum Ausdruck kommt, wird die zurückliegende Geschäftsführung folglich über den rechnerischen Inhalt der Schlussrechnung hinaus gebilligt. Für den hier zu untersuchenden Zusammenhang kommt es auf diesen Umstand ganz entscheidend an. Denn wegen des Durchgriffs der Billigung auf die Geschäftsführung wird das Anerkenntnis der Schlussrechnung in der Praxis zutreffend als »Entlastung« des Geschäftsführers bezeichnet; wie eingangs erwähnt, soll die mit dem Anerkenntnis der Schlussrechnung verbundene *Billigung der Geschäftsführung* als Entlastung zur Folge haben, dass der Geschäftsherr sämtliche Ersatzansprüche verliert, die ihm im Zeitpunkt der Erklärung bekannt waren oder die er bei pflichtgemäßer Sorgfalt hätte erkennen können.[45]

Die Schuldrechtsreform im Jahre 2002 hat das Bedürfnis nach einer solchen Klarstellung der Haftungsverhältnisse für die bürgerlich-rechtliche Geschäftsführung freilich erheblich abgeschwächt. Die neue dreijährige Regelverjährung der §§ 195, 199 BGB beginnt mit dem Schluss des Jahres, in dem der Anspruch entstanden ist und der Gläubiger von den anspruchsbegründenden Umständen und der Person des Schuldners Kenntnis erlangt oder ohne grobe Fahrlässigkeit erlangen müsste (§ 199 Abs. 1 BGB). Da es der Geschäftsführer anlässlich der Erfüllung seiner Rechenschaftspflicht selbst in der Hand hat, dem Geschäftsherrn die entsprechende Kenntnis zu verschaffen bzw. wenigstens grob fahrlässige Unkenntnis herbeizuführen, bestehen für die bürgerlich-rechtliche Geschäftsführung kaum mehr unzumutbare Haftungsrisiken. Nach Aufhebung von § 197 Abs. 2 Nr. 1 BGB gilt das seit dem 1. Januar 2010 auch für den Testamentsvoll-

---

44 Vgl. Erman/*Saar*, § 1892 Rn. 3; *Häuser*, in: MüKo/HGB, § 384 Rn. 63.

45 *Gleißner*, RPfleger 1986, 462 (463, 464); *Voss*, ZEV 2007, 363 (364 ff.); *Schmidl*, ZEV 2009, 123. *W. Zimmermann*, in: MüKo/BGB, § 2218 Rn. 15 verweist auf *Voss*, beschränkt die Wirkung aber auf bekannte Ansprüche; Staub/*Koller*, HGB, § 384 Rn. 55; ohne den Begriff der Entlastung zu verwenden: *Krüger*, in: Ebenroth/Boujong/Joost/Strohn, HGB, § 384 Rn. 22. Einschränkend nehmen Erman/*Saar*, § 1892 Rn. 3; Soergel/*W. Zimmermann*, § 1892 Rn. 5 und *Wagenitz*, in: MüKo/ BGB, § 1892 Rn. 6 mit Hinweis auf OLG Köln FamRZ 1996, 249 an, dass die dem Vormund irrtümlich erteilte Entlastung zwar Ersatzansprüche zum Erlöschen bringe, aber kondizierbar sei. Zu den damit zusammenhängenden Fragen ausführlich S. 140 ff. und S. 176 ff.

strecker.[46] Gleichwohl hat die Verkürzung der Regelverjährung bisher keinen erkennbaren Einfluss auf die Entlastungsdiskussion entfaltet. Vielmehr ist die zuvor geübte Praxis durchweg beibehalten worden, was nicht zuletzt daran liegt, dass die Verkürzung der Verjährung das Bedürfnis nach Klarstellung zwar verringert, aber keinesfalls beseitigt hat.[47] Denn die Dauer der Verjährung ist vielfach nur *ein* Grund für das Klarstellungsbedürfnis des Geschäftsführers. Das zeigt sich darin, dass es ohnehin nur in bestimmten Fällen der Geschäftsführung typischerweise zu einem solchen Anerkenntnis kommt. So findet die Entlastung im Schrifttum zum Auftragsvertrag – entsprechend ihrer praktischen Bedeutung in diesem Bereich – heute kaum mehr Erwähnung.[48] Anders verhält es sich, wenn die Geschäftsführung von einer gewissen Dauer war oder komplexere Tätigkeiten zum Gegenstand hatte. Denn das Bedürfnis des Geschäftsführers nach formalisierter Abnahme nimmt zu, je umfangreicher die Geschäftsführung und je größer deshalb der Beurteilungs- und Bewertungsspielraum des Geschäftsherrn ist.[49] Entlastungsfolgen werden danach vor allem mit dem Anerkenntnis der Schlussrechnung des Vormunds,[50] des Betreuers,[51] des Pflegers,[52] des Testamentsvollstreckers[53] oder des Kommissionärs[54] verbunden.

Hervorzuheben ist, dass es sich hierbei um Konstellationen handelt, in denen das Anerkenntnis der Schlussrechnung im Rechtsverkehr *typischerweise* als Billigung der Geschäftsführung angesehen wird und deshalb Entlastungsfolgen haben soll. Zwar ist es auch bei einem gewöhnlichen Auftragsvertrag ohne wei-

46 Vgl. für die frühere Rechtslage BGH NJW 2002, 3773 und *Bonefeld*, S. 1. Die Aufhebung des § 197 Abs. 1 Nr. 2 BGB erfolgte durch das Gesetz zur Änderung des Erb- und Verjährungsrechts vom 24.09.2009, BGBl. 2009 I S. 3142.

47 Ähnlich *Rösing*, S. 18 f., der für das Verbandsrecht argumentiert, dass es vielfach sinnvoll sei, bereits vor Ablauf der Verjährung Klarheit auf die Haftungslage zu schaffen.

48 Vgl. aber: Erman/*Ehmann*, § 666 Rn. 53; Soergel/*Beuthien*, § 666 Rn. 13; RGRK/*Steffen*, § 666 Rn. 26; Staudinger/*Martinek*, § 666 Rn. 15; *Knoche*, S. 6; aus dem älteren Schrifttum: *Hoeniger*, DJZ 1922, 143; *Picenoni*, S. 6.

49 *Buchner*, GmbHR 1988, 9 (11).

50 RGZ 115, 368 (371); *Gleißner*, RPfleger 1986, 462; *Knoche*, S. 1; *Tellis*, S. 2 Fn. 1; *J. Wagner*, S. 76; Palandt/*Götz*, § 1892 Rn. 5; Staudinger/*Veit*, § 1892 Rn. 21; Erman/*Saar*, § 1892 Rn. 3; Soergel/*W. Zimmermann*, § 1892 Rn. 4 f.

51 BayObLG RPfleger 2001, 74.

52 OLG Köln FamRZ 1996, 249; *Gleißner*, RPfleger 1986, 462.

53 *Bonefeld*, Die Entlastung des Testamentsvollstreckers, 2004; *Voss*, ZEV 2007, 363; vgl. auch: *Knoche*, S. 1; *Tellis*, S. 2 Fn. 1; *J. Wagner*, S. 76.

54 *Hefermehl* in: Schlegelberger, HGB, § 384 Rn. 33; *Hopt* in: Baumbach/Hopt, HGB, § 384 Rn. 8; Staub/*Koller*, HGB, § 384, Rn. 55; *Häuser*, in: MüKo/HGB, § 384 Rn. 63; *Schmidt-Rimpler*, § 131 III 1. S. 715; vgl. auch *Knoche*, S. 1; *Martinek*, in: Oetker, HGB, § 384 Rn. 27 spricht zwar von Entlastung, lässt hierfür aber bereits das Unterlassen einer Beanstandung der Rechnung genügen.

teres denkbar, dass der Auftraggeber dem Beauftragten vor dem Hintergrund geleisteter Rechenschaft Entlastung erteilt. Doch wird man bei der Auslegung einer mehrdeutigen Erklärung, in der die Wendung »Anerkenntnis der Schlussrechnung« oder das Wort »Entlastung« fehlen,[55] eher zurückhaltend zu verfahren haben, wenn die Geschäftsführung nur kurzfristige, überschaubare Sachverhalte zum Gegenstand hatte. In solchen Fällen wird regelmäßig ein besonderes Klarstellungsbedürfnis des Geschäftsführers fehlen, so dass nicht anzunehmen ist, dass sich die Erklärung des Geschäftsherrn über die formelle und rechnerische Richtigkeit der Abrechnung hinaus gerade auf die Geschäftsführung als solche erstrecken soll.

4. Das Fehlen eines Anspruchs des Geschäftsführers auf Entlastung

Während das BGB den Begriff der Entlastung des Geschäftsführers an keiner Stelle ausdrücklich erwähnt, befasst sich die Vorschrift des § 1892 Abs. 2 BGB zumindest der Sache nach mit ihr, indem sie das Anerkenntnis der Schlussrechnung des Vormunds behandelt. Danach hat das Familiengericht über die Abnahme der Rechnung mit den Beteiligten zu verhandeln und, »soweit die Rechnung als richtig anerkannt wird, ... das Anerkenntnis zu beurkunden«. Die gesetzliche Regelung macht deutlich, dass der vormals unter Vormundschaft stehende Minderjährige nicht zur Entlastung durch Anerkenntnis der Schlussrechnung verpflichtet ist, sondern eine Entscheidung hierüber in sein Belieben gestellt ist. Zwar hat das Familiengericht über die Entlastung zu verhandeln, woraus allgemein abgeleitet wird, dass es auf die Entlastung hinzuwirken hat, wenn die Geschäftsführung keine Anhaltspunkte zu einer Beanstandung bietet.[56] Gleichwohl steht dem vormaligen Mündel das letzte Wort zu. Gegen die Normierung eines weitergehenden Anspruchs auf Entlastung wurde in den Motiven zum BGB angeführt, dass der Mündel nicht generell zur Aufgabe einer ihm günstigen Rechtsposition gezwungen werden dürfe, da er im Zeitpunkt der Entscheidung oft noch geschäftlich unerfahren und vor allem nur ungenügend über die Verwaltung informiert sei.[57] Zu berücksichtigen sei zudem, dass eine freiwillige Erklärung des unbeschränkt geschäftsfähig gewordenen Mündels über die Anerkennung der

---

55 Anders aber im Vormundschaftsrecht, wo das Familiengericht häufig beurkundet: »Dem Vormund und dem Vormundschaftsgericht erteile ich Entlastung«, vgl. *Gleißner*, RPfleger 1986, 462 (463); *Bonefeld*, S. 87.

56 RGZ 115, 368 (371).

57 *Motive*, Band IV, S. 1188 f. zu § 1701 E1-BGB (= § 1892 BGB); ebenso: RGZ 115, 368 (371); *Gleißner*, RPfleger 1986, 462 (463).

Rechnung für ihn in vielen Fällen nicht nur ungefährlich, sondern auch einer im beiderseitigen Interesse liegenden gedeihlichen Abwicklung der Vormundschaft dienlich sei.[58] Da er demgemäß weder zur Erteilung noch überhaupt zu einer Entscheidung über die Entlastung verpflichtet ist,[59] kann er von dieser Frage auch gänzlich Abstand nehmen, ohne dass damit zwangsläufig eine förmliche Entlastungsverweigerung in der Art einer Misstrauensbekundung verbunden sein muss.

Der Grundsatz, dass es im Belieben des Geschäftsherrn steht, sich im Wege der Entlastung verbindlich über die Geschäftsführung zu äußern, lässt sich auf sämtliche Formen der bürgerlich-rechtlichen Entlastung übertragen. Es entspricht heute nahezu allgemeiner Ansicht, dass der Geschäftsherr im Zusammenhang mit der Rechenschaftsablegung keinen Anspruch auf *Erteilung* der Entlastung hat, selbst wenn die Geschäftsführung ordnungsgemäß war.[60] Bezogen auf den entlastungsbedingten Rechtsverlust werden hierfür im Wesentlichen zwei Argumente angeführt: Für den Fall, dass die Geschäftsführung tatsächlich ordnungsgemäß war, wird argumentiert, dass die Entlastung mangels verzichtbarer Rechte ohnehin keinen Rechtsverlust zeitigen könne.[61] Bestünden dagegen Ersatzansprüche gegen den Geschäftsführer, so soll eine Pflicht zur Entlastungserteilung schon deshalb ausscheiden, weil niemand als Folge bloßer Rechenschaft zur Aufgabe von Rechten gezwungen sein könne.[62] Beide Argumente sind nicht völlig unzweifelhaft: Zum einen kann eine Entlastung auch bei Fehlen eines Ersatzanspruchs sinnvoll sein, weil angesichts der besonderen Beweislastverteilung im Zeitpunkt der Entlastungserteilung nicht ausgemacht ist, dass sich das Fehlen des Ersatzanspruchs in einem späteren Prozess auch erweisen lassen wird.[63] Zum anderen wird es dem Geschäftsführer im Falle des Bestehens eines Ersatzanspruchs redlicherweise auch gar nicht um Enthaftung gehen, sondern um die zeitnahe Klärung schadensträchtiger Vorgänge. Gegenstand eines etwaigen Entlastungsanspruchs wäre daher nicht die Pflicht des Geschäftsherrn zur Rechts-

---

58 *Motive*, Band IV, S. 1188 f. zu § 1701 E1-BGB (= § 1892 BGB); RGZ 115, 368 (371).

59 Gegen einen Anspruch des Vormunds auf Entlastung bereits: Motive, Band IV, S. 1188 f. zu § 1701 BGB-E1 (= § 1892 BGB) und RGZ 115, 368; vgl. auch: Staudinger/*Veit*, § 1892 Rn. 20; Erman/*Saar*, § 1892 Rn. 5; Soergel/*W. Zimmermann*, § 1892 Rn. 6; Palandt/*Götz*, § 1892 Rn. 4.

60 OLG München OLGR 1994, 25; Staudinger/*Reimann*, § 2218 Rn. 21; *W. Zimmermann*, in: MüKo/BGB, § 2218 Rn. 15; *J. Mayer*, in: Bamberger/Roth, § 2218 Rn. 8; Soergel/*Damrau*, § 2218 Rn. 7; *Voss*, ZEV 2007, 363 (364); Staub/*Koller*, HGB, § 384 Rn. 55; *Häuser*, in: MüKo/HGB, § 384 Rn. 63; *Isele*, S. 133; a.A.: Erman/*M. Schmidt*, § 2218 Rn. 4.

61 Motive, Band IV, S. 1188 f. zu § 1701 E1-BGB (= § 1892 BGB); vgl. auch RGZ 115, 368 (371).

62 Ausführlich *Bonefeld*, S. 146 ff. für den Testamentsvollstrecker unter Rückgriff auf BGHZ 94, 324. Zu dieser Entscheidung ausführlicher auch unten auf S. 34 f.

63 Zu diesem Aspekt ausführlicher S. 133 f.

aufgabe, sondern allenfalls eine »Pflicht« zur Prüfung und Beanstandung der Geschäftsführung, um dem Geschäftsführer die Möglichkeit einer negativen Feststellungsklage gegen unberechtigte Vorwürfe zu eröffnen. Bei näherer Betrachtung zwingen die vorgebrachten Argumente folglich nicht zur Verneinung eines Anspruchs auf Entlastung, sondern sie machen lediglich deutlich, dass ein solcher Entlastungsanspruch jedenfalls nicht auf eine Rechtsaufgabe durch den Geschäftsherrn gerichtet sein kann.

Erhebliche Zweifel am Bestehen eines Anspruchs auf Entlastung ergeben sich im geltenden Recht richtigerweise aber daraus, dass die Verkürzung der Regelverjährung das Risiko des bürgerlich-rechtlichen Geschäftsführers, aus Gründen der Beweislast in einem Ersatzprozess zu Unrecht zu unterliegen, erheblich gemindert hat. Dem Geschäftsführer dürfte der Ablauf der Regelverjährung im geltenden Recht daher ebenso zumutbar sein wie jedem anderen Schuldner. Demgemäß steht es bei der bürgerlich-rechtlichen Entlastung ohne besondere Vereinbarung der Parteien grundsätzlich im Belieben des Geschäftsherrn, ob er sich – etwa durch Anerkennung der Schlussrechnung – zur Frage der Entlastung äußert.

5. Zusammenfassung

Zusammenfassend lässt sich feststellen, dass die Entlastung im BGB zwar nicht eigens geregelt, im Recht der Geschäftsbesorgung jedoch allgemein anerkannt ist. Im historischen Kontext ergab sich das Bedürfnis des Geschäftsführers nach alsbaldiger Klarstellung der Haftungsverhältnisse vor allem daraus, dass die Verjährung von Ersatzansprüchen mit dreißig Jahren übermäßig lange dauerte und mit zunehmenden Zeitablauf eine Verschlechterung der Beweislage zulasten des Geschäftsführers zu befürchten stand. Wegen des Erfordernisses eines Exkulpationsbeweises (jedenfalls hinsichtlich des Vertretenmüssens und ggf. sogar hinsichtlich der objektiven Pflichtwidrigkeit) war ein Unterliegen des Geschäftsführers in einem Ersatzprozess nämlich auch in solchen Fällen möglich, in denen es tatsächlich zwar an einem schuldhaften Pflichtverstoß fehlte, dem Geschäftsführer aber der Exkulpationsbeweis nicht (mehr) gelang. Um die im Interesse des Geschäftsführers liegende Klarstellung herbeizuführen, wird der Rechenschaftsvorgang sachlich um die Erklärung des Geschäftsherrn erweitert, er billige die Geschäftsführung. Verbreitet ist dabei die konkludente Entlastung durch Anerkenntnis der Schlussrechnung nach Abschluss der Geschäfte. Um ein solches Anerkenntnis als Entlastung auslegen zu können, ist es erforderlich, dass mit dem Anerkenntnis über den eigentlichen Inhalt der Rechnung hinaus gerade auch die zugrunde liegende Geschäftsführung gebilligt wird. Das ist regelmäßig anzunehmen, wenn die Geschäftsführung auf eine gewisse Dauer angelegt ist oder komplexere Tätigkeiten zum Gegenstand hat. Beispiele sind das Anerkenntnis der Schlussrechnung des Vormunds (§ 1892 Abs. 2 BGB), des Betreuers, des Pflegers, des Testamentsvollstreckers und des Kommissionärs. Der Geschäftsführer hat selbst dann keinen Anspruch auf Entlastung, wenn er die Geschäfte ordnungsgemäß geführt hat. Vielmehr steht es im Belieben des Geschäftsherrn, die geführten Geschäfte durch Entlastungserteilung zu billigen.

II. Die Entlastung im Gesellschaftsrecht

Anders als bei den bürgerlich-rechtlichen Geschäftsbesorgungsverhältnissen kommt der Entlastung im Gesellschaftsrecht eine erheblich größere praktische Bedeutung zu. Wie sich im Folgenden zeigen wird, unterscheidet sich die gesellschaftsrechtliche Entlastung zwar in zahlreichen Details von der Entlastung des Bürgerlichen Rechts, dennoch folgt die Entlastung in beiden Rechtsbereichen den gleichen Grundsätzen. Vor allem lässt sich der funktionale Zusammenhang von Rechenschaft und Entlastung auch im Gesellschaftsrecht nachweisen.

Für die Einordnung des Organhandelns als Geschäftsbesorgung ist es schon im Ausgangspunkt unerheblich, ob bei den einzelnen Gesellschaftsformen zwischen einem Bestellungs- und Anstellungsrechtsverhältnis unterschieden wird.[64] Soweit ein eigenständiges Anstellungsverhältnis anerkannt ist,[65] handelt es sich bei dem zugrunde liegenden schuldrechtlichen Vertrag typischerweise um einen auf die Geschäftsbesorgung gerichteten freien Dienstvertrag (§§ 675, 611 ff. BGB).[66] Um nichts anderes als die Besorgung fremder Geschäfte geht es aber auch im Bestellungsrechtsverhältnis. Besonders deutlich zeigt sich das im Vereinsrecht, denn dort erklärt § 27 Abs. 3 BGB im Organverhältnis von Verein und Vorstand die allgemeinen Vorschriften des Auftragsrechts (§§ 664 bis 670 BGB) für entsprechend anwendbar. Zwar ist die Organstellung in den übrigen Gesellschaftsformen deutlich differenzierter ausgestaltet, doch ändert das an dem Grundcharakter der Tätigkeit der Organmitglieder als Geschäftsbesorgung nichts. In der bisherigen

64 Zu dieser Unterscheidung statt vieler *K. Schmidt*, GesR, § 14 III 2, S. 416 ff.; *Schürnbrand*, S. 343.

65 Umstritten ist diese Frage z. B. für die Mitglieder des Aufsichtsrats einer AG. Gegen die Zulässigkeit eines Anstellungsvertrags: *Hopt/Roth*, in: GK/AktG, § 101 Rn. 92; *Habersack*, in: MüKo/AktG, § 101 Rn. 67; *Spindler*, in: Spindler/Stilz, AktG, § 101 Rn. 8; Hüffer/*Koch*, AktG, § 101 Rn. 2; *Schürnbrand*, S. 345. Dafür: *K. Schmidt*, in: GK/AktG, § 250 Rn. 30; *Säcker*, NJW 1979, 1521 (1529); früher ebenso: RGZ 123, 351 (354); RGZ 146, 145 (152); RGZ 152, 273 (278).

66 Für die AG: BGHZ 36, 142 (143); für die GmbH: BGH NJW 2010, 2343 Tz. 7; allgemein: *K. Schmidt*, GesR, § 14 III 2b, S. 417.

Typologie ist die Gesellschaft daher als Geschäftsherr, das jeweilige Organmitglieder als Geschäftsführer anzusehen.

Anders als das Bürgerliche Recht unterscheidet das Gesellschaftsrecht seit langem begrifflich klar zwischen der Entscheidung über die Rechnungslegung in Form des Jahresabschlusses einerseits und der Entlastung als Billigung der Geschäftsführung andererseits.[67] Die Entlastung ist dabei in einer Vielzahl von Zuständigkeits- und Verfahrensvorschriften erwähnt: Die Hauptversammlung einer Aktiengesellschaft entscheidet alljährlich in den ersten acht Monaten des Geschäftsjahres über »die Entlastung der Mitglieder des Vorstands und des Aufsichtsrats« (§§ 119 Abs. 1 Nr. 3, 120 Abs. 1 Satz 1 AktG). Die Generalversammlung einer Genossenschaft entscheidet in den ersten sechs Monaten des Geschäftsjahres über »die Entlastung des Vorstands und des Aufsichtsrats« (§ 48 Abs. 1 Satz 2, 3 GenG). Die Gesellschafter einer GmbH entscheiden über »die Entlastung« der Geschäftsführer (§ 46 Nr. 5 GmbHG). Die Entscheidung erfolgt stets durch Beschluss der Gesellschafterversammlung und erfordert grundsätzlich die einfache Mehrheit der Stimmen (§ 133 Abs. 1 AktG, § 47 Abs. 1 GmbHG, § 43 Abs. 2 Satz 1 GenG). Bei der Beschlussfassung unterliegen die betroffenen Organmitglieder wegen Interessenwiderspruchs einem Stimmverbot, wenn der Beschluss darauf gerichtet ist, sie »zu entlasten oder von einer Verbindlichkeit zu befreien« (§ 136 Abs. 1 Satz 1 AktG, ähnlich: § 47 Abs. 4 Satz 1 GmbHG, § 43 Abs. 6 GenG, ohne die Entlastung zu erwähnen: § 34 BGB).[68] Dabei handelt es sich um eine besondere Ausprägung des Grundsatzes, dass niemand »Richter in eigener Sache« sein soll.[69]

1. Die Entlastung als Schlusspunkt des Rechenschaftsvorgangs

Der gesellschaftsrechtlichen Entlastung ist ebenso wie der bürgerlich-rechtlichen Entlastung die Ableistung von Rechenschaft durch die betroffenen Organmitglieder vorgelagert. Die Rechnungslegung ist anders als in § 259 BGB stark formalisiert und ausdifferenziert. Dabei sieht das Gesetz für kleine Kapitalgesellschaften und Kleinstkapitalgesellschaften (§§ 267, 267a HGB) gewisse Erleichterungen vor, nicht zuletzt weil die Geschäftsführung bei ihnen häufig

---

67 Hierzu ausführlicher S. 42 ff.

68 Vgl. darüber hinaus: §§ 712 Abs. 1, 715, 737 Satz 2 BGB und § 34 BGB.

69 BGHZ 9, 157 (178); BGHZ 97, 28 (33); BGH NJW-RR 2003, 895 (896); *A. Zimmermann*, S. 329; *K. Schmidt*, in: Scholz, GmbHG, § 47 Rn. 100, 102, 132 ff.; *Römermann*, in: Michalski, GmbHG, § 47 Rn. 75, 79; *Drescher*, in: MüKo/GmbHG, § 47 Rn. 130; *Schindler*, in: Ziemons/Jaeger, GmbHG, § 47 Rn. 105; *Hirschmann*, in: Hölters, AktG, § 136 Rn. 3.

weniger komplex ist (§§ 264 Abs. 1 Satz 4 und Satz 5, 336 Abs. 2 HGB). Überblicksartig ergibt sich das folgende Bild:

a) Aktiengesellschaft

Wesentliche Bestandteile der Rechnungslegung des Vorstands einer Aktiengesellschaft sind der Jahresabschluss (§§ 172, 174 AktG), der Lagebericht (§ 289 HGB) und der Bericht des Aufsichtsrats (§ 172 Abs. 2 AktG).[70] Diese Unterlagen müssen von der Einberufung der ordentlichen Hauptversammlung an in dem Geschäftsraum der Gesellschaft zur Einsicht der Aktionäre ausliegen und jedem Aktionär muss auf Verlangen unverzüglich eine Abschrift der Vorlagen erteilt werden (§ 175 Abs. 2 AktG). Zulässig ist es auch, die Unterlagen auf der Internetseite der Gesellschaft zugänglich zu machen (§ 175 Abs. 2 Satz 4 AktG), damit sie im Vorfeld der Versammlung ohne größeren Aufwand eingesehen werden können. In der Hauptversammlung hat der Vorstand die von ihm erstellten Vorlagen, der Vorsitzende des Aufsichtsrats den Bericht des Aufsichtsrats zu erläutern (§ 176 Abs. 1 Satz 2 AktG).

Bis zu seiner Aufhebung durch das ARUG[71] im Jahre 2009 legte § 120 Abs. 3 Satz 2 AktG fest, dass der Vorstand den Jahresabschluss, den Lagebericht und den Bericht des Aufsichtsrats der Hauptversammlung auch im Zusammenhang mit der Beschlussfassung über die Entlastung vorzulegen hatte. Im geltenden Recht fehlt es an einer solchen formalen Verknüpfung der Entlastung mit der Vorlage der Rechenschaftsunterlagen. Der Gesetzgeber hielt die Vorschrift für überflüssig, weil die Verhandlung über die Entlastung nach § 120 Abs. 3 AktG ohnehin mit der Verhandlung über den Bilanzgewinn (§ 174 AktG) verbunden werden »soll« und die Beschlussfassung über die Gewinnverwendung gemäß § 175 Abs. 1 Satz 1 AktG wiederum an die Vorlage des Jahresabschlusses nebst Lagebericht geknüpft ist.[72] Freilich beruht die Verknüpfung der Entlastungsentscheidung mit der Rechnungslegung damit lediglich noch auf der »Soll«-Vorschrift des § 120 Abs. 3 AktG sowie auf der Vorstellung, dass wegen der gleichen Fristen in §§ 120 Abs. 1 Satz 1, 175 Abs. 1 Satz 2 AktG über die Gewinnverwendung und die Entlastung in derselben Hauptversammlung entschieden wird. An einer solchen faktischen Verbindung der Beschlussgegenstände kann es aber fehlen, vor allem wenn nach Vertagung erstmals oder nach Beschlussanfechtung erneut über die Entlastung zu

---

70 Ausführlicher zur Rechenschafts- und Rechnungslegung im Aktienrecht *A. Zimmermann*, S. 14 ff.

71 Gesetz zur Umsetzung der Aktionärsrichtlinie (ARUG) vom 30. Juli 2009, BGBl. I S. 2479.

72 Bundestags-Drs. 16/11642, S. 27; vgl. auch *Kubis*, in: MüKo/AktG, § 120 Rn. 45.

entscheiden ist.[73] Ist dann die Gewinnverwendung längst beschlossen, läuft die Soll-Vorschrift des § 120 Abs. 3 AktG leer. Da dem Gesetzgeber die Abweichung der geltenden Rechtslage vom früheren § 120 Abs. 3 Satz 2 AktG nicht bewusst war, stellt sich die Streichung nach zutreffender Ansicht als Redaktionsversehen dar.[74] Daraus folgt, dass der Jahresabschluss und die damit zusammenhängenden Berichte auch dann vorzulegen sind, wenn über die Entlastung entgegen § 120 Abs. 3 AktG nicht im Zusammenhang mit der Gewinnverwendung entschieden wird.[75] Diese Verknüpfung ist schon deshalb sachgerecht, weil Jahresabschluss und Lagebericht wichtige Beurteilungsgrundlagen für den Beschluss über die Entlastung sind.[76]

Die Vorlage und Erläuterung der genannten Unterlagen wird ergänzt durch ein individuelles Auskunftsrecht.[77] Gemäß § 131 Abs. 1 Satz 1 AktG ist den Aktionären in der Hauptversammlung auf Verlangen Auskunft über Angelegenheiten der Gesellschaft zu geben, soweit die begehrten Informationen zur sachgemäßen Beurteilung des jeweiligen Tagesordnungspunkts erforderlich sind. Während das Fragerecht inhaltlich danach im Grundsatz zwar beschränkt ist, erlangt es im Zusammenhang mit der Entlastungsentscheidung eine erhebliche Aufwertung. Soweit die Informationen zu einer sachgerechten Beurteilung der Entlastungsfrage erforderlich sind, erstreckt sich das Auskunftsrecht auf die gesamte Geschäftsführung und sogar auf persönliche Informationen (Werdegang, Nebentätigkeiten).[78] Dass die auf Verlangen erteilten Auskünfte ebenfalls zur Rechenschaft gehören, folgt ausdrücklich aus § 131 Abs. 2 Satz 1 AktG, wonach die Auskünfte den Grundsätzen einer gewissenhaften und getreuen Rechenschaft zu entsprechen haben.

b) Genossenschaft

Im Genossenschaftsrecht stellt § 48 Abs. 1 GenG die Entlastung in einen unmittelbaren sachlichen Zusammenhang mit der Feststellung des Jahresabschlusses

---

73 *Barner*, S. 28; *A. Zimmermann*, S. 15.

74 *Kubis*, in: MüKo/AktG, § 120 Rn. 45: »legislatorischer Irrtum«.

75 Vgl. Hüffer/*Koch*, AktG, § 120 Rn. 15. Meist wird dagegen nur eine faktische Verknüpfung angenommen: *Hoffmann*, in: Spindler/Stilz, AktG, § 120 Rn. 45: keine nennenswerte Änderung, weil »die Verwaltung die nochmalige Vorlage kaum verweigern wird, wenn sie Entlastung anstrebt«; ähnlich: *Kubis*, in: MüKo/AktG, § 120 Rn. 42, 45.

76 *Hennrichs/Pöschke*, in: MüKo/AktG, § 175 Rn. 22.

77 Zum individualrechtlichen Charakter des Auskunftsrechts: *K. Schmidt*, Informationsrechte, S. 21; *Kubis*, in: MüKo/AktG, § 131 Rn. 3; Hüffer/*Koch*, AktG, § 131 Rn. 2; *Siems*, in: Spindler/Stilz, AktG, § 131 Rn. 2.

78 *Barner*, S. 29; *A. Zimmermann*, S. 23 und S. 61 ff. m.w.N.; *Semler*, AG 2005, 321 (333).

und der Verwendung des Jahresüberschusses. Der Jahresabschluss (§ 33 Abs. 1 Satz 2 GenG, § 336 Abs. 1 HGB), der Lagebericht (§ 336 Abs. 1 HGB) und der Bericht des Aufsichtsrats (§ 38 Abs. 1 Satz 5 GenG) sollen mindestens eine Woche vor der Versammlung in dem Geschäftsraum der Genossenschaft bzw. an anderer geeigneter Stelle zur Einsichtnahme der Mitglieder ausgelegt oder ihnen sonst zur Kenntnis gebracht werden (§ 48 Abs. 3 Satz 1 GenG). Auf Verlangen sind den Mitgliedern auch Abschriften zur Verfügung zu stellen (§ 48 Abs. 3 Satz 2 GenG). In der Generalversammlung haben Vorstand und Aufsichtsrat über die erstellten Vorlagen zu berichten, um auf diese Weise eine angemessene Entscheidungsgrundlage für die von den Mitgliedern zu fassenden Beschlüsse zu schaffen.[79] Entsprechend § 131 AktG ist überdies anerkannt, dass die Mitglieder in der Versammlung ein Auskunftsrecht haben, soweit sich die begehrten Informationen auf den jeweiligen Gegenstand der Tagesordnung beziehen und der sachgerechten Meinungsbildung des Mitglieds oder der Generalversammlung dienen.[80] Im Zusammenhang mit der Entscheidung über die Entlastung bezieht sich das Fragerecht – wie bei der Aktiengesellschaft – demnach grundsätzlich auf die gesamte Tätigkeit der Vorstands- und Aufsichtsratsmitglieder.[81]

c) Gesellschaft mit beschränkter Haftung

Für die GmbH sieht § 42a Abs. 1 Satz 1 GmbHG vor, dass die Geschäftsführer den Jahresabschluss und den Lagebericht unverzüglich nach Aufstellung bzw. nach Fertigstellung der Abschlussprüfung (§ 316 Abs. 1 Satz 1 HGB) den Gesellschaftern zum Zwecke der Feststellung des Jahresabschlusses vorzulegen haben. Für die Beschlussfassung über den Jahresabschluss sind die Gesellschafter nach § 46 Nr. 1 GmbHG zuständig. Der Beschluss muss gemäß § 42a Abs. 2 GmbHG innerhalb der ersten acht Monate, bei kleinen Gesellschaften (§ 267 HGB) innerhalb der ersten elf Monate des folgenden Geschäftsjahres gefasst werden. Hat die Gesellschaft einen Aufsichtsrat (§ 52 GmbHG), so ist dessen Bericht über das Ergebnis seiner Prüfung nach § 42a Abs. 1 Satz 3 GmbHG ebenfalls vorzulegen. Entsprechend § 176 Abs. 1 Satz 2 AktG haben die Geschäftsführer und (sofern vorhanden) der Vorsitzende des Aufsichtsrats die vorgelegten Unterlagen in der Versammlung mündlich zu er-

79 *Fandrich*, in: Pöhlmann/Fandrich/Bloehs, GenG, § 48 Rn. 2.

80 *Beuthien*, GenG, § 43 Rn. 17; *A. Zimmermann*, S. 63; ohne Hinweis auf § 131 AktG: *Fandrich*, in: Pöhlmann/Fandrich/Bloehs, GenG, § 43 Rn. 19.

81 *Fandrich*, in: Pöhlmann/Fandrich/Bloehs, GenG, § 43 Rn. 19.

läutern.[82] Ebenso besteht in der Versammlung ein Auskunftsrecht der Gesellschafter. Auf die Streitfrage, ob es sich hierbei um ein eigenständiges »beschlussbezogenes Informationsrecht«[83] oder lediglich um eine besondere Ausprägung des § 51a GmbHG handelt,[84] kommt es im vorliegenden Zusammenhang nicht an. Denn schon das Informationsrecht des § 51a GmbHG ist umfassend ausgestaltet und findet seine Grenze erst bei einer nicht zweckentsprechenden Wahrnehmung.[85] Für ein selbständiges Informationsrecht könnte letztlich nicht anderes gelten.

Anders als das Aktien- und Genossenschaftsrecht sieht das GmbHG keine Frist vor, innerhalb derer die Gesellschafter über die Entlastung zu entscheiden haben, da sich § 42a Abs. 2 GmbHG allein auf den Jahresabschluss beschränkt. Bei genauer Betrachtung legt das Gesetz noch nicht einmal fest, ob die Gesellschafter überhaupt periodisch über die Entlastung zu beschließen haben. Aus § 46 Nr. 5 GmbHG folgt insoweit nur, dass die Gesellschafter für die Entlastung zuständig sind, wenn die Gesellschaft eine solche Entscheidung treffen soll. Gleichwohl gehört die Entlastung in der Praxis seit jeher zu den »jährlich wiederkehrenden Standardbeschlüssen«.[86] Diese Praxis lässt sich mit einer entsprechenden Heranziehung von § 120 Abs. 1 Satz 1 AktG, § 48 Abs. 1 GenG rechtfertigen, wobei freilich die speziellere Frist des § 42a Abs. 2 GmbHG zugrunde zu legen ist.[87] Auch im GmbH-Recht geht der Entlastung daher die Rechenschaft voraus.

Anders als im Aktien- und Genossenschaftsrecht ist die Entlastung der Mitglieder des Aufsichtsrats im GmbH-Recht nicht geregelt. Insbesondere bezieht sich der Verweis des § 52 GmbHG auf die aktienrechtlichen Vorschriften über den Aufsichtsrat gerade nicht auf § 120 Abs. 1 Satz 1 AktG, der für die Aktiengesellschaft festlegt, dass die Gesellschafter auch über die Entlastung der Mitglieder des Aufsichtsrats zu entscheiden haben. Gleichwohl ist als Folge der grundsätzlichen Allzuständigkeit der Gesellschafterversammlung allgemein anerkannt, dass die Gesellschafter nicht nur für die Entlastung der Geschäftsführer, sondern auch für die Entlastung von Aufsichtsratsmitgliedern (sowie von Mitgliedern eines etwaigen Beirats) zuständig sind.[88]

---

82 *Fleischer*, in: MüKo/GmbHG, § 42a Rn. 7; *Kleindiek*, in: Lutter/Hommelhoff, GmbHG, § 42a Rn. 33; *Paefgen*, in: Ulmer, GmbHG, § 42a Rn. 11; a.A: *Tiedchen*, in: Rowedder/Schmidt-Leithoff, GmbHG, § 42a Rn. 68.
83 *Zöllner*, in: Baumbach/Hueck, GmbHG, § 51a Rn. 56.
84 OLG Nürnberg WM 2010, 1286 (5. Leitsatz).
85 BGHZ 135, 48 (54); BGH NJW-RR 2003, 830.
86 *Liebscher*, in: MüKo/GmbHG, § 43 Rn. 13; ebenso § 46 Rn. 131; § 49 Rn. 18.
87 Ähnlich: *Barner*, S. 53.
88 *Liebscher*, in: MüKo/GmbHG, § 46 Rn. 132; *Römermann*, in: Michalski, GmbHG, § 46 Rn. 257; *K. Schmidt*, in: Scholz, GmbHG, § 46 Rn. 86.

d) Eingetragener Verein

Das Vereinsrecht des BGB erwähnt die Entlastung nicht. Da sich die Rechenschafts- und Rechnungslegungspflicht des Vorstands gegenüber dem Verein aber aus §§ 27 Abs. 3, 666 BGB ergibt,[89] ist nach den vorstehenden Ausführungen zur bürgerlich-rechtlichen Geschäftsbesorgung zugleich auch der Anwendungsbereich für das Rechtsinstitut der Entlastung eröffnet. Hinzu kommt, dass es sich bei Kapitalgesellschaften durchweg um juristische Personen des Privatrechts handelt (§ 1 Abs. 1 Satz 1 AktG, § 13 Abs. 1 GmbHG, § 17 Abs. 1 GenG), weshalb eine Übertragung der kapitalgesellschaftsrechtlichen Entlastungsgrundsätze auf den Verein – immerhin die Grundform der juristischen Person des Privatrechts (vgl. §§ 21, 22 BGB)[90] – seit langem anerkannt ist.[91] Dass die Mitgliederversammlung auch ohne ausdrückliche gesetzliche Anordnung über die Entlastung entscheiden darf, folgt wie schon bei der GmbH aus der Allzuständigkeit der Gesellschafterversammlung (§ 32 Abs. 1 Satz 1 BGB).[92] Die Beschlussfassung erfolgt »nach allgemeinem Vereinsbrauch« im Anschluss an den Rechenschaftsbericht des Vorstands.[93]

Die Zulässigkeit der Entlastung im Vereinsrecht wird durch § 14 Abs. 1 Satz 1 Nr. 8 StBerG bestätigt. Danach wird ein rechtsfähiger Verein vom Staat nur dann als Lohnsteuerhilfeverein anerkannt, wenn die Mitglieder- bzw. Vertreterversammlung (§ 14 Abs. 1 Satz 3 StBerG) nach der Satzung alljährlich innerhalb von drei Monaten nach Bekanntgabe des wesentlichen Inhalts der Prüfungsfeststellungen (§ 22 Abs. 7 Nr. 2 StBerG) »über die Entlastung des Vorstands wegen seiner Geschäftsführung während des geprüften Geschäftsjahres« zu befinden hat. Die Vorschrift setzt die Zulässigkeit der Entlastung im Vereinsrecht voraus und soll lediglich sicherstellen, dass bei einem Lohnsteuerhilfeverein periodisch über die Entlastung zu entscheiden ist. Dem liegt die Erwägung zugrunde, dass die Entlastung wie bei den Kapitalgesellschaften zu den Regularien der Vereinsversammlung gehören soll, um eine regelmäßige Befassung der Vereinsmitglieder mit der Geschäftsführung des Vorstands sicherzustellen.[94] Das Vereinsrecht des BGB ordnet eine periodische Beschlussfassung anders als § 120 Abs. 1 Satz 1 AktG und § 48 Abs. 1 Satz 3 GenG nicht an, belässt den Vereinsmitgliedern insofern also

---

89 Zu den Einzelheiten: *Reuter*, in: MüKo/BGB, § 27 Rn. 42.

90 Statt aller: *K. Schmidt*, GesR, § 23 I 1b, S. 660.

91 BGHZ 24, 47 (54); BGH NJW 1987, 2430 (2431); *K. Schmidt*, GesR, § 14 VI 2a, S. 429; *Reuter*, in: MüKo/BGB, § 27 Rn. 47; *Nägele/Nestel*, BB 2000, 1253 (1256).

92 *Reichert*, Hdb/VereinsR, Rn. 2494 ff.; vgl. auch *Reuter*, in: MüKo/BGB, § 27 Rn. 48; *Schöpflin*, in: Bamberger/Roth, § 27 Rn. 24.

93 *Waldner/Wörle-Himmel*, in: Sauter/Schweyer/Waldner, Rn. 289.

94 Vgl. Bundestags-Drs. 7/2852, S. 41 zu § 135 Abs. 1 Nr. 5 StBerG-E 1974 (= § 14 I Nr. 8 StBerG).

einen Gestaltungsspielraum. Als Ausdruck dessen finden sich in den Vereinssatzungen auch außerhalb von § 14 StBerG regelmäßig Bestimmungen, die die Mitgliederversammlung im Zusammenhang mit den Rechenschaftsberichten zur periodischen Entscheidung über die Entlastung anhalten.[95]

Auch den Vereinsmitgliedern steht in der Vereinsversammlung ein individuelles Auskunftsrecht zu. Zwar normiert §§ 27 Abs. 3, 666 BGB nach zutreffender Ansicht lediglich ein kollektives Informationsrecht des Vereins, jedoch lässt sich das individuelle Informationsrecht des einzelnen Vereinsmitglieds wegen der körperschaftlichen Verfassung des Vereins aus einer Analogie zu § 131 AktG herleiten.[96] Hierfür gelten die bereits dargestellten Grundsätze.

e) Rechtsfähige Stiftung

Für die rechtsfähige (selbständige) Stiftung verweist § 86 BGB auf die vereinsrechtlichen Vorschriften und über diese ebenfalls auf § 666 BGB.[97] Da die Stiftung jedoch lediglich ein rechtlich verselbständigtes Sondervermögen ist und keine Mitglieder hat, ist für eine Entlastung des Stiftungsvorstands grundsätzlich kein Raum: Die Rechenschaftspflicht des Stiftungsvorstands besteht zwar gegenüber der staatlichen Stiftungsbehörde, doch ist diese als Rechtsaufsicht ausschließlich zur Durchsetzung der Rechte der Stiftung gegen den Stiftungsvorstand berufen.[98] Etwas anderes kann aber gelten, wenn die Stiftungssatzung die Einrichtung eines besonderen Kontrollorgans – etwa eines Verwaltungsbeirats oder Aufsichtsrats – vorsieht.[99] Soweit gegenüber diesem Rechenschaftspflichten bestehen, ist nach allgemeinen Grundsätzen auch eine Entscheidung über die Entlastung denkbar. Umstritten ist hierbei, ob die Stiftungssatzung dem Kontrollorgan die Entlastungskompetenz ausdrücklich einräumen muss[100] oder ob die bloße Einrichtung des Organs genügt.[101] Mit Blick auf die bisherige Darstellung überzeugte es kaum, die Einräumung einer gesonderten Entlastungskompetenz zu verlangen, weil eine

---

95 *Waldner/Wörle-Himmel*, in: Sauter/Schweyer/Waldner, Rn. 289.

96 Grundlegend *K. Schmidt*, Informationsrechte, S. 48ff. Vgl. auch *K. Schmidt*, GesR, § 24 IV 2c, S. 705; *Reuter*, in: MüKo/BGB, § 38 Rn. 37; Soergel/*Hadding*, § 38 Rn. 17; anders: BGH NJW-RR 2003, 830; KG NJW-RR 1999, 1486: auf die Versammlung beschränktes Informationsrecht gemäß §§ 27 Abs. 3, 666 BGB. Zum Einsichtsrecht in Bücher und Urkunden BGH NZG 2010, 1430 Tz. 4.

97 Monografisch: *Rösing*, Die Entlastung im Stiftungsrecht, 2013.

98 *Reuter*, in: MüKo/BGB, § 86 Rn. 22; *Backert*, in: Bamberger/Roth, § 86 Rn. 7; Staudinger/*Hüttemann/Rawert*, § 86 Rn. 39; *Rösing*, S. 39 ff.; *Schwintek*, Vorstandskontrolle in rechtsfähigen Stiftungen bürgerlichen Rechts, 2001, S. 204f.; a.A. Soergel/*Neuhoff*, § 86 Rn. 13.

99 Ausführlich: *Rösing*, S. 52ff.

100 *Schwintek*, S. 203; *ders.*, ZSt 2005, 108 (115).

101 *Reuter*, in: MüKo/BGB, § 86 Rn. 22; *Rösing*, S. 52 ff., 150; *Burgard*, S. 609.

solche auch bei den übrigen Formen der Geschäftsbesorgung nicht für erforderlich gehalten wird. Vielmehr steht es dem Rechenschaftsempfängers nach allgemeinen Grundsätzen frei, im Zusammenhang mit der Rechenschaft über die Entlastung zu entscheiden, womit freilich noch nicht über die Rechtsfolgen einer solchen Entlastung entschieden ist.[102]

f) Personengesellschaften

Die Entlastung spielt daneben auch im Personengesellschaftsrecht eine Rolle.[103] Das Fehlen einer gesetzlichen Regelung beruht hier maßgeblich darauf, dass für eine Entlastung grundsätzlich kein Raum ist, wenn – wie im gesetzlichen Regelfall – sämtliche Gesellschafter die Geschäftsführung gleichberechtigt ausüben (§§ 114, 115 HGB).[104] Jeder Gesellschafter wäre dann gleichsam als »Richter in eigener Sache« befasst, weil er die Geschäftsführung stets auch selbst zu verantworten hat (vgl. § 115 Abs. 2 HGB). Eine Entlastung machte unter diesen Voraussetzungen wenig Sinn. Etwas anderes gilt aber, wenn die Geschäftsführung abweichend vom gesetzlichen Leitbild gegenüber den Gesellschaftern in der Weise verselbständigt ist,[105] dass sie sich auf einzelne geschäftsführende Gesellschafter konzentriert.[106] Häufig enthält der Gesellschaftsvertrag in solchen Fällen neben den besonderen Regelungen über die Geschäftsführung zugleich auch Vorgaben zur Entlastung.[107] Typische Anwendungsfälle sind Publikumsgesellschaften.[108]

g) Wohnungseigentümergemeinschaft

Große praktische Bedeutung hat die Entlastung schließlich im Wohnungseigentumsrecht, wobei auch das WEG die Entlastung an keiner Stelle erwähnt. Im hier untersuchten Zusammenhang kommt es zunächst nicht entscheidend darauf an, ob man die Wohnungseigentümergemeinschaft als eine besondere Gesell-

---

102 Näher hierzu S. 33 f.
103 *K. Schmidt*, GesR, § 14 IV 1, S. 428 f.; *Borsche*, S. 31 ff.; *Podewils*, BB 2014, 2632 (2633); für die GbR: BGH NZG 2012, 625 Tz. 16; *Schäfer*, in: MüKo/BGB, § 709 Rn. 11, 55, 65; *Schöne*, in: Bamberger/Roth, § 709 Rn. 31, 49; für die OHG: BGH WM 1983, 910 (912); *Hueck*, Recht der OHG, S. 191; *ders.*, GmbHR 1959, 189 (190); *Rawert*, in: MüKo/HGB, § 114 Rn. 71 ff.; *Mayen*, in: Ebenroth/Boujong/Joost/Strohn, HGB, § 114 Rn. 44; *v. Ditfurth*, in: MüHdb/GesR, Band 1, § 53 Rn. 33; für die KG: BGH NJW-RR 1987, 869 (870); BGH DStR 1991, 1355; *Mutter*, in: MüHdb/GesR, Band 2, § 8 Rn. 81.
104 *Borsche*, S. 31.
105 *K. Schmidt*, GesR, § 14 IV 1, S. 428 f.
106 *Schönle*, ZHR 126 (1964), 199; *Borsche*, S. 31.
107 Vgl. etwa BGH NJW-RR 1987, 869 (870).
108 *K. Schmidt*, GesR, § 14 VI 1, S. 429; *Weitemeyer*, ZGR 2005, 280 (281); *Borsche*, S. 22 ff.;

schaftsform einordnet.[109] Denn selbst wenn es sich nicht um eine Gesellschaft handelt, sondern lediglich um einen »Verband sui generes«,[110] legen doch die zahlreichen Parallelen zum Gesellschaftsrecht ihre Behandlung eher an dieser Stelle als bei der bürgerlich-rechtlichen Entlastung nahe.

Die Gemeinschaft der Wohnungseigentümer soll – anders als die Aktiengesellschaft, die GmbH und die Genossenschaft – zwar keine juristische Person sein, nach § 10 Abs. 6 Satz 1 WEG kommt ihr aber dennoch Rechtsfähigkeit zu.[111] Allerdings wurde die Rechtsfähigkeit der Gemeinschaft bis zu der grundlegenden Entscheidung des Bundesgerichtshofs im Jahre 2005[112] heftig bestritten,[113] und selbst danach fand der Streit erst zwei Jahre später durch die gesetzgeberische Klarstellung in § 10 Abs. 6 WEG ein Ende.[114] Dennoch war die Geltung der gesellschaftsrechtlichen Entlastungsgrundsätze bereits vor der Anerkennung der Rechtsfähigkeit nahezu unbestritten, weil das WEG für das Innenverhältnis der Gemeinschaft seit jeher eine differenzierte Kompetenzverteilung zwischen den Miteigentümern (§§ 21 ff. WEG), dem Verwalter (§§ 26–28 WEG) und dem (fakultativen) Verwaltungsbeirat (§ 29 WEG) vorsah. Im Innenverhältnis war die Gemeinschaft damit ganz ähnlich strukturiert und organisiert wie eine juristische Person.[115] Unabhängig von der in Frage stehenden Rechtsfähigkeit der Gemeinschaft sah man in eben diesen Übereinstimmungen der Binnenorganisation seit langem einen tragfähigen Anknüpfungspunkt für die Übertragung gesell-

---

109 *Hadding*, ZWE 2012, 61: »spezifische Gesellschaftsform«; früher schon *Junker*, Die Gesellschaft nach dem Wohnungseigentümergesetz, 1993, S. 75 ff.; gegen ihn aber *K. Schmidt*, GesR, § 1 I c, S. 5 f. (freilich vor Inkrafttreten des § 10 Abs. 6 WEG).

110 BGHZ 163, 154 (172); *Schmid*, BlGBW 1981, 142; *Maroldt*, Die Rechtsfolgen einer Rechtsfähigkeit der Gemeinschaft der Wohnungseigentümer, 2004, S. 7; *Pauly*, WuM 2002, 531 (533); *Wenzel*, ZWE 2006, 2 (5); *ders.*, NZM 2006, 321; *Häublein*, FS Wenzel, 2005, S. 175 (191); *Jennißen*, NZM 2006, 203 (204) spricht gleichbedeutend vom einen »Verband eigener Art«, Bundestags-Drs. 16/887, S. 141 von einem »Rechtssubjekt eigener Art«.

111 In Rechtsprechung und Schrifttum ist insoweit häufig bloß von einer »Teilrechtsfähigkeit« die Rede. Dieser Begriff ist freilich ungenau, ausführlich *Rühlicke*, ZWE 2007, 261 ff. Kritikisch im Gesellschaftsrecht auch *Mülbert*, AcP 199 (1999), 38 (44 ff.); *U. Huber*, FS Lutter (2000), S. 107 (112); *Beuthien*, JZ 2003, 715 (718); *ders.*, NJW 2005, 855 (856).

112 BGHZ 163, 154.

113 Statt vieler: BGH NJW 1998, 3279; BayObLG NJW-RR 2002, 445 (446); BayObLG NJW 2002, 1506 (1507); *Ott*, ZMR 2002, 97. Teilrechtsfähigkeit (vor BGHZ 163, 154) bejahend: *Bärmann*, NJW 1989, 1060 ff.; *ders.*, PiG 22, 215 ff.; *Bub/Petersen*, NZM 1999, 646 (648); *Bub*, ZWE 2002, 103 (105 ff.); *Raiser*, ZWE 2001, 173; *Maroldt*, ZWE 2002, 387; *Schwörer*, NZM 2002, 421; *Derleder*, PiG 63, 29 ff.; *Häublein*, FS Wenzel, 2005, S. 175 ff.

114 Drastisch: *Bork*, ZIP 2005, 1205; vgl. auch *Lüke*, ZfIR 2005, 516; *Armbrüster*, ZWE 2005, 369.

115 *K. Schmidt*, GesR, § 1 I c, S. 6 meint insofern, der Gesetzgeber bediene sich gesellschaftsrechtlicher Elemente um nichtgesellschaftsrechtlicher Zwecke willen.

schaftsrechtlicher Grundsätze auf das Wohnungseigentumsrecht. So wurden Verwalter und Verwaltungsbeirat schon früh als »Organe« der Gemeinschaft angesehen.[116] Die Übertragung gesellschaftsrechtlicher Grundsätze blieb daneben zu Recht nicht nur auf die Bestellung oder Abberufung beschränkt,[117] sondern wurde auch für die Entlastung fruchtbar gemacht, die in § 46 Nr. 5 GmbHG immerhin in einem Atemzug mit der Bestellung und Abberufung genannt ist. Die Zuständigkeit der Wohnungseigentümerversammlung zur Entscheidung über die Entlastung wird allgemein aus §§ 21 Abs. 3, 23 Abs. 1 WEG abgeleitet, denn auch ohne dass der Beispielkatalog des § 21 Abs. 5 WEG die Entlastung erwähnt, handelt es sich um eine Maßnahme der »ordnungsmäßigen Verwaltung« des gemeinschaftlichen Eigentums.[118] Die Entscheidung über die Entlastung erfolgt wiederum durch Beschluss mit der einfachen Mehrheit der Stimmen (§ 25 Abs. 1 WEG). Das Stimmverbot des § 25 Abs. 2 WEG wird dabei allgemein dahin ausgelegt, dass der Verwalter bzw. die Mitglieder des Verwaltungsbeirats von der Beschlussfassung über die eigene Entlastung ausgeschlossen sind.[119]

Auch im Wohnungseigentumsrecht ist die Entlastung in den Rechenschaftsvorgang eingebunden. Da dem Verwalter eine nach §§ 26 ff. WEG besonderes ausgestaltete Geschäftsbesorgung für die Gemeinschaft der Wohnungseigentümer obliegt, ist er zur Rechenschaft und Rechnungslegung verpflichtet, die durch § 28 Abs. 3 und 4 WEG an die Erfordernisse des Wohnungseigentumsrecht angepasst wird.[120] In der Praxis des Wohnungseigentumsrechts wird über die Entlastung typischerweise im Zusammenhang mit der Jahresabrechnung entschieden. Häufig sind beide Gegenstände in einem Tagesordnungspunkt zusammengefasst oder folgen doch unmittelbar aufeinander. Wie schon das Vereinsrecht ordnet auch das WEG nicht an, dass über die Entlastung periodisch zu entscheiden ist. Daraus lässt sich ableiten, dass es sich bei der Entlastung – vorbehaltlich abweichender Vereinbarungen – um einen fakultativen Beschlussgegenstand handelt.

---

116 So schon *Merle*, Das Wohnungseigentum im System des bürgerlichen Rechts, 1977, S. 15; aus neuerer Zeit: *Schürnbrand*, S. 11; *Hadding*, ZWE 2012, 61 (62).

117 Zur Trennung zwischen Bestellungs- und Anstellungsrechtsverhältnis *Striewski*, ZWE 2001, 8; *Bogen*, Die Amtsniederlegung des Verwalters im Wohnungseigentumsrecht, 2001, S. 3 ff.

118 Statt aller BGHZ 156, 19 (26); *M. Becker*, in: Bärmann, WEG, § 28 Rn. 199. Das Merkmal der »Ordnungsmäßigkeit« ist dabei nicht kompetenzbegründend: BGHZ 145, 158 (169); *Merle* in: Bärmann, WEG, § 23 Rn. 10; a.A. *Häublein*, ZMR 2000, 423 (429); *ders.* ZWE 2001, 2 (4).

119 Für den Verwalter: OLG Köln NJW-RR 2007, 670: »entsprechend § 25 Abs. 5 WEG«; OLG Karlsruhe ZMR 2008, 408; für die Mitglieder des Verwaltungsbeirats: OLG Zweibrücken NJW-RR 2002, 735; vgl. ausführlich *Merle*, in: Bärmann, WEG, § 25 Rn. 139.

120 BGH NJW 1997, 2106 (2108); BGHZ 156, 19 (26); zur Unterscheidung zwischen der Erstellung der Jahresabrechnung in § 28 Abs. 3 WEG und der übrigen Rechnungslegung nach § 28 Abs. 4 WEG vgl. *M. Becker*, in: Bärmann, WEG, § 28 Rn. 103.

2. Die Rechtsfolgen der Entlastung

Ebenso wie bei den Geschäftsbesorgungsverhältnissen des Bürgerlichen Rechts stellt die Entlastung danach auch im Gesellschafts- und Wohnungseigentumsrecht den förmlichen Abschluss des Rechenschaftsvorgangs dar. Vor diesem Hintergrund überrascht es wenig, dass die gesellschaftsrechtliche Entlastung grundsätzlich in gleichem Umfang zum Verlust bekannter und erkennbarer Ersatzansprüche führen soll.

a) Verlust bekannter und erkennbarer Ersatzansprüche

Neben den bereits erwähnten Zuständigkeits- und Verfahrensvorschriften findet sich freilich nur im Aktienrecht eine gesetzliche Regelung zu den Rechtsfolgen der Entlastung: § 120 Abs. 2 Satz 2 AktG legt fest, dass die Entlastung der Mitglieder des Vorstands und des Aufsichtsrats der Aktiengesellschaft »keinen Verzicht auf Ersatzansprüche« enthält. Die Besonderheit dieser Vorschrift besteht darin, dass sie sich zwar als einzige Rechtsnorm überhaupt mit den Rechtsfolgen der Entlastung näher befasst, gleichwohl aber nach nahezu einhelliger Ansicht als eine Sondervorschrift des Aktienrechts angesehen wird, die einer Verallgemeinerung oder Übertragung auf andere Gesellschaftsformen schon im Ansatz nicht zugänglich sei. Diese Sichtweise, die auf der Annahme beruht, dass der Gesetzgeber die Geltung der klassischen Entlastungsfolgen für das Aktienrecht bewusst ausgeschlossen hat, soll im zweiten Kapitel ausführlicher auf ihre Berechtigung und Reichweite untersucht werden.[121] Für das übrige Gesellschaftsrecht ist demgegenüber weithin anerkannt, dass die Gesellschaft als Folge der Entlastung mit solchen Ersatzansprüchen ausgeschlossen ist, die dem entlastenden Organ bekannt waren oder bei sorgfältiger Prüfung der unterbreiteten Vorlagen und Berichte bekannt sein konnten.[122] Die Rechtsfolge der Entlastung ist daher – mit

---

121 Hierzu ausführlich mit Nachweisen S. 56 ff.

122 Allgemein für das Verbandsrecht statt vieler: *K. Schmidt*, ZGR 1978, 425 ff.; *Weitemeyer*, ZGR 1995, 280 (282). Für die GmbH: BGH NJW 1959, 192 (193); BGH NJW 1975, 1273; BGHZ 94, 324 (326); BGHZ 97, 382 (384); BGH NJW 1989, 2694 (2695); BGH NJW-RR 2003, 895 (896). *Bayer*, in: Lutter/Hommelhoff, GmbHG, § 46 Rn. 26; *Hüffer*, in: Ulmer, GmbHG, § 46 Rn. 65; *Liebscher*, in: MüKo/GmbHG, § 46 Rn. 147; *Römermann*, in: Michalski, GmbHG, § 46 Rn. 280; *K. Schmidt*, in: Scholz, GmbHG, § 46 Rn. 94; *Zöllner*, in: Baumbach/Hueck, GmbHG, § 46 Rn. 41. Für die Genossenschaft: BGH NZG 2002, 195 (197); *Fandrich/Bloehs*, in: Pöhlmann/Fandrich/Bloehs, GenG, § 48 Rn. 17; Nägele/Nestel, BB 2000, 1253 (1256); offengelassen: BGH NZG 2005, 562 (563); a.A. *Beuthien*, GenG, § 48 Rn. 8; *Beuthien/Stilz*, WuB II D. § 48 GenG 1.02; *K. Müller*, GenG, § 48 Rn. 72c; ihnen folgend: *Jungmann*, EWiR 2005, 501 (502); *Schöpflin*, WuB II D. § 34 GenG 1.05. Für den Verein: BGHZ 24, 47 (54); BGH NJW 1987, 2430 (2431); BGH NJW-RR 1988, 745 (748); Soergel/*Hadding*, § 27 Rn. 24; *Reuter*,

Ausnahme des Aktienrechts – identisch mit der der bürgerlich-rechtlichen Entlastung.

Wegen der größeren praktischen Bedeutung finden sich im Gesellschaftsrecht vertiefte Ausführungen zu den von der Entlastung betroffenen Ansprüchen. Ihre Rechtsfolgen sollen sich nicht nur auf Schadensersatzansprüche aus dem Geschäftsbesorgungsverhältnis – d.h. aus dem Bestellungs- und Anstellungsrechtsverhältnis – erstrecken, sondern auch auf anderweitige Ersatzansprüche.[123] Dass hierunter nicht nur Schadensersatzansprüche zu verstehen sind, ist für »Ersatzansprüche« im Sinne des § 46 Nr. 8 GmbHG[124] oder des § 147 Abs. 1 AktG[125] seit langem anerkannt. Ausführlich hat der Bundesgerichtshof die Erstreckung der Entlastung auf Bereicherungsansprüche im GmbH-Recht begründet: Die Entlastung würde ihrem Wesen als umfassende Billigung der Geschäftsführung nicht gerecht, wenn sich der aus ihr folgende Anspruchsverlust nur auf Schadensersatzansprüche, nicht aber zugleich auch auf die durch dieselbe Handlung begründeten Bereicherungsansprüche bezöge.[126] Komme wegen Fehlens der subjektiven Voraussetzungen eines Schadensersatzanspruchs von vornherein nur ein Bereicherungsanspruch in Frage, so müsse dieser erst recht ausgeschlossen sein; denn wenn ein Geschäftsführer, der den schadensersatzrechtlichen Haftungstatbestand objektiv und subjektiv erfülle, durch Entlastung von seiner Haftung freikäme, könne für den bloß objektiv pflichtwidrig handelnden Geschäftsführer nichts anderes gelten.[127] Gründe für eine Besserstellung gerade des schadenser-

in: MüKo/BGB, § 27 Rn. 47; *Schöpflin*, in: Bamberger/Roth, § 27 Rn. 24. Für Personengesellschaften: BGH DStR 1991, 1355 f.; *Hueck*, Recht der OHG, S. 191; *Podewils*, BB 2014, 2632 (2633); *Rawert*, in: MüKo/HGB, § 114 Rn. 71. Für die Wohnungseigentümergemeinschaft: BGH, NJW 1997, 2106 (2108); BGHZ 156, 19 (25 f.); BGH NJW 2003, 3554 (3555); *Becker*, in: Bärmann, WEG, § 28 Rn. 198; *Hügel*, in: Bamberger/Roth, § 28 WEG Rn. 21. Gegenansichten: *Barner*, S. 44 ff., 85 f. und *Häublein*, ZfIR 2003, 764 (766): nur bei Kenntnis. *Beuthien*, GmbHR 2014, 682 ff.: Beweislastumkehr.

123 Grundlegend für Bereicherungsansprüche BGHZ 97, 382 (385 ff.); vgl. insoweit auch BGH NJW-RR 1988, 745 (748); BGH NZG 2002, 195 (197); wohl auch schon BGH NJW 1997, 2106 (2108): »Schadensersatz- oder Herausgabeansprüche« und BGH NJW 2003, 3554 (3555): »primäre Ansprüche und ... sekundäre Ersatzansprüche«.

124 BGH NJW 1975, 977 (978); BGHZ 80, 69 (75 f.); BGHZ 97, 382 (384 f., 390 f.); *Zöllner*, in: Baumbach/Hueck, GmbHG, § 46 Rn. 58; *Schindler*, in: Ziemons/Jaeger, GmbHG, § 46 Rn. 97; *Liebscher*, in: MüKo/GmbHG, § 46 Rn. 232; *Roth*, in: Roth/Altmeppen, GmbHG, § 46 Rn. 61; *Hüffer*, in: Ulmer, GmbHG, § 46 Rn. 92, 94; *K. Schmidt*, in: Scholz, GmbHG, § 46 Rn. 147.

125 *Bezzenberger*, in: GK/AktG, § 147 Rn. 12; *Spindler*, in: K. Schmidt/Lutter, AktG, § 147 Rn. 3; *Mock*, in: Spindler/Stilz, AktG, § 147 Rn. 10; *Schröer*, in: MüKo/AktG, § 147 Rn. 18 f.; Hüffer/*Koch*, AktG, § 147 Rn. 2.

126 BGHZ 97, 382 (386 f.).

127 BGHZ 97, 382 (387).

satzpflichtigen Geschäftsführers seien nicht ersichtlich.[128] Auch der nur objektiv pflichtwidrig handelnde Geschäftsführer, der einen Bereicherungsanspruch auslöse, müsse deshalb gleichermaßen in den Genuss der Haftungsfreistellung gelangen. Erforderlich sei aber wiederum, dass ein sachlicher Zusammenhang zwischen der Geschäftsführung und dem Bereicherungsanspruch bestehe, dass nämlich »die die Bereicherung begründende Vermögensverschiebung auf eine Maßnahme der Geschäftsführung zurückzuführen« sei.[129] Diese Argumentation weist keinen spezifischen Bezug zur Entlastung des GmbH-Geschäftsführers auf, sondern lässt sich zwanglos auf sämtliche Geschäftsbesorgungsverhältnisse übertragen. Sie gilt gleichermaßen für Schadensersatzansprüche aus unerlaubter Handlung (§§ 823 ff. BGB), soweit die schadensstiftende Handlung wiederum mit der Geschäftsführung in spezifischem Zusammenhang steht.

b) Erstreckung auf Gestaltungsrechte wegen pflichtwidriger Geschäftsführung

Pflichtverletzungen des Geschäftsführers sind zudem nicht nur Anknüpfungspunkt für Ersatzansprüche des Geschäftsherrn, sondern können auch andere Sanktionen des pflichtwidrigen Verhaltens auslösen. Wichtigstes Beispiel ist die gesetzliche Einräumung von Gestaltungsrechten,[130] die dem Geschäftsherrn die einseitige Auflösung des Geschäftsbesorgungsverhältnisses ermöglichen. Auch hier kommt es maßgeblich auf die gesetzliche Ausgestaltung des betroffenen Geschäftsbesorgungsverhältnisses an. Während es bei den klassischen bürgerlich-rechtlichen Geschäftsbesorgungsverhältnissen typischerweise um die »außerordentliche Kündigung« geht, kann im Bereich der Organschaft zwischen der »außerordentlichen Kündigung des Anstellungsvertrags« und der Beendigung des Bestellungsrechtsverhältnisses durch »Abberufung aus wichtigem Grund« unterschieden werden.[131] Die genauen Einzelheiten sind für die vorliegende Untersuchung nicht von Belang, entscheidend ist allein, dass es sich bei sämtlichen der genannten Auflösungsrechte um Gestaltungsrechte (und nicht um Ansprüche) handelt. Hervorzuheben ist freilich, dass die Frage bei den bürgerlich-rechtlichen

---

128 BGHZ 97, 382 (387 f.) gegen das Argument, der Geschäftsführer, der lediglich eine vorhandene Bereicherung herauszugeben habe, sei weniger schutzwürdig als ein Geschäftsführer, der sich anderen Ersatzansprüchen ausgesetzt sehe.

129 BGHZ 97, 382 (386).

130 Der Begriff der Gestaltungsrechte stammt von *Seckel,* Die Gestaltungsrechte des Bürgerlichen Rechts, 1903. Ausführlich zur Lehre von den Gestaltungsrechten: *C. Hattenhauer,* Einseitige private Rechtsgestaltung, 2011, S. 229 ff.

131 BGHZ 156, 19 (26): Entlastung stehe einer Abberufung oder Kündigung aus präkludierten Gründen entgegen.

Geschäftsbesorgungsverhältnissen nur selten relevant wird, weil die Entlastung hier typischerweise den Schlusspunkt der Geschäftsführung bildet und sich deshalb die Frage nach Kündigungsrechten nur in Ausnahmefällen stellt.

c) Kein Ausschluss unverzichtbarer Ansprüche

Daneben sind bei manchen Gesellschaftsformen auch Einschränkungen der Entlastungsfolgen anerkannt. So soll sich der Rechtsverlust im GmbH-Recht nach einhelliger Ansicht nicht auf unverzichtbare Ansprüche erstrecken (§§ 9b Abs. 1, 30, 43 Abs. 3 S. 2, 57 Abs. 4, 64 S. 4 GmbHG).[132] Interessanterweise beruht § 120 Abs. 2 Satz 2 AktG auf einer ähnlichen Erwägung: Denn § 93 Abs. 4 Satz 3 AktG schließt einen rechtsgeschäftlichen Verzicht auf Ersatzansprüche nach deren Entstehung für die Dauer von drei Jahren schlechthin aus. Die Normierung des § 120 Abs. 2 Satz 2 AktG beruhte deshalb maßgeblich auf dem Umstand, dass die aktienrechtliche Entlastung für die Dauer der Sperrfrist ohnehin keinen Anspruchsverlust begründen konnte und die Entlastungsfolgen über die Sperrfrist hinaus vereinheitlicht werden sollten.[133] Im Genossenschaftsrecht fehlt es zwar an einer § 93 Abs. 4 Satz 3 AktG entsprechenden Vorschrift (vgl. § 34 Abs. 4 GenG), dennoch wird zuweilen vertreten, dass § 120 Abs. 2 Satz 2 AktG entsprechende Anwendung finden soll.[134] Diesen Bedenken soll im zweiten Kapitel zur Sonderrolle der aktienrechtlichen Entlastung ausführlicher nachgegangen werden.[135]

Besonderheiten bestehen schließlich im Stiftungsrecht bei der Entlastung durch ein mittels Satzung gesondert eingerichtetes Kontrollorgan.[136] Wegen der strengen Bindung des Kontrollorgans an die Interessen der Stiftung, soll ein Rechtsverlust durch Entlastung nur soweit eintreten, wie das *ausnahmsweise* dem Interesse der Stiftung entspricht.[137] Bei näherem Hinsehen steht diese Begrenzung

---

132 BGHZ 97, 382 (389); *Bayer*, in: Lutter/Hommelhoff, GmbHG, § 46 Rn. 26; *Hüffer*, in: Ulmer, GmbHG, § 46 Rn. 67; *Liebscher*, in: MüKo/GmbHG, § 46 Rn. 151; *Roth*, in: Roth/Altmeppen, GmbHG, § 46 Rn. 34; § 43 Rn. 118 ff.; *Römermann*, in: Michalski, GmbHG, § 46 Rn. 291 ff.; *K. Schmidt*, in: Scholz, GmbHG, § 46 Rn. 95; *Zöllner*, in: Baumbach/Hueck, GmbHG, § 46 Rn. 41.

133 Ausführlich S. 58 ff.

134 *K. Müller*, GenG, § 48 Rn. 72c; *Beuthien*, GenG, § 48 Rn. 8; offengelassen von BGH NZG 2005, 562 (563).

135 Vgl. S. 77 ff.

136 Vgl. hierzu bereits S. 26 f.

137 *Reuter*, in MüKo/BGB, § 86 Rn. 22; *Schwintek*, S. 203; *ders.*, ZSt 2005, 108 (115 f.); *Werner*, ZEV 2009, 366 (370); a.A. *Kiethe*, NZG 2007, 810 (813) und ausführlich *Rösing*, S. 52 ff. und S. 133 ff.: Anspruchsverlust als Folge der Entlastung sei nur bei unselbständigen Stiftungen denkbar, weil diese nicht unter staatlicher Aufsicht stehen. Bei selbständigen Stiftungen würde ein Anspruchsverlust die staatlichen Kontrollbefugnisse dagegen entwerten.

mit den Grundsätzen der Entlastung in anderen Geschäftsbesorgungsverhältnissen durchaus in Einklang, weil sich die Reichweite des Rechtsverlusts dort ebenfalls nach den jeweiligen rechtlichen Besonderheiten richtet. Während etwa im GmbH-Recht unverzichtbare Ansprüche unberührt bleiben, sind im Stiftungsrecht schon die allgemeinen Anforderungen an die Zulässigkeit eines rechtsgeschäftlichen Verzichts erheblich strenger. Da ein solcher Verzicht nur dann wirksam ist, wenn er nach umfassender Abwägung im Stiftungsinteresse liegt,[138] kann auch eine Entlastung nur unter diesen strengen Voraussetzungen zu einem Anspruchsverlust führen. Auf der anderen Seite überzeugte es nicht, der Entlastung die Folge eines Anspruchsverlusts schlechthin zu versagen, in der gleichen Entscheidungssituation jedoch einen Verzicht für zulässig zu erachten.[139] Allgemein kann damit aus den vorstehenden Ausführungen abgeleitet werden, dass die Entlastung jeweils nur soweit reichen kann, wie ein rechtsgeschäftlicher Verzicht in Ansehung des betroffenen Geschäftsbesorgungsverhältnisses möglich wäre.

3. Das Fehlen eines Anspruchs auf Entlastung

Neben der Billigung der Geschäftsführung soll die Entlastung im Gesellschafts- und Wohnungseigentumsrecht zugleich eine Vertrauenskundgabe für die Zukunft enthalten.[140] Zuweilen wird die Vertrauenskundgabe sogar als der wesentliche Inhalt der Entlastung angesehen.[141] Schon im Ansatz fehlt eine solche in die Zukunft weisende Vertrauenskundgabe freilich, wenn die Entlastung erst nach endgültigem Abschluss der Geschäftsführung – also nach dem Ausscheiden aus dem Amt – erteilt wird und eine Fortführung der Geschäfte überhaupt nicht im Raume steht.[142] Allenfalls kommt eine in die Zukunft gerichtete Vertrauenskundgabe deshalb bei der periodischen Entlastung in laufenden Geschäftsbesorgungsverhältnissen in Betracht. Freilich ist der rechtliche Ertrag einer solchen Deutung für die vorliegende Untersuchung gering. Denn bei der Vertrauens-

---

138 *Werner*, ZEV 2009, 366 (370); *Burgard*, S. 608 ff.; *Rösing*, S. 68.

139 So aber *Rösing*, S. 69 mit dem Argument, Entlastung und Rechtsverzicht seien »zwei gänzlich unterschiedliche Rechtsinstitute« und nur die Entlastung (nicht aber der Rechtsverzicht) sei geeignet, »die Kompetenzen der staatlichen Stiftungsaufsicht endgültig« einzuschränken.

140 RG DR 1941, 506 (508); RGZ 167, 151 (166); BGHZ 29, 385 (390); BGHZ 36, 296 (306); BGH WM 1967, 503 (507); BGH WM 1976, 204 (205); BGH WM 1977, 361 (362); BGHZ 94, 324 (326); BGHZ 156, 19 (26); BGH NJW 2003, 3554 (3555).

141 In diese Richtung offenbar: *Tellis*, S. 31.

142 BGH NJW 2003, 3554 (3555); *Graff*, S. 93.

kundgabe handelt es sich um eine außerrechtliche Folge der Entlastung. Wie die Regelung des § 120 Abs. 2 Satz 2 AktG zeigt, muss eine Vertrauenskundgabe nicht zwingend mit einem möglichen Rechtsverlust einhergehen. Ob sie Einfluss auf den entlastungsbedingten Rechtsverlust hat, muss auch schon deshalb bezweifelt werden, weil eine solche Vertrauenskundgabe bei der nach dem Ausscheiden aus dem Amt erteilten Entlastung fehlt, die Rechtsfolgen einer solchen Entlastung aber mit denen der periodischen Entlastung übereinstimmen sollen.

Die Deutung der Entlastung als in die Zukunft gerichtete Vertrauenskundgabe hat dagegen im Zusammenhang mit der Frage nach einem gesetzlichen Anspruch auf Entlastung besondere Bedeutung erfahren. So wird gegen einen solchen Anspruch nicht nur auf den Umstand verwiesen, dass ein Verzicht auf Ansprüche nicht davon abhängig gemacht werden könne, dass es diese Ansprüche nicht gebe.[143] Vielmehr wird aus dem Charakter der periodischen Entlastung als Vertrauensbekundung weitergehend abgeleitet, dass auch insoweit ein Entlastungsanspruch ausscheiden müsse, weil man »zur Liebe ... niemanden zwingen« könne.[144] Vor diesem Hintergrund ist im Gesellschaftsrecht ganz überwiegend anerkannt, dass die betroffenen Organmitglieder keinen Anspruch auf Entlastung haben.[145]

4. Zusammenfassung

Im Gesellschaftsrecht hat die Entlastung in zahlreichen Zuständigkeits- und Verfahrensvorschriften ihren Niederschlag gefunden. Nach der gesetzlichen Konzeption entscheidet die Gesellschafterversammlung durch Beschluss, wobei die Entlastung in den jährlichen Rechenschafts- und Rechnungslegungsvorgang einbezogen ist und deren Schlusspunkt markiert. Für das Aktienrecht sieht § 120 Abs. 2 Satz 2 AktG vor, dass die Entlastung keinen Verzicht auf Ersatzansprüche beinhaltet. Gleichwohl soll die Entlastung außerhalb des Aktienrechts nach nahezu einhelliger Ansicht zum Verlust bekannter und aus den vorgelegten Unterlagen erkennbarer Ersatzansprüche führen, auch wenn diese Rechtsfolge im Gesetz nicht eigens normiert ist.

---

143 *K. Schmidt*, ZGR 1978, 425 (441); ihm folgend: BGHZ 94, 325 (328).

144 So bereits *Scholz*, GmbHG, 5. Auflage 1964, § 46 Rn. 11; *K. Schmidt*, ZGR 1978, 435 (441); ähnlich BGHZ 94, 325 (326): Es verstehe sich von selbst, dass dieses Vertrauen nicht erzwungen werden könne.

145 Vgl. die Nachweise zuvor; für die Genossenschaft: *K. Müller*, GenG, § 48 Rn. 74; *Beuthien*, GenG, § 48 Rn. 9; *ders.*, GmbHR 2014, 799 (800 ff.); *Cario*, in: Lang/Weidmüller, GenG, § 48 Rn. 30; a.A. *Zöllner*, in: Baumbach/Hueck, GmbHG, § 46 Rn. 46; *Hüffer*, in: Ulmer, GmbHG, § 46 Rn. 71.

III. Die Gründe für ein einheitliches Verständnis der bürgerlich-rechtlichen und der gesellschaftsrechtlichen Entlastung

Die vorstehenden Ausführungen verdeutlichen, dass die gesellschaftsrechtliche Entlastung über die verschiedenen Gesellschaftsformen hinweg weitgehend einheitlichen Grundsätzen folgt. Mit Blick auf den Untersuchungsgegenstand kommt lediglich der aktienrechtlichen Entlastung eine Sonderrolle zu, weil ihr § 120 Abs. 2 Satz 2 AktG die Wirkung eines Rechtsverzichts abspricht, für die Genossenschaft soll diese Frage einstweilen offen bleiben.[146] In der Zusammenschau ist zu konstatieren, dass die gesellschaftsrechtliche Entlastung im Verhältnis zur bürgerlich-rechtlichen Entlastung zwar vielfältige Besonderheiten aufweist, dieser Umstand gleichwohl nicht dazu zwingt, in der gesellschaftsrechtlichen Entlastung ein eigenständiges, spezifisch gesellschaftsrechtliches Rechtsinstitut zu erblicken. Denn bei näherer Betrachtung beruhen die Unterschiede allein auf der von den Schuldverhältnissen des Bürgerlichen Rechts abweichenden Binnenorganisation der Gesellschaft und der dadurch bedingten besonderen Ausgestaltung der Geschäftsführung. Durchweg handelt es sich um Anpassungen eines allgemeinen Entlastungsinstituts an die besonderen Erfordernisse der jeweiligen Gesellschaftsform respektive des jeweiligen Geschäftsbesorgungsverhältnisses.

1. Die besondere Ausgestaltung der Gesellschaftsorganisation und ihre Auswirkungen auf die Entlastung

Das auffälligste Merkmal der gesellschaftsrechtlichen Entlastung besteht darin, dass die Gesellschafter hierüber durch Beschluss entscheiden. Dieses Erfordernis ist indes kein Spezifikum der Entlastung, sondern gilt im Grundsatz für sämtliche Entscheidungen, die die Gesellschafter als Personenmehrheit zu treffen haben. Im Ausgangspunkt stellt sich der Beschluss lediglich als Instrument der kollektiven Willensbildung[147] und damit als funktionaler Ersatz für den Willensentschluss einer natürlichen Person dar.[148] Mit der gesetzlichen Anordnung des Beschlusserfordernisses ist deshalb nichts darüber gesagt, ob sich die Entlastung in diesem Beschluss erschöpft oder ob der Beschluss einer weitergehenden Ausführung bedarf, um Rechtsfolgen gegenüber dem Entlasteten zu entfalten. Soweit außer-

---

146 Näher unten S. 56 ff. und S. 77 ff.

147 Monografisch *Baltzer*, Der Beschluss als rechtsethisches Mittel organschaftlicher Funktion im Privatrecht, 1965. Zur Rechtsnatur des Beschlusses *Ernst*, Liber amicorum Leenen, 2012, S. 1.

148 *Weitemeyer*, ZGR 2005, 280 (289).

rechtliche Folgen der Entlastung in Rede stehen, etwa die Sicherung der weiteren vertrauensvollen Zusammenarbeit oder die förmliche Bekundung der Zufriedenheit mit der zurückliegenden Geschäftsführung, genügt die Beschlussfassung in Gegenwart des Entlasteten bzw. bei dessen Abwesenheit die tatsächliche Mitteilung des Beschlussergebnisses. Ebenso ist für die aktienrechtliche Entlastung zu entscheiden. Weil sie nach § 120 Abs. 2 Satz 2 AktG ohnehin keine Rechtswirkungen entfaltet, kommt es auf eine rechtliche Transformation des Beschlusses ins Verhältnis zu den entlasteten Organmitgliedern nicht an. Geht es hingegen außerhalb des § 120 Abs. 2 Satz 2 AktG um die rechtlichen Auswirkungen der Entlastung auf etwaige Ersatzansprüche, so entscheidet erst die im Anschluss zu untersuchende Frage nach der dogmatischen Konstruktion des Rechtsverlusts über die Ausführungsbedürftigkeit des Beschlusses. Es wäre indes verfrüht, bereits an dieser Stelle aus der funktionalen Identität der bürgerlich-rechtlichen und der gesellschaftsrechtlichen Entlastung zwingend auf die materiell-rechtliche Identität der dogmatischen Konstruktion zu schließen. So haben sich im Gesellschaftsrecht auch an anderer Stelle rechtliche Konstruktionen durchgesetzt, die von den bürgerlich-rechtlichen Vorgaben abweichen. Beispielhaft sei auf die rechtsgeschäftliche Begründung der Verpflichtung zur Geschäftsführung verwiesen. Während im Bürgerlichen Recht der Abschluss eines Auftrags- oder Geschäftsbesorgungsvertrags (§§ 662 ff., 675 BGB) erforderlich ist, vollzieht sich die Bestellung von Organmitgliedern als körperschaftlicher Akt nach weithin gebilligter Ansicht nicht im Wege des Vertragsschlusses, sondern durch die Annahme der aufgrund des Bestellungsbeschlusses abgegeben Bestellungserklärung.[149] Gleichwohl wäre es selbst vor diesem Hintergrund nur schwerlich zu rechtfertigen, wenn die im Grundsatz nach identische Rechtsfolge der Entlastung im Bürgerlichen Recht und im Gesellschaftsrecht auf *grundverschiedenen* dogmatischen Konstruktionsansätzen beruhte. Gerade das soll aber – wie im dritten Kapitel näher ausgeführt wird – nach fast einhelliger Ansicht der Fall sein.[150] Der Verweis auf die bei der Bestellung geltenden Grundsätze taugt insofern kaum zur Rechtfertigung, weil mit dem Annahmeerfordernis des Bestellungsbeschlusses bzw. der darauf beruhenden Bestellungserklärung letztlich dem gleichen rechtlichen Grundsatz Rechnung getragen wird wie mit dem Vertragserfordernis im Bürgerlichen Recht, nämlich dass durch Rechtsgeschäft niemand gegen seinen Willen

---

149 BGHZ 52, 316 (321); *K. Schmidt*, GesR, § 14 III 2a, S. 416; *Schürnbrand*, S. 343; *Fleischer*, in: Spindler/Stilz, AktG, § 84 Rn. 5; *Koch*, in: Hüffer, AktG, § 84 Rn. 4; *Liebscher*, in: MüKo/GmbHG, § 46 Rn. 108; *K. Schmidt*, in: Scholz, GmbHG, § 46 Rn. 79; a.A. *Baums*, Geschäftsleitervertrag, S. 40; Soergel/*Hadding*, § 27 Rn. 9; *Hüffer*, in: Ulmer, GmbHG, § 46 Rn. 47: Vertragsschluss.

150 Ausführlich unten S. 114 ff.

mit Pflichten belastet werden darf.[151] Insofern unterscheidet sich zwar die dogmatische Konstruktion von Bestellung und Vertragsschluss, der zugrunde liegende rechtsethische Gedanke ist jedoch identisch, zumal die Annahme des Bestellungsbeschlusses durch den Bestellten faktisch ohnehin die Merkmale eines Vertragsschlusses aufweist.[152]

2. Die besondere Ausgestaltung der Geschäftsführung und ihre Auswirkungen auf die Entlastung

Die Organisation einer Personenmehrheit als Gesellschaft führt daneben zu einer besonderen Ausgestaltung der Geschäftsführung durch die Einrichtung von Organen.[153] Hieraus folgen für die Entlastung ebenfalls gewisse Besonderheiten, die sich im Ergebnis gleichwohl lediglich als notwendige Anpassungen des allgemeinen Entlastungsinstituts an die besonderen Gegebenheiten des Gesellschaftsrechts deuten lassen.

a) Periodizität von Rechenschaft und Entlastung

Ein erster Unterschied zwischen der bürgerlich-rechtlichen und der gesellschaftsrechtlichen Geschäftsbesorgung besteht darin, dass die Geschäftsführung durch die Leitungs- und Aufsichtsorgane dauerhaft verselbständigt ist. Anders als im Bürgerlichen Recht liegt also *typischerweise* eine längerfristige, in aller Regel auf viele Jahre angelegte Geschäftsbesorgung vor. Vor diesem Hintergrund erweist es sich als sinnvoll, die Rechenschaftsablegung nicht bis zum endgültigen Ausscheiden aus der Organstellung aufzusparen. Der gesellschaftsrechtliche Grundsatz periodischer Rechenschaft und daraus folgend periodischer Entlastung beruht demnach maßgeblich auf dem gesetzlichen Leitbild einer dauerhaften Geschäftsbesorgung. Zwar können auch bürgerlich-rechtliche Geschäftsbesorgungsverhältnisse auf Dauer angelegt sein, gleichwohl sieht das Gesetz die längerfristige Geschäftsbesorgung in den §§ 662 ff., 675 BGB nicht als Regelfall an. Vor diesem Hintergrund wird es in besonderer Weise den Erfordernissen kurzfristiger Geschäftsbesorgungsverhältnisse gerecht, die der Regelung als gesetzliches Leitbild zugrunde liegen. Allerdings gewährt das Gesetz den Parteien zum Aus-

---

151 *Spindler*, in: MüKo/AktG, § 84 Rn. 22.

152 Ähnlich *Koch*, in: Hüffer, AktG, § 84 Rn. 4.

153 Ausführlich zum Organbegriff: *Schürnbrand*, Organschaft im Recht der privaten Verbände, 2007, S. 30 ff. Zur klassischen Einteilung der Organe in Leitungs-, Aufsichts- und Willensbildungsorgane vgl. statt aller *K. Schmidt*, GesR, § 14 II 1, S. 408.

gleich hinreichende Gestaltungsfreiheit. Ist die Geschäftsbesorgung längerfristig angelegt, so bedarf es zwar einer gesonderten Absprache über die periodische Rechenschaft (und Entlastung). Diese Absprache muss indes nicht ausdrücklich getroffen werden, sondern kann nach der Natur des Rechtsverhältnisses auch stillschweigend erfolgen.[154] Gegen den Testamentsvollstrecker folgt das sogar aus dem Gesetz: So sieht § 2218 Abs. 2 BGB bei »einer länger dauernden Verwaltung« einen Anspruch auf jährliche Rechnungslegung vor. Die diesbezüglichen Unterschiede zwischen der bürgerlich-rechtlichen und der gesellschaftsrechtlichen Entlastung beruhen damit im Wesentlichen auf unterschiedlichen gesetzlichen Leitbildern über die Dauer der Geschäftsführung.

Die spezifischen Besonderheiten des Geschäftsbesorgungsverhältnisses spielen auch bei der Vormundschaft, der Betreuung und der Pflegschaft eine Rolle. Diese Fürsorgeverhältnisse sind zwar kraft Gesetzes längerfristig angelegt, doch ist der Geschäftsherr – bei der Vormundschaft der Minderjährige – zu einer regelmäßigen Kontrolle und Bewertung der Geschäftsführung nicht in der Lage. Das Gesetz statuiert deshalb zwar eine jährliche Berichts- und Rechnungslegungspflicht gegenüber dem Familiengericht (§§ 1840, 1908i, 1915 BGB), sieht aber mit guten Gründen von einer Entlastung durch Anerkenntnis der Zwischenrechnungen ab (vgl. § 1843 Abs. 1 BGB im Verhältnis zu § 1892 Abs. 2 BGB). Zur Entlastung soll es nach der gesetzlichen Konzeption erst nach Beendigung des Fürsorgeverhältnisses kommen, und selbst dann nur auf Vermittlung des Familiengerichts, das die Schlussrechnung rechnerisch und sachlich zu prüfen hat (§§ 1892 Abs. 2, 1908i BGB).[155] Für eine Sonderstellung der gesellschaftsrechtlichen Entlastung lässt sich hieraus nichts ableiten.

Die vorstehenden Ausführungen verdeutlichen, dass die Entlastung ihren Anwendungsbereich *typischerweise* in längerfristig angelegten Geschäftsbesorgungsverhältnissen hat. Die Dauerhaftigkeit der Geschäftsführung darf indes nicht als zwingende Voraussetzung für die Anwendung der Entlastungsgrundsätze angesehen werden. In diese Richtung wird aber häufig argumentiert. Der Bundesgerichtshof hat die Anwendbarkeit der Entlastungsgrundsätze im Wohnungseigentumsrecht z. B. mit dem Argument gerechtfertigt, dass der Verwalter für die Gemeinschaft der Wohnungseigentümer »für eine längere Zeit« Geschäfte besorge und zur Rechnungslegung verpflichtet sei.[156] Weiter heißt es: »In Rechtsverhältnissen, bei denen Rechenschaft über eine längerfristig angelegte

---

154 BGH WM 1984, 1164 (1165); PWW/*Fehrenbach*, § 666 Rn. 6.

155 Wechselt der Vormund, bedarf der neue Vormund zur Entlastung seines Vorgängers der Genehmigung des Gegenvormunds bzw. des Familiengerichts (§ 1812 BGB), vgl. Erman/*Saar*, § 1892 Rn. 3; Soergel/*W. Zimmermann*, § 1892 Rn. 4; Staudinger/*Veit*, § 1892 Rn. 9.

156 BGHZ 156, 19 (26).

Geschäftsbesorgung durch Rechnungslegung zu geben ist, steht dieser Verpflichtung als Korrelat das Institut der Entlastung gegenüber.«[157] Diese Einschätzung erweist sich nach den bisherigen Ausführungen zwar als zutreffend, darf aber nicht dahin verstanden werden, dass bei kurzfristig angelegten Rechtsverhältnissen ein Rückgriff auf das Entlastungsinstitut ausgeschlossen wäre. Entscheidend ist nicht die Dauer der Geschäftsbesorgung, sondern die funktionale Beziehung zwischen Rechenschaft und Entlastung. Zutreffend ist damit allein die Aussage, dass die *periodische* Rechenschaft und Entlastung eine Besonderheit der längerfristigen Geschäftsführung ist.

b) Regelmäßige Entscheidung über die Entlastung

Ein weiterer Unterschied besteht darin, dass das Gesetz die Frage, ob überhaupt über die Entlastung zu befinden ist, im Gesellschaftsrecht vielfach nicht ins Belieben der Gesellschafter stellt, sondern eine Beschlussfassung über die Entlastung (nicht hingegen die Erteilung der Entlastung!) innerhalb bestimmter Fristen vorsieht. Das gilt für die Aktiengesellschaft und die Genossenschaft (§ 120 Abs. 1 Satz 1 AktG, § 48 Abs. 1 Satz 3 GenG), aber auch für den Lohnsteuerhilfeverein (§ 14 Abs. 1 Satz 1 Nr. 8 StBerG) und – ohne gesetzliche Regelung – für die GmbH.[158] Für die bürgerlich-rechtliche Entlastung wurde dagegen bereits im Zusammenhang mit § 1892 Abs. 2 BGB darauf hingewiesen, dass eine Verpflichtung zur Entscheidung *über* die Entlastung allenfalls aufgrund besonderer Vereinbarung bestehen kann. Dem Geschäftsherrn steht es danach grundsätzlich frei, ob er sich zur Frage der Entlastung äußert.

Die Festlegung der Entlastung als regelmäßiger Gegenstand der Gesellschafterversammlung entspricht bei Kapitalgesellschaften einer langen Rechtstradition. Unter Zugrundelegung des klassischen Entlastungsverständnisses beruht sie einerseits auf dem Umstand, dass die Organmitglieder wegen der Komplexität der Geschäftsführung *typischerweise* ein erhebliches Interesse an der raschen Klärung der Haftungsverhältnisse haben.[159] Anderseits soll die Gesellschaft zu einer möglichst umfassenden Prüfung der erstellten Unterlagen angehalten werden, um der – mit dem klassischen Entlastungsverständnis verbundenen – Gefahr eines Rechtsverlusts zu begegnen. Aus dem Fehlen entsprechender Regelungen im Bürgerlichen Recht folgt insofern nur, dass der Gesetzgeber das Klarstellungsbedürfnis für weniger dringlich und nicht rege-

---

157 BGHZ 156, 19 (26) mit Hinweis auf *Barner*, S. 1.

158 So schon oben, S. 23.

159 Vgl. *Rösing*, S. 18 f.

lungsbedürftig erachtet hat. Bestätigt wird diese Überlegung durch den allgemeinen Befund, dass es im Bürgerlichen Recht ohnehin nur bei besonderen Geschäftsbesorgungsverhältnissen zu einem weiterreichenden Anerkenntnis der Schlussrechnung kommt.[160]

Allerdings lässt sich dieser auf der Klarstellungsfunktion der Entlastung beruhende Gedanke nicht auf das Aktienrecht übertragen, weil die Entlastung dort wegen § 120 Abs. 2 Satz 2 AktG von vornherein nicht auf die Klarstellung der Haftungsverhältnisse gerichtet sein kann. Ihren Grund hat die Aufnahme der Entlastung in den Kreis der regelmäßigen Beschlussgegenstände der Hauptversammlung gleichwohl darin, dass die Aktionäre wegen §§ 76 Abs. 1, 119 Abs. 2 AktG kaum Einfluss auf die Geschäftsführung haben. Die Entlastung stellt sich deshalb als wesentliches Aktionärsinstrument dar, um mit einer Billigung oder Missbilligung überhaupt zu allgemeinen Fragen der Geschäftsführung kollektiv Stellung zu beziehen.[161] Hinzu tritt ein weiterer wesentlicher Gesichtspunkt, der über die Aktiengesellschaft hinaus auch bei anderen Gesellschaftsformen Bedeutung erlangt, namentlich bei der Genossenschaft und dem Verein. Bei diesen Gesellschaften ist das individuelle Auskunftsrecht der Gesellschafter in der Versammlung unter Rückgriff auf § 131 AktG nämlich grundsätzlich stark eingeschränkt.[162] Erst die Erörterung der Entlastung erstreckt dort das Auskunftsrecht auf allgemeine Fragen der Geschäftsführung.[163] Die grundsätzliche Beschränkung des Auskunftsrechts findet bei näherer Betrachtung also erst dadurch ihre Rechtfertigung, dass die Gesellschafter im Zusammenhang mit der Entlastung dennoch weitreichende Auskünfte zur Geschäftsführung verlangen können. Der innere Wertungs- und Verweisungszusammenhang zwischen dem Auskunftsrecht und der Erörterung der Entlastung in der Versammlung verdeutlicht, dass das Gesetz den Gesellschaftern Auskünfte über allgemeine Fragen der Geschäftsführung nicht vorenthalten will, sondern entscheidend darauf abzielt, die einzelnen Auskunftsbegehren in der Versammlung zu bündeln und zu kanalisieren. Die Aufwertung des Auskunftsrechts durch die Erörterung der Entlastung in der Versammlung wird häufig mit dem Stichwort der Kontrollfunktion der Entlastung umschrieben.[164] Für die hier zu untersuchende Frage nach der dogmatischen Konstruktion des entlastungsbedingten Rechtsverlusts spielt diese Funktion freilich keine maßgebende Rolle, weil sie – wie § 120 Abs. 2 Satz 2 AktG zeigt – einen solchen Rechtsverlust gar nicht voraussetzt.

---

160 Vgl. oben S. 15.

161 *A. Zimmermann*, S. 56 f.

162 Zur analogen Anwendung des § 131 AktG auf Genossenschaft und Verein: S. 23 und 26.

163 Ebenda; vgl. darüber hinaus *A. Zimmermann*, S. 23 und S. 61 ff.

164 Ausführlich *A. Zimmermann*, S. 56 ff. m.w.N.

3. Die Unterscheidung zwischen der Billigung der Rechnungslegung und der Billigung der Geschäftsführung

Im Gesellschaftsrecht unterscheidet das Gesetz konsequent zwischen der Beschlussfassung über den Jahresabschluss (§ 173 Abs. 1 AktG, § 46 Nr. 1 GmbHG, § 48 Abs. 1 GenG) und der Beschlussfassung über die Entlastung (§ 120 Abs. 1 AktG, § 46 Nr. 5 GmbHG, § 48 Abs. 1 GenG).[165] Im Bürgerlichen Recht ist diese Unterscheidung weniger streng ausgeprägt, weil die Entlastung hier häufig gerade in dem Anerkenntnis der Schlussrechnung zum Ausdruck kommt. Dennoch wurde bereits zu Beginn der Arbeit darauf hingewiesen, dass das Anerkenntnis der Schlussrechnung nur dann als konkludente Entlastung ausgelegt werden kann, wenn über den formalen Inhalt der Rechnung hinaus auch die zugrunde liegende Geschäftsführung gebilligt wird.[166] Auf den ersten Blick mag eine solche Unterscheidung künstlich anmuten, weil das bloße Anerkenntnis der Rechnung ohne Billigung der zugrunde liegenden Geschäftsführung vielfach kaum sinnvoll erscheint (allenfalls § 368 BGB). Das hängt damit zusammen, dass sich die Abrechnung im Bürgerlichen Recht typischerweise auf eine deklaratorische Feststellung der bestehenden Zahlungsverpflichtungen beschränkt. Die Verpflichtungen werden durch die Rechnung zwar nicht selten erstmals beziffert, also inhaltlich näher konkretisiert, doch entfaltet die Rechnung für den Umfang der Forderungen grundsätzlich keine konstitutive Wirkung, sondern fasst nur das zusammen, was ohnehin geschuldet ist.

Anders verhält es sich im Gesellschafts- und Wohnungseigentumsrecht, wo die erstellten Zahlenwerke als formelle Grundlage für weitergehende Entscheidungen dienen. So knüpft der Beschluss über die Gewinnverwendung an den zuvor festgestellten Jahresabschluss an (§§ 174 Abs. 1 Satz 2, 173 Abs. 1 AktG, § 29 GmbHG, §§ 19 Abs. 1 Satz 1, 48 Abs. 1 Satz 1 GenG).[167] Aufbauend auf dem Wirtschaftsplan legt der Beschluss über die Jahresabrechnung im Wohnungseigentumsrecht die Höhe der Beitragspflichten der Wohnungseigentümer verbindlich fest (§§ 16 Abs. 2, 28 Abs. 5 WEG).[168] Das Erfordernis eines Beschlusses über die

---

165 Im Aktienrecht gilt das freilich nur, wenn die Hauptversammlung den Jahresabschluss nach § 173 Abs. 1 AktG ausnahmsweise selbst feststellt. Im Grundsatz erfolgt die Feststellung des Jahresabschlusses aber bereits durch Billigung des Aufsichtsrats, § 172 AktG. Der Hauptversammlung wird der festgestellte Jahresabschluss dann lediglich vorgelegt. Vgl. ausführlich: *Hennrichs/Pöschke*, in: MüKo/AktG, § 172 Rn. 1 ff.

166 Vgl. oben S. 14.

167 Hüffer/*Koch*, AktG, § 174 Rn. 3; *Fastrich*, in: Baumbach/Hueck, GmbHG, § 29 Rn. 7.

168 Einen Zahlungsanspruch begründet der Beschluss über die Jahresabrechnung aber nur in Höhe der sog. Abrechnungsspitze: BGHZ 131, 228 (231 f.); BGHZ 142, 290 (296); BGH NJW 2010, 2127

Rechnungslegung ergibt sich in all diesen Fällen daraus, dass die Rechnungslegung Anknüpfungspunkt für weitergehende Rechtsfolgen ist, und zwar unabhängig davon, ob die Teilhaber die Geschäftsführung durch die Organmitglieder inhaltlich billigen. Anders als bei der bürgerlich-rechtlichen Geschäftsbesorgung hat die Billigung der Abrechnung im Gesellschafts- und Wohnungseigentumsrecht folglich einen eigenständigen rechtlichen Charakter. Das hat Auswirkungen auf die Auslegung: So ist im Wohnungseigentumsrecht umstritten, ob im Beschluss über die Jahresabrechnung zugleich eine Entscheidung über die Entlastung enthalten ist.[169] Der Streit beruht auf dem Umstand, dass die Entlastung im WEG anders als in §§ 120 Abs. 1 AktG, § 46 Nr. 5 GmbHG, § 48 GenG nicht als eigenständiger obligatorischer Beschlussgegenstand geregelt ist, der formal neben den Abrechnungsbeschluss tritt. Beide Beschlüsse können deshalb zusammenfallen. Gleichwohl handelt es sich nach den vorstehenden Ausführungen um zwei verschiedene Beschlussgegenstände.[170] Da die Wohnungseigentümer über die Jahresabrechnung aber zwingend zu beschließen haben (§ 21 Abs. 4 WEG), um die notwendige Entscheidung über die Verteilung der Lasten und Kosten herbeizuführen, ist im Ausgangspunkt nicht anzunehmen, dass hierin zugleich eine konkludente Entlastung liegt. Denn die Entlastung betrifft nicht die obligatorische Frage der Kostenverteilung, sondern die inhaltliche Billigung der Geschäftsführung, über die die Wohnungseigentümer wegen des Fehlens entsprechender Vorgaben im WEG gar nicht zwingend entscheiden müssen.[171] Bei der Auslegung des obligatorischen Abrechnungsbeschlusses als fakultative Entlastung ist deshalb Zurückhaltung geboten. Sie ist nur dann möglich, wenn über die Billigung der Abrechnung hinaus konkrete Anhaltspunkte dafür bestehen, dass ausnahmsweise zugleich auch die zugrunde liegende Geschäftsführung gebilligt werden soll.[172] Anders verhält es sich bei der bürgerlich-rechtlichen Geschäftsführung. Weil hier ein Anerkenntnis der Schlussrechnung ohne Billigung der Geschäftsführung vielfach funktionslos wäre, lässt sich eine konkludente Entlastung bei einer komplexeren und längerfristigen Geschäftsführung eher annehmen. Eine solche Auslegung wird erst dann ausscheiden, wenn das Anerkenntnis z. B. er-

---

Tz. 13; BGH NJW 2012, 2797 Tz. 20; zu den überaus komplexen Einzelheiten vgl. nur: *M. Becker*, in: Bärmann, WEG, § 28 Rn. 63.

169 Statt vieler: KG NJW-RR 1986, 1337: Beschluss über Jahresabrechnung bedeute zugleich Entlastung; *M. Becker*, in: Bärmann, WEG, § 28 Rn. 195: Beschluss über die Jahresabrechnung gehe in der Regel mit Entlastung einher.

170 So schon BayObLGZ 1983, 314 (319); vgl. auch OLG München NJW-RR 2007, 1094 (1095).

171 Siehe bereits S. 29.

172 Ausführlich *Gottschalg*, Die Haftung vom Verwalter und Beirat, Rn. 292; OLG München NJW-RR 2007, 1094 (1095).

sichtlich nur als Quittung über den Empfang der Abrechnung (§ 368 BGB) gemeint war.

Für die verbreitete These, wonach die Entlastung ein spezifisch gesellschaftsrechtliches Institut sein solle, lässt sich aus den vorstehenden Ausführungen freilich kein Argument gewinnen. Aus den Überlegungen folgt allenfalls ein spezifisch gesellschaftsrechtlicher Charakter der Beschlussfassung über die Rechnungslegung.

4. Zusammenfassung

Bei der Entlastung handelt es sich nicht um ein spezifisches gesellschaftsrechtliches Rechtsinstitut, sondern um eine besondere Ausprägung eines allgemeinen Entlastungsinstituts des Privatrechts. Die gesellschaftsrechtlichen Vorschriften über die Entlastung beruhen einerseits auf den Besonderheiten der inneren Organisation der Gesellschaft und tragen andererseits der auf Dauer angelegten Geschäftsführung besonders Rechnung.[173] So ist das Beschlusserfordernis kein Spezifikum der Entlastung, sondern gilt für sämtliche Gegenstände, die der Gesellschafterversammlung zur Entscheidung zugewiesen sind. Aus dem Beschlusserfordernis kann auch nicht abgeleitet werden, dass sich die Entlastung in dem Entlastungbeschluss erschöpft.[174] Über die Ausführungsbedürftigkeit des Beschlusses entscheidet vielmehr erst die Frage, auf welche Weise sich die Entlastungsfolgen dogmatisch konstruieren lassen. Im Ausgangspunkt ist dabei nicht ausgeschlossen, dass den gesellschaftsrechtlichen Besonderheiten hierbei ebenfalls Rechnung zu tragen ist. Das Erfordernis periodischer Rechenschaft und Entlastung beruht demgegenüber auf dem Leitbild einer auf Dauer angelegten Geschäftsführung.[175] Die gesetzliche Anordnung, dass regelmäßig über die Entlastung zu entscheiden ist, findet ihren Grund einerseits in dem typischen Bedürfnis der Organmitglieder nach Klarstellung und andererseits in der mit der Erörterung der Entlastung verbundenen Aufwertung der versammlungsbezogenen Auskunftsrechte nach Maßgabe des § 131 AktG.[176]

---

173 Ausführlich S. 36 ff.
174 Ausführlich S. 36 ff.
175 Ausführlich S. 38 ff.
176 Ausführlich S. 41 f.

IV. Die rechtlichen Folgen des funktionellen Zusammenhangs von Rechenschaft und Entlastung

Aus dem funktionellen Zusammenhang von Rechenschaft und Entlastung lassen sich bereits an dieser Stelle einige wesentliche rechtliche Folgerungen über die inhaltliche Reichweite der Entlastung ableiten. Im Ausgangspunkt besteht Einigkeit, dass sich die Entlastung in Ansehung des Rechtsverlusts nicht generell auf die Geschäftsführung in ihrer Gesamtheit erstreckt.[177] Die verbreitete Formulierung, mit der Entlastung billige der Geschäftsherr *die* zurückliegende Geschäftsführung, suggeriert zwar, dass sich die Billigung auf die *gesamte* Geschäftsführung bezieht. Doch entspricht es einhelliger Ansicht, dass der Geschäftsführer nicht in den Genuss der Entlastungsfolgen gelangt, soweit er von der Mitteilung bestimmter Geschäftsvorgänge absieht und diese Vorgänge dem Geschäftsherrn auch im Übrigen unbekannt bleiben.[178] Das Gleiche gilt, wenn mögliche Verfehlungen in der Rechenschaft nur verschleiert oder zwar vollständig, aber irreführend zum Ausdruck kommen.[179] Aus dem funktionalen Zusammenhang von Rechenschaft und Entlastung folgt vielmehr, dass es beim Geschäftsführer liegt, »durch hinreichende Offenheit ... die Tragweite der erbetenen Entlastung selbst zu bestimmen.«[180] Die Entlastung erfasst die Geschäftsführung daher grundsätzlich nur soweit, wie sie für den Geschäftsherrn gerade aus der geleisteten Rechenschaft erkennbar ist.[181] Mit einer solchen Sichtweise soll dem eingangs dargestellten Bedürfnis des Geschäftsführers nach Klarheit über seine Haftung hinreichend Rechnung getragen werden, indem *ihm* ein Instrument an die Hand gegeben wird, um langfristige Haftungsrisiken zu begrenzen. Legt er die neuralgischen Punkte der Geschäftsführung offen, muss er zwar damit rechnen, dass der Geschäftsherr hieran Anstoß nimmt und die Entlastung mit Blick auf mögliche Ersatzansprüche verweigert. Gleichwohl bleiben dem Geschäftsführer die mit dem fortschreitenden Zeitablauf einhergehenden besonderen Haftungsrisiken erspart, weil er es mittels der negativen Feststellungsklage (§ 256 ZPO) selbst in der Hand hat, eine zeitnahe gerichtliche Klärung herbeizuführen. Selbst wenn die Entlastungsverweigerung nicht auf rechtliche Verfehlungen gestützt wird, sondern mit einem allgemeinen Vertrauensverlust begründet wird, ist der Geschäftsführer jedenfalls vorgewarnt

---

177 Vgl. auch *Graff*, S. 104 ff.; ungenau: BGHZ 97, 382 (388): Entlastung beinhalte »die Billigung aller von ihm ... in Ausübung der Geschäftsführung vorgenommenen Einzelmaßnahmen.«

178 *Graff*, S. 105 f.; in diese Richtung bereits: RGZ 153, 162 (166).

179 *Schmeling*, S. 139; *Graff*, S. 106.

180 Für den Verein: BGH NJW-RR 1988, 745 (748); für die Genossenschaft: BGH NZG 2002, 195 (197); BGH NZG 2005, 562 (563).

181 *Graff*, S. 105: Entlastung wirke nur soweit, wie sie »sehenden Auges« erteilt worden sei.

und angehalten, seine Geschäftsführung einer kritischen Prüfung zu unterziehen und die erforderlichen Beweismittel zu sichern.

Erteilt der Geschäftsherr dagegen vorbehaltlos Entlastung, findet eine Risikoverlagerung statt. Beruht die Entlastung – wie im praktischen Regelfall – nämlich auf der Überzeugung, dass die Geschäftsführung im Wesentlichen ordnungsgemäß und *deshalb* zu billigen war, so trägt der Geschäftsherr hierfür nunmehr das Risiko der Fehleinschätzung. Nach dem herrschenden Entlastungsverständnis ist diese Risikoverlagerung sehr weitgehend, weil der Geschäftsherr nicht nur die ihm zur Kenntnis gebrachten etwaigen Ersatzansprüche verliert, sondern auch solche, die aus der Rechenschaft lediglich erkennbar sind. Ein solches Entlastungsverständnis räumt dem Interesse des Geschäftsführers an der schnellen Klarstellung der Haftungsverhältnisse den Vorrang ein vor dem Interesse des Geschäftsherrn an einer berechtigten Inanspruchnahme des Geschäftsführers nach späterem Bekanntwerden der Verfehlung. Der Geschäftsführer verdient sich das Privileg der Enthaftung danach schon damit, dass er durch Rechenschaft bloße Erkennbarkeit herbeiführt, selbst wenn er redlicherweise davon ausgehen muss, dass der Geschäftsherr die Verfehlung in Wirklichkeit übersehen hat. Als zentrale Frage der vorliegenden Untersuchung wird sich vor diesem Hintergrund erweisen, ob die darin zum Ausdruck kommende Privilegierung des Geschäftsführers mit den allgemeinen Grundsätzen des Zivilrechts in Einklang gebracht werden kann.

1. Die Erkennbarkeit für den Geschäftsherrn

Kommt der funktionalen Zusammenhang zwischen Rechenschaft und Entlastung darin zum Ausdruck kommt, dass es der Geschäftsführer selbst in der Hand hat, durch hinreichende Offenheit bei der Rechenschaft die Reichweite der Entlastung zu bestimmen, so lässt das Rückschlüsse auf die inhaltliche Reichweite der Entlastung zu.

a) Keine Beschränkung auf schriftliche erteilte Informationen

Im Gesellschaftsrecht geht die Rechtsprechung seit jeher davon aus, dass die Entlastung von solchen Ersatzansprüchen freistellt, die der Gesellschafterversammlung »bei sorgfältiger Prüfung aller ihr gemachten Vorlagen und erstatteten Berichte«,[182] »aller Vorlagen und Berichte«,[183] »aus den ihr gemachten Vorla-

182 BGH NJW 1959, 192 (194); BGH WM 1698, 114 (115); BGH NJW 1969, 131.

gen«,[184] »aus den ihr vorgelegten Unterlagen«,[185] aus den »Rechenschaftsberichten ... und den ... bei der Rechnungslegung unterbreiteten Unterlagen«,[186] aus den »zugänglich gemachten Informationen«[187] und »Unterlagen«[188] bzw. »aus den vorgelegten und genehmigten Aufstellungen«[189] erkennbar waren. Diese Sichtweise wird im Schrifttum geteilt.[190]

Die Formulierungen der Rechtsprechung dürfen freilich nicht dahin missverstanden werden, dass ausschließlich in Schriftform erteilte Informationen – also die Rechnungslegung im eigentlichen Sinne – für die Reichweite der Entlastung maßgeblich sind.[191] Eine solche Beschränkung lässt sich ausnahmsweise nur dann begründen, wenn die Rechenschaft- und Rechnungslegung ausschließlich in Schriftform erfolgte. Das wird im Bereich der bürgerlich-rechtlichen Geschäftsführung durchaus häufiger der Fall sein, soweit sich der Rechenschaftsvorgang in der Übersendung der Schlussrechnung erschöpft. Im Gesellschaftsrecht wird die Geschäftsführung dagegen regelmäßig in der Versammlung eingehender erörtert, beim Verein häufig sogar ausschließlich.[192] Vielfach ist die Versammlung auch der einzige Ort, an dem die Gesellschafter überhaupt weitergehende Auskünfte und Erläuterungen verlangen können. Zu klären ist deshalb, in welchem Umfang Informationen berücksichtigt werden können, die außerhalb der klassischen Rechnungslegung erteilt wurden.

b) Die Beschränkung auf kollektive Informationsvorgänge

Da die Rechenschaft kollektiv gegenüber den Gesellschaftern zu leisten ist, bestehen keine Bedenken, für die Reichweite der Entlastung sämtliche Informationen heranzuziehen, die in Ausübung kollektiver Auskunftsrechte gewonnen wurden. Diese dienen gerade der Information der Versammlung in ihrer Gesamtheit. Begründungsbedürftig ist es dagegen, ob auch solche Informationen der

---

183 BGHZ 94, 324 (326); BGHZ 97, 382 (384).

184 RGZ 13, 43 (51); ähnlich RGZ 55, 75 (77).

185 RGZ 152, 273 (281).

186 BGH NJW-RR 1988, 745 (748); BGH NZG 2002, 195 (197); ebenso BGH NZG 2005, 562 (563); ähnlich schon: RG DR 1941, 506 (508).

187 BGH NJW 1987, 2430 (2431).

188 BGHZ 97, 382 (389); BGH NJW 1998, 1315.

189 RG JW 1926, 2904.

190 *Zöllner*, in: KöKo/AktG, § 120 Rn. 38; *Siegert*, S. 56; *Rümker*, FS Pleyer, 1986, S. 99 (103); *Schuricht*, S. 32 f.; *Schmeling*, S. 121; *Graff*, S. 104 ff.; *Knoche*, S. 79 Fn. 370, S. 89; *Hueck*, GmbHR 1959, 189 (192); *Bonse*, S. 128.

191 Ebenso *Barner*, S. 44.

192 Vgl. etwa BGH NJW 1987, 2430 (2431), wo der Kassenbericht der Versammlung nicht vorlag.

Entlastung umfasst sind, die auf der Ausübung individueller Auskunftsrechte beruhen. Für die Erstreckung der Entlastung auf solche Auskünfte erweist es sich als maßgeblich, in welchem Rahmen die Auskunftserteilung erfolgte. Beschränkt sich das individuelle Auskunftsrecht der Gesellschaft nach Maßgabe des § 131 AktG ohnehin auf den jeweiligen Versammlungsgegenstand, so stellt die damit verbundene Kanalisierung des Informationsvorgangs die kollektive Information der Versammlung sicher. Den Organmitgliedern muss ihre Offenheit bei der mündlichen Auskunftserteilung deshalb in gleicher Weise zugutekommen wie im Rahmen der schriftlichen Rechnungslegung.

Eigenständige Bedeutung hat die Beschränkung auf kollektive Informationsvorgänge vor allem im GmbH-Recht. Dort ist das individuelle Auskunftsrecht nach § 51a GmbHG nicht auf die Versammlung beschränkt und deshalb geeignet, Sonderwissen einzelner Gesellschafter zu begründen. Es entspricht allgemeiner Ansicht, dass ein solches Sonderwissen einzelner Gesellschafter bei der Bestimmung des Entlastungsumfangs grundsätzlich außer Betracht bleiben muss. Ebenso wie bei anderweitiger privater Kenntnis ist vielmehr erforderlich, dass dieses Wissen bei sämtlichen Gesellschaftern vorliegt.[193] In Ausübung von § 51a GmbHG gewonnene Information sind deshalb nur zu berücksichtigen, wenn die Auskunftserteilung – vergleichbar mit der Zuleitung des Jahresabschlusses und der damit verbundenen Berichte – außerhalb der Versammlung gegenüber sämtlichen Gesellschaftern erfolgt. Trotz des individuellen Charakters des § 51a GmbHG bestehen dagegen keine Bedenken, wenn die Auskunftserteilung in der Gesellschafterversammlung stattfindet. Die zu § 131 AktG angestellten Überlegungen gelten dann entsprechend.

Im Ergebnis umfasst die Entlastung sämtliche Geschäftsführungsmaßnahmen, die aus der Rechenschaft als kollektivem Informations*vorgang* erkennbar sind. Auf den rechtlichen Charakter des zugrunde liegenden Auskunftsbegehrens kommt es ebenso wenig an wie auf die Frage, ob die Auskünfte mündlich oder schriftlich erfolgten.

c) Der »lebensnahe vernünftige Maßstab«

Der Maßstab für die Erkennbarkeit ist eine »sorgfältige Prüfung«.[194] Insoweit ähneln sich die Erkennbarkeit und das in § 122 Abs. 2 BGB legal definierte Ken-

---

193 BGH NJW 1959, 192 (194) m.w.N.; *K. Schmidt*, in: Scholz, § 46 Rn. 94; *Roth*, in: Roth/Altmeppen, GmbHG, § 46 Rn. 32; *Zöllner*, in: Baumbach/Hueck, GmbHG, § 46 Rn. 41; *Hüffer*, in: Ulmer, GmbHG, § 46 Rn. 66.

194 Vgl. bereits S. 14 Fn. 45 und S. 30 Fn. 122 jeweils mit weitergehenden Nachweisen; zudem *Waldner/Wörle-Himmel*, in: Sauter/Schweyer/Waldner, Rn. 289.

nenmüssen, das ebenfalls auf einem Verstoß gegen die im Verkehr erforderliche Sorgfalt beruht (§ 276 Abs. 2 BGB). Ebenso wie dort ist es bei der Entlastung eine Frage des Einzelfalls, unter welchen genauen Voraussetzungen von Erkennbarkeit gesprochen werden kann, insbesondere ist wiederum auf die Besonderheiten des jeweiligen Geschäftsbesorgungsverhältnisses Rücksicht zu nehmen. Erfolgt die Rechenschaft ausschließlich in einer Versammlung, so ist zu berücksichtigen, dass die Versammlung grundsätzlich »außerstande ist, die Geschäftsvorgänge und das Verhalten der Geschäftsführer im Einzelnen selbständig nachzuprüfen«.[195] Schon das Reichsgericht hatte diesen Standpunkt für das alte Aktienrecht vertreten und mit den Besonderheiten der »Versammlung bei der Art ihrer Zusammensetzung und der Kürze der zur Verfügung stehenden Zeit« begründet.[196] In die gleiche Richtung gehen die Ausführungen des Bundesgerichtshofs für das Vereins- und Genossenschaftsrecht, wonach solche Ansprüche von der Entlastung nicht erfasst sind, »die aus den Rechenschaftsberichten des Vorstandes und den der Mitgliederversammlung bei der Rechnungslegung unterbreiteten Unterlagen nicht oder in wesentlichen Punkten nur so unvollständig erkennbar sind, dass die Verbandsmitglieder die Tragweite der ihnen abverlangten Entlastungsentscheidung bei *Anlegung eines lebensnahen vernünftigen Maßstabes* nicht zu überblicken vermögen ... Das gilt insbesondere für solche Ansprüche, die erst nach eingehendem Vergleich und rechtlicher Auswertung verschiedener Unterlagen ersichtlich sind, die in der Verbandsversammlung bei Abfassung des Entlastungsbeschlusses nicht oder nicht vollständig vorliegen. ... Es kann von den einzelnen Mitgliedern regelmäßig nicht erwartet werden, dass sie aus eigener Kenntnis der Zusammenhänge und auf Grund selbstständiger Untersuchungen imstande sind, das Ausmaß der ihnen mit der in der Mitgliederversammlung beantragten Entlastung abverlangten Verzichtserklärung zu überblicken.«[197]

Im Ergebnis spielt es für die »Erkennbarkeit« danach eine entscheidende Rolle, ob die Versammlung von der Rechnungslegung und den Rechenschaftsberichten nur in mündlicher Form unterrichtet wurde oder ob die Mitglieder bereits im Vorfeld schriftliche Abrechnungen und Berichte erhalten haben. Während der Jahresabschluss bzw. dessen Entwurf den Gesellschaftern im Aktien- und Genossenschaftsrecht lediglich zugänglich gemacht werden muss, also ein aktives Abrufen der Informationen erfordert, ist der Entwurf des Jahresabschlusses den Gesellschaftern einer GmbH im Vorfeld der Versammlung zuzuleiten. Hieraus

195 BGH NJW 1959, 192 (194); wortgleich: BGH NJW 1969, 131.
196 RGZ 89, 396 (396 f.) für die AG.
197 Für den Verein: BGH NJW-RR 1988, 745 (748); für die Genossenschaft: BGH NZG 2002, 195 (197); nochmals bestätigt in: BGH NZG 2005, 562 (563) (Hervorhebung nur hier).

werden für das GmbH-Recht vielfach strenge Prüfanforderungen abgeleitet,[198] so dass eine Verfehlung im Einzelfall selbst dann noch erkennbar sein soll, wenn sie erst nach Durchführung »einer einfachen Rechenoperation« sichtbar wird.[199] Ähnliches dürfte für das Wohnungseigentumsrecht gelten, da die Wohnungseigentümer im Vorfeld der Versammlung ebenfalls einen prüfbaren schriftlichen Entwurf der Abrechnung erhalten, und auch für die bürgerlich-rechtliche Geschäftsbesorgung, bei denen sich die Entlastung typischerweise als Anerkenntnis einer vorgelegten Schlussrechnung äußert.

Im Ergebnis ist festzuhalten, dass für die Erkennbarkeit eines Ersatzanspruchs aus der geleisteten Rechenschaft ein lebensnaher vernünftiger Maßstab gilt. Je mehr Informationen der Geschäftsherr im Vorfeld erhält und je mehr Zeit er für die Prüfung der erteilten Informationen hat, desto mehr kann er aus der geleisteten Rechenschaft letztlich erkennen. Die Entlastung aufgrund eines Rechenschaftsberichts, der einzig in der Versammlung unterbreitet wird, ist danach nur von geringem Wert, wenn er Verfehlungen nicht deutlich genug hervorhebt.[200] Umgekehrt hat es der Geschäftsführer durch rechtzeitige Übersendung einer Abrechnung nebst ausführlichen Erläuterungen in der Hand, mit der angestrebten Entlastung im eigenen Interesse weitreichende Klarheit zu schaffen.

2. Die »private« Kenntnis des Geschäftsherrn

Nach dem tradierten Entlastungsverständnis erfasst die Entlastung nicht nur erkennbare Rechte, sondern auch solche, die dem Geschäftsherrn bei der Entscheidung positiv bekannt waren. Soweit die Kenntnis dabei auf der Rechenschaft beruht, hat sie für die Entlastungsfolgen keine eigenständige Bedeutung, weil typischerweise zugleich Erkennbarkeit zu bejahen sein wird. Denn regelmäßig wird der Geschäftsherr nur deshalb Kenntnis haben, weil die Verfehlung aus der Rechenschaft erkennbar war und infolge dessen auch erkannt wurde. Anders verhält es sich mit der sog. privaten Kenntnis, die gerade nicht auf der geleisteten Rechenschaft beruht, sondern darauf, dass der Geschäftsherr zufällig oder aufgrund eigener Nachforschungen von der Verfehlung erfahren hat. Die Berücksichtigung einer solchen Kenntnis lässt sich mit dem funktionalen Zusammenhang von Rechenschaft und Entlastung nicht begründen, weil sich nicht sagen lässt, dass sich der Geschäftsführer die Erstreckung der Entlastung auf die nur

---

198 Vgl. *K. Schmidt*, in: Scholz, GmbHG, § 46 Rn. 94.
199 BGHZ 97, 382 (389).
200 *Waldner/Wörle-Himmel*, in: Sauter/Schweyer/Waldner, Rn. 289.

privat bekannt gewordenen Umstände durch hinreichende Offenheit verdient hätte. Im Gegenteil handelt es sich um Fälle, in denen es gerade an der Erkennbarkeit aus der geleisteten Rechenschaft fehlt. Mit Blick auf den funktionalen Zusammenhang von Rechenschaft und Entlastung stellt sich die Berücksichtigung privater Kenntnis im Ausgangspunkt somit als Fremdkörper dar.[201] Allerdings ist auf der anderen Seite zu berücksichtigen, dass es nicht nur an der Schutzwürdigkeit des Geschäftsführers fehlt. Im Gegenteil bestehen auch an der Schutzwürdigkeit des Geschäftsherrn erhebliche Zweifel, wenn er an einer ihm bekannten Verfehlung keinen Anstoß nimmt, sondern sehenden Auges Entlastung erteilt. Vor diesem Hintergrund ist es keineswegs zwingend, die Berücksichtigung privater Kenntnisse allein mit Hinweis auf den funktionalen Zusammenhang zwischen Rechenschaft und Entlastung auszuschließen. Zweifelhaft ist demgegenüber aber, ob sich private Kenntnis in jedem Falle zugunsten des Geschäftsführers auswirken muss. So ist auf der einen Seite ein arglistiges Verschweigen der Verfehlung zur Täuschung des Geschäftsherrn denkbar, auf der anderen Seite bloßes Nichtoffenbaren, weil der Geschäftsführer ohnehin davon ausgeht, dass der Geschäftsherr von der Verfehlung bereits weiß. Im ersten Fall darf der Geschäftsführer von einer Klarstellung der Haftungslage redlicherweise nicht ausgehen, während er im zweiten darauf vertraut, dass die Entlastung auch vor dem Hintergrund des privaten Wissens erfolgt ist. Das kann – je nach dogmatischen Konstruktionsansatz – eine unterschiedliche rechtliche Behandlung zur Folge haben, auf die folglich erst an späterer Stelle dezidiert eingegangen werden soll.[202] Hinzuweisen ist bereits an dieser Stelle aber darauf, dass das tradierte Entlastungsverständnis eine solche Differenzierung nicht vorsieht. Vor dem Hintergrund der mangelnden Schutzwürdigkeit des Geschäftsherrn ist in Rechtsprechung und Schrifttum vielmehr einhellig anerkannt, dass auch private Kenntnisse des Geschäftsherrn zu berücksichtigen sind:[203] Die mit der Entlastung verbundene Billigung der Geschäftsführung erstreckt sich danach ohne Unterschied auf sämtliche dem Geschäftsherrn *bekannte* Umstände, gleichviel ob die Kenntnis auf der geleisteten Rechenschaft beruht oder nicht.

Bei kollektiven Entlastungsentscheidungen im Verbandsrecht ist allerdings umstritten, wann von einer solchen privaten Kenntnis gesprochen werden kann.

201 In diesem Sinne noch RGZ 70, 132 (134): »Da eine Mitteilung des Geschäftsgebarens weder schriftlich, noch mündlich erfolgte, so wurde dessen Genehmigung von der Versammlung nicht gefordert und nicht erteilt.«

202 Vgl. ausführlicher S. 172 und S. 302 ff.

203 Für die bürgerlich-rechtliche Geschäftsbesorgung: *Bonefeld*, S. 108. Für das Gesellschaftsrecht vgl. die Nachweise in Fn. 206 und Fn. 209. Anders noch RGZ 70, 132 (134) und wohl auch *Meyer-Landrut*, in: Meyer/Landrut/Miller/Niehus, GmbHG, § 46 Rn. 25.

Einigkeit herrscht insofern, dass die private Kenntnis nur der Mehrheit der für die Entlastung stimmenden Gesellschafter nicht genügt.[204] Im gleichsam entgegengesetzten Fall, dass tatsächlich »alle Gesellschafter diese Kenntnis haben, zur Beschlußfassung über die Entlastung erschienen sind und für sie stimmen«, hat der Bundesgerichtshof die Berücksichtigung dagegen ohne weitergehende Begründung als unproblematisch angesehen.[205] In der Folge ist die Entscheidung überwiegend dahin verkürzt worden, dass die private Kenntnis bei *sämtlichen* Gesellschaftern vorliegen müsse,[206] es jedoch nicht entscheidend darauf ankomme, ob sie an der Versammlung auch teilnähmen oder für die Entlastung stimmten. Entscheidend ist danach der gleiche Informationsstand aller Mitglieder, der sie zu einer eigenverantwortlichen Entscheidung über die Teilnahme an der Versammlung und insbesondere an der Abstimmung zur Entlastung befähigt.[207] Sichergestellt ist hierdurch zugleich, dass ein Gesellschafter, der trotz privater Kenntnis nicht an der Versammlung teilnimmt, hinreichende Klarheit über die Rechtsfolgen der Entlastung hat, weil er davon ausgehen muss, dass sie auch den privat bekannt gewordenen Sachverhalt erfassen kann. Das versetzt ihn nicht zuletzt in die Lage, angemessen über eine etwaige Anfechtung des Entlastungsbeschlusses zu entscheiden.[208]

Demgegenüber will ein Teil der Literatur die Kenntnis aller in der Versammlung anwesenden Gesellschafter genügen lassen.[209] Das wesentliche Argument hierfür lautet, dass die Gesellschafter wegen ihrer Abwesenheit selbst dann nicht gegen die Entlastung hätten stimmen können, wenn der Geschäftsführer in der Versammlung über die Verfehlung aufgeklärt hätte oder sie in anderer Weise zur Sprache gekommen wäre.[210] Dieses formale Argument überzeugt jedoch nicht, weil es an einer hinreichenden Information in der Versammlung gerade fehlte. Selbst wenn der ahnungslose Gesellschafter daran teilgenommen hätte,

---

204 *K. Schmidt*, in: Scholz, GmbHG, § 46 Rn. 94; *Hueck*, GmbHR 1959, 189 (192); *Sigle*, DStR 1992, 469 (471); *Knoche*, S. 77; *A. Zimmermann*, S. 213. a.A. BGH NJW 1969, 131.

205 BGH NJW 1959, 192 (194); ebenso *Fleck*, GmbHR 1974, 224 (228).

206 BGHZ 94, 324 (326); BGHZ 97, 382 (384); *Altmeppen*, in: Roth/Altmeppen, GmbHG, § 43 Rn. 121; *Hüffer*, in: Ulmer, GmbHG, § 46 Rn. 66; *Liebscher*, in: MüKo/GmbHG, § 46 Rn. 148; *K. Schmidt*, in: Scholz, GmbHG, § 46 Rn. 94; *Zöllner*, in: Baumbach/Hueck, GmbHG, § 46 Rn. 41; *Beuthien*, GenG, § 48 Rn. 8; Staudinger/*Weick*, § 27 Rn. 27; *Sigle*, DStR 1992, 469 (471); *Schuricht*, S. 33; *Schmeling*, S. 122.

207 Vgl. schon *Picenoni*, S. 101.

208 Einschränkend für das Aktienrecht zwar § 245 Nr. 2 AktG, der im GmbH-Recht jedoch keine entsprechende Anwendung findet, vgl. nur BGHZ 76, 154 (159).

209 *Borsche*, S. 127 ff.; *Graff*, S. 115 f.; *Knoche*, S. 77; *Tellis*, S. 106.; *A. Zimmermann*, S. 212 f.; vgl. auch *Hueck*, GmbHR 1959, 189 (193).

210 *Graff*, S. 116; *A. Zimmermann*, S. 212.

wäre nicht ausgemacht, dass er auch tatsächlich von der Verfehlung erfahren hätte. Käme der Sachverhalt trotz seiner Anwesenheit aber nicht zur Sprache, so würde die ausgesprochene Entlastung den betreffenden Ersatzanspruch von vornherein nicht umfassen. Nimmt der Gesellschafter hingegen nicht an der Versammlung teil, so erstreckt sich die Entlastung auf den Anspruch, ohne dass der Gesellschafter dies erkennen kann, selbst wenn er sich über den Ablauf der Versammlung nachträglich informiert. Das verkürzt sein Rechtsschutz unangemessen. Im Ergebnis kann deshalb richtigerweise nichts anderes gelten, als wenn der Geschäftsführer im Vorfeld der Versammlung eine Abrechnung zur Verfügung stellt, aus der ein Ersatzanspruch erkennbar ist, dieser in der Versammlung dann aber nicht mehr zur Sprache kommt. Derartige Unterlagen sind für die Entlastungsfolgen ebenfalls nur relevant, wenn sie sämtlichen Mitgliedern zugänglich gemacht werden.

3. Die beschränkte Klarstellungswirkung der Entlastung und die Generalbereinigung

Die grundsätzliche Beschränkung der Entlastungsfolgen auf die geleistete Rechenschaft hat zur Folge, dass die Entlastung von ihrem Ansatz her ungeeignet ist, umfassende Rechtsklarheit und damit den endgültigen Abschluss der Geschäftsbesorgung herbeizuführen. Stets liegt es am Geschäftsführer, wieweit er durch hinreichende Offenheit bei der Rechenschaft den Umfang der Entlastung bestimmt. Gleichwohl ergibt sich zuweilen das Bedürfnis nach einer umfassenden Klarstellung der Rechtslage, um einen »Schlussstrich« unter die Geschäftsführung zu ziehen. Dieses Bedürfnis ist freilich nicht auf Geschäftsbesorgungsverhältnisse beschränkt. Vielmehr erweist es sich als »ein natürliches Bedürfnis des täglichen Lebens, der Vergangenheit angehörende Geschäftsvorgänge einem Abschluss zuzuführen.«[211] Die Rechtsordnung kennt deshalb neben der Entlastung verschiedenste Gestaltungsmöglichkeiten zur Klarstellung abgeschlossener Rechtsverhältnisse. Überaus deutlich tritt das Bemühen um Klarstellung bei der gesellschaftsrechtlichen »Generalbereinigung« in Erscheinung. Über eine Generalbereinigung wird grundsätzlich nur zu bestimmten Anlässen entschieden, etwa nach dem endgültigen Ausscheiden des Geschäftsführers aus dem Organverhältnis.[212]

---

211 *Knoche*, S. 27.

212 BGH NJW-RR 2003, 895 (896); *Römermann*, in: Michalski, GmbHG, § 46 Rn. 314; *Liebscher*, in: MüKo/GmbHG, § 46 Rn. 167; *Roth*, in: Roth/Altmeppen, GmbHG, § 46 Rn. 43.

Bei der Generalbereinigung handelt es sich um einen schuldbereinigenden Vertrag,[213] der gewisse Ähnlichkeiten mit der im Arbeitsrecht verbreiteten »Ausgleichsquittung« hat.[214] In den Rechtswirkungen unterscheidet sich die Generalbereinigung von der Entlastung vor allem dadurch, dass sie – bei entsprechender vertraglicher Ausgestaltung – neben den bekannten und erkennbaren Ersatzansprüchen auch nicht erkennbare Ansprüche erfassen kann.[215] Üblicherweise kommt die Absicht zum umfassenden Rechtsausschluss im Generalbereinigungsvertrag deutlich zum Ausdruck, indem es etwa heißt, dass pauschal »alle Ansprüche, ob bekannt oder unbekannt« bis an die Grenze des rechtlich Zulässigen ausgeschlossen sein sollen.[216]

Die sachliche Nähe von Entlastung und Generalbereinigung führt bei der bürgerlich-rechtlichen Geschäftsbesorgung zuweilen zu Verwechslungen, wenn die Entlastung – wie häufig – nur konkludent durch Anerkenntnis einer Schlussrechnung erteilt wird. Vereinzelt heißt es hierzu im Schrifttum, dass die Entlastung auch zum Ausschluss nicht erkennbarer Ersatzansprüche führen könne.[217] Doch beruht das auf begrifflicher Unklarheit, weil eigentlich eine Generalbereinigung gemeint ist. Richtigerweise ist wie folgt zu unterscheiden: Bezieht sich das Anerkenntnis der Schlussrechnung auf die darin zum Ausdruck kommende Geschäftsführung, so liegt eine Entlastung im Rechtssinne vor. Soll dagegen das Rechtsverhältnis ganz umfassend klargestellt und bereinigt werden, wofür es besonderer Umstände und regelmäßig auch einer ausdrücklichen Absprache bedarf, verbirgt sich in dem Anerkenntnis der Schlussrechnung ausnahmsweise eine Generalbereinigung.

4. Zusammenfassung

Der funktionale Zusammenhang von Rechenschaft und Entlastung hat zur Folge, dass der Entlastung – anders als der Generalbereinigung – nur eine beschränkte

---

213 BGH NJW 1975, 1273; *Hüffer*, in: Ulmer, GmbHG, § 46 Rn. 75; *K. Schmidt*, in: Scholz, GmbHG, § 46 Rn. 103, 105; *Römermann*, in: Michalski, GmbHG, § 46 Rn. 315; *Liebscher*, in: MüKo/GmbHG, § 46 Rn. 173; *Schindler*, in: Ziemons/Jaeger, GmbHG, § 46 Rn. 74; *Janert*, GmbHR 2003, 830 (831).

214 Zur Ausgleichsquittung statt vieler: *Wank*, in: MüHdb/ArbR, Band 1, § 104.

215 BGH NJW 1975, 1273; BGHZ 97, 382 (389); BGH NJW 1998, 1315 f.; BGH NJW-RR 2003, 895 (896); *Fleischer*, in: MüKo/GmbHG, § 43 Rn. 283; *Liebscher*, in: MüKo/GmbHG, § 46 Rn. 170; *Haas/Ziemons*, in: Ziemons/Jaeger, GmbHG, § 43 Rn. 381; *Schindler*, in: Ziemons/Jaeger, GmbHG, § 46 Rn. 74; *Schneider/Crezelius*, in: Scholz, GmbHG, § 43 Rn. 265.

216 Sog. »Erledigungsklausel«, vgl. *Schindler*, in: Ziemons/Jaeger, GmbHG, § 46 Rn. 74; *Janert*, GmbHR 2003, 830 (831).

217 Vgl. im Vormundschaftsrecht etwa Soergel/*W. Zimmermann*, § 1892 Rn. 5.

Klarstellungsfunktion zukommt. Dabei hat es der Geschäftsführer in der Hand, den Umfang der Entlastung durch hinreichende Offenheit bei der Erfüllung seiner Rechenschaftspflichten zu bestimmen. Maßgeblich ist nach dem klassischen Entlastungsverständnis, ob etwaige Verfehlungen und darauf beruhende Ersatzansprüche und Gestaltungsrechte bei Anlegung eines lebensnahen vernünftigen Maßstabs aus der geleisteten Rechenschaft erkennbar sind. Ist nach diesen Grundsätzen die Erkennbarkeit zu bejahen, führt das klassische Entlastungsverständnis zum Erlöschen der betroffenen Ersatzansprüche und Gestaltungsrechte. Im Verlaufe der vorliegenden Untersuchung wird sich freilich zeigen, dass die dogmatische Konstruktion dieses Rechtsausschlusses mit erheblichen Schwierigkeiten verbunden ist.

§ 2 Die Sonderstellung der aktienrechtrechtlichen Entlastung

Für das Aktienrecht stellt § 120 Abs. 2 AktG klar, dass mit der Entlastung zwar die Geschäftsführung der Mitglieder des Vorstands und des Aufsichtsrats gebilligt werde (Satz 1), die Entlastung jedoch keinen Verzicht auf Ersatzansprüche enthalte (Satz 2). Die Untersuchung der allgemeinen Entlastungsfolgen würde sich in Anbetracht dieser klaren Regelung schon im Ansatz erübrigen, wenn die Vorschrift Ausdruck eines allgemeinen Rechtsgedankens wäre, der über das Aktienrecht hinaus Geltung beanspruchte. Obwohl das weithin bestritten und § 120 Abs. 2 Satz 2 AktG als eine Ausnahmevorschrift des Aktienrechts angesehen wird, mehren sich zumindest im Genossenschaftsrecht die Stimmen, die eine Analogie befürworten und die Verzichtswirkung der genossenschaftsrechtlichen Entlastung in Abrede stellen.[1] Im Folgenden soll deshalb untersucht werden, welcher Rechtsgedanke § 120 Abs. 2 Satz 2 AktG zugrunde liegt und unter welchen Voraussetzungen die Vorschrift auf andere Formen der Geschäftsbesorgung übertragen werden kann. Dabei wird sich erweisen, dass gewisse Anknüpfungspunkte für eine Analogie nicht nur bei der Genossenschaft bestehen, sondern auch bei der GmbH mit obligatorischem Aufsichtsrat.

I. Die Entlastung bei der Aktiengesellschaft

Obwohl es sich bei § 120 Abs. 2 Satz 2 AktG um eine singuläre aktienrechtliche Vorschrift handelt, die sich für die anderen Gesellschaftsformen nicht findet, stellt sie doch im System des Aktienrechts keinen Fremdkörper dar. Ganz im Gegenteil steht sie in einem inneren Wertungs- und Verweisungszusammenhang mit § 93 Abs. 4 Satz 3 AktG, der die Zulässigkeit des Verzichts der Gesellschaft auf Ersatzansprüche gegen die Mitglieder des Vorstands und des Aufsichtsrats (§ 116 AktG) begrenzt. Nach § 93 Abs. 4 Satz 3 AktG kann die Aktiengesellschaft auf Ersatzansprüche gegen Vorstands- und Aufsichtsratsmitglieder grundsätzlich erst nach Ablauf einer Sperrfrist von drei Jahren seit der Anspruchsentstehung verzichten, und selbst dann nur unter den zusätzlichen Voraussetzungen, dass die Hauptversammlung dem Verzicht durch Mehrheitsbeschluss (§ 133 Abs. 1 AktG)

---

1 *K. Müller*, GenG, § 48 Rn. 72c; *Beuthien*, GenG, § 48 Rn. 8; *Beuthien/Stilz*, WuB II D. § 48 GenG 1.02; ihnen folgend: *Schöpflin*, WuB II D. § 34 GenG 1.05; *Jungmann*, EWiR 2005, 501 (502); offengelassen von BGH NZG 2005, 562 (563).

zustimmt und nicht eine Minderheit, deren Anteile zusammen den zehnten Teil des Grundkapitals erreichen, zur Niederschrift (§ 130 AktG) Widerspruch erhebt. Ist danach ein Verzicht auf Ersatzansprüche vor Ablauf der dreijährigen Sperrfrist ausgeschlossen, so leuchtete kaum ein, wenn eine Entlastungserteilung dennoch zu einem Anspruchsverlust führen könnte.

1. Die historische Entwicklung der aktienrechtlichen Entlastung

Der aktienrechtlichen Entlastung kam im System des Gesellschaftsrechts ursprünglich keine Sonderrolle zu, weil die Verzichtswirkung der Entlastung unter der Geltung des HGB 1897 auch für die Aktiengesellschaft noch allgemein anerkannt war.[2] Vor diesem Hintergrund stellt sich die Vorschrift des § 120 Abs. 2 AktG als das Ergebnis einer langfristigen Fortentwicklung des Aktienrechts dar, die ihren Anfang mit der Aktienrechtsreform 1937 fand. Erst aus der historischen Entwicklung erhellt die Wechselbeziehung zwischen § 93 Abs. 4 Satz 3 AktG und § 120 Abs. 2 Satz 2 AktG, was es unumgänglich macht, die wichtigsten Stationen im Folgenden nachzuzeichnen.[3]

a) Das Handelsgesetzbuch vom 10. Mai 1897

Vor dem Inkrafttreten des AktG am 1. Oktober 1937 waren die Vorschriften über die Aktiengesellschaft (§§ 178 – 319 HGB 1897) und die Kommanditgesellschaft auf Aktien (§§ 320 – 334 HGB 1897) im Handelsgesetzbuch vom 10. Mai 1897[4] enthalten. Danach war die Generalversammlung das oberste Willensbildungs- und Geschäftsführungsorgan der Gesellschaft (§ 250 HGB 1897),[5] während der Vorstand als ordentliches Geschäfts- und Vertretungsorgan grundsätzlich an Weisungen der Generalversammlung gebunden war (§ 235 HGB 1897).[6] Er hatte eine Entscheidung der Generalversammlung immer dann herbeizuführen, wenn es das Interesse der Gesellschaft erforderte (§ 253 Abs. 2 HGB 1897). Die Angelegenheiten der Gesellschaft wurden durch Beschlussfassung in der Generalversammlung geordnet (§ 250 HGB 1897), die wie die Mitgliederversammlung eines Vereins entsprechend

---

2 RGZ 76, 244 (248); RGZ 106, 258 (262); RGZ 112, 19 (27); RGZ 115, 246 (250); RG JW 1935, 921 (922); vgl. auch *Mülbert*, in: GK/AktG, § 120 Rn. 32.

3 Vgl. auch die Darstellungen bei *Barner*, S. 87 ff.; *Schmeling*, S. 5 ff.; *Graff*, S. 34 ff., 52 ff.; *A. Zimmermann*, S. 164 ff.; *Mülbert*, in: GK-AktG, § 120 Rn. 1 ff.; siehe auch *Knoche*, S. 9 Fn. 18.

4 Handelsgesetzbuch vom 10. Mai 1897, RGBl. 1897, Nr. 23, S. 219.

5 *Staub*, HGB, 6./7. Auflage 1900, § 235 Anm. 1; § 250 Anm. 7; *Boesebeck*, JW 1935, 921 (923).

6 *Staub*, HGB, 6./7. Auflage 1900, § 231 Anm. 7; § 235 Anm. 3.

§ 32 BGB in den Grenzen von Gesetz und Satzung allumfänglich für die Geschäftsführung zuständig war.[7] Die Generalversammlung hatte außerdem alljährlich über die Genehmigung der Jahresbilanz und die Gewinnverteilung sowie über die Entlastung des Vorstands und des Aufsichtsrats zu entscheiden (§ 260 HGB 1897). Der Verzicht auf Ersatzansprüche gegen Organmitglieder war im HGB nicht eigens reglementiert, so dass an der Verzichtswirkung der Entlastung unter Geltung des HGB keine Bedenken bestanden.

b) Das Aktiengesetz vom 30. Januar 1937

Das Aktiengesetz vom 30. Januar 1937[8] gestaltete die Kompetenzordnung der Gesellschaft grundlegend um. So hatte der Vorstand die Gesellschaft nunmehr »unter eigener Verantwortung« zu leiten (§ 70 Abs. 1 AktG 1937, heute § 76 Abs. 1 AktG).[9] Die Generalversammlung hieß fortan Hauptversammlung und verlor – gleich einem »abgesetzten König«[10] – ihren maßgeblichen Einfluss auf die Geschäftsführung. Über Fragen der Geschäftsführung konnte sie lediglich noch auf Verlangen des Vorstands entscheiden (§ 103 Abs. 2 AktG 1937, inzwischen § 119 Abs. 2 AktG).[11]

aa) Die sachliche Beibehaltung der bestehenden Haftungsvorschriften

Die gesteigerte Macht und weitgehende Unabhängigkeit des Vorstands von den Aktionären ging mit einer Verschärfung seiner haftungsrechtlichen Verantwort-

---

7 *Staub*, HGB, 6./7. Auflage 1900, § 250 Anm. 7; *Wehl*, DJ 1937, 935; *Barner*, S. 87 ff.; *Graff*, S. 53.

8 Gesetz über Aktiengesellschaften und Kommanditgesellschaften auf Aktien (Aktiengesetz) vom 30.01.1937, RGBl. I 1937, S. 107, berichtigt S. 588, 1140; Gesetzestext abgedruckt in: *Kropff*, S. 581 ff.

9 *Boesebeck*, JW 1935, 921 (922) bedient sich des damals verbreiteten Bildes, wonach der Verwaltung »eine Art Führerstellung« eingeräumt werde. Ausführlicher auch *Klausing*, S. 38* ff. Trotz der teils nationalsozialistisch geprägten Begrifflichkeiten im Zusammenhang mit dem Gesetzgebungsverfahren besteht heute weitgehende Einigkeit, dass es sich bei dem AktG 1937 nicht per se um ein nationalsozialistisches Gesetz handelte. Die gesetzgeberischen Bestrebungen, das Aktienrecht zu erneuern, setzten bereits um 1925 ein. Zahlreiche Änderungen, die schon die Entwürfe des Reichsjustizministeriums von 1930 und 1931 vorsahen, sind später in das AktG 1937 übergegangen. Ausführlicher: Allgemeine Begründung des Regierungsentwurfs zum AktG 1965 in Bundestags-Drs. IV/171, Anlage 1, abgedruckt in *Kropff*, S. 13 ff.; *K. Schmidt*, GesR, § 26 II 2e, S. 762 f.; *Barner*, S. 88 f.

10 *Boesebeck*, ZAkDR 1935, 675 (677).

11 BGHZ 83, 122 (Holzmüller) und BGHZ 159, 30 (Gelatine) haben § 119 Abs. 2 AktG bei Geschäftsführungsmaßnahmen mit herausragender Bedeutung durch die Anerkennung »ungeschriebener Mitwirkungsbefugnisse der Hauptversammlung« inzwischen teilweise relativiert.

lichkeit einher.[12] Allerdings änderte sich der Wortlaut des haftungsbegründenden Tatbestands nur marginal. Nach § 84 Abs. 1 AktG 1937 hatten die Vorstandsmitglieder bei der Geschäftsführung – wie gehabt – die Sorgfalt eines ordentlichen und gewissenhaften Geschäftsleiters anzuwenden (§ 241 Abs. 1 HGB 1897, heute: § 93 Abs. 1 Satz 1 AktG). Verletzten sie ihre Pflichten, waren sie der Gesellschaft nach § 84 Abs. 2 AktG 1937 zum Schadensersatz verpflichtet (§ 241 Abs. 2 HGB 1897, heute: § 93 Abs. 2 AktG). Diese Verpflichtung wurde in § 84 Abs. 3 AktG 1937 (§ 241 Abs. 3 HGB 1897, heute: § 93 Abs. 3 AktG) näher konkretisiert, wo das Gesetz eine Reihe von Pflichtverletzungen aufzählte, in denen der Vorstand »namentlich zum Ersatz verpflichtet« war. Bereits unter der Geltung des HGB 1897 war in Rechtsprechung und Schrifttum außerdem anerkannt, dass die Vorstandsmitglieder die Darlegungs- und Beweislast für die Beachtung der geschuldeten Sorgfalt trugen.[13] Diese Sichtweise fand nunmehr in § 84 Abs. 2 Satz 2 AktG 1937 (heute § 93 Abs. 2 Satz 2 AktG) ihren gesetzlichen Niederschlag.[14]

bb) Die Aufwertung der Haftung durch § 84 Abs. 4 Satz 3 AktG 1937

Auch durch flankierende Vorschriften erfuhr die Haftung der Organmitglieder im Interesse der Aktionäre eine gewisse Aufwertung. So war ein Verzicht oder Vergleich in Ansehung von Ersatzansprüchen gegen Vorstands- und Aufsichtsratsmitglieder grundsätzlich erst nach Ablauf einer Sperrfrist von fünf Jahren seit der Anspruchsentstehung zulässig, und selbst dann nur unter der Voraussetzung, dass die Hauptversammlung zugestimmt und nicht eine Minderheit, deren Anteile mindestens ein Fünftel des Grundkapitals erreichten, widersprochen hatte (§§ 84 Abs. 4 Satz 3, 99 AktG 1937; heute mit anderer Frist und abweichendem Quorum §§ 93 Abs. 4 Satz 3, 116 Satz 1 AktG). Wegen der Verjährung der Ersatzansprüche, die ebenfalls fünf Jahre nach Anspruchsentstehung eintrat (§ 84 Abs. 6 AktG 1937), gab es für einen Anspruchsverzicht oder -vergleich nach dem Ablauf der Sperrfrist freilich kaum mehr ein praktisches Bedürfnis.[15]

---

12 Amtliche Begründung, abgedruckt in: *Klausing*, S. 4; vgl. auch: *Wehl*, DJ 1937, 935; *Schmeling*, S. 6.

13 RGZ 13, 43 (46): RGZ 98, 98 (100); RG JW 1936, 2313; RG JW 1937, 2657 (2658); RG JW 1938, 2019; RGZ 161, 129 (134); *Staub*, HGB, 6./7. Auflage 1900, § 241 Anm. 2. Ausführlich zum Ganzen: *Goette*, ZGR 1995, 648 (650 ff.).

14 Näher zum Gesetzgebungsverfahren: *Goette*, ZGR 1995, 648 (668 ff.) m.w.N.

15 Entgegen *A. Zimmermann*, S. 169 f. kam der vor Fristablauf erteilten Entlastung auch nicht mit Ablauf der Sperrfrist die Wirkung eines Verzichts zu, vgl. nur RGZ 133, 33 (38) für § 205 HGB 1897 und *Fleischer*, AG 2015, 133 (134).

Die Vorschrift des § 84 Abs. 4 Satz 3 AktG 1937 war freilich keine völlige gesetzgeberische Novität.[16] Denn schon § 205 HGB 1897 und zuvor Art. 213d ADHGB 1884[17] enthielten nahezu wortgleiche Vorschriften, die allerdings auf Ersatzansprüche im Zusammenhang mit der Gründung beschränkt waren. Sie hatten das Ziel, dem in der Praxis verbreiteten Missbrauch entgegenzuwirken, dass sich die Gründer nach Errichtung der Gesellschaft in der konstituierenden Generalversammlung Entlastung erteilen ließen,[18] um so die Verfolgung von Ansprüchen aus der Gründerhaftung zu vereiteln.[19] Ein Vergleich oder Verzicht sollte erst nach Ablauf einer gewissen Zeitspanne möglich sein, d. h. zu einem Zeitpunkt, in dem das Vorhandensein von Ersatzansprüchen überblickt werden konnte und »in dem die Beherrschung der Gesellschaft durch die Gründer präsumtiv aufgehört hat«,[20] so dass die Wahrung der Interessen der Gesellschaft besser gewährleistet war.[21] Die Regelung für die Gründerhaftung fand sich inhaltsgleich in § 43 AktG 1937 wieder (heute § 50 AktG), so dass § 84 Abs. 4 Satz 3 AktG 1937 eine eigenständige, von der Gründung losgelöste Bedeutung hatte. Die knappen Ausführungen der Amtlichen Begründung zu § 84 Abs. 4 Satz 3 AktG legen dabei zwar nahe, dass die Gesetzesverfasser irrtümlich davon ausgingen, bei einer solchen Regelung handle es sich bereits um geltendes Recht.[22] Allerdings macht die Gesetzesbegründung an anderer Stelle überaus deutlich, dass die Verschärfung der Organhaftung von einem erheblichen Misstrauen gegen eine die Gesellschaft beherrschende Geschäftsführung getragen war. Zentrales Anliegen war es, »die in der vergangenen Zeit vielfach zu beobachtende Ausnutzung einer Kapitalgesellschaft zu eigennützigen Zwecken eines einzelnen zu verhindern.«[23] Auf dem gleichen Grundgedanken beruhten bereits § 213d ADHGB 1884 und § 205 HGB 1897, so dass die

16 Ebenso: *Wehl*, DJ 1937, 935 (936); *Fleischer*, AG 2015, 133.

17 Gesetz, betreffend die Kommanditgesellschaften auf Aktien und die Aktiengesellschaften vom 18. Juli 1884, RGBl. 1884, Nr. 22, S. 123; vgl. für die KGaA auch Art. 180c ADHGB (1884).

18 Allgemeine Begründung zum Entwurf eines Gesetzes, betreffend die KGaA und AG, abgedruckt in: *Schubert/Hommelhoff*, S. 452; *Staub*, HGB, 6./7. Auflage 1900, Einleitung zu § 205 (»Décharge«); *Wehl*, DJ 1937, 935 (936); vgl. auch *Graff*, S. 35 Fn. 24.

19 *Wehl*, DJ 1937, 935 (936).

20 *Staub*, HGB, 6./7. Auflage 1900, Einleitung zu § 205. Ebenso: Allgemeine Begründung zum Entwurf eines Gesetzes, betreffend die KGaA und AG, abgedruckt in: *Schubert/Hommelhoff*, S. 452; RGZ 133, 33 (38).

21 RGZ 133, 33 (38).

22 Amtliche Begründung, abgedruckt in: *Klausing*, S. 72: »Verzichte und Vergleiche der Gesellschaft auf entstandene Ersatzansprüche sind, wie nach geltendem Recht, nur unter erschwerten Bedingungen zulässig.«. Ebenso: *Fleischer*, AG 2015, 133 (134).

23 Amtliche Begründung, abgedruckt in: *Klausing*, S. 4.

Ausdehnung der Verzichtsbeschränkungen letztlich dem zentralen Regelungsanliegen entsprach.

cc) Der Streit um die Auswirkungen der Sperrfrist auf die Entlastung

Während die Verzichtswirkung der aktienrechtlichen Entlastung unter Geltung des Handelsgesetzbuchs allgemein anerkannt war, stellte sich nach Inkrafttreten des § 84 Abs. 4 Satz 3 AktG 1937 die Frage, welchen Einfluss die Vorschrift auf die Rechtsfolgen der Entlastung hatte. Dabei war zunächst zu konstatieren, dass die Vorschriften, die sich mit der Entlastung befassten, äußerlich weitgehend unverändert waren. In § 104 AktG 1937 war im Gleichklang mit dem bisherigen Recht festgelegt, dass die Hauptversammlung für die Beschlussfassung über die Entlastung zuständig war (zuvor: § 260 HGB 1897; heute: §§ 119 Abs. 1 Nr. 3, 120 AktG). Außerdem hieß es in § 114 Abs. 5 AktG 1937, dass ein Aktionär, der durch Beschlussfassung entlastet oder von einer Verbindlichkeit befreit werden sollte, weder für sich noch für einen anderen das Stimmrecht ausüben konnte (zuvor: § 253 Abs. 3 Satz 1 HGB 1897; heute: § 136 Abs. 1 Satz 1 AktG). Die amtliche Begründung hob zwar die Verschärfung der Haftung von Vorstand und Aufsichtsrat hervor, enthielt aber keinen Hinweis auf eine etwaige Absicht des Gesetzgebers, der Entlastung künftig eine nur eingeschränkte Bedeutung zu geben.[24] Vereinzelt wurde deshalb angenommen, bei dem Verzichtsverbot des § 84 Abs. 4 Satz 3 AktG 1937 könne es sich nur um eine »gesetzgeberische Entgleisung«[25] bzw. einen »gesetzgeberischen Fehler«[26] handeln: Die Vorschrift stehe in einem schwer zu lösenden Widerspruch zu § 104 AktG 1937, weil der Entlastungsbeschluss überhaupt keinen Zweck habe, wenn die Entlastung wegen des Verzichtsverbots gar nicht erteilt werden könne.[27] Für die Fortgeltung der klassischen Entlastungsfolgen wurde daneben angeführt, dass das Aktiengesetz den »sprachlich eindeutigen Namen«[28] der Entlastung beibehalten habe und das Stimmverbot des § 114 Abs. 5 AktG 1937 die Entlastung in einem »unmittelbaren syntaktischen Zusammenhang« mit der Befreiung von einer Verbindlichkeit nenne.[29] Zur Auflösung des Widerspruchs zwischen der Fortgeltung der klassischen Entlastungsfolgen und dem Verzichtsverbot wurde erwogen, das Verzichtsverbot allein auf die im Katalog

---

24 *Wehl*, DJ 1937, 935 (936); *J. Wagner*, S. 41; vgl. die Amtliche Begründung zu § 102 ff. AktG in: *Klausing*, S. 88 ff.
25 So *v. Godin/Wilhelmi*, AktG 1937, § 84 Anm. 22.
26 *Gadow/Heinichen*, in: GK/AktG, 1. Auflage 1937, § 104 Anm. 2.
27 *v. Godin/Wilhelmi*, AktG 1937, § 84 Anm. 22.
28 *v. Godin/Wilhelmi*, AktG 1937, § 114 Anm. 18 a).
29 *v. Godin/Wilhelmi*, AktG 1937, § 84 Anm. 22; § 114 Anm. 18 a).

des § 84 Abs. 3 AktG 1937 genannten Fälle zu beschränken.[30] Gegen eine solche Sichtweise sprach allerdings, dass § 84 Abs. 3 AktG 1937 lediglich Konkretisierungen (»sind namentlich zum Ersatz verpflichtet«) des in § 84 Abs. 2 AktG 1937 geregelten Haftungstatbestands enthielt,[31] so dass für eine Beschränkung des Verzichtsverbots auf die dort exemplarisch genannten Fälle kein hinreichender Anknüpfungspunkt bestand.[32] Ganz überwiegend wurde deshalb hingenommen, dass sich das Verzichtsverbot auf die gesamte Haftung aus § 84 Abs. 2 AktG 1937 erstreckte und der vor Ablauf der Sperrfrist erteilten Entlastung die Verzichtswirkung nahm; die aktienrechtliche Entlastung hatte damit ihre materiell-rechtlichen Wirkungen weitgehend verloren.[33]

dd) Die partielle Weitergeltung der Verzichtswirkung

Gleichwohl waren bestimmte Konstellationen denkbar, in denen die Vorschrift einem Rechtsverlust nicht entgegenstand. Nach Fristablauf musste ein entlastungsbedingter Verzicht schon nach dem Wortlaut des § 84 Abs. 4 Satz 3 AktG 1937 möglich sein, soweit nicht die in der Vorschrift bezifferte Minderheit widersprochen hatte.[34] Doch stellte sich das Problem in der Praxis kaum, da die Hauptversammlung verpflichtet war, in den ersten fünf Monaten eines jeden Geschäftsjahres – also lange vor Ablauf der Sperrfrist – über die Entlastung zu befinden (§ 104 Abs. 1 AktG 1937; heute § 120 Abs. 1 AktG: acht Monate). Kam es im Einzelfall dennoch zu einer Entlastung erst nach Fristablauf, so waren die betroffenen Ersatzansprüche – vorbehaltlich einer Hemmung oder Unterbrechung – regelmäßig bereits verjährt, weil die Länge der Sperrfrist mit der der Verjährungsfrist übereinstimmte (§§ 84 Abs. 6, 99 AktG 1937).[35] Neben der Verjährung hatte der entlastungsbedingte Verzicht daher nur noch in besonders gelagerten Fällen eine eigenständige Bedeutung. Vor dem Ablauf der Sperrfrist war ein Verzicht im Gesetz nur für den Ausnahmefall des § 84 Abs. 4 Satz 4 AktG 1937 vor-

30 *v. Godin/Wilhelmi*, AktG 1937, § 84 Anm. 22; 104 Anm. 4.

31 *Schönle*, ZHR 126 (1964), 199 (210); *A. Zimmermann*, S. 166 f.; Die Unvereinbarkeit mit dem Wortlaut räumten auch *v. Godin/Wilhelmi*, AktG 1937, § 84 Anm. 22, offen ein.

32 Ausführlicher *Wehl*, DJ 1937, 935 (936 f.).

33 RG DR 1941, 506 (508); RGZ 167, 151 (163, 166); BGHZ 25, 285 (386) (»im Allgemeinen nicht«); BGHZ 36, 296 (306); BGH WM 1967, 503 (507); BGH WM 1971, 1548 (1549); *Wehl*, DJ 1937, 935 (937); *J. Wagner*, S. 41 f.; *Boesebeck*, NJW 1955, 1657; *Zempelin*, AcP 155 (1956), 209 (231); *Wunsch*, NJW 1957, 1307; *Westhoff*, DNotZ 1958, 227; *Hueck*, GmbHR 1959, 189 (190); *Schuler*, AG 1960, 1 (3); *ders.*, NJW 1960, 601; *Brox*, BB 1960, 1226 (1227); *Schönle*, ZHR 126 (1964), 199 (220).

34 *Brox*, BB 1960, 1226 (1227).

35 *Ritter*, AktG, 2. Auflage 1939, § 104 Anm. 2 c; *Brox*, BB 1960, 1226 (1227).

gesehen (heute: § 93 Abs. 4 Satz 4 AktG[36]), wenn der Ersatzpflichtige zahlungsunfähig war und sich zur Abwendung oder Beseitigung des Konkursverfahrens mit seinen Gläubigern verglich.

Obschon die Verzichtswirkung der Entlastung damit auf seltene Ausnahmefälle beschränkt war, konnte sie nicht vollumfänglich in Abrede gestellt werden. Im Jahre 1959 nahm der Bundesgerichtshof den Gedanken der partiellen Weitergeltung der klassischen Entlastungsgrundsätze auf und gelangte durch eine teleologische Reduktion des § 84 Abs. 4 Satz 3 AktG 1937 zu einer weiteren Ausnahme, die – anders als die bisher genannten Fälle – in der Praxis durchaus eine gewisse Relevanz hatte. Der Bundesgerichtshof war der Ansicht, dass die von der Hauptversammlung beschlossene Entlastung nach § 84 Abs. 4 Satz 3 AktG 1937 im Allgemeinen zwar nicht die Wirkung eines Verzichts auf Ersatzansprüche haben könne, die Vorschrift jedoch allein den Schutz der Minderheitsaktionäre bezwecke.[37] Sie könne daher nicht als Grund ausreichen, der Entlastung die Wirkung eines Anspruchsverzichts vorzuenthalten, wenn sie von allen Aktionären erteilt werde.[38] Da die von allen Aktionären erteilte Entlastung danach Verzichtswirkung haben sollte, war eine Aufspaltung in eine »Entlastung erster oder zweiter Klasse« je nachdem, ob die Entlastung von allen Aktionären oder nur mit Mehrheit beschlossen war, die Folge.[39]

Im Schrifttum erfuhr diese Rechtsprechung deutliche Kritik: Angeführt wurde, dass die Anordnung der Sperrfrist zum Schutz der Minderheit schlechterdings überflüssig sei, weil dieser Schutz schon durch das Widerspruchsrecht gewährleistet sei.[40] Gegen die Ansicht des Bundesgerichtshofs sprach zudem der systematische Zusammenhang mit den Vorschriften der Gründerhaftung, die das normative Vorbild für § 84 Abs. 4 Satz 3 AktG 1937 waren. Da diese Vorschriften erklärtermaßen einen *vorschnellen* Verzicht der Gesellschaft verhindern sollten,[41] konnte auch der Zweck der Sperrfrist in § 84 AktG nur darin bestehen, eine verfrühte Entscheidung der Hauptversammlung zu unterbinden, bis die weitere

---

36 Vgl hierzu: *Hirte/Stoll*, ZIP 2010, 253 ff.

37 BGHZ 29, 385 (390); ebenso BGH WM 1971, 1548 (1549) für eine im Jahre 1963 erteilte Entlastung; zustimmend *Neflin*, NJW 1959, 1666 (1667); *Schönle*, ZHR 126 (1964), 199 (222); *Baumbach/Hueck*, AktG, 10. Auflage 1959, § 104 Anm. 1 B; *Schmidt/Meyer-Landrut*, in: GK/AktG, 2. Auflage 1961, § 104 Anm. 2a.

38 Ebenda.

39 *Schuler*, AG 1960, 1 (4).

40 *Schuler*, AG 1960, 1 (4); *ders.*, NJW 1960, 601; *Brox*, BB 1960, 1226 (1227 f.); gegen sie: *Schönle*, ZHR 126 (1964), 199 (222): die Bedeutung der Frist bestehe darin, dass vor Fristablauf schon ein einziger Aktionär den Verzicht verhindern könne, wohingegen nach Fristablauf hierfür eine Minderheit von einem Fünftel erforderlich sei.

41 Vgl. S. 60 bei Fn. 20.

Entwicklung eine bessere Beurteilung der Geschäftsführung und ihrer Folgen ermöglichte und auch die Amtszeit der betroffenen Organmitglieder voraussichtlich abgelaufen war.[42]

c) Das Aktiengesetz vom 6. September 1965

Mit der weitreichenden Novelle des Aktienrechts im Jahre 1965[43] griff der Gesetzgeber die fehlende Einheitlichkeit der Entlastungsfolgen und die damit verbundenen Streitigkeiten auf und ordnete in § 120 Abs. 2 Satz 2 AktG ausdrücklich an, dass die Entlastung keinen Verzicht auf Ersatzansprüche enthalte.[44] Daneben wurde zwar auch das Verzichtsverbot des § 93 Abs. 4 Satz 3 AktG beibehalten, doch hatte es für die Bestimmung der Entlastungsfolgen seine Bedeutung weitgehend verloren. Da § 120 Abs. 2 Satz 2 AktG das Verzichtsverbot nunmehr vollständig überlagert, ist eine Befassung mit den Voraussetzungen des § 93 Abs. 4 Satz 3 AktG für die Bestimmung der Entlastungsfolgen entbehrlich.[45]

2. Die Funktionen des § 120 Abs. 2 Satz 2 AktG

Vor dem Hintergrund der vorstehenden Ausführungen lassen sich die Funktionen des § 120 Abs. 2 Satz 2 AktG wie folgt näher bestimmen:

a) Die Klarstellungs- und Vereinheitlichungsfunktion des § 120 Abs. 2 Satz 2 AktG

Für den Regelfall der Entlastung innerhalb der ersten acht Monate des Geschäftsjahrs dient § 120 Abs. 2 Satz 2 AktG der Klarstellung der ohnehin geltenden Rechtslage. Hierzu heißt es in der Gesetzesbegründung, dass die Aktiengesell-

---

42 *Schuler*, NJW 1960, 601. Der Gedanke tauchte wenig später auch im Regierungsentwurf zu § 90 AktG-RegE 1962 = § 93 AktG 1965 auf, vgl. Bundestags-Drs. IV/171, Anlage 1, abgedruckt in: *Kropff*, S. 123; Vgl. auch: *K. Zimmermann*, FS Duden, 1977, S. 773 (774); *Mertens*, FS Fleck, 1988, S. 209 (210); *Zöllner*, in: KK-AktG, § 120 Rn. 31; *Hopt*, in: GK-AktG, § 93 Rn. 366; *Mertens*, in: GK-AktG, § 120 Rn. 37, insb. Fn. 58. *Thomas*, S. 21; Kritisch: *Bachmann*, S. 50; *Harbarth*, Liber Amicorum M. Winter, S. 215 (227).

43 Aktiengesetz vom 6. September 1965, BGBl. I 1965, S. 1089, Bundestags-Drs. IV/171 in der Fassung von Bundestags-Drs. IV/3296.

44 Kritisch gegen § 113 AktG-RefE = § 120 AktG insb. *Schippert*, BB 1958, 1191 (1192): der Referentenentwurf »verzichtet auf jeglichen Ehrgeiz, den Entlastungsbegriff wieder für alle Rechtsgebiete zu vereinheitlichen«.

45 *Brox*, BB 1960, 1226 (1228).

schaft überhaupt erst nach Ablauf der Frist des § 93 Abs. 4 Satz 3 AktG auf Ersatzsprüche verzichten könne und die Entlastung während der Fristlaufs schon aus diesem Grunde keinen Verzicht enthalte.[46] Einen eigenständen Anwendungsbereich hat die Vorschrift dagegen, wenn die Sperrfrist des § 93 Abs. 4 Satz 3 AktG bei Entlastungserteilung bereits abgelaufen ist.[47] Anders als unter dem alten Aktienrecht kommt dieser Konstellation seit der Novelle von 1965 wieder größere Bedeutung zu, weil die Sperrfrist auf drei Jahre verkürzt wurde, während die Verjährungsfrist für Ersatzansprüche weiterhin fünf Jahre beträgt und für börsennotierte Gesellschaften (§ 3 Abs. 2 AktG) kürzlich sogar auf zehn Jahre angehoben wurde (§ 93 Abs. 6 AktG).[48]

Bei der Entlastung wird das im Wesentlichen in zwei Fällen bedeutsam: So kann der auf Entlastung lautende Beschlussantrag z. B. wegen offener Fragen über mehrere Jahre zurückgestellt gewesen sein oder – was häufiger der Fall sein wird – nach Anfechtung des ursprünglich gefassten Beschlusses erneut zur Abstimmung gelangen.[49] Für solche Fälle stellt § 120 Abs. 2 Satz 2 AktG klar, dass die Entlastung trotz Ablaufs der Sperrfrist nicht zu einem Anspruchsverlust der Gesellschaft führt. In diesem Sinne rundet § 120 Abs. 2 Satz 2 AktG die durch § 93 Abs. 4 Satz 3 AktG vorgegebene Rechtslage ab und vereinheitlicht die Rechtsfolgen der Entlastung, so dass nicht unterschieden werden muss, ob die Entlastung im konkreten Fall Verzichtswirkung hat oder nicht. Da die Sperrfrist an die rechtliche »Entstehung des Anspruchs« anknüpft, spielt die im Einzelfall schwierige Frage, zu welchem Zeitpunkt das tatsächlich der Fall war,[50] für die Entlastung keine Rolle, was nicht zuletzt der Rechtsklarheit dient.

Besonders deutlich zeigt sich die mit § 120 Abs. 2 Satz 2 AktG angestrebte Vereinheitlichung der Entlastungsfolgen auch darin, dass die Vorschrift die zwischenzeitliche Rechtsprechung des Bundesgerichtshofs zur allstimmigen Entlastung »korrigierte« und der von allen Aktionären beschlossenen Entlastung die Verzichtswirkung wieder nahm. In der heutigen Kommentarliteratur wird hierin ein wesentlicher Grund für die Normierung des § 120 Abs. 2 Satz 2 AktG gesehen.[51] Als Folge der gesetzgeberischen Klarstellung ist deshalb heute auch im Anwen-

---

46 Begründung zu § 116 AktG-RegE 1962 = § 120 AktG 1965, Bundestags-Drs. IV/171, Anlage 1, abgedruckt in: *Kropff*, S. 167.

47 Begründung zu § 116 AktG-RegE 1962 = § 120 AktG 1965, Bundestags-Drs. IV/171, Anlage 1, abgedruckt in: *Kropff*, S. 167; *Mülbert*, in: GK-AktG, § 120 Rn. 34; *Zöllner*, in: KöKo/AktG, § 120 Rn. 23; *Kubis*, in: MüKo/AktG, § 120 Rn. 30; Hüffer/*Koch*, AktG, § 120 Rn. 13.

48 Vgl. bereits S. 12 Fn. 37.

49 Vgl. im Zusammenhang mit § 120 Abs. 3 AktG auf S. 22 Fn. 73.

50 Vgl. bereits S. 12 Fn. 38.

51 *Mülbert*, in: GK-AktG, § 120 Rn. 35, 37; *Zöllner*, in: KöKo/AktG, § 120 Rn. 31; *Kubis*, in: MüKo/AktG, § 120 Rn. 30; Hüffer/*Koch*, AktG, § 120 Rn. 13.

dungsbereich von § 93 Abs. 4 Satz 3 AktG anerkannt, dass auch der von allen Aktionären beschlossene Verzicht unwirksam ist, wenn er vor Ablauf der Sperrfrist erfolgt.[52] Die Vorschrift des § 120 Abs. 2 Satz 2 AktG wirkt insoweit auf das Normverständnis des § 93 Abs. 4 Satz 3 AktG zurück.

b) Der Funktionswandel der aktienrechtlichen Entlastung und dessen Absicherung durch § 120 Abs. 2 Satz 1 AktG

Da § 120 Abs. 2 Satz 2 AktG im Verhältnis zu § 93 Abs. 4 Satz 3 AktG somit vor allem der Klarstellung und Vereinheitlichung der Entlastungsfolgen dient, wirft das die Frage auf, ob sich die Funktion des § 120 Abs. 2 AktG hierin erschöpft oder ob die Vorschrift inzwischen eine von § 93 Abs. 4 Satz 3 AktG gänzlich losgelöste Bedeutung erlangt hat. Für eine solche weitergehende eigenständige Bedeutung lässt sich im Ausgangspunkt anführen, dass die mit § 120 Abs. 2 Satz 2 AktG einhergehende Entkopplung der Entlastung von den Anforderungen des § 93 Abs. 4 Satz 3 AktG nicht zuletzt vor dem Hintergrund erfolgte, die Sperrfrist wieder auf drei Jahre verkürzen zu können, ohne damit weitere Friktionen bei der Entlastung auszulösen. Das Ziel des Gesetzgebers war es, einerseits der Entlastung schlechthin die Verzichtswirkung zu nehmen und die Haftung der Organmitglieder damit über die Anforderungen des § 93 Abs. 4 Satz 3 AktG hinaus zu akzentuieren, andererseits aber den Abschluss von Vergleichs- und Verzichtsvereinbarungen wieder frühzeitiger zuzulassen.

aa) Das praktische Bedürfnis nach einer Verkürzung der Sperrfrist auf drei Jahre bei der Reform 1965

Das Bedürfnis für die Fristverkürzung in § 93 Abs. 4 Satz 3 AktG wurde im Regierungsentwurf von 1962 damit begründet, dass ein Vergleich oder Verzicht durchaus im Interesse der Gesellschaft liegen könne, wenn durch ihn ein ungewisser Schwebezustand beendet werde.[53] Die bisherige Frist sei zu lang bemessen, weil sie eine einvernehmliche und im Interesse der Gesellschaft liegende Konfliktlösung faktisch unterbinde, indem eine Verständigung erst zu einem Zeitpunkt möglich werde, in welchen der Ersatzanspruch häufig bereits verjährt sei.[54]

---

52 Vgl. etwa *Mülbert*, in: GK/AktG, § 120 Rn. 37, insb. Fn. 58.

53 Regierungsentwurf zu § 90 AktG-RegE = § 93 AktG 1965, Bundestags-Drs. IV/171, Anlage 1, abgedruckt in: *Kropff*, S. 123; zum praktischen Bedürfnis nach Freistellungsvereinbarungen zwischen Gesellschaftern und Organmitgliedern vgl. ausf. *Habersack*, FS Ulmer, 2003, S. 151 ff.

54 Regierungsentwurf zu § 90 AktG-RegE = § 93 AktG 1965, Bundestags-Drs. IV/171, Anlage 1, abgedruckt in: *Kropff*, S. 123.

Die Vorschrift solle zwar verhindern, dass über einen Verzicht oder Vergleich bereits zu einem Zeitpunkt entschiede werde, in dem sich noch kein abschließendes Bild über die Auswirkungen der Geschäftsführung gewinnen lasse, doch seien hierfür drei Jahre ausreichend.[55]

bb) Die jüngeren Forderungen nach einer Streichung der Sperrfrist

Mit Blick auf diese Erwägungen mehren sich seit einigen Jahren die Stimmen, die eine gänzliche Abschaffung der Sperrfrist befürworten,[56] eine Forderung, die inzwischen von weiten Teilen des Schrifttums geteilt wird.[57] Angeführt wird, dass in der Praxis häufig ein großes Interesse bestehe, Schadensersatzansprüche gegen Organmitglieder zügig und einvernehmlich zu regeln.[58] Derartige Ansprüche beträfen vielfach hochkomplexe Sachverhalte und könnten langjährige, kostenintensive Rechtsstreitigkeiten mit ungewissem Ausgang nach sich ziehen.[59] Dabei bestehe die Gefahr, den Vorgang in der Öffentlichkeit über Jahre wach zu halten und so das Ansehen und die Geschäftschancen der Gesellschaft zu belasten.[60] Die Sperrfrist stehe einer zügigen Aufarbeitung und Erledigung des Ersatzanspruchs entgegen und mache selbst eine gerichtliche Verständigung innerhalb der Dreijahresfrist unmöglich.[61] Die Belange der Gesellschaft und der Aktionäre seien dagegen durch das Erfordernis eines Hauptversammlungsbeschlusses, das Vetorecht der Minderheit sowie die Klagemöglichkeiten gegen einen zustimmenden Hauptversammlungsbeschluss hinreichend gewahrt.[62]

---

55 Regierungsentwurf zu § 90 AktG-RegE = § 93 AktG 1965, Bundestags-Drs. IV/171, Anlage 1, abgedruckt in: *Kropff*, S. 123; zuvor bereits *Schuler*, NJW 1960, 601 und später *K. Zimmermann*, FS Duden, 1977, S. 773 (774); *Mertens*, FS Fleck, 1988, S. 209 (210); *Zöllner*, in: KöKo/AktG, § 120 Rn. 31; *Hopt*, in: GK/AktG, § 93 Rn. 366; *Mertens*, in: GK/AktG, § 120 Rn. 37, insb. Fn. 58.

56 *Cahn*, S. 143; *Mertens/Cahn*, KöKo/AktG, § 93 Rn. 164; *Semler*, AG 2005, 321 (333 f.); *Fleischer*, WM 2005, 909 (918 f.) sowie nochmals aus jüngerer Zeit *Fleischer*, ZIP 2014, 1305 (1308); *Fleischer*, AG 2015, 133 (139).

57 *Dietz-Vellmer*, NZG 2011, 248 (249); *Hopt*, ZIP 2013, 1793 (1803 f.); *Habersack*, ZHR 177 (2013), 782 (803); *Haarmann/Weiß*, BB 2014, 2115 (2123); *Koch*, in: Hüffer, AktG, § 93 Rn. 77; Handelsrechtsausschuss des Deutschen Anwaltsvereins, NZG 2010, 897 (898 f.); NZG 2011, 217 (221) Tz. 51; NZG 2012, 380 (383) Tz. 26; NZG 2014, 863 (865) Tz. 16. Auf dem 70. Deutschen Juristentag 2014 wurde ein auf die Streichung der Sperrfrist lautender Beschlussvorschlag mit 59 Ja-Stimmen, 19 Nein-Stimmen und 9 Enthaltungen angenommen.

58 Handelsrechtsausschuss des Deutschen Anwaltsvereins, NZG 2010, 897 (898).

59 Handelsrechtsausschuss des Deutschen Anwaltsvereins, NZG 2010, 897 (898).

60 Handelsrechtsausschuss des Deutschen Anwaltsvereins, NZG 2010, 897 (899).

61 Handelsrechtsausschuss des Deutschen Anwaltsvereins, NZG 2010, 897 (899).

62 *Cahn*, S. 143; *Fleischer*, AG 2015, 133 (140).

Trotz dieser Argumente darf allerdings nicht aus dem Blick verloren werden, dass die Vorschrift des § 93 Abs. 4 Satz 3 AktG zwar vorrangig dem Schutz der Interessen von Gesellschaft und Aktionären dient, wegen ihrer Indisponibilität zugleich aber auch eine ordnungspolitische Funktion hat. In Verbindung mit der Akzentuierung der Verfolgungspflicht des Aufsichtsrats ist sie im geltenden Recht – auch angesichts der vielfach geltend gemachten Funktionsdefizite bei der Anspruchsverfolgung[63] – dazu angetan, eine nachhaltigere Aufarbeitung etwaiger Pflichtverstöße auch im öffentlichen Interesse sicherzustellen. So mag eine schnelle und effiziente Erledigung von Haftungstreitigkeiten, zumal anstelle eines aufwändigen und medienwirksamen Prozesses, nicht selten auch im wirtschaftlichen Interesse der Aktionäre liegen. Zweifeln mag man gleichwohl daran, ob eine solche effiziente Abwicklung eine vergleichbar regulierende Wirkung hat wie die Katharsis durch gerichtliche Aufarbeitung. Schon die Regelung des § 84 Abs. 4 Satz 3 AktG 1937 war von einem Misstrauen gegenüber der Geschäftsführung getragen, die sich nicht allzu eilfertig von einer Haftung sollte freizeichnen lassen können. Das dürfte eher gegen eine Streichung und für eine nur vorsichtige Öffnung des § 93 Abs. 4 Satz 3 AktG sprechen.[64] Als vereinbar mit der ordnungspolitischen Funktion der Vorschrift dürfte sich – de lege ferenda – die Privilegierung gerichtlicher Vergleiche erweisen.[65]

cc) Die Folgerungen für den Funktionswandel der aktienrechtlichen Entlastung

Bislang hat der Gesetzgeber der Forderung nach einer weitergehenden Flexibilisierung des § 93 Abs. 4 Satz 3 AktG nicht nachgegeben. Für den hier untersuchten Zusammenhang zwischen der Sperrfrist und den Entlastungsfolgen erweist sich die Forderung dennoch als aufschlussreich, weil die Regelung des § 120 Abs. 2 Satz 2 AktG trotz der geforderten Abschaffung der Sperrfrist – soweit ersichtlich – unangetastet bleiben soll. Das ist vor dem Hintergrund der historischen Entwicklung nicht selbstverständlich, da formal eingewandt werden könnte, dass

63 Statt vieler: *G. Wagner*, ZHR 178 (2014), 227 ff., der auf Seiten des Aufsichtsrats bildlich von einer »Bisshemmung« spricht (S. 239; ähnlich schon *Peltzer*, WM 1981, 346, 348 f.: »Bisssperre«) und auf der anderen Seite die »Apathie« der Hauptversammlung moniert (S. 240). Ähnlich *Bachmann*, S. 50 f.: Zustimmungserfordernis der Hauptversammlung sei »kein ausreichendes Gegengewicht«.

64 *Bachmann*, S. 51; zustimmend: *Bayer*, NJW 2014, 2546 (2548).

65 *Bachmann*, S. 51. Im Rahmen einer Haftungsklage aufgrund eines Klagezulassungsverfahrens soll ein gerichtlicher Vergleichs vor dem Hintergrund § 148 Abs. 6 Satz 4 AktG (erfasst eigentlich nur die Klagerücknahme) bereits im geltenden Recht ohne Beachtung der Sperrfrist möglich sein. In den Einzelheiten umstritten, vgl. *Paschos/Neumann*, DB 2005, 1779 (1784 f.); *Schroer*, in: MüKo/AktG, § 148 Rn. 80; *Mock*, in: Spindler/Stilz, § 148 Rn. 125, 144.

§ 120 Abs. 2 Satz 2 AktG auf die Sperrfrist des § 93 Abs.4 Satz 3 AktG zurückgehe und deren Streichung folglich auch die innere Rechtfertigung für § 120 Abs. 2 Satz 2 AktG entfallen lasse. Doch griffe eine solche Argumentation, die allein die Klarstellungs- und Vereinheitlichungsfunktion des § 120 Abs. 2 Satz 2 AktG im Blick hat, zu kurz. Zu berücksichtigen ist nämlich, die gesetzlichen Verzichtsbeschränkungen zwar der historische Ausgangspunkt für die Schaffung des § 120 Abs. 2 Satz 2 AktG waren, sich seitdem jedoch das Grundverständnis der aktienrechtlichen Entlastung grundlegend gewandelt hat und vor dem Hintergrund des § 120 Abs. 2 Satz 2 AktG sogar zwingend wandeln musste. So zeigen die praktischen Erfahrungen, dass die Entlastung ihre Bedeutung im Aktienrecht trotz des Verlusts der Verzichtswirkung nicht eingebüßt hat, sondern im Gegenteil unbelastet von der Frage nach einem Haftungsverzicht zu einem anerkannten Instrument geworden ist, mit dem die Aktionäre ihre Zustimmung oder Ablehnung mit der aktuellen Geschäftspolitik zum Ausdruck bringen können.[66]

(1) Die früher verbreitete Skepsis gegen eine Entlastung ohne Verzichtswirkung

Das war nach dem Inkrafttreten des AktG 1937 und selbst im Vorfeld der Reform von 1965 nicht unbedingt erwartet worden. Im Gegenteil mutete eine rechtlich bedeutungslose Entlastung damals weithin als nutzlos an.[67] Die Rede war etwa von der Entlastung als einer »platonischen Vertrauenskundgebung«,[68] einem bloßen »Nervenstärkungsmittel«.[69] Schwer zu glauben sei, dass die Entlastung künftig »nur aus moralischen Gründen oder des bloßen Prestiges wegen angestrebt« werde.[70] *Brox* riet sogar, der Gesetzgeber solle den Begriff der Entlastung im Aktienrecht besser nicht mehr verwenden.[71] Die meisten dieser kritischen Stellungnahmen beruhten auf der Vorstellung, dass die Entlastung einzig wegen der Haftungsfreizeichnung angestrebt werde und es ohne diese kein praktisches Bedürfnis mehr nach Entlastung gebe. Indem auf diese Weise einseitig die Verzichtswirkung der Entlastung in den Blick genommen wurde, schien mit der

66 *Graff*, S. 38.

67 In jüngerer Zeit findet sich dieses Argument nur noch selten, etwa bei *Peltzer*, JZ 1996, 842 (845), der meint, die Entlastung sei auch dort, wo es wenig zu billigen gebe, die Regel geworden. Da zwischen guter und schlechter unternehmerischer Leistung nicht mehr unterschieden werde, sollte die Entlastung abgeschafft und die Tagesordnung der Hauptversammlung »entrümpelt« werden.

68 So *v. Godin/Wilhelmi*, AktG 1937, § 114 II Anm. 18 a); *Schönle*, ZHR 126 (1964), 199 (220).

69 *Brox*, BB 1960, 1226 (1228).

70 *Schippert*, BB 1958, 1191.

71 *Brox*, BB 1960, 1226 (1228); ähnlich: *Schippert*, BB 1958, 1191.

Entlastungsverweigerung nicht mehr und nicht weniger als die Aufrechterhaltung des *status quo*, d.h. das Fortbestehen etwaiger Ersatzansprüche, verbunden zu sein.

(2) Das Interesse der Organmitglieder an der Vermeidung der Entlastungsverweigerung

Indes gehen die Folgen der Entlastungsverweigerung seit jeher über die bloße Nichtenthaftung hinaus. Neben der Gewissheit bzw. dem »Damoklesschwert«[72] einer Inanspruchnahme auf Schadensersatz ist die Verweigerung der Entlastung vielfach geeignet, eine »Minderung der Autorität im Betrieb, des Ansehens im Beruf und vielleicht sogar im Privatleben« herbeizuführen.[73] Da die Entlastungsverweigerung danach für die weitere Tätigkeit und das Fortkommen der betroffenen Organmitglieder gravierende Folgen haben kann,[74] besteht folglich auch ohne eine Haftungsfreizeichnung regelmäßig ein Interesse der Organmitglieder an ihrer Erteilung. Dabei liegt es auf der Hand, dass die Entlastung solche Wirkungen in besonderer Weise bei größeren Gesellschaften zu entfalten vermag, die im Blickpunkt der Öffentlichkeit stehen, und bei denen eine Verweigerung der Entlastung, deren Vertagung, ja sogar schon die Ankündigung einer »Kampfabstimmung«, besondere Aufmerksamkeit zu erregen vermag.[75]

(3) Das Interesse der Organmitglieder an der Entlastungserteilung

Allerdings griffe es zu kurz, das Interesse der Organmitglieder allein auf die Vermeidung der Entlastungsverweigerung zu beschränken. Denn auch die Erteilung der Entlastung lässt wertvolle Schlussfolgerungen darüber zu, in welchem Maße die eingeschlagene Geschäftspolitik auf die Zustimmung der Aktionäre trifft. Zwar ist der unmittelbare Einfluss der Aktionäre auf die Geschäftsführung gering, umso größer ist aber das Bedürfnis, wenigstens die Zufriedenheit oder Unzufriedenheit mit der Geschäftsführung förmlich zum Ausdruck bringen zu können. Dabei kann es durchaus einen Unterschied machen, ob der Entlastungbeschluss nur knapp (etwa mit den Stimmen einiger weniger Großaktionäre) zustande gekommen ist oder ob eine breite Aktionärsmehrheit der Geschäftsführung den Rücken stärkt. Zu Recht wird der Entlastung von den Aktionären deshalb zum Zwecke der offenen Demonstration des Vertrauens oder Misstrauens besonderer

---

72 *Schuler*, AG 1960, 1 (3).

73 *Schuler*, AG 1960, 1 (3).

74 *Graff*, S. 39f.; *Barner*, S. 157.

75 *A. Zimmermann*, S. 8; *Kubis*, in: MüKo/AktG, § 120 Rn. 2.

Wert beigemessen.[76] In dieser Funktion wird die Entlastung durch das Fehlen der Verzichtswirkung eher gestärkt als geschwächt, weil die Bewertung der Geschäftsführung, die im Aktienrecht ohnehin in großem Umfang von unternehmerischen Zweckmäßigkeitserwägungen geprägt ist, nicht noch zusätzlich mit schwierigen Haftungsfragen aufgeladen wird. Die Vorschrift des § 120 Abs. 2 Satz 2 AktG beruht im geltenden Recht damit auch auf dem Grundgedanken, dass die Aktionäre ihre Bewertung des Verlaufs und Erfolgs der Geschäftsführung nicht nur um den Preis eines möglichen Regressverzichts zum Ausdruck bringen können sollen.

c) Die Akzentuierung der Organhaftung durch § 120 Abs. 2 Satz 2 AktG

Vor dem Hintergrund der historischen Entwicklung darf die Absicherung des Funktionswandels der Entlastung durch § 120 Abs. 2 Satz 2 AktG freilich nicht überbewertet werden, denn dieser Funktionswandel war nicht Grund für dessen Normierung, sondern stellt sich lediglich als notwendige Folge einer um ihrer ursprünglichen Rechtsfolgen beraubten Entlastung dar. So sind auch zahlreiche andere Geschäftsbesorgungsverhältnisse durch eine Ferne des Geschäftsherrn von den Einzelheiten der Geschäftsführung geprägt, ohne dass sich der Gesetzgeber zur Normierung vergleichbarer Regelungen veranlasst gesehen hätte. Das erlaubt die Schlussfolgerung, dass § 120 Abs. 2 Satz 2 AktG nicht in erster Linie dazu dient, den Aktionären in Ansehung ihrer Informationsdefizite eine risikolose Bewertung der Geschäftsführung zu ermöglichen. Aus dem inneren Wertungs- und Verweisungszusammenhangs mit § 93 Abs. 4 Satz 3 AktG bzw. § 84 Abs. 4 Satz 3 AktG 1937 folgt vielmehr, dass § 120 Abs. 2 Satz 2 AktG wie diese Regelungen auch auf dem grundsätzlichen Misstrauen des historischen Gesetzgebers gegenüber der Geschäftsführung beruht und insbesondere eine allzu eilfertige oder gar versehentliche Haftungsfreistellung der Organmitglieder verhindern soll. Das zentrale gesetzgeberische Anliegen war insofern weniger die Rücksichtnahme auf strukturelle Informationsdefizite der Aktionäre, sondern die Akzentuierung der Organhaftung.

Das wird im Schrifttum zu Unrecht vielfach anders gesehen. Angeführt wird etwa, dass der Ausschluss der Verzichtswirkung seinen Grund darin habe, dass den zur Entscheidung berufenen Aktionären der Einblick in der Geschäftsführung fehle: »Eine Erstreckung der Entlastungswirkungen auf bei der Beschlussfassung bekannte oder erkennbare Ansprüche hieße, die Entscheidung über die Geltendmachung etwaiger Ansprüche einem nahezu uninformierten, nicht in die

76 *Westhoff*, DNotZ 1958, 227; *Hoffmann*, in: Spindler/Stilz, AktG, § 120 Rn. 1.

Geschäftsführung involviertem Organ zu überlassen.«[77] Das überzeugt nicht. Da die Entlastung nach tradiertem Verständnis ohnehin nur bekannte und erkennbare Ersatzansprüche ausschließen soll, würde die Entscheidung einer »uninformierten« Hauptversammlung nicht zu einem Anspruchsverlust führen können. Sehen die Organmitglieder nämlich davon ab, »durch hinreichende Offenheit ... die Tragweite der erbetenen Entlastung selbst zu bestimmen«,[78] lässt die Entlastung die betreffenden Ersatzansprüche von vornherein unberührt. Vor diesem Hintergrund ist § 120 Abs. 2 Satz 2 AktG schwerlich mit einem Informationsdefizit der Aktionäre zu rechtfertigen. Im Gegenteil hat § 120 Abs. 2 Satz 2 AktG zur Folge, dass der Entlastung nicht länger eine hinreichende Prüfung der geleisteten Rechenschaft durch die Aktionäre vorauszugehen braucht. Ein Anspruchsverlust droht nämlich selbst dann nicht, wenn erkennbare Ersatzansprüche übersehen wurden. Die Regelung des § 120 Abs. 2 Satz 2 AktG erklärt sich vor diesem Hintergrund erst dadurch, dass eine Enthaftung selbst dann nicht eintreten soll, wenn die Aktionäre wohlwollend von der im eigenen Interesse gebotenen sorgfältigen Prüfung absehen und gleichsam im blinden Vertrauen auf die Ordnungsmäßigkeit der Geschäftsführung Entlastung erteilen.

3. Die Folgerungen für die Auslegung des § 120 Abs. 2 Satz 2 AktG

Vor diesem Hintergrund lässt sich Klarheit über den Regelungsgehalt der Vorschrift gewinnen. Nach zutreffender Ansicht bringt der erste Satz des § 120 Abs. 2 AktG einen allgemeinen Rechtsgedanken zum Ausdruck: Unabhängig davon, in welcher Konstellation Entlastung erteilt wird – ob also der Entlastende die Geschäftsführung für tadellos hält oder ob er Kenntnis von etwaigen Verfehlungen hat –, stets lässt sich die Entlastung als Billigung der Geschäftsführung deuten. Mit dieser gleichsam universalen Umschreibung des Entlastungsinhalts ist für die vorliegende Untersuchung freilich nichts Substanzielles gewonnen, solange offen bleibt, welche rechtlichen Folgen diese Billigung haben soll. Für das Aktienrecht hat der Gesetzgeber die Antwort hierauf in § 120 Abs. 2 Satz 2 AktG gegeben: Die Entlastung soll für die Haftung der Organmitglieder keinerlei Rechtsfolgen haben.

---

77 *Graff*, S. 54.

78 BGH NJW-RR 1988, 745 (748); BGH NZG 2002, 195 (197); BGH NZG 2005, 562 (563). Vgl. bereits oben S. 45.

a) Kein Verlust von Ersatzansprüchen

Die Wendung, die Entlastung enthalte keinen Verzicht auf Ersatzansprüche, erweist sich dabei in mehrfacher Hinsicht als sprachlich ungenau. Nach herkömmlichem Verständnis ist unter einem »Verzicht« allein die rechtsgeschäftliche Rechtsaufgabe zu verstehen.[79] Dass die Entlastung eine solche Rechtsaufgabe kraft Rechtsgeschäfts beinhaltet (etwa einen Erlass oder ein negatives Schuldanerkenntnis im Sinne von § 397 BGB), wird im Gesellschaftsrecht – soviel sei vorweggenommen – heute durchweg bestritten, und die Verzichtswirkung stattdessen mit dem Verbot widersprüchlichen Verhaltens als Konkretisierung von Treu und Glauben (§ 242 BGB) begründet.[80] Bei wortwörtlichem Verständnis stünde § 120 Abs. 2 Satz 2 AktG einer solchen gleichsam gesetzlichen Verzichtswirkung nicht entgegen. In Ansehung der historischen Entwicklung des § 120 Abs. 2 Satz 2 AktG liegt es indes auf der Hand, dass die Reichweite der Vorschrift nicht davon abhängen kann, auf welche Weise der entlastungsbedingte Rechtsverlust zu konstruieren ist. Vielmehr soll es die Norm generell ausschließen, an die Entlastung einen wie auch immer gearteten Anspruchsverlust zu knüpfen.[81] Sie ist daher weit auszulegen und enthält nicht nur »keinen Verzicht auf Ersatzansprüche«, sondern lässt Ersatzansprüche gänzlich unberührt, d.h. sie »erschöpft«[82] sich in der Billigung der Geschäftsführung. Dieses Ergebnis entspricht der Abrundungsfunktion des § 120 Abs. 2 Satz 2 AktG: Wenn die Gesellschaft schon nicht durch Rechtsgeschäft verzichten kann, dann ist es erst recht ausgeschlossen, einen Rechtsverlust auf andere Weise, etwa durch Rückgriff auf die Grundsätze von Treu und Glauben (§ 242 BGB) zu konstruieren, solange Anknüpfungspunkt hierfür ebenfalls nur die Billigung durch die Hauptversammlung ist.[83] Zugleich steht dieses Ergebnis auch in Einklang mit dem durch § 120 Abs. 2 Satz 2 AktG abgesicherten Funktionswandel der Entlastung zu einem Instrument der förmlichen Bewertung der Geschäftsführung ohne Auswirkungen auf die Haftung. Im Ergebnis ist § 120 Abs. 2 Satz 2 AktG nach seinem Sinn und Zweck deshalb weit auszulegen, um zu gewährleisten, dass die Entlastung – wie letztlich in § 120 Abs. 2 Satz 1 AktG angeordnet – *ausschließlich* die Billigung der Geschäftsführung zum Ausdruck bringt.

---

79 Ausführlicher S. 126 f.

80 Vgl. zum Streitstand S. 112 ff.

81 *Mülbert*, in: GK-AktG, § 120 Rn. 32; *Kubis*, in: MüKo/AktG, § 120 Rn. 30: »jedwede Umgehung«.

82 Regierungsentwurf zu § 116 AktG-RegE = § 120 AktG 1965, Bundestags-Drs. IV/171, Anlage 1, abgedruckt in: *Kropff*, S. 167; ähnlich: *Schippert*, BB 1958 1191 (1192): Billigung sei »die alleinige Wirkung des Entlastungsbeschlusses«.

83 Ausführlicher S. 293 f.

b) Keine Umkehr der Darlegungs- und Beweislast

Die Abkoppelung der Entlastung von der Haftungsfrage hat außerdem zur Folge, dass § 120 Abs. 2 Satz 2 AktG bei weiter Auslegung auch einer mittelbaren Entwertung der Organhaftung durch eine Umkehr der Darlegungs- und Beweislast entgegensteht.[84] Selbst wenn die Organmitglieder entlastet sind, müssen sie deshalb – wie in § 93 Abs. 2 Satz 2 AktG angeordnet – darlegen und im Streitfalle beweisen, dass sie die Sorgfalt eines ordentlichen und gewissenhaften Geschäftsleiters beachtet haben. Es hieße, auf dem halben Wege stehen zu bleiben, wenn man der Entlastung zwar die Verzichtswirkung nähme, die Organmitglieder gleichwohl aber von der Darlegung- und Beweislast hinsichtlich der objektiven und subjektiven Pflichtwidrigkeit befreien würde.[85] Denn dann hätte die Entlastung doch wieder gravierende Auswirkungen auf die Haftung, weil sich Haftungsstreitigkeiten in der Mehrzahl gerade an der Frage der schuldhaften Pflichtverletzung der Organmitglieder entzünden und die schadensstiftende Ursache typischerweise aus der unternehmerischen Risikosphäre (vgl. § 93 Abs. 1 Satz 2 AktG) der Geschäftsführungsorgane herrührt.[86] Bestärken lässt sich dieser Befund mit Blick auf § 93 Abs. 4 Satz 3 AktG, der vor Ablauf der Sperrfrist nicht nur einen Verzicht, sondern auch einen Vergleich für unzulässig erklärt, und damit deutlich macht, dass jegliche rechtliche Beeinträchtigung des Ersatzanspruchs ausgeschlossen sein soll.

c) Kein Verlust von Gestaltungsrechten

Schließlich erweist sich die Vorschrift auch mit Blick auf die betroffenen Rechte als zu eng. Sie erfasst ausdrücklich nur »Ersatzansprüche«, doch geht die überwiegende Ansicht zutreffend davon aus, dass erst recht etwaige Gestaltungsrechte, die an Pflichtverletzungen der Organmitglieder anknüpfen – hierzu gehören insbesondere das Recht zur Abberufung bzw. Kündigung aus wichtigem Grunde – von der Entlastung unberührt bleiben.[87] Die Abkopplung der Entlastung von der

---

84 OLG Düsseldorf NJW-RR 1996, 1252 (1253); *Spindler*, in: MüKo/AktG, § 93 Rn. 187; *Drinhausen*, in: Hölters, AktG, § 120 Rn. 44; *Schuler*, AG 1960, 1 (3); *Borsche*, S. 137; *Graff*, S. 155 ff.; *Kubis*, in: MüKo/AktG, § 120 Rn. 36: »keinerlei präjudizielle Entscheidung«. Anders früher: *Baumbach*, AktG, 2. Auflage 1937, § 84 Anm. 4 B, § 104 Anm. 2 B: »starke Stütze für die Beweisführung«; *Schippert*, BB 1958, 1191 (1192); *Feuth*, NJW 1958, 11 (12) und neuerdings *Beuthien*, GmbHR 2014, 682 (688).

85 So aber kürzlich *Beuthien*, GmbHR 2014, 682 (688), der § 93 Abs. 1 Satz 2 AktG teleologisch reduziert, so dass die Beweislastregelung nach Erteilung der Entlastung nicht mehr gilt.

86 Vgl. insoweit bereits S. 9 f.

87 *Mülbert*, in: GK-AktG, § 120 Rn. 40; *Spindler*, in: K. Schmidt/Lutter, § 120 Rn. 49; *Zöllner*, in: KöKo/AktG, § 120 Rn. 26, 28; *Kubis*, in: MüKo/AktG, § 120 Rn. 30; a.A. für die Abberufung: *Brox*, BB 1960, 1226 (1228); *Schönle*, ZHR 126 (1964), 199 (220); für die Kündigung: *Barner*, S. 109 ff., insb.

Haftungsfrage ist in sich wiederum nur stimmig, wenn sie über Ersatzansprüche hinaus auch für sonstige Rechte der Gesellschaft gilt, die eine Sanktionierung von Pflichtverletzungen der Organmitglieder ermöglichen.

4. Die Folgerungen für den gewollten Rechtsverzicht nach dem Ablauf der Sperrfrist

Die weite Auslegung des § 120 Abs. 2 Satz 2 AktG schließt es nach den bisherigen Ausführungen nicht aus, dass die Gesellschaft auf Gestaltungsrechte oder auf Ersatzansprüche verzichten kann, wenn die Aktionäre dies beschließen und § 93 Abs.4 Satz 3 AktG den Verzicht vor allem auch in zeitlicher Hinsicht zulässt. § 120 Abs. 2 Satz 2 AktG legt insofern lediglich fest, dass die Billigung der Geschäftsführung noch nicht zum Rechtsverlust führt. Aus dem Gebot der weiten Auslegung der Vorschrift folgt, dass der gewollte Verzicht nicht »verklausuliert« als Entlastung oder als Billigung der gesamten Geschäftsführung bzw. einer einzelnen Geschäftsführungsmaßnahme beschlossen werden kann, sondern klar und deutlich als Verzicht erkennbar sein muss.[88] Zwar wird man nach allgemeinen Auslegungsregeln nicht verlangen können, dass das Wort »Verzicht« im Beschlusstext enthalten ist. Gleichwohl begrenzt die weite Auslegung des § 120 Abs. 2 Satz 2 AktG die Zulässigkeit des konkludenten Verzichts. Denn solange sich der Beschluss *auch* als bloße Billigung der Geschäftsführung auslegen lässt, greift § 120 Abs. 2 Satz 2 AktG und verhindert den Rechtsverlust der Gesellschaft. Vorstand und Aufsichtsrat sind vor diesem Hintergrund gezwungen, Farbe zu bekennen, wenn sie der Versammlung einen Verzicht auf Ersatzansprüche gegen die jeweils anderen Organmitglieder nahe legen. Das bestätigt die mit § 120 Abs. 2 Satz 2 AktG bezweckte Akzentuierung der Organhaftung. Verstärkt wird die Obliegenheit zur Offenlegung des beabsichtigten Verzichts auch durch §§ 124 Abs. 2 Satz 3 Hs. 2, 93 Abs. 4 Satz 3 AktG, wonach der »wesentliche Inhalt« des Verzichtsvertrags mit der Tagesordnung bekanntzumachen ist.[89] Etwaige Fehlvorstellungen über den Inhalt und die Rechtsfolgen des Beschlusses, die im Zu-

---

S. 111; *Zöllner*, in: KöKo/AktG, § 120 Rn. 27; anders auch *Schmeling*, S. 145: § 120 Abs. 2 Satz 2 AktG beziehe sich ausschließlich auf Ersatzansprüche, nicht aber auf sonstige Rechte.

88 *Mülbert*, in: GK/AktG, § 120 Rn. 37 erwähnt als Vorzug eines gesonderten Verzichtsbeschlusses die »größere Transparenz« des eigentlichen Beschlussinhalts.

89 Hierzu *Kubis*, in: MüKo/AktG, § 124 Rn. 20 ff.; *Rieckers*, in: Spindler/Stilz, AktG, § 124 Rn. 18 ff.; Hüffer/*Koch*, AktG, § 124 Rn. 10; zur Anfechtung wegen irreführender oder fehlender Bekanntmachung statt vieler *Kubis*, in: MüKo/AktG, § 124 Rn. 53.

sammenhang mit der Entlastung außerhalb der Aktienrechts häufiger anzutreffen sind, lassen sich durch eine rigide Auslegung der Vorschrift effektiv vermeiden.

5. Zusammenfassung

Zusammenfassend lässt sich festhalten, dass § 120 Abs. 2 Satz 2 AktG im historischen Kontext eine Klarstellungs- und Abrundungsfunktion hinsichtlich des Verzichtsverbots des § 93 Abs. 4 Satz 3 AktG zukommt. Für den Regelfall der Entlastung innerhalb der ersten acht Monate des Geschäftsjahrs schließt bereits § 93 Abs. 4 Satz 3 AktG einen Anspruchsverlust aus. Im Interesse der Rechtsklarheit vereinheitlicht § 120 Abs. 2 Satz 2 AktG diese Rechtslage und nimmt der Entlastung selbst dann die Verzichtswirkung, wenn der Beschluss erst nach Ablauf der Sperrfrist gefasst wird und § 93 Abs. 4 Satz 3 AktG nicht mehr entgegenstünde. Die Abkopplung der Entlastung von den Erfordernissen des § 93 Abs. 4 Satz 3 AktG ermöglichte daneben eine Flexibilisierung der Anforderungen an den rechtsgeschäftlichen Verzicht auf Ersatzansprüche, ohne dass damit eine erneute Aufwertung der Verzichtswirkung der Entlastung verbunden ist. Die Gesellschaft kann zwar drei Jahre nach deren Entstehung auf Ersatzansprüche verzichten, doch wirkt selbst eine nach Fristablauf erteilte Entlastung kraft gesetzlicher Anordnung nicht als ein solcher Verzicht. Das hat zu einem bereits durch die Aktienrechtsreform von 1937 eingeleitete Funktionswandel der Entlastung weg von einem Enthaftungsinstrument und hin zu einem förmlichen, aber rechtlich folgenlosen Instrument der Stellungnahme zur Geschäftsführung geführt. Dabei beruht § 120 Abs. 2 Satz 2 AktG jedoch nicht entscheidend auf dem geschwundene Einfluss der Aktionäre auf die Geschäftsführung und den daraus folgenden strukturelle Informationsdefiziten. Vielmehr bezweckt die Vorschrift – wie schon die zugrunde liegenden Regelungen der § 84 Abs. 4 Satz 2 AktG 1937 und § 93 Abs. 4 Satz 3 AktG – eine Akzentuierung der Organhaftung. Eine Enthaftung soll selbst dann nicht eintreten, wenn die Aktionäre wohlwollend von der im eigenen Interesse gebotenen sorgfältigen Prüfung der Rechenschaft absehen und in mehr oder weniger blindem Vertrauen Entlastung erteilen. Dass sich § 120 Abs. 2 Satz 2 AktG nicht mit den strukturellen Informationsdefiziten der Aktionäre erklären lässt, wird auch dadurch bestätigt, dass die Vorschrift selbst einer in umfassender Kenntnis von Ersatzansprüchen erteilten Entlastung die Verzichtswirkung nimmt, obwohl in einem solchen Falle gar keine Informationsdefizite bestehen.

Insgesamt zielt die gesetzliche Regelung damit auf eine rigoroso Aufwertung der aktienrechtlichen Organhaftung, indem die nachträgliche Enthaftung drei Jahre lang schlechthin ausgeschlossen ist (§ 93 Abs. 4 Satz 3 AktG) und selbst nach Fristablauf eine klare und unmissverständliche Beschlussfassung erfordert (§ 124

Abs. 2 Satz 3 Hs. 2 AktG). Vor diesem Hintergrund ist § 120 Abs. 2 Satz 2 AktG weit auszulegen und verbietet jegliche Beeinträchtigung der Organhaftung durch die Erteilung der Entlastung. Ausgeschlossen ist damit nicht nur der Verlust von Ersatzansprüchen und entsprechenden Kündigung- und Abberufungsrechten, sondern auch eine bloße Beweislastumkehr zugunsten der Organmitglieder.

II. Die Entlastung im Genossenschaftsrecht

Die Vorschrift des § 120 Abs. 2 Satz 2 AktG kann im Genossenschaftsrecht entsprechende Anwendung finden, wenn dort eine Regelungslücke, also eine »planwidrige Unvollständigkeit«[90] im Gesetz besteht und die Interessenlage zwischen der Aktiengesellschaft und der Genossenschaft vergleichbar ist.[91] Um diese Frage beurteilen zu können, soll wiederum zunächst die historische Entwicklung der Entlastung im Genossenschaftsrecht nachgezeichnet werden.

1. Die historische Entwicklung der Entlastung im Genossenschaftsrecht

Im Gesetz betreffend die Erwerbs- und Wirtschaftsgenossenschaften vom 20. Mai 1898[92] war die Entlastung des Vorstands nur am Rande (§§ 37, 43 Abs. 3 GenG 1898) und die des Aufsichtsrats überhaupt nicht erwähnt. Auch ohne gesetzliche Regelung war die Verzichtswirkung der genossenschaftsrechtlichen Entlastung damals bereits allgemein anerkannt.[93] Der Gesetzgeber griff die in der Praxis weithin übliche Entlastung des Aufsichtsrats im Jahre 1933 auf und legte fest, dass die Generalversammlung alljährlich über die Entlastung sowohl des Vorstands als

90 Der Ausdruck stammt von *Elze*, Lücken im Gesetz, 1916, S. 3 ff. Vgl. auch *Canaris*, Die Feststellung von Lücken im Gesetz, S. 16 und S. 31 ff.; *Larenz*, Methodenlehre, S. 370 ff.

91 *Larenz*, Methodenlehre, S. 381 ff.; *Bydlinski*, Juristische Methodenlehre und Rechtsbegriff, S. 477 ff.

92 *Gesetz* betreffend die Erwerbs- und Wirtschaftsgenossenschaften (Genossenschafts-Gesetz) vom 20. Mai 1898, RGBl. 1898, Nr. 25, S. 810.

93 RG JW 1939, 2164 (2167); RGZ 152, 273 (281) sprach zwar nicht von einem Verzicht (o. ä.), sondern führte bloß aus, die Entlastung sei in der Regel wirksam, wenn der Generalversammlung eine einen Schadensersatzanspruch begründende Pflichtverletzung bei der Fassung des Beschlusses bekannt gewesen sei oder wenn sie aus den ihr vorgelegten Unterlagen das Bestehen des Anspruchs habe erkennen können. Jedoch fehlte es an diesen Voraussetzungen, so dass das Reichsgericht auf die Verzichtswirkung nicht im Einzelnen eingehen musste.

auch des Aufsichtsrats zu beschließen hatte (§ 48 Abs. 1 GenG 1933).[94] Wie auch im früheren Aktienrecht war die Generalversammlung zu diesem Zeitpunkt noch das oberste Willens- und Entscheidungsorgan der Genossenschaft.[95]

a) Der Referenten-Entwurf vom 28. Februar 1962

Im Zuge der Überarbeitung des Aktienrechts zu Beginn der 1960er Jahre wurden auch Änderungen des Genossenschaftsrechts in den Blick genommen. Der umfangreiche Referenten-Entwurf von 1962 zielte dabei auf eine weitgehende und nahezu wortwörtliche Angleichung des Aktien- und Genossenschaftsrechts in Fragen des innergesellschaftsrechtlichen Organisationsrechts.[96] Er sah in § 51 Abs. 1 GenG-RefE 1962 vor, dass der Vorstand die Genossenschaft in eigener Verantwortung zu leiten hatte. Die Haftung der Vorstandsmitglieder richtete sich nach § 67 GenG-RefE 1962, der sich teils wörtlich an § 84 AktG 1937 bzw. den späteren § 93 AktG anlehnte, aber ganz bewusst von einer Übernahme der für einen Verzicht bzw. Vergleich geltenden Beschränkungen des § 84 Abs. 4 AktG 1937 absah.[97] Zur Begründung hieß es schlicht, dass diese Beschränkungen bei Genossenschaften nicht erforderlich seien.[98] Dagegen sah der Entwurf jedoch eine Angleichung in Fragen der Entlastung vor. Im Gleichklang mit dem späteren § 120 Abs. 2 AktG lautete § 89 Abs. 2 GenG-RefE 1962, dass durch die Entlastung lediglich die Verwaltung der Genossenschaft durch die Mitglieder des Vorstands und des Aufsichtsrats gebilligt werde, die Entlastung jedoch keinen Verzicht auf Ersatzansprüche enthalte. Als Begründung wurde wiederum nur äußerst knapp angeführt, dass die Bedeutung der Entlastung für alle Arten der körperschaftlich organisierten Gesellschaften übereinstimmend geregelt sein müsste.[99] Wegen seiner Gesamtkonzeption erfuhr der Entwurf jedoch starke Kritik. Angeführt wurde, dass die vorgesehenen Änderungen nicht als notwendige Folge veränderter staatlicher Wirtschaftspolitik erkennbar seien, sondern ganz überwiegend als Auswirkung

---

94 *Gesetz* über Erwerbs- und Wirtschaftsgenossenschaften (Genossenschafts-Gesetz) vom 20. Dezember 1933, RGBl. 1933 I, Nr. 145, S. 1089.

95 Vgl. *von Wilcken*, Reformbestrebungen, 2000, S. 148 m.w.N.

96 Referentenentwurf eines Genossenschaftsgesetzes vom 28. Februar 1962, abgedruckt in: *Beuthien/Hüsken*, S. 331 ff., insb. S. 490.

97 Begründung zu § 67 des Referentenentwurfs eines Genossenschaftsgesetzes vom 28. Februar 1962, abgedruckt in: *Beuthien/Hüsken*, S. 499.

98 Ebenda.

99 Begründung zu § 89 des Referentenentwurfs eines Genossenschaftsgesetzes vom 28. Februar 1962, abgedruckt in: *Beuthien/Hüsken*, S. 514.

einer subjektiven Konzeption des Justizministeriums erschienen.[100] Wegen der ablehnenden Haltung der Spitzenverbände sah die Bundesregierung von einer umfassenden Neuregelung des Genossenschaftsrechts zunächst ab.

b) Die Reform des Genossenschaftsrechts vom 9. Oktober 1973

Erst mit der Novelle von 1973[101] nahm sie einige wesentliche Änderungsvorschläge wieder auf. Die Änderungen führten zu der bis heute fortbestehenden Annäherung des Genossenschaftsrechts an das Aktienrecht. Die zentrale Änderung betraf die schon 1962 in Aussicht genommene Übertragung der Geschäftsleitung in die eigene Verantwortung des Vorstands in § 27 Abs. 1 GenG. Dadurch verlor die Generalversammlung ihre umfassende Zuständigkeit in Fragen der Geschäftsführung und ihre Stellung als oberstes Gesellschaftsorgan.[102] Dieser Paradigmenwechsel sollte vor allem die Wettbewerbsfähigkeit der Genossenschaft gegenüber der Aktiengesellschaft stärken: Da der Vorstand der Aktiengesellschaft die Geschäfte bereits seit dem AktG 1937 in eigener Zuständigkeit führte und die Geschäftspolitik daher rasch und unkompliziert den wirtschaftlichen Erfordernissen anpassen konnte, erschien dem Gesetzgeber ein von Weisungen abhängiger Genossenschaftsvorstand als »verlängerter Arm der Generalversammlung« im modernen Wirtschaftsverkehr als zu träge und nicht mehr zeitgemäß; seine Stellung wurde daher in bewusster Anlehnung an § 76 Abs. 1 AktG gestärkt.[103] Als Folge erhielt auch § 34 GenG für die Haftung der Vorstandmitglieder eine moderne Fassung, die sich wiederum ausdrücklich an § 93 AktG anlehnte, allerdings den Besonderheiten des Genossenschaftsrechts Rechnung tragen sollte. So entsprechen zwar die ersten beiden Sätze des § 34 Abs. 4 GenG sachlich denen des § 93 Abs. 4 AktG, doch fehlen ganz bewusst – freilich ohne weitergehende Begründung – die »strengen Vorschriften« des § 93 Abs. 4 Satz 3 und 4 AktG.[104] Die Vorschrift § 48 Abs. 1 GenG, die sich mit der Zuständigkeit der Generalversammlung für die Entlastung befasste, ließ die Novelle unangetastet. Lediglich der Stimmrechtsausschluss bei Entlastung, der bis dahin in § 43 Abs. 3 Satz 1 GenG 1898/1933

100 So ausdrücklich die Stellungnahme des Freien Ausschusses der zusammengeschlossenen Spitzenverbände vom 29. März 1963, zit. bei: *von Wilcken*, Reformbestrebungen, 2000, S. 34; siehe auch: Bundestags-Drs. 7/97, S. 16, abgedruckt in: *Beuthien/Brockmeier/Klose*, S. 222.

101 Gesetz zur Änderung des Gesetzes betreffend die Erwerbs- und Wirtschaftsgenossenschaften vom 9. Oktober 1973, BGBl. 1973 I, Nr. 82, S. 1451, abgedruckt in: *Beuthien/Brockmeier/Klose*, S. 6; Bundestags-Drs. 7/97 in der Fassung der Bundestags-Drs. 7/659 = *Beuthien/Brockmeier/Klose*, S. 184 ff., 289 ff.

102 *Beuthien*, GenG, § 27 Rn. 2; ausführlich: *von Wilcken*, Reformbestrebungen, 2000, S. 146 ff.

103 Bundestags-Drs. 7/97, S. 22, abgedruckt in: *Beuthien/Brockmeier/Klose*, S. 241.

104 Ebenda, S. 245.

enthalten war, wurde nach § 43 Abs. 6 GenG verschoben. Die Vorschrift lehnte sich außerdem – wie schon in § 87 Abs. 4 GenG-RefE 1962 vorgesehen – unmittelbar an die Formulierung des § 136 Abs. 1 Satz 1 AktG an.[105] Eine dem § 120 Abs. 2 AktG entsprechende Vorschrift zur Entlastung fand sich abweichend von Referentenentwurf von 1962 allerdings nicht mehr.

c) Die Reform des Genossenschaftsrechts vom 14. August 2006

An dem so geschaffenen Normbestand zur Entlastung haben auch die späteren und teils weitreichenden Novellierungen des Genossenschaftsrechts nichts verändert. Eine für den vorliegenden Zusammenhang relevante Änderung brachte an anderer Stelle allerdings die Reform von 2006.[106] Bis dahin sah § 39 Abs. 1 GenG vor, dass ein Haftungsprozess gegen Vorstandsmitglieder vom Aufsichtsrat nur dann geführt werden durfte, wenn die Generalversammlung ihn hierzu durch Beschluss ermächtigt hatte.[107] Im neuen Recht verzichtet die Vorschrift auf einen solchen Beschluss und weist dem Aufsichtsrat – wie im Aktienrecht – die Befugnis zu, in eigener Verantwortung über eine gerichtliche Inanspruchnahme der Vorstandsmitglieder zu entscheiden. In der Gesetzesbegründung heißt es dazu, dass der Aufsichtsrat für die im Interesse der Genossenschaft vorzunehmende Abwägung der mit einem solchen Prozess verbundenen Vor- und Nachteile, insbesondere dessen Wirkungen nach außen, in der Regel eher geeignet sein dürfte als die Generalversammlung.[108] Beachtlich ist an dieser Regelung, dass flankierende Regelungen – wie §§ 147 ff. AktG – nicht ins GenG aufgenommen wurden und die Satzung nach § 39 Abs. 1 Satz 3 GenG eine Entscheidung durch die Generalversammlung lediglich vorsehen *kann*.[109]

Vor diesem Hintergrund erscheint es als fraglich, ob die Entlastung durch die Generalversammlung tatsächlich noch zu einem Ausschluss von Ersatzansprüchen führen kann. Hiergegen lässt sich nämlich anführen, dass ein Entlastungsbeschluss, der das betroffene Vorstandsmitglied von der Haftung freistellt, die Zuständigkeit des Aufsichtsrats, in eigener Verantwortung über die gerichtliche Inanspruchnahme zu befinden, entwertete. Hinzu kommt, dass § 39 Abs. 1

---

105 Ebenda, S. 249.

106 Gesetz zur Einführung der Europäischen Genossenschaft und zur Änderung des Genossenschaftsrechts vom 14. August 2006, BGBl. 2006 I, Nr. 39, S. 1911; vgl. Bundestags-Drs. 16/1025 und Bundestags-Drs. 16/1524; *Keßler*, BB 2006, 561; *Saenger/Merkelbach*, BB 2006, 566.

107 Vgl. BGH NJW 1960, 1667.

108 Bundestags-Drs. 16/1025, S. 85.

109 Der Satzungsvorbehalt spricht gegen eine analoge Anwendung der §§ 147 ff. AktG, weil er hierdurch obsolet würde.

GenG eine Beteiligung der Generalversammlung allenfalls bei der Entscheidung über eine *gerichtliche* Inanspruchnahme zulässt, was darauf deutet, dass eine entsprechende Beteiligung an der Entscheidung über die *außergerichtliche* Geltendmachung ausgeschlossen ist. Da sich ein rechtsgeschäftlicher Anspruchsverzicht allerdings als negative Form einer solchen außergerichtlichen Anspruchsgeltendmachung darstellt,[110] legt die Regelung somit nahe, dass ausschließlich der Aufsichtsrat zur Entscheidung über den Verzicht auf Ersatzansprüche gegen Vorstandsmitglieder berufen ist und eine Mitwirkung der Generalversammlung insoweit generell ausscheidet.[111] Auch diese Befugnis des Aufsichtsrats würde durch eine Entlastungszuständigkeit der Generalversammlung entwertet, wenn die Entlastung zu einem Ausschluss von Ersatzansprüchen führte. Bis zur Reform ließ sich genau andersherum argumentieren: Da die gerichtliche Geltendmachung nach § 39 Abs. 1 Hs. 2 GenG a.F. einen Beschluss der Generalversammlung erforderte, musste die Generalversammlung auch zur Entscheidung über einen (außergerichtlichen) Anspruchsverzicht berufen sein. Denn eine ausschließliche Verzichtszuständigkeit des Aufsichtsrats hätte die Kompetenz der Versammlung zur gerichtlichen Geltendmachung untergraben. Die Änderung des § 39 Abs. 1 GenG hätte vor diesem Hintergrund mithin gravierende Auswirkungen auf die Entlastung der Vorstandsmitglieder. Dagegen bestehen vergleichbare Probleme bei der Entlastung der Aufsichtsratsmitglieder nicht, weil § 39 Abs. 3 GenG der Generalversammlung – wie gehabt – die Kompetenz zur gerichtlichen Verfolgung von Ersatzansprüchen gegen diese zuweist. *Insoweit* bestehen keine Bedenken gegen eine Verzichtswirkung der Entlastung der Aufsichtsratsmitglieder.[112] Da dem Gesetzgeber diese entlastungsbezogenen Friktionen der Gesetzesänderung ausweislich der Gesetzesmaterialien nicht bewusst war, drängt sich ein Vergleich mit der Einführung des § 84 Abs. 4 Satz 3 AktG im Jahre 1937 auf, als dessen Auswirkungen auf die Entlastung ebenfalls erst nach Abschluss des Gesetzgebungsverfahrens erkannt wurden.

Bei näherem Hinsehen sind die vorstehenden Überlegungen allerdings nicht zwingend. Die Gesetzesbegründung hält den Aufsichtsrat lediglich für geeigneter, eine Entscheidung über die *gerichtliche Geltendmachung* eines etwaigen Ersatzanspruchs unter Abwägung der damit verbunden Vor- und Nachteile zu treffen. Die Entscheidungsalternativen des Aufsichtsrats sind danach zunächst nur ent-

---

110 Vgl. BGH NfW 1998, 1315 (1316) für das GmbH-Recht. Näher unten S. 248f.

111 So *Beuthien*, in: GenG, § 39 Rn. 10, § 48 Rn. 8. Eine Beschränkung der Geschäftsführungsbefugnis durch die Satzung soll jedoch möglich sein, vgl. ebenda, § 48 Rn. 4.

112 Um wegen des Verweises von § 41 GenG auf § 34 GenG eine Gleichbehandlung der Organe sicherzustellen, geht *Beuthien*, GenG, § 48 Rn. 8, davon aus, dass auch die Entlastung des Aufsichtsrats keine Verzichtswirkung mehr haben könne.

weder die gerichtliche Geltendmachen oder ihr Unterbleiben. Die Nichteinleitung eines Ersatzprozesses lässt den Anspruch dabei materiell-rechtlich unberührt, bleibt also hinter einen Anspruchsverzicht nach § 397 Abs. 1 BGB zurück. Damit zwingt die Gesetzesbegründung nicht dazu, dem Aufsichtsrat zugleich auch die alleinige Entscheidung über den Verzicht zuzuweisen. Für eine Differenzierung zwischen der bloßen Nichtgeltendmachung und der endgültigen Rechtsaufgabe spricht daneben, dass der Anspruchsverzicht ohnehin nur in besonderen Fällen vom mehrheitlichen Willen der Mitglieder getragen sein wird, während die versammlungstypische Dynamik die Geltendmachung zweifelhafter oder sogar unberechtigter Ersatzansprüche zum Nachteil der Genossenschaft begünstigen kann. Nichtgeltendmachung und Verzicht müssen deshalb nicht zwingend gleich behandelt werden. Dieser Befund lässt sich weiter mit der Überlegung stützen, dass die Änderung des § 39 GenG eine erhebliche Akzentuierung der Anspruchsverfolgung bewirkte. Denn für den Aufsichtsrat einer Genossenschaft gelten nach zutreffender Ansicht nunmehr die gleichen Grundsätze wie für den Aufsichtsrat einer Aktiengesellschaft, d.h. der Aufsichtsrat ist grundsätzlich zu einer Anspruchsdurchsetzung verpflichtet und kann hiervon nur unter besonderen Umständen absehen.[113] Nach alter Rechtslage ließ sich – wie im geltenden Aktienrecht bei der Frage des Verzichts oder Vergleichs[114] – dagegen vertreten, dass eine vergleichbare Verfolgungspflicht wegen der Einbeziehung der Versammlung nicht bestand. Die Gesetzesänderung führte damit nicht lediglich dazu, dass der Aufsichtsrat nunmehr eigenverantwortlich über die Anspruchsgeltendmachung entscheiden kann, sondern vor allem dazu, dass die Anspruchsverfolgung durch den Aufsichtsrat die Regel sein muss, die Nichtverfolgung die Ausnahme. Für den Anspruchsverzicht müssten vergleichbar strenge Anforderungen gelten, wenn das Gesetz die Beteiligung der Generalversammlung ausschlösse. Das erscheint – ebenso wie im Aktienrecht – wenig sachgerecht.

Ein weiteres Argument für die Zuständigkeit der Versammlung zur Entscheidung über einen Anspruchsverzicht lässt sich daneben auch aus § 34 Abs. 4 GenG ableiten: Danach macht sich der Vorstand nicht ersatzpflichtig, wenn die schadensstiftende Handlung auf einem rechtmäßigen Versammlungsbeschluss beruht (Satz 1), wohingegen die Billigung durch den Aufsichtsrat die Ersatzpflicht nicht entfallen lässt (Satz 2). Dem kann über den eigentlichen Wortlaut hinaus der Grundsatz entnommen werden, dass eine endgültige Haftungsfreistellung stets –

113 Grundlegend für das Aktienrecht: BGH NJW 1997, 1926 (1927). Für das Genossenschaftsrecht: *Beuthien*, GenG, § 39 Rn. 7; § 41 Rn. 15; *Fandrich*, in: Pöhlmann/Fandrich/Bloehs, GenG, § 41 Rn. 16.

114 *Bayer-Scholz*, ZIP 2015, 149 (151 f.); *Dietz-Vellmer*, NZG 2011, 248 (251); *Fleischer*, AG 2015, 133 (135); *Koch*, in: Hüffer, AktG, § 93 Rn. 76; *Mertens/Cahn*, in: KöKo/AktG, § 93 Rn. 163; a.A.: *Hasselbach*, DB 2010, 2037 (2040).

also auch wenn sie im Nachhinein erfolgt – einen Beschluss der Generalversammlung erfordert.[115] Denn es überzeugte nicht, wenn dem Aufsichtsrat eine Haftungsfreistellung im Vorfeld schlechthin versagt wäre, im Nachhinein aber ohne jede Beteiligung der Generalversammlung erlaubt.

Im Ergebnis steht die Neufassung des § 39 Abs. 1 GenG der Zuständigkeit der Generalversammlung für einen Anspruchsverzicht damit nicht entgegen. Zwar ist der Aufsichtsrat zur eigenständigen Entscheidung über die Anspruchsverfolgung berufen, doch muss er einen Eingriff in die damit verbundene grundsätzliche Verfolgungspflicht hinnehmen, wenn die Generalversammlung einen Anspruchsverzicht beschließt. Insoweit entspricht die Rechtslage der im Aktienrecht, wobei die Zulässigkeit eines solchen Verzichts dort freilich durch die besondere Sperrfrist und das Minderheitenvotum gemäß § 93 Abs. 4 Satz 3 AktG zusätzlich beschränkt ist. Kann die Generalversammlung danach trotz § 39 GenG über einen Anspruchsverzicht beschließen, so nötigt die Vorschrift nicht dazu, der genossenschaftlichen Entlastung die Verzichtswirkung zu versagen.

2. Die Folgerungen für eine analoge Anwendung des § 120 Abs. 2 Satz 2 AktG

Damit kommt es auf die umstrittene Frage an, ob § 120 Abs. 2 Satz 2 AktG im Genossenschaftsrecht entsprechende Anwendung findet. Es wird sich zeigen, dass hierbei zwei Fragen zu unterscheiden sind: erstens, ob auch § 93 Abs. 4 Satz 3 AktG entsprechend herangezogen werden kann, und – falls diese Frage zu verneinen ist – zweitens, ob die Klarstellungs- und Abgrenzungsfunktion des § 120 Abs. 2 Satz 2 AktG eine »isolierte« Analogie dieser Vorschrift überhaupt zulässt.

a) Die analoge Anwendung des § 93 Abs. 4 Satz 3 AktG?

Aus dem Fehlen einer mit § 93 Abs. 4 Satz 3 AktG vergleichbaren Regelung wird im Genossenschaftsrecht weithin der Schluss gezogen, dass die Genossenschaft auf Ersatzansprüche gegen Vorstand und Aufsichtsrat ohne Beachtung einer Sperrfrist verzichten kann.[116] Vor dem Hintergrund der Gesetzesgeschichte erscheint eine analoge Heranziehung von § 93 Abs. 4 Satz 3 AktG schon deshalb als zweifelhaft,

---

115 *Schaffland*, in: Lang/Weidmüller, GenG, § 34 Rn. 142; § 39 Rn. 32; zweifelnd mit Blick auf die Neufassung des § 39 GenG: *Gätsch*, in: Hdb/Gen, § 5 Rn. 71; a.A. *Beuthien*, GenG, § 39 Rn. 10.

116 *Schaffland*, in: Lang/Weidmüller, GenG, § 34 Rn. 143, mit Verweis auf BGH NJW 1959, 192 (193) für GmbH; vorsichtiger: *Beuthien*, GenG, 14. Auflage 2004, § 34 Rn. 21: »§ 93 Abs. 4 Satz 3 AktG soll nicht entsprechend anwendbar sein«; nicht mehr enthalten in der 15. Auflage 2011; a.A. *Gätsch*, in: Hdb/Gen, § 5 Rn. 71

weil sich der Gesetzgeber ganz bewusst für die gegenwärtige Fassung des § 34 Abs. 4 GenG entschieden und von einer Übertragung des § 93 Abs. 4 Satz 3 AktG ausdrücklich abgesehen hat. Das spricht klar gegen eine planwidrige Unvollständigkeit des Gesetzes.

Gegen die analoge Anwendung des Verzichtsverbots lässt sich zudem anführen, dass sich die Genossenschaft trotz ihrer körperschaftlichen Verfassung von der Aktiengesellschaft durch unterscheidet, dass sie personalistische Züge trägt.[117] Ihr Zweck ist nicht auf eine Beteiligung an Kapital und Rendite gerichtet, sondern auf die persönliche Förderung ihrer Mitglieder (vgl. § 1 Abs. 1 GenG), d. h. auf deren Selbstverwaltung.[118] Aus diesem Grunde hat etwa das Genossenschaftskapital »keine herrschende, sondern nur eine der persönlichen Beteiligung der Genossen dienende Rolle«.[119] Die personalistische Struktur drückt sich daneben im Grundsatz der Selbstorganschaft aus (§ 9 Abs. 2 Satz 1 GenG) aus und etwa darin, dass jedes Mitglied unabhängig von der Höhe seines Geschäftsanteils grundsätzlich nur eine Stimme hat (§ 43 Abs. 3 GenG).[120] Die besondere personalistische Prägung der Genossenschaft spricht entscheidend dafür, dass ein Vergleich oder Verzicht im Hinblick auf Ersatzansprüche nicht den gleichen strengen zeitlichen Vorgaben unterliegen muss wie im Aktienrecht, sondern dass den Genossen eine einvernehmliche Streitbeilegung mit den Organmitgliedern jederzeit möglich sein muss. Im Ergebnis fehlt es damit sowohl an einer planwidrigen Unvollständigkeit des Gesetzes als auch an einer vergleichbaren Interessenlage. Der bloße Umstand, dass die Auswirkungen etwaiger Verfehlungen regelmäßig erst nach einiger Zeit zu Tage treten, lässt sich für eine Analogie nicht anführen, weil dieser Umstand für sämtliche Geschäftsbesorgungsverhältnisse zutreffen dürfte, der Gesetzgeber die Vorschrift aber gleichwohl bewusst auf das Aktienrecht beschränkt hat.

b) Die analoge Anwendung des § 120 Abs. 2 Satz 2 AktG?

Aus dem Fehlen einer § 93 Abs. 4 Satz 3 AktG entsprechenden Vorschrift in § 34 Abs. 4 GenG wird vielfach abgeleitet, dass auch die genossenschaftlichen Entlastung zum Ausschluss bekannter und erkennbarer Ansprüche führe.[121] Im

---

117 *Geibel*, in: Henssler/Strohn, GenG, § 1 Rn. 2; *Fandrich*, in: Pöhlmann/Fandrich/Bloehs, GenG, § 1 Rn. 3; vgl. auch RGZ 147, 257 (270).

118 *Geibel*, in: Henssler/Strohn, GenG, § 1 Rn. 2; *Beuthien*, GenG, § 1 Rn. 3.

119 BGHZ 17, 385 (390); *Geibel*, in: Henssler/Strohn, GenG, § 1 Rn. 2.

120 *Geibel*, in: Henssler/Strohn, GenG, § 1 Rn. 2.

121 BGH NZG 2002, 195 (197); *Fandrich/Bloehs*, in: Pöhlmann/Fandrich/Bloehs, GenG, § 48 Rn. 17; *Nägele/Nestel*, BB 2000, 1253 (1256); offengelassen von BGH NZG 2005, 562 (563).

Schrifttum wird in jüngerer Zeit allerdings verstärkt – namentliche von *K. Müller* und *Beuthien* – die Gegenansicht vertreten, wonach § 120 Abs. 2 AktG entsprechend heranzuziehen sei und der Entlastung folglich die Verzichtswirkung fehle.[122] Vor dem Hintergrund, dass der Gesetzgeber bei der Reform des Genossenschaftsrechts 1973 einen entsprechenden früheren Regelungsvorschlag (§ 89 Abs. 2 GenG-RefE 1962) nicht aufgegriffen hat, bestehen hieran allerdings schon im Ausgangspunkt erhebliche Zweifel.

aa) Die Argumente für eine analoge Anwendung

Zur Begründung führt *K. Müller* an, dass die Generalversammlung einen ähnlichen »funktionalen Zuschnitt« habe wie die Hauptversammlung einer Aktiengesellschaft.[123] Sie gleiche ihr vor allem in der nur eingeschränkten »Fähigkeit, die Ausgestaltung der Haftungsverantwortlichkeit der Organträger zu überblicken«.[124] Die Generalversammlung könne deshalb »sachlich zutreffend nur die generelle Billigung oder Missbilligung der Geschäftsführung beurteilen«, während sie wie die Hauptversammlung einer Aktiengesellschaft nicht in der Lage sei, »kompetent zu beurteilen«, ob die Organmitglieder im Zusammenhang mit der Geschäftsführung eine Sorgfaltspflichtverletzung treffe.[125] *Beuthien* ergänzt, dass der einzelne Genosse ebenso wie der einzelne Aktionär keinen Einfluss auf die Geschäftsführung habe (§ 76 Abs. 1 AktG, § 27 Abs. 1 GenG) und ihm auch nur ein begrenztes Auskunftsrecht entsprechend § 131 AktG in der Generalversammlung zustehe.[126] Bezüglich der Geschäftsleitung des Vorstands habe der Genosse – anders als die Aufsichtsratsmitglieder, § 38 Abs. 1 GenG – keine persönlichen Informations- und Kontrollrechte, auch dürfe er die Betriebsräume des genossenschaftlichen Unternehmens weder betreten noch sich dort umschauen.[127] Deshalb sei der einzelne Genosse außer Stande, die Organmitglieder in der Versammlung durch die Entlastung »von *jeglicher* Haftung freizustellen«.[128]

---

122 *K. Müller*, GenG, § 48 Rn. 72c; *Beuthien*, GenG, § 48 Rn. 8; *Beuthien/Stilz*, WuB II D. § 48 GenG 1.02; ihnen folgend: *Schöpflin*, WuB II D. § 34 GenG 1.05; *Jungmann*, EWiR 2005, 501 (502); zuvor bereits: *Weber*, S. 232 ff.

123 *K. Müller*, GenG, § 48 Rn. 72c.

124 *K. Müller*, GenG, § 48 Rn. 72c.

125 *K. Müller*, GenG, § 48 Rn. 72c.

126 *Beuthien*, GenG, § 48 Rn. 8.

127 *Beuthien*, GenG, § 48 Rn. 8; *Beuthien*, GmbHR 2014, 682 (687).

128 *Beuthien*, GenG, § 48 Rn. 8 (Hervorhebung nur hier).

bb) Die Bedenken gegen die vorgebrachten Argumente

Die dargestellten Argumente begegnen Zweifeln. Dass der einzelne Genosse ein nur beschränktes Informations- und Kontrollrecht hat, zwingt nicht per se zu einer analogen Anwendung des § 120 Abs. 2 Satz 2 AktG. Im Gegenteil beschränkt sich die klassische Verzichtswirkung grundsätzlich nur auf das, was aus den unterbreiteten Unterlagen *erkennbar* ist, was also die um Entlastung nachsuchenden Organmitglieder von sich aus preisgegeben haben. Der Rechtsverlust bezieht sich deshalb nicht auf Ansprüche, die die Genossen aufgrund eigener Nachforschung oder nur durch Ausübung ihrer Informations- und Kontrollrechte hätten erkennen können.[129] Die sachliche Beschränkung der genossenschaftlichen Informations- und Kontrollrechte hat nach klassischer Entlastungssicht mithin zur Folge, dass die inhaltliche Reichweite der Entlastung und damit die mit ihr erzielbare Rechtsklarheit bei unzureichender Rechenschaft nur beschränkt ist.[130] Von daher geht es – entgegen der Formulierung von *Beuthien* – bei der Entlastung nicht darum, die Organmitglieder von *jeglicher* Haftung freizustellen. Im Gegenteil ist zu konstatieren, dass die klassische Entlastungsformel den besonderen Gegebenheiten des Genossenschaftsrechts immerhin dadurch Rechnung trägt, dass sich der Rechtsverlust nur auf das beschränkt, was den Mitgliedern gerade unter Berücksichtigung ihrer nur schwachen Informations- und Kontrollrechte erkennbar ist.

Bedenklich stimmen daneben die Rechtsfolgen, die *K. Müller* und *Beuthien* aus der analogen Anwendung des § 120 Abs. 2 Satz 2 AktG ableiten. Nach der Auffassung von *K. Müller* soll die von sämtlichen Genossen einstimmig erteilte Entlastung doch wieder die klassischen Verzichtswirkungen haben.[131] Indes ging es dem Gesetzgeber bei der Einführung des § 120 Abs. 2 Satz 2 AktG ganz maßgeblich darum, die zwischenzeitliche Sichtweise des Bundesgerichtshofs, die je nach erreichter Stimmzahl zu unterschiedlichen Entlastungsfolgen gelangte, für das Aktienrecht auszuschließen.[132] Das spricht gegen eine Sonderbehandlung der allstimmigen Entlastung im Genossenschaftsrecht. Auch die Stellungnahme von *Beuthien* ist mit den anerkannten Grundsätzen zu § 120 Abs. 2 Satz 2 AktG kaum vereinbar: Er geht davon aus, dass die Entlastung trotz der Geltung des § 120 Abs. 2 Satz 2 AktG nicht bloß ein »platonischer Akt« sei, weil die Beteiligten sie nicht als einen solchen empfänden.[133] Vielmehr führe die Entlastung zu einer Befreiung von

---

129 BGH NZG 2002, 195 (197); BGH NZG 2005, 562 (563); vgl. auch oben S. 49.
130 Zutreffend *Beuthien*, GmbHR 2014, 682 (687): »begrenzte« Verzichtswirkung.
131 *K. Müller*, GenG, § 48 Rn. 72d mit Verweis auf BGHZ 29, 385. Vgl. S. 62 ff.
132 Vgl. ausführlicher mit Nachweisen S. 64 ff.
133 *Beuthien*, GenG, § 48 Rn. 8 mit Verweis auf *Schönle*, ZHR 126 (1964), 199 (220); ähnlich *Beuthien*, GmbHR 2014, 682 (687).

der Beweislast nach §§ 34 Abs. 2 Satz 2, 41 GenG, mit der Folge, dass sich die Organmitglieder »aufgrund des Vertrauenserweises der Mitgliederversammlung fortan von dem Druck befreit sehen, weiterhin (etwa durch Sicherung von Unterlagen und Zeugenaussagen) dafür Vorsorge zu treffen, geschäftspolitische Vorwürfe abwehren zu können.«[134] Diese Sichtweise wird zwar dem zu Beginn der Untersuchung geschilderten Grundbedürfnis eines jeden Geschäftsführers gerecht, mit zunehmenden Zeitablauf nicht in Beweisnot, d. h. nicht in die Gefahr einer unberechtigten Inanspruchnahme zu geraten,[135] weshalb sie – wie sich im Verlauf der Untersuchung noch erweisen wird – den eigentlichen Kern des Problems trifft. Jedoch steht eine solche Beweiserleichterung jedenfalls mit dem herkömmlichen Verständnis von § 120 Abs. 2 Satz 2 AktG nicht in Einklang. Vielmehr führt die Vorschrift im Aktienrecht (entgegen der Ansicht von *Beuthien*[136]) dazu, dass Ersatzansprüche vollends unberührt bleiben, sie also weder ausgeschlossen sind noch den entlasteten Organmitgliedern der Beweis pflichtgemäßen Verhaltens abgenommen wird.[137] Vor diesen Hintergrund bewahrt die analoge Anwendung des § 120 Abs. 2 Satz 2 AktG die Genossen zwar auf der einen Seite vor dem versehentlichen Verlust erkennbarer Ersatzansprüche. Auf der anderen Seite steht eine solche Analogie aber auch einer beweismäßigen Besserstellung der Organmitglieder entgegen, selbst wenn sich diese im Ergebnis als angemessene Folge der Entlastung erweisen sollte.

cc) Stellungnahme

Den Stellungnahmen von *K. Müller* und *Beuthien* lässt sich ein deutliches Unbehagen gegen den entlastungsbedingten Verlust bloß erkennbarer Ersatzansprüche entnehmen. *K. Müller* will einen Rechtsverlust überhaupt nur zulassen, wenn »sämtliche Genossen der Entlastung zustimmen«,[138] was in der Praxis kaum je der Fall sein dürfte, und *Beuthien* begründet die Analogie letztlich mit dem Fehlen eines »eindeutig geäußerten Verzichtswillens«.[139] Sachlich sind die Argumente darauf gerichtet, dass die Mitglieder der Genossenschaft regelmäßig keine Ersatzansprüche erkennen werden, weil sie hierfür *erstens* nicht kompetent genug seien und *zweitens* auch keine wirksamen Informations- und Kontrollrechte besäßen. Selbst wenn gegen eine solche Argumentation – wie gesehen – grund-

---

134 *Beuthien*, GenG, § 48 Rn. 8; *Beuthien*, GmbHR 2014, 682 (688)
135 Vgl. ausführlicher schon S. 11 ff.
136 *Beuthien*, GmbHR 2014, 682 (688).
137 Vgl. bereits S. 73 ff.
138 *K. Müller*, GenG, § 48 Rn. 72d.
139 *Beuthien*, GenG, § 48 Rn. 8.

sätzliche Bedenken bestehen, so ist dennoch einzuräumen, dass die Stellung der Aktionäre und der Genossenschaftsmitglieder wegen der fehlenden Einbeziehung in die Geschäftsführung und in Ansehung der begrenzten Informationsrechte weitgehend identisch ist. Stellt sich die Entlastung deswegen auch für die Mitglieder einer Genossenschaft als die faktisch einzige Möglichkeit dar, eine förmliche Stellungnahme zur Geschäftsführung abzugeben, so erscheint es wie im Aktienrecht als zweifelhaft, das einzige Instrument für eine solche förmliche Bewertung mit dem Risiko eines versehentlichen Haftungsverzichts zu verbinden. Allein in diesem Umstand läge folglich ein tragfähiger Anknüpfungspunkt für eine analoge Anwendung von § 120 Abs. 2 Satz 2 AktG.

Allerdings ist zu berücksichtigen, dass § 120 Abs. 2 Satz 2 AktG den Aktionären nicht nur das Risiko eines etwaigen – versehentlichen – Haftungsverzichts erspart, sondern in seinen Wirkungen darüber hinausgeht. Die Entlastung führt im Aktienrecht nämlich selbst dann nicht zu einem Anspruchsverlust, wenn die Organmitglieder die Hauptversammlung ausdrücklich auf mögliche oder tatsächliche Ersatzansprüche hinweisen und die Aktionäre mit der Billigung der pflichtwidrigen Maßnahmen auf diese Ansprüche verzichten wollen. In einem solchen Fall verfängt der geläufige Hinweis auf die nur schwache Ausprägung von Kontroll- und Informationsrechten nicht und dennoch ist der aktienrechtlichen Entlastung die Verzichtswirkung versagt. Das lässt sich im Aktienrecht zwar mit Blick auf die klare Regelung des § 93 Abs. Satz 3 AktG rechtfertigen, doch fehlt im Genossenschaftsrecht eine entsprechende Vorschrift. Wenn die Entlastung durch die Generalversammlung vor diesem Hintergrund in Ansehung konkreter Ersatzansprüche und zum Zwecke der Genehmigung der pflichtwidrigen Maßnahmen erfolgt, so führte die analoge Anwendung des § 120 Abs. 2 Satz 2 AktG zwangsläufig dazu, dass der tatsächlich geäußerte Verzichtswille für unbeachtlich erklärt werden müsste. Eine sachliche Notwendigkeit besteht hierfür jedoch nicht. Zwar lässt sich argumentieren, dass es der Generalversammlung offenstehe, neben der Entlastung einen eigenständigen Verzichtsbeschluss zu fassen,[140] doch erweist sich ein solches Erfordernis vor dem Hintergrund der mit der Entlastung bereits zum Ausdruck gebrachten Billigung der pflichtwidrigen Geschäftsführung als künstlich, weil es dem geäußerten Verbandswillen nicht gerecht wird.

Das zentrale Argument gegen eine Analogie folgt jedoch aus dem Sinn und Zweck des § 120 Abs. 2 Satz 2 AktG. Wie bereits an anderer Stelle ausführlich begründet, zielt die Vorschrift auf eine Akzentuierung der aktienrechtlichen Organhaftung.[141] Sie beruht rechtshistorisch auf § 84 Abs. 4 Satz 3 AktG 1937 und

140 *Beuthien*, GenG, § 48 Rn. 8.
141 Vgl. oben S. 71f.

soll nicht nur eine vorschnelle, sondern vor allem auch eine versehentliche Enthaftung verhindern. Aus dem Umstand, dass der Gesetzgeber im Genossenschaftsrecht jedoch bewusst auf eine mit § 84 Abs. 4 Satz 3 AktG 1937 bzw. § 93 Abs. 4 Satz 3 AktG vergleichbare Vorschrift verzichtet hat, folgt zwangsläufig, dass er eine vom Aktienrecht abweichende Bewertung der Interessenlage zugrunde gelegt hat, die im Wesentlichen auf der besonderen personalistischen Organisation der Genossenschaft beruht. Zwar ähnelt die Stellung der Genossenschaftsmitglieder im Hinblick auf Kontroll- und Informationsrechte derer von Aktionären, doch beruht die Privilegierung der Aktionäre letztlich nur auf einem Reflex, weil der Gesetzgeber die Organhaftung im Aktienrecht durch die rigoroso Beschränkung der nachträglichen Enthaftung ganz bewusst strenger ausgestaltet hat.

3. Zusammenfassung

Insgesamt bestehen deshalb tiefgreifende Bedenken gegen eine analoge Anwendung des § 120 Abs. 2 Satz 2 AktG: Soweit die nur eingeschränkten Kontroll- und Informationsbefugnisse angeführt werden, ist einzuwenden, dass sich die Entlastung ohnehin nur darauf erstreckt, was gerade unter Berücksichtigung dieser Befugnisse für die Mitglieder erkennbar ist. Für eine analoge Anwendung besteht auch dann kein Bedürfnis, wenn die Rechenschaft etwaige Verfehlungen offenlegt und diese Verfehlung mit der Entlastung genehmigt werden sollen, weil dann überhaupt keine Informationsdefizite bestehen. Im Kern dürfte das im Genossenschaftsrecht geltend gemachte Unbehagen gegenüber der Entlastung und – damit verbunden – das Bedürfnis nach einer Heranziehung des § 120 Abs. 2 Satz 2 AktG darauf beruhen, dass der versehentliche Verlust erkennbarer Ansprüche als unbillig angesehen wird, weil es an einem »eindeutig geäußerten Verzichtswillen« fehlt.[142] Diesem zutreffenden Gedanken, der sich als paradigmatisch erweist für das auch außerhalb des Genossenschaftsrechts nicht seltene anzutreffende Unbehagen gegen den Verlust erkennbarer Ansprüche, soll an anderer Stelle ausführlich nachgegangen werden.[143] An dieser Stelle genügen die Feststellung, dass es sich hierbei zum einen nicht um ein Spezifikum der genossenschaftsrechtlichen Entlastung handelt und dass zum anderen § 120 Abs. 2 Satz 2 AktG auf diesen Gedanken auch nicht passt, weil die Norm nicht nur den versehentlichen, sondern auch den gewollten Anspruchsverlust unterbindet. Mit einer analoge Anwendung von § 120 Abs. 2 Satz 2 AktG ist schließlich auch die von *Beuthien* befürwortete

142 *Beuthien*, GenG, § 48 Rn. 8.
143 Ausführlich S. 176 ff.

Beweislastumkehr als Folge der Entlastung nicht begründbar, denn die Vorschrift schließt jedwede Beeinträchtigung von Ersatzansprüchen aus, also auch eine Beweislastumkehr.

III. Die Entlastung bei der GmbH ohne Aufsichtsrat

Die analoge Anwendung des § 120 Abs. 2 Satz 2 AktG auf die GmbH wird nach allgemeiner Ansicht abgelehnt.[144] Soweit die GmbH nicht der Mitbestimmung unterliegt, wird dies durch die historische Entwicklung der Entlastung im GmbH-Recht bestätigt.

1. Die historische Entwicklung der Entlastung im GmbH-Recht

Bereits das Gesetz betreffend die Gesellschaften mit beschränkter Haftung vom 20. April 1892[145] sah die Zuständigkeit der Gesellschafterversammlung für die Beschlussfassung über die Bestellung und Abberufung sowie die Entlastung der Geschäftsführer in dem bis heute geltenden Umfang vor (§ 46 Nr. 5 GmbHG). Obwohl die Rechtsfolgen der Entlastung im GmbHG zu keiner Zeit geregelt waren, bestand von Anfang an Einigkeit über die Geltung der klassischen Entlastungsfolgen. Auch die Aktienrechtsreform von 1937, die zu einer weitgehenden Entwertung der Entlastung bei der Aktiengesellschaft führte, vermochte daran nichts zu ändern.[146] Im Gegenteil rechtfertigte die Rechtsprechung die Beibehaltung der klassischen Entlastungsfolgen mit dem Hinweis, dass der Verzichtswirkung der Entlastung keine gesetzlichen Vorschriften wie § 84 Abs. 4 Satz 3 AktG 1937 entgegenstünden.[147] Nach der Aktienrechtsreform von 1965 hieß es in gleicher Weise, im Recht der GmbH fehle eine dem § 120 Abs. 2 Satz 2 AktG entsprechende Vorschrift.[148]

144 BGHZ 94, 324 (327); *K. Schmidt*, in: Scholz, GmbHG, § 46 Rn. 89; *Liebscher*, in: MüKo/GmbHG, § 46 Rn. 144; *Roth*, in: Roth/Altmeppen, GmbHG, § 46 Rn. 30; *Meier*, GmbHR 2004, 111 (112).

145 Gesetz betreffend die Gesellschaften mit beschränkter Haftung vom 20. April 1892, RGBl. 1892, S. 477, in der Fassung der Bekanntmachung vom 20. Mai 1898, RGBl. 1898, S. 846.

146 Zu den Reformbestrebungen während des Nationalsozialismus näher: *K. Schmidt*, GesR, § 33 II 2b, S. 988 f.

147 RG DR 1941, 506 (508); BGH NJW 1959, 192 (193); ebenso BGHZ 29, 385 (390) im einem »obiter dictum«, da die Entscheidung die aktienrechtliche Entlastung betraf.

148 BGHZ 94, 324 (327).

a) Der Entwurf der »großen GmbH-Reform« von 1971/1973

Im Nachgang zur Reform des Aktienrechts von 1965 kam allerdings die Überlegung auf, ob es sinnvoll wäre, eine § 120 Abs. 2 AktG entsprechende Regelung ins GmbHG aufzunehmen.[149] Die Bundesregierung lehnte einen diesbezüglichen Vorschlag in ihrem weitgreifenden und mehr als 300 Paragrafen umfassenden Neuentwurf eines GmbHG von 1971 (»große GmbH-Reform«) trotz der im Übrigen starken Anlehnung an das Aktienrecht unter Hinweis darauf ab, dass die GmbH-Gesellschafter anders als die Hauptversammlung in größerem Umfang das Recht hätten, auf die Geschäftsführung Einfluss zu nehmen.[150] Abweichend von § 93 Abs. 4 Satz 3 AktG sah der Entwurf auch ganz bewusst von der Festlegung einer Sperrfrist ab. Zur Begründung hieß es, dass die Entlastung durch eine solche Sperrfrist eine andere Bedeutung erhielte als nach geltendem Recht; bei den in der GmbH oft wesentlich engeren Beziehungen zwischen Gesellschaftern und Geschäftsführern solle die Gesellschaft auch künftig in der Lage sein, eventuelle Ersatzansprüche gegen die Geschäftsführer möglichst umgehend zu bereinigen.[151] Da § 75 Abs. 5 Satz 1 GmbHG-RegE 1971 demgemäß vorsah, dass die Gesellschaft durch Beschluss der Gesellschafterversammlung auf Ersatzansprüche verzichten oder sich darüber vergleichen konnte, hielt die Bundesregierung eine ausdrückliche Regelung der Entlastungsfolgen für entbehrlich.[152] Dieser Umstand war schon deshalb beachtlich, weil sich der Entwurf im Übrigen in geradezu perfektionistischer Weise eine umfassende Neuregelung des GmbH-Rechts zur Aufgabe gemacht hatte und dieser »Regelungsperfektionismus«,[153] neben der zu starken Anlehnung an das Aktienrecht, heute als maßgeblicher Grund für das Scheitern der Reform angesehen wird.[154]

---

149 Vgl. auch die Darstellungen bei *Schmeling*, S. 9; *Graff*, S. 36.

150 Begründung zu § 75 GmbHG-RegE 1971, Bundestags-Drs. VI/3088, S. 126 = Bundesrats-Drs. 595/71.

151 Begründung zu § 75 GmbHG-RegE 1971, Bundestags-Drs. VI/3088, S. 126 = Bundesrats-Drs. 595/71.

152 Begründung zu § 77 Abs. 2 Nr. 1 GmbHG-RegE 1971, Bundestags-Drs. VI/3088, S. 128 = Bundesrats-Drs. 595/71.

153 *St. Oppenländer*, in: Oppenländer/Trölitzsch, Hdb/GmbH, § 1 Rn. 7.

154 *K. Schmidt*, GesR, § 33 II 2b, S. 989; *St. Oppenländer*, in: Oppenländer/Trölitzsch, Hdb/GmbH, § 1 Rn. 7; *Grziwotz*, in: MüHdb/GesR, Band 3, § 1 Rn. 23. Der GmbHG-RegE 1971 fiel der Diskontinuität nach Ablauf der 6. Wahlperiode (1969 – 1972) zum Opfer. In der 7. Wahlperiode (1972 – 1976) wurde er wortgleich erneut vergeblich eingebracht als Bundestags-Drs. 7/253. Vgl. zum Ablauf des Gesetzgebungsverfahrens auch Bundestags-Drs. 8/1347, S. 27.

b) Die GmbH-Novelle von 1980

Erst im Jahre 1977 griff die Bundesregierung einzelne, besonders wichtige Änderungsvorschläge wieder auf und der stark gekürzte und auf das Wesentliche beschränkte Gesetzesentwurf trat am 1. Januar 1981 schließlich in Kraft.[155] Da eine ausdrückliche Regelung der Zuständigkeit der Gesellschafter für den Verzicht auf Ersatzansprüche vor dem Hintergrund der fortbestehenden Regelung des § 46 Nr. 6 und 8 GmbHG als entbehrlich erschien,[156] fand die insoweit ohnehin nur klarstellende Vorschrift des § 75 Abs. 5 GmbHG-RegE 1971 keinen Eingang ins Gesetz. Im Zusammenhang mit dem Verzicht auf Ersatzansprüche führte die GmbH-Novelle gleichwohl zu einigen Änderungen. So findet sich die von § 43 Abs. 3 Satz 2 GmbHG in Bezug genommene Regelung des § 9 Abs. 2 GmbHG seitdem in § 9b Abs. 1 GmbHG. Wie gehabt ist danach ein Verzicht der GmbH auf Ersatzansprüche gegen den Geschäftsführer (§ 43 Abs. 2 GmbHG) grundsätzlich zulässig.[157] Etwas anderes gilt nur für Ersatzansprüche, die auf Zahlungen unter Verstoß gegen § 30 GmbHG oder auf dem Erwerb eigener Geschäftsanteile entgegen § 33 GmbHG beruhen (§ 43 Abs. 3 Satz 1 GmbHG),[158] wenn und soweit der Ersatz zur Befriedigung der Gesellschaftsgläubiger erforderlich ist (§§ 43 Abs. 3 Satz 2, 9b Abs. 1 Satz 1 GmbHG). Da die Vorschrift ausschließlich den Gläubigerschutz bezweckt, sah der Gesetzgeber bewusst von der Festlegung einer Sperrfrist oder eines Widerspruchsrechts zum Schutze der Minderheit ab.[159]

Anspruchsmindernde Rechtsgeschäfte über Ersatzansprüche gegen den Geschäftsführer unterliegen damit im Vergleich zum Aktienrecht (§§ 50, 93 Abs. 4 Satz 3 AktG) nur marginalen Einschränkungen. Ausweislich der Gesetzesbegründung wurden Vorschriften aus dem Aktienrecht – entgegen dem ursprünglichen Entwurf – insgesamt nur sehr zurückhaltend übernommen, nämlich immer dann, wenn aufgrund einer gleichgearteten Interessenlage in beiden Gesellschaften auch eine gleichgeartete Regelung gerechtfertigt erschien.[160] Da die Regelungen des Aktiengesetzes auf die Bedürfnisse einer Kapitalgesellschaft mit meist einer Vielzahl von anonymen Aktionären zugeschnitten seien, eigneten sie

---

155 Bundestags-Drs. 8/1347,S. 27 = Bundesrats-Drs. 404/77; BGBl. I 1980, Nr. 35, S. 836 = Bundestags-Drs. 8/1347 in der Fassung der Bundestags-Drs. 8/3908 – 8 Wahlperiode (1976 – 1980).

156 In diese Richtung: Bundestags-Drs. 8/3908, S. 66; für das heutige Recht: *Zöllner/Noack*, in: Baumbach/Hueck, GmbHG, § 43 Rn. 47.

157 Statt vieler: *Zöllner/Noack*, in: Baumbach/Hueck, GmbHG, § 43 Rn. 47

158 Zu den ungeschriebenen Fällen, in denen §§ 43 Abs. 3 Satz 2, 9b Abs. 1 GmbHG entsprechend herangezogen wird, vgl. *Zöllner/Noack*, in: Baumbach/Hueck, GmbHG, § 43 Rn. 47.

159 Begründung zu § 9b GmbHG = § 9c GmbHG-RegE (1977), Bundestags-Drs. 8/1347, S. 36.

160 Bundestags-Drs. 8/3908, S. 67.

sich nicht ohne weiteres für die GmbH mit in der Regel wenigen, nicht selten persönlich verbundenen Gesellschaftern.[161]

2. Die Folgerung für eine analoge Anwendung des § 120 Abs. 2 Satz 2 AktG

Gegen eine analoge Anwendung des § 120 Abs. 2 Satz 2 AktG lässt sich vor diesem Hintergrund bereits das Fehlen einer Regelungslücke, d.h. das Fehlen einer planwidrigen Unvollständigkeit des Gesetzes anführen. Zwar enthält das GmbHG weder Vorschriften über die Rechtsfolgen der Entlastung noch eine mit § 93 Abs. 4 Satz 3 AktG vergleichbare Regelung. Doch kann von einer planwidrigen Unvollständigkeit nicht die Rede sein, weil sich der Gesetzgeber im Jahre 1980 bewusst gegen die Übertragung der aktienrechtlichen Verzichts- und Entlastungsgrundsätze entschieden hat und sich die zugrunde liegenden Einschätzungen noch heute als zutreffend erweisen.

Betrachtet man daneben die Klarstellung- und Abrundungsfunktion von § 120 Abs. 2 Satz 2 AktG, so fehlt es auch an einer vergleichbaren normativen Ausgangslage, weil das GmbH-Recht eine Sperrfrist für den Verzicht auf Ersatzansprüche nicht vorsieht, so dass für eine Klarstellung und Abrundung der Rechtslage kein Bedürfnis besteht. Abgesehen davon fehlt es schon wegen des *typischerweise* größeren Einflusses der Gesellschafter auf die Geschäftsführung anders als im Aktienrecht schon im Ansatz an einem hinreichenden Bedürfnis, den Funktionswandel der aktienrechtlichen Entlastung auf die GmbH zu übertragen. Die Gesellschafter verfügen über vielfältige Einflussmöglichkeiten auf die Geschäftsführung, gemäß § 37 Abs. 1 GmbHG in erster Linie durch Ausübung des Weisungsrechts.[162] Die Entlastung stellt sich deshalb nicht als die faktisch einzige Gelegenheit zu einer wertenden Stellungnahme über die Geschäftsführung dar, die zur Steigerung ihrer Effektivität von Haftungsfragen freigehalten werden müsste. Die Strukturunterschiede zwischen Aktiengesellschaft und GmbH und der größere Einfluss der GmbH-Gesellschafter auf die Geschäftsführung werden *in diesem Sinne* zu Recht gegen eine analoge Anwendung des § 120 Abs. 2 Satz 2 AktG auf die Geschäftsführer-Entlastung im GmbH-Recht angeführt.[163]

Allerdings wurde bereits im Zusammenhang mit der aktien- und genossenschaftsrechtlichen Entlastung darauf hingewiesen, dass § 120 Abs. 2 Satz 2 AktG – wie schon § 84 Abs. 3 Satz 4 AktG 1937 – auf eine bewusste Verschärfung der

---

161 Bundestags-Drs. 8/3908, S. 67.
162 Statt aller: *Stephan/Tieves*, in: MüKo/GmbHG, § 37 Rn. 115 ff. m.w.N.
163 *Graff*, S. 52 f.; *K.Schmidt*, in: Scholz, GmbHG, § 46 Rn. 89.

aktienrechtlichen Organhaftung zielt. Eine nachträgliche Enthaftung der Organmitglieder soll für eine gewisse Frist selbst dann nicht möglich sein, wenn sie gewollt ist, und selbst nach Fristablauf soll sie eine klare und eindeutige Verzichtsentscheidung erfordern.[164] Die jeweilige Ausprägung der Kontroll- und Informationsrechte spielt in diesem Zusammenhang keine entscheidende Rolle, weil sich die klassische Entlastungsformel ohnehin nur auf solche Ansprüche erstreckt, die gerade unter Berücksichtigung des jeweils vorhandenen Einblicks in die Geschäftsführung aus der geleisteten Rechenschaft erkennbar sind. Der eigentliche Grund für die Anerkennung der Verzichtswirkung im GmbH-Recht ist deshalb, dass eine nachträgliche Enthaftung mangels entgegenstehender Beschränkungen in weitem Umfang zulässig ist, weil eine mit § 84 Abs. 3 Satz 4 AktG 1937 bzw. § 93 Abs. 4 Satz 3 AktG vergleichbare Regelung und Interessenlage fehlt. Der größere Einblick der Gesellschafter in die Geschäftsführung führt vor diesem Hintergrund lediglich dazu, dass den Gesellschaftern etwaige Ersatzansprüche regelmäßig in erheblich größerem Umfang *erkennbar* sein werden als den Mitgliedern einer AG, einer Genossenschaft oder eines Vereins.[165]

IV. Die Entlastung bei der GmbH mit Aufsichtsrat

Schwieriger und teils verworren ist die Rechtslage, wenn die GmbH über einen Aufsichtsrat verfügt. Die Probleme resultieren im Kern daraus, dass das GmbHG keine eigenständigen Vorschriften für den Aufsichtsrat enthält, sondern – gleichsam behelfsmäßig – über § 52 GmbHG auf bestimmte Vorschriften des Aktienrechts Bezug nimmt.

1. Die historische Entwicklung der Entlastung im GmbH-Recht

Auch hier erweist sich die historische Entwicklung des Normenbestands als überaus aufschlussreich. Zu unterscheiden ist dabei zwischen dem fakultativen und dem obligatorischen Aufsichtsrat.

---

164 Vgl oben S. 72 ff. und S. 75 f.
165 Vgl. mit Nachweisen oben S. 48 ff., vor allem in Fn. 198 f.

a) Die GmbH mit fakultativem Aufsichtsrat

Schon in der Fassung von 1892 verwies § 52 Abs. 1 GmbHG für den durch Satzung freiwillig eingerichteten (fakultativen) Aufsichtsrat auf die entsprechenden Regelungen des Aktienrechts, die damals im ADHGB 1884 und später im HGB 1897 enthalten waren. Im Zuge der Verabschiedung des Aktiengesetzes von 1937 blieb § 52 GmbHG äußerlich unangetastet. Allerdings waren die aktienrechtlichen Vorschriften des HGB 1897, auf die § 52 GmbHG verwies, durch § 18 Abs. 1 EG-AktG 1937 aufgehoben worden, so dass der fortbestehende Gesetzesverweis auf das HGB äußerlich leerlief. Zur Behebung dieses Missstands legte § 18 Abs. 2 EG-AktG 1937 fest, dass überall dort, wo in anderen Vorschriften auf die aufgehobenen Vorschriften des HGB verwiesen war, die entsprechenden Vorschriften des AktG 1937 an ihre Stelle treten sollten. Der Gesetzgeber verzichtete damit auf die Änderung der einzelnen Verweisungsnormen, sondern modifizierte die bestehenden Verweise »extern« in § 18 Abs. 2 EG-AktG 1937. Dabei bestand Einigkeit, dass sich der auf diese Weise modifizierte Verweis des § 52 GmbHG nicht auf das Verzichtsverbot des § 84 Abs. 4 Satz 3 AktG 1937 bezog, weil eine vergleichbare Vorschrift im HGB 1897 noch nicht enthalten war.[166] Weder aus § 52 GmbHG noch aus § 18 Abs. 2 EG-AktG 1937 war diese Einschränkung aber hinreichend ersichtlich. Vielmehr ergab sie sich erst aus einem inhaltlichen Vergleich des alten und neuen Aktienrechts.

Da man diese recht unbestimmte Verweisung auf das Aktienrecht mit der Zeit zunehmend als unbefriedigend empfand, sah sich der Gesetzgeber im Rahmen der Reform des Aktienrechts von 1965 zur Klarstellung veranlasst, indem er die von § 52 GmbHG in Bezug genommenen Vorschriften ausdrücklich aufzählte.[167] Seitdem verweist § 52 Abs. 1 GmbHG für die Haftung des fakultativen Aufsichtsrats auf § 116 Satz 1 AktG, der wiederum auf § 93 AktG Bezug nimmt. Entsprechend der vormaligen Rechtslage erstreckt sich die Verweisung des § 52 Abs. 1 GmbHG allerdings ausdrücklich nur auf »§ 93 Abs. 1 und 2 Satz 1 und 2 AktG«, d. h. gerade nicht auf das Verzichtsverbot des § 93 Abs. 4 Satz 3 AktG. Es entspricht daher allgemeiner Ansicht, dass die in § 93 Abs. 4 Satz 3 AktG vorgesehene Beschränkung des Verzichts und insbesondere die Anordnung einer Sperrfrist, beim fakultativen GmbH-Aufsichtsrat nicht gilt.[168] In Ansehung der bisherigen Ausführungen fol-

---

166 *Wunsch*, NJW 1957, 1307 m.w.N. aus der damaligen Kommentarliteratur; ebenso: *Hueck*, GmbHR 1959, 189 (191); *Brox*, BB 1960, 1226 (1230).

167 Vgl. die Begründung zu § 29 AktG-EG-RegE = § 32 AktG-EG (1965), Bundestags-Drs. IV/171, Anlage 1, abgedruckt in: *Kropff*, S. 544; siehe auch: *Spindler*, in: MüKo/GmbHG, § 52 Rn. 4.

168 *Spindler*, in: MüKo/GmbHG, § 52 Rn. 616; *Giedinghagen*, in: Michalski, GmbHG, § 52 Rn. 314; *Raiser/Heermann*, in: Ulmer, GmbHG, § 52 Rn. 152; *Schneider*, in: Scholz, GmbHG, § 52 Rn. 524; *Zöllner/Noack*, in: Baumbach/Hueck, GmbHG, § 52 Rn. 77; *C. Jaeger*, in: Ziemons/Jaeger, GmbHG, § 52 Rn. 77; *Lutter*, in: Lutter/Hommelhoff, GmbHG, § 52 Rn. 32; *Altmeppen*, in: Roth/Altmeppen,

gerichtig verzichtete der Gesetzgeber daneben auf einen Verweis auf § 120 Abs. 2 AktG, gegen dessen Anwendung zwei wesentliche Argumente sprechen: zum einen wiederum das Fehlen einer § 93 Abs. 4 Satz 3 AktG entsprechenden Vorschrift im GmbH-Recht und zum anderen der Gesichtspunkt der Gleichbehandlung des Aufsichtsrats mit den Geschäftsführern. Einigkeit herrscht infolge dessen auch darüber, dass die Entlastung des fakultativen Aufsichtsrats ebenso wie die Entlastung des Geschäftsführers nach allgemeinen Grundsätzen Verzichtswirkung entfaltet.[169]

b) Die GmbHG mit obligatorischem Aufsichtsrat

Etwas anderes gilt nach dem Gesetzeswortlaut für den obligatorischen Aufsichtsrat. Die Pflicht zur Bildung eines solchen Aufsichtsrats ergibt sich nicht aus dem GmbHG selbst, sondern aus speziellen Vorschriften über die Mitbestimmung (§ 3 Abs. 1 MontanMitbestG, § 6 Abs. 1 MitbestG, § 1 Abs. 1 Nr. 3 DrittelbG). Die Besonderheit besteht darin, dass für den obligatorischen Aufsichtsrat nicht die Vorschrift des § 52 Abs. 1 GmbHG mit dem eingeschränkten Verweis auf § 93 AktG gilt. Vielmehr sollen die §§ 116, 93 AktG uneingeschränkte Anwendung finden: Während § 3 Abs. 2 MontanMitbestG dazu ganz allgemein auf »die Vorschriften des Aktienrechts« verweist,[170] zählen § 25 Abs. 1 Satz 1 Nr. 2 MitbestG und § 1 Abs. 1 Nr. 3 DrittelbG die Vorschrift des § 116 AktG explizit auf. Die daraus folgende Anwendbarkeit des § 93 Abs. 4 Satz 3 AktG hat nach nahezu allgemeiner Ansicht zur Folge, dass die mitbestimmte GmbH auf Ersatzansprüche gegen Mitglieder des obligatorischen Aufsichtsrats frühestens nach Ablauf von drei Jahren seit Anspruchsentstehung verzichten kann.[171]

Das Merkwürdige an der Verweisung auf das Aktienrecht ist freilich, dass sie sich (abgesehen von der »sinngemäßen Anwendung« des Aktienrechts in § 3 Abs. 2 MontanMitbestG) zwar auf §§ 116, 93 Abs. 4 Satz 3 AktG bezieht, nicht hingegen auf die flankierende Vorschrift des § 120 AktG, die in den Paragrafenaufzählungen

---

GmbHG, 6. Auflage 2009, § 52 Rn. 33 (Textstelle in 7. Auflage 2012 offenbar entfallen); unter Geltung des AktG (1937) bereits: RG JW 1934, 3073; *Hueck*, GmbHR 1959, 189 (191).

169 *Spindler*, in: MüKo/GmbHG, § 52 Rn. 610.

170 Auch wenn §§ 116 Satz 1, 93 AktG in § 3 Abs. 2 MontanMitbestG nicht ausdrücklich genannt sind, fallen sie unter »die Vorschriften des Aktienrechts«, vgl. nur *Oetker*, in: ErfKo/ArbR, MontanMitbestG, § 3 Rn. 1 sowie *Oetker*, FS Säcker, 2011 S. 443 (455 ff.).

171 *Spindler*, in: MüKo/GmbHG, § 52 Rn. 616; *Giedinghagen*, in: Michalski, GmbHG, § 52 Rn. 315; *Raiser/Heermann*, in: Ulmer, GmbHG, § 52 Rn. 264; *Zöllner/Noack*, in: Baumbach/Hueck, GmbHG, § 52 Rn. 210; *C. Jaeger*, in: Ziemons/Jaeger, GmbHG, § 52 Rn. 77; *Lutter*, in: Lutter/Hommelhoff, GmbHG, § 52 Rn. 63; a.A. wohl *Schneider*, in: Scholz, GmbHG, § 52 Rn. 524 (hinsichtlich des obligatorischen Aufsichtsrats freilich ohne Begründung).

jeweils fehlt.[172] Das hat zu Diskussionen über die Reichweite der Entlastung der Aufsichtsratsmitglieder geführt: So wird der Entlastung vereinzelt die klassische Verzichtswirkung beigemessen, und zwar ohne dass die dreijährige Sperrfrist des § 93 Abs. 4 Satz 3 AktG eingehalten werden müsste.[173] Überwiegend wird die Verzichtswirkung dagegen mit dem Hinweis auf die entsprechende Geltung des § 93 Abs. 4 Satz 3 AktG abgelehnt,[174] bzw. nur unter der Voraussetzung zugelassen, dass die Entlastung erst nach Ablauf der Sperrfrist erfolgt.[175] Zur Begründung wird formal angeführt, dass § 120 Abs. 2 Satz 2 AktG einer Deutung der nach Fristablauf erteilten Entlastung als Verzicht nicht entgegenstehe, weil die Vorschrift von den jeweiligen Verweisungen auf das Aktienrecht nicht umfasst sei.[176] Betrachtet man indes die Klarstellungs- und Abrundungsfunktion des § 120 Abs. 2 Satz 2 AktG, dann scheint die mitbestimmte GmbH auf den ersten Blick geradezu ein Musterfall für eine analoge Anwendung der aktienrechtlichen Entlastungsvorschrift zu sein.

Die besondere Problematik der Entlastung beim obligatorischen Aufsichtsrat tauchte im historischen Kontext erstmals mit dem Montanmitbestimmungsgesetz vom 21. Mai 1951 auf,[177] doch erregte die dort angeordnete »sinngemäße Anwendung« des Aktienrechts im Zusammenhang mit der Haftung des Aufsichtsrats zunächst keine besondere Aufmerksamkeit. Das dürfte nicht zuletzt daran gelegen haben, dass sie dem damaligen § 52 GmbHG mit der ebenfalls unspezifischen Verweisung auf das Aktienrecht äußerlich sehr ähnlich war. Anders verhielt es sich mit dem Betriebsverfassungsgesetz vom 11. Oktober 1952.[178] Die Vorschrift des § 77 Abs. 1 BetrVerfG 1952 verwies erstmals nicht nur allgemein auf das Aktien-

---

172 *Giedinghagen*, in: Michalski, GmbHG, § 52 Rn. 314; *Zöllner/Noack*, in: Baumbach/Hueck, GmbHG, § 52 Rn. 211; *Schneider*, in: Scholz, GmbHG, § 52 Rn. 525.

173 *Wunsch*, NJW 1957, 1307 (1308) für die inhaltsgleiche Verweisung des § 77 Abs. 1 BetrVerfG auf § 84 Abs. 4 Satz 3 AktG (1937); *Knoche*, S. 111; *Graff*, S. 161.

174 *Spindler*, in: MüKo/GmbHG, § 52 Rn. 615 (missverständlich dagegen Rn. 610 mit Fn. 16); *Raiser/Heermann*, in: Ulmer, GmbHG, § 52 Rn. 264; *Lutter/Hommelhoff*, GmbHG, § 52 Rn. 64.

175 *Giedinghagen*, in: Michalski, GmbHG, § 52 Rn. 315; *Zöllner/Noack*, in: Baumbach/Hueck, GmbHG, § 52 Rn. 211; *C. Jaeger*, in: Ziemons/Jaeger, GmbHG, § 52 Rn. 77.

176 Ebenda.

177 Gesetz über die Mitbestimmung der Arbeitnehmer in den Aufsichtsräten und Vorständen der Unternehmen des Bergbaus und der Eisen und Stahl erzeugenden Industrie (MontanMitbestG) vom 21. Mai 1951, BGBl. 1951 I, Nr. 24, S. 347 (zunächst bloß »MitbestG« genannt).

178 Betriebsverfassungsgesetz vom 11. Oktober 1952, BGBl. 1952 I, Nr. 43, S. 681; in der Folge traten hinzu: § 3 MontanMitbestErgG = Gesetz zur Ergänzung des Gesetzes über die Mitbestimmung der Arbeitnehmer in den Aufsichtsräten und Vorständen der Unternehmen des Bergbaus und der Eisen und Stahl erzeugenden Industrie vom 7. August 1956, BGBl. 1956 I, Nr. 38, S. 707 (zunächst bloß »MitbestErgG« genannt); § 3 Satz 2 KAGG = Gesetz über Kapitalanlagegesellschaften vom 16. April 1957, BGBl. 1957 I, Nr. 14, S. 378, aufgehoben mit Wirkung zum 1. Januar 2004 durch das Investmentmodernisierungsgesetz vom 15. Dezember 2003, BGBl. 2003 I, S. 2676.

recht, sondern bezog sich u.a. ausdrücklich auf § 99 AktG 1937, der seinerseits ohne Einschränkung auf § 84 AktG 1937 weiterverwies (heute: §§ 116, 93 AktG). Die Ungleichbehandlung der Mitglieder des obligatorischen Aufsichtsrats einerseits sowie der Geschäftsführer und der Mitglieder des fakultativen Aufsichtsrats andererseits erfuhr im Schrifttum alsbald Kritik.[179] Da § 52 Abs. 1 GmbHG zu diesem Zeitpunkt dem Wortlaut nach noch auf das Aktienrecht des HGB 1897 verwies und sich der genaue Inhalt dieser Verweisung wegen § 18 Abs. 2 EG-AktG 1937 erst aus einen Vergleich des alten und des neuen Aktienrechts ergab, wurde die nahe liegende Vermutung geäußert, es handle sich um ein Versehen des Gesetzgebers, der die Auswirkung des § 77 BetrVerfG 1952 auf die Haftung der Aufsichtsräte und deren Entlastung übersehen habe.[180]

Im Rahmen der Aktienrechtsreform von 1965 wurden die Verweise der mitbestimmungsrechtlichen Vorschriften zwar auf die neue Zählung des Aktiengesetzes umgestellt,[181] jedoch wurde § 120 Abs. 2 AktG in die Aufzählungen nicht aufgenommen. Eine Begründung für diese Auslassung ist den Gesetzesmaterialien nicht zu entnehmen.[182] Erst der Regierungsentwurf zur »großen GmbH-Reform« von 1971 nahm die bestehende Kritik an der Ungleichbehandlung auf und sah für die Haftung der Aufsichtsratsmitglieder in §§ 125, 110 GmbHG-RegE 1971 einen Verweis auf die Geschäftsführerhaftung in § 75 GmbHG-RegE 1971 vor.[183] Das Ziel des Entwurfs war es, das Haftungsregime des GmbH-Aufsichtsrats generell vom Aktienrecht abzukoppeln.[184] In der Entwurfsbegründung hieß es, dass die Mitglieder eines obligatorischen Aufsichtsrats nicht strenger haften sollten als die Geschäftsführer und sie deshalb auch mit den gleichen Wirkungen wie diese, also ohne die aktienrechtliche Sperrfrist von drei Jahren, in den Genuss der Entlastung kommen sollten.[185] Da aber das Reformvorhaben zum 1. Januar 1981 nur in stark abgeschwächter Form in Kraft trat,[186] behielten die mitbestimmungsrechtlichen Verweisungsvorschriften ihren ursprünglichen Umfang bis heute, wobei § 1 Abs. 1

---

179 *Wunsch*, NJW 1957, 1307; *Brox*, BB 1960, 1226 (1230); ohne konkreten Bezug auf die Entlastung auch schon *Bergmann*, NJW 1953, 81 (83).

180 *Wunsch*, NJW 1957, 1307 (1308).

181 Und zwar durch § 34 EG-AktG (1965) für das KAAG und durch § 40 Abs. 1 Nr. 4 EG-AktG (1937) für §§ 77 Abs. 1 BetrVG (1952); die Pauschalverweise auf das Aktienrecht des § 3 Abs. 2 MontanMitbestG und § 3 MontanMitbestErgG brauchten nicht aktualisiert zu werden.

182 Vgl. die Begründung zu § 35 AktG-EG-RegE = § 40 AktG-EG (1965), Bundestags-Drs. IV/171, Anlage 1, S. 324, abgedruckt in: *Kropff*, S. 570.

183 Vgl. hierzu bereits oben, S. 91.

184 Begründung zu §§ 110, 125 GmbHG-RegE (1971), Bundestags-Drs. VI/3088, S. 154, 162.

185 Begründung zu § 77 GmbHG-RegE (1971), Bundestags-Drs. VI/3088, S. 128.

186 Vgl. bereits oben S. 92f.

Nr. 3 DrittelbG im Jahre 2004 inhaltlich unverändert an die Stelle von § 77 Abs. 1 BetrVG 1952 trat.[187]

2. Die Folgerungen für die analoge Anwendung des § 120 Abs. 2 Satz 2 AktG

Zusammenfassend ist zunächst festzuhalten, dass sich die Verweisung auf das Aktienrecht beim fakultativen Aufsichtsrat weder auf § 93 Abs. 4 Satz 3 AktG noch auf § 120 Abs. 2 Satz 2 AktG bezieht. Umgekehrt bestehen wegen der »sinngemäßen Anwendung« des Aktienrechts für den Aufsichtsrat einer der Montanmitbestimmung unterliegenden GmbH keine Bedenken, dass beide Vorschriften uneingeschränkt Anwendung finden (§ 3 Abs. 2 MontanMitbestG). Für die übrigen Fälle obligatorischer Aufsichtsräte gilt kraft gesetzlicher Verweisung zwar § 93 Abs. 4 Satz 3 AktG, aber nicht § 120 Abs. 2 Satz 2 AktG. Ein vernünftiges, in sich geschlossenes System lässt sich dem nicht entnehmen. Der Gesetzgeber hat mit dem GmbHG-RegE 1971 zwar eine homogene Regelung mit den Blick genommen, diese aber letztlich – trotz mannigfacher Gelegenheit (vgl. das DrittelbG 2004) – bis heute nicht ins Werk gesetzt.

a) Die entsprechende Geltung des § 93 Abs. 4 Satz 3 AktG kraft gesetzlicher Verweisung

Die im Schrifttum vorherrschende Meinung, wonach nur eine nach Ablauf der Sperrfrist beschlossene Entlastung des obligatorischen Aufsichtsrats Verzichtswirkung entfalten könne,[188] zeichnet die gesetzliche Ausgangslage buchstäblich nach. Sie beruht auf einer konsequenten Gesetzesanwendung und fragt nicht nach der sachlichen Berechtigung der Regelung. Das vermag nicht zu befriedigen, sondern führt zu erheblichen Verwerfungen und Wertungswidersprüchen. So lässt sich die Geltung des § 93 Abs. 4 Satz 3 AktG für die Mitglieder des obligatorischen Aufsichtsrats teleologisch nicht rechtfertigen.[189] Ein nachvollziehbarer Sachgrund, warum die *Geschäftsführer* der mitbestimmten GmbH ohne zeitliche Beschränkung von der Haftung befreit werden können, während Aufsichtsratsmitglieder erst nach Ablauf der Sperrfrist in diesen Genuss kommen sollen, ist nicht

---

187 Gesetz über die Drittelbeteiligung der Arbeitnehmer im Aufsichtsrat (DrittelbG) vom 18. Mai 2004, BGBl. 2004 I, Nr. 25, S. 974, vgl. Bundestags-Drs. 15/2542, S. 11.

188 Vgl. bereits die Nachweise auf S. 97 in Fn. 173–175.

189 Ebenso: *Giedinghagen*, in: Michalski, GmbHG, § 52 Rn. 302; *Knoche*, S. 111; *Graff*, S. 160 f.; a.A. etwa *Zöllner/Noack*, in: Baumbach/Hueck, GmbHG, § 52 Rn. 210: Verweisung sei »keineswegs widersinnig«.

ersichtlich. Gegen eine solche Differenzierung spricht zunächst, dass § 93 Abs. 3 Satz 3 AktG wie schon die Vorgängerreglung des § 84 Abs. 4 Satz 3 AktG 1937 in erster Linie auf dem Misstrauen des Gesetzgebers gegenüber dem leitungsverantwortlichen Vorstand beruhte. Sie sollte nicht nur den Missbrauch des hiermit verbundenen Einflusses auf die Aktionäre verhindern, sondern die aktienrechtliche Organhaftung durch eine rigoroso Beschränkung nachträglicher Enthaftungsinstrumente nachhaltig verschärfen. Eine vergleichbare Ausgangslage lässt sich im GmbH-Recht nicht feststellen. Hinzu kommt, dass der Aufsichtsrat im Verhältnis zu den Geschäftsführern eine weit weniger exponierte Stellung innehat. Vor diesem Hintergrund erweist es sich als widersprüchlich, dass der Verzicht bei der mitbestimmten GmbH nur im Hinblick auf den Aufsichtsrat eingeschränkt ist, obwohl dieser für die Geschäftsführung nicht verantwortlich zeichnet, sondern im Wesentlichen nur Kontrollaufgaben wahrnimmt.

Kaum überzeugend ist auch der denkbare Einwand, das Gesetz bezwecke bei der Mitbestimmung den Gleichlauf der Haftung der Aufsichtsratsmitglieder in sämtlichen Gesellschaftsformen. Dagegen sprechen nämlich die Vorschriften der § 25 Abs. 1 Satz 1 Nr. 3 MitbestG und § 1 Abs. 1 Nr. 5 DrittelbG, die für mitbestimmte Genossenschaften gelten. Für den Aufsichtsrat einer solchen Genossenschaft wird hierin auf das GenG und ergänzend in § 1 Abs. 1 Nr. 5 DrittelbG auf einzelne Vorschriften des AktG verwiesen. Doch enthält weder das GenG eine dem § 93 Abs. 4 Satz 3 AktG entsprechende Regelung noch wird diese Vorschrift in den Verweisungen auf das AktG aufgezählt. Der Verzicht auf Ersatzansprüche unterliegt bei der mitbestimmten Genossenschaft daher keinen vergleichbaren Beschränkungen.[190] Damit behandelt das Gesetz den obligatorischen Aufsichtsrat einer GmbH strenger als den Aufsichtsrat einer Genossenschaft.

Gegen den Einwand, die striktere Behandlung der Aufsichtsratsmitglieder habe ihren Grund darin, dass sie anders als die Geschäftsführer nicht den Weisungen der Gesellschafter unterlägen,[191] lässt sich schließlich anführen, dass auch die fakultativen Aufsichtsratsmitglieder einer mitbestimmungsfreien GmbH nicht an Weisungen gebunden sind.[192] Dennoch verweist § 52 GmbHG nicht auf § 93 Abs. 4 Satz 3 AktG.

---

190 Gegen die analoge Anwendung des § 93 Abs. 3 Satz 3 AktG im Genossenschaftsrecht ausführlich schon oben S. 83.

191 *Zöllner/Noack*, in: Baumbach/Hueck, GmbHG, § 52 Rn. 210.

192 *Zöllner/Noack*, in: Baumbach/Hueck, GmbHG, § 52 Rn. 130; *Schneider*, in: Scholz, GmbHG, § 52 Rn. 327 ff.; *Raiser/Heermann*, in: Ulmer, GmbHG, § 52 Rn. 146; *Giedinghagen*, in: Michalski, GmbHG, § 52 Rn. 174. Teilweise wird aber vertreten, dass in der Satzung eine Weisungsgebundenheit festgeschrieben werden könne, vgl. etwa *Altmeppen*, NJW 2003, 2561 (2563 ff.).

Der Grundsatz der Gleichbehandlung der Gesellschaftsorgane[193] legt es deshalb nahe, die Verweisungen der mitbestimmungsrechtlichen Vorschriften auf § 93 AktG im Wege der teleologischen Reduktion dahin zu beschränken, dass § 93 Abs. 4 Satz 3 AktG von ihr nicht umfasst ist.[194] Eine darüber hinaus gehende Geltung des § 93 Abs. 4 Satz 3 AktG führte zu einer Schlechterstellung des obligatorischen Aufsichtsrats im Verhältnis zu den Geschäftsführern der GmbH aber auch im Verhältnis zum Aufsichtsrat einer mitbestimmten Genossenschaft. Sachlich Gründe für diese Schlechterstellung sind nicht ersichtlich, vielmehr beruht sie im Wesentlichen auf historischen Zufälligkeiten und vor allem auf dem Fehlen eigenständiger Vorschriften über den Aufsichtsrat im GmbHG.

b) Die analoge Anwendung des § 120 Abs. 2 Satz 2 AktG

Gilt die Sperrfrist des § 93 Abs. 4 Satz 3 AktG für den obligatorischen Aufsichtsrat einer GmbH danach nicht, so besteht auch kein Bedürfnis nach einer analogen Anwendung des § 120 Abs. 2 Satz 2 AktG. Fraglich wäre allenfalls, was gelten würden, wenn es – nach dem Wortlaut der mitbestimmungsrechtlichen Vorschriften – für den obligatorischen Aufsichtsrat bei der Geltung der Sperrfrist bliebe. Die Vorschrift des § 120 Abs. 2 Satz 2 AktG hat im Aktienrecht das Ziel der Vereinheitlichung der Entlastungsfolgen und soll Klarheit über die Entlastungsfolgen schaffen, und zwar unabhängig von der zugrunde liegenden Entlastungssituation und vom Zeitpunkt, zu dem über die Entlastung entschieden wird. Das Ziel einer Vereinheitlichung der Entlastungsfolgen ließe sich bei der mitbestimmten GmbH jedoch im Ausgangspunkt nur partiell, nämlich beschränkt auf den Aufsichtsrat erreichen. Gegen eine Heranziehung des § 120 Abs. 2 Satz 2 AktG spricht daneben entscheidend, dass die sachlich kaum zu rechtfertigende Rechtslage nicht noch dadurch verschlimmert werden sollte, dass mit § 93 Abs. 4 Satz 3 AktG eine ohnehin unpassende Vorschrift mittels § 120 Abs. 2 Satz 2 AktG sogar noch über ihren eigentlichen Anwendungsbereich hinaus erweitert wird.

3. Zusammenfassung

Für den Aufsichtsrat einer GmbH finden sowohl § 93 Abs. 4 Satz 3 AktG als auch § 120 Abs. 2 Satz 2 AktG keine Anwendung. Für den fakultativen Aufsichtsrat folgt das bereits aus § 52 GmbHG. Wegen des Grundsatzes der Gleichbehandlung der

193 Vgl. *Graff*, S. 161.

194 Ebenso *Knoche*, S. 111; *Graff*, S. 161; a.A. *A. Zimmermann*, S. 231 ff.

Gesellschaftsorgane gilt gleiches – entgegen dem Wortlaut der mitbestimmungsrechtlichen Vorschriften – aber auch für den obligatorischen Aufsichtsrat. Die mitbestimmungsrechtlichen Vorschriften beruhen insoweit auf historischen Zufälligkeiten, insbesondere auf dem Fehlen eigenständiger Vorschriften über den GmbH-Aufsichtsrat. Die Vorschriften der §§ 93 Abs. 4 Satz 3, 120 Abs. 2 Satz 2 AktG stehen der Verzichtswirkung der Entlastung im GmbH-Recht daher insgesamt nicht entgegen.

§ 3 Die verschiedenen Begründungsansätze zur dogmatischen Konstruktion des Rechtsverlusts

Obschon die Entlastung in einzelnen Vorschriften erwähnt ist, ordnet das Gesetz an keiner Stelle an, dass sie zu einem Ausschluss von bekannten oder erkennbaren Ersatzansprüchen oder anderen Rechten führen soll. Der Rechtsverlust stellt sich deshalb im Ausgangspunkt als bloße *Hypothese* dar, deren Richtigkeit unter Rückgriff auf die allgemeinen Grundsätze des Privatrechts erst nachzuweisen ist. Die aktienrechtliche Entlastung wird dabei wegen § 120 Abs. 2 Satz 2 AktG keine Rolle mehr spielen, ohne dass das jeweils eigens hervorgehoben werden soll.

I. Der historische Ausgangspunkt

Angesichts der Lückenhaftigkeit der gesetzlichen Regelung ist es zunächst verwunderlich, dass der Rechtsverlust nach erteilter Entlastung in Rechtsprechung und Schrifttum als offenbar selbstverständlich anerkannt ist. Ein besseres Verständnis dieser allgemeinen Akzeptanz ergibt sich mit Blick auf die Rechtslage vor dem Inkrafttreten des Bürgerlichen Gesetzbuchs. Als aufschlussreich erweisen sich in diesem Zusammenhang zwei oft angeführte Beispiele,[1] die nicht nur verdeutlichen, dass der hier untersuchte Rechtsverlust früher vielfach eine gesetzliche Folge der Entlastung war, sondern auch den Ursprung der Entlastung im Bereich der allgemeinen Geschäftsbesorgung eindrucksvoll unterstreichen.

1. Die Entlastung des Verwalters fremder Sachen und Güter durch Erteilung einer Quittung

Das Allgemeine Landrecht für die Preußischen Staaten (ALR) vom 5. Februar 1794[2] regelte in I 14 §§ 109 ff. ausführlich das zivilrechtliche Verhältnis zwischen dem Geschäftsherrn (»Principal«) und dem »Verwalter fremder Sachen und Güter«. Die Vorschriften sahen vor, dass der Verwalter über getätigte »Einnahmen und Ausgaben« (I 14 § 136 ALR) eine »Rechnung, nebst den erforderlichen Belägen, so-

1 Vgl. etwa: *Knoche*, S. 8; *Schmeling*, S. 5; *Bonefeld*, S. 4; *Rösing*, S. 5.

2 Abgedruckt in: *H. Hattenhauer*, Allgemeines Landrecht für die preussischen Staaten von 1794, 3. Auflage 1996.

gleich nach dem Ablauf eines jeden Rechnungsjahres dem Principale einreichen und auf deren Abnehmung antragen« (I 14 § 139 ALR) musste. »Nach erfolgter Abnahme und Berichtigung der Rechnung« konnte der Verwalter »Quittung darüber fordern« (I 14 § 145 ALR). Die Besonderheit dieser Quittung, die sich in erster Linie auf »gehörig und richtig gelegte Rechnung«[3] bezog, wurde im Schrifttum darin gesehen, dass sie zugleich das »Anerkenntnis des Erklärenden« enthalten musste, »daß er gegen die Verwaltung keine Erinnerungen mehr (oder überhaupt) zu machen habe«.[4] Über die Ordnungsmäßigkeit der Abrechnung hinaus bezog sich die Quittung also auch auf die zugrunde liegende Tätigkeit des Verwalters und billigte diese. Darin unterschied sie sich von der einfachen Quittung des I 16 § 104 ALR, die lediglich den »rechtlichen Beweis der nach dem Inhalt der Quittung geleisteten Zahlung« lieferte. Da die Quittung des Verwalters die Billigung der in der Rechnung mitgeteilten Geschäftsführung umfasste, überrascht es nicht, dass ihre Rechtsfolgen weitgehend den heute anerkannten Entlastungsfolgen entsprachen. Zwar ordneten die Vorschriften, die sich mit Quittungsfolgen befassten (I 14 §§ 146ff. ALR), nicht positiv an, welche Rechte im Einzelnen ausgeschlossen sein sollten. Der mit der Quittierung einhergehende Rechtsverlust ergab sich jedoch mittelbar daraus, dass das Gesetz detailliert festlegte, welche Rechte der Geschäftsherr weiterhin geltend machen konnte. So konnte er den Verwalter nach Erteilung der Quittung grundsätzlich nur noch »wegen solcher Angelegenheiten und Geschäfte, die in der Rechnung nicht vorgekommen sind«, zur Verantwortung ziehen (I 14 § 148 ALR). Im Umkehrschluss führte die Quittungserteilung zur Befreiung des Verwalters von der Verantwortlichkeit wegen sämtlicher Umstände, die aus der Rechnung erkennbar waren. Die Quittung befreite den Verwalter selbst dann jedoch nicht »von der Vertretung unredlicher Handlungen« (I 14 § 146 ALR) und insbesondere nicht von Ansprüchen »wegen eines bey der Verwaltung begangenen Betrugs« (I 14 § 151 ALR), wobei das Gesetz hierfür verschiedene Ausschlussfristen vorsah. Schon unter der Geltung des ALR war für die Quittung der Begriff der »Décharge«[5] (frz. Entlastung) verbreitet und noch heute wird sie als Entlastung des Verwalters fremder Sachen und Güter bezeichnet.[6] Die Vorschriften der I 14 §§ 145ff. ALR spielten auch im Gesellschaftsrecht eine gewisse Rolle, weil die Rechtsfolgen der gesellschaftsrechtlichen Entlastung zuweilen unter direkter Bezugnahme auf die in den Vorschriften

---

3 *Koch*, ALR, 1. Teil, Band 2, S. 207 Anm. 18, zit. als 3. Auflage 1862 bereits bei *Isele*, S. 132, Fn. 52.

4 *Koch*, ALR, 1. Teil, Band 2, S. 207 Anm. 18.

5 *Koch*, ALR, 1. Teil, Band 2, S. 207 Anm. 18; S. 209 Anm. 29.

6 *Knoche*, S. 8 mit Verweis auf *Koch*, ALR, S. 232, Anm. 24; *Eccius*, Preußisches Privatrecht, II. Band, S. 351.

der I 14 §§ 145 ff. ALR zum Ausdruck kommenden »allgemeinen Grundsätze« gerechtfertigt wurden.[7]

2. Die Entlastung des Vormunds durch Erteilung einer Quittung

Nach dem ALR war der Vormund nach Abschluss der Vormundschaft verpflichtet, dem Mündel (»Pflegebefohlner«) eine Schlussrechnung sowie die erforderlichen Nachweise und Akten vorzulegen (II 18 §§ 863 f. ALR). Nach Vorlage der Rechnung und Übertragung des verwalteten Vermögens an den Mündel war dieser dem Vormund »zu quittieren verbunden« (II 18 § 885 ALR). Die Erteilung der Quittung war gleichbedeutend mit der »Erteilung von Verzicht«, zu der der Mündel gesetzlich verpflichtet war (II 18 § 886 ALR). Bei Verweigerung konnte ihn der Vormund »zur Ertheilung ... im ordentlichen Wege Rechtens anhalten« (II 18 § 894 ALR). Der in der Quittungserteilung kraft Gesetzes enthaltene »Generalverzicht« hinderte den Mündel zwar nicht, den Vormund später wegen solcher Angelegenheiten und Geschäfte in Anspruch zu nehmen, die in der Rechnung und den vorgelegten Akten »nicht vorgekommen« waren (II 18 § 895 ALR); alle übrigen Ansprüche waren im Umkehrschluss jedoch ausgeschlossen. Etwas anderes galt freilich wiederum für einen »von dem Vormunde begangenen Betrug« und andere »vorsätzliche Verkürzungen« der Rechte und des Vermögens des Mündels (II 18 § 896 ALR). Sie wurden von dem Generalverzicht nicht erfasst. Während das ALR noch ausdrücklich von der materiellen Identität von Quittung und Verzicht ausging, unterschied die Preußische Vormundschaftsordnung vom 5. Juli 1875 (VormO)[8] später bereits formal zwischen der Quittungs- und der Entlastungserteilung und ging damit von einem Quittungsverständnis aus, das auch dem geltenden § 368 BGB zu eigen ist. Neben dem Begriff der Quittung verwendete die VormO – anders als das ALR – auch ausdrücklich den Begriff der »Entlastung«: Über die »treu und richtig geführte Vormundschaft» musste der Mündel dem Vormund »Quittung und Entlastung erteilen« (§ 69 Abs. 2 VormO). In Anlehnung an die vormalige Regelung im ALR schloss die Anerkennung der Rechnung »den Beweis eines Irrtums oder eines Betrugs in der Rechnung« nicht aus (§ 69 Abs. 4 VormO).

7 RGZ 4, 296 (300) zieht I 14 § 145 ALR im Zusammenhang mit der »Entlastung« (S. 296) bzw. »Décharge« (S. 300) des Grubenvorstands einer Genossenschaft heran.

8 Abgedruckt in: *Schulzenstein*, Die Vormundschaftsordnung vom 5. Juli 1875, Guttentag'sche Sammlung Preußischer Gesetze mit Erläuterungen, 1886.

3. Das Inkrafttreten des Bürgerlichen Gesetzbuchs

Mit dem Inkrafttreten des Bürgerlichen Gesetzbuchs[9] fanden sich die Vorschriften über die Verwaltung fremder Sachen und Güter nur noch ansatzweise wieder. An ihre Stelle traten allgemeinere Regelungen, insbesondere der Auftrags- (§§ 662ff. BGB) und der Geschäftsbesorgungsvertrag (§§ 675ff. BGB), teilweise der Verwahrungsvertrag (§§ 688ff. BGB). Auch die Vorschriften über die Vormundschaft (§§ 1773 ff. BGB) erfuhren mit dem Wegfall eines gesetzlichen Anspruchs auf Entlastung in § 1892 Abs. 2 BGB erhebliche Änderungen, von denen bereits an anderer Stelle ausführlicher die Rede war.[10] Während die früheren Regelungen den Rechtsverlust als gesetzliche Folge der Entlastung noch deutlich zum Ausdruck brachten, entstand mit dem Inkrafttreten des Bürgerlichen Gesetzbuchs das Problem, dass man mit der Entlastung zwar traditionell weiterhin die Möglichkeit eines Rechtsverlusts verband, hierfür jedoch die speziellen gesetzlichen Grundlagen abhandengekommen waren.

II. Die Grundüberlegung zur Rechtfertigung des Anspruchsverlusts

Das führte über die Jahre zu den verschiedensten Konstruktionsansätzen, die bei näherem Hinsehen gleichwohl auf einer gemeinsamen Grundüberlegung beruhen. Ausgangspunkt ist, dass sich das Geltendmachen eines Ersatzanspruchs nach Billigung des anspruchsbegründenden Verhaltens formal als ein »widersprüchliches Verhalten« darstellt. Billigt der Geschäftsherr die Geschäftsführung, so setzt er sich hierzu in Widerspruch, wenn er später aus der gebilligten Geschäftsführung gleichwohl Ersatzansprüche herleitet. Indes kennt die Rechtsordnung – anders als das berühmte Rechtssprichwort von der Unzulässigkeit des »venire contra factum proprium« suggeriert – kein generelles Verbot des Selbstwiderspruchs.[11] Im Gegensatz zur die Sittenwidrigkeit (§ 138 BGB) als unzulässiges früheres Verhalten oder zur Schikane (§ 226 BGB) als unzulässiges späteres Verhalten weist der Selbstwiderspruch nämlich keinen eigenständigen Unwertgehalt auf.[12] Im Gegenteil steht es jedermann grundsätzlich frei, sein Verhalten für die

---

9 Bürgerliches Gesetzbuch vom 18. August 1896, RGBl. S. 195, in Kraft seit 1. Januar 1900.

10 Vgl. bereits S. 16.

11 *Riezler*, Venire contra factum proprium, 1912, S. 110; *Canaris*, Vertrauenshaftung, S. 287; *Dette*, S. 38; *Singer*, Widersprüchliches Verhalten, S. 2; *Medicus*, AT, Rn. 138; *Liebs*, JZ 1981, 160; *Wieling*, AcP 176 (1976), 334 (336 ff.); *Wieling*, AcP 187 (1987), 95 (98).

12 *Dette*, S. 38; *Griesbeck*, S. 1.

Zukunft zu ändern und als falsch erkannte Standpunkte wieder aufzugeben.[13] Der bloße Hinweis auf die Widersprüchlichkeit eines Verhaltens ist deshalb kein tauglicher Anknüpfungspunkt für die dogmatische Begründung von Rechtsfolgen.[14] Das gilt auch für die Entlastung. Trotz der großen Suggestivkraft des Rechtssprichworts lässt sich der Verlust bekannter und erkennbarer Ersatzansprüche nicht allein mit einem Hinweis auf die Grundsätze des »venire contra factum proprium« begründen,[15] solange dabei offenbleibt, warum der Selbstwiderspruch nach Entlastung *ausnahmsweise* unzulässig sein soll. Ausgehend von dem allgemeinen Grundsatz der Zulässigkeit eines widersprüchlichen Verhaltens, bedarf es nämlich stets besonderer sachlicher Gründe, die das Festhalten des Geschäftsführers an der Billigung der Geschäftsführung rechtfertigen. Hierzu ist inzwischen weithin anerkannt, dass ein widersprüchliches Verhalten erst dann als unzulässig angesehen werden kann, wenn eine rechtliche Bindung an das Vorverhalten eingetreten ist.[16] Entscheidend ist dann aber nicht der Widerspruch zum früheren Verhalten, sondern die bereits eingetretene Bindung an das Vorverhalten und die daraus resultierende Änderung der materiellen Rechtslage.[17] Das spätere Verhalten ist nicht deshalb unzulässig, weil es dem früheren Verhalten widerspricht, sondern weil es der materiellen Rechtslage widerspricht. Aus diesem Grunde ist es letztlich unerheblich, ob der Verpflichtete später tatsächlich ein widersprüchliches Verhalten an den Tag legt. Für die Entlastung bedeutet das: Nur wenn der Geschäftsherr an die ausgesprochene Billigung der Geschäftsführung rechtlich gebunden ist, darf er sich im Nachhinein nicht mehr zu ihr in Widerspruch setzen. Entscheidend ist wiederum nicht der Widerspruch zwischen der Billigung der Geschäftsführung und der späteren Anspruchsgeltendmachung. Maßgeblich ist allein die Bindung des Geschäftsherrn an die Billigung und das daraus resultierende Erlöschen des Ersatzanspruchs als Änderung der materiellen Rechtslage. Ob er die Ansprüche später geltend macht oder nicht, ist für diese Bindung unerheblich, weil sie zu diesem Zeitpunkt längst eingetreten ist.

---

13 *Dette*, S. 38; *Liebs*, JZ 1981, 160; *A. Teichmann*, JA 1985, 497 (500); für den Wechsel einer Rechtsauffassung: BGH MDR 1970, 210 (211).

14 *Canaris*, Vertrauenshaftung, S. 287: »keine brauchbare Begründung«; *Dette*, S. 38; *Graff*, S. 98.

15 So aber häufig: *Weitemeyer*, ZGR 2005, 280 (288); *Schmidl*, ZEV 2009, 123.

16 *Wieling*, AcP 176 (1976) 334 (336); *Wieling*, AcP 187 (1987) 95 (98); *A. Teichmann*, JA 1985, 497 (500).

17 *A. Teichmann*, JA 1985, 497 (502); *Larenz*, AT, § 13 IVa 3; Ausführlich *Dette*, S. 41 f. gegen *Griesbeck*, S. 68, der nicht das frühere, sondern das spätere Verhalten für maßgeblich hält. Vgl. auch *Singer*, Widersprüchliches Verhalten, S. 28. Anders auch *Graff*, S. 98 Fn. 20, die nicht auf eine Änderung der materiellen Rechtslage abstellt, sondern in der Abweichung vom früheren Verhalten einen Verstoß gegen die gesellschaftsrechtliche Treuepflicht sieht.

Dass der Geschäftsherr an die erklärte Billigung der Geschäftsführung gebunden ist und als Folge dieser Bindung ihm bekannte oder erkennbare Ersatzansprüche verliert, ist heute nahezu allgemein anerkannt.[18] Heftig umstritten ist aber schon der prinzipielle Ansatzpunkt für diese Bindung. In Betracht kommen hierfür Rechtsgeschäft, Vertrauen und Gesetz.[19] Im Folgenden sollen die grundlegenden dogmatischen Überlegungen der verschiedenen Lösungsansätze näher dargestellt und vor allem ihr Verhältnis zueinander untersucht werden. Im Anschluss wird ein Überblick über die Entwicklung des Meinungstands zur »Rechtsnatur« der Entlastung seit dem Inkrafttreten des Bürgerlichen Gesetzbuch gegeben.

1. Die Bindung des Geschäftsherrn kraft Rechtsgeschäfts

Tritt der Rechtsverlust als Folge eines Rechtsgeschäfts ein, so muss sich der Geschäftsherr hieran kraft privatautonomer Selbstbindung festhalten lassen. Diese Bindung ist dem Rechtsgeschäft immanent, so dass ein Rückgriff auf allgemeinere Grundsätze eines »venire contra factum proprium« nicht erforderlich ist. Zwar handelt widersprüchlich, wer an einem wirksamen Rechtsgeschäft nicht mehr festhalten will. Doch folgt die Unzulässigkeit des Widerspruchs bereits daraus, dass das Rechtsgeschäft die materielle Rechtslage verändert und eine rechtliche Bindung herbeigeführt hat. Die Unzulässigkeit des Selbstwiderspruchs ist deshalb nicht weiter begründungsbedürftig. Vor diesem Hintergrund beschränkt sich die Funktion des bei § 242 BGB verorteten Widerspruchsverbots typischerweise darauf, Bindungen auch dort zu erzeugen, wo es an einem Rechtsgeschäft fehlt.[20]

Unter einem Rechtsgeschäft wird allgemein ein Tatbestand verstanden, der aus mindestens einer Willenserklärung sowie oft aus weiteren (tatsächlichen) Elementen besteht, an den die Rechtsordnung den Eintritt eines gewollten rechtlichen Erfolgs knüpft.[21] Die Rechtsfolge eines Rechtsgeschäfts tritt – verkürzt gesagt – ein, weil sie von den Parteien gewollt und von der Rechtsordnung anerkannt ist.[22] Für die Entlastung lässt sich dieser allgemeine Befund auf zwei wesentliche Fragen konkretisieren, die die Entlastungsdiskussion seit Jahrzehnten beschäftigen:

18 Vgl. die Nachweise auf S. 14 und vor allem auf S. 30.

19 *Canaris*, Vertrauenshaftung, S. 428 ff. ordnet den Vertrauensgedanken der gesetzlichen Bindung »auf Grund einer – u.U. auch ungeschriebenen – Norm des objektiven Rechts« zu. Die Frage, ob sich sinnvoll zwischen einer Bindung kraft Vertrauens und kraft Gesetzes unterscheiden lässt, spielt für die vorliegende Untersuchung keine entscheidende Rolle und soll deshalb offenbleiben.

20 Dazu ausführlicher S. 110.

21 Statt vieler: *Brox/Walker*, AT, Rn. 96; *Flume*, AT II, § 2 1, S. 23.

22 So schon die Motive I, S. 126 = Mugdan I, S. 421.

(1) Eine rechtsgeschäftliche Bindung setzt auf der einen Seite voraus, dass der Rechtsverlust von den Beteiligten gewollt ist. Hierbei gerät in erster Linie der Geschäftsherr in den Blick. Da der Rechtsverlust zu seinen Lasten erfolgt, kommt es darauf an, ob er mit der Entlastung auf Rechte gegen den Geschäftsführer verzichten *will*. Das wird im gesellschaftsrechtlichen Schrifttum allenthalben bestritten.[23]

(2) Auf der anderen Seite gelangt der privatautonome Verzichtsakt nur kraft der Rechtsordnung zur rechtlichen Geltung.[24] Eine rechtliche Bindung des Geschäftsherrn erfordert über die bloßen Willensanforderungen hinaus, dass die Rechtsordnung den gewollten Rechtsausschluss auch anerkennt. Knüpft man hierzu bei § 397 BGB an, so erfordert der Verzicht auf Ersatzansprüche den Abschluss eines Vertrags zwischen Gläubiger und Schuldner. Fehlt es bei der Entlastung an einem Vertragsschluss, wie heute ebenfalls vielfach angeführt wird,[25] ist eine rechtsgeschäftliche Lösung zwar noch nicht zwingend ausgeschlossen, doch bedürfte es jedenfalls ganz besonderer Begründung, warum entgegen § 397 BGB auch ein einseitiges Rechtsgeschäft für den Forderungsverzicht ausreichend sein sollte.

2. Die Bindung des Geschäftsherrn kraft schutzwürdigen Vertrauens

Außerhalb rechtsgeschäftlicher Bindungen ist es denkbar, dass die Rechtsordnung die Entlastung mit Rechtsfolgen verknüpft, die unabhängig davon eintreten, ob sie gewollt sind. Der Einfluss der Rechtsordnung erschöpft sich dann nicht allein darin, der privatautonomen Gestaltung die von den Parteien bezweckte rechtliche Geltung zu verleihen, sondern die Rechtsordnung ist der alleinige Geltungsgrund der Rechtsfolgen.[26] Für die Entlastung wird in diesem Zusammenhang heute vielfach auf die Grundsätze von Treu und Glauben (§ 242 BGB) zurückgegriffen und vor allem auf den Gedanken des Vertrauensschutzes als besondere Ausprägung des Verbots widersprüchlichen Verhaltens.[27] Der Geschäftsherr soll danach gebunden sein, weil der Geschäftsführer darauf vertrauen dürfe, dass die Geschäftsführung mit der Entlastung abschließend bewertet und eine nachträgliche rechtliche Sanktionierung gebilligter Pflichtwidrigkeiten ausgeschlossen sei. Der Schwerpunkt der rechtlichen Argumentation verschiebt sich auf diese Weise von der Person des Geschäftsherrn auf die des Geschäftsführers. Es kommt nicht länger darauf an, ob der Geschäftsherr auf etwaige Rechte verzichten

---

23 Vgl. die Nachweise auf S. 114.
24 Statt vieler: *Flume*, AT II, § 1 3 a), S. 3.
25 Vgl. die Nachweise auf S. 115.
26 *Flume*, AT II, § 1 3 a), S. 3.
27 Grundlegend *K. Schmidt*, ZGR 1978, 425 ff.; vgl. ausführlich S. 118 ff. und S. 261 ff.

will – entscheidend ist vielmehr, ob der Geschäftsführer auf eine abschließende Bewertung der Geschäftsführung *vertraut* und redlicherweise auch *vertrauen darf.*

Im Verhältnis von Rechtsgeschäftslehre und Vertrauensschutz gebührt gedanklich der Rechtsgeschäftslehre der Vorrang. Das folgt entscheidend aus der Ergänzungsfunktion des Vertrauensschutzes gegenüber der Selbstbindung kraft Rechtsgeschäfts.[28] Denn das Vertrauensprinzip zielt darauf ab, »die privatautonome Selbstbindung dort zu ergänzen, wo die Rechtsgeschäftslehre Schutzlücken offenlässt«.[29] Deshalb wäre es methodisch nicht angängig, einer vertrauensbasierten Lösung das Wort zu reden, ohne die rechtsgeschäftliche Dimension der Entlastung in einem vorrangigen Schritt umfassend untersucht zu haben. *Soweit* eine rechtsgeschäftliche Deutung der Entlastung nämlich möglich ist, ist der Rückgriff auf das Vertrauensprinzip nicht nur unnötig, sondern methodisch verfehlt.[30] Erst wenn feststeht, inwieweit es an einer rechtsgeschäftlichen Bindung fehlt, kommt deshalb ein Rückgriff auf den ergänzend wirkenden Vertrauensgedanken in Betracht. Denn nur dort, wo keine rechtsgeschäftliche Bindung besteht, verschafft das Vertrauensprinzip »dem Vertrauenden Rechte, wo er ›eigentlich‹, also ohne sein Vertrauen, keine hätte.«[31]

3. Die Bindung des Geschäftsherrn als Folge der Verletzung einer im eigenen Interesse bestehenden Obliegenheit

Neben der Bindung kraft Rechtsgeschäfts und kraft Vertrauens ist ein dritter Ansatz denkbar, nämlich die gesetzliche Bindung des Geschäftsherrn als Folge der Verletzung einer Obliegenheit. Die Lehre von den Obliegenheiten wurde zunächst im Versicherungsvertragsrecht entwickelt und später von *R. Schmidt* auf das übrige Privatrecht übertragen.[32] Obliegenheiten sind danach keine echten Pflichten, sondern »Rechtspflichten minderer Intensität«, die weder zu einem Erfüllungsanspruch noch bei Verletzung zu einem Schadensersatzanspruch führen, sondern lediglich zu

28 Ausführlich *Canaris*, Vertrauenshaftung, S. 440.

29 *Canaris*, Vertrauenshaftung, S. 440.

30 Vgl. allgemein *A. Teichmann*, JA 1985, 497 (500); für deklaratorische positive Schuldanerkenntnisse *Canaris*, Vertrauenshaftung, S. 351.

31 *A. Teichmann*, JA 1985, 497 (500).

32 *R. Schmidt*, Die Obliegenheiten, 1953; hierzu: *Esser*, AcP 154 (1955), 49 ff.; *Ballerstedt*, ZHR 121 (1958), 79 ff.; *Wieling*, AcP 176 (1976) 334 (346); seitdem: *Henß*, Obliegenheit und Pflicht im Bürgerlichen Recht, 1988; *Hähnchen*, Obliegenheiten und Nebenpflichten, 2010.

einer Schmälerung der eigenen Rechtsposition.[33] Häufig besteht diese in einem Rechtsverlust.[34]

Um die Schmälerung der eigenen Rechtsposition zu verhindern, liegt es im eigenen Interesse des Betroffenen, die Obliegenheit zu beachten, ohne dass ein Verstoß aber die Rechtswidrigkeit des Handelns begründen würde.[35] Wer die Anfechtungsfrist des § 121 BGB versäumt, weil er schuldhaft zögert, handelt rechtmäßig, verliert aber gleichwohl sein Anfechtungsrecht. Rügt der Kaufmann die Mängel der gelieferten Waren trotz Erkennbarkeit nicht, so gilt die Ware nach § 377 Abs. 2 HGB als genehmigt. Der Kaufmann muss die Mängel nicht rügen, unterlässt er die Rüge aber, so verliert er seine Gewährleistungsrechte. Die beiden Beispiele zeigen, dass die Verletzung von Obliegenheiten vielfach mit einem gewissen Verschuldensmoment einhergeht:[36] Der Anfechtungsberechtigte zögert *schuldhaft*. Der Kaufmann prüft die Ware nur unzureichend auf *erkennbare* Mängel, jedenfalls rügt er die Mängel nicht.[37] Da Obliegenheiten keine echten Rechtspflichten sind, kann es sich hierbei nicht um echtes – technisches – Verschulden im Sinne des § 276 BGB handeln, vielmehr wird häufig nur von einem »Verschulden gegen sich selbst« gesprochen.[38] Dieser Ausdruck stammt von *Zitelmann* und ist älter als der Begriff der Obliegenheiten.[39]

Auch beim gesetzlichen Vertrauensschutz können Verschuldenserwägungen – etwa bei der Frage der Schutzwürdigkeit des veranlassten Vertrauens – eine Rolle spielen. Dennoch müssen das Vertrauensprinzip und die Obliegenheitsverletzung streng voneinander unterschieden werden. Während der Rechtsverlust bei der Obliegenheitsverletzung an die Nichtbeachtung von im eigenen Interesse bestehenden Pflichten »minderer Intensität« anknüpft und damit strukturell ein Pflichtverletzungskonzept verfolgt,[40] geht es beim Vertrauensschutz *nicht* entscheidend darum, ob der Verpflichtete im eigenen Interesse angehalten war, das Entstehen schutzwürdigen Vertrauens des anderen Teils zu verhindern. Das ist allenfalls die Folge, wenn das Vertrauensprinzip ansonsten einen Rechtsverlust herbeiführen würde.

---

33 *R. Schmidt*, S. 104; *Henß*, S 1 ff.; *Hähnchen*, S. 1 f.; BGHZ 24, 378 (382); BGH NJW 1995, 401 (402); *Wolf/Neuner*, AT, § 19 Rn. 38; *Ernst*, in: MüKo/BGB, Einl. vor § 241 Rn. 14; *Wieling*, AcP 176 (1976), 334 (347 f.).

34 *R. Schmidt*, S. 104; *Dette*, S. 100; *Hähnchen*, S. 2; *Wieling*, AcP 176 (1976), 334 (346, 352).

35 *Kramer*, in: MüKo/BGB, 5. Auflage 2007, Einl. v. § 241 Rn. 50; *Sutschet*, in: Bamberger/Roth, § 241 Rn. 25.

36 *Dette*, S. 102.

37 Auf die fehlende Prüfung kommt es freilich nicht entscheidend an, maßgeblich ist allein die fehlende Rüge, vgl. *R. Schmidt*, S. 190; *Hopt*, in: Baumbach/Hopt, HGB, § 377 Rn. 32.

38 Vgl. etwa *Wolf/Neuner*, AT, § 19 Rn. 40; vgl. auch BGH NJW 2006, 288 Tz. 12.

39 *Zitelmann*, Allgemeiner Teil des BGB, 1900, S. 152 f., 156 ff. Ausführlich zu den rechtshistorischen Bezügen: *Mayer-Maly*, FS Kaser, 1976, S.229 ff.

40 So auch *Dette*, S. 101: »Pflichtverletzungsprinzip«.

Doch kommt dem Gedanken der Obliegenheitsverletzung beim Vertrauensschutz keine eigenständige Bedeutung zu, weil der Rechtsverlust seinen sachlichen Grund allein im Vertrauensprinzip hat und diesem immanent ist, dass der Verpflichtete das Entstehen schutzwürdigen Vertrauens durch Gegenmaßnahmen hätte verhindern können. Der Vertrauensschutz rechtfertigt sich nicht allein aus der Überlegung, dass der Verpflichtete den Vertrauenstatbestand hätte vermeiden können, sondern nimmt diesen Umstand gleichsam als Ausgangspunkt für eine darüber hinausgehende sachliche Begründung.

Lebhaft umstritten ist vor diesem Hintergrund, ob die Lehre von den Obliegenheiten überhaupt als ein Unterfall des Verbots widersprüchlichen Verhaltens (§ 242 BGB) angesehen werden kann.[41] Da der Rechtsverlust für die explizit geregelten Obliegenheiten schon aus dem Gesetz folgt, resultiert die Widersprüchlichkeit des späteren Verhaltens lediglich daraus, dass ein nicht mehr bestehendes Recht geltend gemacht wird. Dass die Geltendmachung eines erloschenen Rechts unzulässig ist, ergibt sich jedoch nicht erst aus dem Verbot widersprüchlichen Verhaltens. Das weist zugleich auf ein wesentliches Problem der Untersuchung. Da das Gesetz einen Rechtsverlust nach Entlastung nicht positiv anordnet, fehlt es an einer geschriebenen Prüfobliegenheit des Geschäftsherrn hinsichtlich der geleisteten Rechenschaft. Die entscheidende Frage wird deshalb sein, ob sich eine solche Obliegenheit auf andere Weise ableiten lässt.

III. Die Entwicklung des Meinungsstands seit dem Inkrafttreten des Bürgerlichen Gesetzbuchs

Über die dogmatische Herleitung des Rechtsverlusts bei der Entlastung wird zwischen diesen Ansätzen bis heute gestritten.

1. Die Deutung der Entlastung als vertraglicher Verzicht

Nach dem Inkrafttreten des BGB stand die Deutung der Entlastung als Anwendungsfall des § 397 BGB zunächst »außer Zweifel«.[42] Für die Entlastung des Vor-

41 Vor allem *R. Schmidt*, S. 109 ff, 122, 150, 159, 317; *Wieling*, AcP 176 (1976) ,334 (345 ff.); *Hanau*, AcP 165 (1965), 220 (239); a.A.: *Canaris*, Vertrauenshaftung, S. 199; *Dette*, S. 100 f.; *Singer*, Widersprüchliches Verhalten, S. 31 ff., 49; *Hähnchen*, S. 14 f.

42 *Bing*, JW 1926, 2904: »Rechtsnatur ... als eines negativen Anerkenntnisvertrags i.S. des § 397 Abs. 2 BGB steht außer Zweifel« – dezidiert anders aber bereits: *Hoeniger*, DJZ 1922, 143 ff.; zu seinem gesetzlichen Ansatz ausführlich S. 118.

munds hatten schon die Motive zum BGB diesen Weg gewiesen. Im Zusammenhang mit der Versagung eines gesetzlichen Entlastungsanspruchs heißt es dort, dass die Rechtsfolge der zuvor in einzelnen Landesgesetzen enthaltenen Entlastung nunmehr systemgerecht durch einen Anerkenntnisvertrag (§§ 397 Abs. 2, 781 Satz 1 BGB) herbeigeführt werden könne, in welchem das Mündel die Rechnung als richtig anerkenne (§ 1892 Abs. 2 BGB).[43] Für die Voraussetzungen und Wirkungen des vertragsmäßigen Anerkenntnisses der Schlussrechnung bedürfe es deshalb keiner besonderen Regelung mehr. Da auch alle übrigen Vorschriften weggefallen waren, die die Billigung einer Rechnung mit entlastungsähnlichen Folgen verbanden, wurde der Anknüpfungspunkt für die Entlastung nicht nur im Vormundschaftsrecht, sondern ganz allgemein in § 397 BGB gesehen. Allerdings schwankte das Reichsgericht bei der genauen Zuordnung der Entlastung zu einem der beiden Absätze der Vorschrift. In einigen gesellschaftsrechtlichen Entscheidungen ging es davon aus, dass die Entlastung »eine rechtsgeschäftliche Erklärung, einen Verzicht auf Ersatzansprüche«,[44] einen »Verzicht auf etwaige Regreßansprüche«,[45] »auf etwaige Ersatzansprüche«[46] bzw. »auf als wohlbegründet bekannte Regreßansprüche«[47] enthalte. Gemeint war mit diesem Verzicht ganz offenkundig der in § 397 Abs. 1 BGB geregelte Erlass,[48] wenngleich weder der Begriff noch die Vorschrift in den jeweiligen Urteilsgründen zur Sprache kam.[49] In anderen Entscheidungen hieß es, der Entlastungsbeschluss enthalte »das Anerkenntnis, daß wegen der Geschäftsführung ... keine Regressansprüche bestehen«.[50] Bei der Entlastung handle es sich um die »vertragliche Anerkennung des Nichtbestehens eines Schuldverhältnisses (vgl. § 397 Abs. 2 BGB).«[51] Von einem Verzicht war bei näherer Betrachtung meist dann die Rede, wenn etwaige Ersatzansprüche bereits bei Ableistung der Rechenschaft in der Diskussion standen und sich der Geschäftsherr – repräsentiert durch die Gesellschafterversammlung – gleichwohl »mit der Geschäftsführung der berichtenden Organe einverstanden erklärte und damit auf Ansprüche gegen sie verzichtete.«[52] Ein negatives Schuldanerkenntnis wurde dagegen erwogen, wenn der Geschäftsherr von der Rechtmäßigkeit der Geschäftsführung ausging und Ersatz-

43 Motive, Band IV, S. 1189 zu § 1701 BGB-E1 (= § 1892 BGB).
44 RGZ 76, 244 (248); ähnlich: RGZ 106, 258 (262); RGZ 152, 273 (282); RG JW 1937, 685.
45 RGZ 115, 246 (250).
46 RGZ 161, 129 (144).
47 RGZ 68, 314 (317).
48 *K. Schmidt*, ZGR 1978, 425 (429), insb. Fn. 26.
49 Anders nur RGZ 153, 162 (166), wo die öffentlich-rechtliche Entlastung des Bürgermeisters durch die Stadtverordneten ausnahmsweise ein »Erlassvertrag im Sinne des § 397 BGB« sein soll.
50 RG JW 1935, 921 (922).
51 RG JW 1926, 2904; RG Recht 1915, Nr. 1527; ebenso: *v. Tuhr*, AT II/2, § 79 IV, S. 258 Fn. 63a.
52 RGZ 106, 258 (262).

ansprüche nicht für möglich hielt. Im Schrifttum wurde die schwankende Begrifflichkeit mit einem »zweiseitigen Charakter« der Entlastung erklärt: »sind Ansprüche entstanden, so bedeutet sie einen Verzicht auf diese Ansprüche; sind keine Ansprüche entstanden, weil die Geschäfte ... sorgfältig und gewissenhaft geführt sind, dann bedeutet sie die Feststellung, daß Ersatzansprüche nicht bestehen.«[53] Entlastung bedeutet danach beides: »Feststellung des Nichtbestehens von Ansprüchen und Verzicht auf entstandene Ansprüche.«[54] Noch heute ist diese Sichtweise für die bürgerlich-rechtliche Entlastung weit verbreitet.[55] Im Bereich des Gesellschaftsrechts heißt es zu entsprechenden Ansätzen dagegen, sie seien »überholt«[56] und könnten »von niemanden mehr ernsthaft vertreten werden«.[57]

2. Die »Verzichtswirkung« der gesellschaftsrechtlichen Entlastung

Im Gesellschaftsrecht geriet das vertragliche Entlastungsverständnis bereits wenige Jahre nach Inkrafttreten des BGB in Zweifel. Wesentliche Argumente gegen ihre Deutung als ein vertraglicher Verzicht sind bis heute:

(1) Dem Entlastenden fehle der Wille, auf bloß erkennbare Ersatzansprüche zu verzichten.[58] Denn hätte er die Ersatzansprüche erkannt, wäre es nicht zur Entlastung gekommen[59] – der angebliche Verzicht werde dem Geschäftsherrn wider seinen Willen »subintelligiert«.[60] Die Entlastung verhalte sich allenfalls mittelbar zur Frage von Ersatzansprüchen. In erster Linie bescheinige sie dem Entlasteten nur die ordnungsmäßige Erfüllung seiner Verpflichtungen.[61] Sie bringe damit zum Ausdruck, dass die Versammlung mit der bisherigen Geschäftspolitik einverstanden sei[62] und stelle sich als bloße Billigung der Geschäftsführung dar.[63]

---

53 *Schifferer*, S. 9.

54 *Schifferer*, S. 18; *Köhler*, ZMR 1999, 293 (297); vgl. auch *Rühlicke*, ZWE 2003, 54 (58).

55 Für die Entlastung des Vormunds: OLG Köln FamRZ 1996, 249; Erman/*Saar*, § 1892 Rn. 3, Soergel/*W. Zimmermann*, § 1892 Rn. 5 und *Wagenitz*, in: MüKo/BGB, § 1892 Rn. 6.

56 *K. Schmidt*, GesR, § 14 IV 2b, S. 430; *Kleinschmidt*, S. 45.

57 *Knoche*, S. 51; a.A.: *Schönle*, ZHR 126 (1964), 199 (213 ff., insb. 215 f.), der damit einer der letzten bekennenden Vertreter einer Vertragskonstruktion im Gesellschaftsrechts war. Seiner Meinung nach sei die Entlastung zwar eine »einseitige (organschaftliche) Verzichtserklärung«, wirksam werde sie gleichwohl erst mit Annahme durch den Geschäftsführer.

58 *K. Schmidt*, GesR, § 14 IV 2b, S. 430 f.; *K. Schmidt*, in: Scholz, GmbHG, § 46 Rn. 91; *Tellis*, S. 59; *Knoche*, S. 33; *Graff*, S. 72, 77, 105; *A. Zimmermann*, S. 134; *Beuthien*, GmbHR 2014, 682 (684) Fn. 23.

59 *Hoeniger*, DJZ 1922, 143; *J. Wagner*, S. 34; krit. *Schifferer*, S. 24.

60 *Hoeniger*, DJZ 1922, 143.

61 *Hoeniger*, DJZ 1922, 143 (145).

62 *Boesebeck*, ZAkDR 1935, 675 (677).

(2) Daneben kümmere sich die Praxis nicht um eine Annahmeerklärung des Entlasteten, vielmehr fingiere die Rechtsprechung eine solche Erklärung.[64] Das Annahmeerfordernis erweise sich als »lebensfremd«, weil der Geschäftsführer »mehr als nur Unverständnis« ernten,[65] sich gar der »Lächerlichkeit aussetzen«[66] würde, wenn er erklärte, er nehme die Entlastung an.[67] Richtigerweise stelle sich die Entlastung als einseitiger Akt dar, der keiner Annahme durch den Entlasteten bedürfe.[68]

(3) Schließlich widerspreche die Annahme eines Vertragsschlusses durch die Versammlung bei einigen Gesellschaftsformen der internen Kompetenzverteilung, wenn wechselseitig Vorstand oder Aufsichtsrat, nicht aber die Gesellschafterversammlung für die Vertretung der Gesellschaft beim Vertragsschluss zuständig sei.[69] Im Aktienrecht (§§ 78, 112 AktG) spielt dieses Argument wegen § 120 Abs. 2 Satz 2 AktG heute keine Rolle mehr, doch finden sich ähnliche Vorgaben u. a. für die Genossenschaft (§§ 24, 39 GenG) und die GmbH mit Aufsichtsrat (§§ 35, 52 GmbHG, § 112 AktG).

In Ansehung dieser Kritikpunkte gewann im Schrifttum zunehmend ein originär gesellschaftsrechtliches Verständnis die Oberhand, das die Entlastung als einen »Rechtsbegriff eigener Art des handelsrechtlichen Körperschaftsrechts« charakterisierte.[70] Dem schloss sich im Jahre 1940 schließlich auch das Reichsgericht an: Es führte aus, dass die Einordnung der gesellschaftsrechtlichen Entlastung insofern Bedenken unterliege, »als der Verzicht und das negative Schuldanerkenntnis einen Vertrag voraussetzen, während die Entlastung ihre Wirkung als einseitige Erklärung äußert und einer Annahme durch den zu Entlastenden nicht bedarf, sogar gegen dessen Widerspruch wirksam werden kann... Richtig ist nur, daß die Entlastung in der Regel eine ähnliche Wirkung wie ein Verzicht auf Ersatzansprüche oder das Anerkenntnis des Nichtbestehens solcher hat, soweit dem nicht gesetzliche Vorschriften ... entgegenstehen. Sie ist jedoch eine rechtserhebliche, dem Gesellschaftsrecht eigentümliche Erklärung eigener

---

63 *Boesebeck*, JW 1935, 921 (922): »Genehmigung der Geschäftsführung«.

64 *Hoeniger*, DJZ 1922, 143; *Boesebeck*, JW 1935, 921 (922); *ders.*, ZAkDR 1935, 675 (676); ebenso: *Tellis*, S. 51.

65 *Knoche*, S. 53 f.

66 *Picenoni*, S. 20.

67 Ebenso *Boesebeck*, JW 1935, 921 (922): »völlige Verständnislosigkeit«; *ders.*, ZAkDR 1935, 675 (676); *J. Wagner*, S. 21; *Schönle*, ZHR 126 (1964), 199 (213); *Barner*, S. 52; *Schmeling*, S. 90; *A. Zimmermann*, S. 130; *Kleinschmidt*, S. 45.

68 *Boesebeck*, JW 1935, 921 (922); *Knoche*, S. 53; *Kleinschmidt*, S. 45.

69 *Boesebeck*, JW 1935, 921 (922); *Knoche*, S. 51; *A. Zimmermann*, S. 132 f.; *Beuthien*, GmbHR 2014, 682 (684).

70 *J. Wagner*, S. 32.

Art, die im Grunde ihrem Inhalt nach nichts weiter zum Ausdruck bringt als die Billigung der Geschäftsführung und das Vertrauen in diese.«[71]

Diese Entscheidung des Reichsgerichts bildet bis heute die Grundlage für die unterschiedliche Behandlung der Entlastung im Bürgerlichen Recht und im Gesellschaftsrecht. Der Bundesgerichtshof schloss sich der Sichtweise über die Sonderstellung der gesellschaftsrechtlichen Entlastung ebenso an[72] wie weite Teile des Schrifttums.[73] Im Hinblick auf den Rechtsverlust ist danach anerkannt, dass die gesellschaftsrechtliche Entlastung zwar keinen rechtsgeschäftlichen Verzicht beinhalte, aber als organschaftliche Erklärung Wirkungen »wie ein Verzicht«[74] habe. Als Verkürzung hat sich hierfür der Begriff der »Verzichtswirkung« eingebürgert.[75] Damit ist jedoch nur gesagt, dass die Entlastung wie ein Erlass oder ein negatives Schuldanerkenntnis zu einem Anspruchsverlust führt, während die rechtsdogmatische Fundierung dieses Rechtsverlusts offen bleibt. Zur Überwindung dieser Schwierigkeit wird in Anlehnung an das Reichsgericht vielfach der organschaftliche Charakter der Entlastung betont,[76] der offenbar eine Abkehr vom Vertragsprinzip des § 397 BGB rechtfertigen soll. Indem auf diese Weise unterstellt wird, für die Entlastung gelte nicht allgemeines Schuldrecht, sondern ein besonderes Organisationsrecht, wird die Entlastung zwar begrifflich von der vertraglichen Fessel des § 397 BGB befreit. Das darf allerdings nicht den Blick darauf verstellen, dass eine dogmatisch stimmige Begründung für die vermeintliche Einseitigkeit noch immer fehlt und das gewünschte Ergebnis stattdessen – zwar abseits des Schuldrechts, aber dennoch rein begrifflich – postuliert wird. So geht der Hinweis des Reichsgerichts, die Entlastung äußere sich in der Praxis als einseitige Erklärung,[77] über eine phänomenologische Beschreibung des Entlastungsvorgangs kaum hinaus. Weder erörterte das Reichsgericht den Sinn und Zweck des Vertragserfordernisses in § 397 BGB noch führte es Sachgründe an, die trotz der Beibehaltung der Rechtsfolgen ein Absehen vom Vertragserfordernis rechtfertigen sollen. Das wiegt umso schwerer, als das Vertragsprinzip des § 397 BGB auch im Schuldrecht als für Laien »befremdliche« Regelung zwar seit jeher in der Kritik steht, aber trotzdem für maß-

---

71 RG DR 1941, 506 (508).

72 BGH NJW 1959, 192 (193): »organschaftliche Erklärung«.

73 *K. Schmidt*, ZGR 1978, 425 (432 ff.); *Kubis*, in: MüKo/AktG, § 120 Rn. 14; Hüffer/*Koch*, AktG, § 120 Rn. 3; *Tellis*, S. 78 ff.; *Mülbert*, in: GK/AktG, § 120 Rn. 20; *Volhard/Weber*, NZG 2003, 351; *Brox*, BB 1960, 1226.

74 BGH NJW 1959, 192 (193); BGHZ 29, 385 (390); BGH WM 1976, 204 (205); BGH WM 1977, 361 (362); vgl. auch BGH NJW 2003, 3554 (3555); *Meyer-Landrut*/Miller/Niehus, GmbHG, § 46 Rn. 24.

75 BGH NJW 1969, 131; BGH NJW-RR 1988, 745 (748); BGHZ 156, 19 (29); BGH NZG 2002, 195 (197); BGH NZG 2005, 562 (563); BGH NJW-RR 2010, 49 Tz. 20.

76 Vgl. die ausführlichen Nachweise auf S. 5.

77 RG DR 1941, 506 (508).

geblich gehalten wird.[78] Verkürzt besagt die Argumentation des Reichsgerichts nichts anderes, als dass die Entlastung kein Vertrag sein könne und *deshalb* eine einseitige Erklärung sein müsse. Der Mangel an dogmatischer Begründung tritt mit der Einordnung als eine »dem Gesellschaftsrecht eigentümliche Erklärung *eigener Art*«[79] bei näherem Hinsehen freilich hinreichend zutage.

Während das Reichsgericht von einer eingehenderen Rechtfertigung der von ihm statuierten Verzichtswirkung absah, hat das Schrifttum verschiedene Begründungsansätze zur Konkretisierung und Absicherung der Verzichtswirkung hervorgebracht. Ausgangspunkt der rechtsgeschäftlichen Konstruktionsansätze einer einseitigen Einlastung ist die Erwägung, dass der Geschäftsherr keinen Verzicht erkläre, weshalb es auch nicht auf § 397 BGB ankomme, sondern dass er die Geschäftsführung lediglich billige.[80] Die Akzentverschiebung hin zur Billigung der Geschäftsführung macht eine begriffliche Differenzierung zwischen Verzicht und negativem Anerkenntnis vorderhand entbehrlich, weil sich die Billigung ohne weiteres sowohl auf rechtmäßige als auch auf rechtswidrige Maßnahmen beziehen kann. Das erklärt indes noch nicht, wie die Billigung – wenn nicht doch wieder als stillschweigender einseitiger Verzicht[81] – den Ausschluss von Ersatzansprüchen herbeiführen soll. *Brox* hat hierfür auf den Gedanken der Genehmigung bei § 684 BGB verwiesen. Die Entlastung habe zur Folge, »daß möglicherweise bestehende Ersatzansprüche untergehen, wie auch bei der Geschäftsführung ohne Auftrag der Schadensersatzanspruch nach § 678 BGB im Falle der Genehmigung der Geschäftsführung (§ 684 BGB) nicht mehr besteht.«[82] *Rieble* stellt ebenfalls auf den Gedanken der Genehmigung ab, begründet aber anders: Die nachträgliche Billigung müsse in gleicher Weise zum Ausschluss etwaiger Ansprüche führen, wie eine im Vorhinein erteilte Weisung die Pflichtwidrigkeit der Geschäftsführung ausschließe und Ersatzansprüche deshalb erst gar nicht zur Entstehung gelangten.[83]

---

78 Vgl. nur: *Gernhuber*, Erfüllung, § 16 I 4 b), S. 371. Ausführlich unten S. 215 ff.

79 RG DR 1941, 506 (508) (Hervorhebung nur hier).

80 So schon früh: *J. Wagner*, S. 37 mit Hinweis auf RGZ 12, 74 (77); RGZ 13, 43 (51); RGZ 55, 75 (77); RGZ 75, 308 (310).

81 So *Buchner*, GmbHR 1988, 9 (14): »Freistellung von eventuell bestehenden Schadensersatzansprüchen muss ... als stillschweigender Inhalt der Entlastungserklärung angesehen werden.«

82 *Brox*, BB 1960, 1226; vor ihm bereits *Boesebeck*, ZAkDR 1935, 675 (676); *J. Wagner*, S. 36.

83 Staudinger/*Rieble*, § 397 Rn. 11 ff., insb. Rn. 14: Bereicherungsansprüche lasse die Entlastung unberührt, weil sich die Genehmigung auf Ersatzansprüche beschränke, die auf der »Pflichtwidrigkeit der Geschäftsführung als solcher« fußten.

3. Der Rechtsverlust als gesetzliche »Präklusionsfolge« der Entlastung

Um den Friktionen einer vertraglichen Lösung zu entgehen, wurde frühzeitig versucht, den Rechtsverlust als eine gesetzliche Folge der Entlastung zu konstruieren. Die damit verbundene Ablösung der Entlastung vom rechtsgeschäftlichen Verzicht wird in jüngerer Zeit häufiger mit dem Begriff der »Präklusionswirkung« (Präklusion, *lat.* Ausschluss) zum Ausdruck gebracht.[84] Auch der Bundesgerichtshof verwendet diese Bezeichnung bisweilen zur Charakterisierung der Entlastungsfolgen.[85] Von einer »Präklusivwirkung« der Entlastung war auch schon bei *Flechtheim, Wagner* und *Picenoni* die Rede.[86] Aus den begrifflichen Abweichungen zwischen der Verzichtswirkung und der Präklusionswirkung ist indes kaum ein dogmatischer Ertrag zu ziehen, weil sich allenfalls eine lose Verknüpfung der Begriffe mit den unterschiedlichen Begründungsansätzen ausmachen lässt.[87] Am ehesten lässt sich sagen, dass beide Begriffe weitgehend synonym verwendet werden.

Der erste Begründungsansatz, der auf eine gesetzliche Konstruktion des Rechtsverlusts gerichtet war, stammt von *Hoeniger* und beruht auf dem Gedanken der Obliegenheitsverletzung. Da die Lehre von den Obliegenheiten erst viele Jahre später von *R. Schmidt* für das allgemeine Privatrecht erschlossen wurde, verwendete *Hoeniger* eine vom heutigen Sprachgebrauch abweichende Begrifflichkeit. Er führte aus, dass der Pflicht des Geschäftsführers zur Rechnungslegung umgekehrt eine »Pflicht zur Prüfung seitens des Gläubigers« entspreche, weil der wichtige Vorgang der Rechnungslegung ohne eine solche Pflicht »ganz außerordentlich« an Bedeutung verlöre.[88] Ebenso wie die Verletzung der »Prüfungspflicht« des Kaufmanns nach dem Empfang von Waren gemäß § 377 Abs. 2 HGB, habe auch die Verletzung der Pflicht zur Rechnungsprüfung »Rechtsverwirkung« zur Folge.[89] Damit war – entgegen zahlreichen Stellungnahmen[90] – freilich nicht

---

84 *K. Schmidt*, ZGR 1978, 425 (433); *K. Schmidt*, GesR, § 14 VI 2b, S. 431; *K. Schmidt*, in: Scholz, GmbHG, § 46 Rn. 89; *Liebscher*, in: MüKo/GmbHG, § 46 Rn. 144; *Roth*, in: Roth/Altmeppen, GmbHG, § 46 Rn. 30; *Zöllner*, in: Baumbach/Hueck, § 46 Rn. 41; *Thomas*, S. 14; *Rösing*, S. 10; *Weitemeyer*, ZGR 2005, 280 (287);.

85 BGH NJW 1989, 1151 (1152); BGHZ 156, 19 (26); ähnlich schon: RGZ 13, 43 (51).

86 *Flechtheim*, JW 1920, 700; *J. Wagner*, S. 40; *Picenoni*, S. 17.

87 Vgl. etwa BGHZ 156, 19: »aus präkludierten Gründen« (S. 26) sowie »Verzichtswirkung« (S. 29).

88 *Hoeniger*, DJZ 1922, 143 (148); ebenso *Rümker*, FS Pleyer, 1986, S. 99 (103): »Der Leistung der Rechnungslegung ... steht ... eine Obliegenheit zur Prüfung der Rechnungslegung gegenüber, deren Nichterfüllung zur Präklusion führt.« Kritisch *Barner*, S. 74: »(angebliche) Obliegenheitsverletzung«.

89 *Hoeniger*, DJZ 1922, 143 (148).

das heute anerkannte Rechtsinstitut der Verwirkung gemeint, das einen Rechtsverlust an die Verwirklichung eines gewissen Zeit- und Umstandsmoments knüpft. Vielmehr verband *Hoeniger* seinen Begriff der »Rechtsverwirkung« explizit mit der Rechtsfolge des § 377 Abs. 2 HGB. In der heutigen Diktion wäre demgemäß nicht von einer Prüfungs*pflicht*, sondern lediglich von einer Prüf*obliegenheit* des Geschäftsherrn die Rede und der Rechtsverlust wäre als Folge einer »Obliegenheitsverletzung« zu charakterisieren.[91] Grundgedanke ist: Wer ohne hinreichende Prüfung die Geschäftsführung billige, dürfe sich hinterher nicht beschweren, wenn er aus übersehenen Verfehlungen gegen den Geschäftsführer nichts mehr herleiten könne.

Deutlicher mit dem Verbot widersprüchlichen Verhaltens argumentierte *Schnorr von Carolsfeld*. Bei ihm heißt es, mit der Entlastung billige der Geschäftsherr die Maßnahmen des zu Entlastenden.[92] Hieraus folge notwendigerweise, dass der Geschäftsherr, wenn er schon »das Vergehen gutgeheißen« habe, nicht später »ein seiner eigenen Einstellung widersprechendes Verhalten« an den Tage legen könne, indem er aus den gebilligten Tatsachen Schadensersatzforderungen ableite.[93] Der Geschäftsherr könne die Ansprüche nicht mehr geltend machen, weil er zuvor selbst erklärt habe, »die Maßnahmen des Entlasteten seien in Ordnung gewesen.«[94] Das Erlöschen der Ansprüche beruhe »in Anwendung der Gedanken einer Haftung aus eigener Erklärung« auf der geäußerten Billigung, obwohl diese lediglich auf die »Beurteilung des Verhaltens« des Geschäftsführers gerichtet gewesen sei und nicht speziell auf einen rechtsgeschäftlichen Erlass, »an den das Leben ja in Wirklichkeit nicht denkt«.[95] *Schnorr von Carolsfeld* stellte damit zwar deutlich auf das Verbot widersprüchlichen Verhaltens ab. Als dogmatische Rechtfertigung diente daneben jedoch nur der lapidare Hinweis, dass der Geschäftsherr für seine Billigungserklärung einstehen müsse und hafte (sog. »Haftung aus eigener Erklärung«). Diese Begründung führt freilich nicht weiter, weil es ja gerade die Ausgangsfrage ist, ob der Geschäftsherr für seine Erklärung einzustehen hat.[96]

---

90 *Tellis*, S. 96 f; *Borsche*, S. 114 ff.; *Barner*, S. 80 ff.; *Schmeling*, S. 113. Dabei hat *Hoeniger*, DJZ 1922, 143 (145) Fn. 1 sogar ausdrücklich darauf verwiesen, dass eine systematische Aufarbeitung des Gedankens der Rechtsverwirkung zum damaligen Zeitpunkt noch fehlte. Wie hier: *Knoche*, S. 75 Fn. 351; *A. Zimmermann*, S. 201.

91 Anders *Graff*, S. 201, die *Hoeniger* unterstellt, er meine tatsächlich eine echte Rechtspflicht.

92 *Schnorr von Carolsfeld*, ZfGG 1957, 220 (223).

93 *Schnorr von Carolsfeld*, ZfGG 1957, 220 (223).

94 *Schnorr von Carolsfeld*, ZfGG 1957, 220 (223).

95 *Schnorr von Carolsfeld*, ZfGG 1957, 220 (223).

96 Vgl. in diesem Sinne auch allgemein *Singer*, Widersprüchliches Verhalten, S. 49.

Nachdem *Canaris* das Widerspruchsverbot in seiner grundlegenden Abhandlung über die „Vertrauenshaftung im deutschen Privatrecht“ ganz wesentlich auf den Vertrauensgedanken zurückgeführt hatte, nahm *K. Schmidt* diese Überlegungen auf und erschloss den Vertrauensgedanken auch für die Entlastung.[97] Er argumentierte, dass die Entlastung als ein »die Geltendmachung etwaiger Pflichtwidrigkeiten präkludierender Akt« zu begreifen sei.[98] Sie schließe Ersatzansprüche nicht aus, weil mit ihr rechtsgeschäftlich verzichtet werde, sondern »weil ihre Mitteilung einen *Vertrauenstatbestand*« schaffe, der der Gesellschaft die Geltendmachung der Ansprüche verbieten könne.[99] Die Mitteilung des Entlastungsbeschlusses sei »Voraussetzung des Vertrauensschutztatbestandes und seiner *Zurechnung* gegenüber der Gesellschaft«.[100] In den typischen Vokabeln »Vertrauenstatbestand« und »Zurechnung« klingt der Rückgriff auf das Prinzip des Vertrauensschutzes zwar deutlich an, jedoch hat *K. Schmidt* von einer weitergehenden dogmatischen Fundierung und vor allem von einem Abgleich mit den einzelnen Voraussetzungen des Vertrauensschutzes abgesehen. Inzwischen formuliert er auch zurückhaltender: Der Rechtsverlust sei eine »Präklusionsfolge der Vertrauenskundgebung«, der Verband dürfe sich »nicht zu der Entlastung in Widerspruch setzen«.[101] Darin liegt zwar abermals eine Bezugnahme auf das »Verbot des venire contra factum proprium«,[102] doch taucht der Begriff des Vertrauens*tatbestands* nicht mehr explizit auf, sondern es ist lediglich noch von einer Vertrauens*kundgebung* des Verbands die Rede.[103] Für den gesetzlichen Vertrauensschutz ist es aber gleichgültig, ob der Geschäftsherr Vertrauen hat und dieses Vertrauen kundtut. Entscheidend ist allein, ob er damit zugleich einen Tatbestand setzt, der geeignet ist, bei dem Geschäftsführer das Vertrauen auf die abschließende Beurteilung seiner Geschäftsführung zu wecken.[104] Beides schließt sich zwar nicht aus, bedingt sich aber auch nicht.

Im Schrifttum wirkte der neuartige Konstruktionsansatz der Entlastungsfolgen von *K. Schmidt* wie eine Initialzündung[105] und führte zu einer Vielzahl zu-

---

97 *Canaris*, Die Vertrauenshaftung im deutschen Privatrecht, 1971; *K. Schmidt*, ZGR 1978, 425 ff.

98 *K. Schmidt*, ZGR 1978, 425 (433).

99 *K. Schmidt*, ZGR 1978, 425 (434) (Hervorhebung nur hier).

100 *K. Schmidt*, ZGR 1978, 425 (434) (Hervorhebung nur hier).

101 *K. Schmidt*, GesR, § 14 VI 2 b, S. 431.

102 *K. Schmidt*, GesR, § 36 II 4, S. 1081; *K. Schmidt*, in: Scholz, GmbHG, § 46 Rn. 89.

103 Der Hinweis auf die »Vertrauensbekundung« durch Entlastung findet sich auch an vielen anderen Stellen, z.B. bei: *Zöllner*, in: Baumbach/Hueck, GmbHG, § 46 Rn. 41.

104 Ausführlich dazu auf S. 269 ff.

105 Vgl. nur *Liebscher*, in: MüKo/GmbHG, § 46 Rn. 138 Fn. 9: »richtungsweisend«; *Schindler*, in: Ziemons/Jaeger, GmbHG, § 46 Rn. 66.1: »grundlegende Arbeit«.

stimmender Stellungnahmen.[106] In den im Folgenden über die Entlastung erschienenen Monografien von *Tellis, Borsche, Barner, Knoche, Schmeling, Bonefeld, Graff, A. Zimmermann* und *Rösing* wird durchweg auf das Verbot widersprüchlichen Verhaltens abgestellt und im Vertrauensschutz letztlich die dogmatische Rechtfertigung der Entlastung erblickt.[107] Eine gewisse Sonderstellung nimmt die Arbeit von *Barner* ein, weil er den Rechtsverlust aus spezifischen Gründen des Vertrauensschutzes auf bekannte Ansprüche beschränkt.[108] Seine These vom »Verzicht auf den Verzicht«[109] hat in der Folge freilich durchweg Kritik und Ablehnung erfahren.[110] Der Bundesgerichtshof hat die Arbeit zwar in anderem Zusammenhang zitiert, die von der allgemeinen Entlastungssicht abweichende These *Barners* aber nicht einmal erwähnt.[111] Die Heranziehung des Vertrauensprinzips für die Entlastung ist im Gegensatz dazu nur vereinzelt auf Kritik gestoßen.[112] Dennoch hat das Stichwort des Vertrauensschutzes kaum Eingang in die Literatur gefunden. Meist wird allein auf das Verbot des venire contra factum proprium abgestellt, ohne das Vertrauensprinzip zu erwähnen.[113] Neben dem Widerspruchsverbot wird dagegen häufig der besondere organschaftliche Charakter der Entlastung eigens herausgestellt. Auf die diesbezüglichen Bedenken wurde bereits aufmerksam gemacht: Bei beiden Begriffen handelt es sich um Schlagwörter mit großer Suggestivkraft, die als bloße Leerformeln letztlich nichts zur wertungsmäßigen Fundierung beitragen.[114]

Die Rechtsprechung hat sich nach der Aufgabe des Vertragsverständnisses durch das Reichsgericht dogmatisch nicht mehr eindeutig festgelegt. Sie beschränkt sich im Wesentlichen darauf, die anerkannten Voraussetzungen der Verzichtswirkung darzustellen und im jeweiligen Einzelfall zu subsumieren. Nur vereinzelt finden sich Ansätze, die sich als Rückgriff auf das Verbot widersprüchlichen Verhaltens deuten lassen: Für die Entlastung eines GmbH-Geschäftsführers führte der Bundesgerichtshof etwa aus, dass es »ein Widerspruch in sich« wäre, wenn die Gesellschafter trotz der Billigung der Geschäftsführung nachträglich geltend machen könnten, sie seien zwar mit jeder der Geschäfts-

106 Etwa für den Verein: *Reuter*, in: MüKo/BGB, § 27 Rn. 47.

107 *Tellis*, S. 86 ff.; *Borsche*, S. 120 ff.; *Barner*, S. 71 ff.; *Knoche*, S. 71 ff.; *Schmeling*, S. 108 ff., 120 ff.; *Bonefeld*, S. 98 ff.; *Graff*, S. 97 ff.; *A. Zimmermann*, S. 186 ff.; *Rösing*, S 29 f.

108 *Barner*, S. 71 ff., S. 85.

109 *Barner*, S. 19, S. 71 ff., S. 85.

110 Etwa: *Tellis*, ZHR 156 (1992), 256 ff.; *A. Zimmermann*, S. 201 ff.

111 BGHZ 156, 19 (26).

112 Staudinger/*Rieble*, § 397 Rn. 14: »Kunstgriff«.

113 Vgl. etwa *Kleinschmidt*, S. 46; *Schaub*, DStR 1992, 985 (988); *Weitemeyer*, ZGR 2005, 280 (288); *Schmidl*, ZEV 2009, 123.

114 Vgl. bereits S. 116.

führungsmaßnahmen einverstanden, gleichwohl habe sich der Geschäftsführer durch seine Tätigkeit auf Kosten der GmbH rechtswidrig bereichert und sei deshalb zum Ausgleich verpflichtet.[115] Das lässt sich als Hinweis auf das Verbot widersprüchlichen Verhalten deuten,[116] erlaubt aber nicht den Schluss, dass der Bundesgerichtshof damit zugleich auch auf das Prinzip des Vertrauensschutzes zurückgreift. Die Maßgeblichkeit des Vertrauensschutzes folgt auch nicht aus einer jüngeren Entscheidung zum Wohnungseigentumsrecht. Dort heißt es lediglich, dass die Wohnungseigentümer dem Verwalter mit der Entlastung »für die künftige Verwaltertätigkeit ihr Vertrauen« aussprächen und die Verzichtswirkung »Folge der geschilderten Vertrauenskundgabe« sei.[117] Hier taucht im Zusammenhang mit den Rechtsfolgen der Entlastung zwar der Begriff des Vertrauens auf, doch besagt eine Vertrauens*kundgabe* – wie bereits ausgeführt – nichts über einen Vertrauens*tatbestand.*

IV. Zusammenfassung

Für die rechtsdogmatische Konstruktion der Entlastung werden verschiedene Begründungsansätze vertreten: Soweit der Rechtsverlust mit der Rechtsgeschäftslehre begründet wird, stehen sich zwei Ansätze gegenüber, die die Entlastung entweder als Verzichtsvertrag im Sinne des § 397 BGB oder als einseitige Erklärung mit Wirkungen wie ein Verzicht auslegen. Die mit letzterem verbundene Abkehr vom Vertragsprinzip des § 397 BGB wird vielfach mit dem Hinweis begründet, dass die Entlastung eine organschaftliche Erklärung »eigener Art« sei. Dabei handelt sich um eine Leerformel, die keinen Aufschluss darüber gibt, warum mit dem Vertragsprinzip die zentrale Grundwertung des § 397 BGB bei der gesellschaftsrechtlichen Entlastung übergangen werden kann.

Im Bereich der gesetzlichen Konstruktionsansätze wird in jüngerer Zeit durchweg auf das Verbot widersprüchlichen Verhaltens und damit auf die Grundsätze von Treu und Glauben abgestellt. Häufig wird dabei verkannt, dass widersprüchliches Verhalten nach der Rechtsordnung grundsätzlich zulässig ist und eine Bindung an früheres Verhalten deshalb eigens begründet werden muss. Als derartige Begründungsansätze, die zu einer Bindung an die erteilte Billigung der Geschäftsführung führen, werden sowohl das Vertrauensprinzip als auch – vereinzelt – der Gedanke der Obliegenheitsverletzung angeführt.

115 BGHZ 97, 382 (388).
116 So auch *Graff*, S. 97.
117 BGHZ 156, 19 (26 f.).

Für die weitere Darstellung lässt sich daraus ableiten, dass wegen des grundsätzlichen Vorrangs der Rechtsgeschäftslehre gegenüber dem Vertrauensschutz zunächst die rechtsgeschäftliche Deutung der Entlastung (§§ 4–6) zu untersuchen ist. Im Anschluss wird unter dem Stichwort des widersprüchlichen Verhaltens das Vertrauensprinzip als besondere Ausprägung von Treu und Glauben (§ 7) und sodann die Lehre von den Obliegenheiten (§ 8) behandelt.

2. Teil: Die Entlastung als rechtsgeschäftlicher Verzicht

Im Folgenden soll untersucht werden, ob sich die Entlastung als rechtsgeschäftlicher Verzicht konstruieren lässt. Entsprechend dem Grundverständnis dieser Arbeit werden die Besonderheiten des Gesellschaftsrechts dabei erst im Anschluss an die bürgerlich-rechtlichen Grundfragen behandelt. Ausgehend vom Regelungskonzept des Rechtsverzichts soll den eingangs dargestellten Argumenten nachgegangen werden, die Einordnung der Entlastung als Forderungsverzicht scheitere sowohl am fehlenden Verzichtswillen des Geschäftsherrn als auch am fehlenden Vertragsschluss mit dem Geschäftsführer. Im Zusammenhang mit dem Vertragsschluss wird es sich im Anschluss als unerlässlich erweisen, die besondere gesellschaftsrechtliche Frage näher zu beleuchten, in welcher Weise sich der Abschluss eines Verzichtsvertrags mit den zu entlastenden Organmitgliedern vollziehen kann.

Seinem Gegenstand nach soll sich der durch die Entlastung herbeigeführte Rechtsverlust auf Ersatzansprüche und Gestaltungsrechte erstrecken.[1] Im Gesetz findet sich dabei lediglich für den Anspruchsverzicht in § 397 BGB eine allgemeine Regelung. Den Verzicht auf Gestaltungsrechte erwähnt das Gesetz dagegen nur am Rande und auch nur im Zusammenhang mit einigen speziellen Gestaltungsrechten. Geregelt ist der Verzicht auf das Rücknahmerecht bei der Hinterlegung (§ 376 Abs. 2 Nr. 1 BGB), auf das Recht zum Schenkungswiderruf wegen groben Undanks (§ 533 BGB), auf das Recht zum Widerruf der Auslobung (§ 658 Abs. 2 BGB) und auf das Kündigungsrecht aus wichtigem Grund beim Auftrag (§ 671 Abs. 3 BGB). Diese inkonsistente Regelung beruht im Wesentlichen darauf, dass der Gesetzgeber von einer allgemeinen Regelung des Rechtsverzichts abgesehen und die Ausgestaltung den besonderen Teilen des BGB vorbehalten hatte, um dort besser auf die Eigenheiten der betroffenen Rechte eingehen zu können.[2] Neben unterschiedlichen materiell-rechtlichen Anforderungen hat das zur Folge, dass das Gesetz je nach Regelungszusammenhang unterschiedliche Begriffe verwendet: Im Sachenrecht ist meist von der »Rechtsaufgabe« die Rede (§§ 875 Abs. 1 Satz 1, 928 Abs. 1, 959, 1255 Abs. 1 BGB), während das Schuldrecht vom »Erlass« und »negativen Schuldanerkenntnis« (§ 397 BGB) spricht. Der Begriff des »Verzichts« taucht im Sachenrecht vereinzelt auf (vgl. §§ 928, 959 BGB) und ansonsten im Zusammenhang mit den bereits erwähnten Gestaltungsrechten sowie häufig auch bei Einreden (§§ 768 Abs. 2, 1137 Abs. 2, 1211 Abs. 2 BGB). Die begrifflichen Unterschiede ändern freilich nichts daran, dass es sich bei all diesen Vorschriften um besondere Ausprägungen des Rechtsverzichts handelt. Auch in Bezug auf § 397

1 Ausführlich bereits: S. 14 und S. 30.

2 Protokolle I, S. 1473 f. = *Jakobs/Schubert*, SR I, S. 727; Staudinger/*Rieble*, § 397 Rn. 7.

BGB ist in diesem Sinne häufig vom »Verzicht auf Ansprüche« die Rede.[3] Der Begriff des Rechtsverzichts soll deshalb auch hier als gemeinsamer Oberbegriff dienen.

Angesichts der allgemeinen Regelung des Anspruchsverzichts in § 397 Abs. 2 BGB soll der Verlust von Ersatzansprüchen als Folge der Entlastung im Zentrum der folgenden Überlegungen stehen. Von einer eingehenderen Untersuchung des Verzichts auf Gestaltungsrechte wird dagegen abgesehen.[4] Hierfür sprechen im Wesentlichen zwei Gründe: Zum einen unterscheiden sich die Anforderungen an den rechtsgeschäftlichen Verzichtswillen bei Ersatzansprüchen und Gestaltungsrechten nicht,[5] weshalb sich die Ausführungen zum Anspruchsverzicht ohne weiteres auf Gestaltungsrechte übertragen lassen. Zum anderen ist auch kein hinreichender Grund ersichtlich, aus der Entlastung für Ersatzansprüche und Gestaltungsrechte unterschiedliche Rechtsfolgen abzuleiten, da es sich bei beiden um subjektive Rechte des Geschäftsherrn gegenüber dem Geschäftsführer handelt. Zwar fehlt für Gestaltungsrechte eine dem § 397 BGB entsprechende allgemeine Regelung, doch spricht nichts gegen eine sinngemäße Anwendung der Vorschrift. Der einzige rechtlich relevante Unterschied besteht nach zutreffender Ansicht lediglich darin, dass ein Verzicht auf Gestaltungsrechte durch einseitiges Rechtsgeschäft erfolgen kann, so dass eine Annahmeerklärung des anderen Teils von vornherein entbehrlich ist.[6] Denn wenn der Berechtigte ohnehin einseitig über die Gestaltung eines Rechtsverhältnisses entscheiden kann, dann kann für den Verzicht auf diese Gestaltungsberechtigung sinnvollerweise nichts anderes gelten.

---

3 Vgl. etwa BGH NJW 2011, 2660 Tz. 18; ebenso: Soergel/*Schreiber*, § 397 Rn. 1.

4 Monografisch etwa *Kleinschmidt*, S. 159 ff.; *Mankowski*, Beseitigungsrechte, 2003, S. 1058 ff.

5 Vgl. etwa *Medicus*, AT, Rn. 531 im Vergleich mit den Ausführungen zum Anspruchsverzicht unten auf S. 160 ff; a.A. *Busche*, in: MüKo/BGB, § 144 Rn. 7: tatsächliche Kenntnis der Gestaltungsbefugnis erforderlich. Hierzu für den Anspruchsverzicht ausführlich unten S. 163 ff.

6 *Flume*, AT II, § 11 3, S. 136; *Larenz*, SR I, § 19 I a, S. 267; *Kleinschmidt*, S. 159 ff.; *Schlüter*, in: MüKo/BGB, § 397 Rn. 19; Palandt/*Grüneberg*, § 397 Rn. 4; a.A. Soergel/*M. Wolf*, 12. Auflage 1990, § 305 Rn. 37: Vertrag erforderlich; anders jetzt Soergel/*Harke*, § 311 Rn. 39.

§ 4 Der Verzichtswille des Geschäftsführers

Gegen die dogmatische Einordnung der Entlastung als rechtsgeschäftlicher Verzicht wird vielfach eingewandt, die Entlastung falle schon deshalb nicht unter § 397 BGB, weil sie *typischerweise* in der Überzeugung erteilt werde, dass der Geschäftsführer seine Pflichten ordnungsgemäß erfüllt habe und deshalb ohnehin keine Ansprüche gegen ihn bestünden.[1] In einer solchen Konstellation habe der Geschäftsherr nicht den Willen, auf Ansprüche zu verzichten.[2] Im Gegenteil sei sogar anzunehmen, dass der Geschäftsherr von der Entlastung abgesehen hätte, wenn er die Ansprüche erkannt hätte.[3] *Hoeniger* hat vor diesem Hintergrund schon früh die Ansicht vertreten, »von einem Willen, vorhandene Rechte aufzugeben, findet sich bei der *regelmäßigen* Entlastung keine Spur. Der angebliche Verzicht wird dem Entlastenden wider seinen Willen subintelligiert.«[4]

Das Argument beruht auf dem Grundverständnis der Rechtsgeschäftslehre, wonach ein vertraglicher – wie überhaupt jeder rechtsgeschäftliche – Verzicht die Erklärung des Rechtsinhabers zum Inhalt haben muss, er *wolle* auf sein Recht verzichten. Die Rechtsfolgen eines Rechtsgeschäfts treten überhaupt nur ein, weil sie gewollt sind. Besonders deutlich spricht § 959 BGB etwa von der »Absicht, auf das Eigentum zu verzichten«. Bei § 397 BGB liegen die Dinge dagegen komplizierter. Das betrifft zwar nicht das dogmatische Konzept des Erlassvertrags nach § 397 Abs. 1 BGB, bei das Erfordernis eines gemeinsamen Willens zur Forderungsvernichtung auf der Hand liegt. Anders verhält es sich jedoch beim negativen Schuldanerkenntnis des § 397 Abs. 2 BGB, das den Rechtsanwender seit jeher vor einige Schwierigkeiten stellt. Sie beruhen darauf, dass dem negativen Anerkenntnis ein recht kunstvolles dogmatisches Konzept zugrunde liegt, das sich nicht unbedingt auf den ersten Blick erschließt. Da nach dem Wortlaut von § 397 Abs. 2 BGB Ansprüche auch dann erlöschen, wenn lediglich die *Feststellung* beabsichtigt ist, dass diese Ansprüche nicht bestehen, genügt zum Anspruchsausschluss offenbar ein bloßer Feststellungswille. Die scheinbare Entbehrlichkeit eines weitergehenden Verzichtswillens, der nicht lediglich auf die Feststellung der

---

1 *Hoeniger*, DJZ 1922 143; *Schmeling*, S. 87; *A. Zimmermann*, S. 134; *K. Schmidt*, ZGR 1978, 425 (431); *K. Schmidt*, GesR, § 14 IV 2b, S. 431; *Barner*, S. 97; für das Wohnungseigentumsrecht: *Köhler*, ZMR 1999, 293 (297); *Riecke*, ZMR 2002, 197.

2 Drastisch: *Graff*, S. 72: »unhaltbare Annahme«, ähnlich S. 77, 105; *A. Zimmermann*, S. 134: »äußerst lebensfremd«; *Knoche*, S. 33: »Es fehlt jeder Anhaltspunkt für eine Absicht, ... eine Forderung zum Erlöschen zu bringen.« Einen Verzichtswillen des Geschäftsherrn verneint auch *Tellis*, S. 59.

3 *Hoeniger*, DJZ 1922 143; *Tellis*, S. 59.

4 *Hoeniger*, DJZ 1922 143 (Hervorhebung nur hier); zustimmend: *A. Zimmermann*, S. 134.

vermeintlichen Rechtslage, sondern gerade auf die Anspruchsvernichtung gerichtet ist, dürfte der wesentliche Grund für die große Anziehungskraft gewesen sein, die das negative Schuldanerkenntnis in den ersten Jahrzehnten nach dem Inkrafttreten des BGB auf die Entlastungsdiskussion hatte. Über das dogmatische Konzept des § 397 Abs. 2 BGB herrscht vor diesem Hintergrund bis heute vielfach Unklarheit, so dass sich eine ausführlichere dogmatische Untersuchung des Regelungsgehalts von § 397 BGB als unumgänglich erweist.

Die besondere Bedeutung einer solchen Untersuchung ergibt sich daneben aber auch aus dem besonderen Verhältnis zwischen der Rechtsgeschäftslehre und dem Vertrauensgedanken, auf den wegen seiner Ergänzungsfunktion nur zurückgegriffen werden kann, wenn eine rechtsgeschäftliche Deutung des Entlastungsvorgangs ausscheidet. Die verbreitete Feststellung, die Entlastung sei in ihrer *Regelgestalt* mangels Verzichtswillens nicht als Anspruchsverzicht zu deuten, begegnet vor diesem Hintergrund schon deshalb Bedenken, weil sie nicht Abrede stellt, dass die Entlastung jedenfalls in bestimmten Fällen doch von einem Verzichtswillen getragen sein kann. Zu denken ist etwa daran, dass der Geschäftsherr die Entlastung in Ansehung konkreter Zweifel über die Sach- und Rechtslage erteilt, um diese Zweifel auszuräumen. Liegt aber – wenn auch nur ausnahmsweise – ein Verzichtswille vor, so fragt es sich, ob der Anspruchsverlust dann dennoch mit dem Vertrauensschutz gerechtfertigt werden kann, wenn auf diese Weise die übrigen Anforderungen des § 397 BGB umgangen werden. Hinzu kommt, dass mit der Verneinung eines Verzichtswillens im praktischen Regelfall der Entlastung nicht zwingend schon der Anwendungsbereich des Vertrauensschutzes eröffnet ist. Vor dem Hintergrund der Ergänzungsfunktion des Vertrauensschutzes stellt hierbei nämlich ebenfalls die Frage, ob wirklich jedwede rechtsgeschäftliche Deutung der Entlastung ausscheiden muss, wenn ein Verzichtswille fehlt. Die bisherigen Arbeiten begnügen sich in diesem Zusammenhang durchweg mit der – vorschnellen – Feststellung, dass die Entlastung in ihrer Regelgestalt nicht als Anspruchsverzicht und *deshalb* überhaupt nicht rechtsgeschäftlich zu deuten sei. Die Untersuchung kommt vor diesem Hintergrund nicht umhin, die von § 397 BGB erfassten Tatbestände und das jeweilige Erfordernis eines Verzichtswillens näher zu beleuchten, um die hierbei gefundenen Erkenntnisse im Anschluss auf die Entlastung anwenden zu können.

I. Der abstrakte Anspruchsverzicht des § 397 BGB

Das Gesetz regelt den Anspruchsverzicht in § 397 BGB. Danach erlischt das Schuldverhältnis, wenn der Gläubiger dem Schuldner durch Vertrag die Schuld erlässt (§ 397 Abs. 1 BGB). Das Gleiche gilt, wenn der Gläubiger durch Vertrag mit dem Schuldner anerkennt, dass das Schuldverhältnis nicht bestehe (§ 397 Abs. 2 BGB). Das Verhältnis zwischen Erlass und negativem Schuldanerkenntnis ist nach dem Wortlaut dadurch geprägt, dass das Gesetz beiden die gleiche Rechtsfolge beilegt: »Das Schuldverhältnis erlischt«. Gemeint ist damit das Schuldverhältnis im engeren Sinne: Das Erlöschen bezieht sich auf die schuldrechtliche Forderung oder – allgemeiner – auf den Anspruch im Sinne des § 194 BGB.[5]

Von Schuldverhältnis im engeren Sinne ist nach herkömmlicher Sicht das Schuldverhältnis im weiteren Sinne zu unterscheiden, das – als Schuldvertrag oder als gesetzliches Schuldverhältnis – die Gesamtheit der Rechtsbeziehungen zwischen dem Gläubiger und dem Schuldner umfasst.[6] Für die Aufhebung eines solchen Schuldverhältnisses gilt nicht § 397 BGB, sondern § 311 Abs. 1 BGB. Man spricht hier nicht vom Erlassvertrag, sondern von einem Aufhebungsvertrag (*contrarius consensus*).[7] Zwar umfasst § 311 Abs. 1 BGB ausdrücklich nur die Befugnis »zur Änderung des Inhalts eines Schuldverhältnisses«, allerdings lässt sich die Aufhebung des gesamten Schuldverhältnisses ohne weiteres als die intensivste Form der Inhaltsänderung begreifen.[8] Anspruchsverzicht und Aufhebungsvertrag unterscheiden sich daher schon formal in ihrem Gegenstand.[9] Aus diesem Grunde kann der Schuldaufhebungsvertrag im Folgenden außer Betracht bleiben, weil es bei der Entlastung lediglich um den Verlust von Ersatzansprüchen geht, nicht um die Aufhebung des Geschäftsbesorgungsverhältnisses.

1. Abstraktion und Rechtsgrund

Da der Gegenstand des Verzichts nach § 397 BGB der einzelne Anspruch ist und die Rechtsfolge im Erlöschen des Anspruchs besteht, handelt es sich beim An-

---

5 Statt vieler: *Schlüter*, in: MüKo/BGB, § 397 Rn. 7; ausführlicher: Staudinger/*Rieble*, § 397 Rn. 57 ff. Zu den – hier nicht relevanten – Folgen der begrifflichen Unterscheidung zwischen Forderung und Anspruch *Medicus/S. Lorenz*, SR I, Rn. 6.

6 *Larenz*, SR I, § 2 V, S. 27 (»sinnhaftes Gefüge«); *Siber*, JherJb 70 (1921), 223 (278) (»Organismus«); *Medicus/S. Lorenz*, SR I, Rn. 8; *Ernst*, in: MüKo/BGB, Einleitung vor § 241 Rn. 10; *Bachmann*, in: MüKo/BGB, § 241 Rn. 4; monografisch *Gernhuber*, Das Schuldverhältnis: Begründung und Änderung, Pflichten und Strukturen, Drittwirkungen, 1989, § 2 I, S. 7 ff.; *Kleinschmidt*, S. 20 f. m.w.N.

7 *Emmerich*, in: MüKo/BGB, § 311 Rn. 19; Jauernig/*Stadler*, § 311 Rn. 18.

8 Allgemeine Ansicht, vgl. nur: Motive II, S. 79 = *Mugdan* II, S. 43 f.; *Emmerich*, in: MüKo/BGB, § 311 Rn. 19; *Kleinschmidt*, S. 25 Fn. 39 m.w.N.

9 *Gernhuber*, Erfüllung, § 16 I 1, S. 367.

spruchsverzicht um ein abstraktes Verfügungsgeschäft.[10] Schon die Motive bezeichneten den Erlass in diesem Sinne als einen »dinglichen Verfügungsvertrag«.[11] Wegen der damit verbundenen Geltung des Trennungs- und Abstraktionsprinzips bedarf der Anspruchsverzicht zu seiner Wirksamkeit zwar keiner schuldrechtlichen Absprache über den Rechtsgrund (*causa*), jedoch unterliegt er bei Fehlen eines solchen Rechtsgrunds der Kondiktion nach §§ 812 ff. BGB.[12] Für das negative Schuldanerkenntnis stellt § 812 Abs. 2 BGB diesen Befund sogar ausdrücklich klar: Das Anerkenntnis des Nichtbestehens einer Schuld gilt als Leistung, so dass es bei Fehlen eines Rechtsgrunds als Gegenstand der Kondiktion in Betracht kommt.[13] Die Kondiktionsfestigkeit des Rechtsverlusts hängt folglich davon ab, dass der Anspruchsverzicht auf einem gesonderten schuldrechtlichen Rechtsgrund beruht. Das wird in der auf § 397 Abs. 2 BGB fixierten Entlastungsdiskussion zuweilen übersehen.[14] So vermag die Vorschrift zwar das Erlöschen der Forderung zu erklären, besagt aber nichts über die Beständigkeit des Rechtsverlusts. Da der durch die Entlastung herbeigeführte Rechtsverlust nach allgemeiner Ansicht aber rechtsbeständig sein soll, müssen sich die konstruktiven Bemühungen über den eigentlichen Verzicht hinaus auch auf die Begründung eines Rechtsgrunds richten.

2. Verzichtswille und Feststellungswille bei § 397 BGB

Obwohl § 397 BGB äußerlich zwischen dem Erlass und dem negativen Schuldanerkenntnis unterscheidet, führt diese Zweiteilung bei näherem Hinsehen in die Irre. Die materiell-rechtlich maßgebliche Trennlinie verläuft nämlich nicht zwischen den beiden Absätzen des § 397 BGB, sondern innerhalb des § 397 Abs. 2 BGB. Ihrem Wortlaut nach erfasst diese Regelung sämtliche negativen Schuldanerkenntnisse, unabhängig davon, ob sie der gewollten Vernichtung von Forderungen

---

10 Vgl. nur Staudinger/*Rieble*, § 397 Rn. 29; *Enneccerus/Lehmann*, § 74 I 4, S. 295. *Gernhuber*, Erfüllung, § 16 I 5, S. 372, beschränkt die Aussage auf den Forderungsverzicht »in seiner Regelgestalt« und hält etwa einen kausalen Erlass für möglich. Dazu ausführlicher S. 201 ff.

11 Motive II, S. 114 = *Mugdan* II, S. 63.

12 Für den Erlass RGZ 53, 294 (296); Motive II, S. 115 = *Mugdan* II, S. 63; *Enneccerus/Lehmann*, § 74 I 4, S. 295; *Gernhuber*, Erfüllung, § 16 I 5 a), S. 372; Staudinger/*Rieble*, § 397 Rn. 30, 43 ff. Für das negative Schuldanerkenntnis RGZ 108, 105 (107); Protokolle II, S. 511; *Gernhuber*, Erfüllung, § 16 II 4, S. 392 f.; Staudinger/*Rieble*, § 397 Rn. 231 ff.

13 RGZ 108, 105 (107); BGH WM 1982, 671 (672); Protokolle II, S. 511; *Schlüter*, in: MüKo/BGB, § 397 Rn. 14; *Schwab*, in: MüKo/BGB, § 812 Rn. 29; Palandt/*Sprau*, § 812 Rn. 18.

14 Vgl. etwa *Barner*, S. 60 und *Schmeling*, S. 87 f., die – wie viele andere – das Erfordernis einer Rechtsgrundabrede überhaupt nicht erwähnen. Richtig aber schon *Schifferer*, S. 18.

(also zur Änderung der materiellen Rechtslage) dienen oder ob mit ihnen lediglich die Feststellung der vermeintlichen Rechtslage bezweckt ist.[15] In Anlehnung an eine verbreitete Begrifflichkeit soll hier im ersteren Fall von einem *konstitutiven* und im letzteren von einem *deklaratorischen* negativen Schuldanerkenntnis gesprochen werden.[16] Für die vorliegende Untersuchung erweist sich diese Begriffsbildung als besonders sinnfällig, weil in ihr die beabsichtigten (intendierten) Rechtsfolgen des Anerkenntnisses zum Ausdruck kommen und hierin zugleich – wie sich im Folgenden erweisen wird – der wesentliche materiell-rechtliche Unterschied zwischen beiden Formen des negativen Anerkenntnisses liegt. Die hier zugrunde gelegten Begriffe besagen demgegenüber nichts über die tatsächlichen Rechtsfolgen des Schuldanerkenntnisses. Soweit nämlich auf die *tatsächlichen* Rechtsfolgen Bezug genommen wird, ist ein negatives Schuldanerkenntnis nur dann konstitutiv, wenn wirklich eine Forderung besteht, die erlöschen könnte. Ob eine Forderung besteht, wissen die Parteien oftmals aber nicht mit Gewissheit und häufig dient das negative Schuldanerkenntnis dann gerade dazu, Rechtsklarheit zu schaffen. Da die hier zugrunde gelegten Begriffe ausschließlich die *intendierten* Rechtsfolgen zum Ausdruck bringen, muss ein konstitutives negatives Schuldanerkenntnis also nicht zwingend konstitutive Rechtswirkungen entfalten, denn es kann ja in Wirklichkeit an einem zu erlassenden Anspruch fehlen. Umgekehrt müssen einem deklaratorischen negativen Schuldanerkenntnis nicht zwangsläufig konstitutive Rechtsfolgen versagt bleiben, wie die Rechtsfolgeanordnung des § 397 Abs. 2 BGB zeigt.

a) Der Erlass, der Eventualerlass und das konstitutive negative Schuldanerkenntnis

Die Vorschrift des § 397 BGB erfasst mit dem Erlass und dem konstitutiven negativen Schuldanerkenntnis zunächst zwei Tatbestände, die Ausdruck des *gewollten* Verzichts sind.

---

15 Vgl. zu dieser Unterscheidung bereits die Protokolle II, S. 2596 = *Mugdan* II, S. 569.

16 *Gernhuber*, Erfüllung, § 16 II 1 a), S. 390. Ähnlich *Larenz*, SR I, § 19 I, S. 268 und in jüngerer Zeit BAGE 124, 349 Tz 15 und BAGE 127, 1 Tz. 40. Sie alle weichen freilich in der rechtlichen Bewertung des »deklaratorischen negativen Schuldanerkenntnisses« von der hier vertretenen Ansicht ab, vgl. S. 141 ff. Wie hier indes: AnwK/*Ring*, § 397 Rn. 50 (»deklaratorisches (klarstellendes) Schuldanerkenntnis«); Erman/*E. Wagner*, § 397 Rn. 11 (»klarstellendes Anerkenntnis«).

aa) Der Erlassvertrag des § 397 Abs. 1 BGB

Das dogmatische Konzept des Erlasses beruht auf der Grundüberlegung, dass die Parteien von dem Bestehen einer Forderung ausgehen und in diesem Bewusstsein das Erlöschen der Forderung vereinbaren.[17] Gewollt ist die Vernichtung der Forderung. Der Erlass ist somit getragen von der Überzeugung, dass die Forderung vom Schuldner nicht mehr zu erfüllen sein soll.[18] Dabei kommt es nicht entscheidend darauf an, in welchem Maße die Parteien von dem Bestehen der Forderung überzeugt sind. Auch der »bedingte Erlass«[19] bzw. der »Eventualerlass« fällt unter § 397 Abs. 1 BGB.[20] Er ist dadurch gekennzeichnet, dass sich die Parteien nicht vollends sicher sind, ob eine bestimmte Forderung besteht. Diese Unsicherheit kann auf unklaren Tatsachen beruhen oder bloß auf rechtlichen Zweifeln. Den Parteien steht es zwar frei, die Sach- und Rechtslage durch weitergehende Erforschung des Sachverhalts und Einholen von Rechtsrat aufzuklären, doch besteht hieran zuweilen kein Interesse, etwa weil der Aufwand in keinem Verhältnis zum Nutzen stünde. Dann können die Parteien vereinbaren, dass die Forderung, für den Fall, dass sie wider Erwarten doch bestehen sollte, erlöschen soll. Denkbar ist ein solcher *Eventualerlass* sogar dann, wenn die Parteien davon ausgehen, dass eine bestimmte Forderung nicht besteht. Denn selbst wenn sie vom Fehlen der Schuld überzeugt sind, kann ihr Wille dennoch darauf gerichtet sein, den Anspruch unabhängig von der tatsächlichen Rechtslage gleichsam »sicherheitshalber« noch einmal zu vernichten. Dann hat der Eventualerlass den Charakter einer Risikoübernahme, weil der Verzichtende letztlich die Gefahr trägt, dass die Parteien sich doch geirrt haben. Für den Eventualerlass ist danach allein entscheidend, dass die Parteien den Verzicht gerade für den Fall vereinbaren, dass die Forderung doch bestehen sollte. Insoweit genügt für § 397 Abs. 1 BGB ein bedingter bzw. potentieller Verzichtswille.

Der Erlass kann nur dann zum Erlöschen des zu erlassenen Anspruchs führen, wenn der Anspruch zuvor tatsächlich bestanden hatte. Darauf beschränken sich die Rechtsfolgen des Erlasses jedoch nicht. Fehlt es an der Forderung, so geht er zwar materiell-rechtlich ins Leere[21] und ist gleichsam gegenstandslos. Das heißt aber nicht, dass er völlig bedeutungslos wäre. Denn selbst wenn die Forderung nicht bestanden haben sollte, so begründet er dennoch eine *hypothetische* Einwendung gegen die Forderung. In einem Rechtsstreit kann das Gericht das Ent-

17 PWW/*Pfeiffer*, § 397 Rn. 1.

18 BAGE 124, 349 Tz. 15; BAGE 127, 1 Tz. 40.

19 Staudinger/*Rieble*, § 397 Rn. 224; vgl. auch *v. Tuhr*, AT II/2, § 79 IV, S. 258; *Larenz*, SR I, § 19 I a), S. 268.

20 *Enneccerus/Lehmann*, § 74 II 1, S. 296.

21 Staudinger/*Rieble*, § 397 Rn. 101; PWW/*Pfeiffer*, § 397 Rn. 2; Soergel/*Schreiber*, § 397 Rn. 6.

stehen der Forderung und andere Einwendungen deshalb offen lassen, indem es nur darauf abstellt, dass die Forderung *jedenfalls* infolge des Eventualerlasses erloschen sei. Und nicht nur das Gericht, auch der Schuldner selbst kann jede weitere Erörterung der Forderung mit Hinweis auf den vereinbarten Erlass zurückweisen. Erst diese Wirkung stellt beim Eventualerlass sicher, dass tatsächlich weitgehende Rechtsklarheit geschaffen wird.

Gegen die Einordnung der Entlastung als Anspruchsverzicht im Sinne des § 397 BGB wird häufig eingewandt, dass der Erlass künftiger Forderungen nicht möglich sei, weil ein Erlass zwingend das Bestehen eines Anspruchs als Verfügungsgegenstand erfordere.[22] Die Relevanz dieses Arguments folgt daraus, dass ein Schadensersatzanspruch im Zeitpunkt der Entscheidung über die Entlastung zwar dem Grunde nach schon angelegt sein kann, weil die schuldhafte Pflichtverletzung bereits begangen wurde, der Ersatzanspruch mangels Schadenseintritts aber noch nicht zur Entstehung gelangt ist. Dann stellt sich die Frage, ob die als Forderungsverzicht gedeutete Entlastung diesen Anspruch überhaupt erfassen kann. Noch das Reichsgericht verneinte die Möglichkeit eines Verzichts auf künftige Forderungen:[23] Wegen des Vorausverzichts gelange der Anspruch überhaupt nicht zur Entstehung und könne daher nicht Gegenstand einer Verfügung sein. Doch handelt es sich dabei um ein rein begriffliches und zirkelschlüssiges Argument. Die Forderung gelangt nur dann nicht zur Entstehung, wenn der Vorauserlass möglich ist. Zudem spricht der Rechtsgedanke des § 185 Abs. 2 BGB (Konvaleszenz) für die Zulässigkeit antezipierter Verfügungen.[24] Vor diesem Hintergrund hat *Larenz* zu Recht darauf hingewiesen, dass »der vorzeitige Erlaß einer ohne ihn künftig zur Entstehung gelangenden Forderung – mit der Wirkung, daß sie dann überhaupt nicht entsteht – nicht befremdlicher ist, als die Abtretung einer künftigen Forderung, die heute allgemein anerkannt wird.«[25] Gegen die sachliche Zulässigkeit eines Vorauserlasses werden deshalb heute keine durchgreifenden Bedenken mehr geltend gemacht.[26] Wie bei der Abtretung[27] oder der

---

22 *Barner*, S. 58; *A. Zimmermann*, S. 133.

23 RGZ 124, 325 (326 f.); RGZ 148, 257 (262). Bis zur 65. Auflage 2006 grundsätzlich ebenso: Palandt/*Grüneberg*, § 397 Rn. 2, freilich mit der – hier relevanten – Ausnahme, dass ein Erlass möglich sei, wenn die zu erlassene Forderung »dem Rechtsgrund nach angelegt ist.« Inzwischen aufgegeben in Palandt/*Grüneberg*, § 397 Rn. 3: »Bei Bestimmbarkeit ... ist auch der Erlass einer künftigen Forderung möglich«.

24 Staudinger/*Rieble*, § 397 Rn. 104.

25 *Larenz*, SR I, § 19 Ia, S. 268.

26 BGHZ 40, 326 (330); BGH NJW-RR 1993, 1111 (1113); *Roth*, in: MüKo/BGB, § 397 Rn. 7; Palandt/*Grüneberg*, § 397 Rn. 3; krit. *Gernhuber*, Erfüllung, § 16 I 7, S. 377, der statt von einem Erlass nur »vom dem rechtsgeschäftlichen Eingriff in die Rechtslage« ausgeht, den Vorauserlass also nicht ablehnt, sondern als Fall des § 311 Abs. 1 BGB begreift.

Besicherung[28] (etwa §§ 883 Abs. 2, 1113 Abs. 2 BGB) einer künftigen Forderung muss es jedenfalls ausreichen, wenn für den Anspruch bereits ein »sicherer Rechtsboden gelegt« ist und der Anspruch daher bestimmbar ist.[29] Das ist für einen Ersatzanspruch, dessen rechtliche Entstehung allein noch vom Schadenseintritt abhängt, zu bejahen. An der Bestimmbarkeit des Anspruchs bestehen wegen der bereits begangenen Pflichtverletzung dann keine Bedenken mehr.

bb) Das konstitutive negative Schuldanerkenntnis des § 397 Abs. 2 BGB

Dem Erlass wird das negative Schuldanerkenntnis in § 397 Abs. 2 BGB formal gleichgestellt. Bei unbefangener Lektüre scheinen sich Erlass und negatives Schuldanerkenntnis vor allem durch die von den Parteien gewählte Formulierung zu unterscheiden. Beim Erlass erklären sie, die Forderung solle erlöschen, während sie beim negativen Schuldanerkenntnis feststellen, die Forderung bestehe nicht. Der Erlass ist »handlungsbezogen« und geht vom Bestehen der Forderung und deren Vernichtung aus. Dagegen ist das negative Schuldanerkenntnis »ergebnisbezogen« und befasst sich ausschließlich mit dem Resultat, nämlich damit, dass die Forderung nicht besteht. Ob die Parteien mit ihrer Existenz rechneten oder von vornherein von ihrem Fehlen ausgingen, ob sie die Forderung für erfüllt oder sonst erloschen halten, all das lässt das negative Schuldanerkenntnis äußerlich offen.[30] Jeder Erlass kann deshalb ohne weiteres als negatives Schuldanerkenntnis formuliert werden. Zur dogmatischen Erfassung eines solchen Anerkenntnisses hätte es § 397 Abs. 2 BGB indes nicht bedurft.[31] Da die Auslegung nach §§ 133, 157 BGB über den buchstäblichen Sinne des verwendeten Ausdrucks hinausgeht, kann das Anerkenntnis unabhängig von seiner äußeren Gestalt als Unterfall des Erlassvertrags gedeutet werden.[32] Weil der Wille der Parteien trotz der gewählten Formulierung auf die Vernichtung der Forderung gerichtet ist, stellt

---

27 Vgl. nur BGHZ 53, 60 (63); BGHZ 108, 104; BGH NJW 1988, 3204; BGH NJW-RR 2005, 1408; *Larenz*, SR I, § 34 III, S. 584 ff.; Staudinger/*Rieble*, § 397 Rn. 104; *Roth*, in: MüKo/BGB, § 398 Rn. 79; Palandt/*Grüneberg*, § 398 Rn. 11.

28 Vgl. nur BGHZ 166, 319 (323) Tz. 12 ff. für § 883 Abs. 2 BGB.

29 Nach BGH NJW 1991, 2897 (2898) genügt es für die Vorausabtretung sogar schon, wenn der Rechtsgrund für die Forderung – anders als in den hier untersuchten Fällen – noch gar nicht geschaffen ist, aber das zukünftige Entstehen der Forderung als wahrscheinlich angenommen wird. Ebenso: *Roth*, in: MüKo/BGB, § 398 Rn. 79.

30 *Medicus/S. Lorenz*, SR I, Rn. 322.

31 *Schlüter*, in: MüKo/BGB, § 397 Rn. 12.

32 *Enneccerus/Lehmann*, SR, § 74 II 1, S. 296; *Schlüter*, in: MüKo/BGB, § 397 Rn. 12, 14; Soergel/*Schreiber*, § 397 Rn. 12; ähnlich Staudinger/*Rieble*, § 397 Rn. 225, allerdings nur für den Fall, dass die Parteien »vom sicheren Bestehen der Forderung« ausgegangen seien.

das konstitutive negative Schuldanerkenntnis materiell-rechtlich einen Erlass dar.[33]

Das schließt nicht aus, dass die von den Parteien gewählte Formulierung im Rechtsleben gleichwohl eine gewisse Typizität aufweist: Die Abfassung als Erlass liegt nahe, wenn das Bestehen der Forderung hinreichend sicher ist, die eines negativen Schuldanerkenntnisses, wenn die Schuld bezweifelt wird. Auf den Erlass greifen die Parteien eher zurück, wenn der Verzicht bloß eine einzige Forderung oder doch nur ganz konkrete Forderungen betreffen soll, während sie mit dem negativen Schuldanerkenntnis typischerweise eine umfassendere Wirkung bezwecken und das Erlöschen vieler oder sogar sämtlicher Ansprüche im Sinne haben.[34] Gleichwohl ist diese rein äußerliche Unterscheidung keineswegs zwingend[35] und sie führt vor allem nicht zu materiell-rechtlichen Unterschieden. Ein negatives Schuldanerkenntnis kann sich problemlos auf eine einzelne Forderung beziehen ebenso wie der Erlass – als »Global- oder Generalerlass« – umgekehrt sämtliche in Betracht kommende Forderungen erfassen kann. Typische Fälle, in denen ein solcher Globalerlass in Betracht kommt, sind die arbeitsrechtliche Ausgleichsquittung und der gesellschaftsrechtliche Generalbereinigungsvertrag.[36] Besteht zwischen den Parteien Streit über den Anspruch und verständigen sie sich zur Bereinigung der Rechtslage materiell-rechtlich auf einen Eventualerlass, wählen sie hierfür gleichwohl häufig die Form des negativen Schuldanerkenntnisses, da so »jede Partei ihr Gesicht wahren« kann, weil ausschließlich das Ergebnis fixiert wird und formal offenbleibt, ob die Forderung tatsächlich bestanden hatte.[37]

cc) Der Rechtsgrund des unentgeltlichen Anspruchsverzichts

Der abstrakte Erlass bedarf, um kondiktionsfest zu sein, eines Rechtsgrunds. Dieses Erfordernis wird den Beteiligten in der Praxis nicht immer geläufig sein. Gleichwohl folgt aus der dem *gewollten* Anspruchsverzicht typischerweise zugrunde liegenden Interessenlage, dass das Erlöschen des Anspruchs endgültig

---

33 Staudinger/*Rieble*, § 397 Rn. 225; Erman/*E. Wagner*, § 397 Rn. 11; *Enneccerus/Lehmann*, § 74 II 1, S. 296.

34 In diesem Sinne PWW/*Pfeiffer*, § 397 Rn. 17.

35 Anders BAGE 124, 349 Tz. 15 und BAGE 127, 1 Tz. 40, das von einem Erlass ausgeht, wenn eine »bestimmte Schuld« betroffen ist und von einem konstitutiven negativen Anerkenntnis, wenn es um »alle oder eine bestimmte Gruppe von bekannten oder unbekannten Ansprüchen« geht. Das ist zwar griffig, geht aber an der materiell-rechtlichen Identität von Erlass und konstitutiven negativen Schuldanerkenntnis vorbei.

36 Vgl. ausführlicher S. 53 ff.

37 *Medicus/S. Lorenz*, SR, Rn. 322.

sein soll. Selbst wenn ausdrückliche Absprachen fehlen, ergibt die Auslegung dann, dass schlüssig auch eine Vereinbarung über den Rechtsgrund getroffen wird. Die konkrete Art des Rechtsgrunds hängt von den Umständen des Einzelfalls ab. Während sich der Anspruchsverzicht nach dem Gesetzeswortlaut nur nach § 397 BGB vollziehen kann, ist das Spektrum schuldrechtlicher Rechtsgrundabsprachen der Sache nach unbeschränkt.

In der Praxis kommt dem unentgeltlichen Erlass besondere Bedeutung zu. Häufig wird er sogar als der praktische Regelfall bezeichnet.[38] Rechtsgrund ist hier ein Schenkungsvertrag nach §§ 516 ff. BGB. Weil der Forderungsverzicht nur die vertragliche Einigung und keinen weiteren Vollzugsakt erfordert, fallen Verzicht und Schenkung dabei in einem einheitlichen Lebenssachverhalt zusammen.[39] Das Erfordernis der notariellen Beurkundung (§ 518 Abs. 1 Satz 1 BGB) spielt hierbei keine Rolle, weil sich der Formzwang allein auf das schuldbegründende Schenkungs*versprechen* erstreckt. Er gilt nicht für die Handschenkung des § 516 Abs. 1 BGB, die sich auf die vertragliche Einigung beschränkt, dass eine *zeitgleich* vorgenommene Zuwendung unentgeltlich sein soll.[40] Die Einigung über die Handschenkung begründet für den Beschenkten daher zwar keinen Erfüllungsanspruch, aber sie »schafft den Rechtsgrund, der die durch die Zuwendung bewirkte Bereicherung schuldrechtlich rechtfertigt.«[41] Die Einigung über die Unentgeltlichkeit fungiert folglich als bloße Rechtsgrundabrede. Sie begründet den »Rechtsgrund der Schenkung« (*causa donandi*).[42]

Das Schenkungsrecht gilt auch für den unentgeltlichen Eventualerlass. Zur Beseitigung von »Streit oder Ungewissheit über ein Rechtsverhältnis« dient zwar grundsätzlich der vertragliche Vergleich des § 779 Abs. 1 BGB.[43] Doch liegt ein

---

38 Vgl. nur *Larenz*, SR I, § 19 Ia, S. 269.

39 RGZ 53, 294 (296).

40 *Enneccerus/Lehmann*, § 74 I 2, S. 295 Fn. 2; *J. Koch*, in: MüKo/BGB, § 516 Rn. 2, 15; *Gehrlein*, in: Bamberger/Roth, § 516 Rn. 1; PWW/*Frensch/Hoppenz*, § 516 Rn. 1.

41 RGZ 111, 151 (153); ebenso: *Larenz*, SR II/1, § 47 I, S. 200; Staudinger/*Rieble*, § 397 Rn. 43; Staudinger/*Wimmer-Leonhardt*, § 516 Rn. 14; *J. Koch*, in: MüKo/BGB, § 516 Rn. 2, 15. Anders offenbar noch RGZ 53, 294 (296), wonach der Erlass die Vollziehung der Schenkung in sich trage und nach § 518 Abs. 2 BGB die für den Schenkungsvertrag erforderliche Form ersetze. Ebenfalls für die Heranziehung von § 518 Abs. 2 BGB: *Schifferer*, S. 25; Palandt/*Grüneberg*, § 397 Rn. 2.

42 Staudinger/*Rieble*, § 397 Rn. 43; Erman/*Herrmann*, § 516 Rn. 7.

43 Zu der umstrittenen Frage, ob der Vergleichsvertrag das Erlöschen der Forderung – als kausaler Erlass – selbst herbeiführt, vgl. *Gernhuber*, Erfüllung, § 16 I 5, S. 373; *Habersack*, in: MüKo/BGB, § 779 Rn. 35; *Larenz*, SR I, § 19 I a, S. 269; *Bork*, Der Vergleich, 1988, S. 158 ff.; *Bork*, AcP 194 (1994), 419 ff.; a.A. *Schäfer*, Das Abstraktionsprinzip beim Vergleich, 1992, S. 96 ff.: Vergleich ist Rechtsgrund für abstrakten Erlass nach § 397 BGB; zu den Nachteilen eines Vergleichsvertrags im Zusammenhang mit der Entlastung *Schifferer*, S. 22.

Vergleichsvertrag nur vor, wenn Streit oder Ungewissheit »im Wege gegenseitigen Nachgebens beseitigt wird.« Das Merkmal des »gegenseitigen Nachgebens« ist dabei weit auszulegen, so dass es genügt, wenn die Parteien einander irgendwelche Zugeständnisse machen.[44] Beruht der Eventualerlass jedoch auf dem *einseitigen* Nachgeben des Gläubigers, scheidet ein Vergleichsvertrag aus.[45] Da das Gesetz den Fall einer Streitschlichtung durch einseitiges Nachgeben, also den unentgeltlichen Vergleich, nicht explizit regelt, wird nach allgemeiner Ansicht auf das Fehlen einer Gegenleistung des Schuldners und damit auf die *Unentgeltlichkeit* des Verzichts abgestellt.

Der Rückgriff auf das Schenkungsrecht hat zur Folge, dass die durch den Eventualerlass erzielte Rechtsklarheit den Schwächen des unentgeltlichen Erwerbs unterliegt. So kann der schenkweise Erlass bei Verarmung des Schenkers nach § 528 Abs. 1 Satz 1 BGB zurückgefordert werden.[46] Die Norm ist zwingend[47] und kann deshalb auch bei streitschlichtenden Schenkungen nicht abbedungen werden. Macht sich der Schuldner durch eine schwere Verfehlung gegen den Gläubiger groben Undanks schuldig, kann der Gläubiger die Schenkung nach § 530 BGB widerrufen und den Anspruchsverzicht über §§ 531 Abs. 2, 812ff. BGB kondizieren. Auch § 530 BGB ist nicht abdingbar.[48] Ein Verzicht auf das Widerrufsrecht ist gemäß § 533 BGB frühestens möglich, nachdem der Undank dem Gläubiger bekannt geworden ist. In der streitschlichtenden Schenkung kann ein solcher Verzicht deshalb naturgemäß nicht liegen. Die Rückforderung und der Widerruf sind nach § 534 BGB zwar dann ausgeschlossen, wenn die Schenkung einer sittlichen Pflicht oder einer auf den Anstand zu nehmenden Rücksicht entsprach, doch wird es im Wirtschaftsleben hieran regelmäßig fehlen.

Eine nur geringe Milderung der Schwächen des unentgeltlichen Erwerbs wird dadurch erreicht, dass die Vorschrift des § 528 BGB über die Verarmung des Schenkers auf juristische Personen »naturgemäß« nicht anwendbar sein soll.[49] Denn im Falle der Insolvenz greift wegen der Unentgeltlichkeit der Schenkung das Anfechtungsrecht des Insolvenzverwalters nach § 134 InsO bzw. außerhalb des Insolvenzverfahrens das Anfechtungsrecht des benachteiligten Drittgläubigers

---

44 BGHZ 39, 60 (63 f.); BGH NJW 1970, 1122 (1124); BGH NJW-RR 1992, 363 (364); BGH NJW-RR 2005, 1303 (1304); Staudinger/*Marburger*, § 779 Rn. 27; *Habersack*, in: MüKo/BGB, § 779 Rn. 26; *R. Fischer*, in: Bamberger/Roth, § 779 Rn. 16.

45 RGZ 146, 355 (358); BGH WM 1998, 1829 (1830); *Habersack*, in: MüKo/BGB, § 779 Rn. 27

46 Monografisch: *Zeranski*, Die Rückforderung von Schenkungen wegen Verarmung, 2014.

47 Ausführlich: *Krauß*, ZEV 2001, 417 (422); *Gehrlein*, in: Bamberger/Roth, § 528 Rn. 1.

48 BGHZ 3, 206 (207); *J. Koch*, in: MüKo/BGB, § 530 Rn. 18.

49 RG SeuffA 85 Nr. 124; *J. Koch*, in: MüKo/BGB, § 528 Rn. 4; *Gehrlein*, in: Bamberger/Roth, § 528 Rn. 1. Gleiches dürfte für rechtsfähige Personengesellschaften gelten.

nach § 4 AnfG.[50] Ob sich juristische Personen auf groben Undank berufen können, ist umstritten.[51] Die verbreitete Begründung, § 530 BGB könne von juristischen Personen nicht ausgeübt werden, weil es sich um ein höchstpersönliches Recht handle, überzeugt freilich nicht. So hat der Persönlichkeitsschutz von Unternehmen in jüngerer Zeit – unter dem sperrigen Stichwort des »Unternehmenspersönlichkeitsrechts« (Art. 2 Abs. 1 GG iVm. Art. 19 Abs. 3 GG) – in Rechtsprechung[52] und Schrifttum[53] eine gewisse Aufwertung erfahren, auch wenn er anders als das Allgemeine Persönlichkeitsrecht natürlicher Personen (Art. 2 Abs. 1 GG iVm. Art. 1 Abs. 1 GG) wegen des fehlenden Bezugs zur Menschenwürde deutlich schwächer ausgeprägt ist.[54] Selbst wenn man aber dieser Entwicklung kritisch gegenübersteht,[55] folgt die Geltung des § 530 BGB aber zumindest daraus, dass die Vorschrift keine »höchstpersönliche Kränkung« des Schenkers erfordert, sondern den groben Mangel an Dankbarkeit beim Beschenkten sanktioniert.[56] Insofern ist nicht ersichtlich, warum sich der Beschenkte gegenüber einer juristischen Person undankbarer erweisen dürfte als gegenüber einer natürlichen Person. Führen etwa negative Äußerungen des Beschenkten in der Öffentlichkeit zu erheblichen Beeinträchtigungen des guten Rufs (*Goodwill*) eines Unternehmens, so können die Auswirkungen wirtschaftlich viel gravierender sein, als die »schwere Beleidigung«[57] einer natürlichen Person. Auch kann es sachlich keinen Unterschied machen, ob es sich bei dem Unternehmen um einen einzelkaufmännischen Betrieb handelt oder um eine Gesellschaft.

---

50 Für die Entlastung: *Wiegand*, S. 166 ff. und S. 188 ff. Für den Verzicht: *Fleischer*, in: MüKo/GmbHG, § 43 Rn. 281; *Bachmann*, S. 112; *Bayer*, GmbHR 2014, 897 (903). Allgemein zu diesen besonderen Anfechtungsrechten: Staudinger/*Wimmer-Leonhardt*, § 516 Rn. 164 ff. und 174 ff.

51 Gegen die Anwendbarkeit von § 530 BGB: RG SeuffA 85, Nr. 124; BGH NJW 1952, 955 (956); *Muscheler*, WM 2003, 2213 (2217); *ders.*, AcP 203 (2003), 469 (502); Staudinger/*Wimmer-Leonhardt*, § 530 Rn. 30; Jauernig/*Mansel*, § 530 Rn. 1; Palandt/*Weidenkaff*, § 530 Rn. 1; Soergel/*Eckert*, § 530 Rn. 15. a.A. *J. Koch*, in: MüKo/BGB, § 530 Rn. 4; *Gehrlein*, in: Bamberger/Roth, § 530 Rn. 3; PWW/*Frensch/Hoppenz*, § 530 Rn. 3; Erman/*Herrmann*, § 530 Rn. 3.

52 BVerfGE 99, 185 (195 ff.); BGHZ 98, 93 (97); BGH NJW 1999, 2736; BGH NJW 2005, 279 (282); BGH NJW 2009, 1872 Tz. 10; BGH NJW 2009, 3580 Tz. 10.

53 *Koreng*, GRUR 2010, 1065 (1069) m.w.N.

54 *Gostomzyk*, NJW 2008, 2082 (2084).

55 Vgl. nur *Petersen*, Medienrecht, § 4 Rn. 65 m.w.N.

56 Ausführlich: *J. Koch*, in: MüKo/BGB, § 530 Rn. 4.

57 OLG Köln NJW-RR 2002, 1595: u.a. Bezeichnung der Eltern als »asozialer Asi«; Palandt/*Weidenkaff*, § 530 Rn. 6.

dd) Zusammenfassung

Zusammenfassend lässt sich feststellen, dass der Erlass und das konstitutive negative Schuldanerkenntnis trotz ihrer unterschiedlichen äußeren Form materiell-rechtlich identisch sind. Beide sind Ausdruck des gewollten Anspruchsverzichts, weil sie auf die Vernichtung einer (etwa) bestehenden Forderung gerichtet sind. Der zugrunde liegende Verzichtswille liegt dabei typischerweise nicht isoliert vor, sondern geht mit dem Willen zur Schaffung eines Rechtsgrunds einher. Die Forderung soll nicht nur erlöschen, sie soll auch erloschen bleiben. Paradigmatisch hierfür ist der unentgeltliche Erlass, bei dem der Verzichtswille mit einem Schenkungswillen einhergeht. Der gewollte Anspruchsverzicht kann dabei dem Ziel der Streitschlichtung dienen, doch ändert diese besondere Motivation nichts an der Einordnung des Rechtsgrunds als bloße Schenkungsabrede, solange die Streitschlichtung durch einseitiges Nachgeben des Verzichtenden erfolgen soll. Ein solcher streitschlichtender Anspruchsverzicht unterliegt den allgemeinen Schwächen des unentgeltlichen Erwerbs.

b) Das deklaratorische negative Schuldanerkenntnis

Den Tatbeständen, die Ausdruck eines gewollten Verzichts sind, steht das deklaratorische negative Schuldanerkenntnis gegenüber, das auf einem bloßen Feststellungswillen beruht. Während § 397 Abs. 2 BGB beim konstitutiven negativen Schuldanerkenntnisses im Verhältnis zu § 397 Abs. 1 BGB nur klarstellende Wirkung zukommt, stellt sich die Frage, ob die Vorschrift hier einen eigenständigen Anwendungsbereich hat. Von dem konstitutiven Anspruchsverzicht unterscheidet sich das deklaratorische negative Schuldanerkenntnis sachlich dadurch, dass die Parteien vom Nichtbestehen der Forderung überzeugt sind und »nur die von ihnen angenommene Rechtslage eindeutig dokumentieren und damit fixieren wollen«.[58] Anders als beim konstitutiven negativen Schuldanerkenntnis ist der Wille der Parteien – *qua definitionem* – nicht (auch nicht bedingt) auf eine etwaige Anspruchsvernichtung gerichtet, sondern allein auf die Feststellung der vermeintlich bestehenden Rechtslage. Ein solches Anerkenntnis zeichnet sich also dadurch aus, dass es nicht als Erlass bzw. Eventualerlass formuliert werden könnte.[59] Aus der Sicht der Parteien fehlt es von vornherein an einem Anspruch, der Gegenstand des Erlasses sein könnte. Welche Rechtsfolgen ein solches deklaratorisches negatives Schuldanerkenntnis hat, ist umstritten:

---

58 BAGE 117, 218 Tz. 29; BAGE 124, 349 Tz. 15; BAGE 127, 1 Tz. 40 m.w.N.
59 *Gernhuber*, Erfüllung, § 16 II 1 a), S. 390.

aa) Das deklaratorische negative Schuldanerkenntnis als kondizierbarer Anspruchsverzicht

Nach überwiegender und zutreffender Ansicht besteht der Sinn und Zweck des § 397 Abs. 2 BGB darin, dem deklaratorischen negativen Schuldanerkenntnis die gleiche Verzichtsfolge beizulegen wie dem konstitutiven Anspruchsverzicht.[60] Sachlich handelt es sich um eine Fiktion: Das Gesetz behandelt den Feststellungswillen als Verzichtswillen.[61] Da es aber an einem wirklichen Verzichtswillen fehlt, geht das deklaratorische negative Anerkenntnis nicht mit der gewollten Schaffung eines Rechtsgrunds einher, so dass das Anerkenntnis kondiziert werden kann.[62] Denn der Zweck des Anerkenntnisses war die Klarstellung und Sicherung des vermeintlichen Rechtszustands, und dieser Zweck wird verfehlt, wenn die Schuld in Wahrheit doch bestanden hat.[63]

(1) Der Regelungsplan des historischen Gesetzgebers

Dass das deklaratorische negative Schuldanerkenntnis nach dem Willen des historischen Gesetzgebers unter § 397 Abs. 2 BGB fallen sollte, ergab sich ausdrücklich noch aus dem ersten Entwurf (§ 290 Abs. 4 BGB-E1). Danach sollten die Vorschriften des Bereicherungsrechts entsprechende Anwendung finden, »wenn der Erlass oder das Anerkenntnis, daß ein Schuldverhältnis nicht bestehe, in der ausdrücklichen oder stillschweigenden Voraussetzung erfolgt ist, daß die erlassene oder als nicht bestehend anerkannte Schuld nicht bestehe.« Das Ziel der Regelung war es, »dem Gläubiger, welcher den Vertrag zwar mit dem Bewußtseine, daß er speziell zum Erlass oder zur Abgabe des negativen Anerkenntnisses nicht verpflichtet war, aber doch in der irrigen Voraussetzung geschlossen hat, daß die Forderung, auf welche der Vertrag sie bezogen, (zur Zeit der Schließung dieses

---

60 RGZ 83, 110 (116); RG JW 1910, 1002 Nr. 9; BGH WM 1982, 671 (672); *Esser/Schmidt*, SR I/1, § 21 I 2, S. 399 (ausführlicher noch *Esser*, Schuldrecht, 2. Auflage § 84 3, S. 372); *Enneccerus/Lehmann*, § 74 II 2, S. 296; *Schlüter*, in: MüKo/BGB, § 397 Rn. 14 (anders aber in Rn. 12: § 397 Abs. 2 BGB erfasse nur konstitutive negative Schuldanerkenntnisse); *Dennhardt*, in: Bamberger/Roth, § 397 Rn. 18; Palandt/*Grüneberg*, § 397 Rn. 10; Erman/*E. Wagner*, § 397 Rn. 11; RGRK/*Weber*, § 397 Rn. 34.

61 *Gernhuber*, Erfüllung, § 16 II 1b, S. 390; ähnlich, aber im Ergebnis zu weitgehend: Staudinger/*Rieble*, § 397 Rn. 224, 235: »Verzichtsvermutung«.

62 Motive II, S. 115 f. = Mugdan II, S. 63; RG JW 1910, 1002 Nr. 9; BGH WM 1982, 671 (672); *Enneccerus/Lehmann*, § 74 II 2, S. 296; *Schlüter*, in: MüKo/BGB, § 397 Rn. 14; *Dennhardt*, in: Bamberger/Roth, § 397 Rn. 24; Erman/*E. Wagner*, § 397 Rn. 1; AnwK/*Ring*, § 397 Rn. 50; RGRK/*Weber*, § 397 Rn. 34; Staudinger/*Rieble*, § 397 Rn. 235; für den Fall, dass die Parteien fälschlich angenommen hätten, die Forderung sei bereit erloschen Palandt/*Grüneberg*, § 397 Rn. 10; a.A. *v. Tuhr*, AT II/2, § 79 VIII, S. 266 ff.

63 *Enneccerus/Lehmann*, § 74 II 2, S. 296.

Vertrages) nicht oder nicht mehr bestehe, ausdrücklich die cond. indebiti« einzuräumen.[64] Zwar wurde § 290 Abs. 4 BGB-E1 im weiteren Gesetzgebungsverfahren gestrichen, doch wurde nunmehr § 397 Abs. 2 BGB mit dem Argument gerechtfertigt, dass nicht nur das bereits von § 397 Abs. 1 BGB erfasste konstitutive negative Schuldanerkenntnis denkbar sei: »Indessen, wenn gesagt sei, das Anerkenntnis, daß eine Schuld nicht bestehe, enthalte zugleich die Erklärung, daß man event. die Schuld aufheben wolle, so sei das nicht unbedingt richtig; es kommen Fälle vor, in denen die Parteien lediglich deshalb beabsichtigen, das Nichtbestehen einer Schuld festzustellen, weil sie der Überzeugung seien, daß die Schuld in Wirklichkeit nicht bestehe.«[65] Sachlich nimmt § 397 Abs. 2 BGB danach die Fälle des § 290 Abs. 4 BGB-E1 in sich auf. Auch ein gesonderter Verweis auf das Bereicherungsrecht erschien in Ansehung der Vorschrift des § 812 Abs. 2 BGB als überflüssig.[66] Der Wortlaut des § 812 Abs. 2 BGB, wonach das negative Schuldanerkenntnis als Leistung »gilt«, zeigt die sachliche Abstammung von § 290 Abs. 4 BGB-E1, der noch die »entsprechende Anwendung« des Bereicherungsrechts angeordnet hatte.

(2) Die Pflicht zur Wiederbegründung der erloschenen Forderung als Rechtsfolge der Kondiktion

Da der abstrakte Forderungsverzicht ohne Rücksicht auf einen Schuldgrund zum Erlöschen des Anspruchs führt, ist die Kondiktion – anders als in den Fällen der Rückgriffskondiktion[67] – auf die rechtsgeschäftliche Wiederherstellung der Forderung gerichtet.[68] Erlangt ist die Befreiung von einer Verbindlichkeit und die Herausgabe des Erlangten erfolgt durch die vertragliche Neubegründung der Forderung nach Maßgabe des § 311 Abs. 1 BGB. Die neubegründete Forderung ist dabei zwar nicht materiell-rechtlich identisch mit der erloschenen, wenigstens im Verhältnis von Gläubiger und Schuldner ist sie jedoch wie die erloschene zu be-

---

64 Motive II, S. 115 = *Mugdan* II, S. 63.
65 Protokolle II, S. 2596 = Mugdan II, S. 569.
66 Protokolle II, S. 2967 ff. = Mugdan II, S. 1177 ff.; vgl. auch *Jakobs/Schubert*, SR I, S. 733.
67 Vgl. *Larenz*/Canaris, SR II/2, § 69 III 2b, S. 192; *Medicus/Petersen*, BR; Rn. 952: nur Wertersatz nach § 818 II BGB, aber dennoch Schuldnerschutz analog §§ 404, 406 BGB. Siehe auch PWW/*Leupertz*, § 812 Rn. 29; Jauernig/*Stadler*, § 818 Rn. 6.
68 RGZ 76, 59 (60); BGHZ 110, 319 (321); *Larenz*, SR I, § 19 Ia, S. 269; *Gernhuber*, Erfüllung, § 16 I 5 c), S. 373; *Enneccerus/Lehmann*, § 74 II 2, S. 296; Staudinger/*Rieble*, § 397 Rn. 251; *Schlüter*, in: MüKo/BGB, § 397 Rn. 10, 14; Soergel/*Schreiber*, § 397 Rn. 8, 12; Palandt/*Sprau*, § 812 Rn. 81 a.E.; RGRK/Weber, § 397 Rn. 30; *Kleinschmidt*, in: HKK/BGB, § 397 Rn. 44; a.A. *Cohn*, Gruchot 47 (1903), 221 (234 ff.); *Caspers*, Erlaß und Verzicht nach dem Bürgerlichen Gesetzbuch, 1904, S. 24: Wertersatz nach § 818 Abs. 2 BGB.

handeln.[69] Die Neubegründung der erloschenen Forderung durch Rückgriff auf § 311 Abs. 1 BGB leuchtet ohne weiteres ein, wenn auf einen schuldrechtlichen Primäranspruch verzichtet wurde, der als solcher bereits auf einer schuldvertraglichen Absprache im Sinne des § 311 Abs. 1 BGB beruhte. Dann muss lediglich der Inhalt des zugrunde liegenden Schuldverhältnisses im weiteren Sinne durch Änderungsvertrag wieder um den rechtsgrundlos erlassenen Erfüllungsanspruch erweitert werden. Bei der Entlastung geht es hingegen in erster Linie um Sekundäransprüche wegen Pflichtverletzung und um Ansprüche aus dem Delikts- und Bereicherungsrecht. Die Wiederherstellung derartiger Ansprüche durch schuldrechtlichen Änderungsvertrag mutet auf den ersten Blick etwas merkwürdig an, weil sie dazu führt, dass eine schuldvertraglich begründete Forderung an die Stelle eines gesetzlichen (Sekundär-) Anspruchs tritt. Diese Substitution ist jedoch gerade die Konsequenz des in § 397 BGB angeordneten Erlöschens der Forderung. Unproblematisch lässt sich die vertragliche Änderung gesetzlicher Schuldverhältnisse auch unter den insoweit neutralen Wortlaut des § 311 Abs. 1 BGB fassen.[70]

(3) Die prozessuale Durchsetzung der wiederzubegründenden Forderung

Will der Gläubiger die rechtsgrundlos erlassene Forderung gegenüber dem Schuldner durchsetzen, müsste er danach eigentlich in zwei Schritten vorgehen: Zunächst wäre sein Begehren auf die Neubegründung der erloschenen Forderung im Wege der Kondiktion gerichtet, wobei die nach § 311 Abs. 1 BGB notwendige Willenserklärung des Kondiktionsschuldners gemäß § 894 ZPO durch die gerichtliche Entscheidung ersetzt wird. Erst im Anschluss könnte der Gläubiger den neubegründeten Anspruch verfolgen. Allgemein wird ihm jedoch zugebilligt, sowohl die Kondiktion als auch den neu zu begründenden Anspruch in einem einheitlichen gerichtlichen Verfahren geltend zu machen und sofort auf Leistung zu klagen.[71] In der Geltendmachung der erloschenen Forderung liegt dann die konkludente Zurückforderung des Anerkenntnisses im Wege der Kondiktion.[72] Hat der Gläubiger bereits einen Titel über den erloschenen Anspruch erwirkt, so kann

---

69 *Enneccerus/Lehmann*, § 74 II 2, S. 296 f. Fn. 4; *Gernhuber*, Erfüllung, § 16 I 5 c), S. 373; ungenau deshalb OLG Düsseldorf NJW 1985, 2723 (2724): »Wiederaufleben der ... Ansprüche«.

70 *Gehrlein/Sutschet*, in: Bamberger/Roth, § 397 Rn. 31.

71 Staudinger/*Rieble*, § 397 Rn. 251; *Martinek* in: JurisPK/BGB, § 818 Rn. 28; vgl. auch BGHZ 110, 319 (321). Im Prinzip handelt es sich um die gleichen Rechtsfolgen, die im Zusammenhang mit der sog. »Herstellungstheorie« im alten Kaufrecht anerkannt waren; vgl. dazu: BGHZ 29, 148 (151 f.); Palandt/*Putzo*, 61. Auflage 2002, § 465 Rn. 6 m.w.N. Ähnliche Fragen stellen sich noch heute im Rahmen von § 313 BGB, vgl. bei *Dauner-Lieb/Dötsch*, NJW 2003, 921 (924).

72 BGH WM 1958, 1157 (1158); BGH WM 1982, 671 (672).

er die Vollstreckung fortsetzen, weil sich der Schuldner wegen seiner Verpflichtung zur Neubegründung auf das Erlöschen der Forderung nicht berufen darf.[73] Hier zeigt sich die funktionelle Identität zwischen der erloschenen Forderung und dem auf Wiederbegründung gerichteten Bereicherungsanspruch.

(4) Die Darlegungs- und Beweislast hinsichtlich der wiederzubegründenden Forderung

Die logisch vorrangige Kondiktion führt gleichwohl zu einer weitreichenden Änderung der Darlegungs- und Beweislast, weil der Gläubiger zunächst nicht den ursprünglichen Anspruch, sondern – sachlich vorrangig – nur die Rückgewähr der Schuldbefreiung verlangen kann. Dazu muss er zunächst darlegen und ggf. beweisen, dass der Schuldner durch das negative Anerkenntnis die Befreiung von einer Verbindlichkeit erlangt hat, was wiederum voraussetzt, dass ursprünglich überhaupt eine Verbindlichkeit bestand. Die eigentliche Funktion des deklaratorischen negativen Schuldanerkenntnisses besteht vor diesem Hintergrund darin, dem Gläubiger die volle Darlegungs- und Beweislast für das ursprüngliche Bestehen der Forderung aufzuerlegen.[74] Die Einbindung des Anspruchs in die Kondiktion ändert deshalb zunächst nichts daran, dass er für sämtliche anspruchsbegründenden Umstände der erloschenen Forderung darlegungs- und beweispflichtig bleibt.[75] Insoweit kann nichts anderes gelten, als wenn er die Forderung nicht erlassen, sondern sogleich gerichtlich geltend gemacht hätte. Die Kondiktion führt darüber hinaus jedoch zu einer – häufig ausschlaggebenden – Verschlechterung der Rechtsstellung des Gläubigers im Hinblick auf Einwendungen, weil sich der Gläubiger im Rahmen der Kondiktion grundsätzlich nicht mehr auf etwaige »Beweiserleichterungen« berufen kann, die für den früheren Anspruch galten.[76]

Bei Ersatzansprüchen aus pflichtpflichtwidriger Geschäftsführung erlangt dieser Umstand besondere Bedeutung: Denn ist fehlendes Vertretenmüssen (§ 280 Abs. 1 Satz 2 BGB) oder sogar die fehlende objektive Pflichtwidrigkeit (§§ 93 Abs. 2

73 BGHZ 110, 319 (322); Staudinger/*Rieble*, § 397 Rn. 251.

74 OLG Köln FamRZ 1996, 249; Palandt/*Sprau*, § 812 Rn. 78; *Martinek*, in: JurisPK/BGB, § 818 Rn. 162.

75 Staudinger/*Rieble*, § 397 Rn. 235.

76 Einen atypischen Sonderfall betraf BGH NJW 1983, 626 (627): Der Kläger kondizierte eine Kontogutschrift und der Beklagte wendete ein, dass das Konto nur pro forma auf ihn lautete. Der BGH führte aus, zwar trage grundsätzlich der Kläger die Darlegungs- und Beweislast dafür, dass der Beklagte etwas erlangt habe, für atypische Umstände, die ausschließlich im Verantwortungsbereich des Schuldners liegen, trage jedoch ausnahmsweise dieser die Beweislast.

Satz 2 AktG, § 34 Abs. 2 Satz 2 GenG) dort als Einwendung ausgestaltet, so obliegt dem Schuldner hierfür nach allgemeinen Regeln eigentlich die Darlegungs- und Beweislast (sog. Entlastungs- bzw. Exkulpationsbeweis).[77] Im Rahmen der Kondiktion kehrt sich diese Darlegungs- und Beweislast jedoch um, weil der Gläubiger das ursprüngliche Bestehen des Anspruchs und damit nunmehr auch das Vertretenmüssen des Schuldners usw. darzulegen und ggf. zu beweisen hat (sog. Verschuldens- oder Inkulpationsbeweis). Anerkannt ist dabei zwar, das negative Merkmal des Fehlens von Einwendungen durch die Annahme einer »sekundären Behauptungslast« des Schuldners abzumildern.[78] Diese hätte aber wiederum nur zur Folge, dass der Gläubiger nicht pauschal das Fehlen *aller denkbaren* Einwendungen darlegen muss, sondern sich darauf beschränken kann, die vom Schuldner *behaupteten* Einwendungen zu widerlegen. Hierfür trägt er aber wiederum die volle Darlegungs- und Beweislast. Der Schuldner muss sich dann im Rahmen des Zumutbaren[79] substantiiert etwa auf fehlendes Verschulden berufen, um den Gläubiger zum Beweis des Verschuldens zu nötigen.

Die wesentliche Funktion des deklaratorischen negativen Schuldanerkenntnisses besteht danach in einer Beweislastumkehr zum Nachteil des Gläubigers. Das gesetzliche Konstruktionsmittel ist das rechtsgrundlose Erlöschen der als nicht bestehend anerkannten Ansprüche und der Verweis des Gläubigers auf die Wiederbegründung der Ansprüche im Wege der Kondiktion. Die Vorschriften der § 397 Abs. 2 BGB und § 812 Abs. 2 BGB bilden insofern ein inneres System, weil sich die auf § 397 Abs. 2 BGB beruhende Fiktion des Verzichtswillens nur vor dem Hintergrund der Kondizierbarkeit des fingierten Verzichts über § 812 Abs. 2 BGB rechtfertigen lässt.

(4) Der konstruktive Gleichlauf mit dem abstrakten positiven Schuldanerkenntnis

Eine solche Konstruktion mag auf den ersten Blick als ungewöhnlich und künstlich erscheinen. Doch auch an anderer Stelle, nämlich beim abstrakten (selbstständigen, konstitutiven) positiven Schuldanerkenntnis nach §§ 780, 781 BGB, hat sich der Gesetzgeber dieses Konstruktionsmittels bedient: Dort entsteht als Folge des abstrakten Anerkenntnisses eine selbständige Forderung mit dem gleichen Anspruchsinhalt wie die anerkannte Forderung; die anerkannte Forderung wird damit von ihren wirtschaftlichen und rechtlichen Zusammenhängen

77 Ausführlicher bereits S. 9 f.

78 Zur sekundären Behauptungslast ausführlich *Prütting*, in: MüKo/ZPO, § 286 Rn. 103 m.w.N.

79 BGHZ 98, 353; BGH NJW-RR 2002, 1309.

gelöst und allein auf den im Anerkenntnis zum Ausdruck gekommenen Leistungswillen des Schuldners gestellt,[80] so dass sich der Gläubiger zur Begründung seines Anspruchs nur noch auf das Anerkenntnis zu berufen braucht.[81] Die eigentliche Steuerung erfolgt wiederum erst über den Rechtsgrund des Anerkenntnisses: Grundsätzlich liegt dem abstrakten Anerkenntnis nämlich lediglich die anerkannte Verbindlichkeit selbst zugrunde, so dass der Inanspruchnahme aus dem Anerkenntnis nach §§ 812 Abs. 2, 821 BGB die Einrede ungerechtfertigter Bereicherung entgegengehalten werden kann, falls die anerkannte Schuld nicht oder nicht mehr besteht.[82] Rechtsfolge ist dabei wiederum eine Umkehr der Darlegungs- und Beweislast, diesmal zum Nachteil des Schuldners,[83] weil der Gläubiger nicht die Voraussetzungen des anerkannten Anspruchs darlegen und beweisen muss, sondern nur das Anerkenntnis selbst. Die Parallelen zum konstitutiven und deklaratorischen negativen Anerkenntnis zeigen sich zugleich darin, dass die Parteien auch dem abstrakten positiven Schuldanerkenntnis ganz oder teilweise einen eigenständigen Rechtsgrund beilegen können. Ein solcher Fall liegt vor, »wenn die Parteien mit dem Anerkenntnisvertrag einen Streit oder eine Unsicherheit über den Inhalt des zwischen ihnen bestehenden Rechtsverhältnisses beenden und ohne Rücksicht auf das Bestehen oder Nichtbestehen des anerkannten Anspruchs eine klare Rechtslage schaffen wollten.«[84] Soweit diese streitschlichtende Abrede reicht, ist die Kondiktion des Anerkenntnisses ausgeschlossen.[85] Das Verhältnis zwischen dem deklaratorischen und dem konstitutiven negativen Schuldanerkenntnis spiegelt sich mithin bei den positiven abstrakten Schuldanerkenntnissen im Sinne der §§ 780, 781 BGB wider, was als systematisches Argument für die Folgerichtigkeit der Einordnung des deklaratorischen negativen Schuldanerkenntnisses bei § 397 Abs. 2 BGB spricht.

(5) Die Darlegungs- und Beweislast hinsichtlich des fehlenden Rechtsgrunds

Die Wiederbegründung der ursprünglichen Forderung im Wege der Kondiktion setzt als weiteres Tatbestandsmerkmal das Fehlen eines Rechtsgrunds voraus. Das ist bei einem deklaratorischen negativen Schuldanerkenntnis – wie eingangs

80 BGH NJW 2008, 1589; Palandt/*Sprau*, § 780 Rn. 4.

81 BGH NJW 1976, 567.

82 Ausführlich: BGH NJW 2000, 2501 (2502); vgl. auch BGH NJW 2012, 2099 Tz. 22; BGH NJW-RR 1999, 573 (574); BGH NJW 1991, 2140 (2141); *kritisch* Baumann, FS Spiegelberger, 2009, S. 1176 ff.

83 BGH NJW-RR 1999, 573 (574); *Habersack*, in: MüKo/BGB, 6 A2013, § 780 Rn. 48.

84 BGH NJW 2000, 2501 (2502); BGH WM 1970, 1457 (1459); BGH WM 1975, 1233 f.; BGH WM 1986, 50 (51).

85 BGH NJW 2000, 2501 (2502).

dargestellt – zwar definitionsgemäß der Fall, dennoch stellt sich im Wechselspiel mit dem konstitutiven Anspruchsverzicht die Frage, wer für das Fehlen einer streitbereinigenden Schenkungsabrede die Darlegungs- und Beweislast trägt. Die weit überwiegende Ansicht geht davon aus, dass der Gläubiger im Streitfalle beweisen müsse, er habe lediglich die vermeintliche Rechtslage feststellen wollen und das Anerkenntnis irrtümlich abgegeben.[86] Das beruht auf einer konsequenten Anwendung des allgemeinen Grundsatzes, dass die Rechtsgrundlosigkeit einer Bereicherung von demjenigen darzulegen und zu beweisen ist, der den Bereicherungsanspruch geltend macht, weil es sich beim Fehlen des Rechtsgrunds um eine Anspruchsvoraussetzung handelt.[87] Hierbei sind seit langem gewisse Beweiserleichterungen anerkannt: So kann aus der allgemeinen Beweisregel nach Ansicht des Bundesgerichtshofs »nicht der Schluss gezogen werden, dass der Bereicherungsschuldner zu Sachvortrag im Hinblick auf den Rechtsgrund der erfolgten Vermögensmehrung nicht verpflichtet sei. Der Schuldner ist vielmehr gehalten, die Umstände darzulegen, aus denen er ableitet, das Erlangte behalten zu dürfen. Dies wiederum muss der Bereicherungsgläubiger durch eigenen Vortrag und – im Falle des Bestreitens – durch geeigneten Nachweis widerlegen, um das Fehlen eines rechtlichen Grundes darzutun. Der Bereicherungsschuldner hat in zumutbarer Weise dazu beizutragen, dass der Anspruchsteller in die Lage versetzt wird, sich zur Sache zu erklären und den ggf. erforderlichen Beweis anzutreten.«[88] Das bedeutet zwar nur eine sekundäre Behauptungslast des Bereicherungsschuldners, die in den meisten Fällen jedoch zu angemessenen Ergebnissen führen dürfte. Allerdings befreit sie den Gläubiger nicht von der ihm obliegenden Beweislast, sondern grenzt nur den Kreis der möglichen Beweisthemen ein. Im Schrifttum wird dies vielfach kritisiert, wenn sich der Schuldner lediglich auf eine Schenkung beruft: Aus der Schwäche des unentgeltlichen Erwerbs folge vielmehr, dass der angeblich Beschenkte die Schenkung beweisen müsse.[89]

Diese Kritik geht in ihrer Allgemeinheit bedenklich weit, weil eine solche Beweislast des Schuldners die Gefahr birgt, die Verlässlichkeit der formfrei möglichen Handschenkung auszuhöhlen. Dennoch darf auf der anderen Seite nicht übersehen werden, dass das Gesetz an das Schenkungsversprechen in § 518

---

86 OLG Köln, FamRZ 1996, 249; OLGR Bamberg, 2003, 81 (82); Palandt/*Grüneberg*, § 397 Rn. 10; Palandt/*Sprau*, § 812 Rn. 78; Erman/*E. Wagner*, § 397 Rn. 11.

87 BGHZ 128, 167 (171); BGHZ 154, 5 (9); BGH NJW-RR 2009, 544 Tz. 36; *Schwab*, in: MüKo/BGB, § 812 Rn. 363.

88 BGH ZEV 2003, 207 (208) mit Verweis auf BGH NJW 1999, 2887.

89 *Wacke*, AcP 191 (1991), 1 (12f.);. *Wacke*, ZZP 114 (2001), 77 (92ff.); *Schiemann*, JZ 2000, 570 (571f.); *Böhr*, NJW 2001, 2059 (2061); Staudinger/*S. Lorenz*, § 812 Rn. 92; a.A. *Schwab*, in: MüKo/BGB, § 812 Rn. 364, 367.

Abs. 1 Satz 1 BGB besonders strenge Formanforderungen stellt und von diesen nur absieht, wenn die versprochene Leistung nachträglich bewirkt wird (§ 518 Abs. 2 BGB) oder die Schenkungsabrede mit der Zuwendung einhergeht (§ 516 Abs. 1 BGB) bzw. dieser nachfolgt (§ 516 Abs. 2 BGB). Alle diese Fälle zeichnen sich dadurch aus, dass der Schenker die Zuwendung aus seinem Vermögen erbracht hat und deshalb des besonderen – auch beweismäßigen – Schutzes durch die Formvorschrift des § 518 Abs. 1 Satz 1 BGB nicht mehr bedarf. Daraus leitet die Rechtsprechung in jüngerer Zeit zu Recht ab, dass vom Bereicherungsschuldner zwar nicht der Nachweis einer Schenkung bzw. eines Schenkungswillens des Gläubigers verlangt werden kann, wohl aber der Nachweis, »dass die Vermögensverschiebung mit dem Wissen und Wollen des Schuldners erfolgt ist«.[90] Das überzeugt, weil der Schenker erst in einem solchen Fall nicht mehr den besonderen schenkungsrechtlichen Schutz des § 518 Abs. 1 Satz 1 BGB genießt. Erst dann kann ihm deshalb – wie jedem anderen Gläubiger auch – nach allgemeinen Grundsätzen das Risiko auferlegt werden, bei Unerweislichkeit der Rechtsgrundlosigkeit mit der Kondiktion zu unterliegen.

Beim deklaratorischen negativen Schuldanerkenntnis besteht in diesem Zusammenhang allerdings die Besonderheit, dass der Gläubiger das Anerkenntnis zwar bewusst und gewollt erteilt hat, ihm allerdings das Verfügungs*bewusstsein* fehlte. Denn der als nichtbestehend anerkannte Anspruch erlischt beim deklaratorischen negativen Anerkenntnis nicht aufgrund eines Verzichtswillens, sondern weil § 397 Abs. 2 BGB an den zugrunde liegenden Feststellungswillen kraft Gesetzes die Folge des Anspruchsverlusts knüpft. Deshalb fehlt es in der Diktion der Rechtsprechung an einer Vermögensverschiebung, die mit Wissen und Wollen des Leistenden bewirkt wird. Vor diesem Hintergrund genügt der Schuldner seiner Darlegungs- und Beweislast nicht schon dadurch, dass er lediglich ein negatives Anerkenntnis behauptet und ggf. beweist, wenn er dabei offenlässt, ob es sich um ein konstitutives oder deklaratorisches negatives Anerkenntnis handelt. Vielmehr muss der Schuldner zum Ausschluss der Kondiktion geltend machen, dass das Erlöschen des Anspruchs gerade mit dem Wissen und Wollen des Gläubigers eingetreten ist, d. h. dass ein konstitutiver Anspruchsverzicht vorliegt. Erst in einem solchen Falle obliegt dem Schuldner umgekehrt die Darlegungs- und Beweislast, dass trotz dieser bewussten Vermögensverschiebung entweder keine Schenkung beabsichtigt oder aber die beabsichtigte Schenkung unwirksam war. Nur weil beim streitschlichtenden, unentgeltlichen Verzicht der konstitutive Verzichtswille typischerweise mit dem Willen zur Schaffung einer Schenkungsabrede

90 BGH NJW 2014, 2275 Tz. 14 mit Verweis auf BGHZ 169, 377 Tz. 15; zustimmend: Palandt/*Sprau*, § 812 Rn. 76.

einhergeht, bedeutet das im Ergebnis, als dass dem Schuldner *mittelbar* doch der Beweis des Streitschlichtungszwecks und damit der Beweis einer gewollten Schenkung auferlegt ist.

Gegen diese Argumentation lässt sich nicht anführen, dass das deklaratorische negative Schuldanerkenntnis nach § 812 Abs. 2 BGB als Leistung »gilt«, so dass der Gläubiger das Erlöschen des Anspruchs als mit seinem Wissen und Wollen erfolgt gegen sich gelten lassen muss. Denn wenn der Gläubiger den mit dem Formerfordernis des § 518 Abs. 1 Satz 1 BGB einhergehenden besonderen Schutz erst dadurch verliert, dass er eine bewusste Verfügung gegenüber dem Bereicherungsschuldner trifft, dann überzeugte es nicht, diesen originär schenkungsrechtlichen Schutz über eine bereicherungsrechtliche Fiktion auszuschalten. Gleiches gilt im Hinblick auf das denkbare Argument, für den Ausschluss des Anspruchs müsse der Gläubiger lediglich die Voraussetzungen des § 397 Abs. 2 BGB darlegen und beweisen, wofür schon der Nachweis eines bloßen deklaratorischen negativen Schuldanerkenntnisses genüge. Das mag zwar formal zutreffen, beachtet aber nicht hinreichend, dass die Fiktion des § 397 Abs. 2 BGB wegen des inneren Wertungs- und Verweisungszusammenhangs mit § 812 Abs. 2 BGB von vornherein unter dem Vorbehalt der bereicherungsrechtlichen Rückabwicklung steht. Das gesetzliche Ziel ist es eben nicht, den Schuldner in den Genuss eines beständigen Anspruchsverzicht gelangen zu lassen, selbst wenn ein Verzichtswille fehlt. Vielmehr soll erst das Bereicherungsrecht über die Beständigkeit des Anspruchsausschlusses entscheiden; und soweit hier besondere schenkungsrechtliche Wertungen greifen, besteht kein Anlass diese über §§ 397 Abs. 2, 812 Abs. 2 BGB auszuschalten.

Vor diesem Hintergrund wird das hier vertretene Verständnis dem Sinn und Zweck der gesetzlichen Anerkennung des deklaratorischen negativen Schuldanerkenntnisses in § 397 Abs. 2 BGB in besonderer Weise gerecht: Denn einerseits stellt es sicher, dass der Gläubiger infolge des Anerkenntnisses vollumfänglich die Darlegungs- und Beweislast für das ursprüngliche Bestehen der Forderung trägt. Anderseits muss der Schuldner – wie sonst auch bei Einwendungen – im Streitfalle *letztlich* den Nachweis erbringen, dass mit dem Anerkenntnis das Erlöschen der Forderung und damit eine Änderung der materiellen Rechtslage zu seinen Gunsten bezweckt war.[91]

---

91 In der Sache ebenso für das *positive* Schuldanerkenntnis nach §§ 780, 781 BGB: *Schwab*, in: MüKo/BGB, § 812 Rn. 368; anders: Staudinger/*Rieble*, § 397 Rn. 224: »Verzichtsvermutung«.

bb) Das deklaratorische Anerkenntnis als vertragliche Abrede über die Beweislast

Gegen die Deutung des deklaratorischen negativen Schuldanerkenntnisses als Fall des § 397 Abs. 2 BGB hat vor allem *Gernhuber* eingewandt, dass das Fehlen des Verzichtswillens unnötigerweise »zu einem Mangel des Rechtsgrundes umstilisiert« werde.[92] Das deklaratorische negative Schuldanerkenntnis falle seiner Ansicht nach nicht unter § 397 Abs. 2 BGB,[93] stattdessen erschöpften sich die Wirkungen »in den von den Parteien intendierten Rechtsfolgen; keine Forderung erlischt, doch trägt in Zukunft jene Partei die Beweislast für die Existenz einer Schuld, die sich hierauf beruft.«[94]

Dabei stellt sich aber bereits die Frage, ob es sich bei der Beweislastumkehr tatsächlich um eine von den Parteien *intendierte* Rechtsfolge handelt. Denn ob sie mit dem deklaratorischen negativen Schuldanerkenntnis wirklich immer eine Regelung der Beweislast treffen wollen, ist nicht ausgemacht. Gewollt ist lediglich die Feststellung der vermeintlichen Rechtslage. Das deutet nicht zwingend auf eine Beweislastumkehr hin, denn denkbar wäre zumindest auch, dass es sich lediglich um ein sog. »Zeugnis gegen sich selbst« handelt, das – wie im Folgenden noch darzustellen sein wird – weniger rigorose Auswirkungen auf die Darlegungs- und Beweislast hat. Stattdessen führt letztlich erst das feinsinnige Zusammenspiel von § 397 Abs. 2 BGB und § 812 Abs. 2 BGB dazu, dass dem Feststellungswillen – wiederum kraft Gesetzes – die Folge einer Beweislastregelung zukommt. Nach der Konzeption des Gesetzes tritt sie als mittelbare Rechtsfolge selbst dann ein, wenn sie eigentlich nicht gewollt war. Wenn die Änderung der Darlegungs- und Beweislast danach aber nicht zwingend auf dem Parteiwillen beruht, sondern letztlich auf dem Gesetz, so erscheint es als nicht unbedenklich, den Parteien stets einen entsprechenden Rechtsfolgewillen zu unterstellen.

Dagegen wiegt das Argument von *Gernhuber* schwer, dass mit dem Erlöschen der Forderung auch akzessorische Sicherheiten entfielen und gesondert wiederbegründet werden müssten (entweder im Wege der Kondiktion[95] oder nach Neubegründung der gesicherten Forderung aufgrund der jeweiligen Sicherungsabreden).[96] Freilich entsprach das Freiwerden der Sicherungsgeber aber gerade

---

92 *Gernhuber*, Erfüllung, § 16 II 1 a), S. 390.

93 *Gernhuber*, Erfüllung, § 16 II 1 a), S. 390 f.; *Kress*, SR, § 20 III 6 b) Fn. 6, S. 466; PWW/*Pfeiffer*, § 397 Rn. 19.

94 *Gernhuber*, Erfüllung, § 16 II 1 a), S. 391; anders *Kress*, SR, § 20 III 6 b), S. 467: die Schuld bleibe bestehen, der Gläubiger müsse sie aber als erloschen gegen sich gelten lassen.

95 *Enneccerus/Lehmann*, § 74 II 2, S. 296 f. Fn. 4; Soergel/*Schreiber*, § 397 Rn. 13.

96 *Gernhuber*, Erfüllung, § 16 II 1 a), S. 391.

dem Willen des historischen Gesetzgebers.[97] Indessen stellt sich das deklaratorische negative Schuldanerkenntnis für die Parteien nicht als einziges Gestaltungsmittel dar. Schon aus Gründen der Privatautonomie ist neben ihm Raum für abweichende vertragliche Regelungen nach Maßgabe des § 311 Abs. 1 BGB. Gerade wenn akzessorische Sicherheiten bestehen, mag die Auslegung deshalb ergeben, dass eine vertragliche Beweislastregelung den erkennbaren Interessen der Beteiligten besser entspricht. Ist das der Fall, dann liegt statt eines deklaratorischen negativen Schuldanerkenntnisses tatsächlich nur eine vertragliche Beweislastabrede vor. Vor dem Hintergrund der gesetzlichen Regelung in § 397 Abs. 2 BGB, die an den Feststellungswillen die Folge eines rechtsgrundlosen Anspruchsverzichts knüpft, müssen dafür jedoch besondere Umstände sprechen.[98]

Die Fälle der Entlastung zeichnen sich indessen nicht dadurch aus, dass akzessorische Sicherheiten für die betroffenen Ersatzansprüche bestehen. Denkbar und im Kapitalgesellschaftsrecht seit einigen Jahren sogar sehr häufig anzutreffen sind dagegen Vermögenshaftpflicht- bzw. D&O-Versicherungen (»Directors & Officers Liability Insurances«, vgl. § 93 Abs. 2 Satz 3 AktG).[99] Der aus der Versicherung nach § 100 VVG resultierende Freistellungsanspruch des versicherten Organmitglieds gegen den Versicherer ist dabei nicht im strengen Sinne akzessorisch.[100] Zwar setzt er eine implizite Ersatzpflicht des versicherten Organmitglieds voraus, doch wird sich im Streitfalle ohnehin erst im Rahmen eines Ersatzprozesses zwischen der Gesellschaft und dem Organmitglied erweisen, ob der Ersatzanspruch tatsächlich bestand. Ob Gegenstand des Prozesses zunächst die Kondiktion des erloschenen Anspruchs ist oder der fortbestehende Ersatzanspruch mit modifizierter Darlegungs- und Beweislast, macht keinen sachlichen Unterschied. Besondere Argumente für eine Auslegung der Entlastung als bloßer Beweisvertrag lassen sich den ihr zugrunde liegenden Vorgängen daher regelmäßig nicht entnehmen.

Auch im Übrigen bestehen in den hier untersuchten Fällen keine wesentlichen Unterschiede zwischen einer Einordnung des deklaratorischen negativen Schuldanerkenntnisses als Anwendungsfall der §§ 397 Abs. 2, 812 Abs. 2 BGB oder als vertragliche Beweislastregelung. Insbesondere trägt der Schuldner bei einer Auslegung des negativen Anerkenntnisses als bloße Beweislastabrede ebenfalls

---

97 Protokolle II, S. 511; *Jakobs/Schubert*, SR I, S. 734; Staudinger/*Rieble*, § 397 Rn. 229, 235.

98 Ähnlich wohl Staudinger/*Rieble*, § 397 Rn. 235.

99 Zur Geschichte und den Hintergründen vgl. *Ihlas*, in: MüKo/VVG, Directors & Officers Versicherung Rn. 1 ff.

100 Zum sog. »de facto-Direktanspruch«, der sich nach neuem Recht aus der Zulässigkeit der Abtretung des Freistellungsanspruchs an die Gesellschaft (§§ 105, 108 Abs. 2 BGB) ergeben soll, vgl. *Ihlas*, in: MüKo/VVG, Directors & Officers Versicherung Rn. 248 und ausführlich *Thomas*, S. 449 ff.

die Darlegungs- und Beweislast für das Vorliegen eines konstitutiven negativen Anerkenntnisses, welches nach Ansicht von *Gernhuber* allein unter § 397 Abs. 2 BGB fällt; da seine Sichtweise ohne einen Rückgriff auf die Kondiktion auskommt, stellen sich die dort beim Rechtsgrund behandelten Fragen schon im Ansatz nicht. Dogmatisch erscheint die Einordnung bei § 397 Abs. 2 BGB gleichwohl vorzugwürdiger, weil sie sich aus der Anwendung des Gesetzes ergibt und auch dem Willen des historischen Gesetzgebers entspricht.

cc) Das deklaratorische Anerkenntnis als »unverbindliche« Wissenserklärung des Gläubigers

Außerhalb rechtsgeschäftlicher Erklärungen kann die Äußerung einer Vertragspartei, sie habe gegen den anderen keine Ansprüche mehr bzw. der andere schulde nichts mehr, auch als bloße »unverbindliche Meinungsäußerung« ausgelegt werden.[101] Zuweilen – namentlich bei *Larenz* – ist in diesem Zusammenhang ebenfalls vom »deklaratorischen negativen Schuldanerkenntnis« die Rede.[102]

Im Ausgangspunkt verbleibt für ein solches »unverbindliches« Schuldanerkenntnis neben dem deklaratorischen negativen Schuldanerkenntnis (im hier zugrunde gelegten Sinne, d.h. mit der Folge eines kondizierbaren Anspruchsverlusts) durchaus ein Anwendungsbereich, wenn sich nämlich die Parteien gerade nicht im Wege des Vertrags »verbindlich« auf die Feststellung des Nichtbestehens von Ansprüchen verständigen, sondern der Gläubiger erkennbar nur eine »unverbindliche« einseitige Aussage treffen will. Doch zieht *Larenz* den Anwendungsbereich des einseitigen negativen Schuldanerkenntnisses weiter, weil er das negative Schuldanerkenntnis nach § 397 Abs. 2 BGB nur auf solche Fälle erstreckt, in denen »sich der Erklärende nach den Umständen dessen bewußt sein muss, der andere erstrebe oder erwarte eine *abschließende* Regelung, auf die er sich verlassen kann.«[103] Der Hinweis darauf, dass eine »abschließende« Regelung gewollt sein müsse, lässt sich nur so deuten, dass das rechtsgrundlos erteilte und deshalb

101 *Larenz*, SR I, § 19 Ia, S. 268; ähnlich Staudinger/*Kaduk*, 12. Auflage 1994, § 397 Rn. 80 ff. und wohl auch BAGE 124, 349 Tz 15; BAGE 127, 1 Tz. 40; BAGE 117, 218 Tz. 29. In diesen Entscheidungen bleiben die Rechtsfolgen des »deklaratorischen negativen Schuldanerkenntnisses« formal offen. Dass das BAG letztlich die Ansicht von *Kaduk* vertritt, folgt wohl aus der Verweiskette: BAGE 117, 218 Tz. 29 – BAGE 102, 103 (109) – OLG Düsseldorf NZA-RR 1998, 1 (2) – BAG NJW 1982, 1479. Dort heißt es (freilich ohne den Begriff des »deklaratorischen negativen Schuldanerkenntnisses« zu verwenden): »kein Verzicht«. Auch verweist OLG Düsseldorf NZA-RR 1998, 1 (2) direkt auf *Kaduk*, aaO.

102 *Larenz*, SR I, § 19 Ia, S. 268.

103 *Larenz*, SR I, § 19 Ia, S. 268 f. (Hervorhebung nur hier).

von vornherein kondizierbare negative Schuldanerkenntnis seiner Ansicht nach nicht von § 397 Abs. 2 BGB erfasst sein soll, sondern letztlich nur die Fälle des negativ formulierten Erlasses bzw. des Eventualerlasses darunter fallen.

Gleichwohl läge – wie schon bei *Gernhuber* – für die hier untersuchten Fälle in der Sache keine wesentliche Divergenz vor, wenn auch das einseitige negative Schuldanerkenntnis die Folge einer Beweislastumkehr hätte. Dann handelte es sich erneut nur um eine abweichende juristische Konstruktion der Beweislastumkehr, die freilich – und das stimmt bereits bedenklich – ohne das im Gesetz vorgesehene Vertragserfordernis auskäme. Die Rechtsfolge der »Meinungsäußerung« hat *Larenz* allerdings recht deutlich dahin konkretisiert, dass sie »unverbindlich« sei.[104] Legt man das zugrunde, hätten die Parteien nur zwei Möglichkeiten: Entweder könnten sie die Rechtslage abschließend bereinigen, indem sie ein konstitutives negatives Schuldanerkenntnis – also materiell-rechtlich einen Eventualerlass – vereinbaren, oder der Schuldner müsste mit einer bloß unverbindlichen Erklärung vorlieb nehmen und wäre zur weiteren Sachverhaltsaufklärung und Beweissicherung gezwungen. Ist der Inhalt der Erklärungen jedoch allein auf die Feststellung der vermeintlichen Rechtslage gerichtet, ohne dass ein Eventualerlass gewollt ist, dann wird der Schuldner dennoch typischerweise von weiterer Aufklärung und Beweissicherung absehen. Da das Anerkenntnis nach der Ansicht von *Larenz* mangels Bereinigungswillens aber nur »unverbindlich« wäre, könnte er so im Vertrauen auf die gemeinsame Feststellung letztlich in Beweisnot geraten.

Das führt zu der Frage, ob ein einseitiges »unverbindliches« negatives Schuldanerkenntnis nicht doch geeignet ist, den Schuldner vor Beweisnot zu bewahren.[105] Sachlich beinhaltet eine solche Äußerung eine bloße *Wissens*erklärung, die im Bereich der *positiven* Schuldanerkenntnisse als »Zeugnis gegen sich selbst«[106] oder als »einseitiges nichtrechtsgeschäftliches Anerkenntnis«[107] bezeichnet wird, und die dort keineswegs »unverbindlich« sein soll. Im Ausgangspunkt handelt es sich zwar um »ein Anerkenntnis, das keinen besonderen rechtsgeschäftlichen Verpflichtungswillen des Schuldners verkörpert, das der Schuldner vielmehr zu dem Zweck abgibt, dem Gläubiger seine Erfüllungsbereitschaft mitzuteilen und ihn dadurch etwa von sofortigen Maßnahmen abzuhalten oder dem Gläubiger den Beweis zu erleichtern.«[108] Nach Ansicht des

---

104 *Larenz*, SR I, § 19 Ia, S. 268.

105 In diesem Sinne etwa: Staudinger/*Kaduk*, 12. Auflage 1994, § 397 Rn. 80 ff.

106 BGHZ 66, 250 (254); BGH NJOZ 2007, 1473 Tz. 16; Rosenberg/Schwab/Gottwald, § 114 I 1 h, S. 653; Palandt/*Sprau*, § 781 Rn. 6.

107 Ausführlich: *E. Ehmann*, Schuldanerkenntnis und Vergleich, 2005, S. 13 ff.

108 BGHZ 66, 250 (254).

Bundesgerichtshofs bewirken solche einseitigen Anerkenntnisse trotz des fehlenden Verpflichtungswillens gleichwohl »eine Umkehrung der Beweislast *oder* stellen ein Indiz dar, das der Richter bei seiner Beweiswürdigung verwerten kann, das aber jedenfalls durch den Beweis der Unrichtigkeit des Anerkannten entkräftet werden kann«.[109]

Vor dem Hintergrund des Fehlens einer Vorschrift, die das einseitige positive Anerkenntnis mit der Folge einer Beweislastumkehr verbindet, bestehen indes erhebliche Zweifel, ob es tatsächlich zu einer Beweislastumkehr im technischen Sinne führen kann und dem beklagten Schuldner im Prozess den *Hauptbeweis* für das Nichtbestehen der Schuld auferlegt.[110] Zwar kann ein »Zeugnis gegen sich selbst« im Einzelfall eine so große Indizwirkung entfalten, dass es – vergleichbar mit dem Anscheinsbeweis – die richterliche Überzeugung rechtfertigt, von dem Anerkenntnis könne unmittelbar auf den anerkannten Anspruch des Klägers geschlossen werden,[111] weshalb der Kläger den Hauptbeweis erfolgreich geführt habe. Damit wird der Beklagte indes nur zum *Gegenbeweis* gezwungen, dass das Anerkannte unrichtig sei und die Forderung doch nicht bestehe. Von einer echten Beweislastumkehr kann dann eigentlich nicht die Rede sein, weil das »Zeugnis gegen sich selbst« dem beweisbelasteten Kläger nur die Führung des Hauptbeweises erleichtert, indem es im Rahmen der freien richterlichen Beweiswürdigung (§ 286 ZPO) besondere Berücksichtigung findet. Seine Folge ist dann lediglich eine *faktische* Beweislastumkehr. Diese feinsinnige begriffliche Unterscheidung macht plausibel, warum der Bundesgerichtshof davon ausgeht, dass ein »Zeugnis gegen sich selbst« zwar zu einer Beweislastumkehr führen »kann«,[112] aber nicht zwangsläufig führen muss. Denn dem liegt die Erwägung zugrunde, dass der Beweiswert eines einseitigen positiven Anerkenntnisses nicht in jedem Falle gleich zu erachten ist. Vielmehr nimmt die Überzeugungskraft des Anerkenntnisses umso mehr ab, je komplexer der anerkannte Sachverhalt ist.[113] Den bisher entschiedenen Fällen, in denen der Bundesgerichtshof eine »Beweislastumkehr« als Folge eines einseitigen positiven Anerkenntnisses angenommen hat, lagen daher vergleichsweise schlichte Sachverhalte zugrunde. So ging es etwa um die Anerkennung der Schuldfrage nach einem Verkehrsunfall (sog. »Anerkenntnis an

---

109 BGHZ 66, 250 (254) für die Konstellation eines (positiven) »Anerkenntnisses an der Unfallstelle« (Hervorhebung nur hier); vgl. auch BGHZ 69, 328; BGH NJW 1984, 779; BGH NJOZ 2007, 1473 Tz. 16.

110 Überzeugend gegen eine »echte Beweislastumkehr«: *E. Ehmann*, S. 17 ff. m.w.N.

111 *E. Ehmann*, S. 17.

112 So ausdrücklich: BGH NJOZ 2007, 1473 Tz. 16.

113 *E. Ehmann*, S. 14, 236.

der Unfallstelle«)[114] oder um die Teilzahlung auf eine Schadensersatzforderung.[115] Soweit das einseitige Anerkenntnis wegen der zunehmenden Komplexität des anerkannten Sachverhalts dagegen eine »Beweislastumkehr« nicht mehr zu rechtfertigen vermag, ist es auch nach Ansicht des Bundesgerichtshofs lediglich im Rahmen der freien richterlichen Beweiswürdigung nach § 286 ZPO zu berücksichtigen. Sein Beweiswert beruht dann im Wesentlichen auf dem allgemeinen »Erfahrungssatz, dass niemand ihm ungünstige Tatsachen zuzugeben pflegt, wenn er nicht von ihrer Wahrheit überzeugt ist«.[116] Wie weit die Indizwirkung dann tatsächlich reicht, ist eine Frage des Einzelfalls. Vor diesem Hintergrund liegt es nahe, das »Zeugnis gegen sich selbst« stets nur bei dem durch den Kläger zu führenden Hauptbeweis nach § 286 ZPO zu berücksichtigen und dort im Einzelfall rein faktisch zu einer »Beweislastumkehr« zu gelangen. Damit würde vermieden, dem Anerkenntnis zwei wesensverschiedenen Wirkungen beizulegen, nämlich einmal die echte Beweislastumkehr und einmal die bloße Berücksichtigung bei § 286 ZPO.

Ob diese Rechtsprechung auf einseitige negative Schuldanerkenntnisse übertragen werden kann, darf bezweifelt werden, und erst recht, ob das einseitige »Zeugnis gegen sich selbst« einen adäquaten Ersatz für das deklaratorische negative Schuldanerkenntnis im hier vertretenen Sinne darstellt. Das positive Schuldanerkenntnis zeichnet sich nämlich gerade dadurch aus, dass es nur eine einzige Forderung zum Gegenstand hat, deren Bestehen anerkannt wird. Soweit sich das negative Schuldanerkenntnis ebenfalls nur auf eine einzelne denkbare Schuld bezieht, ist die Übertragung der Grundsätze zum »Zeugnis gegen sich selbst« daher noch am ehesten möglich. Erstreckt sich das negative Anerkenntnis dagegen auf eine Vielzahl von denkbaren Forderungen und knüpft es also an komplexeren Sachverhalten an, wird sich oft nur schwerlich eine »Beweislastumkehr« damit verbinden lassen. So erscheint es als erheblich plausibler, wenn der Anerkennende geltend macht, er habe unter einer Vielzahl von möglichen Forderungen eine bestimmte übersehen, als wenn er das Anerkenntnis von vornherein nur in Ansehung einer konkreten Forderung erteilt hat. Dagegen dürfte es weitgehend unbedenklich sein, das einseitige negative Schuldanerkenntnis im Rahmen der freien Beweiswürdigung nach § 286 ZPO zu berücksichtigen. Das führt freilich im Ergebnis dazu, dass auch das »unverbindlich« gewollte negative Anerkenntnis gewisse beweisrechtliche Folgen auslösen kann, weil im Allgemeinen nicht anzunehmen ist, dass ein solches Anerkenntnis gegen die eigenen Über-

114 BGHZ 66, 250; BGH NJW 1984, 799; kritisch *E. Ehmann*, S. 16.
115 BGH NJOZ 2007, 1473.
116 *E. Ehmann*, S. 236.

zeugungen ausgesprochen wird.[117] Gleichwohl begründet es jedenfalls bei komplexeren Sachverhalten letztlich nur schwächere Beweiswirkungen, die hinter dem deklaratorischen negativen Schuldanerkenntnis (entweder nach Maßgabe von §§ 397 Abs. 2, 812 Abs. 2 BGB oder im Sinne einer vertraglichen Beweisabrede) doch deutlich zurückbleiben.

Zu berücksichtigen ist allerdings, dass die Rechtsprechung zum »Zeugnis gegen sich selbst« funktional auf dem Umstand beruht, dass der Gläubiger durch das Anerkenntnis – etwa an der Unfallstelle – von der »Wahrnehmung seiner Erkenntnismöglichkeiten« abgehalten wird und die Veränderung der Beweislage hierfür letztlich ein »Äquivalent« ist.[118] Der Umstand der Beweisnot wird nämlich auch bei negativen Anerkenntnissen, die auf komplexeren Sachverhalten beruhen, durchaus relevant, weil sich der Empfänger auf das Anerkenntnis verlassen und von einer Sicherung weitergehender Beweismöglichkeiten absehen kann. Während die Gelegenheit, den Sachverhalt näher aufzuklären und Beweise zu sichern, bei Verkehrsunfällen aber nur zeitlich eng begrenzt und meist auch nur am Unfallort selbst besteht, tritt eine etwaige Beweisnot bei den negativen Anerkenntnissen typischerweise erst nach einer gewissen Zeit ein, weil der zunehmende Zeitablauf die Beweismöglichkeiten des Schuldners nur nach und nach einschränkt.[119] Doch fragt es sich, ob sich der Schuldner tatsächlich von der weiterhin möglichen Sachverhaltsaufklärung und Beweissicherung abhalten lassen *darf*, wenn er lediglich ein erkennbar »unverbindliches« negatives Schuldanerkenntnis erhält, mit dem der Anerkennende nicht anderes als seine »Meinung« kundtut. Mit der besonderen Situation eines Anerkenntnisses am Unfallort, die ein besonnenes und wohlüberlegtes Vorgehen nicht immer zulässt, ist das nicht zu vergleichen.

Vor dem Hintergrund, dass der Gesetzgeber das vertragliche deklaratorische negative Schuldanerkenntnis bewusst zum Zwecke einer Beweislastumkehr geschaffen und dem Interesse des Schuldners am Schutz vor einer etwaigen Beweisnot damit besonders Rechnung getragen hat, erwiese es sich als systemwidrig, diese Rechtsfolge bereits mit einem bloß einseitigen unverbindlichen negativen Anerkenntnis zu verbinden. Schon beim *positiven* einseitigen Anerkenntnis lässt sich eine »Beweislastumkehr« materiell-rechtlich nur schwer begründen und greift dort überdies auch nur in Ausnahmenfällen. Die gesetzliche Wertung der §§ 397 Abs. 2, 812 Abs. 2 BGB ergibt vielmehr, dass der Schuldner erst dann redlicherweise von einer weiteren Beweissicherung absehen darf, wenn die

---

117 Anders offenbar Staudinger/*Rieble*, § 397 Rn. 230: bloßes Indiz für den Kenntnisstand des Gläubigers.

118 BGH NJW 1984, 799; BGH NJW 2002, 1340.

119 Vgl. bereits S. 11.

verbindliche Feststellung getroffen wurde, es bestünden keine Ansprüche mehr. Erst dann soll die Beweislastumkehr eingreifen. Zugleich engte es – mit Blick auf *Larenz* – die Gestaltungsmöglichkeiten der Parteien zu sehr ein, wenn sie ihre Interessen lediglich im Wege einer »abschließenden Regelung« über das Nichtbestehen von etwaigen Ansprüchen verwirklichen könnten und im Übrigen auf ein nur schwach wirkendes »unverbindliches« negatives Anerkenntnis verwiesen wären.

Das einseitige negative Schuldanerkenntnis hat deshalb nur dann eine eigenständige Bedeutung, wenn es an einer vertraglichen Feststellung des Nichtbestehens von Ansprüchen fehlt, weil der Gläubiger erkennbar nur eine einseitige und insoweit »unverbindliche« Äußerung tätigt. Da das Gesetz für eine Beweislastumkehr nach Maßgabe der §§ 397 Abs. 2, 812 Abs. 2 BGB eine vertragliche Einigung verlangt, darf diese Wertung nicht über die allzu großzügige Anerkennung eines einseitigen negativen Anerkenntnisses mit der Folge einer Beweislastumkehr überspielt werden.

c) Zusammenfassung

Das Gesetz unterscheidet beim Forderungsverzicht formal zwischen dem Erlass (§ 397 Abs. 1 BGB) und dem negativen Schuldanerkenntnis (§ 397 Abs. 2 BGB). Bei beiden handelt es sich um abstrakte Verfügungsgeschäfte, die zum Erlöschen der erfassten Forderungen führen. Die materiell-rechtliche Trennlinie verläuft jedoch nicht zwischen diesen beiden Verzichtsformen, sondern innerhalb des § 397 Abs. 2 BGB zwischen dem konstitutiven negativen Schuldanerkenntnis und dem deklaratorischen negativen Schuldanerkenntnis. Bei dem konstitutiven negativen Schuldanerkenntnis handelt es sich materiell-rechtlich um einen Erlass, der lediglich dahin formuliert ist, dass die Forderung nicht bestehe. Das deklaratorische negative Schuldanerkenntnis ist dagegen ein feststellender Vertrag über das Nichtbestehen der Forderung, dem das Gesetz in § 397 Abs. 2 BGB formal die gleichen Wirkungen beilegt wie dem Erlassvertrag. Obwohl die beiden negativen Schuldanerkenntnisse zum Erlöschen der Forderung führen, besteht der rechtliche Unterschied darin, dass es dem deklaratorischen negativen Schuldanerkenntnis nach der gesetzlichen Konzeption stets an einem Rechtsgrund fehlt. Es beruht sachlich auf einem bloßen *Feststellungswillen*, den das Gesetz wie einen Verzichtswillen behandelt. Da sein Sinn und Zweck lediglich die Feststellung der vermeintlichen Rechtslage ist, ist es kondizierbar, wenn sich nachträglich herausstellt, dass es irrtümlich und deshalb ohne Rechtsgrund erteilt wurde, weil die betroffene Forderung wider Erwarten doch bestanden hatte. Wesentliche Rechtsfolge ist nicht das Erlöschen der Forderung, sondern die mit der Kondiktion verbundene Umkehr der Darlegungs- und Beweislast zulasten des Gläubigers.

Der Erlass ist dagegen ebenso wie seine Sonderform des konstitutiven negativen Schuldanerkenntnisses von einem *Verzichtswillen* getragen. Die Parteien bezwecken nicht lediglich die Feststellung der vermeintlichen Rechtslage, sondern eine Änderung der Rechtslage. Die betroffenen Forderungen sollen erlöschen, ohne dass der Gläubiger den Erlass kondizieren kann. Der gewollte Erlass geht deshalb typischerweise mit einer Abrede über den Rechtsgrund für das Behaltendürfen des Verzichts einher. Für den unentgeltlichen Erlass bildet die Abrede einer Handschenkung (§ 516 Abs. 1 BGB) den Rechtsgrund. Das gilt trotz der Schwächen des unentgeltlichen Erwerbs auch für den streitschlichtenden Erlass bzw. Eventualerlass, wenn die Streitschlichtung auf einem einseitigen Nachgeben des Gläubigers beruht. Neben den Verzichtswillen tritt beim unentgeltlichen Erlass mithin ein *Schenkungswille.*

Außerhalb vertraglicher negativer Schuldanerkenntnisse können sich auch an ein einseitiges »unverbindliches« negatives Schuldanerkenntnis gewisse Beweiswirkungen knüpfen, weil es als Wissenserklärungen im Rahmen der freien Beweiswürdigung nach § 286 ZPO zu berücksichtigen ist. Bei komplexeren Sachverhalten folgt aus einem einseitigen negativen Schuldanerkenntnis aber anders als beim deklaratorischen negativen Schuldanerkenntnis keine Beweislastumkehr.

3. Die Auslegungskriterien für die Abgrenzung zwischen Verzichts- und Feststellungswillen

Nach den bisherigen Überlegungen zu § 397 BGB kommt es für die Abgrenzung des konstitutiven Anspruchsverzichts (in Form des Erlasses, des Eventualerlasses und des konstitutiven negativen Schuldanerkenntnisses) vom deklaratorischen negativen Schuldanerkenntnis maßgeblich darauf an, ob der Gläubiger den Willen zum Verzicht hatte oder ob er lediglich die vermeintliche Rechtslage feststellen wollte.

a) Die Zulässigkeit des Nebeneinanders von konstitutivem Anspruchsverzicht und negativem Schuldanerkenntnis

Soll eine Rechtsbeziehung abgeschlossen und klargestellt werden, so erstrecken sich der Erlass (§ 397 Abs. 1 BGB) und das negative Schuldanerkenntnis (§ 397 Abs. 2 BGB) nach dem Parteiwillen regelmäßig auf eine Vielzahl von Forderungen.[120] Auf den ersten Blick liegt es dann nahe, dass für sämtliche Forderungen die gleichen Rechtsfolgen eintreten sollen. Das ist jedoch nicht zwangsläufig so: Weil sich der Anspruchsverzicht des § 397 BGB als abstraktes Verfügungsgeschäft materiell-rechtlich jeweils nur auf eine einzelne Forderung bezieht, kann jede der vom Parteiwillen erfassten Forderungen ein eigenes rechtliches Schicksal haben (sog. »Spezialitätsprinzip«). So erfordert z. B. der Erlass zweier Forderungen aus materiell-rechtlicher Sicht auch zwei abstrakte Erlassverträge. Eine auf die Klarstellung einer Rechtsbeziehung zielende vertragliche Absprache muss deshalb nicht zwingend *entweder* einheitlich als konstitutiver Anspruchsverzicht *oder* einheitlich als bloß deklaratorisches negatives Schuldanerkenntnis gemeint sein. Vielmehr ist es denkbar, dass nur für bestimmte Forderungen oder auch Forderungsmehrheiten ein konstitutiver Anspruchsverzicht gewollt ist, während im Übrigen nur ein deklaratorisches negatives Schuldanerkenntnis vorliegt.[121] Ein Teil der Rechtsbeziehungen, über den Streit und Unsicherheit besteht, kann im Wege eines Eventualerlasses erledigt werden, während in anderen Bereichen die bloße Feststellung gewollt ist, dass ohnehin keine Ansprüche bestehen. Bezogen auf verschiedene Forderungen können der konstitutive Anspruchsverzicht und das deklaratorische negative Schuldanerkenntnis mithin nebeneinander vorliegen, selbst wenn sie tatsächlich nur auf einer einzigen und einheitlichen Erklärung des Gläubigers beruhen. Denn maßgeblich für das Schicksal der einzelnen Forderungen ist allein der Parteiwille und dieser kann ebenso selbstverständlich darauf gerichtet sein, dass sämtliche Forderungen, soweit sie wider Erwarten doch bestehen sollten, erlöschen sollen, wie er darauf gerichtet sein kann, dieses Schicksal nur für bestimmte Forderungen anzuordnen und im Übrigen nur die Feststellung zu treffen, dass insoweit ohnehin keine Forderungen bestehen.

Erteilt der Geschäftsherr dem Geschäftsführer Entlastung, so muss unter Zugrundelegung eines rechtsgeschäftlichen Entlastungsverständnisses also gefragt werden, ob die Entlastung im Hinblick auf einen bestimmten Ersatzanspruch materiell-rechtlich als konstitutiver Anspruchsverzicht oder als deklaratorisches negatives Schuldanerkenntnis gewollt ist. Die an früherer Stelle schon zitierte Stellungnahme, die Entlastung könne sowohl Erlass als auch negatives Schuldanerkenntnis sein,[122] erweist sich damit durchaus als zutreffend, doch bedarf sie nach dem bisherigen Ergebnis zwingend der Konkretisierung dahin, ob es sich um ein konstitutives oder ein deklaratorisches Schuldanerkenntnis handelt. Der Begriff des negativen Schuldanerkenntnisses erweist sich insoweit als doppeldeutig

---

120 Vgl. für Erlass und negatives Schuldanerkenntnis S. 136 und für die Generalbereinigung S. 53.
121 *Gernhuber*, Erfüllung, § 19 II 1c, S. 391.
122 Vgl. ausführlicher S. 114 mit weiteren Nachweisen

und ein generelles Problem der Entlastungsdiskussion besteht darin, dass diese Doppeldeutigkeit nicht hinreichend offengelegt und berücksichtigt wird. Denn mit der Einordnung der Entlastung als negatives Schuldanerkenntnis (§ 397 Abs. 2 BGB) ist letztlich noch nichts Entscheidendes gewonnen, solange unklar bleibt, ob zugleich ein Rechtsgrund geschaffen wurde oder ob das Anerkenntnis der Kondiktion unterliegt. Die herkömmlichen Entlastungsfolgen lassen sich nur mit einem konstitutiven negativen Schuldanerkenntnis erklären, so dass der bloße Hinweis auf § 397 Abs. 2 BGB zwar das Erlöschen der Forderung erklären kann, aber nichts über die Beständigkeit des Erlöschens besagt.

b) Die allgemeinen Auslegungskriterien zur Ermittlung des Verzichtswillens

Das führt zu der schwierigen Frage, wie ein Verzichtswille im Rechtsleben festgestellt werden kann, wenn er – wie in der »Erteilung der Entlastung« – allenfalls konkludent zum Ausdruck kommt. Die Rechtsprechung vertritt zu § 397 BGB unter Billigung des Schrifttums seit jeher die Ansicht, ein konkludenter Verzicht auf Rechte sei »niemals«[123] oder doch wenigstens »im Allgemeinen«[124] und »in der Regel nicht zu vermuten«,[125] sondern müsse »unmissverständlich erklärt« werden.[126] An die Feststellung des Verzichtswillens seien dabei »strenge Anforderungen« zu stellen.[127] Es müsse ein »unzweideutiges Verhalten festgestellt werden, das vom Erklärungsgegner als Aufgabe des Rechts verstanden werden kann«.[128] Selbst bei eindeutig erscheinenden Erklärungen dürfe ein Verzicht nicht angenommen werden, ohne dass bei der Feststellung zum erklärten Vertragswillen »sämtliche Begleitumstände berücksichtigt« worden seien (Gebot der beiderseits interessengerechten Auslegung).[129] Sachlich wird zwischen zwei Konstellationen unterschieden:

---

123 RGZ 118, 63 (66); BGH NJW 1984, 1346 (1347); BGH NJW-RR 1990, 390 (391); ähnlich: BGH NJW 1997, 3019 (3021); BGH NJW 2006, 1511 (1512); BGH NJW 2007, 368 Tz. 9.

124 BGH WM 1982, 671 (673); BGH NJW 1994, 379 (380); *Schlüter*, in: MüKo/BGB, § 397 Rn. 3.

125 BGH NJW-RR 1999, 593 (594); BGH NJW-RR 2002, 1613 (1614).

126 BGH NJW 2001, 2325; BGH NJW-RR 2002, 1613 (1614); BGH NJW 2006, 1511 (1512); BGH NJW 2007, 368 Tz. 9; Palandt/*Grüneberg*, § 397 Rn. 6.

127 BGH NJW 1984, 1346 (1347); BGH NJW-RR 1990, 390 (391); BGH NJW 1997, 3019 (3021); BGH NJW 2006, 1511 (1512); BGH NJW 2007, 368 Tz. 9; Palandt/*Grüneberg*, § 397 Rn. 6.

128 BGH FamRZ 1981, 763; BGH NJW 1994, 379 (380).

129 BGH NZG 2012, 1432 Tz. 22; BGH NJW 2007, 368 Tz. 9; BGH NJW 2006, 1511 (1512); BGH NJW 2002, 1044 (1046); BAGE 124, 349 Tz. 20; ähnlich schon BGH NJW-RR 1999, 593 (594); *Schlüter*, in: MüKo/BGB, § 397 Rn. 3; *Dennhardt*, in: Bamberger/Roth, § 397 Rn. 12; Palandt/*Grüneberg*, § 397 Rn. 6.

aa) Die Kriterien bei Kenntnis etwaiger Ansprüche

Weiß der Gläubiger um sein Recht oder rechnet er wenigstens damit, so wird er nicht *grundlos* verzichten wollen. Die Ansicht, ein Verzicht sei nicht zu vermuten, beruht deshalb maßgeblich auf der Überlegung, dass der Gläubiger sein Recht »nicht einfach wieder aufgeben« wolle, wenn feststehe oder davon auszugehen sei, dass die Forderung entstanden sei.[130] Dass der Gläubiger mit einer Erklärung auf bekannte Rechte habe verzichten wollen, hat die Rechtsprechung demgemäß vielfach verneint, wenn es an einem »triftigen«,[131] »nachvollziehbaren«[132] oder »besonderen Grund«[133] bzw. einem »ersichtlichen Anlass«[134] für den Verzicht gefehlt hatte. Für die Feststellung des Verzichtswillens hat der *Zweck* und damit letztlich der Rechtsgrund des Verzichts also besondere Bedeutung.[135] Liegt ein solcher besonderer Grund vor und gibt der Gläubiger deshalb ein negatives Schuldanerkenntnis ab, obwohl er von dem Bestehen von Ansprüchen weiß[136] oder obwohl er wenigstens mit ihrem Bestehen rechnet,[137] so soll ein konstitutives negatives Schuldanerkenntnis vorliegen, das nicht kondizierbar ist. Gleiches gilt, wenn das Schuldanerkenntnis der »endgültigen Bereinigung einer zweifelhaften Rechtslage« dient,[138] wenn der Gläubiger Unsicherheiten im Hinblick auf die Rechtslage bei Erteilung des Anerkenntnisses »bewusst in Kauf genommen« hat[139] bzw. wenn das Anerkenntnis den Zweck hatte, »Streit und Ungewissheiten« über die Rechtslage zu beseitigen.[140] Vor allem aus dem Streitbereinigungszweck des Anerkenntnisses kann danach also auf einen Verzichtswillen geschlossen werden.

---

130 BGH NJW 2013, 3102 Tz. 9; BGH NZG 2012, 1432 Tz. 22; BGH NJW 2002, 1044 (1046); BAGE 124, 349 Tz. 20; PWW/*Pfeiffer*, § 397 Rn. 12.

131 BGH NJW 2013, 3102 Tz. 9; BGH FamRZ 1981, 763.

132 BGH NJW 2001, 2325.

133 BGH NJW-RR 2000, 130 (131).

134 BGH NJW-RR 1999, 593 (594); ähnlich: BGH WM 1982, 671 (673); BGH NJW 1994, 379 (380): »kein Anlass zum Forderungsverzicht«.

135 Staudinger/*Rieble*, § 397 Rn. 110.

136 *Dennhardt*, in: Bamberger/Roth, § 397 Rn. 24; Palandt/*Grüneberg*, § 397 Rn. 10; Jauernig/*Stürner*, § 397 Rn. 5; a.A. Staudinger/*Rieble*, § 397 Rn. 233, der offenbar übersieht, dass bei Kenntnis in der Regel ein Rechtsgrund geschaffen wird.

137 Palandt/*Grüneberg*, § 397 Rn. 10;

138 Jauernig/*Stürner*, § 397 Rn. 5.

139 *Dennhardt*, in: Bamberger/Roth, § 397 Rn. 24.

140 BGH WM 1982, 671 (673).

bb) Die Kriterien bei unbekannten Ansprüchen

Deutlich strenger verfährt die Rechtsprechung bei unbekannten Rechten: Bei ihnen sei ein »konkludenter Verzicht regelmäßig ausgeschlossen«.[141] Nur »unter ganz besonderen Umständen«[142] sei anzunehmen, dass der Gläubiger ein Recht habe aufgeben wollen, »dessen Bestehen oder wenigstens die Möglichkeit seines Bestehens ihm im Augenblick der Abgabe seiner Erklärung nicht bewusst« gewesen sei.[143] Als »ganz besondere Umstände«, unter denen ein solcher schlüssiger Verzicht vorliegen könne, hat das Reichsgericht etwa angenommen, dass jemand eine Rechtslage mit dem Willen hinnehme, »sie als das äußerste Maß der ihm zukommenden Vorteile gelten zu lassen, unbekümmert darum, ob weitere Rechte möglicherweise für ihn bestehen oder nicht.«[144] Ähnlich hat der Bundesgerichtshof formuliert, der Verzicht auf unbekannte Rechte erfordere, dass der Gläubiger das Anerkenntnis »bewußt ohne Rücksicht auf das Bestehen etwaiger, ihm unbekannter Verbindlichkeiten erklären und einen Irrtum über den etwaigen Bestand von Forderungen in Kauf nehmen« wolle.[145] Im Schrifttum wird ebenso ausgeführt, dass ein konstitutives negatives Schuldanerkenntnis vorliege, wenn die Parteien »ohne Rücksicht auf die wirkliche Rechtslage einen bestimmten Zustand bindend feststellen wollen«,[146] nicht aber, wenn die Parteien »die wahre Rechtslage verkennen« und »irrig« vom Nichtbestehen der Forderung ausgehen.[147] Der Wille des Gläubigers muss danach nicht nur auf die Feststellung gerichtet sein, dass keine Ansprüche bestehen, sondern gerade auch darauf, dass die vermeintliche Rechtslage selbst für den Fall festgeschrieben werden soll, dass sie von der tatsächlichen Rechtslage zu seinem Nachteil abweicht. Die damit verbundene Übernahme des Irrtumsrisikos bedeutet nichts anderes als die Umschreibung eines bedingten Verzichtswillens, der darauf gerichtet ist, selbst unbekannte Ansprüche für den Fall, dass sie wider Erwarten doch bestehen sollten, zum Erlöschen zu bringen. In dem *Willen zur Risikoübernahme* liegt deshalb das maßgebliche Abgrenzungskriterium zum deklaratorischen negativen Schuldanerkenntnis, das ebenfalls auf die Feststellung gerichtet ist, es bestünden keine Ansprüche.

---

141 BGH NJW 1994, 379 (380); *Schlüter*, in: MüKo/BGB, § 397 Rn. 3.

142 RGZ 84, 400 (405); BGH WM 1982, 671 (673); BGH NJW 1984, 1346 (1347).

143 BGH WM 1982, 671 (673) mit Verweis auf BGH WM 1957, 213 (214 f.); ähnlich BGH NJW 1994, 379 (380); *Dennhardt*, in: Bamberger/Roth, § 397 Rn. 12.

144 RGZ 84, 400 (405); *Schlüter*, in: MüKo/BGB, § 397 Rn. 3.

145 BGH WM 1982, 671 (673).

146 *Schlüter*, in: MüKo/BGB, § 397 Rn. 14; Staudinger/*S. Lorenz*, § 812 Rn. 17; RGRK/*Weber*, § 397 Rn. 34; Soergel/*Schreiber*, § 397 Rn. 12; ebenso bereits RG Recht 1912 Nr. 2035; RG Recht 1915 Nr. 2267.

147 *Dennhardt*, in: Bamberger/Roth, § 397 Rn. 24.

cc) Das Verhältnis zur objektiv-normativen Auslegung

Das vorrangige Abgrenzungskriterium ist danach die Kenntnis bzw. Unkenntnis des Gläubigers von den betroffenen Ansprüchen. Insoweit ist eine gewisse Parallele zu den beiden Varianten der Entlastung zu konstatieren, bei der ebenfalls zwischen dem Verlust bekannter und erkennbarer Ansprüche unterschieden wird, wobei letztere dem Geschäftsherrn häufig unbekannt sein werden.[148] Dabei legt die klassische Entlastungsformel – ebenso wie die meisten der vorstehenden Ausführungen – nahe, dass es insoweit allein auf die *tatsächliche Kenntnis* des Geschäftsherrn, mithin auf seinen *natürlichen Willen* ankommt.[149]

Der natürliche Wille ist bei der Auslegung von Verzichtserklärungen im Sinne des § 397 BGB dagegen nicht maßgeblich. Zwar knüpfen die soeben dargestellten Grundsätze zur Feststellung des Verzichtswillens augenscheinlich an der tatsächlichen Kenntnis bzw. Unkenntnis des Geschäftsherrn an, so dass der Eindruck entsteht, der Eintritt der Rechtsfolgen sei vom natürlichen Verzichtswillen des Geschäftsherrn abhängig. Diese Relevanz des natürlichen Willens zeigt sich etwa deutlich, wenn der Bundesgerichtshof ausführt, die Rückforderung eines negativen Anerkenntnisses durch den Gläubiger sei ausgeschlossen, »wenn er im Zeitpunkt der Abgabe des Anerkenntnisses das tatsächliche Bestehen der Forderungen kannte«.[150] Dem liegt die Erwägung zugrunde, dass bei tatsächlicher Kenntnis der Forderung materiell-rechtlich ein Erlass und mit ihm die Schaffung eines Rechtsgrunds gewollt ist.[151] Das Abstellen auf den natürlichen Willen bzw. auf die tatsächliche Kenntnis steht allerdings in Widerspruch zu den allgemeinen Auslegungsgrundsätzen, nach denen es im Grundsatz gerade nicht auf den wahren Willen des Erklärenden ankommt. Denn für die Auslegung einer empfangsbedürftigen Willenserklärung ist weder entscheidend, wie der Erklärende die Erklärung tatsächlich gemeint hat noch wie der Empfänger sie tatsächlich verstanden hat. Vielmehr erfolgt die Auslegung nach dem »Empfängerhorizont« (§§ 133, 157 BGB): Dabei ist einerseits der wirkliche Wille zu erforschen und nicht an dem buchstäblichen Sinne des Ausdrucks zu haften (§ 133 BGB), anderseits müssen aber auch die schutzwürdigen Belange des Erklärungsempfängers Berücksichtigung finden, so wie es Treu und Glauben mit Rücksicht auf die Verkehrssitte erfordern (§ 157 BGB). Maßgebend ist der erklärte – objektiv-normative – Wille, wie er sich aus den Begleitumständen und der Interessenlage ergibt.[152] Im

---

148 Zum Verhältnis von Kenntnis und Erkennbarkeit, die sich bei der Entlastung sachlich nicht ausschließen, vgl. S. 50 und S. 168.

149 In diesem Sinne auch BGH NJW 1959, 192; anders noch RGZ 70, 132.

150 BGH WM 1982, 671 (673).

151 Zum typischen Gleichlauf von Erlass- und Schenkungswillen, vgl. S. 137 f.

152 BGHZ 156, 335 (346).

obigen Beispiel hätte es danach eigentlich heißen müssen, die Rückforderung des Anerkenntnisses sei ausgeschlossen, wenn der Empfänger redlicherweise davon ausgehen durfte, der Erklärende habe das Anerkenntnis im sicheren Wissen um das Bestehen der Forderung abgegeben. Entscheidend ist eben nicht, ob der Erklärende tatsächlich Kenntnis hatte, sondern ob der Empfänger nach Treu und Glauben davon ausgehen durfte, dass der Erklärende diese Kenntnis hatte.

Ob es für die Auslegung konkludenter Verzichtserklärungen auf den natürlichen Willen des Erklärenden oder auf die objektive Erklärungsbedeutung ankommt, war lange unklar. Neben Formulierungen, die auf die Relevanz des natürlichen Willens hindeuten, finden sich seit langem auch Wendungen, die auf eine Auslegung nach dem Empfängerhorizont nach §§ 133, 157 BGB zielen, so etwa wenn es heißt, es müsse »ein unzweideutiges Verhalten festgestellt werden, das vom Erklärungsgegner als Aufgabe des Rechts verstanden werden kann.«[153] Hintergrund dieser Ungewissheit war die Frage, ob fehlendes Erklärungsbewusstsein der Bejahung eines Anspruchsverzichts entgegensteht. Diese Frage stellt sich bei konkludenten Verzichtserklärungen recht häufig, weil der Empfänger, wenn er um das Bestehen von verzichtbaren Rechten weiß und damit rechnet, auch der Erklärende habe diese Kenntnis, aus dem objektiven Erklärungsverhalten des Rechtsinhabers vielfach auf einen Rechtsverzicht schließen kann. Da für das Vorliegen eines Anspruchsverzichts aber – wie gesehen – überaus strenge Anforderungen gelten, stellte sich die Frage, wie solche Fälle zu behandeln sind, in denen der Erklärende tatsächlich keine Kenntnis von dem Bestehen des Rechts hatte und seiner Erklärung *aus diesem Grunde* keine rechtliche Relevanz beimaß.

Zum Schutze des Erklärenden hielt die Rechtsprechung lange Zeit den natürlichen Verzichtswillen für maßgeblich, mit der Folge, dass fehlendes Erklärungsbewusstsein der Bejahung einer konkludenten Verzichtserklärung letztlich entgegenstand. Obwohl diese Sichtweise inzwischen überholt ist, haben sich die früheren, auf die tatsächliche Kenntnis abstellenden Formulierungen in Rechtsprechung und Schrifttum teilweise – offenbar weitgehend unerkannt – bis heute erhalten. Schon im Jahre 1984 hatte der Bundesgerichtshof fehlendes Erklärungsbewusstsein jedoch bei ausdrücklichen Erklärungen für unbeachtlich erklärt, sofern der Erklärende »bei Anwendung der im Verkehr erforderlichen Sorgfalt hätte erkennen und vermeiden können, daß seine Erklärung oder sein Verhalten vom Empfänger nach Treu und Glauben und mit Rücksicht auf die

---

153 BGH FamRZ 1981, 763; BGH NJW 1994, 379 (380).

Verkehrssitte als Willenserklärung aufgefaßt werden durfte.«[154] Fehlt das Erklärungsbewusstsein, so liegt danach in den Fällen der »Erklärungsfahrlässigkeit«[155] gleichwohl eine zunächst wirksame Willenserklärung vor, die der Erklärende jedoch entsprechend § 119 Abs. 1 BGB anfechten kann, mit der Folge einer Ersatzpflicht auf den Vertrauensschaden nach § 122 BGB. Im Jahre 1989 dehnte der Bundesgerichtshof diese Sichtweise auf konkludente Erklärungen aus.[156] Nach Maßgabe dieser Rechtsprechung war seitdem eigentlich kein sachlicher Grund mehr ersichtlich, für konkludente Verzichtserklärungen noch anders zu entscheiden.[157] Dennoch hat der Bundesgerichtshof die Grundsätze zum fehlenden Erklärungsbewusstsein erst im Jahre 2006 ausdrücklich auf den konkludenten Rechtsverzicht übertragen.[158] Ist danach aber in Fällen der »Erklärungsfahrlässigkeit« für die Frage, ob überhaupt eine Verzichtserklärung vorliegt, der tatsächliche Wille des Gläubigers nicht mehr maßgeblich, so kann auch für die Bestimmung des Inhalts der Verzichtserklärung durch Auslegung nichts anderes gelten. Aus diesem Grunde geht etwa das Bundesarbeitsgericht zu Recht davon aus, dass für die Frage, ob ein konkludenter Verzicht vorliegt und wie weit er reicht, grundsätzlich der objektive Erklärungswert nach Maßgabe der §§ 133, 157 BGB ausschlaggebend ist.[159]

Im Schrifttum ist die Rechtsprechung zum Erklärungsbewusstsein teils auf scharfe Kritik gestoßen,[160] die bis heute nicht verstummt ist.[161] Sie beruht im Kern darauf, dass der Erklärende in den betroffenen Fällen »von seiner Privatautonomie überhaupt keinen (aktiven) Gebrauch« mache und deshalb »keine selbstbestimmten Rechtsfolgen in Geltung« setze.[162] Indes ist für die Fälle der Entlastung zu konstatieren, dass sich der Geschäftsherr bei ihrer Erteilung regelmäßig bewusst ist, eine rechtlich relevante Erklärung abzugeben. Erkennbares Ziel der

---

154 BGHZ 91, 324 (330); seitdem ständige Rechtsprechung, vgl. nur BGHZ 184, 35 Tz. 19; ebenso: *Bydlinski*, JZ 1975, 1 (4 f.); *Larenz/Wolf*, AT, § 24 Rn. 8; *Medicus*, AT, Rn. 605 ff.; ausführlich auch *S. Lorenz*, Der Schutz vor dem unerwünschten Vertrag, 1997, S. 216 ff.

155 Der Begriff stammt von *Manigk*, Das rechtswirksame Verhalten, 1939, S. 208 ff., 217.

156 BGHZ 109, 171 (177).

157 Anders dezidiert *Singer*, Selbstbestimmung, S. 134 ff.

158 BGH NJW 2007, 368 Tz. 11; BGH NJW 2006, 1511 Tz. 12; vgl. auch BGH NJW 2013, 3102 Tz. 9; ebenso: *Dennhardt*, in: Bamberger/Roth, § 397 Rn. 13.

159 BAGE 124, 349 Tz. 15; BAGE 127, 1 Tz. 40; ebenso: Palandt/*Grüneberg*, § 397 Rn. 6 *Dennhardt*, in: Bamberger/Roth, § 397 Rn. 22.

160 *Canaris*, NJW 1984, 2281; *Schubert*, JR 1985, 15; *Brehmer*, JuS 1986, 441; *Singer*, JZ 1989, 1030; ausführlich auch *Singer*, Selbstbestimmung, S. 169 ff.

161 Vgl. neuerdings ausführlich: *Wolf/Neuner*, AT, § 32 Rn. 20 ff., wo statt vom »Erklärungsbewusstsein« inhaltlich gleichbedeutend vom »Partizipationswillen« die Rede ist.

162 *Wolf/Neuner*, AT, § 32 Rn. 20 ff.

Entlastung ist eine gewisse Klarstellung der Rechtslage im Hinblick auf die zurückliegende Geschäftsführung und insoweit lässt sich nicht sagen, dem Geschäftsherrn fehle das Bewusstsein, eine rechtlich relevante Erklärung abzugeben. Die besondere Problematik des fehlenden Erklärungsbewusstseins stellt sich deshalb bei der Entlastungserklärung des Geschäftsherrn nicht. Dennoch ist der in der Rechtsprechung vollzogene Paradigmenwechsel zum Erklärungsbewusstsein auch für die hier untersuchten Konstellationen bedeutsam, weil er die lange bestehenden Zweifel an der Geltung der objektiv-normativen Auslegung für Verzichtserklärungen beseitigt hat.

c) Zusammenfassung

Für Verzichtserklärungen im Sinne des § 397 Abs. 2 BGB gelten die allgemeinen Grundsätze der Auslegung nach dem Empfängerhorizont (§§ 133, 157 BGB). Maßgeblich für die Feststellung eines Verzichtswillens ist danach nicht, ob der Erklärende tatsächlich Kenntnis von etwaigen Ansprüchen hatte, sondern allein, ob der Erklärungsempfänger aus dem Erklärungsverhalten und den Begleitumständen auf eine solche Kenntnis des Verzichtenden schließen durfte. Der natürliche Wille des Gläubigers wird erst dann relevant, wenn die objektiv-normative Erklärungsbedeutung vom natürlichen Willen abweicht, weil die Erklärung dann etwa wegen Inhaltsirrtums nach § 119 Abs. 1 BGB anfechtbar sein kann.

4. Die Anwendung der allgemeinen Grundsätze der §§ 397, 516 BGB auf die Entlastung

Für die nachfolgende Prüfung, ob die Entlastung als Anspruchsverzicht nach Maßgabe von §§ 397, 516 BGB ausgelegt werden kann, lassen sich aus den vorstehenden Überlegungen die folgenden Vorgaben ableiten:

a) Die Vorgaben für die Auslegung der Entlastungserklärung des Geschäftsherrn

(1) Durfte der Geschäftsführer redlicherweise davon ausgehen, dass der Geschäftsherr Kenntnis von bestimmten Ersatzansprüchen hatte oder dass er mit solchen Ansprüchen wenigstens rechnete, so liegt eine konstitutive Verzichtserklärung vor, wenn der Geschäftsherr aus der Sicht eines verständigen Erklärungsempfängers einen besonderen Anlass für den Anspruchsverzicht hatte.
(2) Musste der Geschäftsführer dagegen redlicherweise davon ausgehen, dass dem Geschäftsherrn Ansprüche unbekannt geblieben sind und die Entlastung insofern

auf der Vorstellung beruhte, die Geschäftsführung habe keinen Anlass zu einer Beanstandung geboten, so liegt ein konstitutiver Anspruchsverzicht nur dann vor, wenn mit der Entlastung eine Klarstellung der Rechtslage gerade auch für den Fall beabsichtigt war, dass die tatsächliche Rechtslage zum Nachteil des Geschäftsherrn von der vorgestellten Rechtslage abweicht. Aus den Umständen muss sich aus der Sicht eines verständigen Erklärungsempfängers dann ergeben, dass der Geschäftsherr das Risiko der eigenen Fehlbewertung der Rechtslage übernehmen wollte. Fehlt es daran, so liegt lediglich ein – kondizierbares – deklaratorisches negatives Schuldanerkenntnis vor.

b) Die Relevanz der objektiv-normativen Auslegung

Obwohl für die Auslegung nach §§ 133, 157 BGB im Ausgangspunkt der Empfängerhorizont maßgeblich ist, wird häufig zwischen dem natürlichen und dem normativen Willen des Geschäftsherrn bei der Entlastung kein Unterschied bestehen. So ist es im Ausgangspunkt grundsätzlich unschädlich, wenn die Beteiligten bei der Bewertung der Geschäftsführung zu unterschiedlichen Ansichten kommen. Ein zutreffendes Verständnis der Erklärung ist schon dann gewährleistet, wenn der Geschäftsherr seine Ansichten über die Geschäftsführung gegenüber dem Geschäftsführer hinreichend klar zum Ausdruck bringt, wenn er also klarstellt, dass die Entlastung in Ansehung bekannter bzw. möglicher Verfehlungen erfolgt oder dass sie auf der Überzeugung beruht, die Geschäftsführung sei rechtmäßig gewesen und biete keinen Anlass zu Beanstandungen. Hat nicht bereits der Verlauf der Diskussionen anlässlich des Rechenschaftsvorgangs diese Einschätzungen des Geschäftsherrn offenbar werden lassen, so wird er sich nach Abschluss des Bewertungsvorgangs nicht selten zu einer Erläuterung der Gründe für die Entlastung veranlasst sehen. Denn der Geschäftsführer soll ja typischerweise nicht nur erfahren, dass er entlastet wurde, sondern – etwa vor dem Hintergrund weiterer vertrauensvoller Zusammenarbeit – gerade auch warum. In diesen Fällen kann der Geschäftsführer den natürlichen Willen des Geschäftsherrn typischerweise erkennen. Dagegen spielt die Auslegung nach dem Empfängerhorizont eine besondere Rolle, wenn die Entlastung in Abwesenheit des Geschäftsführers erfolgt und sich die Motive für die Entlastungserteilung allein aus den Begleitumständen der Erklärung ergeben. Vor allem in diesen Fällen besteht daher die Gefahr, dass der natürliche und der »objektiv-normative« Wille des Geschäftsherrn auseinanderfallen. In diesem Zusammenhang erlangt der allgemeine Grundsatz, dass ein Anspruchsverzicht im Zweifel nicht zu vermuten ist, besondere Bedeutung. Legt der Geschäftsherr seine Motive und Vorstellungen im Einzelfall nämlich nicht offen, folgt aus dem Zweifelsgrundsatz, dass der

Geschäftsführer die Reichweite der Entlastungserklärung grundsätzlich restriktiv deuten muss.

5. Die Entlastung in Kenntnis von Ersatzansprüchen

Es wurde bereits darauf aufmerksam gemacht, dass die Variante der »Kenntnis« nach dem herrschenden Entlastungsverständnis neben der »Erkennbarkeit« eigentlich nur ergänzende Funktion hat. Sie soll die Entlastungsfolgen auch bei lediglich »privater Kenntnis« eröffnen, also für solche Kenntnis, die gerade nicht auf der Rechenschaft des Geschäftsführers beruht.[163] Das führt aber nicht dazu, dass bei der rechtsgeschäftlichen Deutung der Entlastung allein private Kenntnis berücksichtigt werden müsste. Vielmehr ist hierbei völlig unerheblich, woher die Kenntnis des Geschäftsherrn rührt. Auch ist der Begriff »Kenntnis« genaugenommen unscharf, denn sachlich genügt es, wenn der Geschäftsherr mit den Ersatzansprüchen nur rechnet, sie also für möglich hält. Nach den bisherigen Ausführungen lassen sich diese Entlastungskonstellationen recht einfach bewältigen.

a) Die Billigung der Geschäftsführung in Kenntnis von Ersatzansprüchen

Geht der Geschäftsherr erkennbar davon aus, dass gegen den Geschäftsführer ein bestimmter Ersatzanspruch wegen pflichtwidriger Geschäftsführung besteht, so lässt sich die in Ansehung dieses Anspruchs gleichwohl erteilte Billigung der Geschäftsführung grundsätzlich nur dahin verstehen, dass der Geschäftsherr auf den Anspruch verzichten will. Denn kennt und billigt er die ihm bekannte Verfehlung, so wird er hierfür typischerweise einen *triftigen Grund* haben, der es ihm als vernünftig und angemessen erscheinen lässt, auf den Ersatzanspruch zu verzichten. Denkbare Motive sind: Gnade und Nachsicht, die Sicherung der weiteren vertrauensvollen Zusammenarbeit sowie der Fachkompetenz des Geschäftsführers, schließlich sogar die Belohnung des Geschäftsführers, etwa für eine langjährige erfolgreiche Zusammenarbeit oder für außergewöhnliche Erfolge in anderen Geschäftsbereichen. Gleiches gilt, wenn der Geschäftsherr erkennbar davon ausgeht, dass ein Ersatzanspruch nur möglicherweise gegeben sein könnte, etwa weil Streit oder Unsicherheiten über den Anspruch bestehen. Die Billigung der Geschäftsführung bezweckt dann in besonderem Maße die Klarstellung, dass den erkannten etwaigen Verfehlungen des Geschäftsführers künftig nicht mehr

---

163 Vgl. schon S. 50 und sogleich ausführlicher S. 172.

nachgegangen werden soll und der Geschäftsherr die Geschäftsführung insofern auf sich beruhen lässt und hinnimmt.

Die Erteilung der Entlastung in Ansehung konkreter Verfehlungen stellt in der Praxis nicht den Regelfall dar, stattdessen kommt es typischerweise zur Entlastungsverweigerung[164] oder doch wenigstens zur Vertagung der Entlastung, bis die Sach- und Rechtslage geklärt ist. Erteilt der Geschäftsherr aber ausnahmsweise doch Entlastung, so wird an seinen besonderen Motiven immer dann kein Zweifel bestehen, wenn er sich zu einer näheren Begründung der Entlastung veranlasst sieht. Ansonsten werden sich seine Motive häufig zumindest klar aus den Begleitumständen der Entlastungserteilung erkennen lassen. Selbst wenn sich jedoch der *besondere Anlass* ausnahmsweise nicht hinreichend erkennen lässt, so wird bei der Feststellung des Verzichtswillens gleichwohl nicht allzu streng zu verfahren sein, weil der Entlastung in erkennbarer Kenntnis von Ersatzansprüchen eine große Konkludenz der Rechtsaufgabe innewohnt. Denn auch unter Berücksichtigung der beiderseitigen Interessen ist dann in aller Regel nicht ersichtlich, was mit der Billigung der Geschäftsführung anderes gemeint sein sollte als ein Rechtsverzicht. Allenfalls im Einzelfall werden – gleichsam als Gegenausnahme – besondere Umstände gegen eine solche Konkludenz und damit gegen die »Unzweideutigkeit« des gewollten Verzichts sprechen. Zu fragen dennoch nicht, was *für* einen gewollten Rechtsverzicht spricht, sondern lediglich danach, ob ausnahmsweise besondere Umstände *dagegen* sprechen.

b) Die durch Rechenschaft vermittelte Kenntnis

Bereits zu Beginn der Untersuchung wurde darauf aufmerksam gemacht, dass sich die Rechenschaftspflicht des Geschäftsführers nicht allein darauf beschränkt, eine zahlenmäßige Abrechnung nach Maßgabe der einschlägigen Vorschriften zu erstellen, also etwa den Jahresabschluss zu entwerfen.[165] Vielmehr besteht neben dieser Rechnungslegungspflicht eine weitergehende Rechenschaftspflicht, die darauf abzielt, den Geschäftsherrn über die wesentlichen Einzelheiten der Geschäftsführung aufzuklären.

aa) Die Pflicht zur ungefragten Offenlegung von Verfehlungen

In Ansehung der zu treffenden Entlastungsentscheidung hat der Geschäftsführer daher *von sich aus* über sämtliche Umstände zu informieren, die für eine sach-

164 *A. Zimmermann*, S. 134.
165 Ausführlicher S. 6 und S. 20 ff.

gerechte Bewertung der Geschäftsführung erforderlich sind. Hierzu gehört neben den Vorzügen und Erfolgen seiner Tätigkeit in erster Linie, ob er bei der Geschäftsführung gegen die ihm obliegenden Pflichten verstoßen hat. Der Geschäftsführer muss deshalb sämtliche ihm *bekannten* tatsächlichen oder etwaigen Pflichtverstöße ungefragt offenbaren, selbst wenn sie eine Straftat gegen den Geschäftsherrn zum Gegenstand haben sollten.[166] Hierfür genügt es nicht, dass die Pflichtverstöße aus den erstellten und übersandten Zahlenwerken irgendwie erkennbar sind. Denn der Geschäftsführer darf die Aufdeckung redlicherweise weder dem Zufall überlassen noch darauf vertrauen, dass der Geschäftsherr die Verfehlung bei einer sorgfältigen Prüfung schon bemerken werde. Stattdessen muss der Geschäftsführer *klar und deutlich* auf für möglich gehaltene und erst recht auf tatsächliche Pflichtverletzungen sowie auf die bereits eingetretenen oder möglichen Folgen hinweisen.

bb) Die aufmerksamkeitslenkende Funktion der Rechenschaft

In diesem Zusammenhang lässt sich von einer »aufmerksamkeitslenkenden« Funktion der Rechenschaftspflicht sprechen. Denn soweit der Geschäftsführer Kenntnis von möglichen oder tatsächlichen Verfehlungen hat oder sonst an der Rechtmäßigkeit seiner Geschäftsführung zweifelt, ist er verpflichtet, die Aufmerksamkeit des Geschäftsherrn auf diese neuralgischen Punkte zu lenken. Wenn es demgegenüber in der Rechtsprechung heißt, dass der Geschäftsführer »durch hinreichende Offenheit ... die Tragweite der erbetenen Entlastung selbst bestimmen« könne,[167] so bedeutet das nicht, dass der Geschäftsführer nach eigenem Ermessen über den Umfang der zu leistenden Rechenschaft verfügen könnte, sondern im Gegenteil nur, dass er von vornherein nicht in den Genuss der Entlastungsfolgen kommt, wenn er seine Rechenschaftspflicht so gravierend verletzt, dass der Geschäftsherr die Verfehlung noch nicht einmal aus den zur Verfügung gestellten Informationen erkennen kann.

cc) Die Pflicht zur Verschaffung positiver Kenntnis

Ist die Rechenschaftspflicht nach den vorstehenden Ausführungen darauf gerichtet, den Geschäftsherrn über bekannte oder für möglich gehaltene Verfehlungen aufzuklären, so kommt der Geschäftsführer dieser Pflicht grundsätzlich nur dann nach, wenn er den Geschäftsherrn entsprechend in Kenntnis setzt.

---

166 Vgl. bereits die Nachweise auf S. 7 in Fn. 12.

167 BGH NJW-RR 1988, 745 (748); BGH NZG 2002, 195 (197) für Verein und Genossenschaft.

Soweit das nicht schon durch *eindeutige* schriftliche Berichte in Vorbereitung der Entlastungsentscheidung geschehen ist, muss er die notwendigen Hinweise zumindest während der mündlichen Erörterung der Geschäftsführung – im Gesellschaftsrecht also in der Versammlung – geben, um dem Geschäftsherrn eine sachgerechte Bewertung der Geschäftsführung zu ermöglichen. Wird der Rechenschaftsvorgang mit der Entscheidung über die Entlastung abgeschlossen, so lässt sich aus den vorstehenden Ausführungen ableiten, dass der Geschäftsführer grundsätzlich nur dann in schutzwürdiger Weise davon ausgehen darf, die Entlastung erstrecke sich auf die ihm – dem Geschäftsführer – bekannten Ansprüche, wenn er selbst dem Geschäftsherrn die erforderliche Kenntnis in zureichender Weise verschafft hat. Da ein Verzicht im Zweifel nicht vermutet werden darf, kann sich der Geschäftsführer in Ansehung der angestrebten Entlastung nicht darauf zurückziehen, der Geschäftsherr werde den Ersatzanspruch schon erkannt und sich zum Verzicht entschlossen haben oder gebe durch seine nachlässige Prüfung zu verstehen, dass es ihm gleichgültig sei, ob Ersatzansprüche bestehen.

Dieser Umstand erlangt vor allem in solchen Konstellationen besondere Bedeutung, in denen in Abwesenheit des Geschäftsführers über die Entlastung entschieden wird und die Entlastungserklärung nach Maßgabe der Begleitumstände besonders streng ausgelegt werden muss. Hat der Geschäftsführer in seinem Rechenschaftsbericht oder in der Abrechnung *klar und deutlich* auf mögliche Ersatzansprüche hingewiesen und erfolgt die Entlastung gleichwohl ohne weiteren Kommentar, dann darf er aufgrund der äußeren Umstände davon ausgehen, dass die Entlastung in Kenntnis der offengelegten Ersatzansprüche erfolgt ist. Die Aufklärung des Geschäftsherrn muss aber inhaltlich so beschaffen sein, dass der Geschäftsführer sicher von einer Kenntnisnahme durch den Geschäftsherrn ausgehen darf. Vor einer Irrtumsanfechtung durch den Geschäftsherrn ist er in einem solchen Falle schon deshalb geschützt, weil dessen Unkenntnis dann letztlich nur darauf beruhen kann, dass er den Hinweis nicht gelesen hat. Insofern liegt eine »Risikoerklärung« vor, die mangels relevanter Fehlvorstellung nicht zur Anfechtung berechtigt.[168] Hat der Geschäftsführer dagegen Zweifel, muss er das Gespräch suchen und nachfragen.

Als weniger problematisch erweist sich dagegen der – vor allem im Gesellschaftsrecht typische – Fall, dass die Entlastung in Anwesenheit des Geschäftsführers erfolgt. Hier werden an der Kenntnis des Geschäftsherrn nach vorheriger und bei Unklarheit notfalls nochmaliger mündlicher Erteilung der erforderlichen Hinweise regelmäßig keine Zweifel bestehen.

168 *Armbrüster*, in: MüKo/BGB, § 119 Rn. 50; vgl. auch LAG Rheinland-Pfalz, BeckRS 2010, 68205; OLG Hamm, BeckRS 2008, 20167.

c) Die private Kenntnis des Geschäftsherrn

Neben die durch Rechenschaft herbeigeführte Kenntnis tritt die sog. »private Kenntnis« des Geschäftsherrn, die der Geschäftsherr aufgrund eigener Nachforschungen oder auch bloß zufällig erhalten hat. Von einer solchen privaten Kenntnis darf der Geschäftsführer redlicherweise nur ausgehen, wenn der Geschäftsherr sie ihm gegenüber offengelegt hat.[169] Das hat eine wichtige Folge: Denn hat der Geschäftsherr private Kenntnisse, lassen die Entlastungserklärung und deren Begleitumstände aber nicht auf diese Kenntnis schließen, so darf der Geschäftsführer die Entlastungserklärung nach verständiger Auslegung (§§ 133, 157 BGB) nicht dahin verstehen, dass auf die privat bekannt gewordenen Ersatzansprüche verzichtet werden soll. Hierin dürfte eine erste Abweichung des rechtsgeschäftlichen Ansatzes vom klassischen Entlastungsverständnis liegen, das – wie bereits ausgeführt – am natürlichen Willen des Geschäftsherrn anknüpft und daher das tatsächliche Vorhandensein privater Kenntnis für einen Anspruchsverlust genügen lässt.[170]

Freilich kommt eine rechtsgeschäftliche Deutung zuweilen dennoch zum gleichen Ergebnis, wenn der Geschäftsführer die Erklärung (sei es auch nur zufällig) so verstanden hat, wie sie vom Geschäftsherrn gemeint war. Da die objektiv-normative Auslegung allein den Schutz des Erklärungsempfängers bezweckt, kann sie in solchen Fällen ausnahmsweise zurücktreten. Das richtig Verstandene hat dann Vorrang vor dem tatsächlich Erklärten (*falsa demonstratio non nocet*).[171] Will der Geschäftsherr also auf ihm privat bekannt gewordene Ansprüche verzichten und versteht der Geschäftsführer die Erklärung auch in diesem Sinne, so ist es unschädlich, wenn die private Kenntnis des Geschäftsherrn und der entsprechende Rechtsaufgabewille aus den Umständen nicht erkennbar war.

d) Der Rechtsgrund der Entlastung bei Kenntnis von Ersatzansprüchen

Damit der Forderungsverzicht kondiktionsfest ist, muss neben ihm auch eine Absprache über den Rechtsgrund getroffen werden. Dass ein etwaiger Anspruch auf Entlastung als Rechtsgrund für den Verzicht nicht in Frage kommt, wurde schon an früherer Stelle erläutert. Ein Anspruch auf Entlastung besteht nicht[172] und selbst wenn er grundsätzlich in Betracht käme, so setzte er doch voraus, dass die Geschäftsführung vollends einwandfrei war. Die Prämisse ist in den hier

169 Ähnlich bereits RGZ 70, 132: private Kenntnis müsse in der Versammlung zur Sprache kommen.

170 BGH NJW 1959, 192; vgl. insoweit bereits S. 163.

171 RGZ 99, 147; *Medicus*, AT, Rn. 327, 745.

172 Ausführlich S. 16 und S. 34.

untersuchten Konstellationen aber genau das Gegenteil, nämlich dass ein Ersatzanspruch besteht oder doch nicht völlig auszuschließen ist.

Auch ein Rückgriff auf § 814 BGB scheidet bei der Kenntnis des Geschäftsherrn von Ersatzansprüchen aus. Weiß der Geschäftsherr erkennbar um die Ersatzansprüche oder rechnet er doch wenigstens mit ihnen, so muss ihm in einer Art »Parallelwertung« zwar durchaus klar sein, dass er nicht zum Verzicht auf diese Ansprüche verpflichtet sein kann. Wegen § 814 BGB wäre mithin ein Rechtsgrund entbehrlich, wenn der Verzicht gleichwohl *solvendi causa* erfolgte. Hierfür ist aber die Sicht des Geschäftsführers maßgeblich[173] und dieser wird – in der Konstellation der »Kenntnis« – nicht davon ausgehen dürfen, dass der Geschäftsherr zur »Erfüllung einer Verbindlichkeit« entlastet. Vielmehr ist der Wille des Geschäftsherrn aus seiner Sicht erkennbar darauf gerichtet, neben dem abstrakten Anspruchsverzicht zugleich einen Rechtsgrund zu schaffen, um so die Dauerhaftigkeit der Rechtsaufgabe sicherzustellen. Für eine solche Leistung *donandi causa* gilt § 814 BGB nicht.[174]

In Betracht kommt deshalb – wie bereits im Zusammenhang mit dem Erlass und dem Eventualerlass ausgeführt[175] – in erster Linie eine Schenkungsabrede im Sinne des § 516 BGB. Das gilt trotz der sachlichen Nähe zum Vergleichsvertrag selbst dann, wenn die Entlastung *durch einseitiges Nachgeben* erkennbar zur Beilegung von Streit oder Beseitigung von Zweifeln über die Rechtslage dient.[176] Insoweit sind für die Entlastung keine Besonderheiten ersichtlich. Zu klären ist an dieser Stelle deshalb nur noch, ob sich aus den anderen Begleitumständen der Entlastung möglicherweise Anhaltspunkte dafür ergeben, die gegen die Annahme der Unentgeltlichkeit der Zuwendung des Anspruchsverzichts sprechen. In der Sache geht es wiederum um die Frage, ob die §§ 528, 530 BGB bzw. § 134 InsO, § 4 AnfG auf die Entlastung Anwendung finden.

aa) Altruistische Motive und »Gnade vor Recht«

Die Deutung des Rechtsgrunds der Entlastung als Schenkung stellt altruistische Beweggründe des Geschäftsherrn in den Vordergrund. Das liegt auf der Hand, wenn die Entlastung vom Geschäftsherrn als Akt der Nachsicht und Vergebung gewollt ist, durch den er etwa nach Abschluss einer langjährigen Geschäftsbeziehung gleichsam »Gnade vor Recht« ergehen lässt, ohne sich davon noch irgendeinen Vorteil zu versprechen. Allerdings liegt vielfach bereits die »gedeihli-

173 *Wendehorst*, in: Bamberger/Roth, § 814 Rn. 4.
174 Vgl. nur: *Wendehorst*, in: Bamberger/Roth, § 814 Rn. 5.
175 Vgl. ausführlich S. 136; ebenso: *Schifferer*, S. 22.
176 Ausführlicher schon S. 137.

che Abwicklung« des Geschäftsverhältnisses im beiderseitigen Interesse[177] und daher auch im wohlverstandenen Interesse des Geschäftsherrn. Doch stellt sich die »gedeihliche Abwicklung« nicht als eine rechtlich relevante Gegenleistung des Geschäftsführers dar. Vielmehr handelt es sich um eine außerrechtliche Erwartung des Geschäftsherrn, die zwar rein altruistische Motive als fraglich erscheinen lässt, der Unentgeltlichkeit der Entlastung aber gleichwohl nicht entgegensteht.[178]

bb) Sicherung der vertrauensvollen Zusammenarbeit

Erteilt der Geschäftsherr Entlastung, um sich dadurch erkennbar die weitere vertrauensvolle Zusammenarbeit mit dem Geschäftsführer zu sichern,[179] weist die Zuwendung – noch stärker als im Falle der »gedeihlichen Abwicklung« – eigennützige Bezüge auf und scheint sogar auf eine künftige Gegenleistung des Geschäftsführers abzuzielen. Eine Schenkung scheidet gleichwohl erst aus, wenn zwischen Zuwendung und künftiger Gegenleistung ein »innerer rechtlicher Zusammenhang« gewollt ist.[180] Ohne diese Verknüpfung liegt lediglich eine Zweckschenkung (*datio ob causam*) vor, die unter §§ 516 ff. BGB fällt.[181] Die *vertrauensvolle* Zusammenarbeit und *Vertrauen* allgemein können indes weder erzwungen noch zum Gegenstand einer vertraglichen Gegenleistung gemacht werden.[182] Bei der vertrauensvollen Zusammenarbeit – dem gegenseitigen *Vertrauenhaben* – geht es nämlich nicht um den Schutz eines rechtlich relevanten Vertrauens, das etwa der Vertrauenshaftung zugrunde liegt. Vielmehr handelt es sich um ein natürlich-sittliches Phänomen, das als »innerseelischer Vorgang« ganz notwendig im rechtsfreien Raum angesiedelt ist[183] und die Grundlage jeder zwischenmenschlichen Beziehung ist. Eine rechtlich relevante Verknüpfung zwischen der Entlastung und der weiteren vertrauensvollen Zusammenarbeit muss daher zwingend ausscheiden. Das Ziel vertrauensvoller Zusammenarbeit ist

---

177 So schon RGZ 115, 368 (371): Entlastung des Vormunds diene einer »im beiderseitigen Interesse liegenden gedeihlichen Abwicklung« der Geschäftsbesorgung; ebenso *Knoche*, S. 27.

178 Zur sog. »Zweckschenkung« vgl. ausführlicher sogleich unter bb).

179 BGHZ 156, 19 (27): Wohnungseigentümer könnten vernünftiges Interesse daran haben, durch die Entlastung eine vertrauensvolle Zusammenarbeit mit dem Verwalter zu sichern; ähnlich: BGH NJW 2003, 3334 (3335); vgl. auch *Rühlicke*, ZWE 2003, 54 (62).

180 Ausführlich *J.* Koch, in: MüKo/BGB, § 516 Rn. 27 ff.; Staudinger/*Wimmer-Leonhardt*, § 516 Rn. 33.

181 *J. Koch*, in: MüKo/BGB, § 516 Rn. 29; ausführlicher zur Zweckschenkung: Staudinger/*Wimmer-Leonhardt*, § 525 Rn. 16 f.

182 Nachdrücklich *K. Schmidt*, ZGR 1978, 425 (440): »Zur Liebe kann man niemanden zwingen«, im Anschluss an *Scholz*, GmbHG, 5. Auflage 1964, § 46 Rn. 11.

183 *Larenz*, Methodenlehre, Kap. 5, 2 a), S. 371; ausführlich: *Knoche*, S. 37 ff.

eine nicht justiziable Erwartung,[184] ein rechtlich unbeachtlicher Wunsch[185] des Geschäftsherrn, so dass die Zuwendung der Entlastung trotz sachlich eigennütziger Motive als unentgeltlich anzusehen ist.

cc) Belohnung oder Entlohnung des Geschäftsführers

Die Entlastung kann darüber hinaus einen belohnenden und sogar einen entlohnenden Charakter haben. Um eine Schenkung handelt es sich, wenn lediglich eine rechtlich nicht geschuldete »Belohnung«, etwa für die gute Zusammenarbeit in der Vergangenheit,[186] bezweckt ist (sog. belohnende, remuneratorische Schenkung).[187] Dann gelten die §§ 516ff. BGB und insbesondere § 530 BGB.[188] Dagegen fehlt es an der Unentgeltlichkeit der Zuwendung und damit an einer Schenkung, wenn eine gebührende »Entlohnung« des Empfängers für zurückliegende Mühen und Verdienste gewollt ist.[189] Die Zuwendung steht dann als Entgelt in einem inneren rechtlichen Zusammenhang mit der zuvor erbrachten Leistung des Zuwendungsempfängers.[190] Die Abgrenzung zwischen Belohnung und Entlohnung erfolgt dabei nach dem Parteiwillen[191] und ist vom Einzelfall abhängig.[192] Für die Entlastung kann an dieser Stelle lediglich konstatiert werden, dass mit ihr durchaus eine Entlohnung des Geschäftsführers gewollt sein kann und insoweit eine Schenkung (*causa donandi*) ausscheiden muss. Stattdessen wird in solchen Fällen zuweilen von einer eigenständigen »causa der Entgeltlichkeit« gesprochen, die ähnlich der Handschenkung nicht als verpflichtender Vertrag, sondern lediglich als Rechtsgrundabrede zu qualifizieren ist.[193] Nur für einen solchen entgeltlichen Vertrag gelten die §§ 528, 530 BGB, § 134 InsO, § 4 AnfG nicht.

---

184 Vgl. auch *Knoche*, S. 38.

185 *Gehrlein*, in: Bamberger/Roth, § 516 Rn. 7.

186 Allgemein : *Larenz*, SR II/1, § 47 I, S. 199; *J. Koch*, in: MüKo/BGB, § 516 Rn. 31; *Seiler*, in: MüKo/BGB, § 662 Rn. 31; für die Entlastung: *Schmeling*, S. 18: »langjährige Verdienste«; OLG Köln NZG 1999, 1228 (1229): »eventuelle soziale Rücksichten« beim GmbH-Geschäftsführer.

187 Motive II, S. 289 = Mugdan II, S. 160; RGZ 94, 322 (324); BGH NJW 1982, 436.

188 Staudinger/*Wimmer-Leonhardt*, § 530 Rn. 6; *Gehrlein*, in Bamberger/Roth, § 530 Rn. 2.

189 *Larenz*, SR II/1, § 47 I, S. 199; *J. Koch*, in: MüKo/BGB, § 516 Rn. 30 f.

190 *Gehrlein*, in: Bamberger/Roth, § 516 Rn. 7.

191 *J. Koch*, in: MüKo/BGB, § 516 Rn. 31.

192 Ausführlich: *Larenz*, SR II/1, § 47 I, S. 199.

193 *Larenz*, SR II/1, § 47 I, S. 199.

e) Zusammenfassung

Erteilt der Geschäftsherr Entlastung, obwohl er aus der Sicht eines verständigen Erklärungsempfängers in der Position des Geschäftsführers Kenntnis vom Bestehen bestimmter Ersatzansprüche hat oder mit solchen Ansprüchen doch wenigstens rechnet, so lässt sich die Entlastung als schenkweiser konstitutiver Anspruchsverzicht im Sinne der §§ 397, 516 BGB auslegen. Dabei ist es im Ergebnis nicht entscheidend, ob die Entlastung als Erlass, als Eventualerlass oder als konstitutives negatives Schuldanerkenntnis zu deuten ist, weil all diese Erscheinungsformen des konstitutiven Anspruchsverzichts materiell-rechtlich identisch sind. Von positiver Kenntnis des Geschäftsherrn darf der Geschäftsführer nach §§ 133, 157 BGB jedoch grundsätzlich nur ausgehen, wenn er dem Geschäftsherrn die Kenntnis selbst verschafft hat. Hierzu ist er in Ansehung von ihm bekannten tatsächlichen oder etwaigen Verfehlungen im Rahmen der Rechenschaft verpflichtet. Auf private Kenntnisse des Geschäftsherrn erstreckt sich die Entlastung grundsätzlich nur, wenn der Geschäftsherr diese private Kenntnis gegenüber dem Geschäftsführer offen legt. Nur ausnahmsweise kommt es auf die Offenlegung der Kenntnis nicht an, wenn der Geschäftsherr auch für die ihm privat bekannt gewordenen Verfehlungen entlasten will und der Geschäftsführer die Erklärung tatsächlich in diesem Sinne versteht (*falsa demonstratio non nocet*).

6. Die Entlastung in Unkenntnis von Ersatzansprüchen

Die zweite Konstellation – die Entlastung in erkennbarer Unkenntnis von Ersatzansprüchen – dürfte den praktischen Regelfall der Entlastung darstellen. Typischerweise kommt es nur dann zur Entlastung, wenn der Geschäftsherr von der Ordnungsmäßigkeit der Geschäftsführung überzeugt ist und deshalb glaubt, es bestünden keine Ersatzansprüche gegen den Geschäftsführer.[194] Aus diesem Umstand wird weithin abgeleitet, dass ein Anspruchsverzicht nicht gewollt sei: Da der Geschäftsherr davon ausgehe, dass keine Ansprüche in Betracht kämen, könne seine Erklärung nicht als gewollter Verzicht ausgelegt werden.[195]

---

194 Vgl. die Nachweise auf S. 128 Fn. 1.
195 Vgl. die Nachweise auf S. 114 Fn. 58 – 60 und S. 128 Fn. 2.

a) Die Beschränkung der Entlastung auf die aus der Rechenschaft erkennbare Geschäftsführung

Die Konstellation der »Unkenntnis« findet sich im tradierten Entlastungsverständnis nicht unmittelbar wieder. Vielmehr unterscheidet die herkömmliche Sichtweise für den Fall der Unkenntnis danach, ob die Ersatzansprüche bei sorgfältiger Prüfung erkennbar waren oder nicht. Waren sie erkennbar, so sollen sie erlöschen und auch erloschen bleiben. Waren sie nicht erkennbar, so soll die Entlastung keinen Einfluss auf sie haben. Unter Zugrundelegung eines rechtsgeschäftlichen Entlastungsverständnisses müsste danach hinsichtlich erkennbarer Ansprüche – wie im Falle der »Kenntnis« – ein konstitutiver Anspruchsverzicht vorliegen, wohingegen für nicht erkennbare Ansprüche nicht einmal ein deklaratorisches Schuldanerkenntnis gegeben sein dürfte, denn dieses würde zumindest die Darlegungs- und Beweislast zulasten des Geschäftsherrn verändern.

Im Schrifttum wird in diesem Zusammenhang argumentiert, dass sich die Beschränkung der Entlastungfolgen auf die aus der Rechenschaft erkennbare Geschäftsführung mit rechtsgeschäftlichen Mitteln nicht rechtfertigen lasse, weil sich ein Verzicht oder negatives Schuldanerkenntnis »regelmäßig auf alle bekannten und unbekannten Sachverhalte erstreckt«.[196] Das berücksichtigt indes nicht, dass die Entlastung gerade vor dem Hintergrund geleisteter Rechenschaft erteilt wird. Redlicherweise darf der Geschäftsführer daher nicht davon ausgehen, dass seine Geschäftsführung umfassend gewürdigt wird. Zu Geschäftsführungsmaßnahmen, die dem Geschäftsherrn nicht erkennbar sind, weil sie weder Gegenstand seiner eigenen Wahrnehmung noch Inhalt der Rechenschaft waren, trifft der Geschäftsherr keine Aussage. Da die Entlastung nach geleisteter Rechenschaft erfolgt, kann sich die Entlastungserklärung nach Treu und Glauben vielmehr nur darauf beschränken, was bei Anlegung eines lebensnahen und vernünftigen Maßstabs aus den unterbreiteten Unterlagen und mündlichen Berichten für den Geschäftsherrn erkennbar ist.

b) Die Billigung der Geschäftsführung in Unkenntnis von Ersatzansprüchen

Beschränkt sich die Entlastung danach auf die aus der Rechenschaft erkennbare Geschäftsführung, so ist damit zunächst nur negativ umschrieben, dass für *nicht erkennbare* Geschäftsvorgänge keine Entlastungswirkungen greifen. Daraus kann umgekehrt jedoch nicht automatisch der Schluss gezogen werden, dass sich die mit der Entlastung zum Ausdruck gebrachte Billigung auf jede einzelne der aus der Rechenschaft *erkennbaren* Geschäftsführungsmaßnahmen bezieht. Zwar lässt

196 *Schindler*, in: Ziemons/Jaeger, GmbHG, § 46 Rn. 66.2.

sich der Entlastung zutreffend eine wertende Stellungnahme über die Geschäftsführung in ihrer Gesamtheit entnehmen, doch beruht diese Stellungnahme letztlich auf den konkreten Anschauungen, die der Geschäftsherr von den einzelnen Geschäftsführungsmaßnahmen hat, d. h. auf der Bewertung der ihm *bekannten* Geschäftsführung.[197] Die Unkenntnis des Geschäftsherrn über einzelne Vorgänge kann folglich nicht schon mit dem Argument für unerheblich erklärt werden, dass die überschaubare Geschäftsführung insgesamt gebilligt worden sei und damit zugleich auch sämtliche erkennbare Geschäftsvorgänge.

Soweit die Entlastung in erkennbarer Unkenntnis von etwaigen Ersatzansprüchen erteilt wird, kommt ein konstitutiver Anspruchsverzicht nach allgemeinen Grundsätzen nur dann in Betracht, wenn der Geschäftsherr mit der Billigung der Geschäftsführung über die bloße Feststellung und Fixierung der vermeintlichen Rechtslage hinaus zum Ausdruck bringt, er wolle auch das Risiko einer Fehlbewertung der Rechtslage tragen.[198] Aus seiner Erklärung muss sich unter Anlegung strenger Maßstäbe zweifelsfrei ergeben, er wolle das Risiko übernehmen, dass sich seine Prüfung als unzureichend erweise, und die Erklärung gerade auch für den Fall gelten solle, dass er Ersatzansprüche übersehen habe. Bereits zu Beginn der Untersuchung hieß es, dass die Entlastung für erkennbare Ersatzansprüche nach der herrschenden Sichtweise eine Risikoverlagerung auf den Geschäftsherrn bewirke.[199] Die entscheidende Frage ist an dieser Stelle, ob diese Risikoverlagerung auf dem Willen des Geschäftsherrn beruht, ob sie also eintritt, weil sie gewollt ist. Das verbreitete Gegenargument, der Geschäftsherr hätte von der Entlastung Abstand genommen, wenn er Ersatzansprüche erkannt hätte,[200] greift dabei zu kurz, weil es dem Charakter einer Risikoübernahme nicht gerecht wird. Es liegt im Wesen einer Risikoübernahme, dass sie nicht erfolgt, wenn im Zeitpunkt der Übernahme bereits klar ist, dass nicht nur ein gewisses Risiko besteht, sondern dass sich dieses Risiko letztlich sicher verwirklichen wird.

aa) Die Auslegung der Entlastungserklärung durch das Reichsgericht

Das Reichsgericht hat die erforderliche Risikoübernahme durch den Geschäftsherrn in einer zentralen Entscheidung zum GmbH-Recht bejaht.[201] Die Begrün-

197 Zutreffend *Barner*, S. 73: »Das Entlastungsorgan ... nimmt zu dem, was es nicht kennt, natürlich schlechterdings auch nicht Stellung, handelt insoweit nicht.«
198 Vgl. S. 162.
199 Vgl. S. 46.
200 *Hoeniger*, DJZ 1922, 143; *J. Wagner*, S. 34; *Knoche*, S. 35.
201 RG JW 1926, 2904.

dung soll im Folgenden ausführlicher zitiert werden, weil sie das Entlastungsverständnis bis heute entscheidend prägt: Nach der Auffassung des Reichsgerichts liegt der »Sinn und Zweck ... bei der Entlastung eines Geschäftsführers, Vorstands oder sonstigen Rechenschaftspflichtigen *erfahrungsgemäß* nicht in der Feststellung der wirklichen Rechtslage. Wäre dies der Fall, so hätte die Entlastung zur Voraussetzung, daß die Schuld, von welcher der Geschäftsführer usw. entlastet werden sollte, auch in Wirklichkeit nicht besteht, und wenn sie sich dann doch als bestehend herausstellte, läge ungerechtfertigte Bereicherung auf Seiten des Entlastungsempfängers vor. Es liegt auf der Hand, daß mit einer derartigen Regelung *den Bedürfnissen des täglichen Lebens und insbes. des Geschäftslebens*, in dem die Entlastung von Rechenschaftspflichtigen eine erhebliche Rolle spielt, in keiner Weise gedient wäre. Der Zweck der Entlastung kann vielmehr ... nur sein, *für die Zukunft möglichst klare Verhältnisse zu schaffen* in der Richtung, daß aus dem bisherigen Verhalten des Rechenschaftspflichtigen, soweit es für den oder die anderen Beteiligten übersehbar ist, keine Ansprüche mehr gegen ihn sollen abgeleitet werden können. Durch eine solche Anerkennung des Nichtbestehens eines Schuldverhältnisses soll also über die Feststellung der wirklichen Rechtslage hinaus der jetzt bestehende Zustand auch für den Fall, daß die wahre Rechtslage eine andere sein sollte, *abschließend* festgelegt werden. Dann kann aber, auch wenn das von den Parteien angenommene Nichtbestehen einer Schuld den tatsächlichen Verhältnissen nicht entspricht, von einer ungerechtfertigten Bereicherung des Entlasteten nicht die Rede sein; denn die Veränderung der Rechtslage ist aufgrund des auch hierauf gerichteten *Vertragswillens der Parteien* eingetreten.«[202]

(1) Die Entlastung als das »letzte Wort« des Geschäftsherrn

Das wesentliche Argument ist danach, dass der Zweck der Entlastung nach den Bedürfnissen des täglichen Lebens und des Geschäftslebens nur darin bestehen könne, für die Zukunft möglichst klare Verhältnisse zu schaffen und die angenommene Rechtslage als verbindlich festzuschreiben. Sämtliche Ansätze zur Erklärung der Rechtsnatur der Entlastung beruhen im Kern auf der vom Reichsgericht zum Ausdruck gebrachten besonderen »Klarstellungsfunktion« der Entlastung.[203] Die Grundüberlegung lautet: Habe der Geschäftsführer Rechenschaft abgelegt und der Geschäftsherr diese geprüft, dann könne die Entlastung – als »letztes Wort« des Geschäftsherrn – nur zum Ausdruck bringen, dass der

202 RG JW 1926, 2904 (Hervorhebungen nur hier).

203 *A. Zimmermann*, S. 45 ff.; *Graff*, S. 51; *Schmeling*, S. 111 f.

Geschäftsführer eine Inanspruchnahme wegen Verfehlungen, die aus der Rechenschaft erkennbar gewesen seien, künftig nicht mehr befürchten müsse.[204] Mit der Entlastung solle in diesem Sinne ein »Schlussstrich« unter die zurückliegende Geschäftsführung gezogen werden.

(2) Die verbreitete Verneinung des Verzichtswillens und die Gewährung von Vertrauensschutz

Die vom Reichsgericht postulierte Abschlussfunktion ist bislang kaum ernsthaft in Frage gestellt worden.[205] Zwar behaupten vor allem die Vertreter des vertrauensbasierten Entlastungsansatzes durchweg, der Geschäftsherr wolle nicht auf Ansprüche verzichten,[206] doch konterkarieren sie den fehlenden Verzichtswillen dadurch, dass sie die Entlastung wegen ihres Klarstellungscharakters als besonders starken Vertrauenstatbestand[207] ansehen und die Ansicht des Reichsgerichts auf diese Weise in die Vertrauenshaftung tragen. Es fragt sich jedoch, warum es an einem Verzichtswillen fehlen solle,[208] wenn der Geschäftsherr eine »endgültige, abschließende Stellungnahme« bezwecke und der Geschäftsführer darauf vertrauen dürfe, die Entscheidung sei »verbindlich«.[209] Gerade in dem Willen zur weitgehenden Klarstellung der Rechtslage müsste sich doch eigentlich die Risikoübernahme und damit der Verzichtswille des Geschäftsherrn manifestieren. Die klare Verneinung des Verzichtswillens ermöglicht sachlich zwar ein Abgehen von den Erfordernissen der Rechtsgeschäftslehre und eröffnet den Zugriff auf den Vertrauensschutz nach Maßgabe von § 242 BGB. Doch hat die Verneinung des Verzichtswillens zugleich erhebliche inhaltliche Auswirkungen auf den Vertrauensschutz. Dürfte der Geschäftsführer nämlich redlicherweise nicht von einem Anspruchsverzicht ausgehen, so wäre sein Vertrauen, von einer Inanspruchnahme verschont zu bleiben, im Grundsatz nicht schutzwürdig. Denn wer weiß, dass der andere nicht verzichten will, muss redlicherweise weiter mit einer Inanspruchnahme rechnen. Im Ergebnis wird der Verzichtswille von den Vertretern der Vertrauenslösungen danach zwar vorderhand in Abrede gestellt, während er beim Vertrauensschutz dann aber doch wieder – nämlich im Gewand des Willens zur

---

204 RG JW 1926, 2904; *A. Zimmermann*, S. 191.
205 Kritisch vor allem *Barner*, S. 71 ff. und mit Einschränkungen von *Tellis*, S. 12 ff., der auf S. 97 ff. aber doch wieder einen Vertrauensschutz hinsichtlich »erkennbarer« Ansprüche konstruiert.
206 *A. Zimmermann*, S. 134; *Graff*, S. 73, 105; *Schmeling*, S. 163.
207 *Borsche*, S. 61; *A. Zimmermann*, S. 191; *Graff*, S. 51, 99; *Schmeling*, S. 111.
208 *Graff*, S. 73, 105.
209 *Graff*, S. 51, 99.

»abschließenden Klarstellung« – als maßgeblich angesehen wird, ohne den hierin liegenden Widerspruch offenzulegen.[210]

Für die vorliegende Untersuchung folgt daraus, dass eine sorgfältige Auslegung der Entlastungserklärung nicht nur für die rechtsgeschäftliche Deutung der Entlastung eine erhebliche Weichenstellung bedeutet, sondern auch Auswirkungen auf den Vertrauensschutz hat. Ergibt die Auslegung, dass der Geschäftsherr die Rechtslage – entgegen der Ansicht des Reichsgerichts – nicht verbindlich klarstellen und insoweit auch das das Irrtumsrisiko übernehmen will, so wird damit zugleich ein wesentliches Argument der Vertreter der Vertrauenslösung in Frage gestellt.

bb) Die Auslegung der Entlastungserklärung nach Maßgabe der Interessen des Geschäftsherrn

Beruht die Entlastung erkennbar auf der Überzeugung des Geschäftsherrn, dass ihm nach Prüfung des überschaubaren Sachverhalts keine Ansprüche zustehen, so lautet seine Erklärung nach lebensnahem Verständnis zunächst nur: Entlastung wird erteilt, *weil* keine Ansprüche erkannt wurden. Für die Auslegung sind drei Bedeutungsvarianten in Betracht zu ziehen: das konstitutive negative Schuldanerkenntnis, das deklaratorische negative Schuldanerkenntnis und das einseitige »unverbindliche« Anerkenntnis. Im Folgenden sollen diese Deutungsmöglichkeiten zunächst nach Maßgabe der erkennbaren Interessen des Geschäfts*herrn* untersucht werden.

(1) Die Entlastung als konstitutiver Anspruchsverzicht

Ist es dem Geschäftsherrn tatsächlich gleichgültig, ob in Wirklichkeit noch Ansprüche bestehen, dann will er mit der Entlastung die vermeintliche Rechtslage verbindlich festschreiben. Die Entlastung erfolgt dann ohne Rücksicht auf die wahre Rechtslage und beinhaltet einen konstitutiven Anspruchsverzicht im Sinne der §§ 397 Abs. 2, 516 Abs. 1 BGB.

---

210 Ebenso *Schmeling*, S. 111: Der Rückgriff auf die Klarstellungsfunktion begegne Bedenken, »denn wenn Klarstellung bedeutet, daß aus der Geschäftsführung keine weiteren Folgen gezogen werden sollen, bewegt man sich trotz aller Vorbehalte wieder in Richtung eines der Entlastung selbst innewohnenden Anspruchsverzichts.« Doch hält *Schmeling* diese Erkenntnis auf S. 112 ff. nicht davon ab, schutzwürdiges Vertrauen aus der Entlastung abzuleiten, weil der Geschäftsherr »die Arbeit des Entlasteten aufgrund der ihm unterbreiteten Information umfassend gewürdigt und zu einem positiven Ergebnis gelangt ist«.

Für eine solche Auslegung scheint auf den ersten Blick der Wortlaut »Entlastung« zu sprechen,[211] denn es ist zunächst nicht recht ersichtlich, welche Last dem Geschäftsführer genommen werden sollte, wenn nicht die Last der Haftung. Indes darf ein solches Wortlautargument nicht überbewertet werden,[212] weil selbst bei eindeutigen Verzichtserklärungen stets danach zu fragen ist, ob nicht nach den Begleitumständen auch andere, für den Gläubiger weniger einschneidende Bedeutungsvarianten denkbar sind. Als solche Bedeutungsvarianten kommen sowohl das deklaratorische negative Schuldanerkenntnis als auch das einseitige unverbindliche Anerkenntnis in Betracht. Davon abgesehen erweist sich der Begriff der Entlastung aber auch nicht als hinreichend eindeutig. Vielmehr kaschiert er die weitreichenden Rechtsfolgen, die die herrschende Entlastungssicht mit ihm verbindet, und bleibt in seiner *Eindeutigkeit* hinter einem rechtsfolgengleichen »Generalerlass aller bekannten und erkennbaren Ansprüche« deutlich zurück.

Mit der Entlastung wird zudem häufig nicht nur über die Rechtmäßigkeit der Geschäftsführung befunden, sondern – soweit der Geschäftsführer die getroffenen Entscheidungen in weisungsfreien Bereichen selbst zu verantworten hat – auch darüber, ob die Geschäftsführung zweckmäßig war und der Geschäftsführer bei ihr allgemein eine »glückliche Hand« hatte.[213] Schließlich wird der periodischen Entlastung bei laufender Geschäftsführung auch die Funktion einer Vertrauenskundgabe für die Zukunft beigemessen. Der Entscheidung des Geschäftsherrn liegt damit regelmäßig ein ganzes »Motivbündel« zugrunde, wodurch sich die Entlastung von der Entscheidung über einen reinen Anspruchsverzicht unterscheidet. Zwar lässt sich nicht leugnen, dass der Frage nach etwaigen Ersatzansprüchen im Gesamtgefüge der Entlastungsentscheidung typischerweise besondere Bedeutung zukommt, weil es in der Praxis regelmäßig nicht zur Erteilung der Entlastung kommt, wenn solche Ansprüche in der Diskussion stehen. Da der Geschäftsherr mit der Entlastung jedoch auch andere Zwecke verfolgen kann, lässt sich dem Wortlaut »Entlastung« im Ergebnis kein eindeutiger Hinweis darauf entnehmen, dass sie zwingend als konstitutiver Verzicht gewollt sein muss.

Im Schrifttum wird darauf verwiesen, dass die mit der Deutung als konstitutiver Anspruchsverzicht verbundene weitgehende Klarstellung der Haftungsverhältnisse für den Geschäftsherrn gewisse Vorteile hat: Unklarheiten über die Haftungssituation könnten den Geschäftsführer daran hindern, sich voll und ganz auf die eigentliche Tätigkeit zu konzentrieren. Hiervon könne der gesamte Erfolg der Geschäftsführung abhängen, wenn Arbeitskraft und Konzentration uneinge-

---

211 *Schmeling*, S. 4, 111, 112 Fn. 42.

212 Ebenso *Tellis*, S. 60; *A. Zimmermann*, S. 142 f.

213 BGHZ 94, 324 (327).

schränkt den aktuellen und künftigen Herausforderungen zugewandt werden müssen.[214] Die durch Schaffung von Klarheit »befreite« Arbeitskraft liege daher stets auch im Interesse des Geschäftsherrn.[215] Ähnlich lässt sich im Hinblick auf die mit einem konstitutiven Verzicht verbundene besonders intensive Vertrauenskundgabe argumentieren. Sie kann dem Geschäftsführer zusätzliche Motivation und Sicherheit geben und sich vorteilhaft auf die Arbeitsfreude und das Engagement auswirken. Allerdings darf nicht übersehen werden, dass all diese psychologischen Wirkungen mit dem Risiko eines Rechtsverlusts im Einzelfall teuer erkauft sein können. Zwar vermögen sie den Geschäftsherrn zuweilen tatsächlich zu einer Risikoübernahme veranlassen, wie sich vor allem in solchen Fällen zeigt, in denen der Geschäftsherr *erkannte* Unklarheiten oder Zweifel mit Hilfe der Entlastung ausräumt. Doch auch in diesen Fällen kann sich der Geschäftsherr stattdessen für die Aufklärung der Sach- und Rechtslage und somit gegen eine Entlastung entscheiden. Eine generelle Aussage, dass die genannten psychologischen Vorteile eine gewollte Übernahme unbekannter Risiken in jedem Falle als plausibel erscheinen lassen und damit für die Auslegung eine gewisse Typizität rechtfertigen, lässt sich im Ergebnis nicht ableiten.

(2) Die Entlastung als deklaratorisches negatives Schuldanerkenntnis

Denkbar ist es daneben, dass der Geschäftsherr mit der Entlastung nur seine Überzeugung zum Ausdruck bringen will, die erfolgte Prüfung habe zu keinen Beanstandungen geführt, weshalb kein greifbarer Grund bestehe, dem Geschäftsführer die Entlastung zu verweigern: In Ansehung seiner Prüfung erkenne er deshalb an, dass keine Ersatzansprüche bestehen. Dann ist die Erklärung auf die Feststellung und Fixierung der vermeintlichen Rechtslage gerichtet, so dass ein deklaratorisches negatives Schuldanerkenntnis vorliegt.

Rechtlich befreit die Entlastung den Geschäftsführer bei einer solchen Auslegung nicht nur von weiterer Rechenschaft, sondern privilegiert ihn auch in etwaigen Ersatzprozessen, weil nunmehr der Geschäftsherr die Darlegungs- und Beweislast für die entgegen dem Anerkenntnis geltend gemachten Ersatzansprüche trägt. Im Vergleich zum konstitutiven negativen Schuldanerkenntnis führt die Entlastung aber nur zu einer nur eingeschränkten Klarstellung der Rechtslage, weil die Durchsetzung voll beweisbarer Ersatzansprüche nach der Kondiktion des Anerkenntnisses weiter möglich ist. Deshalb ist auch die Vertrauenskundgabe tendenziell schwächer ausgeprägt.

---

214 *Knoche*, S. 28; vgl. auch *Schmeling*, S. 111.
215 *Knoche*, S. 28; *Barner*, S. 138; *Schnorr von Carolsfeld*, ZfGG 1957, 220 (224).

Für eine solche Auslegung sprechen zunächst die typischen Begleitumstände der Erklärung, da die Entlastung regelmäßig deshalb erteilt wird, weil keine Ersatzansprüche erkannt wurden. Die Auslegung als deklaratorisches negatives Schuldanerkenntnis nimmt den Geschäftsherrn insoweit beim Wort. Auch wird eine solche Auslegung häufig den vernünftigen und wohlverstandenen Interessen des Geschäftsherrn entsprechen, weil ein weitergehender Verzicht für ihn zwar mit dem Vorteil einer vergleichsweise klaren Rechtslage, aber rechtlich mit dem Risiko verbunden ist, dass sich die erfolgte Prüfung als unzureichend herausstellt und selbst voll beweisbare Ansprüche nicht mehr durchgesetzt werden können. Gänzlich ohne Risiko ist eine solche Auslegung für ihn allerdings nicht, weil die Durchsetzung von Ersatzansprüchen – vor allem mit zunehmendem Zeitablauf – an der Darlegungs- und Beweislast scheitern kann.

(3) Die Entlastung als einseitiges unverbindliches Anerkenntnis

Schließlich kann die Entlastung auch als bloße Meinungsäußerung über das Nichtbestehen von Ersatzansprüchen gemeint sein. Ihre rechtliche Bedeutung ist in einem solchen Falle gering, weil sie in einem etwaigen Ersatzprozess allenfalls im Rahmen der freien Beweiswürdigung (§ 286 ZPO) Berücksichtigung finden kann. Die rechtlichen Risiken für den Geschäftsherrn sind bei einem solchen Verständnis überschaubar, weil er wegen der geringen Beweiswirkung des einseitigen Anerkenntnisses zu einer hinreichenden Prüfung der Rechenschaft im eigenen Interesse eigentlich nicht angehalten ist. Die Bedeutung der Entlastung erschöpft sich vielmehr in einer »platonischen Vertrauenskundgabe« und in der förmlichen Beendigung des Rechenschaftsvorgangs. Eine solche Entlastungserklärung weist im Ergebnis gewisse Parallelen zur aktienrechtlichen Entlastung nach § 120 Abs. 2 AktG auf, geht in ihren rechtlichen Wirkungen tendenziell aber über sie hinaus, weil der aktienrechtlichen Entlastung überhaupt keine Auswirkungen auf die Beweiswürdigung zukommt.[216]

(4) Das Verhältnis der drei Auslegungsvarianten

Nach allgemeinen Grundsätzen darf ein Verzicht »im Zweifel« nicht vermutet werden,[217] so dass ein konstitutives negatives Schuldanerkenntnis nur dann zu bejahen wäre, wenn hierfür besondere Umstände sprechen. Solche Umstände, die den Geschäftsherrn im eigenen Interesse zu einer weitgehenden Klarstellung der

---

216 Vgl. ausführlich schon oben S. 74.
217 BGH WM 1982, 671 (673); vgl. auch die Nachweise auf S. 160 ff.

Haftungsverhältnisse durch Übernahme des Irrtumsrisikos veranlassen könnten, sind bei der regelmäßigen Entlastung nicht ersichtlich. Eine solche Risikoübernahme erweist sich bei wertender Betrachtungsweise vielmehr als objektiv unvernünftig und wird auch durch psychologische Effekte bzw. die dadurch »befreite Arbeitskraft« des Geschäftsführers nicht aufgewogen. Eine Vertrauenskundgabe und Belobigung des Geschäftsführers ist ohne weiteres auch ohne Anspruchsverzicht denkbar, wobei nicht ersichtlich ist, dass sich die hiermit verbundenen psychologischen Effekte auf den Geschäftsführer wesentlich weniger motivierend auswirkten.

Eine gewollte Risikoübernahme käme vor diesem Hintergrund allenfalls in Betracht, wenn der Geschäftsherr nach einer besonders intensiven Prüfung der geleisteten Rechenschaft zu der Überzeugung gelangt, die Klarstellung der Haftungsverhältnisse sei weitgehend *risikolos* möglich. Doch erscheint es als zweifelhaft, eine Risikoübernahme davon abhängig zu machen, dass aus Sicht des Erklärenden kein Risiko besteht. Zudem würde die intensive Prüfung, die grundsätzlich im Interesse aller Beteiligten ist, letztlich zu einer Schlechterstellung des Geschäftsherrn führen, als wenn er seine Kontrolle von vornherein nur auf die neuralgischen Punkte der Geschäftsführung beschränkt hätte. Weiß der Geschäftsherr nämlich selbst um die Unvollkommenheit seiner Prüfung, weil sie nur schwerpunktmäßig bzw. oberflächlich erfolgt ist, so wird er sich zwar durchaus des Risikos bewusst sein, das mit einer weitgehenden Klarstellung der Haftungsverhältnisse verbunden ist, doch ist in solchen Fällen kein Grund ersichtlich, der im Interesse des Geschäftsherrn für eine solche Risikoübernahme spricht. Im Gegenteil greift gerade die Zweifelsregelung, nach der ein Anspruchsverzicht nicht vermutet werden darf.

Die herrschende Entlastungssicht hat in einer solchen Konstellation freilich keine Schwierigkeiten, einen Anspruchsverlust zu rechtfertigen, weil sich der Geschäftsherr danach vorhalten lassen muss, dass er in Kenntnis einer unzureichenden Prüfung Entlastung erteilt habe. Wolle er eine Klarstellung der Haftungsverhältnisse und einen ungewollten Rechtsverlust vermeiden, so müsse er die Entlastung verweigern oder sie wenigstens mit einer inhaltlichen Beschränkung bzw. einem Vorbehalt versehen. Auch das Reichsgericht würde ähnlich argumentieren, dass der Geschäftsherr in einer solchen Konstellation mit der Entlastung bewusst in Kauf nehme, Ansprüche übersehen zu haben, weshalb seine Erklärung ein gewollter Verzicht sei. Das sachliche Problem ist jedoch, dass der Entlastung auf diese Weise ein vorgefertigter Inhalt beigelegt wird, nämlich der Verzicht auf erkennbare Ansprüche, obwohl die Erklärung des Geschäftsherrn nach den konkreten Begleitumständen eigentlich erst auszulegen wäre. Nach Maßgabe der wohlverstandenen Interessen des Geschäftsherrn ergeben die Begleitumstände dabei mangels eines besonderen Anlasses zum Verzicht keine hinreichenden Anhaltspunkte dafür, dass entgegen der Zweifelsregelung eine Rechtsaufgabe gewollt ist.

cc) Die Berücksichtigung der schutzwürdigen Interessen des Geschäftsführers

Nach den bisherigen Ausführungen müsste eine Auslegung in Ansehung der Interessen des Geschäftsherrn daher entweder zu einem deklaratorischen negativen Schuldanerkenntnis oder sogar nur zu einem einseitigen »unverbindlichen« Anerkenntnis gelangen. Nach dem Gebot einer beiderseits interessengerechten Auslegung[218] ist ein triftiger Verzichtsgrund allerdings schon dann zu bejahen, wenn der Geschäftsherr nach Treu und Glauben auf die schutzwürdigen Interessen des Geschäftsführers Rücksicht zu nehmen hat. Genügen kann hierfür freilich nicht das bloße Interesse, von der Durchsetzung berechtigter Ansprüche verschont zu bleiben. Vielmehr muss es sich um ein unabweisbares Schutzbedürfnis handeln, das den Geschäftsführer zu der Annahme berechtigt, der Geschäftsherr könne mit der Erklärung redlicherweise nur einen Anspruchsverzicht bzw. eine weitreichende und verbindliche Klarstellung bezwecken. Von dem Erfordernis eines solchen Schutzbedürfnisses ist offenbar auch das Reichsgericht ausgegangen, als es ausführte, dass mit einem deklaratorischen Schuldanerkenntnis den »Bedürfnissen des täglichen Lebens und insbes. des Geschäftslebens ... in keiner Weise gedient« sei.[219] Da ein zwingendes Bedürfnis des Geschäfts*herrn* an einer durch einen Anspruchsverlust erkauften Klarstellung der Rechtslage nicht erkennbar ist, können mit den »Bedürfnissen des täglichen Lebens und insbes. des Geschäftslebens« letztlich nur die Schutzbedürfnisse des Geschäftsführers selbst gemeint sein.

Bei den zu berücksichtigenden schutzwürdigen Interessen des Geschäftsführers lässt sich sachlich zwischen (1) dem Bedürfnis nach Schutz vor unberechtigter Inanspruchnahme als Folge der Nichterweislichkeit pflichtgemäßen Handelns und (2) dem Bedürfnis nach Schutz vor berechtigter Inanspruchnahme aus erwiesenen Pflichtverletzungen unterscheiden. Im Zentrum der nachfolgenden Überlegungen kann dabei allein die Schutzwürdigkeit des *redlichen* Geschäftsführers stehen, der zwar möglicherweise gegen seine Pflichten verstoßen hat, hiervon jedoch weder weiß noch damit rechnet. Dagegen braucht der Geschäftsherr – und damit auch die Auslegung nach §§ 133, 157 BGB – auf die Belange von Geschäftsführern, die nicht im gebotenen Maße über ihnen bekannte Verfehlungen aufklären, redlicherweise keine Rücksicht zu nehmen. Da sie um die

---

218 Vgl. die ausführlichen Nachweise auf S. 160 in Fn. 129.

219 RG JW 1926, 2904.

möglichen Ersatzansprüche wissen, können sie sich sowohl beweismäßig als auch vermögensmäßig auf eine künftige Inanspruchnahme einrichten.

(1) Der Schutz des Geschäftsführers vor einer unberechtigten Inanspruchnahme bei Beweisnot

Bereits zu Beginn der Arbeit wurde das Interesse des Geschäftsführers an der Entlastung maßgeblich mit der Erwägung gerechtfertigt, dass der fortschreitende Zeitablauf für ihn die Gefahr begründet, sich gegen eine Inanspruchnahme wegen etwaiger Pflichtverletzungen bei der Geschäftsführung nicht mehr angemessen verteidigen zu können.[220] Als wesentliche Argumente wurden genannt, dass der Geschäftsführer in einem Ersatzprozess in aller Regel den Nachweis für fehlendes Verschulden, häufig sogar für die fehlende objektive Pflichtverletzung führen müsse, dass die Erinnerungen an die Details der Geschäftsführung zunehmend verblassten und dass der Geschäftsführer nach Beendigung des Geschäftsbesorgungsverhältnisses oftmals nicht mehr über die notwendigen Geschäftsunterlagen verfüge.[221] Aus diesen Gründen besteht für ihn nicht nur die Aussicht, berechtigterweise auf Schadensersatz in Anspruch genommen zu werden, sondern vor allem das Risiko, sich gegen eine unberechtigte Inanspruchnahme nicht mehr hinreichend verteidigen zu können. Lässt sich wegen des Zeitablaufs weder erweisen, dass der Geschäftsführer schuldhaft gegen seine Pflichten verstoßen hat, noch dass es umgekehrt an einem schuldhaften Pflichtverstoß fehlt (*non liquet*), so unterliegt der Geschäftsführer im Prozess, weil und soweit ihm das Gesetz die Darlegungs- und Beweislast für pflichtgemäßes Verhalten auferlegt.

Indes lässt sich die aus dem Zeitablauf resultierende Beweisnot nicht entscheidend für einen Anspruchsverzicht des Geschäftsherrn anführen, weil eine solche Beweisnot bereits dann nicht mehr besteht, wenn die Entlastung als deklaratorisches negatives Schuldanerkenntnis ausgelegt wird. Denn dann trägt der Geschäftsherr wegen der Einbindung des Ersatzanspruchs in die Kondiktion entgegen den jeweiligen Haftungsvorschriften die Darlegungs- und Beweislast auch für die objektive Pflichtverletzung und für das Verschulden des Geschäftsführers, während den Geschäftsführer – freilich nur im Umfang des Zumutbaren – allenfalls noch eine sekundäre Behauptungslast treffen kann.[222] Unzumutbare Härten im Hinblick auf spätere Ersatzprozesse sind für den Geschäftsführer folglich bereits unter Zugrundelegung eines deklaratorischen negativen Schuld-

---

220 Vgl. bereits S. 13 ff.
221 Ausführlich S. 8 ff.
222 Ausführlicher schon S. 141 ff.

anerkenntnisses ausgeschlossen. Eine unbegründete Inanspruchnahme trotz tatsächlich rechtmäßiger Geschäftsführung muss er daher nicht befürchten. Wie jede Prozesspartei trifft ihn lediglich noch das allgemeine Prozessrisiko, vor dem ihn freilich auch ein Verzicht nicht sicher bewahrt, weil auch hier die u.U. schwierige Frage nach der Erkennbarkeit des Ersatzanspruchs aus der Rechenschaft einen gewissen gerichtlichen Entscheidungsspielraum eröffnet.

Daneben hat die in den letzten Jahren im Bereich der bürgerlich-rechtlichen Geschäftsbesorgung herbeigeführte Verkürzung der Verjährungsfristen die früher bestehenden Unzuträglichkeiten der dreißigjährigen Verjährung erheblich relativiert.[223] Die Gefahr, noch nach Jahrzehnten auf Ersatz in Anspruch genommen zu werden, besteht damit nicht mehr, was allerdings auch das Bedürfnis des Geschäftsführers nach einer Beweislastumkehr abschwächt. Eine solche Beweislastumkehr kann nämlich auch dazu führen, dass der Geschäftsführer wegen tatsächlich begangener Pflichtverletzungen nicht mehr in Anspruch genommen werden kann, wenn dem Geschäftsherrn der entsprechende Verschuldensnachweis nicht gelingt. Dass das Gesetz dennoch allgemein – d. h. auch außerhalb der Geschäftsbesorgung – von einem schutzwürdigen Interesse ausgeht, folgt vor allem aus der Regelung des deklaratorischen negativen Schuldanerkenntnisses in §§ 397 Abs. 2, 812 Abs. 2 BGB. Das Gesetz belastet danach jeden Gläubiger, der deklaratorisch anerkennt, dass ihm keine Ansprüche zustehen, mit der Darlegungs- und Beweislast, wenn er das Anerkenntnis irrtümlich erteilt. Soweit in der Entlastung ein deklaratorisches negatives Schuldanerkenntnis liegt, geht damit zwar eine gewisse Privilegierung des Geschäftsführers einher, doch ist diese im Gesetz angelegt und letztlich sogar unausweichlich, wenn man ihn effektiv vor langfristiger Beweisnot schützen will.

In diesem Zusammenhang griffe es schließlich zu kurz, den Geschäftsführer auf den späteren Abschluss eines Generalbereinigungsvertrags nach endgültigem Abschluss der Geschäftsführung zu verweisen. Zwar wird ein solcher Vertrag typischerweise vor dem Hintergrund geschlossen, dass der Geschäftsführer die Unterlagen an den Geschäftsherrn zurückgeben muss und die Geschäftsbesorgung auch im Übrigen weitreichend klargestellt werden soll, indem ein »Schlussstrich« unter sie gezogen wird. Jedoch steht der Abschluss eines solchen Generalbereinigungsvertrags letztlich im Belieben des Geschäftsherrn, so dass im Zeitpunkt der periodischen Entlastungen während der laufenden Geschäftsführung für den Geschäftsführer allenfalls eine unbestimmte Aussicht auf eine Abschlussbereinigung besteht, die sein Interesse an einer vorzeitigen Umkehrung der Darlegungs- und Beweislast nicht auszuräumen vermag.

---

223 Vgl. bereits S. 14.

(2) Der Schutz des Geschäftsführers vor einer Inanspruchnahme aus erwiesener Pflichtverletzung

Ob daneben unabweisbar schutzwürdige Interessen des Geschäftsführers an einem über die Beweislastumkehr hinausgehenden Anspruchsausschluss bestehen, darf bezweifelt werden. Schon im Ausgangspunkt als zirkelschlüssig erweist sich dabei das denkbare Argument, dass sich der Geschäftsführer nach Erteilung der Entlastung vermögensmäßig darauf einstelle, nicht mehr wegen früherer Verfehlungen in Anspruch genommen zu werden, so dass insofern ein irreversibler Zustand geschaffen werde. Denn es ist ja gerade die Frage, ob er sich im Nachgang der Entlastung hierauf einstellen *darf*. Zuzugeben ist zwar, dass der redliche Geschäftsführer, der nicht damit rechnet, dass er gegen seine Pflichten verstoßen hat, die Entlastung als Anhaltspunkt für die Richtigkeit seiner Rechtsansicht ansehen mag, wenn er dem Geschäftsherrn eine hinreichende und belastbare rechtliche Prüfung der Rechenschaft zutraut. Auch ist zu berücksichtigen, dass er von sich aus in den hier behandelten Fällen vielfach keine klare Entscheidung des Geschäftsherrn über die fragliche Maßnahme herbeiführen wird, weil er selbst subjektiv keinen Anlass hat, auf die selbst für rechtmäßig gehaltene Maßnahme bei der Rechenschaft besonders hinzuweisen. Aus dem gleichen Grund erschließt sich für ihn auch nicht unbedingt die Notwendigkeit, eine über das übliche und vernünftige Maß hinausgehende vermögensmäßige Vorsorge für eine mögliche spätere Inanspruchnahme zu treffen, so dass im Ergebnis gewisse Interessen des gutgläubigen Geschäftsführers am Schutz vor einer späteren Inanspruchnahme nicht von der Hand zu weisen sind.[224]

Die Frage ist jedoch, ob sie ein solches Gewicht haben, dass der Geschäftsherr darauf redlicherweise Rücksicht zu nehmen verpflichtet ist. Dagegen spricht bereits, dass das Gesetz einem gewöhnlichen Schuldner, dem gegenüber ein deklaratorisches negatives Schuldanerkenntnis abgegeben wurde, diese Risiken zumutet. Er muss damit rechnen, dass Ansprüche, selbst wenn sie beiderseits nicht sogleich erkannt wurden, doch früher oder später offenbar werden und zu einer – für den Schuldner letztlich überraschenden – Inanspruchnahme führen. Seine Haftung entspricht dann gleichwohl der materiellen Gerechtigkeit, weil er seine Pflichten schuldhaft verletzt und hierfür auch einzustehen hat. Zu berücksichtigen ist weiter, dass wegen der ohnehin geltenden Beweislastumkehr eine erfolgreiche Inanspruchnahme überhaupt nur gelingen wird, wenn der Geschäftsherr den schuldhaften Pflichtverstoß vollumfänglich nachweisen kann. Weitergehende Konzessionen sieht das Gesetz für den gewöhnlichen Empfänger eines deklaratorischen negativen Schuldanerkenntnisses nicht vor.

---

224 *Barner*, S. 75 spricht insoweit von der verständlichen »Hoffnung, nicht belangt zu werden«.

Auch für den Fall der Entlastung kann im Ergebnis nichts anderes gelten. Unklar ist bereits, mit welcher Berechtigung der Geschäftsführer davon ausgehen darf, dass der Geschäftsherr die Sach- und Rechtslage besser einschätzen kann als er selbst, und erst recht begegnet Zweifeln, dass der Geschäftsführer redlicherweise darauf vertrauen darf, der Geschäftsherr wolle hierfür sogar die *Gewähr* übernehmen. Während der Geschäftsführer die fragliche Maßnahme nämlich selbst ins Werk gesetzt und deshalb von ihr eine konkrete Anschauung hat, kann sich der Geschäftsherr aus der unterbreiteten Rechenschaft und den erstellten Zahlenwerken nur ein virtuelles Bild von der Geschäftsführung machen. Anders als der Geschäftsherr hatte der Geschäftsführer bei der Bewältigung der ihm übertragenen Aufgaben einen konkreten Anlass, um eine bewusste Entscheidung über die Rechtmäßigkeit der in Aussicht genommenen Maßnahme unter Beachtung der fachlichen Anforderungen an sein Geschäftsführeramt zu treffen. Dagegen hat der Geschäftsführer dem Geschäftsherrn durch die fehlende Lenkung der Aufmerksamkeit bei der Rechenschaft den Eindruck vermittelt, die Geschäftsführung sei insoweit nicht zu beanstanden. Im Regelfall darf der Geschäftsführer vor diesem Hintergrund vernünftigerweise nicht davon ausgehen, dass dem Geschäftsherrn bei seiner Prüfung gerade eine solche Pflichtverletzung hätte auffallen müssen, die er selbst nicht erkannt hat. Den Ausschlag gibt dabei letztlich, dass der betroffene Ersatzanspruch nicht nur für den Geschäftsherrn erkennbar war, sondern auch und erst recht für den Geschäftsführer.

(3) Zwischenergebnis

Unabweisbar schutzwürdige Interessen des Geschäftsführers an einem Anspruchsverzicht sind vor diesem Hintergrund nicht ersichtlich: Der Geschäftsführer hat die Ursache für die schadensstiftenden Vorgänge selbst gesetzt,[225] er hätte den Ersatzanspruch in gleicher Weise – regelmäßig sogar besser – erkennen können und seine Haftung entspricht schließlich auch dem Gebot der materiellen Gerechtigkeit. Eine solche Haftung ist ihm im Ergebnis in gleicher Weise zuzumuten wie jedem anderen Empfänger eines deklaratorischen negativen Schuldanerkenntnisses.

Dagegen wird das Interesse des Geschäftsführers an der Bewahrung vor einer unberechtigten Haftung als Folge etwaiger Beweisnot durch ein deklaratorisches negatives Schuldanerkenntnis hinreichend gewahrt. Die Berücksichtigung dieses Interesses, das dem Geschäftsherrn erkennbar ist und dem er sich redlicherweise auch nicht verschließen kann, führt dazu, dass die Entlastung im Hinblick auf

---

225 *Barner*, S. 75.

unbekannte, aber aus der Rechenschaft erkennbare Ansprüche nach allgemeinen Grundsätzen als ein deklaratorisches negatives Schuldanerkenntnis zu deuten ist. Diese Auslegung entspricht nicht nur den typischen Begleitumständen der Entlastung, die dadurch gekennzeichnet sind, dass der Geschäftsherr aus der Rechenschaft tatsächlich keine Ersatzansprüche erkannt hat und diesen Umstand mit seiner Erklärung verbindlich zum Ausdruck bringt, sondern sie entspricht letztlich auch den wohlverstandenen Interessen des Geschäftsherrn. Unbekannte Ansprüche will er regelmäßig nicht aufgeben und ein solcher Verzicht wäre auch im eigenen Interesse kaum vernünftig. Stattdessen zielt die Entlastung auf den förmlichen Abschluss des Rechenschaftsvorgangs unter Mitteilung der daraus gewonnenen Einschätzung.

Bezweckt der Geschäftsherr dagegen eine bloß unverbindliche Meinungsäußerung, so ist er zu einem entsprechenden Vorbehalt gezwungen. Umgekehrt steht es ihm ebenso frei, einen konstitutiven Verzicht zu erklären, doch darf der Geschäftsführer aus den typischen Begleitumständen der Entlastung redlicherweise nicht auf einen solchen Verzicht schließen, weil ein Verzicht nach allgemeinen Grundsätzen nicht vermutet werden darf. Erforderlich sind vielmehr besondere Umstände, etwa dass der Geschäftsherr deutlich zum Ausdruck bringt, sein Anerkenntnis sei als »letztes Wort« und »Schlussstrich« gerade auch in Bezug auf die Haftung des Geschäftsführers aufzufassen. Freilich wird in derartigen Fällen in der Praxis regelmäßig eine Generalbereinigung vereinbart, so dass die praktische Relevanz des konstitutiven Verzichts auf erkennbare Ansprüche bei der Entlastung letztlich gering sein dürfte. Theoretisch denkbar wäre, dass der Geschäftsherr in Anerkennung zurückliegender Verdienste oder wegen besonderer Erfolge bei der Geschäftsführung auf eine nähere Prüfung der Rechenschaft gänzlich verzichtet und stattdessen erklärt, die Entlastung solle auch und gerade ohne Ansehung der einzelnen Geschäftsführungsmaßnahmen – also gleichsam »blind« – erteilt sein. Die Entlastung in Unkenntnis von Ersatzansprüchen ist danach nur in engen Ausnahmefällen als schenkweiser Anspruchsverzicht zu deuten.

dd) Die Verwechslung des Verzichtswillens mit einer Prüfobliegenheit des Geschäftsherrn

Bei der bisherigen Argumentation fällt auf, dass es keine Rolle spielt, ob der Geschäftsherr die Rechenschaft *sorgfältig* geprüft hat, und man ist möglicherweise versucht einzuwenden, dass der Geschäftsherr vor der Erteilung der Entlastung die Rechenschaft gewissenhaft prüfen müsse. Das – vielleicht überraschende – Ergebnis der vorstehenden Ausführungen ist jedoch, dass ein solches Erfordernis bei einer rechtsgeschäftlichen Deutung der Entlastung nicht besteht. Denn ein konstitutives negatives Schuldanerkenntnis liegt erst vor, wenn der Geschäftsherr den angenommen Zustand ohne Rücksicht auf die wahre Rechtslage verbindlich festlegen will und daran fehlt es in den typischen Fällen der Entlastung.

(1) Die Fixierung des Entlastungsinhalts durch das Reichsgericht unter Umkehrung des Regel-Ausnahme-Verhältnisses

Die Auffassung des Reichsgerichts beruht vor diesem Hintergrund vielmehr darauf, der Entlastung einen Verzicht auf erkennbare Ansprüche als einzig sinnvollen Inhalt beizulegen, obwohl er grundsätzlich nicht zu vermuten ist. Dem Geschäftsherrn wird damit unterstellt, wenn er Entlastung erteile, könne er zwingend nur eine Klarstellung der Rechtslage bezwecken und müsse sich hieran festhalten lassen. Da für einen gewollten Verzicht aber ein hinreichender Anlass fehlt, darf der Geschäftsführer die Entlastung eigentlich nicht als das »letzte Wort« in Sachen Haftung auffassen. Dass man gleichwohl geneigt ist, der Erklärung den Inhalt einer weiterreichenden Klarstellung beizulegen, beruht nicht zuletzt darauf, dass man – juristisch determiniert – das herrschende Entlastungsverständnis zugrunde legt und damit ebenso wie das Reichsgericht fingiert, dass allein eine weitreichende Klarstellung gemeint sein könne, weil hierin gerade der Zweck der Entlastung liege. Dann wird die Erklärung des Geschäftsherrn jedoch nicht ausgelegt, sondern ohne Rücksicht auf die konkreten Begleitumstände *stets* mit einem eigenständigen Inhalt unterlegt.

Im Ergebnis kehrte das Reichsgericht das Regel-Ausnahme-Verhältnis beim Verzicht um, indem es den Verzicht zum zwingend gewollten Entlastungsinhalt erklärt. Die sachliche Rechtfertigung fällt dabei leicht, weil man meint, dem Geschäftsherrn einen Verstoß gegen die eigene Sorgfalt zur Last legen zu können. Doch setzt das eigentlich das Bestehen einer Prüfobliegenheit des Geschäftsherrn voraus, von der nach den bisherigen Ausführungen nicht anzunehmen ist, dass der Geschäftsherr sie sich freiwillig selbst auferlegen würde, weil die damit verbundene Risikoübernahme objektiv unvernünftig ist. Zwar verbietet die Rechtsgeschäftslehre den Abschluss unvernünftiger Geschäfte nicht, allerdings gelten beim Rechtsverzicht strenge Maßstäbe, so dass selbst »unzweideutige Erklärungen« kritisch hinterfragt und besonders sorgsam nach den Begleitumständen ausgelegt werden müssen.[226]

---

226 BGH NJW 1994, 379 (380); vgl. bereits S. 160, insb. bei Fn. 128.

(2) Die Berücksichtigung von Verkehrssitte und Handelsbrauch bei der Auslegung der Entlastungserklärung

Allerdings muss es für die Auslegung nicht in jedem Falle auf den erkennbaren Willen des Erklärenden ankommen. Vielmehr ist für die Feststellung des Erklärungsinhalts nach § 157 BGB auch die Verkehrssitte zu berücksichtigen. Darunter versteht man eine die beteiligten Verkehrskreise verpflichtende Regel, die »auf einer gleichmäßigen, einheitlichen und freiwilligen tatsächlichen Übung beruht, die sich innerhalb eines angemessenen Zeitraums für vergleichbare Geschäftsvorfälle gebildet hat und der eine einheitliche Auffassung sämtlicher beteiligten Kreise an dem betreffenden ... Geschäftsverkehr zu Grunde liegt.«[227] Die zwischen Kaufleuten bestehenden Verkehrssitten bezeichnet § 346 HGB als Handelsbräuche.[228] Bei Verkehrssitten und Handelsbräuchen handelt sich nicht um Rechtsnormen, sondern um die Auslegung bestimmende tatsächliche Faktoren,[229] weshalb sie vom Gewohnheitsrecht zu unterscheiden sind.[230] Als Erklärungssitten oder Handelsklauseln können sie dazu dienen, »einem umgangssprachlich nicht ohne weiteres verständlichen Ausdruck einen eindeutigen Sinn zuzuweisen«.[231] In einem solchen Falle sind sie für die Auslegung auch dann maßgeblich, wenn sie einer oder beiden Vertragsparteien nicht bekannt waren.[232] Sie sind insofern kein Mittel, um den erklärten Willen der Vertragsparteien zu erforschen, sondern sie dienen dazu, den objektiven Inhalt im »üblichen Sinne des Erklärten« zu bestimmen.[233]

Ließe sich danach eine Erklärungssitte mit dem Inhalt nachweisen, dass die Entlastung aufgrund einer gleichmäßigen, einheitlichen und freiwilligen tatsächlichen Übung im Rechtsverkehr nur als Verzicht auf erkennbare Ansprüche zu verstehen ist, dann müsste sich auch ein solcher Geschäftsherr hieran festhalten lassen, der mit der Entlastung eigentlich keinen Verzicht bezweckt. Zweifel an einer solchen Verkehrssitte bestehen jedoch schon deshalb, weil das vorstehend durch Auslegung gewonnene Ergebnis immerhin den praktischen Regelfall der Entlastung betrifft, so dass eine entsprechende Verkehrssitte einzig dazu dienen würde, der typischen Entlastung einen »üblichen Sinn« zu verleihen, der vom

---

227 BGH NJW 2010, 1135 Tz. 11; *Wendtland*, in: Bamberger/Roth, § 157 Rn. 16; Palandt/*Ellenberger*, § 133 Rn. 21; vgl. auch BGHZ 111, 110 (112) sowie zur Entstehung von Handels-bräuchen RGZ 110, 47 (48); BGH NJW 1952, 257.

228 BGH NJW 1966, 502; Palandt/*Ellenberger*, § 133 Rn. 21.

229 Palandt/*Ellenberger*, § 133 Rn. 21.

230 *Wendtland*, in: Bamberger/Roth, § 157 Rn. 18.

231 *Busche*, in: MüKo/BGB, § 157 Rn. 19.

232 RGZ 114, 9 (12); *Wendtland*, in: Bamberger/Roth, § 157 Rn. 23; *Busche*, in: MüKo/BGB, § 157 Rn. 18.

233 *Wendtland*, in: Bamberger/Roth, § 157 Rn. 19, 23.

erkennbar erklärten Willen des Geschäftsherrn abweicht. Die Funktion einer Erklärungssitte besteht indes nicht darin, einer bestimmten Erklärung stets einen anderen als den gemeinten Sinn zu geben, sondern den Empfänger einer Erklärung mit einer verkehrstypischen Bedeutung auch dann zu schützen, wenn er nicht aus den Begleitumständen auf den abweichenden Willen des Erklärenden schließen kann.[234] Das setzt aber voraus, dass die Erklärung jedenfalls in den typischen Konstellationen auch in diesem »üblichen Sinne« gemeint und verstanden wird. Das ist bei der Entlastung nach den vorstehenden Ausführungen nicht anzunehmen. Zwar ist es nicht auszuschließen, dass der Geschäftsherr zuweilen mit der Entlastung tatsächlich auch auf erkennbare Ersatzansprüche verzichten und die Rechtslage verbindlich klarstellen will, ohne das ausdrücklich mitzuteilen. Da dies jedoch den vernünftigen Interessen des Geschäftsherrn erkennbar zuwiderläuft, lässt sich kaum sagen, es handle sich hierbei um die verkehrstypische Erklärungsbedeutung.

Davon abgesehen wird der Entlastung zwar heute nach nahezu allgemeiner Ansicht ein solcher vom erkennbaren Willen abweichender Sinn beigelegt, doch beruht das nicht auf einer »freiwilligen« Übung oder Überzeugung im Rechtsverkehr, sondern maßgeblich darauf, dass die Rechtsprechung die Entlastung in diesem Sinne deutet und sich der Rechtsverkehr hierauf zwangsläufig einzustellen hat. Zwar hat das Reichsgericht die weitreichende Klarstellungswirkung auch mit dem Hinweis begründet, dass sich die Entlastung »erfahrungsgemäß« nicht bloß auf eine deklaratorische Klarstellung der Rechtslage beschränke, doch hat es sich nicht auf eine angebliche Verkehrssitte berufen, sondern auf die »Bedürfnisse des täglichen Lebens und insbes. des Geschäftslebens«.[235] Hiermit dürften vor allem die Bedürfnisse des Geschäftsführers gemeint sein, doch kann es für das Vorliegen einer Verkehrssitte nicht darauf ankommen, wie ein Geschäftsführer die Entlastung typischerweise verstehen will. Vielmehr wäre zur Begründung einer Erklärungssitte im Zusammenhang mit dem Rechtsverzicht, bei dem es maßgeblich auf die Interessen des Verzichtenden ankommt, erforderlich gewesen, eine freiwillige tatsächliche Übung und Überzeugung auch auf Seiten des Verzichtenden nachzuweisen. Denn nur wenn ein Geschäftsherr in der fraglichen Situation verkehrstypisch tatsächlich einen Verzicht erklärt, kann das eine entsprechende Erklärungssitte rechtfertigen. Hierfür findet sich weder in der Begründung des Reichsgerichts noch sonst ein brauchbarer Ansatzpunkt. Vielmehr spricht das Reichsgericht die Interessen des Geschäftsherrn überhaupt nicht an. Sein Wille

234 Vgl. RGZ 114, 9 (12).
235 RG JW 1926, 2904.

taucht einzig am Schluss der Begründung auf, als das Reichsgericht auf den »Vertragswillen der Parteien« Bezug nimmt.[236]

Die Auslegung der Entlastung als konstitutiver Verzicht auf erkennbare Ansprüche lässt sich im Ergebnis also auch nicht mit einer angeblichen Verkehrssitte (§ 157 BGB) bzw. einem entsprechenden Handelsbrauch (§ 346 HGB) rechtfertigen.

(3) Die Statuierung einer Prüfobliegenheit des Geschäftsherrn

Kommt man vor diesem Hintergrund zu dem Ergebnis, dass der Geschäftsherr das Risiko einer Fehlbewertung der Rechtslage in den typischen Fällen der Entlastung erkennbar nicht übernehmen will, weil eine solche Risikoübernahme den Geschäftsführer ohne hinreichenden Grund bevorzugte, so zeigt sich, dass sich die klassischen Entlastungsfolgen im Hinblick auf bloß erkennbare Ansprüche nicht mit dem Willen des Geschäftsherrn begründen lassen. Da die Entlastung nach dem herrschenden Verständnis aber gerade eine Risikoübernahme zur Folge haben soll, kann es sich hierbei also nur um eine gesetzliche Folge der Entlastung handeln. Denn nur kraft Gesetzes kann der Entlastungserklärung ein anderer Inhalt bzw. eine andere Rechtsfolge beigelegt werden, als es dem erkennbaren und vernünftigen Willen des Erklärenden entspricht.[237] Das herrschende Entlastungsverständnis belastet den Geschäftsherrn insofern mit einer Prüfobliegenheit, die über *seine* wohlverstandenen Interessen hinausgeht. Zwar ist nicht zu leugnen, dass sich eine intensive Prüfung der Rechenschaft für ihn als sachlich geboten und im Ergebnis auch als überaus nützlich erweisen kann, doch ist er wegen der Bedrohung mit dem Rechtsverlust zu einer solchen Prüfung letztlich genötigt, wenn er dem Geschäftsführer – etwa zur Perpetuierung der guten Vertrauensbeziehung – Entlastung erteilen will. Nur vor dem Hintergrund des Bestehens einer gesetzlichen Prüfobliegenheit lässt sich zudem sagen, der Geschäftsherr sei selbst schuld, wenn er ohne zureichende Prüfung Entlastung erteile.

Dass das herrschende Entlastungsverständnis auf der Annahme einer Prüfobliegenheit beruht, kommt in einer jüngeren wohnungseigentumsrechtlichen Entscheidung des Bundesgerichtshofs auch deutlich zum Ausdruck: Auf den Einwand, der Mehrzahl der Wohnungseigentümer sei »nicht bekannt, welche Bedeutung der Entlastung *beigelegt* werde«, führte der Bundesgerichtshof aus, dass kein Wohnungseigentümer gezwungen sei, einem Beschlussvorschlag zuzustimmen, dessen Tragweite er nicht erfasse.[238] Vor dem Hintergrund einer

236 RG JW 1926, 2904.
237 Ebenso schon *Hoeniger*, DJZ 1922, 143.
238 BGHZ 156, 19 (28) (Hervorhebung nur hier).

rechtsgeschäftlichen Deutung der Entlastung wäre indes zu hinterfragen gewesen, warum die Entlastung den Verzicht auf Ersatzansprüche zum Inhalt haben sollte, wenn die Wohnungseigentümer dies erkennbar gar nicht erklären wollten. Das zeigt, dass der Bundesgerichtshof – ebenso wie das Reichsgericht – letztlich davon ausgeht, dass die Entlastungserklärung einen bestimmten Inhalt habe bzw. bestimmte Rechtsfolgen auslöse und sich der Geschäftsherr daher informieren müsse, welche Rechtsfolgen das seien. Mit der Ermittlung des Willens des Geschäftsherrn durch Auslegung hat das nichts zu tun, so dass der Bundesgerichtshof auch konsequent davon ausgeht, der Rechtsverlust sei »eine nicht ›erkannte‹ gesetzliche Nebenfolge der Entlastung«.[239]

Deutlich soll an dieser Stelle darauf hingewiesen werden, dass aus den vorstehenden Ausführungen nicht abgeleitet werden kann, dass eine solche Prüfobliegenheit tatsächlich besteht. Vielmehr handelt es sich insoweit weiterhin um eine Hypothese. Das Ergebnis der bisherigen Überlegungen ist lediglich, dass eine solche Prüfobliegenheit mit Hilfe der Rechtsgeschäftslehre und unter Verweis auf den Willen des Geschäftsherrn – anders als vom Reichsgericht angenommen – nicht zu begründen ist. Die Frage, ob es für die Annahme einer solchen Prüfobliegenheit eine zwingende Notwendigkeit bzw. einen sachlichen Grund gibt, soll an anderer Stelle ausführlicher behandelt werden.[240] Im vorliegenden Zusammenhang lässt der Begründung des Reichsgerichts aber zumindest ein gewisser Ansatzpunkt hierfür entnehmen. Das Gericht stellt nämlich bei näherem Hinsehen maßgeblich darauf ab, dass es insbesondere im Geschäftsleben erfahrungsgemäß ein praktisches Bedürfnis an der (zügigen) Schaffung klarer Verhältnisse gebe. Damit ist der Sache nach die Einfachheit und Schnelligkeit des Rechtsverkehrs angesprochen, also ein wesentliches Strukturprinzip des Handelsrechts. Zwar sind die Ausführungen des Reichsgerichts ersichtlich allgemeiner angelegt, weil sie sich nicht auf Geschäftsführer und Vorstände von Gesellschaften beschränken, sondern auch »sonstige Rechenschaftspflichtige« erfassen, und zudem sogar auf die »Bedürfnisse des täglichen Lebens« Bezug nehmen, doch stellt sich die prinzipielle Frage, ob es einer solchen Akzentuierung der Rechtsklarheit und Schnelligkeit bei der Abwicklung von Rechtsverhältnissen außerhalb des Handelsverkehrs tatsächlich bedarf. Erhebliche Zweifel daran ergeben sich aus der gesetzlichen Regelung des deklaratorischen negativen Schuldanerkenntnisses, die sich – wie im Folgenden dargestellt werden soll – durchaus als Ausdruck eines Paradigmenwechsels des historischen Gesetzgebers deuten lässt.

---

239 BGHZ 156, 19 (28).
240 Vgl. S. 323 ff.

ee) Das deklaratorische negative Schuldanerkenntnis als verkannter Paradigmenwechsel des Gesetzgebers

Es ist zu vermuten, dass die Ansicht des Reichsgerichts maßgeblich noch von den Vorschriften des Preußischen ALR und vergleichbaren Grundsätzen geprägt war, die vor dem Inkrafttreten des BGB galten und die der Entlastung bzw. der »Décharge« einen weitergehenden Klarstellungscharakter verliehen, indem sie besonders starke Prüfobliegenheiten begründeten. In diese Richtung deutet z. B. die Formulierung, dass sich die Entlastung »erfahrungsgemäß« nicht auf die Feststellung der vermeintlichen Rechtslage beschränke.[241] Hierfür spricht auch, dass der Begriff der Entlastung bereits vor dem Inkrafttreten des BGB in verschiedenen Gesetzen seinen Niederschlag gefunden hatte und im Gesellschaftsrecht u. a. nach Maßgabe der allgemeinen Grundsätze des Preußischen ALR ausgelegt wurde.[242]

Bei näherem Hinsehen zeigt sich indes, dass mit dem Inkrafttreten des § 397 Abs. 2 BGB ein gewisser Paradigmenwechsels stattgefunden hat, der den Charakter der Entlastung aus rechtsgeschäftlicher Sicht eigentlich hätte verändern müssen. Das deklaratorische negative Schuldanerkenntnis hat nämlich – wie die Entlastung – den Zweck, eine Klarstellung der Rechtslage herbeizuführen[243] und den Abschluss einer Rechtsbeziehung zu dokumentieren. Es beruht auf der Überzeugung der Parteien, dass aus dem von ihnen überschaubaren Sachverhalt keine Ansprüche bestehen, und es ist auch nicht anzunehmen, dass der Gläubiger das deklaratorische negative Schuldanerkenntnis ohne vorherige Prüfung der Rechtslage abgeben wird. Dennoch geht die gesetzliche Wertung der §§ 397 Abs. 2, 812 Abs. 2 BGB lediglich dahin, dass das Anerkenntnis bei irrtümlicher Erteilung kondiziert werden kann und damit nicht zu einem endgültigen Rechtsverlust, sondern nur zu einer Umkehr der Darlegungs- und Beweislast zulasten des Gläubigers führt.

(1) Das deklaratorische negative Schuldanerkenntnis als Sanktion einer Obliegenheitsverletzung

Dogmatisch beruht das deklaratorische negative Schuldanerkenntnis auf der Einsicht, dass die bloße Feststellung des Nichtbestehens von Ansprüchen kein Anspruchsverzicht ist und deshalb mit der Beweislastumkehr auch nur eine mindere Rechtsfolge rechtfertigt. Wie bereits an anderer Stelle ausgeführt, tritt die

---

241 RG JW 1926, 2904.

242 RGZ 4, 296 (300); vgl. bereits S. 103 ff., insb. Fn. 7.

243 Vgl. auch *Schmeling*, S. 88.

Rechtsfolge der Beweislastumkehr beim deklaratorischen negativen Schuldanerkenntnis nach richtiger Ansicht unabhängig davon ein, ob die Parteien eine solche Beweislastumkehr wünschen.[244] Sie knüpft an der bloßen vertraglichen Feststellung des Nichtbestehens der Schuld an und statuiert bei näherem Hinsehen eine gewisse Prüfobliegenheit. Denn die gesetzliche Fiktion des § 397 Abs. 2 BGB bewirkt eine Schmälerung der Rechtsstellung des Gläubigers, die ihre Rechtfertigung darin findet, dass er das Anerkenntnis irrtümlich abgegeben hat. Freilich kommt es für § 397 Abs. 2 BGB nicht darauf an, ob dieser Irrtum auf einer unsorgfältigen Prüfung und damit auf einem Verschulden gegen sich selbst beruht. Typischerweise wird der Erteilung des deklaratorischen negativen Schuldanerkenntnisses gleichwohl eine Nachlässigkeit in eigenen Angelegenheiten zugrunde liegen. Daher passt die Vorschrift ohne weiteres auch für die Entlastung.

(2) Die Mitwirkung des Geschäftsführers im Vorfeld der Anerkenntnisses

Von den typischen Fällen des deklaratorischen negativen Schuldanerkenntnisses unterscheidet sich die Entlastung freilich dadurch, dass ihr die Rechenschaft des Geschäftsführers und damit eine aktive Mitwirkung des anderen Teils vorausgeht. Bei den klassischen Fällen des deklaratorischen negativen Schuldanerkenntnisses braucht der Schuldner dem Gläubiger dagegen nicht Rede und Antwort zu stehen, stattdessen findet oft nur eine einseitige Sachverhaltsermittlung und rechtliche Bewertung durch den Gläubiger statt. Indes dient die Rechenschaftspflicht gerade dazu, dem Geschäftsherrn eine angemessene Bewertung der Sach- und Rechtslage zu ermöglichen. Sie hat folglich die Aufgabe, den Geschäftsherrn überhaupt erst in die Lage eines »normalen« Gläubigers zu versetzen, der eine vorhergehende Rechenschaft nicht benötigt, um hinreichend über die aus dem Schuldverhältnis resultierenden Ansprüche befinden zu können. Da die Mitwirkung des Geschäftsführers bereits aus diesem Grunde erforderlich ist, muss sie nicht zwangsläufig über §§ 397 Abs. 2, 812 Abs. 2 BGB hinausgehende Rechtsfolgen nach sich ziehen. Denn ohne vorhergehende Rechenschaft könnte der Geschäftsherr sinnvollerweise auch kein deklaratorisches negatives Schuldanerkenntnis abgeben.

---

244 Ausführlicher S. 150.

(3) Der Unterschied zwischen der Erfüllung der Rechenschaftspflicht und der Umkehr der Darlegungs- und Beweislast im Ersatzprozess

Schließlich kommt der Entlastung als Schlusspunkt des Rechenschaftsvorgangs eine besondere Bedeutung zu. Auch hierin unterscheidet sie sich von den übrigen deklaratorischen negativen Anerkenntnissen. Die Entlastung stellt dabei nicht bloß das förmliche Ende des Rechenschaftsvorgangs dar, sondern sie beendet auch die Rechenschaftspflicht als solche. Schon zu Beginn der Untersuchung war die Rede davon, dass der Geschäftsführer nach dem tatsächlichen Abschluss der übertragenen Geschäfte immer noch die *Last der Rechtfertigung* trägt, weil er den Geschäftsherrn über den Verlauf und Erfolg seiner Tätigkeit zu seiner eigenen »Entlastung« Rechenschaft ablegen müsse und im Ungewissen sei, wie seine Geschäftsführung bewertet werde.[245] Da die Entlastung die Rechenschaftspflicht zum Erlöschen bringt, hat sie zur Folge, dass sich der Geschäftsführer künftig nicht mehr für die zurückliegende Tätigkeit *rechtfertigen* muss. Zwar darf der Geschäftsführer nach der hier vertretenen Ansicht redlicherweise nicht von einem Verzicht auf erkennbare Ansprüche ausgehen, dennoch hat die Entlastung als deklaratorisches negatives Schuldanerkenntnis weitergehend zur Folge, dass der Geschäftsführer die Recht- und die Zweckmäßigkeit seiner Geschäftsführungsmaßnahmen auch in einem späteren Ersatzprozess nicht mehr rechtfertigen und verteidigen muss. Wie *Beuthien* zutreffend ausgeführt hat, befreit die Entlastung die Vorstands- und Aufsichtsratsmitglieder im Ersatzprozess von der Beweislast und führt dazu, dass »sie sich aufgrund des Vertrauensbeweises der Mitgliederversammlung fortan von dem Druck befreit sehen, weiterhin (etwa durch Sicherung von Unterlagen und Zeugenaussagen) dafür Vorsorge zu treffen, geschäftspolitische Vorwürfe abwehren zu können«.[246]

Zwar ist die förmliche Feststellung, die Rechenschaftspflicht sei erfüllt, nach der gesetzlichen Konzeption für das Erlöschen der Rechenschaftspflicht nicht erforderlich, weil die Pflicht durch tatsächliche Erfüllung nach § 362 BGB erlischt. Allerdings ändert die Erfüllung der Rechenschaftspflicht – wie bereits an anderer Stelle ausgeführt – nichts daran, dass sich der Geschäftsführer in einem späteren Ersatzprozess typischerweise dennoch in weitem Umfang gegen später erhobene Vorwürfe zur Wehr setzen muss, weil ihn die Erfüllung der Rechenschaftspflicht gerade nicht aus der Darlegungs- und Beweislast für das Fehlen einer schuldhaften Pflichtverletzung entlässt.[247] Wird die Entlastung aber nicht nur als förmliche Bestätigung über den Empfang der Rechenschaft (§ 368 BGB), sondern

---

245 Vgl. S. 8 f.

246 *Beuthien*, GenG, § 48 Rn. 8; *ders.*, GmbHR 2014, 682 (688).

247 Vgl. bereits S. 8 ff.

auch als deklaratorisches negatives Schuldanerkenntnis gedeutet, so bewirkt sie eine über § 362 BGB hinausreichende Umkehr der Darlegungs- und Beweislast.

7. Zusammenfassung

Nach der hier vertretenen Ansicht wird der Geschäftsführer durch die Entlastung im Hinblick auf erkennbare Ansprüche lediglich von der Darlegungs- und Beweislast befreit, so dass der Geschäfts*herr* bei einer späteren Inanspruchnahme u. a. die objektive und subjektive Pflichtwidrigkeit der angegriffenen Geschäftsführungsmaßnahmen in vollem Umfang darzulegen und zu beweisen hat. Materiell-rechtlich führt die Entlastung zwar zunächst auch zum Erlöschen bloß erkennbarer Ansprüche, doch fehlt es hierfür an einem Rechtsgrund. Beruht die Entlastung nämlich – wie im praktischen Regelfall – auf dem erkennbaren Motiv des Geschäftsherrn, dass er Ersatzansprüche nicht erkannt habe und *deshalb* Entlastung erteile, so darf der Geschäftsführer die Erklärung redlicherweise nicht als das »letzte Wort« zur Klarstellung der Haftungsverhältnisse deuten. Vielmehr bringt der Geschäftsherr lediglich zum Ausdruck, dass er die Rechenschaftspflicht als erfüllt ansehe und zugleich – im Sinne eines deklaratorischen negativen Schuldanerkenntnisses (§§ 397 Abs. 2, 812 Abs. 2 BGB) – anerkenne, dass ihm aus der überschaubaren Geschäftsführung keine Ersatzansprüche zustehen. Die Entlastung bestätigt damit nicht nur die Erfüllung der Rechenschaftspflicht im Sinne einer Quittung (§ 368 BGB), sondern bewirkt hinsichtlich der aus der Rechenschaft erkennbaren Geschäftsführung über das Zusammenspiel des Erlöschens der erkennbaren Ansprüche (§ 397 Abs. 2 BGB) mit der gleichzeitigen Kondizierbarkeit des Anspruchsausschlusses (§ 812 Abs. 2 BGB) eine Umkehr der Darlegungs- und Beweislast zulasten des Geschäftsherrn. Für einen konstitutiven Anspruchsverzicht fehlt es in den typischen Fällen der Entlastung indessen an einem besonderen Anlass zum Verzicht, weil eine solche Rechtsaufgabe den wohlverstandenen Interessen des Geschäftsherrn zuwiderliefe und auch die schutzwürdigen Belange des Geschäftsführers einen Anspruchsausschluss nicht zu rechtfertigen vermögen.

Insgesamt erklärt der Geschäftsherr mit der Entlastung danach zwar die Billigung der ihm bekannten und erkennbaren Geschäftsführungsmaßnahmen. Soweit die Entlastung aber auf der erkennbaren Überzeugung beruht, dass die Geschäftsführung sachlich nicht zu beanstanden sei, liegt in ihr lediglich ein deklaratorisches negatives Schuldanerkenntnis. Bringt der Geschäftsherr dagegen zum Ausdruck, dass er die Rechtslage durch einseitiges Nachgeben klarstellen und bereinigen will, weil er entweder positive Kenntnis von Ersatzansprüchen hat oder solche Ansprüche nicht auszuschließen vermag, so lässt sich die Entlastung als unentgeltlicher Verzicht auf Ersatzansprüche auslegen (§§ 397 Abs. 1, 516 Abs. 1 BGB). Hierbei gilt freilich ein restriktiver Maßstab, weil es grundsätzlich die Aufgabe des Geschäftsführers ist, dem Geschäftsherrn die erforderliche Kenntnis zu verschaffen. Es genügt nicht, dass der Geschäftsführer dem Geschäftsherrn die bloße Möglichkeit der Kenntnisnahme bei sorgfältiger Prüfung der Rechenschaft eröffnet. Vielmehr folgt aus dem allgemeinen Auslegungsgrundsatz bei § 397 BGB, wonach ein Verzicht im Zweifel nicht zu vermuten ist, dass der Geschäftsführer auf etwaige Ersatzansprüche so deutlich hinweisen muss, dass er von einer Kenntnisnahme durch den Geschäftsherrn sicher ausgehen kann. Soweit die Geschäftsführung in einer Versammlung mündlich erörtert wird, muss er die entsprechenden Hinweise dort ggf. nochmals geben, wenn nicht hinreichend erkennbar ist, dass der Geschäftsherr die Verfehlungen aus den unterbreiteten Unterlagen tatsächlich zutreffend erkannt hat. Sieht er davon ab, darf er wegen des Zweifelsgrundsatzes nicht von einem konstitutiven Anspruchsverzicht ausgehen, sondern nur von einem deklaratorischen negativen Schuldanerkenntnis.

II. Der kausale Anspruchsverzicht nach § 311 Abs. 1 BGB

Neben dem abstrakten Anspruchsverzicht des § 397 BGB kommt für eine rechtsgeschäftliche Deutung der Entlastung grundsätzlich auch ein kausaler Anspruchsverzicht in Betracht, der seine rechtliche Grundlage als Schuldänderungsvertrag in § 311 Abs. 1 BGB hat. Da der Forderungsverzicht des § 397 BGB als Änderung des Schuldverhältnisses im weiteren Sinne angesehen werden kann, weil mit der einzelnen Forderung ein Bestandteil des Schuldverhältnisses im weiteren Sinne betroffen ist,[248] stellt sich zunächst die Frage, welcher eigenständige Gehalt § 397 BGB neben § 311 Abs. 1 BGB zukommt. Soweit § 397 BGB für den Verzicht einen Vertragsschluss verlangt, wiederholt er die nach § 311 BGB ohnehin geltenden Anforderungen.[249]

Letztlich dürfte zwischen beiden lediglich ein konstruktiver Unterschied in der Verknüpfung zwischen dem Verzicht und dem Rechtsgrund bestehen, weil der Änderungsvertrag des § 311 Abs. 1 BGB im Gegensatz zum Forderungsverzicht nicht

---

248 *Kleinschmidt*, S. 23.
249 Ungenau deshalb die Motive II, S. 106, wonach das Vertragsprinzip des § 311 Abs. 1 BGB bewusst auf den Forderungsverzicht erstreckt worden sei – ohne § 397 BGB würde das Vertragsprinzip in gleicher Weise gelten; vgl. auch: Staudinger/*Rieble*, § 397 Rn. 1; *Kleinschmidt*, S. 19 ff.

zwingend als abstraktes Rechtsgeschäft anzusehen ist.[250] Zwar wird ihm ebenfalls der Charakter eines Verfügungsgeschäfts zugesprochen,[251] soweit er auf bestehende Ansprüche einwirkt. Gleichwohl wird einem Schuldänderungsvertrag der Rechtsgrund regelmäßig immanent sein. Insofern wird er als »kausaler Erlass« bezeichnet.[252] Der wesentliche Unterschied zum Forderungsverzicht des § 397 BGB besteht folglich darin, dass der abstrakte Verzicht auch ohne Rechtsgrund zunächst wirksam (aber kondizierbar) ist, wohingegen es ohne wirksame Vereinbarung eines Rechtsgrunds bereits am Tatbestand des kausalen Verzichts fehlt, so dass die Rechtsänderung von vornherein nicht eintritt.

Die Abgrenzung zwischen dem abstrakten Verzicht des § 397 BGB und dem kausal möglichen Schuldänderungsvertrag ist im Einzelnen schwierig. *Larenz* hat vorgeschlagen, dass Erlass- und Anerkenntnisverträge immer dann kausal seien, »wenn sie Bestandteil eines Vertrages sind, durch den das Schuldverhältnis als Ganzes geändert oder ‚umgeschaffen', d. h. durch ein anderes ersetzt wird.«[253] Wird dem gefolgt, scheidet eine Deutung der Entlastung als kausaler Verzicht aus, weil die Entlastung Auswirkungen allenfalls auf einzelne Ersatzansprüche zeitigt, dabei aber keine Änderung des jeweiligen Geschäftsbesorgungsverhältnisses als Ganzes bewirken soll. Gegen die Deutung der Entlastung als kausaler Anspruchsverzicht spricht überdies, dass das mit der Entlastung für erkennbare Ansprüche regelmäßig verbundene deklaratorische negative Schuldanerkenntnis von vornherein ohne Rechtsgrund geschaffen wird; in der Rechtsgrundlosigkeit und Kondizierbarkeit liegt gerade der Sinn und Zweck des deklaratorischen negativen Anerkenntnisses.[254] Zöge man für Entlastung dagegen einen kausalen Anspruchsverzicht heran, so ließen sich die Fälle der Unkenntnis mangels Rechtsgrundvereinbarung nicht rechtsgeschäftlich erfassen.

III. Der Anspruchsverlust als Folge einer Genehmigung der Geschäftsführung

Der Umstand, dass es nach den bisherigen Überlegungen in den typischen Entlastungskonstellationen an einem Willen des Geschäftsherrn zum Verzicht auf erkennbare Ersatzansprüche fehlt, wirkt sich in gleicher Weise auf solche Erklä-

250 *Larenz*, SR I, § 19 I a), S. 269; *Gernhuber*, Erfüllung, § 17 3, S. 398 (für Aufhebungsvertrag); tendenziell anders: *Emmerich*, in: MüKo/BGB, § 311 Rn. 19: »grundsätzlich abstrakt«.
251 *Emmerich*, in: MüKo/BGB, § 311 Rn. 19; Jauernig/*Stadler*, BGB, § 311 Rn. 18.
252 *Larenz*, SR I, § 19 I a), S. 269; *Gernhuber*, Erfüllung, § 16 I 5, S. 372 ff.
253 *Larenz*, SR I, § 19 I a), S. 269; vgl. auch *Gernhuber*, Erfüllung, § 16 I 5, S. 372 f.
254 Vgl. ausführlich bereits S. 141 ff.

rungsmodelle aus, die in der Entlastung eine rechtsgeschäftliche Genehmigung der Geschäftsführung nach § 684 Satz 2 BGB[255] oder eine die Pflichtwidrigkeit heilende nachträgliche Weisung erblicken.[256] Ebenso wie von einem konstitutiven Verzichtswillen nach verständiger Auslegung grundsätzlich nur ausgegangen werden kann, wenn der Geschäftsherr die Erklärung in Kenntnis von möglichen Ersatzansprüchen abgegeben hat, erfordert eine Genehmigung, dass der Geschäftsherr die Genehmigungsbedürftigkeit – d. h. die Verfehlung des Geschäftsführers – kannte oder zumindest mit ihr rechnete.[257] Zwar stellt die überwiegende Ansicht im Schrifttum hierfür noch auf den tatsächlichen Willen des Genehmigenden ab und verlangt somit stets Erklärungsbewusstsein, doch lässt der Bundesgerichtshof nicht nur beim Anspruchsverzicht,[258] sondern auch bei der Genehmigung inzwischen »potentielles« Erklärungsbewusstsein genügen,[259] so dass auch bei der Genehmigung nach zutreffender Ansicht die herkömmlichen Grundsätze der objektiv-normativen Auslegung nach Maßgabe von §§ 133, 157 BGB gelten.[260] Hierfür spricht nicht zuletzt, dass es für die Anforderungen an die Auslegung sachlich keinen Unterschied machen kann, ob der Geschäftsherr die pflichtwidrige Geschäftsführung genehmigt oder auf Ersatzansprüche wegen der pflichtwidrigen Geschäftsführung verzichtet; in beiden Fällen geht es um die Heilung bzw. Verzeihung des Pflichtverstoßes.

Die Deutung der Entlastung als Genehmigung pflichtwidriger Geschäftsführung teilt damit im Ergebnis die Schwäche der Verzichtslösung des Reichsgerichts, weil dieser Konstruktionsansatz allenfalls die in offenbarer Kenntnis von Verfehlungen erteilte Entlastung erklären kann, während bei bloß erkennbaren Ansprüchen ein Genehmigungswille unter Hinweis auf die Klarstellungsfunktion der Entlastung fingiert werden müsste.[261] Gegen den Konstruktionsansatz spricht zudem aus systematischer Sicht ein weiteres Argument: So bildet im Deliktsrecht die Vornahme einer unerlaubten Handlung eine zeitliche Zäsur. Erteilt der Geschädigte im Vorfeld eine wirksame Einwilligung, so entsteht der Schadensersatzanspruch erst gar nicht.[262] Fehlt es hingegen an einer Rechtfertigung durch Einwilligung, so bedarf es im

---

255 *Boesebeck*, ZAkDR 1935, 675 (676); *J. Wagner*, S. 36; *Brox*, BB 1960, 1226.

256 Staudinger/*Rieble*, § 397 Rn. 11 ff., 14.

257 *Gehrlein*, in: Bamberger/Roth, § 684 Rn. 2; für die Genehmigung nach § 184 BGB: RGZ 118, 335 (336 f.); BGH NJW 1988, 1199 (1200); *J. Schmitt*, in: MüKo/BGB, § 108 Rn. 10; *Wendtland*, in: Bamberger/Roth, § 108 Rn. 6.

258 BGH NJW 2007, 368 Tz. 11; BGH NJW 2006, 1511 Tz. 12; ausführlich bereits oben S. 163 ff.

259 BGH, Urt. v. 25.01.1989 – IVb ZR 44/88, Juris-Tz. 28 (insoweit nicht abgedruckt in NJW 1989, 1728); anders offenbar BGHZ 159, 294 (304), freilich ohne die Abweichung offenzulegen.

260 *J. Lange*, in: JurisPK/BGB, § 108 Rn. 13.

261 Vgl. oben S. 192.

262 Monografisch *Ohly*, »Volenti non fit iniuria«, Die Einwilligung im Privatrecht, 2002.

Nachhinein eines Erlassvertrags nach § 397 BGB, um die Ersatzpflicht zum Erlöschen zu bringen; eine bloße Genehmigung der unerlaubten Handlung mit der Folge des Anspruchsausschlusses ist nicht möglich. Gleiches gilt in der Sonderbeziehung: eine einseitige Genehmigung der Pflichtverletzung durch den Gläubiger sieht das Gesetz auch hier nicht vor, sondern es verweist die Beteiligten auf den Erlassvertrag nach § 397 BGB. Unter dieser Prämisse ist die Zulassung einer einseitigen Genehmigung pflichtwidriger Geschäftsführung mit Skepsis zu begegnen, weil sie sachlich allein darauf zielt, das Vertragserfordernis des § 397 BGB auszuschalten. Zwar sieht das Gesetz etwa beim Kommissionsgeschäft in § 364 HGB die Zulässigkeit einer nachträglichen Genehmigung bei weisungswidrigen Preisabweichungen implizit vor, doch dient die Genehmigungsfiktion des § 364 Abs. 1 Hs. 2 HGB – ebenso wie § 377 HGB beim Handelskauf – letztlich den Interessen des Schuldners, der im Handelsverkehr schnell Klarheit darüber erhalten soll, ob er wegen der Preisabweichung in Anspruch genommen wird.[263] Ein verallgemeinerungsfähiges Konzept lässt sich daraus nicht ableiten. Schließlich zielt auch die Genehmigung der Geschäftsführung ohne Auftrag nach § 684 Satz 2 BGB nicht primär auf die Freistellung des Geschäftsführers vom Ersatzanspruch aus § 678 BGB. Vielmehr wird der Geschäftsherr die unberechtigte Geschäftsführung deshalb genehmigen, um die Vorteile des Geschäfts über §§ 681 Satz 2, 667 BGB für sich in Anspruch nehmen zu können.[264] Auf die Entlastung lässt sich dieser Gesichtspunkt nicht übertragen; die Deutung der Entlastung als rechtsgeschäftliche Genehmigung soll deshalb nicht weiter verfolgt werden.

---

263 Vgl. *Knütel*, ZHR 137 (1973), 285 (332 f.); *Häuser*, in: MüKo/HGB, § 386 Rn. 1, 16 f.

264 BGH NJW 1995, 1154 (1155); *Larenz*, SR II/1, § 57, S. 437; *Fikentscher/Heinemann*, SR, Rn. 1260; a.A. *Seiler*, in: MüKo/BGB, § 681 Rn. 2 f.: Anspruch aus §§ 681 Satz 2, 667 BGB stehe dem Geschäftsherrn auch ohne Genehmigung nach § 684 Satz 2 BGB zu; danach wäre die Genehmigungsbefugnis indes ohne praktische Bedeutung und diente tatsächlich nur der Haftungsfreistellung.

§ 5 Der Vertragsschluss mit dem Geschäftsführer

Das zweite wesentliche Argument gegen die Deutung der Entlastung als Anwendungsfall des § 397 BGB beruht auf der Annahme, dass es bei dem *typischen* Entlastungsvorgang an einem Vertragsschluss zwischen dem Geschäftsherrn und dem Geschäftsführer fehle: Das Erfordernis der Vertragsannahme durch den Geschäftsführer erweise sich als »lebensfremd«.[1] Die Praxis kümmere sich nicht um eine solche Annahmeerklärung; ein Vertragsschluss lasse sich deshalb nicht nachweisen, sondern müsse fingiert werden.[2] Diesem Argument soll im Folgenden nachgegangen werden.

I. Die Relevanz der Fragestellung

Im Schrifttum wird das Schweigen des Geschäftsführers auf die Entlastung weithin dazu herangezogen, den rechtsgeschäftlichen Charakter der Entlastung *generell* in Abrede zu stellen. Die Argumentation zielt darauf, dass die Entlastung kein Vertrag sei, weil der Geschäftsführer auf die erteilte Entlastung typischerweise schweige und selbst dann nichts anderes gelten könne, wenn *ausnahmsweise* doch eine Annahmeerklärung vorliegen sollte. Daran ist zunächst zutreffend, dass der Forderungsverzicht (§ 397 Abs. 1 BGB), sein Rechtsgrund (§ 516 BGB) und ebenso das deklaratorische negative Schuldanerkenntnis (§ 397 Abs. 2 BGB) nach der gesetzlichen Regelung zwei korrespondierende, d. h. inhaltlich entsprechende und mit Bezug aufeinander abgegebene Willenserklärungen voraussetzen.[3] Insoweit kann nicht allein die Entlastungserklärung des Geschäftsherrn genügen, um die gewollten Rechtsfolgen herbeizuführen, sondern es ist daneben eine korrespondiere Willenserklärung des Geschäftsführers erforderlich. Gegen die Sichtweise des Schrifttums ist dagegen einzuwenden, dass sie auf einer rein phänomenologischen Betrachtung des Entlastungvorgangs beruht, aus der sich nur bedingt rechtliche Schlüsse ziehen lassen, weil das Gesetz den gewollten Anspruchsverzicht in § 397 BGB einer gesetzlichen Regelung unterworfen hat. Da sich die Entlastung – wie die vorstehenden Ausführungen gezeigt haben – nach allgemeinen Grundsätzen als eine Willenserklärung auslegen lässt, die z. B. bei

1 *Knoche*, S. 53; ihm folgend *A. Zimmermann*, S. 130 Fn. 462. Vgl. auch oben S. 115 Fn. 65–67.

2 *Hoeniger*, DJZ 1922, 143; vgl. im Übrigen S. 115 Fn. 64.

3 Statt aller: *Wolf/Neuner*, AT, § 37 Rn. 1. Zum Vertragsschluss durch gemeinsame Zustimmung zu einem vorbereiteten Entwurf: *Leenen*, AcP 188 (1988), 381 ff. und *Wolf/Neuner*, AT, § 37 Rn. 2; *Bork*, AT, Rn. 701.

Kenntnis des Geschäftsherrn von Ersatzansprüchen auf einen konstitutiven Anspruchsverzicht gerichtet ist, kann einer im Einzelfall tatsächlich vorliegenden Annahmeerklärung die Wirksamkeit folglich nicht mit der Begründung versagt bleiben, dass der Geschäftsführer *in anderen Fällen* oder sogar üblicherweise auf die Entlastung schweige. Zunächst sollen die Konstellationen aufgezeigt werden, in denen der Geschäftsführer nicht schweigt und deshalb ein Vertragsschluss nicht in Abrede gestellt werden kann.

1. Erklärungen des Geschäftsführers im Vorfeld der Entlastung

Das Erfordernis der Mitwirkung des Geschäftsführers an der Entlastung begegnet grundsätzlich nur dann Bedenken, wenn erst die Entlastungserklärung des Geschäftsherrn als Antrag auf Abschluss der entsprechenden Vereinbarungen ausgelegt werden kann, weil nur in diesem Falle noch eine nachfolgende Annahmeerklärung des Geschäftsführers erforderlich ist. Dagegen erweist sich der Vertragsschluss als weitgehend unproblematisch, wenn der Antrag schon im Vorfeld vom Geschäftsführer ausgeht und der Geschäftsherr mit der Entlastung seinerseits die Annahme erklärt. In diese Richtung hat es in der Vergangenheit vereinzelte Konstruktionsversuche gegeben,[4] die sich freilich zu Recht nicht durchzusetzen vermochten. Denn wie auch sonst im Rechtsleben hängt die Zuordnung der einzelnen Vertragserklärungen als Antrag und Annahme vielfach von Zufälligkeiten ab:

Übersendet der Geschäftsführer nach Abschluss einer bürgerlich-rechtlichen Geschäftsbesorgung etwa die Schlussrechnung nebst schriftlichen Erläuterungen, so wird sich hierin auch ohne ausdrückliche Bitte oftmals ein konkludenter Antrag auf Abschluss der für die Entlastung erforderlichen Rechtsgeschäfte erblicken lassen, soweit eine Entscheidung über die Entlastung für das jeweilige Rechtsverhältnis verkehrsüblich ist. In einem solchen Fall ist es aber nicht ausgeschlossen, dass sich der Geschäftsherr anlässlich der Entlastung zu klarstellenden Bemerkungen veranlasst sieht, die den rechtlichen Gehalt der erbetenen Entlastung verändern. Weist der Geschäftsherr im Entlastungsschreiben etwa darauf hin, dass er bestimmte Maßnahmen zwar für rechtlich zweifelhaft halte, im Hinblick auf den Gesamterfolg der Geschäftsführung aber gleichwohl Entlastung erteile, so verändert sich der Charakter der Entlastung von einem deklaratorischen hin zu einem konstitutiven negativen Schuldanerkenntnis. Denn die Entlastung erfolgt dann nicht mehr vor dem Hintergrund, dass die Maßnahme ohnehin als ord-

4 Vgl. etwa *Picenoni*, S. 22.

nungsgemäß zu billigen sei, sondern mit dem erklärten Ziel einer Klarstellung und Bereinigung der Rechtslage. Eine solchermaßen erweiternde Erklärung des Geschäftsherrn gilt nach § 150 Abs. 2 BGB als Ablehnung des Antrags verbunden mit einem neuen Antrag.[5] Das macht die Annahme durch den Geschäftsführer erforderlich.

In gleicher Weise lässt sich im Gesellschaftsrecht argumentieren. Beruft der Einzelgeschäftsführer einer GmbH die ordentliche Gesellschafterversammlung ein (§ 49 Abs. 1 GmbHG) und setzt er dabei die eigene Entlastung auf die Tagesordnung (vgl. § 51 Abs. 2 und 4 GmbHG, aber auch § 50 Abs. 2 GmbHG), so lässt sich daraus in der wertenden Zusammenschau mit der Übersendung des Entwurfs des Jahresabschlusses und der übrigen Rechenschaftsunterlagen ein rechtsgeschäftlicher Antrag auf Entlastung erblicken. Insbesondere spricht nicht dagegen, dass die Entlastung auch im GmbH-Recht zu den sog. Regularien der ordentlichen Gesellschafterversammlung und schon deswegen auf die Tagesordnung gehört. Denn ein verständiger Empfänger kann die Tagesordnung – vorbehaltlich besonderer Umstände – nur so verstehen, dass der Geschäftsführer die zur Beschlussfassung angesetzte Entlastung auch tatsächlich anstrebt und wünscht. Allerdings kann sich der rechtliche Gehalt der Entlastung bei der Erörterung der Geschäftsführung wiederum wandeln, wenn in der Versammlung z. B. Zweifel an der Geschäftsführung bzw. besondere Motive für die Entlastungserteilung zum Ausdruck gebracht werden. Denn damit verändern die Gesellschafter den konkreten Inhalt der Entlastung. Selbst das muss aber nicht zur Verneinung eines Antrags des Geschäftsführers führen. Denn in der Praxis ist es verbreitet, keineswegs aber zwingend, dass der Geschäftsführer die Gesellschafterversammlung selbst leitet.[6] Geht er nach der Diskussion und Aussprache über die Entlastung zur Beschlussfassung über, kann hierin wiederum ein – vor dem Hintergrund der Versammlungsberatungen nunmehr aktualisierter – rechtsgeschäftlicher Antrag auf Entlastung liegen. Der Umstand, dass der Geschäftsführer als Versammlungsleiter auf eine Beschlussfassung hinzuwirken hat, weil er Tagesordnungspunkte nicht nach eigenem Ermessen unbehandelt lassen darf,[7] führt nicht dazu, dass er so zu behandeln wäre, als wolle er die Entlastung nicht. Im Einzelfall kann sich aus den Umständen freilich etwas anderes ergeben.

---

5 *Graff*, S. 74 f. Fn. 208 mit Verweis auf *Kunheim*, S. 3.

6 *Liebscher*, in: MüKo/GmbHG, § 48 Rn. 110; *Hüffer*, in: Ulmer, GmbHG, § 48 Rn. 30; *Meyer-Landrut*/Miller/Niehus, GmbHG, § 48 Rn. 12; *Römermann*, in: Michalski, GmbHG, § 48 Rn. 101.

7 *Liebscher*, in: MüKo/GmbHG, § 48 Rn. 112; *Bayer*, in: Lutter/Hommelhoff, GmbHG, § 48 Rn. 16; *Römermann*, in: Michalski, GmbHG, § 48 Rn. 113; *Zöllner*, in: Baumbach/Hueck, GmbHG, § 48 Rn. 18.

Gleichwohl gerät eine solche Vertragskonstruktion bereits dann an ihre Grenzen, wenn die Gesellschaft mehr als einen Geschäftsführer oder sogar einen Beirat bzw. Aufsichtsrat hat, weil nicht alle zu entlastenden Personen an der Aufstellung der Tagesordnung mitwirken werden. Zudem obliegt die Leitung der Versammlung regelmäßig nur einer einzigen Person. Eine rechtsgeschäftliche Vertretung (§ 164 BGB) der übrigen Geschäftsführer und Organmitglieder durch den Versammlungsleiter wäre zwar theoretisch denkbar, erweist sich aber als überkonstruiert und künstlich. Schließlich wird ein eigenständiger Antrag auf Entlastung geradezu immer fehlen, wenn der zu entlastende Geschäftsführer bzw. das Organmitglied bereits aus dem Amt ausgeschieden ist und an der Versammlung gar nicht mehr teilnimmt.[8]

Vor diesem Hintergrund stellt sich zwar nicht in sämtlichen Konstellationen, aber doch hinreichend oft die Frage, ob das mit der Geltung des Vertragsprinzips verbundene Erfordernis einer Annahmeerklärung des Geschäftsführers tatsächlich besteht.

2. Dankesbekundungen des Geschäftsführers

Diese Frage wird sich in der Praxis häufig relativieren, soweit sich der Geschäftsführer zu einer Stellungnahme über die erteilte Entlastung veranlasst sieht. Naheliegend ist insbesondere, dass er sich für die Entlastung bzw. das darin zum Ausdruck kommende Vertrauen in seine Geschäftsführung bedanken wird. Eine solche Dankesbekundung entspringt schon dem Gebot der Höflichkeit. Kommt es zu einer Dankesbekundung, so stellt sich die Frage, ob sie als Annahmeerklärung ausgelegt werden kann. Der einzig denkbare Einwand wäre, dass sich der Geschäftsführer lediglich bedanken, nicht aber eine auf den Abschluss eines Vertrags gerichtete Willenserklärung abgeben wolle, weil er eine solche Erklärung überhaupt nicht für erforderlich halte. Unter der Prämisse, dass der vom Geschäftsherrn gewollte und mit der Entlastung auch zum Ausdruck gebrachte konstitutive Anspruchsverzicht bzw. das deklaratorische negative Schuldanerkenntnis – wie in § 397 BGB vorgesehen – eine vertragliche Einigung erfordern, liegt in einem solchen Fall ein Rechtsirrtum des Geschäftsführers vor. Denn ihm fehlen der Wille und das Bewusstsein, eine verbindliche rechtsgeschäftliche Erklärung abzugeben. Solche Fälle werden unter dem Stichwort des »fehlenden Erklärungsbewusstseins« bis heute streitig diskutiert.[9]

---

8 *Tanneberger*, S. 30; *J. Wagner*, S. 19; *Laband*, S. 32; *Graff*, S. 74.

9 Vgl. bereits S. 164ff. und dort die Nachweise in Fn. 154 sowie Fn. 160f.

Allerdings unterscheidet sich die Entlastung in einem wesentlichen Punkt von den klassischen Fällen, in denen die Behandlung des fehlenden Erklärungsbewusstseins umstritten ist, weil der Geschäftsführer weiß und will, dass er seine Zustimmung zur Entlastung erklärt. Sein Irrtum betrifft lediglich den Umstand, dass er insoweit eine rechtsgeschäftliche Erklärung nicht für erforderlich hält. Es wäre aber sinnwidrig und mit dem Inhalt seiner Erklärung kaum zu vereinbaren, wenn er wegen dieses Irrtums nicht in den Genuss der Entlastung käme. Doch selbst wenn man annähme, das fehlende Erklärungsbewusstsein hätte bei der Entlastung eine rechtliche Relevanz, so läge nach verbreiteter und insbesondere vom Bundesgerichtshof vertretener Ansicht gleichwohl eine wirksame Willenserklärung vor, weil der Erklärende »bei Anwendung der im Verkehr erforderlichen Sorgfalt hätte erkennen und vermeiden können, daß seine Erklärung oder sein Verhalten vom Empfänger nach Treu und Glauben und mit Rücksicht auf die Verkehrssitte als Willenserklärung aufgefaßt werden durfte.«[10] Da er dann allerdings im Sinne des § 119 Abs. 1 BGB eine »Erklärung diesen Inhalts überhaupt nicht abgeben wollte«, kann er die Erklärung anfechten.[11] Zwar wird diese Ansicht im Schrifttum mit dem gewichtigen Argument kritisiert, bloße Fahrlässigkeit führe im Bürgerlichen Recht lediglich zu einer Haftung auf den Vertrauensschaden, nicht jedoch zu einer Erfüllungshaftung, die sich erst auf Anfechtung hin auf den Vertrauensschaden beschränke.[12] Doch läuft dieses Argument hier leer, weil die Annahme der Entlastung für den Geschäftsführer gar keine Erfüllungshaftung begründet, sondern ihn im Gegenteil von Ersatzansprüchen freistellt bzw. zumindest eine Beweislastumkehr zu seinen Gunsten herbeiführt. Da die rechtliche Diskussion über das Erklärungsbewusstsein im Wesentlichen vor dem Hintergrund einer *ungewollten Verpflichtung* des Erklärenden geführt wird, eine solche hier aber gar nicht im Raume steht, soll es bei diesen knappen Ausführungen bewenden. Zudem erweist sich ein Anfechtungsrecht auch als das passende Instrument in solchen – wohl nur theoretischen – Fällen, in denen der Geschäftsführer mit der Entlastung nicht einverstanden ist, dennoch glaubt, er müsse sie hinnehmen, und sich deshalb aus reiner Höflichkeit bedankt. Hier ist tatsächlich nur Dank gewollt, so dass der Geschäftsführer über den rechtlichen Inhalt seiner Erklärung irrt und nach § 119 Abs. 1 BGB anfechten kann.

Zusammenfassend bestehen daher keine durchgreifenden Bedenken, dass der Geschäftsführer mit einer Danksagung seine Zustimmung zur Entlastung er-

10 BGHZ 91, 324 (330); BGHZ 184, 35 Tz. 19; *Bydlinski*, JZ 1975, 1 (4 f.); *Larenz/Wolf*, AT, § 24 Rn. 8; *Medicus*, AT, Rn. 605 ff.

11 Ebenda.

12 *Canaris*, Vertrauenshaftung, S. 427 f.; *Canaris*, FS BGH, Bd. I, 2000, S. 139 ff.; *Singer*, Selbstbestimmung, S. 169 ff.; Staudinger/*Singer*, Vor §§ 116–144 Rn. 37 ff.; *Wolf/Neuner*, AT, § 32 Rn. 24.

klärt, so dass in solchen Fällen von einer rechtlich relevanten Annahmeerklärung und von einem Vertragsschluss ausgegangen werden kann.

3. Das Schweigen des Geschäftsführers

Damit verbleiben letztlich die Fälle, in denen der Geschäftsführer auf die Entlastung schweigt. Das Schweigen kann etwa darauf beruhen, dass ein Organmitglied keine Gelegenheit hatte, seinen Dank zum Ausdruck zu bringen, weil die Versammlung sogleich zum nächsten Tagesordnungspunkt übergegangen ist. Zuweilen wird das Schweigen sogar opportun sein, wenn etwa die Gesellschafter über die Erteilung der Entlastung heftig gestritten haben und der Geschäftsführer durch eine Äußerung nicht noch weiteren Unmut der bei der Beschlussfassung unterlegenen Gesellschafter erregen will. Geradezu typischerweise wird es schließlich an einer Stellungnahme fehlen, wenn der Geschäftsführer der Entlastung nicht persönlich beigewohnt hat, weil er aus dem Amt ausgeschieden oder wegen Krankheit verhindert war, oder weil – wie mitunter bei der bürgerlichrechtlichen Entlastung – ohnehin nur im Schriftwege verfahren wird.

Selbst wenn aber bisweilen praktische Zwänge gegen eine Erklärung des Geschäftsführers sprechen, so wird das Schweigen stets jedoch auch darauf beruhen, dass der Geschäftsherr erkennbar kein Interesse an einer Stellungnahme hatte, weil er aufgrund der Begleitumstände zur Überzeugung gelangt ist, der Geschäftsführer sei ohnehin mit der Entlastung einverstanden. Die im Schrifttum gegen den Vertragsschluss vorgebrachten Argumente beruhen in diesem Sinne durchweg allein auf dem formalen Umstand, dass eine Annahmeerklärung praktisch fehle, wohingegen niemand behauptet, der Geschäftsführer schweige, weil er mit der Entlastung nicht einverstanden und das Schweigen deshalb Ausdruck seiner Ablehnung sei. Vor diesem Hintergrund kann nicht ernsthaft bezweifelt werden, dass die Beteiligten über die Geltung der Entlastungsfolgen im praktischen Regelfall einig sind. Dann erscheint es aber schon im Ausgangspunkt als bedenklich, den Beteiligten die übereinstimmend gewollten Rechtsfolgen mit dem Argument zu versagen, dass eine formale Annahmeerklärung fehle, obwohl beide Parteien eine solche Erklärung übereinstimmend für entbehrlich halten. Das führt zu der im Folgenden zu untersuchenden These, dass eine rechtsgeschäftliche Deutung der Entlastung trotz des Schweigens des Geschäftsführers möglich ist.

II. Die Ausweitung des Blickwinkels

Die Kritik an der Vertragsform beruht auf der im Rechtsleben praktizierten Einseitigkeit der Entlastung. Im Schrifttum wird darauf verwiesen, dass die Entlastung nicht auf »Entgegnung« ziele,[13] weshalb der Geschäftsführer auf ihre Erteilung in aller Regel schweige. Schweigen sei jedoch keine Willenserklärung, so dass es an einem Vertragsschluss fehle.[14] Besonders drastisch hat *Boesebeck* das Vertragsprinzip kritisiert: »An der Auffassung von der Entlastung muß etwas krank sein, wenn sie zu einem berüchtigtem Hilfsmittel der Begriffsjurisprudenz greifen, nämlich den entlasteten Personen eine rechtsgeschäftliche Erklärung unterstellen muß, die diese praktisch gar nicht abzugeben gedenken.«[15] Wie bereits im dritten Kapitel dargestellt, hat das Reichsgericht die im Schrifttum früh aufgekommene Kritik an der Vertragsform zum Anlass für die Feststellung genommen, dass die gesellschaftsrechtliche Entlastung nicht nur faktisch, sondern auch rechtlich ohne die Mitwirkung des Geschäftsführers möglich sein müsse, dass sie folglich eine »rechtserheblich, dem Gesellschaftsrecht eigentümliche Erklärung eigener Art« sei.[16]

Wie die folgenden Ausführungen zeigen werden, handelt es sich hierbei um einen Lösungsansatz zur Bewältigung des Schweigens auf die Entlastung, der keineswegs zwingend ist. Vielmehr führt die behauptete Einseitigkeit der gesellschaftsrechtlichen Entlastung zu zwei Folgefragen, mit denen sich Rechtsprechung und Schrifttum bislang kaum auseinander gesetzt haben: *Erstens* geht es um die Frage, ob ein sachlicher Grund dafür besteht, die gesellschaftsrechtliche Entlastung anders zu beurteilen als die bürgerlich-rechtliche Entlastung, und *zweitens* darum, mit welcher Berechtigung beim Anspruchsverzicht nach § 397 BGB eine Mitwirkung des Schuldners gefordert wird, während dem Geschäftsführer die Entlastung, die jedenfalls bei Kenntnis von Ersatzansprüchen dieselben Rechtsfolgen zeitigt, gegen seinen Willen aufgedrängt werden können soll. Dass es sich bei dem Hinweis auf den organschaftlichen Ursprung der gesellschaftsrechtlichen Entlastung um eine Scheinbegründung handelt, weil eine rechtsgeschäftliche Erklärung ihren Charakter nicht dadurch ändert, dass sie statt von einer natürlichen Person von einem Gesellschaftsorgan abgegeben wird, wurde

13 *Knoche*, S. 54; *Bonefeld*, S. 13; *Graff*, S. 76.

14 *Tellis*, S. 65 f.; *Barner*, S. 52; *A. Zimmermann*, S. 130; kritisch auch *Schmeling*, S. 90 f.

15 *Boesebeck*, ZAkDR 1935, 675 (676); ähnlich *ders.*, JW 1935, 921 (922).

16 RG DR 1941, 506 (508); vgl. im Übrigen bereits S. 115 ff. Den Schluss von der faktischen auf die rechtliche Einseitigkeit hat schon *Boesebeck*, ZAkDR 1935, 675 (676) vergleichsweise klar ausgesprochen: Die Praxis habe »ein feines Gefühl dafür, wann rechtsgeschäftliche Erklärungen abgegeben werden und wann nicht.« Vgl. auch die Überschriften bei *Knoche*, S. 52 f.

bereits an anderer Stelle ausführlich erörtert.[17] Legt man ein rechtsgeschäftliches Entlastungsverständnis zugrunde, lässt sich eine Ungleichbehandlung der gesellschaftsrechtlichen und der bürgerlich-rechtlichen Entlastung damit nicht rechtfertigen.

Im Folgenden ist daher vorrangig der zweite Gesichtspunkt zu untersuchen, ob sich zumindest die mit der herrschenden Entlastungssicht einhergehende Ungleichbehandlung von Entlastung und Anspruchsverzicht (§ 397 BGB) sachlich rechtfertigen lässt. Fehlt es daran und stellt sich die Entlastung deshalb – auch was die Vertragsform angeht – lediglich als ein besonderer Fall des § 397 BGB dar, so ist der Blickwinkel bei der Behandlung des Schweigens über die Fälle der Entlastung hinaus auf den allgemeinen Anspruchsverzicht zu richten, weil bei beiden dann gleiche Grundsätze gelten müssen.

1. Die aufgedrängte Entlastung

Im gesellschaftsrechtlichen Schrifttum besteht vor dem Hintergrund der Einseitigkeit des Entlastungsvorgangs weitgehende Einigkeit, dass dem Geschäftsführer die Entlastung gegen seinen Willen aufgedrängt werden könne.[18] Vielfach wird dieser Umstand jedoch nicht eigens begründet, sondern als bloßer Reflex der Anerkennung der Entlastung als einseitiges Rechtsgeschäft angesehen.[19] Die Begründung beruht dann nicht auf dem Umstand, dass die Entlastung auch gegen den Willen des Geschäftsführers möglich sein müsse, sondern allein darauf, dass eine Annahmeerklärung generell für entbehrlich erachtet wird.

a) Die Entwertung der Entlastung durch die Mitwirkung des Geschäftsführers beim Rechtsverzicht?

Eine eigenständige Begründung, dass dem Geschäftsführer die Entlastung aufgedrängt werden dürfe, findet sich demgegenüber nur vereinzelt. Angeführt wird, dass der Abschluss des Entlastungsvorgangs und damit der Abschluss der Kontrolle der Geschäftsführung durch den Geschäftsherrn nicht vom Willen des Geschäftsführers als der zu kontrollierenden Person abhängen dürfe: Wäre für die Entlastungsentscheidung nicht allein der Wille des Geschäftsherrn maßgeblich,

---

17 Ausführlicher S. 116 ff.

18 RG DR 1941, 506 (508); *Hueck*, GmbHR 1959, 189 (190); *K. Schmidt*, ZGR 1978, 415 (343); *Graff*, S. 76 f.; a.A. *Schönle*, ZHR 126 (1964), 199 (213).

19 Vgl. nur RG DR 1941, 506 (508).

so würde das Entlastungsinstitut »zu einer sinnentleerten Formalität verfallen«[20] bzw. »zu einer sinn- und bedeutungslosen Formalie degradiert«.[21]

Bei näherem Hinsehen greift dieses Argument indes schon deshalb zu kurz, weil der Kontrollvorgang mit dem Ausspruch der Entlastung durch den Geschäftsherrn bereits abgeschlossen ist. Wie nicht zuletzt die Rechtslage im Aktienrecht zeigt, setzt die Kontrollfunktion der Entlastung einen Rechtsverlust nicht voraus.[22] Auch die in ihr liegende tatsächliche Billigung der zurückliegenden Geschäftsführung sowie die Kundgabe des Vertrauens in die künftige Geschäftsführung sind von der Mitwirkung des Geschäftsführers unabhängig. Einzig die Fragen des Anspruchsverlusts und der Beweislastumkehr hängen nach § 397 BGB noch von der Annahmeerklärung des Geschäftsführers ab. In dem Zurückweisungsrecht des Geschäftsführers liegt deshalb schwerlich eine mit den Interessen des Geschäftsherrn unvereinbare Entwertung des Entlastungsvorgangs, weil eine solche Zurückweisung den Geschäftsherrn letztlich vor einem etwaigen Rechtsverlust und damit vor dem Eintritt der für ihn *nachteiligen* Entlastungsfolgen bewahrt.

b) Das denkbare Interesse des Geschäftsherrn an der Aufdrängung der Entlastung

Ein Interesse des Geschäftsherrn, dem Geschäftsführer den mit der Entlastung verbundenen Rechtsverzicht aufzudrängen, kommt demgegenüber nur ausnahmsweise in Betracht, etwa wenn zwischen den Beteiligten über bestimmte Geschäftsführungsmaßnahmen Streit herrscht und der Geschäftsführer eine Pflichtverletzung kategorisch in Abrede stellt. In einem solchen Fall ist es – freilich wohl nur theoretisch – denkbar, dass der Geschäftsherr zur Vermeidung einer weitergehenden streitigen Auseinandersetzung und in Ansehung des Gesamterfolgs der Geschäftsführung o. ä. Entlastung erteilt, um damit zu bekunden, dass er zwar an dem Vorliegen einer Verfehlung festhalte, auf diese aber nicht mehr zurückkommen wolle.[23] Dem Geschäftsführer kann eine solche Entlastung unrecht sein, weil sie eine weitere Klärung der Sach- und Rechtslage behindern und ihm letztlich sogar die Möglichkeit nehmen könnte, die Vorwürfe sachlich auszuräumen. Auch in anderen Fällen, in denen an einem Ersatzanspruch keine

20 *Tellis*, S. 64.
21 *Graff*, S. 76.
22 Vgl. bereits auf S. 41.
23 In diesem Sinne RG DR 1941, 506 (508): Entlastung könne auch gegen den Widerspruch des zu Entlastenden wirksam werden, selbst »wenn der zu Entlastende z. B. die gerichtliche Klärung gegen ihn erhobener Vorwürfe wünscht.«

Zweifel bestehen, mag der Geschäftsführer zur Wahrung seines guten Rufs nicht ersatzlos vom Ausgleich des angerichteten Schadens befreit werden wollen. Die eigentliche Wertungsfrage ist dann, ob das Interesse des Geschäftsherrn, eine Klärung der Sach- und Rechtslage bzw. einen Schadensausgleich zu unterbinden, Vorrang hat vor dem entgegenstehenden Willen des Geschäftsführers. Gegen einen solchen Vorrang lässt sich immerhin § 397 BGB anführen, der einen Erlass oder ein negatives Schuldanerkenntnis gegen den Willen des Schuldners ausschließt.

c) Die mangelnde praktische Relevanz des Aufdrängungsarguments

Freilich zeigen die geschilderten Konstellationen, dass derartige Fälle in der Praxis kaum vorkommen dürften. *Schönle* hat daher zutreffend angemerkt, dass ein Zurückweisungsrecht des Geschäftsführers »ohne große praktische Bedeutung ist, da in der Praxis wohl immer darum gestritten wird, ob Schadensersatzansprüche gegen die geschäftsführungs- oder aufsichtsbefugten Personen durchgesetzt werden können, und nicht, ob sich die Gesellschaft den Ersatz des ihr verursachten Schadens auch gegen ihren großzügigen Verzichtswillen gefallen lassen muß.«[24] Hinzu kommt, dass es dem Geschäftsführer, wenn er gewisse Vorbehalte gegen die Entlastungserteilung hat, regelmäßig offen steht, innerhalb des Rechenschaftsvorgangs steuernd einzugreifen und auf Klärung oder Ausgleich zu drängen. Zweifelhaft ist schließlich, ob der Geschäftsherr dem Geschäftsführer tatsächlich Entlastung erteilen wird, wenn der Geschäftsführer hieran erklärtermaßen kein Interesse hat. Denn die psychologischen Motivationseffekte, die sich mit der Entlastungserteilung typischerweise verbinden,[25] werden kaum eintreten, wenn der Geschäftsführer die Entlastung als Affront und Eingriff in sein Selbstbestimmungsrecht begreift.

Unterbleibt die Entlastung bei Widerstreben des Geschäftsführers im Regelfall aber ohnehin, so sind die verbreiteten Bedenken gegen ein *praktisches* Bedürfnis nach dem Vertragsprinzip bei der Entlastung im Ausgangspunkt zwar durchaus nachvollziehbar, wie sich allerdings erweisen wird, unterscheidet sich die Entlastung insofern nicht von den klassischen Fällen des Anspruchsverzichts.

24 *Schönle*, ZHR 126 (1964), 199 (213).
25 Ausführlicher bereits auf S. 182f.

2. Das Vertragsprinzip des § 397 BGB

Bereits an anderer Stelle wurde darauf aufmerksam gemacht, dass das Vertragsprinzip des § 397 BGB auch außerhalb der Entlastungsdiskussion seit jeher in der Kritik steht,[26] und zwar – wenig überraschend – mit den im Wesentlichen gleichen Argumenten: So wird § 397 BGB mehrheitlich als eine »lebensfremde«,[27] »wenig überzeugende«,[28] für Laien »befremdliche« und sogar »volksfremde«[29] Regelung kritisiert. Die Vorschrift sei ein »Anachronismus«,[30] Ausdruck einer gewissen »Prinzipienreiterei«,[31] nichts anderes als eine »Übertreibung«[32] bzw. »Übersteigerung des Vertragsprinzips«.[33] Sachlich beruht diese Kritik – ebenso wie bei der Entlastung – auf dem »schwerlich zu leugnenden«[34] Umstand, dass der Forderungsverzicht dem Schuldner nur zum Vorteil gereicht und seine Mitwirkung *deshalb* nach den Erwartungen des Rechtsverkehrs als entbehrlich erachtet wird.[35] Während es bei der Entlastung heißt, der Geschäftsführer stieße auf Erstaunen oder sogar »Unverständnis«, wenn er erklärte, er nehme die Entlastung an,[36] hat *Heck* für § 397 BGB weitgehend inhaltsgleich ausgeführt, der Gläubiger, der dem Schuldner den Erlass einer Forderung mitteile, werde »wohl ein Dankesschreiben erwarten, aber keine Annahmeerklärung.«[37]

Obwohl die vorgebrachten Argumente gegen das Vertragsprinzip bei der Entlastung und bei § 397 BGB danach sachlich identisch sind, wird für den Anspruchsverzicht des § 397 BGB aus ihnen nur vereinzelt, mit besonderem Nachdruck jüngst von *Kleinschmidt*, der Schluss gezogen, dass bereits im geltenden

26 Vgl. bereits S. 116 f. im Zusammenhang mit RG DR 1941, 506 (508).
27 *C. Hattenhauer*, Einseitige private Rechtsgestaltung, 2011, S. 326.
28 *v. Tuhr*, AT II/1, § 54 VI, S. 269 Fn. 204.
29 *Gernhuber*, Erfüllung, § 16 I 4b, S. 371.
30 *Heck*, SR, § 41 2, S. 122.
31 Staudinger/*Rieble*, § 397 Rn. 5.
32 *Esser/Schmidt*, SR I/1, § 21 I 1, S. 331 kritisieren – etwas schwächer – die in § 397 BGB »*möglicherweise* liegende Übertreibung des Vertragsprinzips« (Hervorhebung nur hier).
33 *Gerhardt*, in: Athenäum-Zivilrecht I, 1972, S. 697 (741).
34 *Gernhuber*, Erfüllung, § 16 I 4b, S. 371.
35 *v. Tuhr*, AT II/1, § 54 VI, S. 269 (»wie man ... in Laienkreisen allgemein glaubt«); *Heck*, SR, § 58 I 2, S. 173; *Gerhardt*, in: Athenäum-Zivilrecht I, 1972, S. 697 (742); *Larenz*, SR I, § 19 Ia, S. 267; *Gernhuber*, Erfüllung, § 16 I 4b, S. 371; *Esser/Schmidt*, SR I/1, § 21 I 1, S. 332; *Kleinschmidt*, S. 260; für das insoweit inhaltsgleiche schweizerische Obligationenrecht *Peter*, AcP 200 (2000), 149 (171).
36 *Knoche*, S. 54; vgl. aber bereits *Boesebeck*, ZAkDR 1935, 675 (676).
37 *Heck*, SR, § 58 I 2, S. 173.

Recht ein einseitiger Verzicht zulässig sei.[38] Die überwiegende Ansicht geht davon aus, dass die gesetzliche Regelung des § 397 BGB *de lege lata* verbindlich sei.[39] Anders als bei der gesellschaftsrechtlichen Entlastung zielt die verbreitete Kritik mithin nicht darauf ab, das Vertragsprinzip bereits im geltenden Recht zugunsten eines einseitigen Anspruchsverzichts aufzugeben, sondern lediglich darauf, *de lege ferenda* von dem Mitwirkungserfordernis des Schuldners abzusehen.[40]

a) Die formal-juristische Betrachtungsweise des historischen Gesetzgebers

Die Erstreckung des Vertragsprinzips auf den Erlass und das negative Schuldanerkenntnis beruht auf einer bewussten Grundentscheidung des historischen Gesetzgebers. Die Unverbindlichkeit des einseitigen Forderungsverzichts ergab sich dabei noch ausdrücklich aus dem ersten Entwurf des BGB (§ 290 Abs. 5 BGB-E1),[41] doch wurde diese Regelung letztlich nicht ins Gesetz übernommen, weil sie vor dem Hintergrund des § 397 Abs. 1 BGB (§ 290 Abs. 1 BGB-E1) als selbstverständlich erschien.[42] Bereits im Gesetzgebungsverfahren war die Geltung des Vertragsprinzips aber umstritten. Für einen einseitigen Forderungsverzicht wurde angeführt, »es erscheine als unpassend, den Gläubiger bei dem Widerstreben des Schuldners gegen die Aufhebung der Obligation an derselben gegen seinen Willen festzuhalten und ihm dadurch nicht bloß ein Recht aufzudrängen, sondern ihm unter Umständen materiellen Nachtheilen auszusetzen, wie solche z. B. im Falle des Annahmeverzugs hinsichtlich des Ersatzes von Verwendungen dem Gläubiger drohen.«[43] Gleichwohl vermochten sich die Befürworter des einseitigen Forderungsverzichts nicht durchzusetzen. Den Ausschlag für das Vertragsprinzip gab vor allem das formale Argument, dass es inkonsequent erscheine, den einseitigen Verzicht anzuerkennen, während das einseitige Schuldversprechen (gemeint war § 342 BGB-E1, heute: § 311 BGB) wirkungslos sei.[44] Der Anspruchsverlust »sei nicht

---

38 *Kleinschmidt*, S. 259 ff., 312 ff.; *ders.*, in: HKK/BGB, § 397 Rn. 46; wohlwollend auch: *R. Zimmermann*, AcP 202 (2002), 243 (270); *ders.*, in: FS Heldrich, 2005, S. 467 (483 f.); *C. Hattenhauer*, Einseitige private Rechtsgestaltung, 2011, S. 326.

39 *Dennhardt*, in: Bamberger/Roth, § 397 Rn. 1; Erman/*E. Wagner*, § 397 Rn. 1; Palandt/*Grüneberg*, § 397 Rn. 4; vgl. auch die Nachweise in der Folgefußnote.

40 *v. Tuhr*, AT II/1, § 54 VI, S. 269 f. Fn. 204; *Heck*, SR, § 41 2, S. 122, § 58 I 2, S. 173; *Enneccerus/Lehmann*, § 74 I, S. 294 f.; *Gerhardt*, in: Athenäum-Zivilrecht I, 1972, S. 697 (742); Staudinger/*Rieble*, § 397 Rn. 4 und 6.

41 Motive II, S. 116 = *Mugdan* II, S. 64.

42 Protokolle II, S. 754 = *Mugdan* II, S. 568; vgl. auch *Jakobs/Schubert*, SR I, S. 734; Staudinger/*Rieble*, § 397 Rn. 1; *Schlüter*, in: MüKo/BGB, § 397 Rn. 1.

43 Protokolle I, S. 1474 = *Jakobs/Schubert*, SR I, S. 727 f.

44 Protokolle I, S. 1474 = *Jakobs/Schubert*, SR I, S. 728.

geringer anzuschlagen, als die an die Eingehung einer Verbindlichkeit sich knüpfenden Nachtheile.«[45] Abgesichert wurde dieses – auf dem actus-contrarius-Gedanken beruhende – Argument mit dem Hinweis, dass auch das gemeine Recht für den Verzicht einen Vertrag vorgesehen habe[46] und ein Abweichen hiervon weder durch ein praktisches Bedürfnis noch durch das Interesse des Gläubigers geboten sei.[47] Den Nachteilen des Annahmeverzugs könne der Gläubiger nicht zuletzt durch die Annahme der angebotenen Leistung einfach entgehen.[48]

b) Die Kritik an der Sichtweise des historischen Gesetzgebers

Diese Begründung hat schon kurz nach dem Inkrafttreten des BGB bei *v. Tuhr*[49] und *Heck*[50] erhebliche Kritik erfahren.[51] Die Kritik beruht maßgeblich auf dem Umstand, dass sich die Gesetzbegründung nicht ansatzweise damit befasste, welches Interesse der *Schuldner* an einer Mitwirkung beim Forderungsverzicht haben könnte. Im Gegenteil ließen es die Gesetzesverfasser sogar ausdrücklich offen, ob der Regelung ein ähnlicher Gedanke wie bei der Schenkung zugrunde liege, die dem Schuldner ebenfalls »nicht aufgedrungen werden dürfe«.[52] Vor diesem Hintergrund lief die Argumentation letztlich darauf hinaus, das Vertragserfordernis des § 311 BGB rein schematisch auf den Forderungsverzicht zu übertragen und sich daneben mit dem Hinweis zu beruhigen, dass dies mit den Interessen des Gläubigers nicht unvereinbar sei. Wegen der fehlenden wertungsmäßigen Absicherung des Vertragsprinzips mit den Interessen des Schuldners verwundert es nicht, dass bis heute von einer »Prinzipienreiterei« und »Übertreibung des Vertragsprinzips« die Rede ist.[53] Letztlich erscheint das Vertragserfordernis nach der Gesetzesbegründung als reiner Selbstzweck.

---

45 Protokolle I, S. 1474 = *Jakobs/Schubert*, SR I, S. 728.

46 Zum Forderungsverzicht im »gemeinen Recht« ausführlicher *Peter*, AcP 200 (2000), 149 (153) mit Verweis auf *Windscheid/Kipp*, Lehrbuch des Pandektenrechts, 9. Auflage 1906 (Nachdruck 1963), § 69 N. 13 und 14; vgl. auch *v. Tuhr*, AT II/1, § 59 VI, S. 269 f. Fn. 204; § 47 I, S. 96 mit Verweis auf *Dernburg*, Pandekten, Band 2, Obligationenrecht, § 54 N. 10.

47 Motive II, S. 116 = *Mugdan* II, S. 64; Protokolle I, S. 1475 = *Jakobs/Schubert*, SR I, S. 728.

48 Protokolle I, S. 1475 = *Jakobs/Schubert*, SR I, S. 728.

49 *v. Tuhr*, AT, II/1, § 54 VI, S: 269 Fn. 204.

50 *Heck*, SR, § 41 2, S, 122 und § 58 I 2, S. 173 kritisierte das Vertragsprinzip des BGB ganz allgemein und nicht nur beim Forderungsverzicht.

51 Außerdem: *Enneccerus/Lehmann*, § 74 I, S. 294 f.

52 Protokolle I, S. 1475 = *Jakobs/Schubert*, SR I, S. 728.

53 Vgl. bereits die Nachweise auf S. 215 Fn. 31 und Fn. 33.

c) Die Argumente für die Rechtfertigung des Vertragsprinzips

Gleichwohl verbietet sich ein vorschnelles Urteil. Denn nur weil der historische Gesetzgeber den Interessen des Schuldners keine Beachtung geschenkt hatte, heißt das nicht, dass solche Interessen tatsächlich nicht bestehen. So wurde im Schrifttum zunächst von *du Chesne*[54] und später von *Larenz*[55] darauf hingewiesen, dass es die Achtung vor der Persönlichkeit des Schuldners gebiete, ihn vor einem aufgedrängten Erlass zu bewahren, weil es ihm unangenehm sein könnte, der Verpflichtung durch eine einseitige Erklärung des Gläubigers zu entgehen, wenn er unbedingt zu seiner Verpflichtung stehen wolle. In die gleiche Richtung geht das von *Fikentscher* stammende Argument, wonach die Mitwirkung des Schuldners am Erlass auch aus steuerlichen Gründen veranlasst sein könne, wenn ihm etwa durch den einseitigen Verzicht gegen seinen Willen eine höhere Steuerlast aufgebürdet werde.[56]

Freilich wird ein solches Interesse des Schuldners am Schutz vor einem aufgedrängten Verzicht nur in *Ausnahmefällen* bestehen. Ein wirtschaftlich denkender Schuldner wird gegen einen Erlass grundsätzlich nichts einzuwenden haben und selbst die steuerlichen Nachteile werden die aus dem Erlass der Leistungspflicht resultierenden Vorteile kaum aufzehren.[57] Um einen hinreichenden Schutz des Schuldners im Einzelfall zu gewährleisten, hat *Larenz* deshalb vorgeschlagen, dass es *de lege ferenda* genügte, wenn der Schuldner den Verzicht zwar nicht akzeptieren müsse, ihn jedoch ähnlich wie im Falle des § 333 BGB wenigstens zurückweisen könne.[58] Damit kommt *Larenz* zwar zu dem Ergebnis, dass das Vertragsprinzip des § 397 BGB der Sachlage »vielleicht ... nicht ganz gerecht« werde.[59] Seine Stellungnahme lässt sich dennoch dahin deuten,

---

54 *du Chesne*, ArchBürgR 42 (1916), 296 (302).

55 *Larenz*, SR I, § 19 I a), S. 267.

56 *Fikentscher/Heinemann*, SR, Rn. 341; krit. *Gerhardt*, in: Athenäum-Zivilrecht I, 1972, S. 697 (742): Die Steuer mache wegen der Progression stets nur einen Teil des Werts aus; ausführlicher zu den steuerrechtlichen Zusammenhängen *Kleinschmidt*, S. 280 ff.

57 *Gerhardt*, in: Athenäum-Zivilrecht I, 1972, S. 697 (742); im Ergebnis auch *Kleinschmidt*, S. 284, vgl. dort auch den in Fn. 126 geschilderten Ausnahmefall.

58 *Larenz*, SR I, § 19 I a), S. 267; ihm folgend *Gernhuber*, Erfüllung, § 16 I 4c, S. 371; ähnlich: *Esser/Schmidt*, SR I/1, § 21 I 1, S. 332 Fn. 20: entsprechend § 516 Abs. 2 BGB; krit. Staudinger/*Rieble*, § 397 Rn. 4 und ihm folgend *Kleinschmidt*, S. 286 ff.: Der nachträgliche Widerspruch des Schuldners im Sinne des § 333 BGB würde dazu führen, dass die bereits erloschene Forderung rückwirkend wieder auflebe – das wäre in Ansehung von § 159 BGB systemwidrig. Indes dürfte sich *de lege ferenda* ein systemgerechter Weg finden lassen, etwa indem an das Ausbleiben einer Ablehnung innerhalb angemessener Frist (vgl. § 147 BGB) ähnlich wie bei § 516 Abs. 2 BGB eine Annahmefiktion geknüpft wird.

59 *Larenz*, SR I, § 19 I a), S. 267.

dass das im Einzelfall bestehende Bedürfnis des Schuldners nach einem Schutz vor dem aufgedrängten Verzicht eher für das Vertragsprinzip spreche als dagegen.

d) Die Argumente für die Rechtfertigung des einseitigen Rechtsverzichts

Die damit verbundene Akzentuierung des Schutzes der Leistungsbefugnis des Schuldners wird im Schrifttum zu § 397 BGB nicht uneingeschränkt geteilt. Soweit ein Aufdrängungsschutz bereits *de lege lata* für entbehrlich gehalten wird, soll sich die Zulässigkeit des einseitigen Erlasses durch eine teleologische Reduktion des § 311 BGB gewinnen lassen.[60] So geht vor allem *Kleinschmidt* davon aus, dass § 397 BGB als lex specialis zu § 311 Abs. 1 BGB zwar den vertraglichen Erlass regle, einen einseitigen Anspruchsverzicht aber nicht ausschließe.[61] Neben § 311 Abs. 1 BGB erschöpfe sich die Funktion des § 397 BGB darin, die Rechtsfolge des Verzichts und damit den Charakter als abstraktes Verfügungsgeschäft festzulegen.[62] Da kein Bedürfnis bestehe, von § 397 BGB abzugehen, sei die Zulässigkeit des einseitigen Anspruchsverzichts aus einer teleologischen Reduktion des § 311 Abs. 1 BGB abzuleiten.[63] Daneben sei ein vertraglicher Verzicht nach Maßgabe des § 397 BGB weiterhin möglich, weil auch bei der Aufrechnung (§§ 387 ff. BGB) ein »Aufrechnungsvertrag« für zulässig erachtet werde und sich das Vertragsprinzip wegen der grundsätzlichen Bedingungsfeindlichkeit einseitiger Rechtsgeschäfte zuweilen als flexibler erweise.[64] Neben den aus der Entlastungsdiskussion bekannten Argumenten, ein einseitiger Verzicht mache die »Hilfskonstruktion« einer Annahmeerklärung entbehrlich und entspreche eher den Anschauungen des Rechtsverkehrs,[65] führt *Kleinschmidt* zur wertungsmäßigen Rechtfertigung an, dass es in anderen Rechtsordnungen teilweise an einem Aufdrängungsschutz fehle, ohne dass hieraus für die Praxis irgendwelche Probleme entstünden.[66] Zudem sehe das in der Entwicklung befindliche Europäische Privatrecht in Art. 2:107 PECL (*Principles of European Contract Law*) die Verbindlichkeit des einseitigen Versprechens

---

60 *Kleinschmidt*, S. 314 ff.; *ders.*, in: HKK/BGB, § 397 Rn. 46. Tendenziell vorsichtiger formuliert *R. Zimmermann*, AcP 202 (2002), 243 (270): »Zu überlegen wäre aber, ob dies Ergebnis nicht sogar *de lege lata* durch eine teleologische Reduktion des § 305 BGB zu erreichen ist« (§ 305 BGB a.F. = § 311 BGB).

61 *Kleinschmidt*, S. 314 ff.

62 *Kleinschmidt*, S. 323; *ders.*, in: HKK/BGB, § 397 Rn. 46.

63 *Kleinschmidt*, S. 316 ff.; *ders.*, in: HKK/BGB, § 397 Rn. 46.

64 *Kleinschmidt*, S. 323 ff., insb. S. 327; *ders.*, in: HKK/BGB, § 397 Rn. 46.

65 *Kleinschmidt*, S. 379.

66 *Kleinschmidt*, S. 304 ff., nennt als Beispiele das US-amerikanische und das schottische Recht.

vor, womit auch die Zulässigkeit des einseitigen Anspruchsverzichts nach den PECL einhergehen müsse.[67]

Vor dem Hintergrund der bisherigen Ausführungen, nach denen die Aufdrängungsproblematik ohnehin nur in ganz besonders gelagerten Fällen relevant wird, ist *Kleinschmidt* in seinen rechtsvergleichenden Betrachtungen weitgehend zuzustimmen. Es ist in der Tat nicht ernsthaft zu befürchten, dass das Absehen von einem Aufdrängungsschutz beim Verzicht zu praktischen Problemen oder dogmatischen Verwerfungen führen würde.[68] Dieser Umstand ist indessen einer der wesentlichen Gründe dafür, dass im Schrifttum nahezu einhellig ein Abgehen vom Vertragsprinzip bei § 397 BGB befürwortet wird. Allerdings – und das ist der entscheidende Gesichtspunkt – wird diese Forderung zu Recht nur *de lege ferenda* erhoben. Denn die *gesetzliche Wertung* des geltenden Rechts ist an sich unmissverständlich, so dass der maßgebliche Aspekt nicht sein kann, ob ein einseitiger Verzicht den Anschauungen der Praxis *besser* gerecht würde. Ausschlaggebend muss vielmehr sein, ob das Vertragsprinzip des § 397 BGB zu gravierenden Rechtsanwendungsproblemen führt, die unter Rückgriff auf die Rechtsgeschäftslehre nicht oder kaum überzeugend lösbar sind. Nur wenn sich keine systemgerechte Lösung finden ließe, die sowohl der Problematik des Schweigens als auch dem in § 397 BGB zum Ausdruck kommenden Aufdrängungsschutz gerecht würde, bestünde ein praktisches Bedürfnis nach der Zulassung des einseitigen Anspruchsverzichts. Die entscheidende Frage ist damit nicht, ob ein Aufdrängungsschutz sachlich verzichtbar wäre, sondern ob die zu bewältigenden dogmatischen Probleme zur Aufgabe des im Gesetz vorgesehenen Aufdrängungsschutzes *zwingen*. Diese Frage wird letztlich zu verneinen sein.[69]

3. Das Vertragsprinzip des § 516 BGB

Wenn eingangs von einer Ausweitung des Blickwinkels von der gesellschaftsrechtlichen Entlastung auf den Anspruchsverzicht des BGB die Rede war, so stellt

---

67 *R. Zimmermann*, AcP 202 (2002), 243 (270); ihm folgend: *Kleinschmidt*, S. 306, der freilich einräumen muss, dass für Art. 2:107 PECL ein aus dem Wortlaut nicht ersichtliches Zurückweisungsrecht in Rede steht, vgl. *Lando/Beale*, Principles of European Contract Law, Parts I and II, 2000, S. 157, 168; deutsche Ausgabe: *v. Bar/R. Zimmermann*, Grundregeln des Europäischen Vertragsrechts, Teile I und II, 2002, S. 171, 185.

68 *Kleinschmidt*, in: HKK/BGB, § 397 Rn. 46: »Der BGB-Gesetzgeber hätte ohne Schaden eine allgemeine Regelung des Verzichts treffen können«, nämlich als ein »formfreies, einseitiges Rechtsgeschäft«.

69 Vgl. sogleich ausführlich auf S. 225 ff.

sich schließlich die Frage, ob das eigentliche dogmatische Problem mit der Fokussierung auf § 397 BGB bereits zutreffend erfasst ist. Die Zulassung des einseitigen Anspruchsverzichts führte zwar dazu, dass das Schweigen des Schuldners einem wirksamen Anspruchsverzicht nicht entgegenstünde, doch handelt es sich bei näherer Betrachtung schon im Ausgangspunkt nur um einen auf den Verzicht beschränkten, also *singulären* Lösungsansatz. Indes liegt es nahe, dass es sich beim Schweigen auf ein rechtlich und wirtschaftlich vorteilhaftes Vertragsangebot um ein allgemeineres dogmatisches Problem handelt, dem eine auf den Anspruchsverzicht beschränkte Konstruktion nicht vollends gerecht würde, selbst wenn sie sich zur Rechtfertigung der Einseitigkeit der Entlastung in besonderem Maße eignete. Diese Singularität spräche entscheidend gegen die Leistungsfähigkeit des Konstruktionsansatzes von *Kleinschmidt* und zugleich gegen die Deutung der Entlastung als einseitiger Verzicht.

a) Der Rechtsgrund des Anspruchsverzichts

Dass mit der bloßen Zulassung eines einseitigen Anspruchsverzichts wenig gewonnen wäre, zeigt schon ein Blick auf den Rechtsgrund des Verzichts. Nach den bisherigen Ausführungen handelt es sich beim Forderungsverzicht des § 397 BGB um ein abstraktes Verfügungsgeschäft, das zu seiner Beständigkeit eines Rechtsgrunds bedarf. Ebenso wie bei dem ohne Gegenleistung erklärten Erlass kommt auch bei der Entlastung, soweit sie sich als konstitutiver Anspruchsverzicht auslegen lässt, als Rechtsgrund nur die Vereinbarung der Unentgeltlichkeit im Sinne einer Schenkung in Betracht.[70] Maßgeblich ist insoweit § 516 BGB. Die Frage nach der Mitwirkung des Schuldners bzw. Geschäftsführers stellt sich damit nicht nur auf der Ebene des Verzichts, sondern ebenso auf der Ebene des Rechtsgrunds. Auch bei der Schenkung hat sich der historische Gesetzgeber ausdrücklich zum Vertragsprinzip bekannt (vgl. §§ 516, 518 BGB) und dies – anders als beim Anspruchsverzicht – sogar in erster Linie mit dem Schutz des zu Beschenkenden vor der Aufdrängung ungewollter Vorteile begründet. Für den historischen Gesetzgeber war »von vornherein klar, daß es unstatthaft wäre, dem Bereicherten die Bereicherung wider seinen Willen als Geschenk aufzudrängen«, woraus der Gesetzgeber abgeleitet hat, »daß ihm das Recht der Ablehnung zustehen muß«.[71]

70 Vgl. bereits S. 136 ff. und S. 172 ff.

71 Motive II, S. 288 = *Mugdan* II, S. 160.

b) Der Gleichlauf von Anspruchsverzicht und Schenkung

Die Zulassung eines einseitigen Anspruchsverzichts erwiese sich vor diesem Hintergrund nur als »halbe« Lösung, soweit sie nicht mit der Zulassung einer einseitigen Schenkung einherginge. *Kleinschmidt* hat den einseitigen Anspruchsverzicht ohne die begleitende Konstruktion eines Rechtsgrunds bzw. eines anderweitigen Kondiktionsausschlusses deshalb zu Recht als »Pyrrhussieg« bezeichnet.[72] Zur Bewältigung des schenkweisen Erlasses hat er einen erheblichen argumentativen Aufwand betrieben, um einen Ausschluss der Kondiktion zu begründen. Nach seiner Ansicht fehle es zwar an einem Rechtsgrund, wenn der Begünstigte auf das Schenkungsangebot schweige oder ihr sogar widersprochen habe, doch sei die Kondiktion analog § 814 Var. 1 BGB ausgeschlossen.[73] Nach eigenem Verständnis will *Kleinschmidt* damit jedoch keinesfalls einer »einseitigen Schenkung« das Wort reden, um einen »Dammbruch im Vertragsprinzip der Schenkung« zu vermeiden.[74] Dennoch sollen die Vorschriften der §§ 528 ff. BGB zum Schutz des Gläubigers vor Verarmung und grobem Undank entsprechend gelten, damit der Gläubiger im Ergebnis nicht schlechter stehe, als wenn der Begünstigte die Schenkung angenommen hätte.[75] Vor diesem Hintergrund erweist sich die Analogie zu § 814 Var. 1 BGB jedoch schon als *methodisch* zweifelhaft: Denn wenn der Rechtsgedanke der Vorschrift eine schenkweise Aufdrängung von Rechtsvorteilen tragen würde, dann läge es sachlich näher, die §§ 516 ff. BGB nach dem Rechtsgedanken des § 814 Var. 1 BGB zu reduzieren und damit – wiederum nur *singulär* – für den Fall des Forderungsverzichts eine einseitige Schenkung zuzulassen. Die künstlich wirkende Verknüpfung zweier Analogien, die sachlich zu nichts anderem als einer einseitigen Schenkung führt, ließe sich so vermeiden, weil die §§ 528 ff. BGB dann gleichsam unmittelbar gelten würden.

Gegen die Lösung von *Kleinschmidt*, die auf der Ebene des Anspruchsverzichts entgegen § 397 BGB ein einseitiges Rechtsgeschäft zulässt, sich auf der Ebene des Rechtsgrunds dagegen mit einem bloßen Kondiktionsausschluss begnügt, spricht vor diesem Hintergrund, dass sie das sachlich identische Problem bei Erlass und Schenkung ohne hinreichenden Grund unterschiedlich behandelt. So zeigt schon die eingangs zitierte Äußerung von *Heck*, wonach der Gläubiger, der ohne jede Gegenleistung auf eine Schuld verzichte, allenfalls ein Dankesschreiben erwarte, aber keine Annahmeerklärung,[76] dass nach den Erwartungen des Rechtsverkehrs eine Stellungnahme des Schuldners vielfach weder hinsichtlich des Erlasses noch

---

72 *Kleinschmidt*, S. 366.
73 *Kleinschmidt*, S. 373.
74 *Kleinschmidt*, S. 374 f.
75 *Kleinschmidt*, S. 376.
76 *Heck*, SR, § 58 I 2, S. 173

hinsichtlich der Schenkungsabrede für erforderlich gehalten wird. Ohnehin wird ein juristischer Laie zwischen beiden nicht differenzieren. Da nicht nur der Forderungsverzicht, sondern auch die Schenkungsabrede dem Schuldner nur zum Vorteil gereicht, wird seine Mitwirkung nach den Erwartungen des Rechtsverkehrs insgesamt als entbehrlich erachtet.[77] Machte man daher mit dem Ansatz von *Kleinschmidt* ernst, so müsste man § 311 Abs. 1 BGB nicht nur beim Anspruchsverzicht, sondern immer dann teleologisch reduzieren, wenn nach den Anschauungen des Rechtsverkehrs eine Mitwirkung des Begünstigten für entbehrlich erachtet wird, weil dieser ausschließlich Rechtsvorteile erlangt. Das ginge freilich bedenklich weit.

c) Das dogmatische Problem

Erlass und Schenkung haben gemein, dass es sich für den Begünstigten um rechtlich lediglich vorteilhafte Rechtsgeschäfte handelt. Der innere Grund, weshalb der Gläubiger keine Annahmeerklärung erwarten und der Schuldner auf die Erklärung des Gläubigers schweigen wird, liegt in ebendieser rechtlichen Vorteilhaftigkeit und der daraus abgeleiteten Vorstellung der Parteien, die beabsichtigten Rechtsfolgen seien auch ohne eine Annahmeerklärung gegenüber dem anderen Teil bereits in Geltung gesetzt. Über den schenkweisen Erlass hinaus ist eine solche Vorstellung auch bei zahlreichen anderen rechtlich vorteilhaften Rechtsgeschäften denkbar. In der Praxis zeigt sie sich etwa, wenn der Bürge dem Gläubiger eine Bürgschaftserklärung zuschickt,[78] wenn der Schuldner ein Schreiben übersendet, in dem er eine ihm zustehende Forderung gegen einen Dritten sicherungshalber abtritt,[79] oder wenn ein Dritter schriftlich den Schuldbeitritt erklärt.[80] In diesen Fällen wird der Erklärende typischerweise der Ansicht sein, mit der Übersendung seiner Erklärung sei der Vertrag bereits »perfekt«,[81] weil er mit einem Widerspruch des Empfängers von vornherein nicht rechnet und das Ausbleiben einer Ablehnung zutreffend als Einverständnis des anderen Teils mit der Geltung der beabsichtigten Rechtsfolgen deutet.

---

77 Vgl. für § 397 BGB bereits S. 215 Fn. 35.
78 BGH NJW 1997, 2233.
79 BGH NJW 2000, 276 (277).
80 BGH NJW-RR 1994, 280 (281).
81 So BGH NJW 1999, 2179 (2180) für die Absendung einer Abtretungserklärung unter Verzicht auf den Zugang der Annahme.

4. Die Entlastung als Paradigma

Die bisherigen Ausführungen haben verdeutlicht, dass das Schweigen des Geschäftsführers auf die – als Anwendungsfall des § 397 BGB gedeutete – Entlastung ein besonders plastisches und praktisch relevantes Beispiel für ein allgemeineres Rechtsproblem ist, das weder auf die Entlastung noch auf den schenkweisen Anspruchsverzicht beschränkt ist: Wem ausschließlich Rechtsvorteile zugewendet werden, der wird eine Erklärung, er sei mit dieser Zuwendung einverstanden, regelmäßig nicht für erforderlich halten.[82] Macht der Zuwendende nicht deutlich, dass er unbedingt eine Stellungnahme erwarte, wird der Begünstigte seine Zustimmung deshalb in aller Regel nur schweigend zum Ausdruck bringen. Umgekehrt wird der Zuwendende der Meinung sein, mit seiner eigenen Erklärung sei »die Sache erledigt«,[83] und das Schweigen des Begünstigten deshalb zutreffend als gewollte Annahme der Zuwendung deuten, so dass sich die Parteien über die Geltung der beabsichtigten Rechtsfolgen einig sind. In einem solchen Fall griffe es zu kurz, wenn die Anerkennung der von den Parteien gewollten Rechtsfolgen durch die Rechtsordnung davon abhinge, dass der Begünstigte die Annahme des Vertragsangebots erklärt, obwohl der Antragende hierauf erkennbar keinen Wert legt.

Es liegt schon an dieser Stelle nahe, dass sich für dieses Problem eine allgemeine Lösung unter Beibehaltung des Vertragsprinzips finden lässt, weil die vorstehend aufgezählten Konstellationen in Rechtsprechung und Schrifttum *de lege lata* bewältigt werden, ohne auf einen einseitigen Schuldbeitritt bzw. eine einseitige Abtretung oder Bürgschaft ausweichen zu müssen. Obwohl das Reichsgericht die Entlastung mit dem Hinweis auf das Fehlen einer Annahmeerklärung frühzeitig als nur einseitiges Rechtsgeschäft angesehen hat, haben Rechtsprechung und Schrifttum für das allgemeine Zivilrecht – und insbesondere auch für den schenkweisen Erlass – inzwischen andere Lösungen gefunden, die einerseits dem Vertragsprinzip des BGB hinreichend Rechnung tragen, andererseits aber die von den Parteien tatsächlich gewollte Bindung nicht verhindern. Wenn daher im Folgenden von der Entlastung die Rede ist, dann nicht zuletzt vor dem Hintergrund, dass sich die Entlastung in jeder Hinsicht als Paradigma für das genannte Rechtsproblem erweist, so dass sich die Ausführungen unschwer auf die übrigen Problemfälle übertragen lassen.

---

82 Für den schenkweisen Erlass ebenso *Larenz*, SR I, § 19 Ia, S. 267.
83 Ebenda.

III. Die Behandlung des Schweigens auf ein rechtlich lediglich vorteilhaftes Vertragsangebot am Beispiel der Entlastung

Ausgehend von dem allgemeinen Befund, dass eine Annahmeerklärung des Geschäftsführers nach den Erwartungen des Rechtsverkehrs nicht für erforderlich gehalten wird, stellt sich die Frage, ob das Schweigen des Geschäftsführers auf die erteilte Entlastung als Annahmeerklärung ausgelegt werden kann.

1. Die gesetzliche Wertung des § 516 Abs. 2 BGB

Eine solche Auslegung begegnet im Ausgangspunkt Bedenken, weil Schweigen im Bürgerlichen Recht grundsätzlich keine Willenserklärung ist, also weder Zustimmung noch Ablehnung zum Ausdruck bringt.[84] Dass das Schweigen auf einen Antrag dennoch grundsätzlich die Wirkung einer Ablehnung hat, ergibt sich erst aus § 146 Var. 2 BGB, wonach der Antrag erlischt, wenn er dem Antragenden gegenüber nicht rechtzeitig angenommen wird.[85] Auch außerhalb von Antrag und Annahme (§§ 145 ff. BGB) behandelt das Gesetz das Schweigen regelmäßig als Ablehnung, etwa wenn ein Schwebezustand beendet werden soll, vgl. §§ 108 Abs. 2 Satz 2, 177 Abs. 2 Satz 2, 415 Abs. 2 Satz 2 BGB.[86]

Schweigen kann ausnahmsweise aber auch Zustimmung bedeuten. Soweit sich an die Zustimmung für den Schweigenden rechtliche Nachteile knüpfen, ist jedoch regelmäßig erforderlich, dass er auf die Bedeutung des Schweigens hingewiesen wird. So greift die Genehmigungsfiktion des § 416 Abs. 1 Satz 2 BGB bei der Übernahme einer hypothekarisch gesicherten Schuld nur, wenn der Gläubiger zuvor nach § 416 Abs. 2 Satz 2 BGB besonders darauf hingewiesen wurde, dass der Übernehmer an die Stelle des bisherigen Schuldners tritt, wenn nicht der Gläubiger die Verweigerung innerhalb von sechs Monaten erklärt. Ähnliches gilt für Schweigen, dem nach Ablauf einer angemessenen Frist aufgrund einer Regelung in Allgemeinen Geschäftsbedingungen eine Erklärungsbedeutung zukommen soll. Hier schreibt § 308 Nr. 5 lit. b) BGB vor, dass sich der Verwender verpflichten muss, den Vertragspartner bei Beginn der Frist auf die vorgesehene Bedeutung des Schweigens besonders hinzuweisen.[87] Nicht wesentlich anders verhält es sich schließlich, wenn eine besondere Bedeutung des Schweigens individualvertrag-

---

84 *Canaris*, FS Wilburg, 1975, S. 77; *Kramer*, Jura 1984, 235 (238); *Petersen*, AT, § 16 Rn. 2.
85 *Kramer*, Jura 1984, 235 (243).
86 *Ebert*, JuS 1999, 754 (755); *Medicus*, AT, Rn. 350; *Petersen*, AT, § 16 Rn. 9.
87 Vgl. *Medicus*, AT, Rn. 346.

lich vereinbart ist (sog. »beredtes Schweigen«).[88] Zwar bedarf es hier keines jeweils gesonderten Hinweises mehr, doch wäre ein solcher Hinweis eine unnötige Förmelei, weil sich die Parteien über die Bedeutung des Schweigens wegen der vorhergehenden Vereinbarung ohnehin im Klaren sind.

a) Die Behandlung des Schweigens in § 516 Abs. 2 BGB

Von diesen Grundsätzen macht allerdings § 516 Abs. 2 Satz 2 BGB eine für den vorliegenden Zusammenhang bedeutsame Ausnahme, indem das Schweigen auf eine Schenkungsofferte in bestimmten Fällen kraft gesetzlicher Fiktion als Annahme der Schenkung gilt, ohne dass ein vorheriger Hinweis auf die Bedeutung des Schweigens erforderlich ist. Zu untersuchen ist deshalb, ob sich aus § 516 Abs. 2 BGB ein allgemeiner Grundsatz entnehmen lässt, der auch bei der Entlastung den Schluss vom Schweigen des Geschäftsführers auf die gewollte Annahme der Entlastung zulässt.

aa) Das zeitliche Verhältnis von Zuwendung und Schenkung

Grundlegend für das Verständnis der Norm ist das zeitliche Verhältnis von Zuwendung und Schenkung. Das Gesetz unterscheidet drei Fälle:

(1) Die Vorschrift des § 518 BGB betrifft die Konstellation, dass die Einigung über die Schenkung der Zuwendung vorausgeht und verlangt für das Schenkungs*versprechen*, d. h. für die Erklärung des Schenkers, die notarielle Beurkundung.

(2) Dagegen regelt § 516 Abs. 2 BGB die umgekehrte Situation, dass das Zustandekommen des Schenkungsvertrags der bereits vollzogenen Zuwendung nachfolgt. Ausdrücklich erfasst ist nur der Fall, dass sich die Zuwendung bereits »ohne den Willen« des Begünstigten vollzogen hat, was voraussetzt, dass die Zuwendung einseitig und ohne Beteiligung des Begünstigten möglich ist. Typische Fälle sind die Zahlung auf fremde Schuld (§ 267 BGB), der Abschluss eines Vertrags zugunsten Dritter (§ 328) oder die Überweisung einer Geldsumme auf das Konto des Begünstigten, wobei die Zuwendung in all diesen Fällen erkennbar zum Zwecke der Schenkung geschehen muss. Entsprechend angewandt wird § 516 Abs. 2 BGB auf Fälle, in denen sich die Zuwendung zwar mit Beteiligung des

88 Zur Zulässigkeit einer solchen Vereinbarung *Flume*, AT II, § 5 2 a), S. 64; *Medicus*, AT, Rn. 393; *Busche*, in: MüKo/BGB, Vor § 116 Rn. 8, § 147 Rn. 7; *Wendtland*, in: Bamberger/Roth, § 133 Rn. 10.

Begünstigten vollzogen hat, aber erst später vereinbart wird, dass die bereits erfolgte Zuwendung unentgeltlich sein soll.[89]

(3) Die Vorschrift des § 516 Abs. 1 BGB behandelt schließlich den dritten Fall, nämlich dass die Zuwendung die Beteiligung des Begünstigten erfordert und sich gleichzeitig mit der Einigung über die schuldrechtliche Schenkung vollzieht.

Wie schon an anderer Stelle ausgeführt, dient die Einigung über die Schenkung in den beiden Fällen des § 516 BGB anders als bei § 518 BGB nicht dazu, dem Begünstigten einen Leistungsanspruch auf Gewährung der versprochenen Zuwendung einzuräumen, sondern sie stellt lediglich die Vereinbarung eines Rechtsgrunds dar, um die Kondiktion der Zuwendung auszuschließen.[90]

bb) Die Bindung des Zuwendenden an die nicht abgelehnte Schenkungsofferte

Die Formulierung des § 516 Abs. 2 BGB lädt zu manchen Missverständnissen ein. Sie beruht auf der Überlegung, dass die erfolgte Zuwendung regelmäßig mit einem Antrag auf Abschluss eines Schenkungsvertrags einhergeht.[91] Das versteht sich etwa bei der Überweisung einer Geldsumme auf das Konto des Begünstigten von selbst, wenn sich aus dem Überweisungsvermerk ergibt, dass das Geld geschenkt sein soll. Vollzieht sich die Zuwendung unter Beteiligung eines Dritten, wie bei der Zahlung auf eine Schuld des Begünstigten oder beim Abschluss eines Vertrags zugunsten des Begünstigten, so folgt die Schenkungsofferte der Zuwendung dagegen oft nach, weil der Begünstigte vielfach erst im Nachhinein von der Zuwendung und dem Schenkungszweck Kenntnis erlangt. Gleiches gilt, wenn die Überweisung an den Begünstigten mit dem Vermerk »Brief folgt« versehen ist und erst der Brief die Schenkungsofferte enthält.[92]

Die Besonderheit einer solchen Schenkungsofferte besteht nach dem Konzept des historischen Gesetzgebers darin, dass sie zeitlich unbegrenzt angenommen oder abgelehnt werden kann, wenn der Zuwendende von einer besonderen Fristbestimmung im Sinne des § 516 Abs. 2 Satz 1 BGB abgesehen hat.[93] Das ist auf den ersten Blick überraschend, weil es in scheinbarem Gegensatz zu §§ 146, 147

---

89 Staudinger/*Wimmer-Leonhardt*, § 516 Rn. 198.
90 Vgl. bereits S. 137.
91 Motive II, S. 289 = *Mugdan* II, S. 160.
92 Staudinger/*Wimmer-Leonhardt*, § 516 Rn. 198; RGRK/*Mezger*, § 516 Rn. 4.
93 Vgl. Motive II, S. 289 = *Mugdan* II, S. 160 zu § 438 BGB-E1, der die Bindung des Schenkers bis zur Ablehnung der Schenkungsofferte noch ausdrücklich anordnete, wohingegen es § 516 Abs. 2 BGB ohne sachliche Änderung vermeidet, »die Gebundenheit des Zuwendenden besonders im Gesetze zu erwähnen«, vgl. Protokolle II, S. 1611 = Mugdan II, S. 736; *J. Koch*, in: MüKo/BGB, § 516 Rn. 48; *Gehrlein*, in: Bamberger/Roth, § 516 Rn. 17; *Medicus*, AT, Rn. 387.

BGB steht. Aus § 146 BGB folgt aber nur, dass ein Antrag erlischt, wenn er nicht *rechtzeitig* angenommen wird. Maßgeblich für die Ablehnung ist danach nicht das Schweigen als solches, sondern das Fehlen einer fristgerechten Annahmeerklärung. In diesem Zusammenhang sieht § 147 Abs. 2 BGB vor, dass der einem Abwesenden gemachte Antrag nur bis zu dem Zeitpunkt angenommen werden kann, »in welchem der Antragende den Eingang der Antwort unter regelmäßigen Umständen erwarten darf.« Bei Übersendung einer Schenkungsofferte stellt sich aber gerade die Frage, wie lang eine solche Frist üblicherweise zu bemessen wäre. Häufig erwartet der Zuwendende den »Eingang einer Antwort« überhaupt nicht, so dass schon der Parteiwille nach Ansicht des historischen Gesetzgebers nur eine unbegrenzte Bindung an die Offerte ergeben können soll. Da sich den »regelmäßigen Umständen« von Zuwendung und Schenkungsofferte danach keine Anhaltspunkte für eine Annahmefrist entnehmen lassen, läuft § 147 Abs. 2 BGB leer. Fehlt deshalb eine Annahmefrist, so führt das Schweigen des Begünstigten nicht nach § 146 BGB zum Erlöschen des Antrags. Vielmehr erlischt der Antrag erst, wenn der Begünstigte die Ablehnung gegenüber dem Zuwendenden erklärt. Im Ausgangspunkt behandelt § 516 Abs. 2 BGB das Schweigen danach nicht anders als nach allgemeinen Regeln, d. h. es bedeutet weder Zustimmung noch Ablehnung, doch führt bloßes Schweigen mangels Annahmefrist nicht zum Erlöschen des Antrags.

cc) Die Fristsetzung zur Beendigung der Schwebelage und die Annahmefiktion bei Fristablauf

Erst vor dem Hintergrund des Fehlens einer Annahmefrist wird die Regelung des § 516 Abs. 2 BGB verständlich: Nach § 516 Abs. 2 Satz 1 BGB kann der Zuwendende den Begünstigten »unter Bestimmung einer angemessenen Frist zur Erklärung über die Annahme auffordern.« Insoweit wird von dem allgemeinen Grundsatz des § 148 BGB abgewichen, wonach die Abkürzung einer einmal gesetzten oder ansonsten geltenden gesetzlichen Frist (§ 147 BGB) nach Zugang des Antrags nicht mehr zulässig ist, weil sich der Empfänger auf die Ausschöpfung der laufenden Frist verlassen darf.[94] Da in den Fällen des § 516 Abs. 2 BGB jedoch grundsätzlich gar keine Annahmefrist läuft, ermöglicht § 516 Abs. 2 Satz 1 BGB die nachträgliche Fristsetzung, was letztlich wie eine Fristverkürzung wirkt. Sie wird erforderlich, weil die zeitlich unbegrenzte Bindung des Zuwendenden an den Antrag zu einer

94 Zu § 148 BGB: Staudinger/*Bork*, § 148 Rn. 9; *Busche*, in: MüKo/BGB, § 148 Rn. 7; *H.-W. Eckert*, in: Bamberger/Roth, § 148 Rn. 2.

Schwebelage führt.[95] Solange der Begünstige schweigt, weiß der Zuwendende nämlich nicht, ob der Schenkungsvertrag zustande kommen wird. Die Fristsetzung dient deshalb allein den Interessen des Zuwendenden, dem ein Mittel an die Hand gegeben wird, die Schwebelage nachträglich zu beenden.[96]

Schweigt der Begünstigte trotz einer Fristsetzung, so ordnet § 516 Abs. 2 Satz 2 BGB zur Beendigung der Schwebelage an, dass die Schenkung mit dem Ablauf der gesetzten Annahmefrist kraft Rechtsfiktion als angenommen gilt, wenn nicht der Begünstigte sie vorher abgelehnt hat (sog. »normiertes Schweigen«).[97] Anders als bei §§ 108 Abs. 2 Satz 2, 177 Abs. 2 Satz 2 BGB gilt Schweigen danach ausnahmsweise als Zustimmung. Diese Bewertung war im Gesetzgebungsverfahren allerdings lebhaft umstritten: Den entscheidenden Ausschlag für die Normierung der Annahmefiktion gab hier letztlich die Vermutung des praktischen Lebens, »wonach es die Regel bilde, daß Schenkungen nur ausnahmsweise zurückgewiesen werden«.[98] Sachlich statuiert das Gesetz damit eine *Ablehnungsobliegenheit* des Begünstigten, wenn er nach erfolgter Fristsetzung die Aufdrängung der Schenkung verhindern will.

dd) Der Schutz des Begünstigten während der Schwebelage

Das Konzept des historischen Gesetzgebers beruht folglich darauf, die Schenkung möglichst lange in der Schwebe zu halten, um damit den Anwendungsbereich der als Einschränkung des Vertragsprinzips begriffenen Annahmefiktion auf ein Minimum zu begrenzen. Die Annahmefiktion des § 516 Abs. 2 Satz 2 BGB soll danach nur im Falle einer Fristsetzung durch den Zuwendenden eingreifen, während dem Begünstigten in den übrigen Fällen eine eigenverantwortliche Entscheidung über die Schenkung offengehalten wird. Diesem Konzept entspricht die Vorschrift des § 516 Abs. 2 Satz 3 BGB. Danach kann die Zuwendung *erst* »im Falle der Ablehnung« der Schenkung kondiziert werden. Ohne diese Vorschrift würde sich die Frage stellen, ob eine Kondiktion auch während der Schwebelage möglich ist. Immerhin hat der Begünstigte die Zuwendung wegen des Fehlens eines wirksamen Schenkungsvertrags zunächst ohne Rechtsgrund erlangt. Die Vorschrift des § 516 Abs. 2 Satz 3 BGB eröffnet – entgegen dem ersten Eindruck – jedoch nicht etwa den Anwendungsbereich des Bereicherungsrechts, sondern schließt umgekehrt die Kondiktion für die Zeit der Schwebelage, d. h. bis zur Ablehnung der

---

95 Staudinger/*Wimmer-Leonhardt*, § 516 Rn. 192.
96 *J. Koch*, in: MüKo/BGB, § 516 Rn. 48; *Gehrlein*, in: Bamberger/Roth, § 516 Rn. 17.
97 *Busche*, in: MüKo/BGB, § 147 Rn. 8; vgl. auch *Larenz/Wolf*, AT, § 28 Rn. 69 ff.
98 Vgl. Protokolle II, S. 1622 = *Mugdan* II, S. 739.

Schenkungsofferte aus.[99] Ergänzt wird der damit verbundene Schutz des Begünstigten während der Schwebelage schließlich durch § 153 BGB, wonach die Bindung an die Schenkungsofferte auch den Tod oder die Geschäftsunfähigkeit des Antragenden überdauert, so dass diese Umstände das spätere Zustandekommen der Schenkungsabrede nicht hindern.

ee) Zusammenfassung

Die Vorschrift des § 516 Abs. 2 BGB beruht danach auf der Erwägung, den Zuwendenden an die *nicht abgelehnte* Schenkungsofferte in gleicher Weise zu binden wie an den geschlossen Schenkungsvertrag.[100] Um die aus der stärkeren Bindung an den Antrag resultierende Schwebelage zu beenden, kann der Zuwendende dem Begünstigten eine Frist zur Erklärung über die Annahme der Schenkungsofferte bestimmen. Lehnt der Begünstigte die Schenkung nicht innerhalb der Frist gegenüber dem Zuwendenden ab, sondern schweigt er, so gilt die Schenkung als angenommen. Im Hinblick auf das Schweigen trifft § 516 Abs. 2 BGB damit zwei Aussagen: *Erstens* führt Schweigen nicht zur Ablehnung des Antrags, weil grundsätzlich keine Annahmefrist läuft. Und *zweitens* wird das Schweigen als Annahme fingiert, wenn der Zuwendende eine Annahmefrist gesetzt hat.

b) Die Kritik am Regelungskonzept des § 516 Abs. 2 BGB

Das Regelungskonzept des § 516 Abs. 2 BGB ist danach von einem Misstrauen des historischen Gesetzgebers gegenüber der Annahmefiktion des § 516 Abs. 2 Satz 2 BGB geprägt. Er zog es vor, den Zuwendenden besonders streng an die Schenkungsofferte zu binden, um so den Anwendungsbereich der Annahmefiktion letztlich auf Ausnahmefälle zu beschränken. Das Schweigen des Begünstigten wird der Zuwendende nämlich nach den Erwartungen des praktischen Lebens ohnehin als Einverständnis mit der Schenkung werten und von einer nachträglichen Fristsetzung schon deshalb absehen, weil ihm die tatsächlich bestehende Schwebelage gar nicht bewusst ist.

aa) Die Bedenken gegen die Annahmefiktion

Die Bedenken des historischen Gesetzgebers gegen die Annahmefiktion des § 516 Abs. 2 Satz 2 BGB verdienen im Ausgangspunkt Zustimmung. Denn »auch wenn

99 RGZ 111, 151 (152); *J. Koch*, in: MüKo/BGB, § 516 Rn. 50.
100 Staudinger/*Wimmer-Leonhardt*, § 516 Rn. 191.

die Umstände es nahelegen mögen, im Schweigen den Ausdruck eines bestimmten Entschlusses zu sehen, so kann es doch immer auf Nachlässigkeit oder dem gegenteiligen Willen beruhen«.[101] Da § 516 Abs. 2 BGB anders als § 416 Abs. 2 Satz 2 BGB einen an den Erklärungsempfänger gerichteten ausdrücklichen Hinweis auf die Folgen seines Schweigens nicht vorschreibt, ist nämlich nicht ausgeschlossen, dass der Begünstigte sein Schweigen im allgemeinen Sinne deutet, also weder als Zustimmung noch als Ablehnung. Solche Fehlvorstellungen werden sogar noch dadurch begünstigt, dass das Gesetz das Schweigen in § 516 Abs. 2 BGB in Abhängigkeit vom Vorhandensein einer Fristsetzung selbst in zweierlei Weise behandelt. Außerdem mögen Schenkungen zwar »nur ausnahmsweise zurückgewiesen werden«,[102] doch geht damit nicht zwingend einher, dass der Begünstigte die in § 516 Abs. 2 Satz 2 BGB statuierte Ablehnungsobliegenheit im Einzelfall nach Laienart zutreffend erfasst. Im Ergebnis teilt die Annahmefiktion damit die gegenüber jeder Fiktion bestehenden Bedenken, nämlich dass die fingierte Erklärung ohne weiteres vom tatsächlichen Willen des Betroffenen abweichen kann. Als besonders nachteilig wirkt es sich in diesem Zusammenhang aus, dass eine Anfechtung nach § 119 Abs. 1 BGB wegen eines Irrtums über die Bedeutung des Schweigens allgemein für ausgeschlossen gehalten wird, wenn das Gesetz dem Schweigen – wie in § 516 Abs. 2 Satz 2 BGB – eine bestimmte Bedeutung zuschreibt und damit die Willenserklärung notfalls auch gegen den tatsächlichen Willen des Schweigenden fingiert.[103] Das beruht auf der zutreffenden Erwägung, dass gerade im Wesen einer Rechtsfiktion liegt, dem natürlichen Willen des Betroffenen im Interesse der Rechtssicherheit und des Verkehrsschutzes jede Relevanz abzusprechen.

bb) Die Bedenken gegen die zeitlich unbegrenzte Bindung des Zuwendenden

Daneben begegnet aber auch das gewählte gesetzliche Mittel zur Beschränkung des Anwendungsbereichs der Fiktion erheblichen Bedenken. Die gesetzliche Konstruktion einer zeitlich unbegrenzten Bindung an die nicht abgelehnte Schenkungsofferte erweist sich als dogmatischer Fremdkörper im System des Vertragsrechts, weil sie dazu führen kann, dass die Schenkung gleichsam für immer in der Schwebe bleibt, obwohl die Parteien über die Schenkung eigentlich

---

101 *Hanau*, AcP 165 (1965), 220 (241 f.); krit. gegen ihn aber *Canaris*, FS Wilburg, 1975, S. 77 (78).
102 Protokolle II, S. 1622 = *Mugdan* II, S. 739.
103 *Ebert*, JuS 1999, 754 (755); *Medicus*, AT, Rn. 352; *Busche*, in: MüKo/BGB, § 147 Rn. 8; *Wendtland*, in: Bamberger/Roth, § 133 Rn. 12; Erman/*A. Arnold*, Vor § 116 Rn. 11. Zum Irrtum über die Tatsachen, die die Erklärungsbedeutung des Schweigens begründen *Armbrüster*, in: MüKo/BGB, § 119 Rn. 74 m.w.N.

einig sind und vielfach sogar vom Vorliegen einer solchen ausgehen. Zudem erschwert die gewählte Konstruktion eines Vertragsangebots, das mit dem Ausschluss der Kondiktion bereits die gleichen Wirkungen hat wie der eigentlich erst noch zu schließende Vertrag, die Übertragung des § 516 Abs. 2 BGB auf andere Rechtsgeschäfte, insbesondere auf Verfügungen. So wird der Ausschluss der Kondiktion durch § 516 Abs. 2 Satz 3 BGB zwar der besonderen Normsituation des § 516 Abs. 2 BGB gerecht, weil es vor dem endgültigem Abschluss des Schenkungsvertrags an einem Rechtsgrund für die Zuwendung fehlt, eine Kondiktion aber gleichwohl ausgeschlossen sein soll. Doch stellt sich bei Verfügungen ein ganz anderes Problem, weil die Bindung an den Antrag nach § 153 BGB zwar vor gewissen Verfügungsbeschränkungen in der Person des Antragenden schützt,[104] aber eine widersprechende spätere Verfügung des Antragenden bis zur Annahme weiter möglich bleibt. Bei dem Angebot auf Abschluss einer Sicherungszession bliebe etwa eine zeitlich nachfolgende Abtretung durch den Antragenden an einen Dritten oder eine Pfändung der Forderung beim Antragenden materiell-rechtlich möglich, weil das bloße Abtretungsangebot an der Gläubigerstellung des Antragenden noch nichts ändert und auch eine spätere Annahme durch den Begünstigten keine Rückwirkung entfaltete. Denkbar wäre allenfalls eine entsprechende Anwendung von § 161 BGB, um den Begünstigten vor Zwischenverfügungen des Antragenden zu schützen. Das liefe jedoch auf die Anerkennung eines Anwartschaftsrechts des Angebotsempfängers hinaus. Das erschiene zwar nicht völlig unvertretbar, weil als Bedingungen im Sinne der §§ 158, 161 BGB – nach freilich umstrittener Ansicht – auch sog. »Wollensbedingungen« anzusehen sind, deren Eintritt allein vom Willen des Berechtigten abhängt, und die ein bedingtes Rechtsgeschäft in die Nähe eines bloßen Vertragsangebots rücken.[105] Gleichwohl würde eine solche Sichtweise die Frage aufwerfen, ob ein derartiges Anwartschaftsrecht nur bei rechtlich vorteilhaften Offerten anzuerkennen wäre oder bei jedweden Verfügungsangeboten. Dieser Gedanke soll an dieser Stelle nicht weiter verfolgt werden, weil schon die vorstehenden Überlegungen zeigen, dass die künstliche Konstruktion des § 516 Abs. 2 BGB wegen ihrer sachlichen Schwächen für eine Verallgemeinerung kaum taugt.

---

104 Vgl. im Einzelnen bei *Eckert*, in: Bamberger/Roth, § 153 Rn. 3–5.

105 Ausführlicher *H. P. Westermann*, in: MüKo/BGB, § 158 Rn. 21 ff.; *Rövekamp*, in: Bamberger/Roth, § 158 Rn. 11 und Rn. 11.1; Palandt/*Ellenberger*, Einf. § 158 Rn. 10.

c) Der allgemeine Rechtsgedanke des § 516 Abs. 2 Satz 2 BGB

Erweist sich § 516 Abs. 2 BGB danach als eine auf das Schenkungsrecht besonders zugeschnittene Vorschrift, so lässt sie sich dennoch als gesetzlicher Ausdruck der Anerkennung eines *allgemeinen Rechtsgedankens* deuten. Die Vorschrift beruht auf der zutreffenden praktischen Vermutung, dass »Schenkungen nur ausnahmsweise zurückgewiesen werden«,[106] und dieser Rechtsgedanke lässt sich auf sämtliche rechtlich lediglich vorteilhaften Rechtsgeschäfte verallgemeinern:[107] Auch das Angebot einer Entlastung, eines schenkweisen Erlasses, einer Bürgschaft, eines Schuldbeitritts oder einer Sicherungszession wird nach den Erwartungen des Rechtsverkehrs nur ausnahmsweise zurückgewiesen, weil der Empfänger mit solchen Geschäften, die ihm ausschließlich Vorteile bringen, in aller Regel einverstanden ist. Zwar führte es aus den eingangs genannten Gründen zu weit, aus dem in § 516 Abs. 2 Satz 2 BGB gesetzlich anerkannten Rechtsgedanken eine allgemeinere Annahmefiktion abzuleiten. Doch schließt das nicht aus, die ratio legis der Vorschrift als ein gewichtiges *Kriterium bei der Auslegung* zu berücksichtigen, indem sie zur Begründung der *besonderen Konkludenz des Schweigens* als gewollte Vertragsannahme herangezogen wird. Denn hat der Gesetzgeber die bei sämtlichen rechtlich lediglich vorteilhaften Verträgen zutreffende Vermutung in § 516 Abs. 2 Satz 2 BGB sogar zum Anknüpfungspunkt für eine Rechtsfiktion genommen, so ist nicht ersichtlich, warum sie bei der Auslegung im Übrigen gänzlich unberücksichtigt bleiben sollte.

Die Heranziehung der ratio legis des § 516 Abs. 2 Satz 2 BGB bei der Auslegung von rechtlich lediglich vorteilhaften Vertragsangeboten steht bei näherer Betrachtung auch in Einklang mit den allgemein anerkannten Grundsätzen zur Auslegung des Schweigens als Willenserklärung. Danach bedarf es stets besonderer Umstände, um das Schweigen als ein bestimmtes Erklärungszeichen zu deuten.[108] Solche Umstände liegt indes nicht nur vor, wenn es zwischen den Parteien zuvor als »beredtes Schweigen« vereinbart wurde, sondern etwa auch dann, wenn es sich in einer ständigen Geschäftsbeziehung eingebürgert hat, bestimmte gewöhnliche Vertragsangebote schweigend anzunehmen.[109] Die Auslegung beruht einem solchen Falle auf der einvernehmlichen Übung und der daraus folgenden Überzeugung der Vertragsparteien, dass der andere Teil einer gesonderten Annahmeerklärung nicht bedürfe, sondern – *wie üblich* – aus dem Aus-

106 Protokolle II, S. 1622 = *Mugdan* II, S. 739.

107 BAGE 11, 236; BGH NJW 2000, 276 (277); *Canaris*, FS Wilburg, 1975, S. 77 (78); *Kramer*, in: MüKo/BGB, 5. Auflage 2006, § 151 Rn. 5, insb. Fn. 6; *Kramer*, Jura 1984, 235 (247); ohne Hinweis auf § 516 Abs. 2 BGB Erman/*Armbrüster*, § 151 Rn. 3; a.A. *Busche*, in: MüKo/BGB, § 147 Rn. 7.

108 *Flume*, AT II, § 5 2 a), S. 64.

109 BGH NJW-RR 1994, 1163 (1165); *Busche*, in: MüKo/BGB, § 147 Rn. 7

bleiben eines Widerspruchs zutreffend auf das Einverständnis schließe. Die Konkludenz des Schweigens folgt hierbei aus der berechtigten Erwartung eines Widerspruchs,[110] weil der Empfänger aufgrund besonderer Umstände (Usancen) zur Ablehnung des Antrags angehalten ist, um eine vertragliche Bindung zu verhindern.[111] Nicht anderes kann aber gelten, wenn die Parteien aufgrund einer allgemeinen Verkehrserwartung überzeugt sind, dass der Eintritt der gewollten Rechtsfolgen eine gesonderte Annahmeerklärung nicht erfordere, sondern allenfalls Widerspruch artikuliert werden müsse. Sachlich kann es nämlich keinen Unterschied machen, ob die Überzeugung der Parteien auf dem gleichförmigen und einvernehmlichen Vollzug einer Sonderbeziehung beruht oder auf allgemeineren Überzeugungen und Erwartungen des Rechtsverkehrs. Entscheidend ist insofern nicht, worauf die gemeinsame Überzeugung der Beteiligten beruht, sondern dass überhaupt eine solche Überzeugung besteht.

Ein gewisser Unterschied lässt sich demgegenüber in der Frage ausmachen, ob sich für die Parteien das Erfordernis eines Vertragsschluss hinreichend erschließt. So entspricht das Vertragsprinzip bei der rechtsgeschäftlichen Begründung von Rechten und Pflichten der allgemeinen Verkehrserwartung, weil es eben nicht nur um die Bewahrung vor der Aufdrängung von Vorteilen geht, sondern in erster Linie um den Schutz vor der Auferlegung von Pflichten. Die Anforderungen an die Auslegung des Schweigens sind aus diesem Grunde höher, weil sich bei der Begründung von Pflichten – anders als nach dem Rechtsgedanken des § 516 Abs. 2 Satz 2 BGB – nicht mit einer praktischen Vermutung operieren lässt, dass derartige Vertragsangebot nur ausnahmsweise abgelehnt zu werden pflegen.

Zusammenfassend müssen für die Auslegung des Schweigens als Annahmeerklärung nach allgemeinen Grundsätzen zwar besondere Umstände sprechen. Diese besonderen Umstände können sich jedoch aus dem Inhalt des Vertragsangebots und den daran anknüpfenden allgemeinen Verkehrserwartungen ergeben. Bei der Auslegung des Schweigens auf ein rechtlich und wirtschaftlich lediglich vorteilhaftes Vertragsangebot kann deshalb grundsätzlich der in § 516 Abs. 2 Satz 2 BGB zum Ausdruck kommende allgemeine Rechtsgedanke herangezogen werden, dass derartige Angebote nur ausnahmsweise abgelehnt werden. Das Schweigen lässt sich deshalb aus der verständigen Sicht des Anbietenden regelmäßig als gewollte Zustimmung deuten.

---

110 *Canaris*, FS Wilburg, 1975, S. 77 (78); *Busche*, in: MüKo/BGB, § 147 Rn. 7.
111 *Busche*, in: MüKo/BGB, § 147 Rn. 7.

2. Die Entlastung in Abwesenheit des Geschäftsführers

Die Wirkungsweise der allgemeinen Wertung des § 516 Abs. 2 Satz 2 BGB soll im Folgenden am Beispiel der Entlastung näher untersucht und exemplifiziert werden. Im Ausgangspunkt ist dabei zwischen der Entlastung in Abwesenheit und in Anwesenheit des Geschäftsführers zu unterscheiden. Erfolgt die Entlastung in Abwesenheit des Geschäftsführers, greift mit § 151 BGB nämlich eine weitere Sondervorschrift ein, die für die Bewältigung der vorliegenden Problematik allerdings allein nicht genügt, sondern um den Rechtsgedanken des § 516 Abs. 2 Satz 2 BGB ergänzt werden muss.

a) Die Regelung des § 151 Satz 1 BGB

Die Vorschrift des § 151 Satz 1 BGB sieht vor, dass ein Vertrag durch die Annahme eines Antrags zustande kommt, ohne dass die Annahme dem Antragenden gegenüber erklärt zu werden braucht, wenn eine solche Erklärung nach der Verkehrssitte nicht zu erwarten ist oder der Antragende auf sie verzichtet hat. Einigkeit herrscht, dass eine solche Verkehrssitte nach dem Vorbild des § 516 Abs. 2 BGB jedenfalls bei unentgeltlichen Zuwendungen und für den Empfänger rechtlich vorteilhaften Rechtsgeschäften bestehe.[112] Zur Annahme eines Erlasses,[113] eines selbständigen Garantieversprechens,[114] eines Schuldbeitritts[115] oder einer Bürgschaft[116] sei deshalb keine ausdrückliche oder konkludente Erklärung gegenüber dem Antragenden erforderlich. Nichts anderes kann für die als Anwendungsfall des § 397 BGB gedeutete Entlastung gelten.

aa) Das Erfordernis der »Betätigung des Annahmewillens«

Die Vorschrift des § 151 Satz 1 BGB macht freilich nur den Zugang der Annahmeerklärung beim Antragenden entbehrlich, nicht die Annahme selbst. Einigkeit herrscht deshalb auch darüber, dass es für die Annahme »eines als Willensbetätigung zu wertenden, nach außen hervortretenden Verhaltens des Angebots-

112 BGH NJW 2000, 267 (277); BGH NJW 2004, 287 (288).
113 OLG Koblenz NJW 2003, 758 (259).
114 BGHZ 104, 82 (85).
115 BGH NJW-RR 1994, 280 (281).
116 BGH NJW 1997, 2233.

empfängers bedarf, aus dem sich sein Annahmewille unzweideutig ergibt.«[117] In ständiger Rechtsprechung führt der Bundesgerichtshof hierzu aus, über das Vorliegen eines Annahmewillens könne nur unter »Würdigung des konkreten Einzelfalls entschieden werden. Dabei ist mangels Erklärungsbedürftigkeit der Willensbetätigung nicht auf den Empfängerhorizont (§ 157 BGB) abzustellen. Vielmehr kommt es darauf an, ob das Verhalten vom Standpunkt eines unbeteiligten objektiven Dritten aufgrund aller äußeren Indizien auf einen ›wirklichen Annahmewillen‹ (§ 133 BGB) schließen läßt.«[118]

bb) Die Gestattung von »beeinträchtigenden Handlungen«

Ein solcher Schluss sei regelmäßig gerechtfertigt, »wenn der anbietende Vertragsteil dem Angebotsempfänger eine mit der Erfüllung des angestrebten Vertrags zusammenhängende, den Anbietenden beeinträchtigende Handlung nur für den Fall der Annahme des Angebots, also des Vertragsschlusses gestattet und der Angebotsempfänger diese Handlung vornimmt.«[119] Meist geht es in diesen Fällen um die Einlösung eines mit dem Vertragsangebot übersandten Schecks. Der zugrunde liegende Gedanke, der Empfänger wolle sich mit der Scheckeinreichung »rechtmäßig und redlich« verhalten und deshalb den angebotenen Vertrag annehmen,[120] lässt sich weder auf die Entlastung noch auf den Anspruchsverzicht allgemein übertragen, weil diese Rechtsakte keine Rechte für den Begünstigten begründen oder besondere Handlungen gestatten, sondern umgekehrt Rechte des Zuwendenden ausschließen sollen.

cc) Das Behalten und Aufbewahren des Angebotsschreibens

Auf den wirklichen Annahmewillen kann nach gesicherter Rechtsprechung auch dann geschlossen werden, wenn dem Begünstigten ein besonderes Schriftstück, etwa eine Bürgschafts- oder Abtretungsurkunde zugeschickt wird. Dann »reicht es als Betätigung des Annahmewillens regelmäßig aus, daß der Gläubiger ... die

---

117 BGHZ 74, 352 (356); BGHZ 111, 97 (101); BGHZ 160, 393 (396 f.); BGH NJW-RR 1986, 415; BGH NJW 1990, 1656 (1657); BGH NJW 1997, 2233; BGH NJW 1999, 2179; BGH NJW 2000, 276 (277); BGH NJW 2004, 287 (288); BGH NJW 2006, 3777 (3778).

118 BGHZ 111, 97 (101); BGHZ 160, 393 (397); BGH NJW-RR 1986, 415; BGH NJW 1990, 1656 (1657); BGH NJW 1999, 2179; BGH NJW 2000, 276 (277);

119 BGHZ 111, 97 (101); BGH NJW-RR 1986, 415; BGH NJW 1990, 1656 (1657).

120 BGH NJW-RR 1986, 415.

Urkunde behalten hat.«[121] Diese Argumentation lässt sich zumindest für manche Fälle der Entlastung fruchtbar machen. Vor allem bei der bürgerlich-rechtlichen Geschäftsbesorgung wird der Geschäftsführer das Schreiben mit der Erklärung, sowohl die Schlussrechnung als auch die Geschäftsführung werden als ordnungsgemäß gebilligt, zu seinen Akten nehmen, um die Entlastung später gegen etwa geltend gemachte Ersatzansprüche einwenden zu können. Die Aufbewahrung dient dann aber vor allem Beweiszwecken. Schon im Ansatz zweifelhaft ist daher, ob die Aufbewahrung des Entlastungsschreibens auch bei der gesellschaftsrechtlichen Entlastung dem Regelfall entspricht. Gewiss ist denkbar, dass ein ordentlicher Geschäftsführer das Schreiben zu seinen Akten nehmen wird. Ein praktisches Bedürfnis nach einer solchen Aufbewahrung besteht aber eigentlich nicht, weil die Entlastung in den Unterlagen der Gesellschaft (etwa in den Beschlussprotokollen u. ä.) *aktenkundig* ist. Der spätere Nachweis der Entlastungserteilung wird dadurch erheblich erleichtert und die Frage, ob Entlastung erteilt wurde, im praktischen Ergebnis unstreitig bleiben. Sieht der Empfänger deshalb von einer Aufbewahrung ab, ist ein Schluss auf die tatsächliche Betätigung des Annahmewillens unter diesem Gesichtspunkt nicht möglich.

dd) Die Nichtbetätigung des Ablehnungswillens

Schließlich hat der Bundesgerichtshof in einigen jüngeren Entscheidungen ausgeführt, der Schluss auf den Annahmewillen »ist entsprechend den Regelungen des § 516 Abs. 2 BGB gewöhnlich gerechtfertigt, wenn der Erklärungsempfänger das für ihn rechtlich lediglich vorteilhafte Angebot nicht durch eine nach außen erkennbare Willensäußerung abgelehnt hat.«[122] Die Vorteilhaftigkeit des Rechtsgeschäfts wirkt sich in dieser Argumentation an zwei Stellen aus: Sie führt nicht nur dazu, dass eine Annahmeerklärung gegenüber dem Antragenden nach der Verkehrsauffassung für entbehrlich erachtet wird, sondern sie bewirkt auch eine Abschwächung der Anforderung an die Betätigung des Annahmewillens, indem bereits das Unterbleiben einer erkennbar als Ablehnung zu deutenden Willensäußerung als Betätigung des Annahmewillens angesehen wird. Das bedeutet letztlich, dass nicht die Betätigung des Annahmewillens entscheidend ist, sondern umgekehrt die Nichtbetätigung des Ablehnungswillens. Mit einer solchen, an § 516 Abs. 2 Satz 2 BGB angelehnten Auslegung des § 151 Satz 1 BGB lässt sich die

---

121 BGH NJW 1997, 2233 für eine Bürgschaftsurkunde; BGH NJW 1999, 2179; BGH NJW 2000, 276 (277) jeweils für ein Abtretungsangebot.

122 BGH NJW 2000, 276 (277); ihm folgend: OLG Jena NJW-RR 2008, 1678 (1679). OLG Brandenburg, Beschl. v. 14. Mai 2008 – 3 W 69/07 (veröffentlich bei Juris); ähnlich BGH NJW 2013, 3104 Tz. 18: Annahme eines Erlassangebots durch Nichtvorgehen gegen Kostenfestsetzungsbeschluss.

Entlastung auch in der noch offenen Konstellation bewältigen, dass der Geschäftsführer das Entlastungsschreiben nicht eigens aufbewahrt. Denn die fehlende Aufbewahrung des Schreibens stellt bei verständiger Würdigung der äußeren Umstände keine eindeutige Betätigung des Ablehnungswillens dar, wenn der Geschäftsführer nur deshalb von der Aufbewahrung absieht, weil die Entlastung ohnehin aktenkundig ist. Vom Standpunkt eines unbeteiligten objektiven Dritten stellt sich das Verhalten deshalb als inhaltlich zumindest ambivalent dar, so dass es an einer nach außen erkennbaren klaren Willensäußerung *gegen* die Entlastung fehlt. Unter Rückgriff auf den allgemeinen Rechtsgedanken des § 516 Abs. 2 BGB lässt sich die Untätigkeit des Geschäftsführers gegenüber dem Geschäftsherrn deshalb als gewollte Annahme des unterbreiteten Entlastungangebots im Sinne einer »beredeten Untätigkeit«[123] auslegen.

b) Die Stellungnahmen im Schrifttum

Im Schrifttum zur Entlastung ist die letztgenannte Fallgruppe der Nichtbetätigung des Ablehnungswillens mit dem Argument kritisiert worden, dass § 151 Satz 1 BGB lediglich den Zugang der Annahmeerklärung für entbehrlich erkläre, dennoch aber eine Abgabe der Annahmeerklärung erfordere.[124] Doch wird eine solch enge Sichtweise den »spezifisch wirtschaftlichen Aspekten der Unentgeltlichkeit und der daraus folgenden Konkludenz der sozialen Wahrscheinlichkeit bzw. Usance« nicht gerecht.[125] Da rechtlich und wirtschaftlich lediglich vorteilhafte Vertragsangebote nur ausnahmsweise zurückgewiesen werden, kann der Antragende aus dem Gesamtverhalten und dem Ausbleiben einer Ablehnung *typischerweise* auf die gewollte Annahme schließen.[126] Freilich handelt es sich insofern – wie eingangs ausgeführt – nicht um eine Annahme*fiktion*, sondern lediglich um eine *Auslegung* der Untätigkeit des Erklärungsempfängers.[127] Daher kann sich aus den Begleitumständen im Einzelfall durchaus ergeben, dass das Schweigen nicht als Annahme zu deuten ist, so etwa, wenn der Geschäftsführer bereits im Vorfeld der Entlastungserteilung deutlich gemacht hatte, er sei mit der Entlastung aus persönlichen Gründen nicht einverstanden und »wolle« sie auf keinen Fall. Denkbar ist es auch, dass der Geschäftsherr ein besonderes Interesse an einer gesonderten

123 Vgl. *S. Lorenz*, EWiR 2000, 213 (214) zu BGH NJW 2000, 276.

124 *Tellis*, S. 66 f.; *Barner*, S. 52; *Zimmermann*, S. 131; *Graff*, S. 76; wohlwollender, aber im Ergebnis dennoch ablehnend *Schmeling*, S. 90.

125 *Kohler*, WuB IV A § 151 BGB 1.00.

126 *Kramer*, in: MüKo/BGB, 5. Auflage 2006, § 151 Rn. 5.

127 Vgl. bereits S. 233. Das beachtet *Schmeling*, S. 91, nicht, wenn er ausführt, es werde erwogen, »die Annahme unter Berücksichtigung von § 516 Abs. 2 BGB zu fingieren«.

Erklärung des Geschäftsführers über die Entlastung in dem Schreiben zum Ausdruck gebracht hat und damit sowohl die Heranziehung von § 151 BGB als auch die von § 516 Abs. 2 BGB ausgeschlossen ist. Fehlen – wie im praktischen Regelfall – aber solche Umstände, die einer Auslegung des Schweigens als Annahmeerklärung entgegenstehen, erwiese sich das Erfordernis der aktiven Betätigung des Annahmewillens »im stillen Kämmerlein« als »eine bloße Schikane« des Empfängers.[128] Auch *du Chesne* und *Larenz* haben schon frühzeitig die Ansicht vertreten, dass sich in dem Schweigen des Schuldners auf das Angebot eines schenkweisen Erlasses »in der Regel die Annahme des Antrags finden dürfte«,[129] womit die von ihnen geäußerten rechtspolitischen Zweifel an § 397 BGB bereits *de lege lata* weitgehend auszuräumen sind.

c) Zusammenfassung

Aus dem Zusammenspiel des § 151 Satz 1 BGB mit dem in § 516 Abs. 2 BGB zum Ausdruck kommenden allgemeinen Rechtsgedanken lässt sich die Entlastung in Abwesenheit des Geschäftsherrn dogmatisch angemessen bewältigen. Fehlt es an einer eindeutigen Betätigung des *Ablehnungs*willens, ergibt die Auslegung der typischen Begleitumstände, dass das Schweigen des Geschäftsführers die Annahme der mit der Entlastung verbundenen Verträge – d. h. des etwaigen konstitutiven schenkweisen Anspruchsverzichts nach §§ 397 Abs. 1, 516 Abs. 1 BGB bzw. des deklaratorischen negativen Schuldanerkenntnisses nach § 397 Abs. 2 BGB – beinhaltet. Da dieses Ergebnis durch Auslegung gewonnen wird, bedeutet diese Rechtslage nur »*de facto*, aber nicht *de iure* eine Annahme durch Schweigen«.[130] Die hier vertretene Sichtweise wird dabei nicht nur dem Parteiwillen gerecht, sondern in besonderer Weise auch dem mit dem Vertragsprinzip des § 397 BGB verbundenen Aufdrängungsschutz. So kann der Geschäftsführer den materiellrechtlichen Auswirkungen der Entlastung auf etwaige Ersatzansprüche – nicht aber der Entlastung als solcher[131] – entgegentreten, indem er die Annahme der mit der Entlastung verbundenen Rechtsgeschäfte verweigert. Irrt er sich über die Bedeutung seines Schweigens als Annahmeerklärung, kann er das als konkludente Erklärung auszulegende Schweigen wegen Inhaltsirrtums (§ 119 Abs. 1 BGB) zudem anfechten, da die mit einer Rechtsfiktion verbundenen Einschränkungen des Anfechtungsrechts[132] bei konkludenten Erklärungen nicht gelten.[133] Insoweit

---

128 *S. Lorenz*, EWiR 2000, 213 (214).
129 *Larenz*, SR1, § 19 Ia, S. 267; *du Chesne*, ArchBürgR 42 (1916), 296 (301).
130 *S. Lorenz*, EWiR 2000, 213 (214).
131 Vgl. zu diesem Argument bereits S. 212 f.
132 Vgl. bereits S. 231 bei Fn. 103.

kann nicht anderes gelten, als wenn der Geschäftsführer sich irrtümlich für die Entlastung bedankt, weil er glaubt, er könne den Eintritt der Entlastungswirkungen ohnehin nicht verhindern.[134]

3. Die Entlastung in Anwesenheit des Geschäftsführers

Im Regelfall wird die Entlastung in Anwesenheit des Geschäftsführers erteilt. In dieser Konstellation passt – wie im Schrifttum zu Recht ausgeführt wird – der Rückgriff auf § 151 Satz 1 BGB nicht, weil unter Anwesenden eine Annahmeerklärung des Geschäftsführers leicht möglich wäre:[135] denn »beide potentiellen Vertragsparteien befinden sich in demselben Raum, eine übermäßige Verzögerung der Aufgabenerledigung ... ist daher nicht zu besorgen.«[136]

Freilich besagt dieses Argument nur, dass § 151 BGB unter Anwesenden keine Anwendung finden kann. Ein Rückgriff auf die allgemeine Wertung des § 516 Abs. 2 BGB ist dagegen auch unter Anwesenden möglich. Als paradigmatisch hierfür erweist sich eine Entscheidung des Bundesarbeitsgerichts:[137] In dem zu entscheidenden Fall hatte der beklagte Arbeitgeber dem Kläger mündlich eine Vertragsoption angeboten, nach der der Beklagte einseitig verpflichtet war, dem Kläger nach Ablauf des befristeten Arbeitsvertrags einen neuen Vertrag anzubieten. Als der Kläger den Arbeitgeber später hierauf in Anspruch nahm, berief sich der Beklagte darauf, dass der Kläger die Annahmeerklärung hinsichtlich der Option nicht vorgetragen hatte. Der Beklagte bestritt die Annahmeerklärung vorsorglich und vertrat die Ansicht, wegen des Schweigens des Klägers sei das Angebot nach § 147 Abs. 1 BGB sofort wieder erloschen. Das Bundesarbeitsgericht hat hierzu ausgeführt: »Daß jemand, dem rein ein Rechtsvorteil geboten wird, hiermit einverstanden ist, ist zu vermuten. Das ist die Folgewirkung eines Angebotes, dessen Annahme für denjenigen, dem gegenüber es erfolgt, nicht nur keine Belastung, sondern eben nur einen Gewinn darstellt. So erklärt sich auch die Regelung des § 516 Abs. 2 Satz 2 BGB. Dieser Gedanke gilt aber nicht nur in jenem Einzelfall, sondern er muß allgemein bei der Gewährung von Rechtsvorteilen gelten. Deswegen braucht nach der Verkehrssitte die Annahme in solchen Fällen nicht erklärt zu werden. ... Ein Erlöschen der Offerte nach § 147 BGB anzunehmen,

---

133 *Armbrüster*, in: MüKo/BGB, § 119 Rn. 64; *Medicus*, AT, Rn. 352; vgl. *Ebert*, Jus 1999, 754 (756).
134 Vgl. bereits S. 209.
135 *Barner*, S. 52: Erklärung der Annahme wäre »völlig unproblematisch« möglich.
136 *Barner*, S. 52; ähnlich *A. Zimmermann*, S. 131.
137 BAGE 11, 236.

wird dem Sachverhalt und den Regeln der Verkehrssitte nicht gerecht. *Es ist lebensfremd.*«[138]

Diese Überlegung verdient uneingeschränkte Zustimmung und lässt sich auf die Entlastung übertragen. Aus dem Umstand, dass die Beteiligten eine abschließende Stellungnahme des Geschäftsführers für entbehrlich erachten, kann deshalb nicht zwingend der Schluss gezogen werden, die Entlastung ziele nicht auf »Entgegnung« und müsse zwangsläufig ein einseitiger Rechtsakt sein.[139] Da der Rechenschaftsvorgang insgesamt auf eine Entscheidung über die Entlastung als dessen förmlicher Abschluss ausgerichtet ist, ergibt sich typischerweise bereits aus der bereitwilligen Mitwirkung des Geschäftsführers am Rechenschaftsvorgang, dass ihm an der für ihn nur vorteilhaften Entlastungserteilung gelegen ist. Zwar ist er aufgrund des Geschäftsbesorgungsverhältnisses zur Rechenschaft und Rechnungslegung verpflichtet, doch lässt sich hieraus nicht ableiten, die Entlastung widerspreche seinem Willen oder komme ihm auch bloß ungelegen, weil es sich bei der Entlastung gerade um ein Enthaftungsinstrument gerade im Interesse des Geschäftsführers handelt. Im praktischen Regelfall bestehen für die Beteiligten keinerlei Anhaltspunkte, dass der Geschäftsführer mit der Entlastung nicht einverstanden ist. Eine solche Sichtweise erwiese sich zudem als lebensfremd. Vor dem Hintergrund des allgemeinen Rechtsgedankens von § 516 Abs. 2 BGB lässt sich die Untätigkeit des Geschäftsführers deshalb als *beredtes Schweigen* auslegen. Etwas anderes gilt aber etwa, wenn der Geschäftsführer bereits im Vorfeld Vorbehalte gegen die Entlastung geäußert oder der Geschäftsherr ausnahmsweise ein besonderes Interesse an einer Stellungnahme des Geschäftsführers bekundet hat. Da danach im Regelfall auch unter Anwesenden eine konkludente Annahmeerklärung durch Schweigen vorliegt, gelten die obigen Ausführungen zur Anfechtbarkeit wegen Irrtums über die Bedeutung des Schweigens nach § 119 Abs. 1 BGB entsprechend.[140]

IV. Zusammenfassung

Die dogmatische Begründung der Entlastungsfolgen unter Rückgriff auf § 397 BGB scheitert danach – entgegen nahezu einhelliger Ansicht – nicht daran, dass der Geschäftsführer auf die erteilte Entlastung typischerweise schweigt. Bei der Behandlung des Schweigens auf die Entlastung handelt es sich bei näherem Hin-

138 BAGE 11, 236 (249 f.) – Hervorhebung nur hier.
139 Vgl. bereits die Nachweis der Gegenansicht auf S. 211 Fn. 13.
140 Vgl. soeben S. 239.

sehen um ein allgemeines Rechtsproblem, das sich in ähnlicher Form bei sämtlichen Vertragsangeboten stellt, die auf den Abschluss eines für den Empfänger rechtlich und wirtschaftlich nur vorteilhaften Vertrags gerichtet sind. Der Zuwendende wird hier häufig davon ausgehen, dass die Angelegenheit bereits mit dem Zugang seiner eigenen Erklärung erledigt ist und eine Antwort des Begünstigten nicht erwarten, sondern dessen Schweigen als gewollte Annahme deuten. Umgekehrt wird auch der Begünstigte regelmäßig davon ausgehen, dass der Zuwendende keine gesonderte Erklärung mehr erwartet, sondern allenfalls eine Dankesbekundung. Normativer Anknüpfungspunkt zur Bewältigung des Schweigens ist in solchen Konstellationen die Vorschrift des § 516 Abs. 2 BGB, die auf dem allgemeinen Rechtsgedanken beruht, dass rechtlich und wirtschaftlich lediglich vorteilhafte Vertragsangebote nur ausnahmsweise zurückgewiesen werden. Dieser allgemeine Rechtsgedanke, der in § 516 Abs. 2 Satz 2 BGB zum Ausdruck kommt, führt jedoch nicht zur Statuierung einer allgemeinen Annahmefiktion. Vielmehr ist er außerhalb des eigentlichen Anwendungsbereichs von § 516 Abs. 2 BGB lediglich bei der Auslegung der Begleitumstände des Schweigens zu berücksichtigen und kann dabei die Konkludenz des Schweigens als Annahmeerklärung begründen, soweit nicht besondere Umstände einer solchen Auslegung ausnahmsweise entgegenstehen. Eine solche Sichtweise vermeidet die mit einer Annahmefiktion verbundenen Einschränkungen des Anfechtungsrechts wegen eines Irrtums über die Bedeutung des Schweigens und wird dem Vertragsprinzip damit letztlich sogar besser gerecht als die Annahmefiktion in § 516 Abs. 2 BGB selbst.

Angewandt auf die Entlastung lässt sich daraus ableiten: Erteilt der Geschäftsherr dem Geschäftsführer in dessen Anwesenheit Entlastung, so lässt sich die Hinnahme der Entlastung vor dem Hintergrund des allgemeinen Rechtsgedankens von § 516 Abs. 2 BGB *typischerweise* als Annahme der Entlastung durch beredtes Schweigen deuten. Erfolgt die Entlastung in Abwesenheit des Geschäftsführers, so kann das gleiche Ergebnis unter ergänzender Heranziehung von § 151 Satz 1 BGB begründet werden, dessen Anforderungen nach dem Rechtsgedanken von § 516 Abs. 2 BGB dahin zu modifizieren sind, dass es für eine Annahmeerklärung bereits genügt, wenn eine eindeutige Betätigung des Ablehnungswillens fehlt.

Insgesamt besteht danach weder ein praktisch noch dogmatisch zwingendes Bedürfnis, die Entlastung als einseitiges Rechtsgeschäft zu deuten. Die grundlegende Entscheidung des Reichsgerichts aus dem Jahre 1940,[141] die zu der bis heute weithin anerkannten Unterscheidung zwischen der bürgerlich-rechtlichen und

---

141 RG DR 1941, 506.

gesellschaftsrechtlichen Entlastung geführt hat, erweist sich damit *aus heutiger Sicht* in einer ihrer wesentlichen Prämissen als zweifelhaft. Das ist umso bedeutsamer, als die Entscheidung die nachfolgende dogmatische Entwicklung der gesellschaftsrechtlichen Entlastung in besonderer Weise beeinflusst hat, indem sie den Grundstein für die Verselbständigung der gesellschaftsrechtlichen Entlastung von den rechtsgeschäftlichen Erfordernissen gelegt hat, die die Rechtsordnung an den gewollten Rechtsverzicht stellt. Das betrifft in erster Linie nicht einmal die Überwindung des mit dem Vertragsprinzip verbundenen Schutzes vor der Aufdrängung der Entlastungsfolgen, weil der Geschäftsführer typischerweise mit der Entlastung einverstanden ist und die praktischen Auswirkungen der Gewährung eines Aufdrängungsschutzes letztlich gering sind. Als viel entscheidender erweist sich die Verselbständigung der Entlastung von den rechtsgeschäftlichen Anforderungen im Hinblick auf den Verzichtswillen. Die Deutung der Entlastung als besondere organschaftliche Erklärung mit Verzichtswirkungen wird im Schrifttum seitdem nämlich zum Anlass genommen, die Entlastungsfolgen befreit von den für die Feststellung des Verzichtswillens geltenden Restriktionen zu konstruieren.

Sachlich läuft die Argumentation letztlich darauf hinaus, dass es auf einen Verzichtswillen nicht ankomme, da die gesellschaftsrechtliche Entlastung ohnehin kein rechtsgeschäftlicher Verzicht im Sinne des § 397 BGB sei. Doch erklärt das zum einen nicht, warum Ersatzansprüche ausgeschlossen sein sollen, obwohl ein Verzichtswille fehlt, und zum anderen versperrt die Abwendung von der Rechtsgeschäftslehre den Blick auf die Erkenntnis, dass eine rechtsgeschäftliche Bewältigung der Entlastung bei erkennbaren Ersatzansprüchen mit dem deklaratorischen negativen Schuldanerkenntnis durchaus möglich ist, auch wenn dieses nicht zu einem endgültigen Anspruchsverlust führt. Dass der Geschäftsführer durch das deklaratorische negative Schuldanerkenntnis vor einer unberechtigten Inanspruchnahme hinreichend geschützt ist, wird dabei verkannt, während sich die konstruktiven Bemühungen auf einen weitreichenderen Anspruchsausschluss richten, der mit einer erheblichen Privilegierung der Geschäftsführerinteressen einhergeht, die aufgrund einer nachlässigen Prüfung der Rechenschaft von ihrer Haftung gänzlich freiwerden.

§ 6 Die Besonderheiten des Gesellschaftsrechts

Im Verhältnis zweier natürlicher Personen ergeben sich aus dem Vertragserfordernis keine weitergehenden Probleme, weil jede der beiden Parteien zum Abschluss der erforderlichen Verträge kraft ihrer Privatautonomie berechtigt ist. Schwieriger stellt sich die Rechtslage bei der verbandsrechtlichen Entlastung dar. Nach der gesetzlichen Konzeption ist hier zwar stets die Gesellschafterversammlung zur Entscheidung über die Entlastung berufen (vgl. § 120 Abs. 1 Satz 1 AktG, § 46 Nr. 5 GmbHG, § 48 Abs. 1 Satz 2 GenG), nicht immer ist sie aber auch zum Abschluss von Verträgen mit den zu entlastenden Organmitgliedern berechtigt. So sind bei der GmbH nur die Geschäftsführer für den Vertragsschluss mit Mitgliedern des fakultativen Aufsichtsrats zuständig (§ 35 Abs. 1 Satz 1 GmbHG) und umgekehrt nur der Aufsichtsrat für den Vertragsschluss mit den Geschäftsführern (§ 52 Abs. 1 GmbHG, § 112 Satz 1 AktG). Gleiches gilt für die GmbH mit obligatorischem Aufsichtsrat (§ 3 Abs. 2 MontanMitbestG, § 25 Abs. 1 Nr. 2 MitbestG, § 1 Abs. 1 Nr. 3 DrittelbG), für die Genossenschaft (§§ 24 Abs. 1, 39 Abs. 1 Satz 1 GenG) und für die Aktiengesellschaft (§§ 78 Abs. 1 Satz 1, 112 Satz 1 AktG), wobei die aktienrechtliche Entlastung wegen § 120 Abs. 2 Satz 2 AktG – wie bereits an anderer Stelle ausgeführt – keinen Anspruchsverlust zur Folge haben kann und deshalb auch ein Vertragsschluss nicht erforderlich ist.[1]

I. Die Entbehrlichkeit der Mitwirkung des Vertretungsorgans nach der herrschenden Entlastungssicht

Den mit den Vertretungsregeln verbundenen Friktionen entgeht die herrschende Entlastungsicht dadurch, dass sie den Rechtsverlust unmittelbar an den Entlastungsbeschluss knüpft und das Erfordernis einer rechtsgeschäftlichen Beschlussausführung in Abrede stellt. Vielfach heißt es, der Entlastungsbeschluss habe »Verzichtswirkung«[2] bzw. es handle sich bei der Entlastung um einen organschaftlichen »Anspruchsverzicht« durch Beschluss.[3] Im Schrifttum wird zur Rechtfertigung des Anspruchsverlusts daneben auf das Verbot widersprüchlichen Verhaltens als besondere Ausprägung von Treu und Glauben verwiesen,[4] teilweise

1 Vgl. zur Entlastung im Aktienrecht bereits ausführlich S. 56 ff.

2 Vgl. die Nachweise auf S. 116 Fn. 71–75.

3 Von einem mit der Entlastung verbundenen »Anspruchsverzicht« ist etwa die Rede in BGHZ 97, 382 (386); BGH NJW-RR 1988, 745 (749); BGH NZG 2005, 562 (564).

4 Vgl. die Nachweise auf S. 121 Fn. 113.

unter Rückgriff auf den Grundsatz des Vertrauensschutzes.[5] Während die dogmatischen Grundlagen der Verzichtswirkung des Entlastungsbeschlusses nicht offengelegt werden, sondern der organschaftliche Charakter im Anschluss an das Reichsgericht[6] lediglich postuliert wird, handelt es sich beim Rückgriff auf das Widerspruchsverbot bzw. den Vertrauensschutz um einen nichtrechtsgeschäftlichen Ansatz, der von vornherein nahe legt, dass die Vertretungsvorschriften nicht zu beachten seien. Vor diesem Hintergrund wird eingewandt, bei der Entlastung begegne die Annahme einer Annexkompetenz Bedenken und erscheine »mehr als bedenklich«.[7] Indes ist eine pauschale Ablehnung der vertraglichen Entlastungslösung wegen ihrer vermeintlichen Inkompatibilität mit den Vertretungsregeln wenig überzeugend. Denn es lässt sich kaum rechtfertigen, einer vertraglichen Deutung der Entlastung die Berechtigung abzusprechen, weil die Vertretungsregeln nicht eingehalten seien, um im gleichen Atemzug die Rechtsfolgen eines Anspruchsverzichts ohne die Mitwirkung des Vertretungsorgans zu konstruieren. Denn das kann letztlich nur bedeuten, dass es für die Mitwirkung des Vertretungsorgans keine zwingenden Gründe gibt.

1. Die organschaftliche Deutung der Entlastung

Bei näherem Hinsehen stellt sich die organschaftliche Deutung der Entlastung als eine begriffliche Umgehung der Vertretungsregeln dar, weil sie keine Begründung dafür angibt, auf welche Weise der Beschluss den »Anspruchsverzicht« herbeiführen soll. In diesem Zusammenhang wurde bereits an anderer Stelle ausgeführt, dass die Annahme des organschaftlichen Charakters der Entlastung als einer »dem Gesellschaftsrecht eigentümlichen Erklärung eigener Art« durch das Reichsgericht das erklärte Ziel verfolgte, die verbandsrechtliche Entlastung von dem Erfordernis eines Vertragsschlusses zu befreien.[8] Darin liegt zwar eine pragmatische Vermeidung der mit der Vertragslösung verbundenen konstruktiven Schwierigkeiten, jedoch bestehen gegen die wertungsmäßige Fundierung erhebliche Bedenken, wenn die Lösung letztlich darauf hinausläuft, dass es konstruktiven Schwierigkeiten nur deshalb nicht gebe, weil die Entlastung ein Rechtsinstitut sui generes sei. Zwar ist es danach formal entbehrlich, eine Annexkompetenz der Versammlung zum Abschluss der mit der Entlastung verbundenen Rechtsgeschäfte durch Gesetzesauslegung zu begründen, doch besteht der tragende Grund hierfür letztlich darin, dass

---

5 Vgl. die Nachweise auf S. 121 Fn. 106 und 107.

6 RG DR 1941, 506 (508).

7 *A. Zimmermann*, S. 133; vgl. auch die Nachweise auf S. 115 Fn. 69.

8 RG DR 1941, 506 (508); ausführlicher bereits S. 114 ff.

sie im Beschluss selbst den Anspruchsverzicht sieht. Indes kennt das Gesetz neben der allgemeinen Verzichtsregelung des § 397 BGB keinen solchen Verzichtsbeschluss. Ginge seine Zulassung mit einer Ausschaltung der gesellschaftsrechtlichen Vertretungsregeln einher, so ließe sie sich im Kern nur – mit dem freilich zutreffenden Argument – rechtfertigen, dass für eine Mitwirkung des Vertretungsorgans an der Entlastung ohnehin keine sachliche Notwendigkeit bestehe; andernfalls würde sie zwangsläufig auf einer unzulässigen Umgehung der Vertretungsregeln beruhen. Indessen ist eine dogmatisch klare Lösung, die an die gesetzliche Regelung für den Anspruchsverzicht in § 397 BGB anknüpft und eine Annexkompetenz durch Gesetzesauslegung begründet, der konstruktiv eher hilflosen Annahme einer organschaftlichen Erklärung sui generes der Vorzug zu geben.

2. Der nichtrechtsgeschäftliche Lösungsansatz

Das Schrifttum vermeidet die Anwendung der Vertretungsvorschriften, indem es von vornherein einen nichtrechtsgeschäftlichen Lösungsansatz zugrunde legt. Doch geht auch hiermit eine formale Umgehung der Vertretungsvorschriften einher. Denn verlangt das Gesetz für die Begründung von Rechtsfolgen die Vertretung der Gesellschaft durch ein eigens festgelegtes Organ, dann erscheint es als fragwürdig, statt der möglichen rechtsgeschäftlichen Regelung auf einen anderen Konstruktionsansatz mit gleichen Rechtsfolgen auszuweichen. Könnte die Versammlung einen rechtsgeschäftlichen Verzicht nicht selbst ins Werk setzen, dann leuchtete nicht ein, warum sie eine rechtsfolgengleiche Bindung dennoch herbeiführen können sollte.[9] Wollen die Gesellschafter etwa einen bestimmten Ersatzanspruch gegenüber einem Organmitglied zum Erlöschen bringen, können sie fraglos einen Beschluss über den Abschluss eines Erlassvertrags nach § 397 Abs. 1 BGB (nebst Rechtsgrund) fassen, wobei nach Ansicht der Vertreter des nichtrechtsgeschäftlichen Ansatzes das formal zuständige Vertretungsorgan die vertragliche Einigung mit dem Organmitglied vollziehen müsste. Zugleich soll es den Gesellschaftern als zusätzliche Gestaltungsmöglichkeit aber offenstehen, die pflichtwidrige Geschäftsführungsmaßnahme, die dem Ersatzanspruch zugrunde liegt, durch Beschluss zu billigen und dem Organmitglied hierdurch für die konkrete Verfehlung Entlastung zu erteilen. Führte die Billigung der Geschäftsführung jedoch zum Erlöschen des Ersatzanspruchs, weil seine Geltendmachung gegen das Verbot widersprüchlichen Verhaltens verstieße, so erschiene die Einschaltung des Vertretungsorgans in der Variante des rechtsgeschäftlichen Verzichts als bloße Förmelei. Die Gesellschafter hätten es nämlich in

9 Vgl. aber unten S. 291 ff.

der Hand, ob das Vertretungsorgan tätig werden muss oder nicht. Vernünftigerweise kann es aber keinen sachlichen Unterschied machen, ob die Versammlung eine pflichtwidrige Maßnahme billigen oder auf den entsprechenden Ersatzanspruch verzichten will. Die unterschiedliche Formulierung des Beschlussinhalts kann letztlich nicht darüber entscheiden, ob das Vertretungsorgan mitwirken muss. Auch die Ansicht des Schrifttums beruht damit auf der Prämisse, dass eine Beteiligung des Vertretungsorgans sachlich verzichtbar ist.

II. Die Annexkompetenz der Gesellschafterversammlung beim Verzicht auf Ersatzansprüche

Das führt zu der Frage, ob die gesellschaftsrechtlichen Vertretungsregeln dem Vollzug der rechtsgeschäftlich gedeuteten Entlastung tatsächlich entgegenstehen. Die Vertragslösung kann nur dann dogmatisch konsequent beibehalten werden, wenn sich in Abweichung von den formalen Vertretungsregeln eine ungeschriebene »Annexkompetenz«[10] der Gesellschafterversammlung zum Abschluss der mit der Entlastung verbundenen Rechtsgeschäfte begründen lässt. Für den Bestellungsbeschluss und die Abgabe der Bestellungserklärung bzw. für den Beschluss über die Anstellung und den Abschluss des Anstellungsvertrags sind vergleichbare Annexkompetenzen zur jeweiligen Beschlussausführung inzwischen allgemein anerkannt.[11] Das führt zu der These, dass der im Gesetz verwendete Begriff der »Entlastung« – ähnlich wie der der »Bestellung« – sämtliche Rechtshandlungen umfasst, die zur Herbeiführung der intendierten Entlastungsfolgen erforderlich sind. Hierfür spricht schon im Ausgangspunkt, dass die Einbeziehung eines anderen Organs zur Vertretung der Gesellschaft sich nicht nur als unnötige Förmelei, sondern auch als sachwidrig erwiese, weil die Entlastung als die wertende Stellungnahme zur Geschäftsführung von jeglicher Einflussnahmemöglichkeit anderer Organe freizuhalten ist. Insbesondere wäre nicht zu rechtfertigen, wenn das Vertretungsorgan die Herbeiführung der Entlastungsfolgen trotz des Vorliegens eines Versammlungsbeschlusses hinauszögern und u. U. sogar faktisch unterbinden könnte.

Die Annahme einer solchen Annexkompetenz setzt voraus, dass die Gesellschafterversammlung allgemein zur Entscheidung über den Verzicht auf Ersatzansprüche gegen Organmitglieder befugt ist, weil sich eine Sonderbehandlung der

---

10 Eingehend zum Begriff und zu den Fallgruppen der Annexkompetenzen im GmbH- und Aktienrecht *Fleischer/Wedemann*, GmbHR 2010, 449 ff.

11 BGHZ 52, 316 (321); *K. Schmidt*, in Scholz, § 46 Rn. 71, 79; *Zöllner*, in: Baumbach/Hueck, GmbHG, § 46 Rn. 36; *Liebscher*, in: MüKo/GmbHG, § 46 Rn. 103; *Römermann*, in: Michalski, GmbHG, § 46 Rn. 208; *Geibel*, in: Henssler/Strohn, GenG, § 36 Rn. 9.

Entlastung gegenüber einem allgemeineren Verzicht auf Ersatzansprüche nur schwerlich rechtfertigen lassen würde. In diesem Zusammenhang griffe es insbesondere zu kurz, aus der gesetzlichen oder satzungsmäßigen Kompetenzzuweisung für die »Entlastung« auf eine allgemeine Zuständigkeit für den Anspruchsverzicht zu schließen.[12] Denn im Rahmen der vorliegenden Untersuchung ist es gerade die Frage, ob die Entlastung zu einem Verlust von Ersatzansprüchen führen kann. Fehlte der Gesellschafterversammlung danach bei bestimmten Gesellschaftsformen die Zuständigkeit für einen Anspruchsverzicht, so wäre die Verzichtswirkung der Entlastung insoweit abzulehnen, und zwar unabhängig von der Frage ihrer dogmatischen Konstruktion.

1. Der Verzicht auf Ersatzansprüche bei Verbänden ohne Aufsichtsrat

Für die GmbH ohne Aufsichtsrat bestehen insofern keine Bedenken, weil eine Annexkompetenz für die rechtsgeschäftliche Vereinbarung eines Anspruchsverzichts (§ 397 BGB) im Zusammenhang mit dem Generalbereinigungsvertrag[13] seit langem anerkannt ist.[14] Anknüpfungspunkt für die Beschlusskompetenz der Versammlung ist die Vorschrift des § 46 Nr. 8 GmbHG, wonach die Gesellschafter über die Geltendmachung von Ersatzansprüchen, welche der Gesellschaft aus der Geschäftsführung gegen Geschäftsführer zustehen, zu entscheiden haben. Der Verzicht auf Ersatzansprüche wird dabei zutreffend als negative Form der Anspruchsgeltendmachung angesehen.[15] Damit die Entscheidungsbefugnis der Gesellschafterversammlung nicht umgangen werden kann, ist anerkannt, dass das Beschlusserfordernis die organschaftliche Vertretungsmacht der Geschäftsführer beschränkt.[16] Die Gesellschafterversammlung kann über den Anspruchsverzicht aber nicht nur beschließen, sondern ist weitergehend berechtigt, den erforderlichen Vertragsschluss

---

12 Das geschieht aber häufig, regelmäßig in Ermangelung besserer normativer Anknüpfungspunkte, vgl. etwa OLG Stuttgart, Urt. v. 27.09.2006 – 4 U 74/06, Juris-Tz. 99 f. (Verein); *Schaffland*, in: Lang/Weidmüller, GenG, § 34 Rn. 142; ebenso, freilich nur hilfsweise BGH NJW 1998, 1315 (1316).

13 Vgl. schon S. 53 f.

14 BGH NJW 1998, 1315 verwendet den Begriff der Annexkompetenz in diesem Zusammenhang zwar nicht, im Schrifttum ist er dagegen weit verbreitet: *K. Schmidt*, in: Scholz, GmbHG, § 46 Rn. 104, 151; *Liebscher*, in: MüKo/GmbHG, § 46 Rn. 173; *Schindler*, in: Ziemons/Jaeger, GmbHG, § 46 Rn. 74; *Hüffer*, in: Ulmer, GmbHG, § 46 Rn. 98; ; *Roth*, in: Roth/Altmeppen, GmbHG, § 46 Rn. 43; *Fleischer/Wedemann*, GmbHR 2010, 449 (450).

15 BGH NJW 1998, 1315 (1316); BGH NJW 2002, 3777 (3778); BGH NJW-RR 2003, 895 (896); *K. Schmidt*, in: Scholz, GmbHG, § 46 Rn. 104, 151.

16 BGH NJW 1998, 1315 (1316); *K. Schmidt*, in: Scholz, GmbHG, § 46 Rn. 104, 151; *Liebscher*, in: MüKo/GmbHG, § 46 Rn. 173.

im Namen der GmbH mit dem Geschäftsführer selbst vorzunehmen. Zur Umsetzung des Beschlusses sind die Gesellschafter gemeinsam berufen, sofern die Versammlung nicht eine andere Person (Gesellschafter, Geschäftsführer, Dritter) mit der Umsetzung beauftragt und entsprechend rechtsgeschäftlich bevollmächtigt.[17] Bei Anwesenheit des betroffenen Geschäftsführers in der Versammlung geht die Abgabe der erforderlichen Willenserklärung im Namen der Gesellschaft regelmäßig mit der Beschlussfassung einher.[18] Eine Aufspaltung von Beschluss- und Ausführungskompetenz wird – soweit ersichtlich – selbst dann nicht erwogen, wenn eigentlich noch ein weiterer vertretungsberechtigter Geschäftsführer zur Verfügung stünde. Die Bündelung der beiden Kompetenzen erweist sich auch in einem solchen Fall als sinnvoll, weil für die zwingende Mitwirkung des anderen Geschäftsführers regelmäßig keine Veranlassung besteht und die Gesellschafter ihn bei Bedarf gleichwohl durch gesonderte Bevollmächtigung mit der Beschlussausführung betrauen können.

Vergleichbare Grundsätze gelten im Wohnungseigentumsrecht, wobei es sich hier nicht um eine Annexkompetenz handelt, sondern bereits aus dem Gesetz die Zuständigkeit der Versammlung für den Vertragsschluss folgt. So sind die Wohnungseigentümer nach § 27 Abs. 2 Satz 3 WEG zum Abschluss der erforderlichen Rechtsgeschäfte mit Wirkung für und gegen die rechtsfähige Gemeinschaft berechtigt.[19]

Bei der GmbH ohne Aufsichtsrat und bei der Wohnungseigentümergemeinschaft bestehen daher gegen die vertragliche Deutung der Entlastung aus Gründen der Kompetenzordnung von vornherein keine durchgreifenden Bedenken.

2. Der Verzicht auf Ersatzansprüche bei Verbänden mit Aufsichtsrat

Bei der GmbH mit Aufsichtsrat lässt sich die Entscheidungsbefugnis der Gesellschafterversammlung über den Anspruchsverzicht ebenfalls aus § 46 Nr. 8 GmbHG ableiten. Für Ersatzansprüche gegen Geschäftsführer gilt die Vorschrift unmittelbar, während sie für solche gegen Aufsichtsratsmitglieder nach allgemeiner Ansicht

17 BGH NJW 1998, 1315 (1316); *K. Schmidt*, in: Scholz, GmbHG, § 46 Rn. 104; *Liebscher*, in: MüKo/GmbHG, § 46 Rn. 173; *Schindler*, in: Ziemons/Jaeger, GmbHG, § 46 Rn. 74.

18 BGH NJW 1998, 1492 (1493); BGH NJW-RR 2003, 1196 (1197); vgl. auch *K. Schmidt*, in: Scholz, GmbHG, § 45 Rn. 23; *Zöllner*, in: Baumbach/Hueck, GmbHG, § 46 Rn. 36.

19 Vgl. allgemein *Merle*, in: Bärmann, WEG, § 27 Rn. 277 ff.

entsprechend herangezogen werden kann.[20] Für die Genossenschaft weist § 39 Abs. 1 Satz 3 GenG seit der Gesetzesnovelle 2006 zwar dem Aufsichtsrat die Entscheidung über die Geltendmachung von Ersatzansprüchen gegen Vorstandsmitglieder zu, wenn nicht ausnahmsweise die Satzung die Zuständigkeit der Generalversammlung begründet. Fehlt es an einer solchen Satzungsregelung, so lässt sich der bei § 46 Nr. 8 GmbHG herangezogene Gedanke des Gleichlaufs von Anspruchsgeltendmachung und Verzicht nicht auf die Genossenschaft übertragen.[21] Doch wurde bereits an anderer Stelle gezeigt, dass die Generalversammlung zwar nicht für die Entscheidung über die Anspruchsgeltendmachung zuständig ist, gleichwohl aber stets über einen Anspruchsverzicht zu beschließen hat, weil dieser über die bloße Nichtgeltendmachung des Anspruchs hinausreicht.[22] Das wesentliche Argument hierfür folgt aus § 34 Abs. 4 GenG, wonach die vorherige Billigung einer Geschäftsführungsmaßnahme durch den Aufsichtsrat die Vorstandshaftung nicht ausschließt, sondern *auch* insoweit ein Generalversammlungsbeschluss erforderlich ist. Für den Verzicht auf Ersatzansprüche gegen Aufsichtsratsmitglieder bestehen vergleichbare Probleme nicht, weil § 39 Abs. 3 GenG der Generalversammlung die Entscheidungskompetenz für die Anspruchsgeltendmachung[23] und damit letztlich auch für den Verzicht zuweist.

Ist die Gesellschafterversammlung bei der GmbH mit Aufsichtsrat und bei der Genossenschaft danach für die Beschlussfassung über den Verzicht auf Ersatzansprüche gegen Organmitglieder zuständig, so geht damit – wie bei der GmbH ohne Aufsichtsrat – eine Beschränkung der organschaftlichen Vertretungsmacht des jeweiligen Ausführungsorgans einher. Denn das Beschlusserfordernis liefe leer, wenn die Versammlung nicht vor einem ungewollten Rechtsverlust durch eigenmächtiges Handeln der Ausführungsorgane geschützt wäre. Die Beschränkung der organschaftlichen Vertretungsmacht hat insoweit den Zweck, der Gefahr einer kollegialen Verschonung oder wechselseitigen Selbstenthaftung der Organe vorzubeugen.[24] Auch wenn dieser Gefahr durch das Beschlusserfordernis hinreichend vorgebeugt

20 *K. Schmidt*, in: Scholz, GmbHG, § 46 Rn. 146; *Zöllner*, in: Baumbach/Hueck, GmbHG, § 46 Rn. 59; *Hüffer*, in: Ulmer, GmbHG, § 46 Rn. 93; *Liebscher*, in: MüKo/GmbHG, § 46 Rn. 243; *Roth*, in: Roth/Altmeppen, GmbHG, § 46 Rn. 61a.

21 Anders zu § 39 GenG a.F. *Schaffland*, in: Lang/Weidmüller, GenG, 34. Auflage 2005, § 34 Rn. 142.

22 Vgl. bereits S. 80.

23 *Müller*, GenG, § 39 Rn. 24; teilweise wird die in der Vorschrift enthaltene Regelung zur Prozessvertretung auf im Amt befindliche Aufsichtsratsmitglieder beschränkt, vgl. etwa *Fandrich*, in: Pöhlmann/Fandrich/Bloehs, GenG, § 39 Rn. 13.

24 Vgl. *Mertens/Cahn*, in: KoKö/AktG, § 93 Rn. 161; *Hopt*, in: GK/AktG, § 93 Rn. 354; Hüffer/*Koch*, AktG, § 93 Rn. 29; *Mertens*, FS Fleck, 1988, S. 209 (210) für das Erfordernis eines Hauptversammlungsbeschlusses in § 93 Abs. 4 Satz 3 AktG; krit. für den Fall des Ausscheidens von Organmitgliedern *K. Zimmermann*, FS Duden, 1977, S. 773 (775).

ist, wird es sich nicht immer als zweckmäßig erweisen, das gesetzliche Vertretungsorgan mit der näheren Verhandlung und dem Abschluss des in Aussicht genommenen Erlassvertrags zu betrauen. Vielmehr wird die Einschaltung des Vertretungsorgans häufig – wie bei der Entlastung – sogar hinderlich und sachwidrig sein. Insoweit erweist sich die Annahme einer mit der Beschlusskompetenz verbundenen Annexkompetenz der Versammlung für den Vertragsschluss als angemessene und flexible, d. h. leistungsfähige Lösung, weil die Gesellschafter den Vertragsschluss einerseits delegieren dürfen, anderseits aber durch unmittelbare Beschlussausführung die gewünschten Rechtsfolgen sogleich auch selbst herbeiführen können. Schutzwürdige Interessen des Vertretungsorgans, den Vertragsschluss zwingend an sich zu ziehen, sind demgegenüber nicht ersichtlich.

Etwas anders gilt kraft ausdrücklicher gesetzlicher Regelung allerdings im Aktienrecht. Nach § 93 Abs. 4 Satz 3 AktG setzt der Verzicht auf Ersatzansprüche gegen Vorstands- und Aufsichtsratsmitglieder (§ 116 AktG) neben dem Ablauf der dreijährigen Sperrfrist voraus, dass die Hauptversammlung dem Haftungsverzicht »zustimmt«, was nur bedeuten kann, dass für den Abschluss der erforderlichen Verträge weiter die jeweiligen Vertretungsorgane der Gesellschaft zuständig bleiben. Die Hauptversammlung hat es damit in der Hand, einen etwa vom Vorstand präferierten Verzichtsvertrag zu unterbinden. Umgekehrt erhält sie nach § 83 AktG zugleich ein Initiativ- und Weisungsrecht: Beschließt die Versammlung, dass ein Erlassvertrag mit einem Aufsichtsratsmitglied geschlossen werden soll, so ist der Vorstand selbst dann zur Vorbereitung des Vertragstexts verpflichtet, wenn er den Vertrag nicht für angezeigt hält (§ 83 Abs. 1 Satz 2 AktG).[25] Auch zum Abschluss des vorbereiteten Vertrags ist der Vorstand ohne schuldhaftes Zögern innerhalb einer angemessenen Überlegungs- und Vorbereitungsfrist[26] verpflichtet, wenn die Hauptversammlung die Zustimmung zu einem Vertragstext bereits im Vorfeld erteilt hat und der Zustimmungsbeschluss deshalb noch ausführungsbedürftig ist (§ 83 Abs. 2 AktG). Diese streng formale Regelung beruht freilich auf den Besonderheiten des Aktienrechts. Es sieht für Verträge, die nach dem Gesetz der Zustimmung der Hauptversammlung bedürfen, eine einheitliche Behandlung vor (vgl. neben dem Anspruchsverzicht nach §§ 50, 53, 93 Abs. 4 Satz 3, 117 Abs. 4 AktG auch die § 52 AktG,

---

25 *Habersack*, in: GK/AktG, § 83 Rn. 8; *Seibt*, in: K. Schmidt/Lutter, AktG, § 83 Rn. 7; *Mertens/Cahn*, in: KöKo/AktG, § 83 Rn. 5; *Spindler*, in: MüKo/AktG, § 83 Rn. 9 f.; *Fleischer*, in: Spindler/Stilz, AktG, § 83 Rn. 5; Hüffer/*Koch*, AktG, § 83 Rn. 3; *Vedder*, in: Grigoleit, AktG, § 83 Rn. 7; vgl. auch den RegE-AktG 1965, Bundestags-Drs. IV/171, Anlage 1, abgedruckt in: *Kropff*, S. 104.

26 Allgemein: *Spindler*, in: MüKo/AktG, § 83 Rn. 16; *Fleischer*, BB 2005, 2025; *Volhard*, ZGR 1996, 55 (56); *Habersack*, in: GK/AktG, § 83 Rn. 11. Vgl. auch BGH, NJW-RR 1992, 168 (169) für Kapitalherabsetzung.

§§ 293, 295 AktG, §§ 13, 65, 73 UmwG, § 174 UmwG).[27] Die Einbindung des Verzichts auf Ersatzansprüche in dieses aktienrechtliche System der *zustimmungsbedürftigen Verträge* steht einer Verallgemeinerung über das Aktienrecht hinaus entgegen.

3. Zusammenfassung

Aus § 93 Abs. 4 Satz 3 AktG lassen sich damit außerhalb des Aktienrechts keine durchgreifenden Argumente gegen eine Annexkompetenz der Gesellschafterversammlung zur Vornahme der mit dem Haftungsverzicht verbundenen Rechtsgeschäfte ableiten. Bei der GmbH mit Aufsichtsrat und bei der Genossenschaft stellt sich die Entlastung im Ergebnis daher – ebenso wie bei der GmbH ohne Aufsichtsrat – als ein besonderer Anwendungsfall der allgemeinen Annexkompetenz der Gesellschafterversammlung im Zusammenhang mit dem Verzicht auf Ersatzansprüche dar. Beschließt die Versammlung die Entlastung in Anwesenheit des zu entlastenden Organmitglieds, so liegt hierin zugleich die Ausführung des Beschlusses durch Abgabe einer auf die Herbeiführung der Entlastungsfolgen gerichteten Willenserklärung. Das Schweigen auf die Entlastung kann dabei als konkludente Annahmeerklärung des zu Entlastenden ausgelegt werden. Erfolgt der Entlastungsbeschluss in Abwesenheit des Organmitglieds, so kann die Gesellschafterversammlung festlegen, auf welche Weise dem Organmitglied die Entlastung zu unterbreiten ist. Fehlt eine ausdrückliche Regelung, wird der Beschluss typischerweise dahin auszulegen sein, dass die üblichen Mitteilungswege gelten sollen. Erfolgt die Mitteilung auf dem Schriftwege, so ist das Schweigen des Empfängers bei Fehlen besonderer Umstände ebenfalls als konkludente Annahmeerklärung zu werten.

Keiner besonderen Begründung bedarf es vor diesem Hintergrund schließlich, dass die allgemeinen gesellschaftsrechtlichen Verzichtsbeschränkungen für die Entlastung gelten, da es sich – nach der hier vertretenen Ansicht – bei der Entlastung ohnehin um einen vertraglichen Anspruchsverzicht handelt.[28]

---

27 Ausführlicher *Spindler*, in: MüKo/AktG, § 83 Rn. 9.

28 Vgl. insofern bereits S. 33 f. Zur Rechtslage im GmbH-Recht vgl. BGH NJW-RR 2003, 895 (896); krit. *Altmeppen*, in: Altmeppen/Roth, GmbHG, § 43 Rn. 124 ff. m.w.N.

III. Das Verhältnis zwischen dem Entlastungsbeschluss und dem Ausführungsgeschäft

Bei Annahme einer Annexkompetenz der Gesellschafterversammlung zum Abschluss der für die Herbeiführung der Entlastungsfolgen erforderlichen Rechtsgeschäfte stellt sich schließlich die Frage nach der Abstimmung zwischen dem Beschluss und dem Ausführungsgeschäft. Weiterführende, auf den rechtsgeschäftlichen Verzicht bezogene Überlegungen finden sich hierzu wiederum im Zusammenhang mit der Generalbereinigung im GmbH-Recht. Dort ist anerkannt, dass das Beschlusserfordernis als »materielle Wirksamkeitsvoraussetzung solcher Rechtsgeschäfte ... nicht nur im Innen-, sondern auch im Außenverhältnis der Gesellschaft« wirkt.[29] Das bedeutet einerseits, dass den Geschäftsführern die organschaftliche Vertretungsmacht zum Abschluss von Verzichtsverträgen im Namen der Gesellschaft fehlt und stattdessen die Versammlung für den Vertragsschluss zuständig ist. Andererseits lässt sich daraus jedoch auch ableiten, dass das geschlossene Ausführungsgeschäft unwirksam ist, wenn der zugrunde liegende Beschluss als dessen materielle Wirksamkeitsvoraussetzung fehlt, nichtig ist oder wirksam angefochten wurde.[30] Die rechtliche Verknüpfung zwischen dem Beschluss und dem Ausführungsgeschäft folgt dabei aus dem Wesen der Annexkompetenz, weil eine Beschluss*ausführung* denknotwendig einen wirksamen Beschluss als Legitimationsgrundlage erfordert.

Das bedeutet freilich nicht, dass sich die Gesellschaft in jedem Falle auf das Fehlen eines wirksamen Beschlusses berufen kann. Denkbar ist hier insbesondere, dass die Gesellschafter einvernehmlich ein Beschlussanfechtungsverfahren betreiben und die Unwirksamkeit des Beschlusses durch ein Anerkenntnisurteil herbeiführen. Für einen solchen Fall hatte der Bundesgerichtshof in einer früheren Entscheidung die Ansicht vertreten, dass Beschluss und Generalbereinigungsvertrag keine rechtliche Einheit bilden, mit der Folge, dass die erfolgreiche Beschlussanfechtung das im Außenverhältnis geschlossene Rechtsgeschäft unberührt lasse.[31] Die Entscheidung ist jedoch zu Recht auf Kritik gestoßen,[32] weil eine treuwidrige Beseitigung des Beschlusses mit dem Missbrauchseinwand begegnet werden kann,

---

29 BGH NJW 1998, 1315 (1316); ebenso *K. Schmidt*, in: Scholz, GmbHG, § 46 Rn. 104; *Liebscher*, in: MüKo/GmbHG, § 46 Rn. 173; *Haas/Ziemons*, in: Ziemons/Jaeger, GmbHG, § 43 Rn. 382.

30 *Liebscher*, in: MüKo/GmbHG, § 46 Rn. 175; *K. Schmidt*, in: Scholz, § 46 Rn. 104;

31 BGH NJW 1975, 1273; ebenso *Römermann*, in: Michalski, § 46 Rn. 324; *Janert*, GmbHR 2003, 830 (833); anders BGH NJW 1998, 1315 (1316);

32 *K. Schmidt*, in: Scholz, GmbHG, § 46 Rn. 104: »missverständliche Formulierung des BGH«; ausführlicher noch in der 8. Auflage 1995: »in dieser Allgemeinheit unzutreffend«; *Liebscher*, in: MüKo/GmbHG, § 46 Rn. 175.

ohne dass die rechtliche Verknüpfung von Beschluss und Ausführungsgeschäft generell in Abrede gestellt werden müsste.

IV. Die Bewertung der Leistungsfähigkeit der vertraglichen Deutung der Entlastung

Die rechtsgeschäftliche Deutung der Entlastung hat mehrere zentrale Erkenntnisse zu Tage gefördert, die in der Entlastungsdiskussion bislang nicht hinreichend berücksichtigt werden:

1. Zu nennen ist zu allererst die Erschließung des deklaratorischen negativen Schuldanerkenntnisses nach Maßgabe der §§ 397 Abs. 2, 812 Abs. 2 BGB für die Entlastung trotz erkennbarer Ersatzansprüche.[33] In dieser Konstellation besteht im Schrifttum zu Recht Einigkeit darüber, dass die Entlastung auf der Überzeugung beruht, dass Ersatzansprüche nicht bestehen, weshalb der Geschäftsherr erkennbar auch nicht auf solche Ansprüche verzichten will. Daraus wurde bislang jedoch zu Unrecht abgeleitet, dass eine rechtsgeschäftliche Bewältigung der Entlastung insoweit ausgeschlossen ist. Indes zeigt das deklaratorische negative Schuldanerkenntnis, dass das Gesetz für die bloße Feststellung des Nichtbestehens von Ansprüchen eine passende Regelung bereithält, die durch die Konstruktion eines rechtsgrundlosen, also kondizierbaren Verzichts im Ergebnis zu einer Beweislastumkehr im Hinblick auf Einwendungen führt.[34] Auf diese Weise kann der mit dem Zeitablauf stetig zunehmenden Gefahr einer Beweisnot des Geschäftsführers angemessen Rechnung getragen werden, weil die Entlastung nicht nur den Rechenschaftsvorgang verbindlich abschließt, sondern den Geschäftsführer bei einer späteren Inanspruchnahme aus etwaigen Verfehlungen gerade auch von der Darlegungs- und Beweislast freistellt. Bei Erkennbarkeit der Verfehlung aus der Rechenschaft droht ihm im Ergebnis nur dann noch eine erfolgreiche Inanspruchnahme, wenn dem Geschäftsherrn der volle Beweis des Ersatzanspruchs gelingt. Gegen die zuweilen vertretenen einseitigen Konstruktionsansätze, etwa die Annahme einer Genehmigung nach § 684 Satz 2 BGB oder einer nachträglichen – heilenden – Weisung, bestehen bei der Entlastung trotz Erkennbarkeit von Ersatzansprüchen schon deshalb gravierende Bedenken, weil in dieser Konstellation nicht nur ein bedingter Verzichtswille des Geschäftsherrn fehlt, sondern auch ein entsprechender – letztlich inhaltsgleicher – Genehmigungs- oder Heilungswille.[35]

33 Ausführlich S. 176 ff.
34 Ausführlich S. 141 ff.
35 Ausführlich S. 202 ff.

2. Erteilt der Geschäftsherr demgegenüber Entlastung, obwohl er aus der Sicht eines verständigen Erklärungsempfängers Kenntnis vom Bestehen bestimmter Ersatzansprüche hat oder mit solchen Ansprüchen doch wenigstens rechnet, so lässt sich die Entlastung als schenkweiser konstitutiver Anspruchsverzicht im Sinne der §§ 397, 516 BGB auslegen.[36] Dabei ist es im Ergebnis nicht entscheidend, ob die Entlastung als Erlass, als Eventualerlass oder als konstitutives negatives Schuldanerkenntnis zu deuten ist, weil all diese Erscheinungsformen des konstitutiven Anspruchsverzichts materiell-rechtlich identisch sind. Von positiver Kenntnis des Geschäftsherrn darf der Geschäftsführer nach §§ 133, 157 BGB jedoch grundsätzlich nur ausgehen, wenn er dem Geschäftsherrn die Kenntnis selbst verschafft hat.[37] Hierzu ist er in Ansehung von ihm bekannten tatsächlichen oder etwaigen Verfehlungen im Rahmen der Rechenschaft verpflichtet. Auf private Kenntnisse des Geschäftsherrn erstreckt sich die Entlastung grundsätzlich nur, wenn der Geschäftsherr diese private Kenntnis gegenüber dem Geschäftsführer offen legt.[38] Nur ausnahmsweise kommt es auf die Offenlegung der Kenntnis nicht an, wenn der Geschäftsherr auch für die ihm privat bekannt gewordenen Verfehlungen entlasten will und der Geschäftsführer die Erklärung tatsächlich in diesem Sinne versteht (*falsa demonstratio non nocet*).

3. Eine weitere wesentliche Erkenntnis lässt sich dahin zusammenfassen, dass die rechtsgeschäftliche Deutung der Entlastung – entgegen allgemeiner Ansicht – nicht am fehlenden Vertragsschluss mit dem Geschäftsführer scheitert.[39] Der Umstand, dass er in der Praxis regelmäßig auf die Entlastung schweigt, hatte das Reichsgericht zwar frühzeitig dazu bewegt, die Entlastung als ein einseitiges Rechtsgeschäft zu deuten.[40] Inzwischen ist in Rechtsprechung und Schrifttum jedoch ein leistungsfähiger Konstruktionsansatz unter Rückgriff auf die Wertung des § 516 Abs. 2 BGB anerkannt, um das Schweigen als konkludente Annahmeerklärung auszulegen.[41] Dieser Ansatz beansprucht grundsätzlich bei allen für den Empfänger rechtlich lediglich vorteilhaften Vertragsangeboten Geltung, so dass er ohne weiteres auch für die als konstitutiver Anspruchsverzicht (§§ 397 Abs. 1, 516 Abs. 1 BGB) bzw. als deklaratorisches negatives Schuldanerkenntnis (§§ 397 Abs. 2, 812 Abs. 2 BGB) gedeutete Entlastung herangezogen werden kann. Ein dogmatisch-konstruktives Bedürfnis nach der Anerkennung eines einseitigen Anspruchsverzichts bzw. einer Deutung der Entlastung als einseitiges Rechtsgeschäft mit der Wirkung wie ein

36 Ausführlich S. 168 ff.
37 Ausführlich S. 169 ff.
38 Ausführlich S. 172.
39 Ausführlich S. 205 ff.
40 Ausführlich S. 115 f.
41 Ausführlich S. 225 ff

Verzicht oder wie ein deklaratorisches negatives Schuldanerkenntnis besteht danach nicht. Mit der hier befürworteten Konstruktion kann zugleich dem vom Gesetz intendierten Schutz des Schuldners vor einem aufgedrängten Verzicht auch bei der Entlastung hinreichend Rechnung getragen werden. Weil an dem Annahmeerfordernis festgehalten wird, ist dem Geschäftsherrn zugleich die Möglichkeit eröffnet, den Eintritt der anspruchsausschließenden Wirkung der Entlastung durch Zurückweisung der Entlastung zu verhindern.[42] Allerdings hat sich ebenfalls gezeigt, dass diesem Umstand in der Praxis kaum eine relevante Bedeutung zukommen dürfte.[43]

4. Im Verbandsrecht begegnet der rechtsgeschäftliche Konstruktionsansatz immer dann Bedenken, wenn für den Vertragsschluss mit den zu entlastenden Organmitgliedern ein von der Gesellschafterversammlung abweichendes Organ zuständig ist.[44] Das betrifft etwa die GmbH mit Aufsichtsrat oder die Genossenschaft. Der rechtsgeschäftliche Lösungsansatz lässt sich insofern nur unter Rückgriff auf eine ungeschriebenen Annexkompetenz der Versammlung zum Vertragsschluss verwirklichen. Sie beruht darauf, dass das Gesetz jeweils der Versammlung die Entlastungskompetenz zuweist und diese Kompetenzzuweisung entwertet würde, wenn die Versammlung nicht auch zur notwendigen rechtsgeschäftlichen Umsetzung des Entlastungsbeschlusses befugt wäre. Eine solche Annexkompetenz ist im Zusammenhang mit der Generalbereinigung bei der GmbH ohne Aufsichtsrat einhellig anerkannt. Sie lässt sich jedoch auch für die übrigen Organisationsformen herleiten, weil eine Mitwirkung anderer Gesellschaftsorgane an der Entlastung mit deren Sinn und Zweck als wertende Stellungnahme zur Geschäftsführung durch die Gesellschafter nicht vereinbar ist.[45] Der Entlastungsbeschluss ist dabei eine Wirksamkeitsvoraussetzung für die in Ausführung des Beschlusses geschlossenen Verträge; wird der Beschluss erfolgreich angefochten, entfallen zugleich die Rechtsfolgen des Ausführungsgeschäfts.[46]

5. Im Ergebnis lässt sich damit konstatieren, dass die in der gesellschaftsrechtlichen Entlastungsdiskussion vielfach unterschätzte Rechtsgeschäftslehre erheblich leistungsfähiger ist, als es den Anschein haben mag. Wegen des fehlenden Verzichtswillens im Hinblick auf bloß erkennbare Ersatzansprüche kann sie zwar nur einen Teilaspekt der klassischen Entlastungsfolgen erklären. Die Ergebnisse erweisen sich dennoch nicht als unangemessen. Derjenige Geschäftsführer, der nicht gegen seine Pflichten verstoßen hat, ist durch die mit dem deklaratorischen

42 Ausführlich S. 212 ff.
43 Vgl. S. 214.
44 Ausführlich S. 244 ff.
45 Ausführlich S. 248 ff.
46 Ausführlich S. 253 ff.

negativen Schuldanerkenntnis verbundene Beweislastumkehr vor einer Beweisnot bei unberechtigter Inanspruchnahme hinreichend geschützt. Dagegen ist der Geschäftsführer, der um seine Verfehlungen weiß oder mit solchen wenigstens rechnet, zu weitgehender Offenheit gegenüber dem Geschäftsherrn gezwungen, um eine Klarstellung und Bereinigung der Rechtslage herbeizuführen. Hat der Geschäftsführer gegen seine Pflichten verstoßen und kann der Geschäftsherr den Ersatzanspruch vollumfänglich beweisen, so steht die rechtsgeschäftlich gedeutete Entlastung der Haftung nicht entgegen, es sei denn, dem Geschäftsführer gelingt der Nachweis eines konstitutiven Anspruchsverzichts. Eine solche Haftung erweist sich vor allem deshalb nicht als unangemessen, weil die Ursache für den Ersatzanspruch aus der Verantwortungssphäre des Geschäftsführers herrührt.

3. Teil: Die Entlastung und das Verbot widersprüchlichen Verhaltens

Die Deutung des entlastungsbedingten Rechtsverlusts als einen Unterfall des Verbots widersprüchlichen Verhaltens ist – wie zu Beginn der Untersuchung ausführlicher dargestellt – im Gesellschaftsrecht ganz herrschend.[1] Bei der bürgerlich-rechtlichen Entlastung ist der Rückgriff auf das Widerspruchsverbot dagegen bislang nur vereinzelt anzutreffen. Regelmäßig handelt es sich hierbei um Stellungnahmen, in denen die gesellschaftsrechtlichen Grundsätze auf die bürgerlich-rechtliche Entlastung übertragen werden, um auf diese Weise zu einem über das Verbandsrecht hinausreichenden einheitlichen Rechtsinstitut der Entlastung zu gelangen.[2]

1 Vgl. die Darstellung und Nachweise auf S. 120 ff.

2 *Knoche*, S. 71 ff. und *Bonefeld*, S. 98 ff.

§ 7 Der Rechtsverlust als Folge einer Bindung kraft zurechenbar veranlassten Vertrauens

Wenn die Entlastung im Folgenden unter dem Gesichtspunkt des Verbots widersprüchlichen Verhaltens (*venire contra factum proprium*) untersucht wird, so geschieht das zunächst unter der Prämisse, dass das Widerspruchsverbot in der allgemeinen Rechtsdiskussion zu § 242 BGB ganz überwiegend auf die Gewährung von Vertrauensschutz zurückgeführt wird.[1] Anknüpfungspunkt für die rechtliche Bindung ist die Schaffung eines Vertrauenstatbestands und der daraus resultierende Schutz des anderen Teils vor der Enttäuschung des bei ihm erweckten Vertrauens. Zu Beginn der Untersuchung wurde indes bereits darauf aufmerksam gemacht, dass im gesellschaftsrechtlichen Schrifttum zur Entlastung zwar weithin auf den Gedanken des widersprüchlichen Verhaltens *hingewiesen* wird, häufig jedoch eine explizite Verknüpfung dieses Grundsatzes mit dem Vertrauensschutz fehlt.[2] Vielfach heißt es nur, nach erteilter Entlastung sei die Geltendmachung von Ersatzansprüchen als widersprüchliches Verhalten unzulässig.[3] Solche Erklärungsansätze erweisen sich allerdings an der entscheidenden Stelle als unvollständig, weil sie die Widersprüchlichkeit der späteren Anspruchsgeltendmachung implizit voraussetzen, statt sie zu begründen. Da im geltenden Recht jedoch kein allgemeines Widerspruchsverbot existiert, steht es jedermann grundsätzlich frei, einen einmal eingenommenen Standpunkt nachträglich wieder aufzugeben. Die damit verbundene *Zulässigkeit* des Selbstwiderspruchs findet ihre Grenze erst dort, wo eine rechtliche Bindung an das Vorhalten eingetreten ist.[4] Bei dem bloßen Hinweis auf die Unzulässigkeit der Anspruchsverfolgung handelt es sich folglich um eine Leerformel; eine brauchbare Begründung beinhaltet er nicht.[5] Das muss indes nicht bedeuten, dass sich eine solche Sichtweise auch im Ergebnis als unzutreffend erweist. So finden sich im jüngeren Schrifttum zur Entlastung zahlreiche Untersuchungen, die es sich zur Aufgabe gemacht haben, die für die Heranziehung des Widerspruchsverbots erforderliche Bindung des Geschäfts-

---

1 BGH NJW 1986, 2104 (2107); *Wieacker*, S. 28; *Canaris*, Vertrauenshaftung, S. 270 f., 287; *Dette*, S. 45 ff.; *Singer*, Widersprüchliches Verhalten, S. 6, 43; *Larenz*, SR I, § 10 II b, S. 133; Soergel/*A. Teichmann*, § 242 Rn. 313 ff.; a.A. *Wieling*, AcP 176 (1976), 334 f.; *ders.*, AcP 187 (1987), 95 ff.

2 Vgl. die Nachweise auf S. 121 Fn. 113.

3 Ebenda.

4 Vgl. ausführlich bereits S. 106 ff.

5 *Canaris*, Vertrauenshaftung, S. 287; *Dette*, S. 38.

herrn an die erteilte Entlastung mit dem Gedanken des Vertrauensschutzes zu rechtfertigen.[6]

Nach Maßgabe der bisherigen Untersuchungsergebnisse begegnet ein weitreichender Vertrauensschutz allerdings schon im Ansatz gravierenden Bedenken. Soweit bei bekannten Ansprüchen eine vertragliche Deutung der Entlastung als konstitutiver Anspruchsverzicht möglich ist, erweist sich der Rückgriff auf den Vertrauensschutz nicht nur als unnötig, sondern er muss sogar zwingend ausscheiden, weil der Vertrauensgedanke neben der Rechtsgeschäftslehre nur ergänzende Funktion hat. Freilich stellt die vertrauensbasierte Entlastungssicht eine rechtsgeschäftliche Deutung der Entlastung generell in Abrede und eröffnet auf diese Weise den Anwendungsbereich des Vertrauensschutzes. Die Darstellung soll vor diesem Hintergrund die logischen Brüche und argumentativen Inkonsistenzen der bisherigen Argumentationsstrukturen aufzeigen. Die im allgemeinen zivilrechtlichen Schrifttum verbreitete Skepsis gegen den Vertrauensgedanken als »theoretisch-dogmatische Allzweckwaffe«[7] und »Zauberstab«[8] bei der Bewältigung von Rechtsproblemen beruht maßgeblich auf dem Umstand, dass eine großzügige Heranziehung des Vertrauensgedankens die Gefahr begründet, entgegenstehende gesetzliche Wertungen unter Hinweis auf den Vertrauensgedanken und § 242 BGB auszuschalten, ohne herauszuarbeiten, warum die gesetzlichen Wertungen dem Einzelfall nicht gerecht werden.[9] Die verbreiteten Argumente, mit denen der Verlust bekannter Ersatzansprüche über den Vertrauensschutz begründet wird, werden sich dabei geradezu als Musterbeispiel für eine Heranziehung des Vertrauensgedankens zur Umgehung gesetzlicher Wertungen herausstellen. Das bedeutet indes nicht, dass ein Vertrauensschutz im Ergebnis zwingend zu versagen ist, doch wird sich zeigen, dass hierfür ganz andere Prämissen maßgeblich sind, die in der Entlastungsdiskussion bislang keine hinreichende Beachtung gefunden haben.

Daneben wird zu untersuchen sein, ob ein Vertrauensschutz in Betracht kommt, soweit die Entlastung nach der hier vertretenen Ansicht als deklaratorisches negatives Schuldanerkenntnis auszulegen ist. So muss der Geschäftsführer zwar erkennen, dass die Entlastung bei unbekannten, wenngleich erkennbaren Ansprüchen nicht mit einem Verzicht auf Ersatzansprüche verbunden ist, den-

---

6 Vgl. die Nachweise auf S. 121 Fn. 107.

7 *Hopt*, AcP 183 (1983), 608 (642).

8 *Wieling*, AcP 187 (1987), 95 (100); ähnlich *Dette*, S. 110: »Joker«.

9 Vgl. etwa die Kritik von *Wieling*, AcP 176 (1976), 334 (338); *ders.*, AcP 187 (1987), 95 ff.; vgl. auch *Köndgen*, S. 97 ff.; *v. Bar*, ZGR 1983, 476 (499 ff.); *Picker*, AcP 183 (1983), 369 (418 ff.); *Leenen*, Symposion Wieacker, 1990, S. 108 (112 ff.); *Loges*, S. 13, 48 ff. Zur Zurückhaltung mahnen auch: *Hopt*, AcP 183 (1983), 608 (640 f.); *Dette*, S. 110; *Singer*, Widersprüchliches Verhalten, S. 4 f.

noch mag er in bestimmten Fällen in besonderer Weise darauf vertrauen, dass tatsächlich keine Ersatzansprüche gegen ihn bestehen. Angesichts der gesetzlichen Wertung des deklaratorischen negativen Schuldanerkenntnisses nach Maßgabe der §§ 397 Abs. 2, 812 Abs. 2 BGB bestehen an einem weitergehenden Vertrauensschutz freilich schon im Ausgangspunkt erhebliche Bedenken, weil die Rechtsgeschäftslehre hier ebenfalls dem Vertrauensschutz vorgeht. Die entscheidende Frage lautet vor diesem Hintergrund, ob mittels Vertrauensschutz ein Rechtsverlust begründet werden kann, obwohl das Gesetz auf rechtsgeschäftlicher Ebene lediglich eine Beweislastumkehr vorsieht. In diesem Zusammenhang sollen die verbreiteten Argumente, die die Vertreter des vertrauensbasierten Entlastungsmodells für die Schutzwürdigkeit des Vertrauens im Hinblick auf erkennbare Ersatzansprüche anführen, ausführlich untersucht werden.

I. Die dogmatischen Grundlagen des Vertrauensschutzes

Gesetzliche Grundlage des Vertrauensschutzes ist die Vorschrift des § 242 BGB. Danach ist der Schuldner verpflichtet, die Leistung so zu bewirken, wie Treu und Glauben mit Rücksicht auf die Verkehrssitte es erfordern. Im Ausgangspunkt herrscht Einigkeit, dass die Grundsätze von Treu und Glauben über den Wortlaut der Vorschrift hinaus nicht nur den Schuldner binden, sondern auch den Gläubiger,[10] und dass sie über die Erfüllung von Leistungspflichten hinaus als »Leitidee« jedes einzelne Schuldverhältnis ganz umfassend beherrschen.[11]

1. § 242 BGB als »offener Tatbestand«

Die Besonderheit der Generalklausel des § 242 BGB besteht darin, dass sie als »offener Tatbestand«[12] nicht lediglich eine gesetzliche Wertentscheidung enthält, die im Wege der Interpretation offenzulegen und zu konkretisieren ist.[13] Denn bei § 242 BGB stehen weder die Rechtsvoraussetzungen noch die Rechtsfolgen fest,[14] vielmehr muss für jeden Einzelfall eigens die »treffende« Lösung entwickelt und

---

10 Soergel/*A. Teichmann*, § 242 Rn. 4; *Dette*, S. 28; *Singer*, Widersprüchliches Verhalten, S. 194; vgl. auch *Roth/Schubert*, in: MüKo/BGB, § 242 Rn. 86.

11 Soergel/*A. Teichmann*, § 242 Rn. 4 mit Verweis auf RGZ 85, 108 (117); *Sutschet*, in: Bamberger/Roth, § 242 Rn. 1.

12 Soergel/*A. Teichmann*, § 242 Rn. 5; *Wieacker*, S. 10 ff.; *Esser*, S. 220 ff.

13 Soergel/*A. Teichmann*, § 242 Rn. 5; *Roth/Schubert*, in: MüKo/BGB, § 242 Rn. 31.

14 *Roth/Schubert*, in: MüKo/BGB, § 242 Rn. 2.

auf diese Weise Einzelfallgerechtigkeit herbeigeführt werden.[15] Die damit verbundene Individualisierung der Grundsätze von Treu und Glauben birgt freilich die Gefahr, dass die Rechtssicherheit ausgehöhlt wird, weil das Billigkeitsempfinden des zur Entscheidung berufenen Richters an die Stelle klarer Normen und voraussehbarer Entscheidungen tritt.[16] Geboten ist deshalb eine Konkretisierung von Treu und Glauben, ohne dass zugleich ein geschlossenes subsumtionsfähiges System geschaffen wird, mit dem auf Neuerungen und gesellschaftliche Wandelungen nicht mehr flexibel genug reagiert werden kann.[17]

2. Präzisierung mittels eines »beweglichen Systems«

Für das Vertrauensprinzip als eine besondere Ausgestaltung von Treu und Glauben finden sich im Schrifttum längst umfassende Untersuchungen, die eine »rechtstheoretische Präzisierung« der Grundsätze des § 242 BGB zum Ziel haben.[18] Besondere Bedeutung hat dabei die von *Canaris* entwickelte »Vertrauenshaftung im deutschen Privatrecht« erlangt.[19] *Canaris* führt das Verbot widersprüchlichen Verhaltens darin auf einen besonderen Anwendungsfall der »Vertrauenshaftung kraft rechtsethischer Notwendigkeit« zurück.[20] Das methodische Mittel zur »rechtstheoretischen Präzisierung« des Widerspruchsverbots ist nach Ansicht von *Canaris* ein »bewegliches System«.[21] Dieser Begriff stammt von *Wilburg*, der seine »Theorie des Schadensersatzrechts« nicht an einem einzigen einheitlichen Rechtsprinzip ausrichtete, sondern an einer Mehrzahl von »Elementen«.[22] Die Beweglichkeit seines Systems beruht darauf, dass sich die Rechtsfolge nicht schon aus der starren Verwirklichung sämtlicher Elemente ergibt, sondern »aus dem Zusammenwirken dieser Elemente je nach Zahl und Stärke«.[23] Im Einzelfall kann es sogar ausreichen, wenn nur eines der Elemente verwirklicht ist, sofern es in

---

15 Soergel/*A. Teichmann*, § 242 Rn. 5.
16 Soergel/*A. Teichmann*, § 242 Rn. 7.
17 Soergel/*A. Teichmann*, § 242 Rn. 7.
18 Vgl. etwa *Wieacker*, S. 28.
19 *Canaris*, Die Vertrauenshaftung im deutschen Privatrecht, 1971.
20 *Canaris*, Vertrauenshaftung, S. 287 ff.
21 *Canaris*, Vertrauenshaftung, S. 302 ff.
22 *Wilburg*, Bewegliches System, S. 12 f.; vgl. zum »beweglichen System« auch *Canaris*, Systemdenken, S. 74 ff., 82 ff.; 152 f.; *Bydlinski*, Methodenlehre, S. 529 ff. sowie die zahlreichen Beiträge in: *Bydlinski/Krejci/Schilcher/Steininger*, Das Bewegliche System im geltenden und künftigen Recht, 1986.
23 *Wilburg*, AcP 163 (1964), 347.

»besonderer Stärke« vorliegt.[24] Die wesentlichen Merkmale eines solchen Systems charakterisiert *Canaris* neben dem »Verzicht auf eine abschließende Tatbestandsbildung« zu Recht dahin, dass zwischen den maßgeblichen Prinzipien »grundsätzliche Ranggleichheit« und »wechselseitige Austauschbarkeit« herrsche.[25]

Mit dem Verzicht auf eine abschließende Tatbestandsbildung ähnelt das bewegliche System funktional einer Generalklausel; gegenüber dieser hat es aber den Vorteil, dass es die für die Ausfüllung erforderlichen Kriterien bereits vorgibt. *Canaris* hat daraus abgeleitet, dass es »eine Zwischenstellung zwischen festem Tatbestand und Generalklausel« einnehme.[26] Es zeichne sich dadurch aus, dass es sich »von den Rigorismen starrer Normen« gleichermaßen fern halte »wie von der Konturenlosigkeit reiner Billigkeitsklauseln«.[27] Wegen seiner Flexibilität entspreche es deshalb dem Wesen des § 242 BGB besser als eine tatbestandliche Verfestigung,[28] die über kurz oder lang an ihre Grenzen geraten müsse. Zugleich ermögliche es eine grundlegende »rechtstheoretische Präzisierung« der Grundsätze von Treu und Glauben und sichere durch seine »Grundsätzlichkeit«[29] letztlich eine ausgewogenere und vorhersehbarere Rechtsanwendung.

a) Die allgemeinen Merkmale des Vertrauensschutzes

Die allgemeinen Merkmale der Vertrauenshaftung hat *Canaris* vor diesem Hintergrund wie folgt umschrieben: Erforderlich ist ein vertrauensbegründendes Verhalten[30] sowie die Schutzwürdigkeit des hierdurch erweckten Vertrauens.[31] Wesentlich für die Schutzwürdigkeit sind verschiedene Kriterien: der gute Glaube, die Kenntnis des Vertrauenstatbestands, die Vertrauensdisposition, die Kausalität zwischen dem Vertrauen und der Vertrauensdisposition sowie das Vorliegen eines Verkehrsgeschäfts.[32] Schließlich muss der Vertrauenstatbestand dem Verpflichteten zurechenbar sein.[33]

---

24 *Wilburg*, Bewegliches System, S. 13.
25 *Canaris*, Systemdenken, S. 75.
26 *Canaris*, Systemdenken, S. 82.
27 *Canaris*, Systemdenken, S. 84.
28 *Canaris*, Vertrauenshaftung, S. 303;
29 *Canaris*, Vertrauenshaftung, S. 303 mit Verweis auf *Canaris*, Systemdenken, S. 76 f.
30 *Canaris*, Vertrauenshaftung, S. 491; Soergel/*A. Teichmann*, § 242 Rn. 317.
31 *Canaris*, Vertrauenshaftung, S. 504; Soergel/*A. Teichmann*, § 242 Rn. 320.
32 *Canaris*, Vertrauenshaftung, S. 504; vgl. auch Soergel/*A. Teichmann*, § 242 Rn. 321.
33 *Canaris*, Vertrauenshaftung, S. 517; Soergel/*A. Teichmann*, § 242 Rn. 319.

b) Das Erfordernis einer »Interessenabwägung«

Diese »allgemeinen Merkmale« lassen sich zu der griffigen Formulierung verdichten, dass in zurechenbarer Weise schutzwürdiges Vertrauen veranlasst und in Anspruch genommen worden sein muss. Bei diesen »allgemeinen Merkmalen« handelt es sich allerdings nicht um konkrete Tatbestandsmerkmale. Zwar führen sie zu einer »wesentlichen Präzisierung des Vertrauensprinzips«, doch genügen sie für sich betrachtet nicht, um im Wege einer begrifflichen Subsumtion konkrete Rechtsfolgen abzuleiten.[34] Die Besonderheit des beweglichen Systems besteht gerade darin, dass sich konkrete Rechtsfolgen erst durch das »Zusammenwirken dieser Elemente je nach Zahl und Stärke«[35] ergeben. Lassen sich die genannten Merkmale nachweisen, ist also nur ein erster Schritt in Richtung auf die Rechtsfolge getan. Erforderlich ist daneben eine wertungsmäßige Fundierung, ob die vorliegenden Merkmale »nach Zahl und Stärke« für die Annahme einer rechtlichen Bindung genügen. Die Lösung lässt sich insoweit aber nicht mehr »aus den immanenten Strukturgesetzen des Vertrauensgedankens selbst« ableiten, sondern allein aus den Wertungen des positiven Rechts.[36] Maßgeblich ist deshalb eine Abwägung unter dem Blickwinkel höherrangiger, bestimmte Interessen schützender Normen.[37] Dieser Vorgang wird häufig auch als »Billigkeitskontrolle« bezeichnet.[38]

c) Die prinzipielle Gleichwertigkeit von Rechtsbegründung und Rechtsverlust

Bevor die Entlastung auf die vorgenannten Merkmale untersucht werden kann, ist als notwendige Vorfrage zu klären, ob die von *Canaris* herausgearbeiteten Grundsätze für die hier zu untersuchende Frage des Rechtsverlusts durch Entlastung überhaupt Anwendung finden können. Denn *Canaris* hat seine Untersuchung ausdrücklich auf solche Fälle beschränkt, in denen der Vertrauensschutz zur Begründung von Rechten herangezogen wird.[39] Als formales Argument hat er darauf verwiesen, dass von einer Vertrauens*haftung* nur die Rede sein könne, wenn es um die Begründung von Pflichten, also um eine Erfüllungs- oder Schadensersatz*haftung* gehe.[40] Sachlich hat er die Ausklammerung des Rechtsverlusts darauf zurückgeführt, dass dieser Problemkreis schon oft genug untersucht

---

34 *Canaris*, Vertrauenshaftung, S. 525; Soergel/*A. Teichmann*, § 242 Rn. 316.
35 *Wilburg*, AcP 163 (1964), 347.
36 *Canaris*, Vertrauenshaftung, S. 525.
37 Soergel/*A. Teichmann*, § 242 Rn. 323.
38 *Knoche*, S. 73; *Bonefeld*, S. 111; *Graff*; S. 100; *A. Zimmermann*, S. 189.
39 *Canaris*, Vertrauenshaftung, S. 3.
40 *Canaris*, Vertrauenshaftung, S. 3 (Hervorhebung nur hier).

worden sei und hinsichtlich der Lösungsmöglichkeiten trotz mancher Verwandtschaften weitgehend eigenständigen Charakter aufweise.[41] Entsprechend diesem Ansatz hat *Canaris* das Verbot widersprüchlichen Verhaltens in das System der Vertrauenshaftung nur soweit miteinbezogen, als ihm anspruchsbegründende Funktion zukommt.[42] Bei der Entlastung geht es indes gerade um die gegenteilige Frage des Rechtsverlusts.

Die Annahme, in den Anforderungen an das Vertrauensprinzip bestehe ein Unterschied zwischen der Rechtsbegründung und dem Rechtsverlust, war früher weit verbreitet.[43] Sie beruhte im Wesentlichen auf der begrifflichen Überlegung, dass das Verbot widersprüchlichen Verhaltens den Rechtsinhaber an der – missbräuchlichen – Ausübung eines an sich bestehenden Rechts hindere (sog. *exceptio doli*).[44] Vor dem Hintergrund dieser, dem aktionenrechtlichen Denken des römischen Rechts verpflichteten Sichtweise lag der Schluss nahe, dass das Verbot widersprüchlichen Verhaltens allein geeignet ist, einen Rechtsverlust oder zumindest eine Rechtsminderung zu legitimieren. Dagegen war eine Rechtsbegründung anhand eines solchen Einwands, der sich begrifflich *gegen* ein eigentlich bestehendes Recht richtete, scheinbar ausgeschlossen. Die dogmatische Schwierigkeit bei der Heranziehung des Widerspruchsverbots bestand deshalb weniger in der Rechtfertigung eines Rechtsverlusts als in der Heranziehung des Grundsatzes zur Rechtsbegründung (sog. Erwirkung).[45] Eingangs wurde in diesem Zusammenhang aber bereits darauf hingewiesen, dass das Vertrauensprinzip zu einer Änderung der materiellen Rechtslage führt.[46] Erlischt das Recht, so kann in seiner späteren Geltendmachung kein *Rechts*missbrauch mehr gesehen werden. Die Anknüpfung an die traditionelle aktionenrechtliche Denkweise unter Rückgriff auf die Grundsätze der *exceptio doli* des römischen Zivilprozesses führt im geltenden Recht damit in die Irre.[47] Ausgehend von diesem Befund haben *Dette* und *Singer* den Vertrauensgedanken auch für die Konstellation des Rechtsverlusts infolge widersprüchlichen Verhaltens fruchtbar gemacht.[48] Der dogmatische Gewinn einer solchen Heranziehung der Grundsätze des Vertrauensschutzes nach dem Vorbild von *Canaris* besteht in der damit erzielten rechtstheoretischen Prä-

---

41 *Canaris*, Vertrauenshaftung, S. 3.

42 *Canaris*, Vertrauenshaftung, S. 287, 372.

43 *Enneccerus/Nipperdey*, AT I/2, § 228 IV 4, S. 1396; *Siebert*, Verwirkung, S. 57 f., 144.

44 Hierzu ausführlicher: *Dette*, S. 39 f.; *Roth/Schubert*, in: MüKo/BGB, § 242 Rn. 204; Soergel/*A. Teichmann*, § 242 Rn. 28.

45 Vgl. etwa: *Canaris*, Vertrauenshaftung, S. 372 ff.; *Larenz*, SR I, § 10 II g), S. 142.

46 Vgl. ausführlicher S. 106 ff.

47 *Dette*, S. 39 ff.; ähnlich *Singer*, Widersprüchliches Verhalten, S. 194.

48 *Dette*, Venire contra factum proprium nulli conceditur, 1985; *Singer*, Widersprüchliches Verhalten,1993.

zisierung des Widerspruchsverbots auch im Hinblick auf den Rechtsverlust. Denn erst die Herausarbeitung und Akzentuierung der entscheidungsleitenden Kriterien stellt eine ausgewogene und vorhersehbare Rechtsanwendung sicher und vermeidet Wertungswidersprüche, die bei einem reinen einzelfallbezogenen Judizieren auf Dauer letztlich unvermeidlich wären.

Für die prinzipielle Gleichwertigkeit von Rechtsbegründung und Rechtsverlust spricht aus materiell-rechtlicher Sicht, dass Zuerkennung und Aberkennung von Rechten nur »zwei Seiten derselben Medaille« sind.[49] Was der einen Partei genommen wird, wird der anderen gegeben, und umgekehrt. Unter dem Gesichtspunkt des Vertrauensschutzes ist es deshalb unerheblich, ob das Vertrauen des Schuldners oder das des Gläubigers geschützt wird; die jeweiligen Parteirollen sind ohne Bedeutung, solange nur schutzwürdiges Vertrauen vorliegt:[50] Erweckt der Gläubiger schutzwürdiges Vertrauen darauf, dass er eine Forderung nicht mehr geltend mache, so verliert er sein Recht. Erweckt umgekehrt der Schuldner schutzwürdiges Vertrauen darauf, dass er sich auf eine Einwendung bzw. Einrede nicht berufen werde (etwa auf die Einrede der Verjährung aus § 214 Abs. 1 BGB), so verliert er sein Gegenrecht und zugleich behält der Gläubiger den Anspruch. Erweist sich aber das Vertrauensprinzip bei der Rechtsbegründung und dem Rechtsverlust danach als strukturell gleichwertig, so sind an beide auch prinzipiell die gleichen Anforderungen zu stellen. Es ist deshalb – in Abweichung von der ursprünglichen Annahme von *Canaris* – heute weitgehend anerkannt, dass die sachlichen Anforderungen an den Vertrauensschutz bei der Rechtsbegründung und beim Rechtsverlust identisch sind.[51]

3. Zwischenergebnis und Prüfungsansatz

Aus den vorstehenden Ausführungen lässt sich ableiten, dass es für den etwaigen Rechtsverlust als Folge der Entlastung maßgeblich darauf ankommt, ob

(1) der Geschäftsherr mit der Entlastung einen Vertrauenstatbestand geschaffen hat,

(2) das Vertrauen des Geschäftsführers unter umfassender Abwägung der beteiligten Interessen schutzwürdig ist und

(3) der Vertrauenstatbestand dem Geschäftsherrn auch zurechenbar ist.

---

49 *Roth/Schubert*, in: MüKo/BGB, § 242 Rn. 198; *Singer*, Widersprüchliches Verhalten, S. 194; *Dette*, S. 83 ff., 89 ff. (»Spiegelbildfunktion«); vgl. auch Soergel/*A. Teichmann*, § 242 Rn. 28.

50 *Singer*, Widersprüchliches Verhalten, S. 194.

51 Vgl. die Nachweise in Fn. 49.

Soweit die Entlastung im Schrifttum eingehender am Vertrauensschutz gemessen wird, werden diese Voraussetzungen meist ausführlich behandelt.[52] Ein häufiger Fehler bei der Untersuchung der Entlastung besteht dann jedoch – wie sich sogleich zeigen wird – darin, dass die einzelnen Merkmale zwar subsumiert werden, dabei aber nicht herausgearbeitet wird, welche Anforderungen nach »Zahl und Stärke« an sie zu stellen sind und – vor allem! – welches die maßgeblichen *gesetzlichen Wertungen* sind, die die Schutzwürdigkeit des Vertrauens begründen. So findet sich zwar durchweg eine ausführliche Billigkeitsprüfung, doch muss diese fast zwangsläufig fehlgehen, wenn die wesentlichen gesetzlichen Prämissen im Dunkeln bleiben.

II. Das vertrauensbegründende Verhalten

Erforderlich ist zunächst ein vertrauensbegründendes Vorverhalten.[53] Allgemein kommt hierfür jeder Sachverhalt in Betracht, der geeignet ist, Vertrauen in eine bestimmte Richtung zu erwecken.[54] Dazu gehören als sog. »natürliche äußere Tatbestände« sämtliche Erklärungen und auch konkludentes Verhalten.[55]

1. Der Ausspruch der Entlastung als Vertrauenstatbestand

Für die Entlastung wird im Schrifttum zu Recht ganz überwiegend vertreten, dass ein Vertrauensschutz an dem Ausspruch der Entlastung, also an einem positiven Tun anknüpft.[56] Wie schon bei der rechtsgeschäftlichen Deutung ist eine ausdrückliche Bezeichnung der Entscheidung als Entlastung nicht erforderlich, solange der Geschäftsführer nur auf die Billigung der Geschäftsführung schließen kann.[57]

---

52 *Knoche*, S. 73; *Schmeling*, S. 109 f.; *Bonefeld*, S. 99; *Graff*, S. 98; *A. Zimmermann*, S. 189; vgl. auch *Tellis*, S. 87; *Barner*, S. 72.

53 *Canaris*, Vertrauenshaftung, S. 491; *Dette*, S. 57; *Singer*, Widersprüchliches Verhalten, S. 5.

54 *Canaris*, Vertrauenshaftung, S. 491.

55 *Canaris*, Vertrauenshaftung, S. 492.

56 *K. Schmidt*, ZGR 1978, 425 (434 und 435); *Tellis*, S. 88; *Schmeling*, S. 112; *Graff*, S. 99.

57 *Schmeling*, S. 112; Knoche, S. 74; *Tellis*, S. 88 f.; vgl. auch *Fleck*, GmbHR 1974, 224 (228).

a) Die Erklärung der Entlastung

Im Verhältnis zweier natürlicher Personen erfolgt der Ausspruch der Entlastung durch die Entlastungserklärung des Geschäftsherrn. Allerdings bedingt der hier untersuchte nichtrechtsgeschäftliche Ansatz, dass diese Erklärung eben nicht als Willenserklärung, gerichtet auf die Herbeiführung eines Rechtsverzichts oder auf die Anerkennung des Nichtbestehens von Rechten gedeutet werden darf, sondern als ein rein tatsächlicher Mitteilungsakt über die Billigung der Geschäftsführung.

b) Der Beschluss über die Entlastung

Im Gesellschaftsrecht tritt an die Stelle der Entlastungserklärung der (ggf. festgestellte und verkündete) Entlastungsbeschluss.[58] Dass es sich bei diesem Beschluss nach zutreffender Ansicht um ein Rechtsgeschäft handelt,[59] soll für die Anknüpfung des Vertrauensschutzes unschädlich sein. Denn Rechtsgeschäft ist der Beschluss nur insoweit, wie er auf die Herbeiführung von Rechtsfolgen gerichtet ist, die eintreten, weil sie gewollt sind. Gewollte Rechtsfolge ist entsprechend dem gewählten Ansatz aber nur die interne Willensbildung.[60] Als Akt der Willensbildung substituiert der Beschluss lediglich den Entschluss einer natürlichen Person. Dagegen soll der Rechtsverlust nach der im Gesellschaftsrecht einhellig vertretenen Ansicht keine gewollte Folge des Entlastungsbeschlusses sein.[61] Daraus wird vielfach abgeleitet, dass der Entlastungsbeschluss nicht ausführungsbedürftig sei.[62] Faktisch tritt der geäußerte Beschluss damit an die Stelle der Entlastungserklärung einer natürlichen Person.

c) Die Kenntnis des Geschäftsführers von der Entlastung

Auf Seiten des Vertrauenden ist bei einem »natürlichen äußeren Tatbestand« wie einer Erklärung oder einem Beschluss die Kenntnis des Vertrauenstatbestandes erforderlich.[63] Diese Kenntnis ist unproblematisch, wenn der Entlastete der Entlastung beiwohnt.[64] Entscheidet der Geschäftsherr über die Entlastung dagegen in

---

58 *K. Schmidt*, ZGR 1978, 425 (434): »Grundlage der Entlastung ist und bleibt der Beschluss.«

59 *Weitemeyer*, ZGR 2005, 280 (288) Fn. 62 m.w.N. Zum Charakter des Beschlusses als Rechtsgeschäft vgl. aber auch BGHZ 124, 111 (122); RGZ 118, 218 (221); RGZ 140, 174 (177) und *Ernst*, Liber amicorum Leenen, 2012, S. 1 ff.

60 *Weitemeyer*, ZGR 2005, 280 (289).

61 *K. Schmidt*, ZGR 1978, 425 (434); *Liebscher*, in: MüKo/GmbHG, § 46 Rn. 136.

62 *A. Zimmermann*, S. 155 ff.; *Zöllner*, in: Baumbach/Hueck, GmbHG, § 46 Rn. 41; *K. Schmidt*, in: Scholz, GmbHG, § 46 Rn. 91; anders: *Hüffer*, in: Ulmer, GmbHG, § 46 Rn. 64.

63 *Canaris*, Vertrauenshaftung, S. 509.

64 *A. Zimmermann*, S. 196.

Abwesenheit des Geschäftsführers, muss die Entlastung diesem zur Kenntnis gelangen. Hier ist umstritten, ob dem Entlasteten der Entlastungsbeschluss gesondert mitgeteilt werden muss[65] oder ob jegliche (d.h. auch zufällige) Kenntniserlangung ausreicht.[66] Da das Vertrauen allein auf der Kenntnis über die Erteilung der Entlastung fußt, ist im Ausgangspunkt nicht ersichtlich, dass eine besondere Art der Mitteilung erforderlich wäre. Ganz allgemein ist es für die Gewährung von Vertrauensschutz ausreichend, wenn der Vertrauende irgendwie Kenntnis von dem Vertrauenstatbestand erlangt. Hierin unterscheidet sich der Vertrauensschutz vom rechtsgeschäftlichen Ansatz, der die Entlastungserklärung als Willenserklärung begreift, so dass die allgemeinen Vorschriften über Willenserklärungen Anwendung finden (§§ 104 ff. BGB) und insbesondere Zugang beim Erklärungsempfänger erforderlich ist (§ 130 Abs. 1 Satz 1 BGB). Freilich ist es in der Praxis nicht ungewöhnlich, dass dennoch eine gesonderte Mitteilung der Entlastung erfolgt.[67]

2. Das Unterlassen der Anspruchsgeltendmachung

Neben dem Ausspruch der Entlastung wird der Vertrauensschutz im Schrifttum zuweilen auch an ein Unterlassen geknüpft, wenn es etwa heißt, in der Billigung der Geschäftsführung liege »zugleich das Unterlassen einer negativen Äußerung in Form der Nichtgeltendmachung von Ansprüchen«.[68] Für *A. Zimmermann* ist das Unterlassen der Anspruchsgeltendmachung sogar der entscheidende Punkt: »Mit der vorbehaltlosen Entlastung wird offensichtlich, dass die Verbandsmitglieder von der Geltendmachung von Regressansprüchen absehen, die Beitreibung also unterlassen wollen und werden. An dieses Unterlassen knüpft sich das Vertrauen der Entlasteten«.[69] Für *Knoche* ist das Unterlassen der Anspruchsgeltendmachung dagegen nicht allein maßgeblich, sondern entscheidend sei die »wertende Zusammenschau der Umstände«, nämlich dass der Geschäftsherr die Geltendmachung gerade in dem Moment unterlasse, »als er sich zur gesamten Tätigkeit in positiver Weise« äußere.[70] Beide Ansichten begegnen Zweifeln, weil ein Absehen

65 *Graff*, S. 99: bei Abwesenheit sei »zusätzlich die Mitteilung des Beschlusses ... notwendig«.
66 *Tellis*, S. 90: Art und Weise der Kenntnisnahme seien »belanglos«; ebenso: *Knoche*, S. 76; *A. Zimmermann*, S. 196.
67 *A. Zimmermann*, S. 196.
68 *Knoche*, S. 74.
69 *A. Zimmermann*, S. 192, anders aber S. 204: »Anknüpfungsmoment für das widersprüchliche Verhalten ... ist der Entlastungsbeschluss«.
70 *Knoche*, S. 75.

von der Anspruchsgeltungsmachung denknotwendig voraussetzt, dass der Geschäftsherr Kenntnis von den betroffenen Ansprüchen hat. Erklärt der Geschäftsherr – wie im praktischen Regelfall – aber lediglich, dass er Entlastung erteile, weil seine Prüfung ergeben habe, dass keine Ansprüche bestehen, so richtet sich seine Äußerung nicht darauf, dass er von der Geltendmachung von Ansprüchen absehe, sondern darauf, dass gar keine Ansprüche bestünden. Hinzu kommt, dass ein Unterlassen – nach allgemeinen Grundsätzen – dem positiven Tun nur dann gleichsteht und als Anknüpfungspunkt für einen Vertrauensschutz in Betracht kommt, wenn eine Pflicht zum Handeln bestand.[71] Im Rahmen des Rechenschafts- und Entlastungsvorgangs ist eine Pflicht des Geschäftsherrn zur Anspruchsgeltendmachung jedoch nicht ersichtlich.[72] An einem Vertrauenstatbestand fehlt es nicht erst, wenn der Geschäftsherr Ersatzansprüche erhebt, sondern schon dann, wenn er schlicht von der Erteilung der Entlastung absieht. Das alles zeigt, dass Vertrauensschutz bei der Entlastung allein an der Entlastungserklärung, nicht aber am Unterlassen einer Anspruchsgeltendmachung anknüpfen kann.

3. Das Unterlassen »vertrauenshindernder Handlungen«

Zur Bestärkung des Vertrauenstatbestands stellen *Knoche* und *A. Zimmermann* außerdem darauf ab, dass eigentlich eine »vertrauenshindernde Handlung«, zumindest die »Erklärung eines Vorbehalts« geboten sei, wenn die Entlastung kein Vertrauen begründen solle.[73] Daran ist zunächst zutreffend, dass die Beifügung eines klarstellenden Zusatzes das Entstehen von schutzwürdigem Vertrauen beim Geschäftsführer schon im Ansatz ausschlösse. Doch kann das Fehlen eines solchen Zusatzes kein sachliches Argument für die Gewährung von Vertrauensschutz sein, weil ein solcher Vorbehalt nur notwendig ist, wenn die Entlastung ohne ihn einen Anspruchsverlust nach Vertrauensgrundsätzen zur Folge hat. Das ist jedoch

---

71 *Singer*, Widersprüchliches Verhalten, S. 6: als Vertrauenstatbestand genüge »bloßes Untätigsein, wenn eine Klarstellung oder Rechtsausübung zu erwarten ist«; von einem bloßen Untätigsein kann bei der Entlastung indes nicht die Rede sein; maßgebend ist bereits das positive Tun.

72 Das räumt auch *Knoche*, S. 74 f. ein.

73 *Knoche*, S. 74; ihm folgend *A. Zimmermann*, S. 192, ähnlich Soergel/*A. Teichmann*, § 242 Rn. 317 mit Verweis auf BGH NJW 1970, 2210 (2212). Der BGH greift darin auf einen schuldhaften Verstoß gegen die »nach Treu und Glauben bei den Vertragsverhandlungen obliegende Offenbarungspflichten« zurück. Auf die Entlastung lässt sich diese auf den Einzelfall bezogene Argumentation nicht übertragen; der Geschäftsherr ist nicht zu einem entsprechenden Hinweis verpflichtet.

gerade die Frage, so dass die Forderung nach einer vertrauenshindernden Maßnahme auf einen Zirkelschluss hinausläuft.

III. Das schutzwürdige Vertrauen des Geschäftsführers und die Zurechenbarkeit des Vertrauenstatbestands

An die Entlastung muss sich schutzwürdiges Vertrauen des Geschäftsführers knüpfen. Die Schutzwürdigkeit des Vertrauens bestimmt sich ganz wesentlich nach der Reichweite des Vertrauenstatbestands. Je stärker der Vertrauenstatbestand ist, desto schutzwürdiger ist das Vertrauen des Geschäftsführers.

1. Die beiden zentralen Kategorien des Vertrauensschutzes

Die in diesem Zusammenhang »fundamentalste« Unterscheidung bei der Gewährung von Vertrauensschutz besteht nach Ansicht von *Canaris* zwischen (1) dem Vertrauen auf ein künftiges Verhalten und (2) dem Vertrauen auf eine vermeintliche Rechtslage.[74] Die besondere Bedeutung dieser Unterscheidung – auch für die vorliegende Untersuchung – ergibt sich daraus, dass sie »die ›Stärke‹ des jeweiligen Vertrauenstatbestandes und damit den Grad der Schutzwürdigkeit des Vertrauenden« maßgeblich beeinflusst:[75]

a) Das Vertrauen auf ein künftiges Verhalten

Beim Vertrauen auf ein künftiges Verhalten geht es um den Schutz von Erwartungen, die das Vorverhalten des anderen Teils im Hinblick auf eine künftige Rechtsausübung begründet.[76] Ein Widerspruch besteht hier zwischen dem Vorverhalten und dem (unzulässigen) späteren Verhalten.[77] Dagegen geht es beim Vertrauen auf eine vermeintliche Rechtslage nicht um einen Widerspruch zwischen früherem und künftigem Verhalten, sondern um einen Widerspruch zwischen tatsächlicher und vermeintlicher Rechtslage.[78] Der Unterschied zwischen beiden Kategorien besteht darin, dass der Vertrauende in der ersten Konstellation weiß, dass der andere Teil rechtsgeschäftlich nicht gebunden ist, so dass er nur

74 *Canaris*, Vertrauenshaftung, S. 495; ebenso: *Singer*, Widersprüchliches Verhalten, S. 18 f.
75 *Canaris*, Vertrauenshaftung, S. 495.
76 *Singer*, Widersprüchliches Verhalten, S. 19.
77 *Singer*, Widersprüchliches Verhalten, S. 18 f.
78 *Singer*, Widersprüchliches Verhalten, S. 19.

unter ganz besonderen Umständen überhaupt darauf vertrauen darf, der andere werde sich dennoch konsequent verhalten.[79] Das Vertrauen ist allein auf die »Bestätigung des gegnerischen Verhaltens« gerichtet und beruht auf der Erwartung, der andere werde »seiner einmal eingenommenen Haltung treu bleiben«.[80] Diese Fallgruppe ist vor dem Hintergrund der Rechtsgeschäftslehre besonders begründungsbedürftig, denn das eigentliche Mittel zur rechtlichen Gestaltung ist das Rechtsgeschäft.[81] Aus dem daraus resultierenden Vorrang der Rechtsgeschäftslehre ergeben sich erhebliche Einschränkungen für die Schutzwürdigkeit des Vertrauens. Nach Ansicht von *Canaris* hat die Rechtsordnung »als Mittel zur rechtlichen Gestaltung der Zukunft die Möglichkeit des Vertragsschlusses zur Verfügung gestellt, und daher hat sie regelmäßig keinen Anlass zum Eingreifen, wenn jemand dieses Instrument zur Sicherung seiner Interessen verschmäht und sich stattdessen nur einfach auf einen Vertrauenstatbestand verlässt.«[82] »Wer weiß, daß der andere Teil nicht von Rechts wegen verpflichtet ist, darf sich nicht ohne weiteres darauf verlassen, daß dieser ... sich auch in Zukunft konsequent verhält.«[83]

b) Das Vertrauen auf eine vermeintliche Rechtslage

Dagegen geht der Vertrauende in der zweiten Konstellation von einer unzutreffenden Rechtslage aus, weil er sich im Rechtsirrtum befindet. Der Hinweis, er solle zur Sicherung seiner Erwartungen eine rechtsgeschäftliche Regelung treffen, läuft hier weithin leer, weil dem Irrenden das tatsächliche Bedürfnis nach einer solchen Sicherung gar nicht bewusst ist. Entscheidend ist in diesem Fällen, ob der Rechtsinhaber für den Rechtsirrtum des Vertrauenden »verantwortlich« ist, weil er dessen falsche Rechtsauffassung hervorgerufen oder ausgenutzt hat.[84] Das Vertrauen auf eine vermeintliche Rechtslage genießt daher einen größeren Schutz als das bloße Vertrauen auf die Kontinuität des künftigen Verhaltens, insbesondere gelangen hier Verschuldensgesichtspunkte und das Prinzip der Risikozurechnung zur Anwendung.[85]

Indessen ist auch das Vertrauen auf eine bestimmte Rechtslage nicht in jedem Falle gleich schutzwürdig. So geht *Canaris* nur von einem »verhältnismäßig

---

79 *Singer*, Widersprüchliches Verhalten, S. 19 mit Verweis auf *Canaris*, Vertrauenshaftung, S. 352 f.
80 *Singer*, Widersprüchliches Verhalten, S. 47.
81 *Singer*, Widersprüchliches Verhalten, S. 354.
82 *Canaris*, Vertrauenshaftung, S. 495.
83 *Singer*, Widersprüchliches Verhalten, S. 19.
84 *Singer*, Widersprüchliches Verhalten, S. 85, 200.
85 *Singer*, Widersprüchliches Verhalten, S. 200.

schwachen Vertrauenstatbestand«[86] aus, wenn der Widerspruch des Vertrauenstatbestands zur wahren Rechtslage »aus dem Vertrauenstatbestand selbst hervorgeht«,[87] weil dann »die wahre Rechtslage objektiv erkennbar« ist.[88] Können die Parteien den Mangel des Vertrauenstatbestands »an sich« erkennen, gelangt *Canaris* deshalb nur unter ganz besonderen Umständen zu einer rechtlichen Bindung an den Vertrauenstatbestand, nämlich nur dann, wenn der Verweis auf die wahre Rechtslage zu einem »rechtsethisch untragbaren Ergebnis führen sollte.«[89] In diesem Sinne hat der Bundesgerichtshof für den Wechsel einer Rechtsauffassung ausgeführt, dass ein solches Verhalten als rechtsmissbräuchlich gewertet werden könne, »wenn der andere Teil nach den gegebenen Umständen auf eine dem einmal eingenommenen Standpunkt entsprechende gleichbleibende Einstellung und demgemäß auf eine bestimmte Rechtslage *vertrauen durfte*, sich darauf *eingerichtet hat* und ihm eine Inanspruchnahme mit einer völlig veränderten rechtlichen Begründung nach Treu und Glauben *nicht mehr zugemutet* werden kann.«[90] Die rechtsethische Untragbarkeit taucht in dieser Begründung in der Wendung auf, dass sich der Vertrauende auf die vermeintliche Rechtslage eingerichtet habe und die Verweisung auf die wahre Rechtslage für den Vertrauenden unzumutbar sein müsse.

2. Die Bestimmung der Reichweite des Vertrauenstatbestands durch Auslegung

Bei der Feststellung des Inhalts und der Reichweite eines »natürlichen äußeren« Vertrauenstatbestands gelten die gleichen Maßgaben wie bei der Auslegung von Willenserklärungen.[91] Das erhellt schon daraus, dass die »objektive Auslegung« von Rechtsgeschäften nach dem Empfängerhorizont (§§ 133, 157 BGB) selbst ganz wesentlich durch den Vertrauensgedanken geprägt ist.[92] Da ein Vertrauenstatbestand danach wie eine empfangsbedürftige Willenserklärung nach dem Empfängerhorizont ausgelegt wird, ist maßgeblich, wie ein verständiger Dritter in der Position des Erklärungsempfängers den Vertrauenstatbestand respektive die Entlastung redlicherweise verstehen durfte. Zur Bestimmung des Inhalts des

86 *Canaris*, Vertrauenshaftung, S. 542; kritisch aber *Singer*, Widersprüchliches Verhalten, S. 88 ff.
87 *Canaris*, Vertrauenshaftung, S. 496.
88 *Canaris*, Vertrauenshaftung, S. 542.
89 *Canaris*, Vertrauenshaftung, S. 542.
90 BGH GRUR 1957, 499 (503) (Hervorhebung nur hier).
91 *Canaris*, Vertrauenshaftung, S. 494; für die Entlastung: *Schmeling*, S. 111.
92 *Canaris*, Vertrauenshaftung, S. 494.

durch die Entlastung begründeten Vertrauenstatbestands kann deshalb auf die vorstehenden Ausführungen zur vertraglichen Deutung der Entlastung zurückgegriffen werden. Danach kann die Entlastung nach den Begleitumständen zwei unterschiedliche Inhalte haben: Einerseits kann sie in Ansehung tatsächlicher oder etwaiger Ersatzansprüche erteilt worden sein und andererseits kann sie auf der Überzeugung des Nichtbestehens von Ersatzansprüchen beruhen.[93] Aus der Geltung der allgemeinen Auslegungsgrundsätze folgt zugleich die – bereits oben dargestellte – inhaltliche Beschränkung des Vertrauenstatbestands auf die bekannte oder aus der geleisteten Rechenschaft erkennbare Geschäftsführung.[94] Der Geschäftsführer darf redlicherweise nicht davon ausgehen, der Geschäftsherr billige mit der Entlastung Geschäftsführungsmaßnahmen, die ihm weder bekannt noch erkennbar sind.

3. Die Entlastung in Kenntnis von Ersatzansprüchen

Die bei der vertraglichen Deutung der Entlastung erforderliche Unterscheidung zwischen der Entlastung in Kenntnis und Unkenntnis von Ersatzansprüchen ist danach auch beim Vertrauensschutz zu beachten. Zunächst soll dabei von der Entlastung in Kenntnis von Ersatzansprüchen die Rede sein.

a) Die Bedenken gegen den bisherigen Erklärungsansatz

Im Schrifttum wird in dieser Konstellation durchweg schutzwürdiges Vertrauen des Geschäftsführers bejaht.[95] Selbst *Barner*, der dem Vertrauensansatz grundsätzlich kritisch gegenüber steht, lässt ihn bei der Entlastung in Kenntnis von Ersatzansprüchen zu.[96] In einem ersten Schritt soll deshalb die bisherige Begründung zur Schutzwürdigkeit des Vertrauens kritisch gewürdigt werden. Im Ergebnis wird sich dabei erweisen, dass die verbreitete Argumentation zu kurz greift und nicht geeignet ist, Vertrauensschutz zu begründen. In einem zweiten Schritt soll sodann aufgezeigt werden, mit welcher Begründung ein Vertrauensschutz dennoch denkbar ist.

---

93 Vgl. S. 168 ff. und S. 176 ff.

94 Vgl. schon S. 177.

95 *Knoche*, S. 77; *Schmeling*, S. 126; *A. Zimmermann*, S. 210; *Graff*, S. 106.

96 *Barner*, S. 73; ausführlich zu seiner Ansicht unten auf S. 300 f.

aa) Die übereinstimmende Sichtweise des Schrifttums

Im Schrifttum wird schon im Ansatz nur ungenau herausgearbeitet, in welche der beiden zentralen Kategorien des Vertrauensschutzes die Entlastung bei Kenntnis von Ersatzansprüchen fallen soll. Das ist als solches gewiss kein gravierender Mangel, weil das Denkmodell von *Canaris* im Ausgangspunkt nicht geteilt werden muss, begründet aber dennoch die Gefahr, bereits zu Beginn der Überlegungen von der zweifelhaften Prämisse auszugehen, als Anknüpfungspunkt komme das Vertrauen auf künftiges konsequentes Verhalten in Betracht. In diesem Sinne verweist aber etwa *A. Zimmermann* darauf, dass der Geschäftsführer eigentlich mit einer Verweigerung der Entlastung rechnen müsse; werde die Entlastung dennoch positiv beschieden, »so löst dies bei dem solchermaßen Entlasteten das schutzwürdige Vertrauen aus, aufgrund der von den Entlastenden (positiv) erkannten Vorfälle nicht mehr belangt zu werden«.[97] Bei *Knoche* heißt es wortgleich, der Geschäftsführer dürfe darauf vertrauen, »wegen der vom Entlastenden erkannten Vorfälle nicht mehr belangt zu werden«.[98] *Tellis* formuliert: »Die entlasteten Organmitglieder dürfen darauf vertrauen, daß der Verband aus ... Rechtswidrigkeiten – die von der Billigung gedeckt werden – keine ... Folgen mehr gegen sie herleiten wird«.[99] Nach Ansicht von *Graff* vertrauen die Organmitglieder »auf ein *künftiges konsequentes Verhalten* des Verbands in der Weise, dass eine bestimmte Rechtsausübung, d. h. die Geltendmachung etwaiger, mit dem positiven Entlastungsbeschluss gebilligter Schadensersatzansprüche unterbleiben werde.«[100] Sachlich wird das Vertrauen danach auf eine Kontinuitätserwartung des Geschäftsführers gestützt: er dürfe erwarten, dass sich der Geschäftsherr in Zukunft konsequent verhalte und ihn wegen bekannter Verfehlungen nicht belangen werde.

Nach dem bisherigen Untersuchungsergebnis bestehen an der sachlichen Richtigkeit dieser Aussage *im Ergebnis* zwar keine Bedenken, jedoch ergibt sich der »Vertrauensschutz« nach der hier vertretenen Ansicht bereits aus der rechtsgeschäftlichen Bindung der Beteiligten, die sich über einen konstitutiven Anspruchsverzicht geeinigt haben. Dabei hat der Vertrauensgedanke keine eigenständige Funktion, weil die Bindung nicht auf ihm, sondern auf der Selbstverwirklichung der Parteien nach dem Prinzip der Privatautonomie beruht.[101] Allerdings wird eine vertragliche Einigung und überhaupt der rechtsge-

97 *A. Zimmermann*, S. 210.

98 *Knoche*, S. 78.

99 *Tellis*, S. 88.

100 *Graff*, S. 99 (Hervorhebung nur hier); ähnlich auch S. 98: mit der Entlastung werde »Vertrauen dergestalt veranlasst, er werde ... nicht mehr in Anspruch genommen«.

101 Vgl. ausführlich *Canaris*, Vertrauenshaftung, S. 412 ff.; *Singer*, Widersprüchliches Verhalten, S. 6 f., 48.

schäftliche Charakter der Entlastung von den Vertretern des Vertrauensansatzes in Abrede gestellt, und zwar selbst dann, wenn eine Annahmeerklärung vorliegt und die innergesellschaftliche Kompetenzordnung nicht entgegensteht.[102] Fehlt es danach aber an einer wirksamen rechtsgeschäftlichen Rechtsaufgabe, so fragt es sich, warum der Geschäftsführer dennoch auf das künftige Unterlassen der Anspruchsgeltendmachung, also auf *ein künftiges konsequentes Verhalten*, vertrauen dürfen soll, obwohl eine rechtsgeschäftliche Bindung nach dem gewählten Ansatz eigentlich fehlt und die materielle Rechtslage – bei Ausblendung des Vertrauensschutzes, der den Rechtsverlust ja erst begründen soll – daher auch nach der Entlastung zunächst unverändert ist.

Bei *Knoche* heißt es hierzu: »*Unzweifelhaft* entsteht berechtigtes Vertrauen, wenn der Geschäftsherr vor oder bei Entlastung seine Motivation dem Verwalter erläutert, und der um die Kenntnis des Geschäftsherrn weiß. ... In Ansehung der Abschluß- und Abgrenzungsfunktion der Entlastung entsteht in ihm die berechtigte Erwartung, den in Bezug genommenen Zeitraum tatsächlich als erledigt betrachten zu können.«[103] Auch *Schmeling* führt an, im Falle einer Entlastung nach vorheriger Aufklärung über etwaige Ersatzansprüche, »darf der Geschäftsführer *grundsätzlich* darauf vertrauen, wegen dieser Angelegenheit nicht mehr in Anspruch genommen zu werden. Aus seiner Sicht stellt sich die Situation so dar, als käme es dem Geschäftsherrn mehr auf die unternehmerischen Leistungen an als auf die Frage der Rechtmäßigkeit seiner Handlungen«.[104] *A. Zimmermann* weist darauf hin, die erkannten Pflichtwidrigkeiten vermochten den Geschäftsherrn »offensichtlich ... nicht in (seinem) grundsätzlichen Einverständnis mit der Geschäftsführung zu erschüttern, so dass die Interessenabwägung ... *geradezu zwangsläufig* zu Gunsten des Entlasteten auszufallen scheint«;[105] die Schutzwürdigkeit des Vertrauens »liegt auf der Hand«.[106] Mit den gleichen Argumenten kommt auch *Graff* zum Ergebnis, dass »die Schutzwürdigkeit des Organwalters hinsichtlich einer künftigen Nichtinanspruchnahme *nicht bezweifelt* werden« könne.[107]

---

102 *A. Zimmermann*, S. 157; *Graff*, S. 77; vgl. auch *K. Schmidt*, ZGR 1978, 425 (434).

103 *Knoche*, S. 78 (Hervorhebung nur hier).

104 *Schmeling*, S. 126 (Hervorhebung nur hier).

105 *A. Zimmermann*, S. 210 (Hervorhebung nur hier) mit dem Hinweis, dass ausnahmsweise auch eine andere Interessenbewertung denkbar ist, wenn der Geschäftsherr private Kenntnis habe, der Geschäftsführer die betreffende Verfehlung aber bewusst verschwiegen habe. Das Beispiel stammt von *Knoche*, S. 78. Vgl. zu dieser Konstellation auch schon oben S. 172.

106 *A. Zimmermann*, S. 198.

107 *Graff*, S. 106 (Hervorhebung nur hier).

bb) Die grundsätzliche Maßgeblichkeit der Rechtsgeschäftslehre für den gewollten Anspruchsverzicht

Diesen Stellungnahmen ist gemein, dass sie *schutzwürdiges* Vertrauen letztlich deshalb bejahen, weil der Geschäftsherr mit der Entlastung zu verstehen gebe, er werde die ihm bekannten Ansprüche künftig nicht mehr geltend machen. Der Geschäftsführer vertraue auf diese Aussage und deshalb dürfe sich der Geschäftsherr zu ihr nicht mehr in Widerspruch setzen. Die Schutzwürdigkeit des Vertrauens ergebe sich dabei aus der berechtigten Erwartung, nicht in Anspruch genommen zu werden, weil der Geschäftsherr die Geschäftsführung abschließend bewertet und gebilligt habe. Diese Argumentation mag eingängig sein, dennoch ist sie ein plastisches Beispiel für eine leichtfertige Heranziehung des Verbots widersprüchlichen Verhaltens und verdeutlicht die bereits angesprochene Gefahr, die eine Subsumtion der allgemeinen Merkmale des Vertrauensschutzes mit sich bringt, wenn dabei die maßgeblichen *gesetzlichen Wertungen* außeracht gelassen werden. Im Kern beruht die Argumentation nämlich allein auf der Überlegung, dass der Geschäftsherr sich entschieden und erklärt habe, Ersatzansprüche nicht mehr geltend zu machen, woran er sich festhalten lassen müsse, weil der Geschäftsführer hierauf vertrauen dürfe. Sachlich ist das nichts anderes als eine Umschreibung der Erklärung eines *gewollten Anspruchsverzichts*. Der Verzichtswille des Geschäftsherrn wird dabei lediglich durch einen auf ein künftiges Unterlassen gerichteten Willen ausgedrückt. Besonders deutlich zeigt sich das bei *A. Zimmermann*, die ausführt, die vorbehaltlose Entlastung mache deutlich, dass »die Verbandsmitglieder von der Geltendmachung von Ersatzansprüchen absehen, die Beitreibung also *unterlassen wollen* und werden«.[108] Auch *Barner* stellt maßgeblich darauf ab, dass die Entlastung insoweit ein »positives Verzichtssignal« setze, räumt aber zu Recht ein, dass man damit »allerdings nicht mehr weit von dem Abschluss eines regelrechten Erlassvertrags entfernt« sei.[109] Eine solche Sichtweise hat zur Folge, dass die Beteiligten zum Anspruchsausschluss keinen konstitutiven Anspruchsverzicht nach Maßgabe von § 397 BGB vereinbaren müssen, weil es genügt, dass der Geschäftsführer lediglich auf den einseitig erklärten und damit rechtsgeschäftlich *unverbindlichen* Verzicht vertraut. Das Ergebnis ist danach, dass eine rechtsgeschäftliche Bindung fehlt, das Vertrauen des Geschäftsführers auf die einseitige Erklärung des Geschäftsherrn gleichwohl »unzweifelhaft« schutzwürdig sein soll und letztlich die Rechtswirkungen eines konstitutiven Anspruchsverzichts herbeiführt. Im Ergebnis wäre § 397 BGB danach weithin überflüssig.

---

108 *A. Zimmermann*, S. 192 (Hervorhebung nur hier).
109 *Barner*, S. 74 und S. 73 Fn. 169.

(1) Das Verhältnis von Vertrauensschutz und Rechtsgeschäftslehre

Diese Argumentation beachtet das Verhältnis von Vertrauensschutz und Rechtsgeschäftslehre nicht hinreichend. Da das Gesetz in § 397 BGB für den gewollten Anspruchsverzicht spezielle Vorgaben aufstellt und insbesondere den Abschluss eines Vertrags verlangt, findet ein solcher Verzicht von der Rechtsordnung grundsätzlich nur dann Anerkennung, wenn die Parteien die Merkmale des § 397 BGB erfüllen. Darauf verweisen auch die Vertreter der vertrauensbasierten Entlastungssicht durchweg und mit besonderem Nachdruck, indem sie einen Vertragsschluss an der fehlenden Annahmeerklärung[110] und bei manchen Gesellschaftsformen auch an der entgegenstehenden Kompetenzordnung[111] scheitern lassen. Erklärt der Geschäftsherr aber einen Rechtsverzicht und liegen die Voraussetzungen des § 397 BGB im Übrigen nicht vor, weil es an einem Vertragsschluss fehlt, so kann daraus im Ausgangspunkt nicht nur der Schluss gezogen werden, dass es an einem Anspruchsverlust fehlt, sondern auch, dass der Geschäftsherr den Anspruch später geltend machen *darf.* Ansonsten ließen sich nicht nur Mängel beim Zustandekommen des Vertrags, sondern auch Nichtigkeitsgründe allein mit dem Hinweis umgehen, der Geschäftsherr habe zu erkennen gegeben, dass Ansprüche künftig nicht mehr erhoben werden sollen. Zwar handelt der Geschäftsherr bei einer späteren Anspruchsgeltendmachung formal widersprüchlich, doch lässt § 397 BGB diesen Widerspruch zu, indem er dem einseitigen, nicht angenommenen Anspruchsverzicht die Wirksamkeit versagt. Die gesetzliche Anordnung des Vertragserfordernisses wäre schlicht sinnlos, wenn sich die Parteien nach Maßgabe des Vertrauensgedanken einfach darüber hinwegsetzen könnten. In diesem Sinne würde der »Zauberstab«[112] des Vertrauensschutzes etwa die Diskussion über das Vertragsprinzip beim schenkweisen Erlass gänzlich ad absurdum führen, weil ein Vertragsschluss danach schon dann entbehrlich wäre, wenn der Schuldner nur hinreichend auf den einseitigen Verzicht vertraute.

Das Problem lässt sich auch nicht dadurch umgehen, dass die in Kenntnis von Ersatzansprüchen abgegebene Entlastungserklärung *formal* auf eine rein tatsächliche Billigung der Geschäftsführung beschränkt wird. Denn in den fraglichen Fällen lässt sich ein Verzichtswille vernünftigerweise nicht leugnen[113] und auch die dargestellte Argumentation zur Schutzwürdigkeit des Vertrauens beruht letztlich allein auf diesem Willen, nur dass er dahin umschrieben wird, die Anspruchsgeltendmachung werde künftig unterbleiben. Theoretisch lässt sich zwi-

---

110 Vgl. S. 115 ff. und ausführlich S. 205 ff.

111 Vgl. S. 115 und ausführlich S. 244 ff.

112 *Wieling*, AcP 187 (1987), 95 (100); vgl. bereits oben auf S. 262.

113 Vgl. eingehend S. 168 f.

schen beidem zwar unterscheiden, doch erschiene es als künstlich und lebensfremd, der Entlastung in Kenntnis von Ersatzansprüchen den Inhalt zu geben, es solle zwar *nicht* verzichtet werden, eine Anspruchsgeltendmachung werde künftig aber gleichwohl auch ohne rechtsgeschäftliche Bindung unterbleiben. Vielmehr geht die Erklärung dahin, die bekannten Ersatzansprüche würden künftig nicht mehr geltend gemacht, *weil* auf sie verzichtet werde. Zudem würde eine solche Unterscheidung auch gar nicht weiterhelfen, weil der Geschäftsführer keinen Grund zum Vertrauen hätte, wenn die Entlastung tatsächlich zum Ausdruck brächte, auf die bekannten Ersatzansprüche solle *nicht* verzichtet werden.

Einzuräumen ist an dieser Stelle allerdings, dass sich der Vertrauensschutz noch in einem anderen Punkt von rechtsgeschäftlich herbeigeführten Rechtsfolgen unterscheidet. Denn nach dem vertrauensbasierten Entlastungsmodell kann der Rechtsverlust nicht sofort eintreten, worin ein gewisser praktischer Unterschied zum Vertragsmodell liegt. Zutreffend wird insofern ausgeführt, Vertrauensschutz erfordere eine Vertrauensdisposition, so dass sich der Geschäftsführer auf das Ausbleiben der Anspruchsgeltendmachung eingestellt haben müsse.[114] Hierfür genüge es jedoch, wenn der Geschäftsführer von der Bildung einer Rücklage[115] oder der weiteren Aufbewahrung der Geschäftsunterlagen[116] absehe. Ausreichen soll es daneben, wenn sich der Geschäftsführer durch die Entlastung dazu veranlasst sehe, bei seiner Tätigkeit »in der gleichen Weise wie bisher weiter zu verfahren und keine Änderungen im eingeschlagenen Kurs vorzunehmen«.[117] Das letzte Argument verfängt jedenfalls bei der Entlastung in Kenntnis von Ersatzansprüchen zwar nicht, weil die Entlastung dem Geschäftsführer dann im Regelfall ein Fingerzeig gewesen sein dürfte, künftig anders zu verfahren. Allerdings kann die Entlastung in solchen Fällen durchaus den Zweck gehabt haben, sich die weitere Zusammenarbeit mit dem Geschäftsführer zu sichern, etwa weil zu befürchten stand, dass eine Entlastungsverweigerung bzw. Inanspruchnahme zu einer Amtsniederlegung geführt hätte.[118] Dann wird eine Irreversibilität der Vertrauensdisposition schon nach recht kurzer Zeit zu bejahen sein. Allgemein ist der Rechtsverzicht dadurch gekennzeichnet, dass sich der Geschäftsführer vermögensmäßig alsbald auf die veränderte Lage einstellen wird, so dass er sich bei

114 *Knoche*, S. 87; *Schmeling*, S. 137; *Graff*, S. 100; wohl auch *A. Zimmermann*, S. 198, die dort entsprechende Erwägungen anstellt, jedoch nicht von einer Vertrauensdisposition spricht; allgemein *Canaris*, Vertrauenshaftung, S. 511 f., 531; Soergel/*A. Teichmann*, § 242 Rn. 321; *ders.*, JA 1985, 497 (501); *Dette*, S. 64; a.A. *Tellis*, S. 96. Vgl. auch die Nachweise unten in Fn. 123.

115 *Knoche*, S. 87; *Schmeling*, S. 137; *Graff*, S. 100; Soergel/*A. Teichmann*, § 242 Rn. 321; *Dette*, S. 64.

116 *A. Zimmermann*, S. 198.

117 *Graff*, S. 100; ebenso: *Schmeling*, S. 137.

118 Ähnlich *Schmeling*, S. 137.

einer Inanspruchnahme nach mehreren Monaten oder sogar Jahren wohl stets endgültig auf die Nichtgeltendmachung bekannter Ersatzansprüche eingerichtet hat.

Freilich wird die *konstitutive Wirkung* der Vertrauensdisposition und ihrer Irreversibilität für die Gewährung von Vertrauensschutz von den Vertretern des vertrauensbasierten Entlastungsmodells fast durchweg nicht hinreichend beachtet. Verbreitet ist nämlich die Ansicht, dass der Geschäftsherr bereits unmittelbar mit der Erteilung der Entlastung die betroffenen Ersatzansprüche verliere.[119] So geht etwa *Schmeling* davon aus, dass die Folgen der Entlastung »sofort mit der Verkündung des Beschlussergebnisses an den Geschäftsführer« einträten;[120] zwar werde von manchen eine Vertrauensdisposition verlangt, doch genüge die Entlastung auch diesem Erfordernis.[121] Das beruht offenbar auf der Vorstellung, die betroffenen Ersatzansprüche seien bereits mit der Erteilung der Entlastung erloschen und es genüge, wenn der Geschäftsführer später noch eine Vertrauensdisposition vornehme. Dabei wird nicht hinreichend beachtet, dass Vertrauen nicht um seiner selbst schutzwürdig ist,[122] sondern in den hier untersuchten Fällen erst dann, wenn gleichsam ein unumkehrbarer Zustand eingetreten ist, der es überhaupt erst rechtfertigt, davon zu sprechen, dass sich die Inanspruchnahme trotz eines fehlenden rechtsgeschäftlichen Verzichts als rechtsethisch untragbar erweist.[123] Daraus ist der Schluss zu ziehen, dass Ersatzansprüche erst dann ausgeschlossen sein können, wenn sich der Geschäftsführer auf die Nichtgeltendmachung irreversibel eingerichtet hat. Bis dahin kann der Geschäftsherr die Ansprüche weiter geltend machen. Zuweilen wird dieser Umstand auch zutreffend erkannt, aber doch relativiert. So argumentiert *Graff*, »unter bestimmten Voraussetzungen können die Gesellschafter bereits eine Stunde, ja sogar eine Minute nach der Entlastung mit der Geltendmachung von Ersatzansprüchen ausgeschlossen sein.«[124] Selbst wenn das allzu großzügig erscheint, wird der Geschäftsführer häufig wohl nach wenigen Wochen hinreichende Dispositionen getroffen haben.

---

119 *Barner*, S. 81; *Schmeling*, S. 112; ebenso *Tellis*, S. 96, der freilich das Erfordernis einer Vertrauensdisposition überhaupt nicht erwähnt.

120 *Schmeling*, S. 112.

121 *Schmeling*, S. 137.

122 *Canaris*, Vertrauenshaftung, S. 510.

123 *Canaris*, Vertrauenshaftung, S. 511 f., 531. Anders ist etwa bei der »Vertrauenshaftung kraft dolosen Verhaltens« zu entscheiden, weil derjenige, der arglistig einen Vertrauenstatbestand setzt nicht schutzwürdig ist, vgl. *Canaris*, Vertrauenshaftung, S. 278 f., 512, 530. Ähnlich Staudinger/*Looschelders/Olzen*, § 242 Rn. 295; *Roth/Schubert*, in: MüKo/BGB, § 242 Rn. 291: Irreversibilität jedenfalls im Rahmen der Interessenabwägung zu berücksichtigen.

124 *Graff*, S. 96.

Der praktische Unterschied zu § 397 BGB ist danach gering, so dass sich das Umgehungsargument mit dem Hinweis auf das Erfordernis einer Vertrauensdisposition nicht hinreichend ausräumen lässt. Hiergegen spricht aber entscheidend auch, dass die »Irreversibilität der Vertrauensdisposition« nur eines der Elemente ist, die nach Ansicht von *Canaris* ein bewegliches System bilden, um im wechselseitigen Zusammenspiel je nach Zahl und Stärke die Schutzwürdigkeit des Vertrauens zu begründen. Diesem Element kommt bei der Vertrauenshaftung kraft rechtsethischer Notwendigkeit zwar eine erhebliche Bedeutung zu, weil das Bedürfnis nach Vertrauensschutz ohne eine solche Irreversibilität schon im Ansatz zweifelhaft wäre. Doch ist fraglich, ob Irreversibilität allein genügt, um die Schutzwürdigkeit des Geschäftsführers auf eine rechtsgeschäftlich unverbindliche Erklärung zu begründen. Denn die Vornahme einer irreversiblen Vertrauensdisposition besagt für sich genommen nichts darüber, ob der Geschäftsführer sie *berechtigterweise* getätigt hat. Angesichts des behaupteten Fehlens eines rechtsgeschäftlichen Verzichts lässt sich an der Schutzwürdigkeit des Vertrauens deshalb weiter zweifeln.

(2) Das Verhältnis zur Verwirkung

Gedanklich dürfte die Bejahung der Schutzwürdigkeit des Vertrauens nach dem vertrauensbasierten Entlastungsmodell auf einer entsprechenden Heranziehung des Rechtsinstituts der Verwirkung beruhen. Als Sonderfall des Verbots widersprüchlichen Verhaltens kommt die Verwirkung in Betracht, »wenn der Berechtigte ein Recht längere Zeit nicht geltend macht, obwohl er dazu in der Lage wäre, und der Verpflichtete sich mit Rücksicht auf das gesamte Verhalten des Berechtigten darauf einrichten durfte und eingerichtet hat, daß dieser sein Recht auch in Zukunft nicht geltend machen werde«.[125] Danach erfordert der Rechtsverlust zunächst ein *Umstandsmoment*, das häufig dahin beschrieben wird, dass sich die spätere Geltendmachung als eine mit Treu und Glauben unvereinbare Illoyalität des Rechtsinhabers darstellen müsse.[126] Das Umstandsmoment kann sich daraus ergeben, dass eine Klarstellung oder Rechtsausübung zu erwarten ist, aber auch aus bestimmten Handlungen des Berechtigten.[127] Daneben tritt ein *Zeitmoment*, für dessen Beurteilung die Umstände des Einzelfalls maßgeblich sind, so dass sich

---

125 BGHZ 84, 280 (281); vgl. auch: BGHZ 25, 47 (52); 26, 52 (65); 67, 56 (68); ausführlich *Singer*, Widersprüchliches Verhalten, S. 332ff.; Soergel/*A. Teichmann*, § 242 Rn. 312, 332ff.

126 BGH NJW 2008, 2254 Tz. 22; BAG NZA 2009, 1149 Tz. 19; *Roth/Schubert*, in: MüKo/BGB, § 242 Rn. 340.

127 *Roth/Schubert*, in: MüKo/BGB, § 242 Rn. 357.

regelhafte Festlegungen kaum treffen lassen.[128] Während das Zeitmoment bei einer Verjährungsfrist von 30 Jahren grundsätzlich deutlich vor Ablauf dieser Frist verwirklicht sein wird, kommt eine Verwirkung bei einer kürzeren Verjährungsfrist nur ganz ausnahmsweise in Betracht.[129] Anerkannt ist freilich, dass das Zeitmoment in einer Wechselwirkung mit dem Umstandsmoment steht: »Je stärker das gesetzte Vertrauen oder die Umstände, die eine Geltendmachung für den Anspruchsgegner unzumutbar machen, sind, desto schneller kann ein Anspruch verwirken.«[130] Ein Verhalten, dass einem konkludenten Verzicht nahekommt, etwa die Nichtgeltendmachung eines Anspruchs bei einer Abrechnung, mindert deshalb die erforderliche Zeitdauer.[131] Die Argumentation des Schrifttums beruht vor diesem Hintergrund offenbar auf der Erwägung, dass das Zeitmoment bei der Entlastung keine entscheidende Bedeutung habe und ein bloßes Einrichten auf die Nichtgeltendmachung ausreiche, weil das Umstandsmoment besonders stark ausgeprägt sei. Das überzeugt jedoch nicht. Denn während das Umstandsmoment die Sonderstellung gegenüber der Verjährung begründet, liegt im Zeitmoment die maßgebliche dogmatische Rechtfertigung der Verwirkung im Verhältnis zu § 397 BGB. Der Gläubiger verliert sein Recht nach Verwirkungsgrundsätzen deshalb, weil er es über eine längere Zeit – also *konsequent* – nicht geltend gemacht hat und der Schuldner aufgrund zusätzlicher Umstände davon ausgehen durfte, der Gläubiger werde sein Verhalten auch *konsequent* beibehalten. Eine Marginalisierung des Zeitmoments lässt sich vor diesem Hintergrund nicht mit dem Argument rechtfertigen, eine rechtsgeschäftlich unverbindliche Erklärung löse in gleicher Weise Vertrauen darauf aus, der Erklärende werde sich konsequent an seine unverbindliche Erklärung halten, denn diese Kontinuitätserwartung wird in erster Linie durch die Rechtsgeschäftslehre geschützt. Kurzum: Aus früherem konsequentem Verhalten darf der Schuldner grundsätzlich auf künftiges konsequentes Verhalten schließen, aus einer rechtsgeschäftlich unverbindlichen Erklärung grundsätzlich nicht.

Damit soll nicht in Abrede gestellt werden, dass sich die Entlastung in der Praxis durchaus auch mit dem Rechtsinstitut der Verwirkung bewältigen lässt, sofern eine Inanspruchnahme erst nach mehreren Jahren erfolgt und die Verwirkung angesichts der inzwischen weithin geltenden kurzen Verjährungsfristen nicht für gänzlich ausgeschlossen gehalten wird. Die Rechtsprechung lässt in den

---

128 *Roth/Schubert*, in: MüKo/BGB, § 242 Rn. 357.

129 BGHZ 84, 280 (282); BGH NJW-RR 1989, 818 (819); *Sutschet*, in: Bamberger/Roth, § 242 Rn. 137.

130 BAG NZA 2009, 1150 Tz. 21; *Sutschet*, in: Bamberger/Roth, § 242 Rn. 136.

131 *Sutschet*, in: Bamberger/Roth, § 242 Rn. 136 mit Verweis auf RG JW 1935, 2883: Das Reichsgericht hat in dieser Entscheidung offengelassen, ob ein konkludenter Verzicht vorlag, und Verwirkung jedenfalls nach Ablauf von drei Jahren angenommen.

Fällen des Rechtsverlusts vielfach ganz pragmatisch offen, ob der Gläubiger sein Recht rechtsgeschäftlich aufgegeben habe, weil es jedenfalls nach Verwirkungsgrundsätzen erloschen sei.[132] Das lässt sich zwangslos auf die Entlastung in Kenntnis von Ersatzansprüchen übertragen, wenn neben die Entlastung eine länger dauernde Untätigkeit des Geschäftsherrn tritt, weil sich der Geschäftsführer dann berechtigterweise darauf einrichten darf, dass sich der Geschäftsherr auch künftig weiter konsequent verhalten werde. Wohlgemerkt knüpft die Kontinuitätserwartung dann aber nicht allein an die Entlastung an, sondern in gleicher Weise an die sich anschließende Untätigkeit. Unter dem Gesichtspunkt der Verwirkung ergibt sich die Überwindung der Wertungen des § 397 BGB und der Verjährungsregelungen erst aus dem Zusammenspiel beider Faktoren. Indes stellt das Schrifttum einhellig in Abrede, dass der Rechtsverlust bei der Entlastung nach Verwirkungsgrundsätzen zu begründen ist; vielmehr soll es auf ein Zeitmoment gerade nicht ankommen.[133]

Fehlt aber sowohl eine rechtsgeschäftliche Bindung als auch ein Zeitmoment, kann daraus nur abgeleitet werden, dass das Vertrauen auf ein künftiges konsequentes Verhalten nicht allein deshalb schutzwürdig ist, weil die Entlastung ein »positives Verzichtssignal« setze. Darin läge eine unzulässige Umgehung von § 397 BGB.

b) Der denkbare Lösungsansatz

Bereits im Rahmen der rechtsgeschäftlichen Deutung der Entlastung war allerdings die Rede davon, dass das dogmatische Konzept des § 397 BGB erheblichen rechtspolitischen Bedenken ausgesetzt ist, weil die Vorschrift einer gewissen Verkehrserwartung widerspricht, wonach für einen Anspruchsverzicht eine einseitige Erklärung des Berechtigten genüge.[134] Entsprechende Verkehrserwartungen werden auch bei der Entlastung geltend gemacht.[135] Vor diesem Hintergrund liegt es nahe, Vertrauensschutz in solchen Fällen zu gewähren, in denen der Geschäftsführer von einer Annahmeerklärung absieht, weil er glaubt, die Entlastung sei bereits einseitig wirksam. Neben der hier befürworteten Annahmeerklärung durch Schweigen[136] und der Zulassung eines einseitigen Rechtsverzichts durch *Kleinschmidt* [137] stellt sich das Vertrauensprinzip damit als die dritte

132 RG JW 1935, 2883 (hier bereits oben Fn. 131); vgl. auch Soergel/*A. Teichmann*, § 242 Rn. 312.
133 *Tellis*, S. 96 f.; *Knoche*, S. 75; *Graff*, S. 95.
134 Ausführlich bereits S. 220.
135 Vgl. bereits S. 115 f. und S. 211.
136 Ausführlich S. 225 ff.
137 *Kleinschmidt*, Der Verzicht im Schuldrecht, 2004. Vgl. bereits oben, S. 219 ff.

grundsätzliche Möglichkeit zur Bewältigung der mit dem Vertragsprinzip des § 397 BGB verbundenen Probleme dar. Freilich sind die Rigorismen, die sich hinsichtlich der insoweit strengen Voraussetzungen mit dem Vertrauensschutz verbinden, größer, weil der Anspruchsverlust als Rechtsfolge des Vertrauensschutzes letztlich nur bei Vorliegen rechtsethisch untragbarer Ergebnisse eintritt, d. h. anders als die rechtsgeschäftlichen Lösungsansätze auch eine irreversible Vertrauensdisposition erfordert.

aa) Die Einordnung der Entlastung in die Kategorien des Vertrauensschutzes

Dabei muss zunächst präzise herausgearbeitet werden, worauf der Geschäftsführer genau vertraut und warum dieses Vertrauen schutzwürdig sein soll. Die Schutzwürdigkeit des Vertrauens hängt nach den bisherigen Ausführungen davon ab, welcher der beiden Kategorien des Vertrauensschutzes die Entlastung zuzuordnen ist. Die oben dargestellten Argumente aus dem Schrifttum deuten in die Richtung, dass die Entlastung als ein Fall des *Vertrauens auf ein künftiges Verhalten* verstanden wird: Der Geschäftsführer vertraue auf das künftige konsequente Verhalten, nicht mehr belangt zu werden. Bei näherem Hinsehen erweisen sich die zitierten Formulierungen als irreführend. Die klassischen Fälle des Vertrauens auf ein künftiges Verhalten sind nämlich dadurch geprägt, dass der Vertrauende vom Abschluss eines Vertrags zur Sicherung seiner Erwartungen *bewusst* Abstand genommen und sich in Kenntnis der fehlenden rechtsgeschäftlichen Bindung stattdessen auf eine nur unverbindliche Zusage eingelassen hat.[138] Wer in diesem Sinne weiß, dass es an einem Anspruchsverzicht fehlt, und sich stattdessen mit der bloßen Zusicherung zufrieden gibt, Ansprüche würden künftig dennoch nicht geltend gemacht, ist grundsätzlich nicht schutzwürdig, sondern muss sich weiter um die rechtliche Sicherung seiner Interessen bemühen oder sein Vertrauen – im Sinne einer Rechtsverwirkung – aus der anschließenden längerfristigen Untätigkeit des anderen Teils schöpfen.

Indes verhält es sich bei der Entlastung anders, weil der Geschäftsführer in aller Regel davon ausgeht, er habe sich nicht nur um die rechtliche Sicherung seiner Erwartungen bemüht, sondern eine solche Sicherung mit der Entlastung auch tatsächlich erreicht. Schutzwürdiges Vertrauen kommt deshalb insoweit in Betracht, dass Ansprüche künftig nicht mehr geltend gemacht werden *können*, weil ihrer Durchsetzung die erteilte Entlastung entgegensteht. Nach der hier vertretenen Ansicht erweist sich diese Einschätzung des Geschäftsführers wiederum als zutreffend, weil er mit dem Geschäftsherrn einen konstitutiven An-

---

138 Vgl. eingehender S. 273.

spruchsverzicht vereinbart hat. Indes fehlt es unter der Prämisse des vertrauensbasierten Entlastungsmodells an einer rechtsgeschäftlichen Regelung. Bliebe auch der Vertrauensschutz außen vor, wäre der Geschäftsherr von Rechts wegen nicht gehindert, seine Ansprüche weiterhin geltend zu machen. Der Geschäftsführer glaubt freilich an das Gegenteil, so dass er sich folglich in einem Irrtum über die Rechtsfolgen der Entlastung befindet. Insoweit zielt das Vertrauen des Geschäftsführers nicht auf ein künftiges Verhalten, sondern auf die vermeintliche Rechtslage, bekannte Ansprüche *könnten* wegen der Entlastung nicht mehr geltend gemacht werden. Dieser Irrtum allein kommt als Anknüpfungspunkt für die Gewährung von Vertrauensschutz in Betracht. Dagegen darf an dieser Stelle nicht argumentiert werden, dass die Entlastung auch nach dem Vertrauensgedanken einen Rechtsverlust zur Folge habe und der Geschäftsführer die Rechtslage deshalb zutreffend einschätze. Denn darin läge ein Zirkelschluss, weil ein etwaiger Rechtsverlust nur die Rechtsfolge der Gewährung von Vertrauensschutz sein kann, also bei der Bestimmung seiner Voraussetzungen außer Betracht bleiben muss.

bb) Die Schutzwürdigkeit des Vertrauens in Ansehung der fehlenden Annahmeerklärung

Vertraut der Geschäftsführer danach auf die vermeintliche Rechtslage, dass die dem Geschäftsherrn bekannten Ersatzansprüche infolge der Entlastung nicht mehr geltend gemacht werden *können*, so lautet die maßgebliche Frage, ob Ersatzansprüche nach Vertrauensgesichtspunkten schon deshalb erlöschen können, weil der Geschäftsführer rechtsirrig davon ausgeht, dass sie infolge der Entlastung erloschen seien. Oder anders gewendet: Tritt der Rechtsverlust als Rechtsfolge der Entlastung deshalb ein, weil der Geschäftsführer rechtsirrig daran glaubt? Die Frage mag kurios und zirkelschlüssig klingen, wird aber in anderem Gewande, nämlich bei der Überwindung der Formnichtigkeit von Grundstückskaufverträgen seit langem diskutiert.[139] Als Beispiel sei auf den Fall hingewiesen, dass die Parteien ein Grundstück verkaufen und beiderseits gutgläubig davon ausgehen, dass der Vertrag privatschriftlich abgeschlossen werden könne. Beruft sich eine Partei später auf die Formnichtigkeit, so stellt sich die Frage, ob ihr diese Berufung nach Treu und Glauben versagt ist.[140] Zwar liegt hierin ein Fall der Rechts*erwirkung* und es fehlt auch nicht am Vertragsschluss, sondern es besteht lediglich ein Wirksamkeitsmangel. Dennoch ist das zugrunde liegende Rechts-

139 Vgl. nur BGH NJW 1996, 1960; *Einsele*, in: MüKo/BGB, § 125 Rn. 57 ff.; Soergel/*A. Teichmann*, § 242 Rn. 325 ff.; ausführlich *Canaris*, Vertrauenshaftung, S. 288; *Singer*, Widersprüchliches Verhalten, S. 86 ff.

140 Vgl. etwa *Canaris*, Vertrauenshaftung, S. 296 f.; Soergel/*A. Teichmann*, § 242 Rn. 328.

problem strukturell identisch, da sich Rechtsbegründung und Rechtsverlust insoweit nicht grundlegend unterscheiden.[141] Letztlich geht es darum, ob ein Rechtsgeschäft, dem die Rechtsordnung die Anerkennung eigentlich versagt, aus Vertrauensschutzgründen dennoch die beabsichtigten Rechtsfolgen haben kann, wenn der Berechtigte gutgläubig auf die rechtliche Bindung vertraut.[142] Wenn eine Bindung beim formunwirksamen Grundstückskauf in Ausnahmefällen selbst dann zugelassen wird, obwohl gesetzliche Formvorschriften spezifische Zwecke verfolgen, dann kann dem einseitigen, nicht angenommenen Anspruchsverzicht eine solche Bindungswirkung nicht schlechthin versagt sein, da das Annahmeerfordernis bei § 397 BGB – anders als die Formvorschriften – letztlich erheblichen rechtspolitischen Zweifeln unterliegt.

Während sich eine Bindung bei arglistigem Verhalten des Geschäftsherrn, etwa weil dieser den Geschäftsführer in Kenntnis des Vertragserfordernisses von einer Annahmeerklärung abhält, noch vergleichsweise überzeugend begründen lässt,[143] werden solche Fälle in der Praxis kaum anzutreffen sein. Typischerweise wird nämlich auch der Geschäftsherr glauben, dass der ins Werk gesetzte (nach der hier untersuchten Prämisse: einseitige) Entlastungsvorgang genügt, um die beabsichtigten Rechtsfolgen herbeizuführen, so dass grundsätzlich von seiner Gutgläubigkeit auszugehen sein wird. Zur Bewältigung der Fälle beiderseitiger Gutgläubigkeit nennt *Canaris* als wesentliche Elemente der Abwägung neben der Zurechenbarkeit des Vertrauenstatbestands[144] vor allem die Vertrauensinvestition und das spezifische Verhältnis zwischen dem Vorverhalten und der seitherigen Entwicklung.[145] Für die *Zurechenbarkeit des erweckten Vertrauens* lässt sich vor allem anführen, dass der Irrtum des Geschäftsführers auf einer Funktionsstörung der Privatautonomie beruht, die in dem – unter der hier verfolgten Prämisse tatsächlich bestehenden – Widerspruch zwischen dem Vertragsprinzip des § 397 BGB und der auf einen einseitigen Verzicht gerichteten Verkehrserwartung ihren Grund hat. Dass auch der Geschäftsherr einem entsprechenden Irrtum unterlag, fällt demgegenüber nicht entscheidend ins Gewicht,[146] weil er mit der Entlastungserteilung überhaupt erst die Umstände herbeigeführt hat, an die der bei-

141 Vgl. ausführlicher bereits S. 266.

142 *Canaris*, Vertrauenshaftung, S. 311 für sonstige Mängel eines Rechtsgeschäfts und insbesondere S. 331 für das Fehlen einer Annahmeerklärung; ebenso *Singer*, Widersprüchliches Verhalten, S. 199.

143 Vgl. allgemein zur »Vertrauenshaftung kraft dolosem Verhalten« *Canaris*, Vertrauenshaftung, S. 273 ff.

144 *Canaris*, Vertrauenshaftung, S. 296.

145 *Canaris*, Vertrauenshaftung, S. 312.

146 Vgl. allgemein *Canaris*, Vertrauenshaftung, S. 296 f.

derseitige Irrtum anknüpft. Außerdem *wollte* der Geschäftsherr den Anspruchsverzicht selbst. Bei der Vertrauensdisposition kommt es daneben maßgeblich auf deren Irreversibilität und Ausmaß an.[147] Eine *Irreversibilität der Vertrauensdisposition* wird beim Rechtsverlust – wie bereits ausgeführt – häufig schon nach kürzerer Zeit zu bejahen sein, weil sich der Vertrauende in seiner Lebensführung usw. typischerweise alsbald auf den vermeintlichen Rechtsverzicht eingerichtet haben wird.[148] Das *Ausmaß der Vertrauensdisposition* aufgrund des vermeintlichen Verzichts kann von der Ersparnis geringfügiger bis existenzieller Geldbeträge reichen, wobei eine Existenzgefährdung durch die spätere Inanspruchnahme auf jeden Fall den Ausschlag für die Gewährung von Vertrauensschutz geben dürfte.[149] Wird in diesem Zusammenhang auf die weithin anerkannten Verwirkungsgrundsätze zurückgegriffen, was angesichts der *gleichartigen Ausrichtung* der Verwirkung auf den Rechtsverlust sachlich angemessen sein dürfte, kommt dem Ausmaß der Vertrauensdisposition letztlich keine größere Bedeutung zu. So genügt für eine Rechtsverwirkung allein, dass sich der Vertrauende unabhängig vom Umfang des Anspruchs auf die vermeintliche Rechtslage eingerichtet hat.[150]

Im Ergebnis lässt sich der Verlust bekannter Ersatzansprüche bei der Entlastung danach durchaus mit einem Rechtsirrtum des Geschäftsführers über die Verbindlichkeit des einseitigen Anspruchsverzichts rechtfertigen. Dass dieser Ansatz richtig ist, folgt nicht zuletzt daraus, dass der Geschäftsführer in einem Falle, in dem er insoweit *bösgläubig* ist, als er um die Unverbindlichkeit des einseitigen, nicht angenommenen Verzichts vor dem Hintergrund des § 397 BGB weiß, letztlich nur »blind« darauf vertraut, dass sich der Geschäftsherr an den unverbindlichen Verzicht auch halten und Ersatzansprüche künftig *freiwillig* nicht geltend machen wird. Unter diesen Voraussetzungen liegt es auf der Hand, dass der Geschäftsführer im eigenen Interesse unverzüglich die ausdrückliche Annahme des Rechtsverzichts erklären würde. Das wiederum verdeutlicht, dass auch das vertrauensbasierte Entlastungsmodell ganz maßgeblich auf § 397 BGB beruht, weil bei zutreffender Rechtskenntnis der Beteiligten an der Einhaltung der Vorgaben dieser Vorschrift kein Weg vorbeiführt, soll die Entlastung einen Rechtsverlust zur Folge haben. Der Vertrauensschutz führt danach nicht isoliert aus sich heraus zum Rechtsverlust. Vielmehr stellt er sich lediglich als ein dogmatisches Hilfsmittel dar, die eigentlich gewollten Rechtsfolgen des § 397 BGB trotz des Fehlens einer Annahmeerklärung zur Geltung zu bringen, um die mit dem Fehlen

---

147 Ausführlicher *Canaris*, Vertrauenshaftung, S. 295 f.

148 Ausführlicher *Singer*, Widersprüchliches Verhalten, S. 214 ff.; vgl. auch *Canaris*, Vertrauenshaftung, S. 295.

149 *Canaris*, Vertrauenshaftung, S. 296.

150 Vgl. die Nachweise auf S. 283 Fn. 125.

einer rechtsgeschäftlichen Bindung einhergehende rechtsethische Untragbarkeit einer weiteren Inanspruchnahme zu vermeiden. Anders gewendet lässt sich das auch dahin ausdrücken, dass dem Geschäftsherrn die *Berufung auf das Fehlen einer Annahmeerklärung* wegen widersprüchlichen Verhaltens nach Treu und Glauben versagt ist.

Die generelle Schwäche des vertrauensbasierten Entlastungsmodells liegt danach in der notwendigen Anknüpfung an § 397 BGB und der Überwindung der insoweit fehlenden Tatbestandsmerkmale, die einen rechtskundigen Geschäftsführer letztlich zur Einhaltung der von der Vertrauenslösung zuvor aufgestellten rigorosen Vorgaben beim Vertragsschluss zwingt. Die vorgebliche Einseitigkeit der Entlastung ist damit zwar der praktische Regelfall, jedoch nur, weil die Beteiligten in der Praxis durchweg über die Herbeiführung der Rechtsfolgen im Irrtum sind und glauben, eine einseitige Entlastung genüge hierfür. Es erscheint vor diesem Hintergrund als nicht überzeugend, wenn die Rechtfertigung des Rechtsinstituts der Entlastung letztlich im entscheidenden Punkt auf einem in der Praxis verbreiteten Rechtsirrtum beruht. Die vorstehenden Überlegungen erweisen damit zwar die Leistungsfähigkeit des Vertrauensschutzes bei der Bewältigung mangelbehafteter Rechtsgeschäfte, doch kann darin kaum die richtige Lösung für die Rechtsnatur der Entlastung liegen.

Schließlich soll noch einmal das Argument der Umgehung von § 397 BGB aufgegriffen werden. Es liegt auf der Hand, dass die soeben dargestellte Vertrauenslösung im Ergebnis nicht anders ist als eine solche Umgehung. Doch ist sie wertungsmäßig fundiert, weil sie nicht allein auf der Bejahung der Bindungswirkung eines rechtsgeschäftlichen unverbindlichen einseitigen Anspruchsverzichts beruht, sondern zur Begründung in besonderer Weise darauf abstellt, welche gesetzlichen Wertungen umgangen werden (Vertragsprinzip des § 397 BGB) und warum (zweifelhaftes dogmatisches Konzept des § 397 BGB, guter Glaube der Beteiligten und Irreversibilität der Vertrauensdisposition). Die letztgenannten Umstände sind es dabei, die im Sinne eines beweglichen Systems besonderes Gewicht haben und in ihrem Zusammenwirken »nach Zahl und Stärke« die Schutzwürdigkeit des Vertrauens begründen.

cc) Die Schutzwürdigkeit des Vertrauens in Ansehung der übrigen rechtsgeschäftlichen Mängel

Die rechtsgeschäftlichen Mängel des vertraglichen Anspruchsverzichts erstrecken sich nach dem vertrauensbasierten Entlastungsmodell nicht allein auf die fehlende Annahmeerklärung. Dem Vertragsschluss soll bei bestimmten Gesellschaftsformen auch die abweichende Kompetenzverteilung, d.h. die fehlende Vertretungsmacht der Versammlung entgegenstehen. Zu nennen sind z.B. die

GmbH mit Aufsichtsrat und die Genossenschaft. Daneben bestehen zuweilen besondere Verzichtsverbote, etwa bei der GmbH nach §§ 9b Abs. 1, 43 Abs. 3 Satz 2, 57 Abs. 4, 64 Satz 4 GmbHG und bei der Aktiengesellschaft nach §§ 93 Abs. 4 Satz 3 AktG, 120 Abs. 2 Satz 2 AktG. Im Hinblick auf all diese Unwirksamkeitsgründe stellt sich ebenfalls die Frage, ob sie mit dem Vertrauensgedanken überwunden werden können.

Bei den Verzichtsverboten wird einhellig zu Recht angenommen, dass sie schutzwürdiges Vertrauen ausschließen.[151] Hinsichtlich der Vertretungsmängel wird diese Frage im Schrifttum durchweg übergangen, obwohl die *Zurechenbarkeit des Vertrauenstatbestands* hier alles andere als selbstverständlich ist, stammt der Vertrauenstatbestand doch von einem Organ, dem die Zuständigkeit zur Begründung von Rechtsfolgen im Verhältnis zu den Organmitgliedern eigentlich fehlen soll. Dem liegt offenbar das Fehlverständnis zugrunde, dass der Vertrauensschutz keinen Vertragsschluss erfordere und schon deshalb die Vertretungsregelungen nicht eingehalten werden müssten. Zur Begründung wird stattdessen darauf verwiesen, dass schon der Entlastungsbeschluss den Rechtsverlust herbeiführe. Das ist rechtlich jedoch objektiv unmöglich, weil der Beschluss nach dem hier verfolgten Ansatz lediglich als Instrument der verbandsinternen Willensbildung begriffen wird.[152] Könnte der Beschluss als solcher bereits einen Rechtsausschluss herbeiführen, bedürfte es auch des Vertrauensschutzes nicht. Bei Bösgläubigkeit aller Beteiligten müssten nach Ansicht des vertrauensbasierten Entlastungsmodells demnach die gesetzlichen Vertretungsregeln eingehalten werden, sofern die Herleitung entsprechender Annexkompetenzen abgelehnt wird. Das weist den Weg zur Lösung, die letztlich ähnlich strukturiert ist wie bei der fehlenden Annahmeerklärung.

(1) Der Mangel der organschaftlichen Vertretungsmacht

Im Hinblick auf die Vertretungsmängel ist nach den bisherigen Ausführungen allein noch die Zurechnung des Vertrauenstatbestands zur Gesellschaft fraglich. Zur Verdeutlichung soll die Genossenschaft dienen: Zum Vertragsschluss mit dem Vorstand ist der Aufsichtsrat vertretungsberechtigt (§ 39 Abs. 1 Satz 1 GenG) und zum Vertragsschluss mit dem Aufsichtsrat umgekehrt der Vorstand (§ 26 Abs. 1 GenG). Nach materiellem Recht setzt der entlastungsbedingte Anspruchsverzicht bei Ablehnung einer entsprechenden Annexkompetenz und bei entsprechender Rechtskundigkeit der Beteiligten voraus, dass die Generalversammlung die Ent-

---

151 *Schmeling*, S. 145; *A. Zimmermann*, S. 204 f., 237 f.; *Graff*, S. 103.
152 Vgl. bereits S. 270.

lastung beschließt und sich der Vorstand mit dem Aufsichtsrat bzw. der Aufsichtsrat mit dem Vorstand in Ausführung des Beschlusses über die entsprechenden Verzichtsverträge einigt. Anders könnte der Rechtsverzicht nämlich nach objektiven Recht nicht herbeigeführt werden. Schließt die Generalversammlung die Verträge dagegen selbst ab, so wären die Verträge wegen Fehlens der organschaftlichen Vertretungsmacht nach § 177 BGB unwirksam. *Canaris* hat für derartige gesellschaftsrechtliche Vertretungsmängel ausgeführt, dass eine Zurechnung des Vertrauenstatbestands möglich sei, wenn sich sämtliche betroffenen Organe im Irrtum über das Fehlen ihrer eigenen Zuständigkeit befänden und nur aus diesem Grunde nicht eingriffen; der Schutzzweck der Vertretungsregelungen sei zudem nicht beeinträchtigt, wenn das jeweils übergangene Organ mit dem Vertrag faktisch einverstanden sei und ihn selbst abgeschlossen hätte, wenn ihm die wirkliche Rechtslage bekannt gewesen wäre.[153] Das lässt sich für die Entlastung fruchtbar machen, weil die beteiligten Organe in der Praxis in aller Regel davon ausgehen, dass die Gesellschafterversammlung die Rechtswirkungen der Entlastung selbst herbeiführen könne. Unter der Prämisse des vertrauensbasierten Entlastungsmodells befinden sie sich hierüber – ebenso wie bei der Annahmeerklärung – im Rechtsirrtum, weil die gesetzlichen Vertretungsregeln streng einzuhalten sein sollen. Hinzukommen muss, dass das jeweils übergangene Organ mit dem Vertrag faktisch einverstanden ist und ihn – ohne Irrtum über das Fehlen der eigenen Zuständigkeit – selbst geschlossen hätte. Soweit der Aufsichtsrat mit der Entlastung der Vorstandsmitglieder *einverstanden* ist, wäre auch diese Voraussetzung regelmäßig gegeben, was zur Folge hat, dass die Genossenschaft mit der Berufung auf den Einwand fehlender Vertretungsmacht wegen widersprüchlichen Verhaltens nach Treu und Glauben ausgeschlossen ist. Auch hier zeigt sich wiederum, dass die Vertrauenslösung auf *dem Irrtum erbaut* ist. Sind die Beteiligten rechtskundig, müssten sie die Vertretungsregeln der §§ 26, 39 GenG beachten, sonst bleibt die Entlastung mangels schutzwürdigem Vertrauen ohne Rechtsfolgen.

---

153 *Canaris*, Vertrauenshaftung, S. 312 ff. am Beispiel von BGH WM 1960, 803: Dabei ging es um den Vertragsschluss zwischen dem einzigen Vorstandsmitglied einer AG und der Hauptversammlung über den Verkauf von Inventar (Kaffeemühlen) an das Vorstandsmitglied. Vertretungsberechtig war nach § 112 AktG eigentlich der Aufsichtsrat, dieser war mit dem Vertrag aber jedenfalls einverstanden. Der Bundesgerichtshof wies die Geltendmachung des Vertretungsmangels durch die AG als widersprüchliches Verhalten zurück.

(2) Die gesellschaftsrechtlichen Verzichtsbeschränkungen

Bei der Bewältigung der gesellschaftsrechtlichen Verzichtsbeschränkungen ist im Ausgangspunkt zu berücksichtigen, dass das Verbot widersprüchlichen Verhaltens – etwa im Falle der Verwirkung – grundsätzlich auch in solchen Fällen zum Anspruchsverlust führen können soll, in denen der Rechtsinhaber nicht zum Verzicht berechtigt ist.[154]

Ein Vertrauensschutz scheidet aber generell bei *Bösgläubigkeit* aus, also wenn die Beteiligten die Verzichtsbeschränkungen im konkreten Fall kennen. Das wird im Aktienrecht hinsichtlich §§ 93 Abs. 4 Satz 3, 120 Abs. 2 Satz 1 AktG regelmäßig der Fall sein, ist aber nicht zwingend.

Schutzwürdiges Vertrauen ist auch dann ausgeschlossen, wenn die Vorschriften *Drittinteressen* schützen, über die die Beteiligten nicht disponieren können. Ein Vertrauensschutz muss deshalb im Hinblick auf die Verzichtsbeschränkungen des GmbH-Rechts generell ausscheiden, weil diese Vorschriften dem Schutze der Gesellschaftsgläubiger dienen.[155] Schwieriger ist es dagegen – nur im Falle der Gutgläubigkeit – bei §§ 93 Abs. 4 Satz 3, 120 Abs. 2 Satz 2 AktG, weil es hier nicht um Ansprüche geht, die im Interesse der Gesellschaftsgläubiger unverzichtbar sind. *Graff* verweist darauf, dass ein entlastungsbedingter Anspruchsverlust die Kompetenz des Aufsichtsrats zur Anspruchsverfolgung »konterkarieren« würde.[156] Wegen § 93 Abs. 4 Satz 3 AktG trifft dieses Argument aber allenfalls für die ersten drei Jahre ab Anspruchsentstehung zu. Nach Ablauf der Sperrfrist kann die Hauptversammlung von sich aus einen Verzicht in die Wege leiten, den der Aufsichtsrat grundsätzlich umzusetzen hat,[157] so dass seine Befugnis zur Anspruchsverfolgung dann nicht mehr hinreichend geschützt ist. Allerdings dient § 93 Abs. 4 Satz 3 AktG ersichtlich nicht dem Schutz des Aufsichtsrats, sondern dem Schutz der Aktionäre vor Übereilung,[158] so dass fraglich ist, ob tatsächlich schutzwürdige Drittinteressen des Aufsichtsrats betroffen sind. Gegen das Argument von *Graff* dürfte jedenfalls § 147 Abs. 1 Satz 1 AktG sprechen, der einen Eingriff der Hauptversammlung in das Anspruchsverfolgungsrecht des Aufsichtsrats ohne zeitliche Begrenzung zulässt. Zwar legitimiert die Vorschrift keinen Anspruchsverzicht. Sie zeigt aber, dass die Kompetenz des Aufsichtsrats grundsätzlich nicht gegen Eingriffe der Hauptversammlung geschützt ist.

---

154 BGHZ 6, 342 (346 f.); BGHZ 84, 280 (282); 87, 169 (177); Soergel/*A. Teichmann*, § 242 Rn. 312; *Roth/Schubert*, in: MüKo/BGB, § 242 Rn. 352; *Dette*, S. 45; *Singer*, Widersprüchliches Verhalten, S. 203 ff.; a.A. *Wieling*, AcP 176 (1976), 334 (338 f.).

155 BGHZ 97, 382 (389); *A. Zimmermann*, S. 239 f.

156 *Graff*, S. 103.

157 Vgl. bereits S. 64.

158 Vgl. für die Vorgängervorschrift des § 84 Abs. 4 AktG 1937 bereits S. 59 ff.

Damit kommt als Anknüpfungspunkt für die Verneinung schutzwürdigen Vertrauens bei der aktienrechtlichen Entlastung allein § 120 Abs. 2 Satz 2 AktG in Betracht. Im Einklang mit der überwiegenden Ansicht wurde bereits an früherer Stelle vertreten, dass die Vorschrift weit auszulegen ist und nicht nur den rechtsgeschäftlichen Verzicht, sondern sämtliche anspruchsmindernden Rechtsakte, die auf einer Entscheidung der Hauptversammlung über die Billigung der Geschäftsführung beruhen, ausschließt.[159] Dem Gesetzgeber muss es zudem möglich sein, den gesetzlichen Vertrauensschutz zu beschränken, weil dieser selbst nur eine besondere Ausprägung von Treu und Glauben ist.[160]

Im Ergebnis stehen die gesellschaftsrechtlichen Verzichtsbeschränkungen der Gewährung von Vertrauensschutz ebenso entgegen wie dem vertraglichen Verzicht.

c) Zusammenfassung

Zu konstatieren ist, dass im Schrifttum wesentliche Probleme des Vertrauensschutzes nicht hinreichend behandelt werden. Die Behauptung, infolge der Entlastung dürfe der Geschäftsführer darauf vertrauen, dass Ersatzansprüche künftig nicht mehr geltend gemacht werden, beachtet wesentliche Prämissen des Vertrauensschutzes und vor allem den grundsätzlichen Vorrang der Privatautonomie nicht. Blindes Vertrauen in die rechtsgeschäftlich unverbindliche Zusage des Geschäftsherrn, von einer künftigen Inanspruchnahme abzusehen, wird von der Rechtsordnung nicht geschützt. Kennt der Geschäftsführer die rechtsgeschäftlichen Prämissen der Vertrauenslösung und weiß er in diesem Sinne, dass es an einem rechtsgeschäftlich verbindlichen Anspruchsverzicht fehlt, so muss er sich weiter um eine Sicherung seiner Interessen bemühen, d. h. unter der Prämisse der Vertrauenslösung muss er die Annahme des unterbreiteten Verzichtsangebots erklären. Fehlt es mangels Annahmeerklärung an einem rechtsgeschäftlichen Anspruchsverzicht, wäre der Geschäftsführer jedoch schutzwürdig, wenn er gutgläubig darauf vertraute, dass infolge der Entlastung die Ersatzansprüche bereits erloschen seien.

Die wesentliche Erkenntnis ist in diesem Zusammenhang, dass es hinsichtlich bekannter Ansprüche bei der Entlastung nur um den Schutz des *Vertrauens auf die vermeintliche Rechtslage* geht, dass die Ersatzansprüche wegen der Entlastung nicht mehr bestehen. Für die Schutzwürdigkeit des Vertrauens spricht, dass der Irrtum des Geschäftsführers auf einer Funktionsstörung der Privatautonomie

---

159 Vgl. ausführlich S. 72.
160 Ebenso *Schmeling*, S. 145; *A. Zimmermann*, S. 204 f., 237 f.; *Graff*, S. 103.

beruht, die ihren Grund in dem Widerspruch zwischen dem Vertragsprinzip des § 397 BGB und der auf einen einseitigen Verzicht gerichteten Verkehrserwartung hat. Erforderlich ist außerdem die Irreversibilität der Vertrauensdisposition, d. h. der Geschäftsführer muss sich gutgläubig auf den Rechtsverlust eingerichtet haben. Erst wenn das der Fall ist, also nach Ablauf einer gewissen – sich einer regelhaften Umschreibung entziehenden – Zeitspanne, ist sein Vertrauen schutzwürdig und der betroffene Anspruch erlischt.

Mit dem Vertrauensschutz lassen sich daneben auch die vertretungsrechtlichen Probleme bei der Genossenschaft und bei der GmbH mit Aufsichtsrat lösen. Allerdings beruht der Vertrauensschutz auch insoweit auf einem Rechtsirrtum, weil für die Zurechnung des Vertrauenstatbestands die Gutgläubigkeit aller Beteiligten hinsichtlich der vermeintlichen Zuständigkeit der Hauptversammlung zur umfassenden Herbeiführung der Entlastungsfolgen gegeben sein muss. Kennen die Beteiligten die wirkliche Rechtslage, wonach – unter der verfolgten Prämisse – zur Herbeiführung der rechtsgeschäftlichen Bindung der Gesellschaft auch bei der Entlastung das jeweils nach der Kompetenzordnung zuständige Organ (Vorstand/Aufsichtsrat) handeln muss, so müssen sie diese Vorgaben zwingend beachten. Die rigorosen Anforderungen, die das vertrauensbasierte Entlastungsmodell auf der Ebene der Rechtsgeschäftslehre aufstellt, um überhaupt auf den Gedanken des Vertrauensschutzes zugreifen zu können,[161] müssen letztlich von rechtskundigen Beteiligten eingehalten werden. Darin besteht ein gravierender Mangel dieses Konstruktionswegs, weil der in der Praxis geübte Entlastungsvorgang ausschließlich dann mit dem Vertrauensschutz bewältigt werden kann, wenn sich die Beteiligten umfassend darüber im Rechtsirrtum befinden, auf welche Weise die Rechtsfolgen der Entlastung eigentlich herbeigeführt werden. Zugleich erweist sich aber auch in diesem Punkt die Leistungsfähigkeit des Vertrauensschutzes zur Vermeidung rechtsethisch untragbarer Ergebnisse bei der Behandlung mangelbehafteter Rechtsgeschäfte.

Anders als das Fehlen einer Annahmeerklärung und die Nichtbeachtung der Vertretungsregeln stehen die gesellschaftsrechtlichen Verzichtsbeschränkungen der Gewährung von Vertrauensschutz durchweg entgegen. Häufig sind die Beteiligten insofern ohnehin bösgläubig, weil sie diese Beschränkungen kennen. Im GmbH-Recht steht der bezweckte Gläubigerschutz als nicht disponibles Drittinteresse entgegen. Im Aktienrecht hat der Gesetzgeber mit dem weit auszulegenden

---

161 Besonders eingängig *A. Zimmermann*, S. 203: »Trotz (oder besser: Gerade wegen) der Ablehnung aller rechtsgeschäftlichen Lösungsversuche zur Begründung der Präklusionswirkung der Entlastung ist an der haftungsbefreienden Wirkung der Entlastung im Grundsatz festzuhalten.«

§ 120 Abs. 2 Satz 2 AktG nicht nur den Anspruchsverzicht, sondern auch den Vertrauensschutz ausgeschlossen.

4. Die Entlastung bei Erkennbarkeit von Ersatzansprüchen

Während es bei der soeben behandelten Entlastung in Kenntnis von Ersatzansprüchen darum ging, mit Hilfe des Vertrauensschutzes den übereinstimmend gewollten Anspruchsverzicht zur Geltung zu bringen und die vermeintlichen rechtsgeschäftlichen Mängel, nämlich das Fehlen einer Annahmeerklärung und ggf. die Nichtbeachtung der gesellschaftsrechtlichen Vertretungsregeln zu überbrücken, zielt der Vertrauensschutz bei der Entlastung trotz erkennbarer Ersatzansprüche in eine gänzlich andere Richtung. Die maßgebliche Frage ist hier zwar auch, ob und unter welchen Voraussetzungen die gesetzlichen Wertungen des § 397 Abs. 1 BGB und des deklaratorischen negativen Schuldanerkenntnisses nach §§ 397 Abs. 2, 812 Abs. 2 BGB unter Rückgriff auf den Vertrauensschutz überwunden werden können. Im Hinblick auf § 397 Abs. 1 BGB geht es dabei jedoch nicht nur um die Umgehung des rechtspolitisch fragwürdigen Erfordernisses einer Annahmeerklärung. Vielmehr ist zu klären, ob das Vertrauen des Geschäftsführers auf das Ausbleiben einer späteren Inanspruchnahme schutzwürdig ist, wenn er redlicherweise gar nicht von einem *gewollten* Anspruchsverzicht ausgehen darf, weil ein solcher Verzicht nach dem bei § 397 Abs. 1 BGB anerkannten Grundsatz im Zweifel nicht zu vermuten ist. Mit anderen Worten geht es darum, ob dem Geschäftsherrn die Berufung auf den fehlenden Verzichtswillen wegen widersprüchlichen Verhaltens nach Treu und Glauben versagt ist. Daneben fragt es sich, inwieweit der Anspruchsverlust als Rechtsfolge des Vertrauensschutzes mit dem deklaratorischen negativen Schuldanerkenntnis nach §§ 397 Abs. 2, 812 Abs. 2 BGB in Einklang zu bringen ist. Denn die rechtsgeschäftliche Feststellung des Nichtbestehens von Ersatzansprüchen führt nach § 397 Abs. 2 BGB zwar ebenfalls zu einem Anspruchsausschluss, doch unterliegt dieser mangels Rechtsgrunds der Kondiktion, so dass im Ergebnis lediglich eine Beweislastumkehr zulasten des Geschäftsherrn greift.[162] Lässt die Rechtsordnung die spätere Verfolgung des Ersatzanspruchs danach grundsätzlich zu, so bedarf es einer besonderen normativen Begründung, warum in der späteren Anspruchsgeltendmachung dennoch ein *unzulässiges* widersprüchliches Verhalten liegen soll.

---

162 Vgl. bereits S. 141 ff.

a) Die herrschende Sichtweise

Im Ausgangspunkt besteht im Schrifttum Einigkeit, dass sich das Vertrauen des Geschäftsführers auch hinsichtlich bloß erkennbarer Ersatzansprüche auf das Unterlassen der künftigen Anspruchsgeltendmachung richte.[163] So heißt es bei *Graff:* »Der Organwalter vertraut *nicht* auf das Nichtbestehen von Ersatzansprüchen, sondern vielmehr darauf, dass mit der Entlastung die gesamte Geschäftsführungsperiode zum Abschluss gebracht wird und nachträglich keine Forderungen erhoben werden.«[164] Diese Sichtweise beruht sachlich auf dem Bemühen, auch einem Geschäftsführer, der Kenntnis von den eigenen Verfehlungen hat oder mit solchen zumindest rechnet, in den Genuss des Vertrauensschutzes gelangen zu lassen. Ein solcher Geschäftsführer kann sinnvollerweise nämlich nicht darauf vertrauen, dass Ersatzansprüche von vornherein nicht bestanden haben.

aa) Die Schutzwürdigkeit des Vertrauens

Die Schutzwürdigkeit des Vertrauens auf das künftige Unterbleiben einer Inanspruchnahme wird ganz überwiegend damit begründet, dass der Geschäftsführer davon ausgehen dürfe, der Geschäftsherr habe die Rechenschaft auch tatsächlich zur Kenntnis genommen und zur Grundlage seiner Entlastungsentscheidung gemacht.[165] Hiervon ausgehend unterscheiden sich die Argumentationen: So hat *Knoche* den weitergehenden Schluss gezogen, der Geschäftsführer dürfe »davon ausgehen, daß der Geschäftsherr dasjenige, was typischerweise Grundlage der Entlastungsentscheidung ist, auch *sorgfältig* geprüft hat.«[166] Bei *A. Zimmermann* heißt es dagegen, der Geschäftsführer dürfe davon ausgehen, »dass die Mitglieder des Entlastungsorgans die Rechnungslegung vor Abschluss ihres Entscheidungsfindungsprozesses *mehr oder weniger* sorgfältig geprüft haben (prüfen sie ›mehr‹ sorgfältig, dann darf der zu Entlastende erst recht auf die Entscheidung vertrauen, prüfen sie ›weniger‹ sorgfältig, muss diese Nachlässigkeit zu Lasten der Verbandsmitglieder gehen)«.[167] *Graff* führt dagegen an, der Geschäftsführer erhalte aufgrund seiner Rechnungslegung mit der Entlastung »ein positives Signal in der Form, man habe die Unterlagen prüfen können, dies aber nicht getan und

163 *Tellis*, S. 88; *A. Zimmermann*, S. 192; *Graff*, S. 102.
164 *Graff*, S. 102 (Hervorhebung nur hier).
165 *Hoeniger*, DJZ 1922, 143 (147); *Hueck*, GmbHR 1959, 189 (192); *Knoche*, S. 80; *A. Zimmermann*, S. 209, 217; *Graff*, S. 109.
166 *Knoche*, S. 80 (Hervorhebung nur hier).
167 *A. Zimmermann*, S. 217 (Hervorhebung nur hier).

man werde nichts beanstanden«.[168] Auffällig ist bei diesen Argumenten, dass sie letztlich darauf abzielen, der Geschäftsherr habe *bewusst* unvollständig oder unsorgfältig geprüft. Der ebenso denkbare Fall, dass sich der Geschäftsherr um eine sorgfältige Prüfung bemüht hat und ihm dabei *versehentlich* ein Fehler unterlaufen ist, findet dagegen keine Erwähnung. Einen anderen Ansatz verfolgt schließlich *Schmeling*, der schutzwürdiges Vertrauen nur bejaht, wenn der Geschäftsführer gegenüber dem Geschäftsherrn deutlich gemacht habe, »daß er *eine Prüfung der vorgelegten Unterlagen* im Hinblick auf den Entlastungsbeschluss sowie eine entsprechende Erklärung *erwarte*«.[169]

bb) Die Zurechnung des Vertrauenstatbestands

Das zentrale Argument für die Gewährung von Vertrauensschutz ist daneben, dass der Geschäftsherr für seine nachlässige Prüfung einzustehen habe.[170] So heißt es bei *Knoche:* »Trifft (der Geschäftsherr) eine Aussage ohne sorgfältige Prüfung der Unterlagen, liegt dies ausschließlich innerhalb der eigenen Risikosphäre.«[171] *A. Zimmermann* formuliert dahin, es werde »bei den Verbandsmitgliedern ... im Sinne einer Prüfungsobliegenheit vorausgesetzt, dass sie die ihnen zugänglich gemachten schriftlichen oder auch mündlichen Informationsquellen sorgfältig prüfen«; sie müssten »ihrer Obliegenheit zur sorgfältigen Überprüfung« nachkommen.[172] Ebenso argumentiert *Graff:* »Unterlassen die Anteilseigner eine Nachprüfung, so geht diese Nachlässigkeit zu ihren Lasten. Der Informationspflicht der zu entlastenden Verwaltungsmitglieder entspricht somit eine Prüfobliegenheit der ... Gesellschafter.«[173] Auch *Schmeling* spricht in diesem Zusammenhang von einer »Prüfungsobliegenheit«.[174]

cc) Die inhaltlichen Differenzierungen beim Merkmal der Erkennbarkeit

Allerdings bestehen erhebliche Meinungsunterschiede zu der Frage, wann von einer »nachlässigen Prüfung« gesprochen werden kann, die geeignet ist, einen

---

168 *Graff*, S. 109.

169 *Schmeling*, S. 136 (Hervorhebung nur hier).

170 *Tellis*, S. 101; *Knoche*, S. 80; *Schmeling*, S. 126, 136; *A. Zimmermann*, S. 201, 209, 216; *Graff*, S. 109.

171 *Knoche*, S. 80.

172 *A. Zimmermann*, S. 216 und S. 209, anders aber S. 193: »auch wenn keine gesetzliche Pflicht zur Prüfung der Rechenschaftsunterlagen oder eine ähnliche Obliegenheit der Verbandsmitglieder *de lege lata* besteht«.

173 *Graff*, S. 109.

174 *Schmeling*, S. 124, 134, 136.

Anspruchsverlust zu rechtfertigen. Anknüpfungspunkt ist das Merkmal der »Erkennbarkeit« von Ersatzansprüchen. *Knoche* verlangt für die Erkennbarkeit einen deutlichen Hinweis: Der Geschäftsführer müsse auf »außerordentliche Vorfälle, die Anlaß zu Beanstandungen geben könnten«, gesondert hinweisen und Pflichtwidrigkeiten auch als solche darstellen.[175] Hinreichende Erkennbarkeit sei jedenfalls dann gegeben, wenn »hinsichtlich der Unkenntnis des Geschäftsherrn grobe Fahrlässigkeit anzunehmen wäre«.[176] Diffiziler sei die Rechtslage zu beurteilen, wenn ein solcher eindeutiger Hinweis fehle. Dann gelte, »je weniger die Geschäftsherr weiß und je weniger geschäftserfahren er ist, umso mehr ist er auf die Rechnungslegung angewiesen und umso deutlicher muß ein Hinweis auf eine Pflichtverletzung und auch evtl. zu dessen Folgen ausfallen«.[177] Im Ergebnis verbiete sich daher »jeder Automatismus«.[178] In eine ähnliche Richtung geht die Argumentation von *Schmeling*. Er geht davon aus, dass die zur Rechnungslegung erstellten Unterlagen und Zahlenwerke nicht geeignet seien, hinreichende Informationen über die Rechtmäßigkeit der Geschäftsführung zu vermitteln.[179] Daher sei »zumindest eine Obliegenheit des Geschäftsführers anzunehmen, im eigenen Interesse Ansprüche hervorzuheben«.[180]

Wesentlich schärfer argumentiert *Graff*. Sie hält im Ausgangspunkt ebenfalls »eine einzelfallbezogene, umfassende Wertung der beiderseitigen Interessenlage« für erforderlich,[181] gelangt bei dieser Interessenabwägung jedoch selbst dann zu einem Anspruchsausschluss, »wenn mögliche Ersatzansprüche aus den Unterlagen nur schwer erkennbar sind«, solange »sich aus den Unterlagen ... Zweifel an der Rechtmäßigkeit der Geschäftsführung hätten aufdrängen müssen«.[182] Aus den Unterlagen müssten sich daher »keine Hinweise auf etwaige Schadensersatzansprüche ergeben; ausreichend sind vielmehr Anhaltspunkte für denkbare Pflichtwidrigkeiten, sei es in Form von bestimmten Handlungen oder aber bloße Unterlassungen«.[183] Es genüge deshalb, wenn »Pflichtwidrigkeiten vorgelegen haben, die aus den Berichten zumindest in ihren Grundzügen erkennbar waren«.[184]

175 *Knoche*, S. 80 bzw. S. 81.
176 *Knoche*, S. 84.
177 *Knoche*, S. 85.
178 *Knoche*, S. 82.
179 *Schmeling*, S. 21 ff., zusammenfassend auf S. 41 f.
180 *Schmeling*, S. 133.
181 *Graff*, S. 109.
182 *Graff*, S. 109.
183 *Graff*, S. 112.
184 *Graff*, S. 113.

Bemerkenswert ist an den Stellungnahmen von *Knoche* und *Graff*, dass sie zwar übereinstimmend auf den Erkenntnishorizont eines durchschnittlichen Geschäftsherrn bzw. Gesellschafters abstellen,[185] aber dennoch zu völlig verschiedenen Anforderungen an die Intensität der dem Geschäftsherrn obliegenden Prüfung gelangen. Während *Knoche* regelmäßig einen klaren und eindeutigen Hinweis auf die Pflichtwidrigkeit und deren Folgen verlangt, lässt es *Graff* genügen, wenn sich in den Unterlagen lediglich Anhaltspunkte für pflichtwidriges Verhalten abzeichnen. *Schmeling* hält dagegen den Verständnishorizont eines »Laien ohne besondere kaufmännische Kenntnisse« für maßgeblich, verlangt also »Erkennbarkeit für jedermann«.[186] Die Rechtsprechung hat sich bislang nicht auf konkrete Vorgaben festgelegt.[187] Während sie im Vereins- und Genossenschaftsrecht darauf abstellt, dass ein »lebensnaher vernünftiger Maßstab« gelte,[188] verfährt sie im GmbH-Recht durchweg strenger, indem sie es z. B. genügen lässt, dass die Verfehlung erst nach Durchführung »einer einfachen Rechenoperation« erkennbar wird.[189] Einigkeit herrscht insoweit nur, dass die Erkennbarkeit fehlt, wenn die Rechenschaft unvollständig, irreführend oder sonst mangelhaft gewesen sei.[190] Häufig findet sich zudem der Hinweis, dass dem Geschäftsführer eigenes treuwidriges Verhalten nicht zum Vorteil gereichen könne.[191] Als Beispiel wird etwa genannt, dass der Geschäftsführer Bedenken durch unwahre Behauptungen zerstreue.[192]

b) Die kritischen Stellungnahmen im Schrifttum

Das vorstehende Entlastungsverständnis hat im Schrifttum vereinzelt Kritik erfahren, die darauf abzielt, dass schutzwürdiges Vertrauen im Hinblick auf den Verlust bloß erkennbarer Ersatzansprüche generell fehle.[193] Dezidiert hat sich vor

---

185 *Knoche*, S. 84; *Graff*, S. 111; ebenso *A. Zimmermann*, S. 219.

186 *Schmeling*, S. 135.

187 Vgl. bereits S. 48 f.

188 BGH NJW-RR 1988, 745 (748); BGH NZG 2002, 195 (197); BGH NZG 2005, 562 (563).

189 BGHZ 97, 382 (389).

190 RG DR 1941, 506 (508); RGZ 152, 273 (282); *K. Schmidt*, in: Scholz, GmbHG, § 46 Rn. 94; *Beuthien*, GenG, § 48 Rn. 8; *Hueck*, GmbHR 1959, 189 (192); *Knoche*, S. 82; *A. Zimmermann*, S. 214, 218; *Graff*, S. 103, 106; vgl. auch *Schmeling*, S. 139.

191 *A. Zimmermann*, S. 218.

192 *A. Zimmermann*, S. 218; *Graff*, S. 106.

193 Vgl. *Barner*, S. 71 ff.; ebenso *Häublein*, ZfIR 2003, 764 (766), allerdings nur mit der apodiktischen Feststellung, dass der Geschäftsführer »infolge der Entlastung (nur) darauf vertrauen darf, die von seiner Seite ... zur Kenntnis gebrachten oder sonst offenbar bekannten Maßnahmen der ›Geschäftsführung‹ würden gebilligt«; vorsichtig zweifelnd auch *Roth*, EWiR 1986, 997 (998).

allem *Barner* geäußert.[194] Er stellt in Abrede, dass die Entlastung einen hinreichenden Bezug auf etwaige Ersatzansprüche habe. Vielmehr bringe sie »eine Gemengelage von Motiven und Vorstellungen« zum Ausdruck; sie sei »sichtbares Zeugnis der Billigung«, drücke »Zufriedenheit mit dem Erreichten« aus und ergehe deshalb »nicht notwendig auf rationaler, sondern häufig auch – wie es bei einer Vertrauensäußerung kaum anders möglich ist – auf emotionaler Grundlage«.[195] Ein solches Vertrauen müsse »angesichts der Unübersichtlichkeit des zu beurteilenden Geschäftsablaufs, der Komplexität des Entscheidungsinhalts, der Irrationalität der Entscheidungsfindung und der in vielen Fällen inkonsistenten Zusammensetzung des Entscheidungsorgans eher als Hinweis auf die Hoffnung verstanden werden, es werde schon nichts ›passiert sein‹, nicht dagegen als Freistellungssignal an die Organwalter«.[196] Auch dem Geschäftsführer sei regelmäßig klar, dass die Entlastung »nicht aufgrund rationaler Überlegung erfolgt, sondern ein emotional gefärbter, aus taktischen Gründen oft auch auf Außenwirkung zielender abstrakter Wertungsakt ist, der nur selten einen Bezug zu konkret-individuellen Pflichtverstößen hat«.[197] Diese Überlegungen lassen sich dahin zusammenfassen, dass die Entlastung hinsichtlich bloß erkennbarer Ansprüche kein Verzichtsignal setze. Als zweites zentrales Argument gegen die Schutzwürdigkeit des Vertrauens führt *Barner* an, dass es wertungswidersprüchlich wäre, »wenn sich diejenigen, die um ihr Fehlverhalten wissen, auf ein aus Treu und Glauben abgeleitetes rechtsvernichtendes Prinzip berufen könnten«; der Geschäftsführer habe »die Ursache für schadensstiftende Vorfälle selbst gesetzt«, sei »über deren Hintergründe und Folgen vollständig informiert« und überlasse es »dem Zufall oder der Findigkeit« des Geschäftsherrn, die Verfehlungen zu entdecken, indem er von einer Unterrichtung absehe.[198] Auch bestehe die Gefahr, dass der Geschäftsführer darauf »spekulieren« könnte, der Geschäftsherr werde den Fehler schon nicht bemerken.[199] Zwar stehe es dem Organwalter frei, durch rückhaltlose Offenheit den Umfang der Verzichtswirkung selbst zu bestimmen; »in der Realität wird sich der Betreffende jedoch des Risikos einer bei zu genauer Information drohenden Entlastungsverweigerung bewußt sein und es, zumal bei unklaren Sachverhalten, in denen der schmale Grat zwischen noch erlaubtem und schon verbotenem Wagnis nicht klar auszumachen ist,

194 *Barner*, S. 71 ff.
195 *Barner*, S. 73.
196 *Barner*, S. 73 f.
197 *Barner*, S. 75.
198 *Barner*, S. 75.
199 *Barner*, S. 76.

eher vorziehen, auf sein Glück zu vertrauen, als möglicherweise vorzeitig die Pferde scheu zu machen.«[200]

c) Die Bewertung des Meinungstands

Die Kritik von *Barner* weist zunächst auf eine Differenzierung hin, die in der bisherigen Entlastungsdiskussion keine hinreichende Beachtung gefunden hat. Bei näherem Hinsehen stellt *Barner* nämlich in erster Linie die Schutzwürdigkeit des Geschäftsführers in Abrede, der um seine etwaigen Verfehlungen weiß. Das dürfte zwar einen in der Praxis häufigen Fall darstellen, ist aber keineswegs zwingend. Gerade wenn fahrlässige Pflichtverstöße in Rede stehen, die auf einem Rechtsirrtum des Geschäftsführers beruhen, etwa die versehentliche Nichtbeachtung steuerlicher Pflichten, fehlt dem Geschäftsführer im Zeitpunkt der Entlastungsentscheidung häufig die Kenntnis vom eigenen Pflichtverstoß, obwohl dieser aus den erstellten Zahlenwerken durchaus erkennbar sein kann. Es erweist sich daher als unumgänglich, zwischen dem Geschäftsführer, der vom Bestehen etwaiger Ersatzansprüche Kenntnis hat oder mit ihnen rechnet, und dem Geschäftsführer, dem diese Kenntnis fehlt, zu unterscheiden.

aa) Die Entlastung bei Kenntnis des Geschäftsführers von etwaigen Ersatzansprüchen

Bei einem Geschäftsführer, der Kenntnis von Ersatzansprüchen hat, fällt bereits die Einordnung in eine der beiden zentralen Kategorien des Vertrauensschutzes nach dem Ansatz von *Canaris* schwer.[201] Richtigerweise ist zu differenzieren:

(1) Die Einordnung der Entlastung in die Kategorien des Vertrauensschutzes

Soweit der Geschäftsführer so klar und deutlich auf die etwaigen Ersatzansprüche hingewiesen hat, dass er keine vernünftigen Zweifel an einer Kenntnisnahme durch den Geschäftsherrn hat, liegt nach der hier vertretenen Ansicht ein Fall der Entlastung in – objektiv erkennbarer – Kenntnis vor.[202] Der Geschäftsführer darf in einem solchen Fall aus den Begleitumständen der Erklärung nach Maßgabe des bei § 397 BGB geltenden Zweifelsgrundsatzes auf einen Verzichtswillen schließen, so dass sich der Vertrauensschutz nach den bei der Entlastung in Kenntnis von

---

200 *Barner*, S. 98.
201 Vgl. bereits ausführlich S. 273 ff.
202 Vgl. bereits S. 170 ff.

Ersatzansprüchen geltenden Regeln richtet.[203] Vertrauensschutz wird hier gewährt, weil der Geschäftsführer *auf die vermeintliche Rechtslage* vertraut, die Entlastung habe die betroffenen Ersatzansprüche zum Erlöschen gebracht. Diese Konstellation kommt dem Ansatz von *Knoche* nahe, der grundsätzlich ebenfalls einen klaren und eindeutigen Hinweis verlangt.[204] Sie weicht von der Ansicht von *Knoche* aber insoweit ab, als dem Geschäftsherrn grob fahrlässige Unkenntnis nach dem hier vertretenen Verständnis selbst dann nicht schadet, wenn sich die tatsächlich bestehende Unkenntnis für einen objektiven Erklärungsempfänger aus den Begleitumständen der Entlastungserklärung ergibt, etwa aus dem Verlauf der Diskussionen beim Rechenschaftsvorgang.

Davon zu unterscheiden sind die Fälle, in denen der Geschäftsführer nicht mehr von einem gewollten Anspruchsverzicht ausgehen darf, weil erkennbar zweifelhaft ist, ob der Geschäftsherr die etwa gegebenen schriftlichen Hinweise bzw. die aus den erstellten Unterlagen erkennbaren Ersatzansprüche tatsächlich zur Kenntnis genommen hat. In solchen Fällen kann der Geschäftsführer allenfalls vermuten, dass der Geschäftsherr die Verfehlung erkannt und gebilligt habe, dass er bewusst unsorgfältig geprüft habe oder aber dass ihm bei der Prüfung versehentlich ein Fehler unterlaufen sei. Schutzwürdiges Vertrauen kann sich dann nicht mehr auf eine vermeintliche Rechtslage richten, sondern es kommt allein noch der Schutz des Vertrauens *auf ein künftiges konsequentes Verhalten* des Geschäftsherrn in Betracht. Insofern erweist sich die im Schrifttum vertretene Ansicht, der Geschäftsführer vertraue auf das künftige Unterbleiben der Anspruchsgeltendmachung,[205] in dieser Konstellation als zutreffend.

(2) Die Schutzwürdigkeit des Vertrauens auf künftiges konsequentes Verhalten

Nach Ansicht von *Canaris* ist das Vertrauen auf ein künftiges konsequentes Verhalten allerdings nur ausnahmsweise schutzwürdig.[206] Dem ist zuzustimmen. Denn muss der Geschäftsführer erkennen, dass der Geschäftsherr von Rechts wegen nicht gebunden ist, weil er keinen Anspruchsverzicht erklärt hat, so muss sich der Geschäftsführer grundsätzlich weiter um die Sicherung seiner Interessen bemühen. In diesem Zusammenhang lässt sich – anders als bei der Entlastung in Kenntnis von Ersatzansprüchen – schwerlich argumentieren, er habe bereits durch das Ablegen von Rechenschaft und die ihm erteilte Entlastung eine hin-

203 Ausführlich S. 285 ff.
204 *Knoche*, S. 82, 84.
205 Vgl. bereits die Nachweis auf S. 296 in Fn. 163.
206 Vgl. bereits die Nachweise auf S. 273.

reichende Sicherung seiner Interessen erreicht.[207] Denn die Entlastung kann aus seiner Sicht zwar darauf beruhen, dass der Geschäftsherr die Verfehlungen erkannt und gebilligt habe oder dass es dem Geschäftsherrn auf eine nähere Prüfung der Rechenschaft nicht angekommen sei. Zwingend ist dieser Schluss jedoch nicht – er liegt nicht einmal nahe, weil die Entlastung typischerweise auf der Überzeugung des Geschäftsherrn beruht, dass es an Ersatzansprüchen insgesamt fehle. Da für den Geschäftsführer somit unklar ist, von welcher konkreten Sach- und Rechtslage der Geschäftsherr bei der Erteilung der Entlastung ausgegangen ist, hat er allen Grund, der Reichweite der ausgesprochenen Billigung der Geschäftsführung zu *misstrauen*. Dagegen lässt sich auch nicht anführen, dass ein weitgehendes Bemühen um eine klare Entscheidung des Geschäftsherrn durch weitergehende Aufklärung unzumutbar wäre, weil sie die Gefahr einer Entlastungsverweigerung mit sich brächte; hierin liegt im Gegenteil nämlich gerade der Grund, der den Geschäftsführer eigentlich zum Misstrauen auf die Reichweite der Billigungserklärung zwingen müsste.

Die Unklarheiten des Erklärungsinhalts verdeutlichen auch die eingangs zitierten Stellungnahmen aus dem Schrifttum: Während *Knoche* unterstellt, der Geschäftsführer dürfe von einer sorgfältigen Prüfung ausgehen, meint *Graff*, er dürfe im Gegenteil darauf vertrauen, dass der Geschäftsherr bewusst unsorgfältig geprüft habe. In einer derart unklaren Situation, in der ein Irrtum des Geschäftsherrn über die Bewertung der Geschäftsführung keineswegs auszuschließen ist, sondern sich regelmäßig sogar aufdrängen wird, erweist sich das Vertrauen des Geschäftsführers, er werde künftig nicht in Anspruch genommen, als nicht schutzwürdig. Hierfür spricht in erster Linie, dass er die Sach- und Rechtslage sowie seine Haftungsrisiken zutreffend einschätzt und es selbst in der Hand gehabt hat, eine *klare* Entscheidung des Geschäftsherrn über das Schicksal etwaiger Ersatzansprüche herbeizuführen, indem er ihn über die denkbaren Verfehlungen *in Kenntnis gesetzt* hätte. Da er von der Herbeiführung einer klaren Aussage des Geschäftsherrn abgesehen hat, hat er die von der Rechtsordnung in § 397 BGB bereit gestellten Mittel zur privatautonomen Gestaltung gleichsam verschmäht und verdient den Schutz der Rechtsordnung nicht.

Das ist auch der zutreffende Kern der Argumentation von *Barner*, die freilich zu sehr in Richtung eines arglistig handelnden Geschäftsführers weist. Denn es ist gar nicht entscheidend, ob der Geschäftsführer die Entdeckung der Verfehlung »dem Zufall oder der Findigkeit«[208] des Geschäftsherrn überlässt. Maßgeblich für die Versagung von Vertrauensschutz ist vielmehr, dass der Geschäftsführer in

---

207 Vgl. S. 286.
208 *Barner*, S. 75.

Kenntnis der wahren Rechtslage ernsthaft damit rechnen muss, dass die Entlastung auf einer Fehleinschätzung des Geschäftsherrn beruht. Richtig gewendet überlässt es der Geschäftsführer daher nicht »dem Zufall oder der Findigkeit«, sondern einer *sorgfältigen Prüfung* des Geschäftsherrn, ob er die ihm bekannten etwaigen Ersatzansprüche auch erkennen werde. Um Klarheit über eine spätere Inanspruchnahme zu erlangen, bedarf es einer solchen sorgfältigen Prüfung durch den Geschäftsherrn jedoch nicht, weil der Geschäftsführer auf die ggf. bestehenden Unklarheiten ausdrücklich hinweisen und damit eine eindeutige Stellungnahme vom Geschäftsherrn einholen kann. Ein hinreichender Grund, warum der Geschäftsführer aus der mangelnden Sorgfalt des Geschäftsherrn eine Anspruchsbefreiung erlangen sollte, ist schließlich auch deshalb nicht ersichtlich, weil er selbst für eine spätere Inanspruchnahme vorsorgen könnte, indem er eine Rücklage bildet oder etwaige Beweismittel sichert. Selbst wenn er von einer ausdrücklichen Information des Geschäftsherrn absieht, ist er daher nicht schutzlos. Die Gewährung von Vertrauensschutz würde dem Geschäftsherrn deshalb das Risiko einer sorgfältigen Prüfung aufbürden, obwohl die schutzwürdigen Interessen des Geschäftsführers eine Anspruchsfreistellung nicht erforderten. Gerät er trotz Kenntnis von etwaigen Verfehlungen später in Beweisnot, hätte er das letztlich selbst zu verantworten. Eines Schutzes durch Freistellung von der Haftung bedarf er nicht.

Für die hier vertretene Sichtweise lässt sich in systematischer Hinsicht überdies anführen, dass der Geschäftsführer vor der Vornahme einer Geschäftsführungsmaßnahme, die erkanntermaßen im Grenzbereich zwischen erlaubtem und verbotenem Risiko angesiedelt ist, grundsätzlich die Möglichkeit hat, eine entsprechende Weisung des Geschäftsherrn einzuholen, um einer Ersatzhaftung wegen Pflichtverletzung zu entgehen (vgl. etwa § 93 Abs. 4 Satz 1 AktG, § 34 Abs. 4 Satz 1 GenG).[209] Einer solchen Weisung muss aber eine hinreichende Aufklärung des Geschäftsherrn über die Chancen und Risiken der Maßnahme vorausgehen, damit dieser eine sachgerechte Entscheidung treffen kann.[210] Nimmt der Geschäftsführer die Maßnahme hingegen eigenverantwortlich vor, dann leuchtet es nicht ein, warum eine nachträgliche Haftungsfreistellung ohne entsprechende Instruktion des Geschäftsherrn möglich sein sollte.

---

209 Allgemein *D. Fischer*, in: Bamberger/Roth, § 665 Rn. 1; für die GmbH etwa BGH NJW 2010, 64 Tz. 10; *Zöllner/Noack*, in: Baumbach/Hueck, GmbHG, § 43 Rn. 33.

210 Statt aller *Hopt*, in: GK/AktG, § 93 Rn. 325; *Mertens/Cahn*, in: KöKo/AktG, § 93 Rn. 154; Hüffer/*Koch*, AktG, § 93 Rn. 26, jeweils für den Fall, dass der gefasste Beschluss auf »unrichtiger Information« beruht; ebenso *Zöllner/Noack*, in: Baumbach/Hueck, GmbHG, § 43 Rn. 34.

(3) Die Zurechenbarkeit des Vertrauenstatbestands

Während die vorstehende Argumentation auf die Begründung der fehlenden Schutzwürdigkeit des Vertrauens *des Geschäftsführers* gerichtet ist, beruht die Sichtweise des Schrifttums darauf, die mangelnde Schutzwürdigkeit *des Geschäftsherrn* herauszustellen, weil dieser die unterbreitete Rechenschaft nicht sorgfältig geprüft habe. Vielfach ist dabei von einer »Prüfobliegenheit« des Geschäftsherrn die Rede, an deren Verletzung sich der Rechtsverlust knüpfen soll.

Gegen die Annahme einer Prüfobliegenheit ist zunächst einzuwenden, dass das Gesetz eine solche nicht vorschreibt, so dass sie – unter der hier verfolgten Prämisse –allenfalls das Ergebnis der Gewährung von Vertrauensschutz sein kann und deshalb nicht zu seiner Begründung herangezogen werden darf. Denn es ist gerade die Frage, ob infolge der Entlastung ein Rechtsverlust eintritt und der Geschäftsherr zu dessen Vermeidung im eigenen Interesse zu einer sorgfältigen Prüfung der Rechenschaft angehalten ist. Bestünde von vornherein eine Prüfobliegenheit, die einen Rechtsverlust zur Folge hätte, dann bedürfte es des Vertrauensschutzes zu ihrer Begründung nicht. Dennoch darf der zutreffende Kern des Arguments nicht übersehen werden, dass nämlich der Geschäftsherr mit der Feststellung des Nichtbestehens von Ersatzansprüchen eine objektiv unrichtige Rechtsbehauptung aufgestellt hat und die Unrichtigkeit bei sorgfältiger Prüfung auch hätte erkennen können.

Doch betrifft dieser Umstand *nicht* die Schutzwürdigkeit des Vertrauens des Geschäftsführers, sondern die Zurechenbarkeit des Vertrauenstatbestands gegenüber dem Geschäftsherrn. Der Vertrauensschutz setzt eine solche Zurechenbarkeit, die sich nach Ansicht von *Canaris* bei der Vertrauenshaftung kraft rechtsethischer Notwendigkeit vorrangig nach dem Verschuldensprinzip richtet,[211] zwar zwingend voraus. Doch steht die Zurechenbarkeit des Vertrauenstatbestands sachlich neben der Schutzwürdigkeit des Vertrauens. Beide bilden zwar in dem beweglichen System wesentliche Elemente, die nach »Zahl und Stärke« für die Gewährung von Vertrauensschutz maßgeblich sind, so dass eine besonders starke Zurechenbarkeit im Einzelfall einen besonders schwachen Vertrauenstatbestand ausgleichen kann.[212] Doch erweist sich schutzwürdiges Vertrauen neben der Zurechenbarkeit als ein unverzichtbarer, *konstitutiver Bestandteil* des Vertrauensschutzes,[213] so dass allein eine mangelnde Schutzwürdigkeit des Ge-

---

211 *Canaris*, Vertrauenshaftung, S. 477, 517; ebenso *Singer*, Widersprüchliches Verhalten, S. 108. *Dette*, S. 72; Soergel/*A. Teichmann*, § 242 Rn. 319 ziehen auch das Risiko- bzw. das Veranlassungsprinzip heran, wenn ein »Verschulden« fehlt.

212 *Canaris*, Vertrauenshaftung, S. 303.

213 *Canaris*, Vertrauenshaftung, S. 303: bestimmte Merkmale müssten »*immer* erfüllt sein«, wozu u. a. der »schutzwürdige gute Glaube« gehöre.

schäftsherrn für die Gewährung von Vertrauensschutz nicht genügt. Fehlt es aber – wie dargestellt – an der Schutzwürdigkeit des Vertrauens, weil der Geschäftsführer die Sach- und Rechtslage und das damit verbundene Risiko besser überblickt und eine klare Entscheidung des Geschäftsherrn auch in zumutbarer Weise herbeiführen könnte, so vermag selbst grobe Fahrlässigkeit des Geschäftsherrn nichts daran zu ändern, dass mit der Schutzwürdigkeit des Vertrauens ein elementares Erfordernis des Vertrauensschutzes fehlt.

In diesem Sinne beruht die Argumentation des Schrifttums letztlich auf der Überlegung, dass der Geschäftsherr die Geschäftsführung gebilligt habe und diese *im Zweifel* besser hätte prüfen können und müssen. Das verdeutlicht, dass es im Ergebnis nicht um den Schutz von berechtigtem Vertrauen des Geschäftsführers geht, sondern um eine Sanktionierung des gegen sich selbst gerichteten Verschuldens des Geschäftsherrn. Eine solche Sanktionierung der Nachlässigkeit in eigenen Angelegenheiten ohne schutzwürdiges Vertrauen des anderen Teils setzt jedoch das Bestehen einer echten Obliegenheit voraus und lässt sich über den Vertrauensschutz nicht begründen. Zur Verdeutlichung sei auf die Rügeobliegenheit des § 377 HGB verwiesen, bei der es für das Freiwerden des Verkäufers von der Gewährleistung nach überwiegender Ansicht unschädlich ist, wenn ihn im Hinblick auf den Mangel ein Verschulden trifft.[214] Der sachliche Grund hierfür ist, dass § 377 HGB nicht auf die Gewährung von Vertrauensschutz zugunsten des Verkäufers zielt, sondern neben den objektiven Interessen des Verkäufers an rascher und reibungsloser Abwicklung vor allem auch der Einfachheit und Schnelligkeit des Handelsverkehrs dient.[215] Die Vorschrift konstituiert damit objektive Verhaltensanforderungen, die unabhängig von schutzwürdigem Vertrauen des Verkäufers sind und im Interesse der erforderlichen Rechtsklarheit im Handelsverkehr auch sein müssen.

(4) Zusammenfassung

Im Ergebnis lässt sich der Verlust bloß erkennbarer Ansprüche mit dem Vertrauensgedanken nicht rechtfertigen, wenn der Geschäftsführer von diesen Ansprüchen weiß oder wenigstens mit ihnen rechnet.[216] Die bisherigen Begründungsansätze berücksichtigen nicht hinreichend, dass ein solcher Geschäftsführer nicht schutz*bedürftig* ist. Er kann sich wegen seiner Kenntnis

214 BGHZ 107, 331 (337); BGHZ 132, 175 (177 f.); Staub/*Brüggemann*, § 377 Rn. 166; *Hopt*, in: Baumbach/Hopt, § 377 Rn. 48; *Grunewald*, in: MüKo/HGB, § 377 Rn. 7; a.A. *Müller*, in: Ebenroth/Boujong/Joost/Strohn, HGB, Vorbem. vor § 377 Rn. 11.

215 BGHZ 101, 49 (53); *Canaris*, HaR, § 29 Rn. 42; *K. Schmidt*, HaR, § 29 III 1c, S. 794 ff.

216 Zur Verteilung der Darlegungs- und Beweislast hinsichtlich der Bösgläubigkeit, vgl. S. 316.

finanziell und ggf. beweismäßig auf eine Inanspruchnahme einrichten oder aber eine klare Entscheidung des Geschäftsherrn über das Schicksal der etwaigen Ansprüche herbeiführen, indem er ihn entsprechend in Kenntnis setzt. Dass der Geschäftsherr die Rechenschaft einer objektiv unzureichenden Prüfung unterzogen hat, führt demgegenüber nicht zu einem Anspruchsverlust. Ein etwa erwecktes Vertrauen wäre dem Geschäftsherrn wegen seiner Nachlässigkeit in eigenen Angelegenheiten zwar zurechenbar, jedoch scheidet die Gewährung von Vertrauensschutz wegen der fehlenden Schutzwürdigkeit des Vertrauens des Geschäftsführers aus. Der Geschäftsführer bedarf keines Schutzes, wenn er von einer ausdrücklichen Unterrichtung des Geschäftsherrn und damit einer zumutbaren Klärung der Sach- und Rechtslage absieht und sich auf den Standpunkt zurückzieht, der Geschäftsherr habe die Geschäftsführung gebilligt und hätte im Zweifel sorgfältiger prüfen müssen.

bb) Die Entlastung bei Unkenntnis des Geschäftsführers von etwaigen Ersatzansprüchen

Anders stellt sich die Rechtslage dar, wenn der Geschäftsführer selbst nicht mit Ersatzansprüchen gegen sich rechnet, sondern überzeugt ist, dass seine Geschäftsführung nicht zu beanstanden sei.

(1) Die Einordnung der Entlastung in die Kategorien des Vertrauensschutzes

Die Besonderheit dieser Konstellation zeigt sich bereits bei der Einordnung der Entlastung in die beiden zentralen Kategorien des Vertrauensschutzes. Zwar begegnet die Schutzwürdigkeit des Vertrauens auf konsequentes Verhalten. d. h. des Vertrauens auf das Ausbleiben einer künftigen Inanspruchnahme auch in dieser Konstellation erheblichen Zweifeln, weil der Geschäftsführer redlicherweise nicht von einem konstitutiven negativen Schuldanerkenntnis des Geschäftsherrn ausgehen darf.[217] Fehlt es danach erkennbar an einem bedingten Anspruchsverzicht des Geschäftsherrn durch eine gewollte Übernahme des Irrtumsrisikos, so stellt sich die Frage, ob sich der Geschäftsführer weiter um die Sicherung seiner Interessen bemühen muss, indem er etwa auf eine entsprechende Gewährübernahme für das Nichtbestehen von Ersatzansprüchen durch den Geschäftsherrn drängt. Der Erfolg eines solchen Vorgehens wäre indes zweifelhaft, weil nicht ausgemacht ist, ob sich der Geschäftsherr hierzu tatsächlich bereit erklären würde. Häufig dürfte eine solche Forderung eher zur Verärgerung des Ge-

---

217 Vgl. hierzu bereits ausführlich S. 189 f.

schäftsherrn führen als zu der gewünschten Abgabe des konstitutiven negativen Schuldanerkenntnisses. Vor diesem Hintergrund müsste der Geschäftsführer der Erklärung des Geschäftsherrn wiederum eher *misstrauen*.

Doch griffe es zu kurz, den Vertrauensschutz mit diesem Argument generell in Abrede zu stellen. Denn der wesentliche Unterschied zu einem Geschäftsführer, der mit Ersatzansprüchen gegen sich rechnet und deshalb nicht darauf vertrauen darf, dass der Geschäftsherr bei der Erteilung der Entlastung von der zutreffenden Sach- und Rechtslage ausgegangen ist, besteht darin, dass der Geschäftsführer in den vorliegenden Fällen eine privatautonome Sicherung seiner Interessen durch einen rechtsgeschäftlichen Verzicht letztlich nicht für erforderlich halten wird. Da ihn die Entlastung in seiner Überzeugung bestätigt, dass dem Geschäftsherrn tatsächlich keine Ersatzansprüche zustehen, richtet sich sein Vertrauen nämlich nicht allein auf konsequentes künftiges Verhalten, sondern auf die *vermeintliche Rechtslage*, dass von vornherein keine Ersatzansprüche bestanden haben. Die im Schrifttum durchweg vertretene Ansicht, wonach der Geschäftsführer auf das Ausbleiben einer künftigen Inanspruchnahme vertraue,[218] erweist sich vor diesem Hintergrund erneut als ungenau. So trifft es zwar zu, dass ein Geschäftsführer, der nicht mit Ersatzansprüchen gegen sich rechnet, zugleich davon ausgeht, er werde später nicht in Anspruch genommen. Doch hat er subjektiv keinen greifbaren Anlass, sich in besonderer Weise um die Sicherung seiner Kontinuitätserwartungen zu bemühen. Eine gesonderte Risikoübernahme durch den Geschäftsherrn hält er schon deshalb nicht für zwingend veranlasst, weil auf das Fehlen von Ansprüchen vertraut und der Geschäftsherr diese Einschätzung mit der Erteilung der Entlastung auch bestätigt hat.

Dass es sachlich nur um den Schutz des Vertrauens auf das Nichtbestehen von Ersatzansprüchen gehen kann, wird bestätigt durch die hier vertretene Auslegung der Entlastungserklärung in Fällen der Unkenntnis des Geschäftsherrn von etwaigen Verfehlungen: Der rechtsgeschäftliche Lösungsansatz beruht insofern ebenfalls auf dem Umstand, dass der Geschäftsherr in einer solchen Konstellation mit der Entlastung *deklaratorisch* anerkenne, es bestünden keine Ersatzansprüche.[219] Allerdings geht die Gewährung von Vertrauensschutz von den Rechtsfolgen her jedenfalls im dogmatischen Ausgangspunkt über diejenigen eines deklaratorischen negativen Schuldanerkenntnisses hinaus, weil die Vertrauensentsprechung eigentlich nur im endgültigen Anspruchsverlust bestehen kann. Dagegen führt ein deklaratorisches negatives Schuldanerkenntnis zwar ebenfalls zum Erlöschen des Anspruchs, jedoch unterliegt das Anerkenntnis der Kondiktion, so

218 Vgl. die Nachweise auf S. 297 in Fn. 163.
219 Vgl. ausführlich S. 183 f. und S. 187 ff.

dass im Ergebnis lediglich eine Beweislastumkehr eintritt.[220] Der hierin liegende Widerspruch zwischen der gesetzlichen Wertung des deklaratorischen negativen Schuldanerkenntnisses und der Gewährung von Vertrauensschutz soll im Interesse einer isolierten Betrachtung des Vertrauensschutzes nach Maßgabe des vertrauensbasierten Entlastungsmodells zunächst noch außer Betracht bleiben.[221]

(2) Die Merkmale des Vertrauensschutzes als bewegliches System

Die wesentlichen Elemente, die als bewegliches System nach »Zahl und Stärke« den Ausschlag für die Gewährung von Vertrauensschutz geben, sind wiederum die Schutzwürdigkeit des Vertrauens des Geschäftsführers und die Zurechenbarkeit des Vertrauenstatbestands beim Geschäftsherrn. Die Schutzwürdigkeit des Vertrauens wird in der vorliegenden Konstellation maßgeblich durch den guten Glauben und die Vertrauensdisposition des Geschäftsführers bestimmt, die Zurechenbarkeit beim Geschäftsherrn durch den Grad des Verschuldens gegen sich selbst. Das Zusammenwirken dieser Elemente als bewegliches System wird in der vorliegenden Konstellation besonders deutlich:

Zunächst ist dabei festzuhalten, dass dem Merkmal der *Vertrauensdisposition* besondere Bedeutung zukommt, weil der ungewollte Anspruchsverlust einen Eingriff in die Rechtssphäre des Geschäftsherrn bedeutet, der als solcher nach dem Grundsatz der Verhältnismäßigkeit nur zu rechtfertigen ist, wenn beim Geschäftsführer infolge der Entlastung irreversible Verhältnisse eingetreten sind.[222] Erforderlich ist danach, dass sich der Geschäftsführer auf das Ausbleiben einer Inanspruchnahme tatsächlich eingerichtet hat; erst dann erlöschen die Ansprüche.

Die *Zurechenbarkeit* des Vertrauenstatbestands lässt sich damit begründen, dass der Geschäftsherr die Fehlvorstellung des Geschäftsführers über das Nichtbestehen von Ersatzansprüchen mit der Erteilung der Entlastung *bestätigt* hat und, wenn der Geschäftsherr über eine gewisse Fachkompetenz verfügt, durchaus sogar *bestärkt* haben kann, obwohl er die möglichen Ansprüche bei sorgfältiger Prüfung der geleisteten Rechenschaft hätte erkennen können. Da für die Zurechnung Verschuldensgesichtspunkte eine entscheidende Rolle spielen,[223] griffe es dabei zu kurz, die Zurechenbarkeit unter Hinweis auf die entgegenstehende Wertung des § 397 Abs. 1 BGB und den erkennbar fehlenden Verzichtswillen des Geschäftsherrn zu verneinen. Denn der Vertrauensschutz dient insoweit gerade

220 Vgl. bereits S. 141 ff.
221 Ausführlich unten S. 313 f.
222 Vgl. bereits S. 281 ff.
223 Vgl. die Nachweise auf S. 306 in Fn. 211.

dazu, eine Bindung herbeizuführen, obwohl sie nicht gewollt ist. Umgekehrt ist es jedoch ebenso zweifelhaft, den fehlenden Verzichtswillen des Geschäftsherrn mit dem bloßen Hinweis auf die Nachlässigkeit seiner Prüfung generell für unbeachtlich zu erklären, weil die strengen Anforderungen an eine gewollte Rechtsaufgabe in Form des konstitutiven negativen Schuldanerkenntnisses – im Sinne einer Risikoübernahme – dann letztlich leerliefen. Die entscheidende Frage muss demgegenüber sein, ob sich der nachträgliche Verweis des Geschäftsführers auf die Haftung in Anbetracht der erteilten Entlastung als rechtsethisch untragbar darstellt. Nur in einem solchen Fall kann der fehlende Verzichtswille überwunden werden. In diesem Zusammenhang kommt der Nachlässigkeit des Geschäftsherrn bei der Prüfung der Rechenschaft ein erhebliches Gewicht zu, weil sie seine *Schutzwürdigkeit* herabsetzt. Die Bindung an den Vertrauenstatbestand lässt sich im Grundsatz damit rechtfertigen, dass er bei sorgfältiger Prüfung der Rechenschaft den Vertrauenstatbestand hätte vermeiden können. Mit dem Verlust erkennbarer Ansprüche würde zwar in seine Rechtssphäre eingegriffen, die innere Rechtfertigung hierfür läge jedoch in der fehlenden Sorgfalt in eigenen Angelegenheiten.

Allerdings führt die herabgesetzte Schutzwürdigkeit des Geschäftsherrn nicht per se zur *Schutzwürdigkeit des Vertrauens* des Geschäftsführers.[224] Anders als einem Geschäftsführer, der mit Ersatzansprüchen rechnet und entsprechende Vorsorge treffen kann, ist dem im Irrtum über seine mögliche Haftung befindlichen Geschäftsführer die Notwendigkeit einer finanziellen Vorsorge und etwaigen Beweissicherung nicht bewusst. Hierin liegt ein Anknüpfungspunkt für die Schutzwürdigkeit seines Vertrauens. Denn hätte der Geschäftsherr bei sorgfältiger Prüfung zweifelhafte Maßnahmen moniert, so hätte eine zeitnahe Aufklärung der Sach- und Rechtslage dem Geschäftsführer möglicherweise den Nachweis der fehlenden Pflichtwidrigkeit ermöglicht, während bei einer späteren Inanspruchnahme eine solche Aufklärung scheitern kann, weil Aufzeichnungen nicht mehr auffindbar bzw. Zeugen nicht mehr erreichbar sind oder sich nicht mehr hinreichend erinnern können. Indessen betrifft dieser Gedanke nur solche Geschäftsführer, die ihre Pflichten tatsächlich nicht verletzt haben und deren Schutz – zumal bei Gutgläubigkeit – die Entlastung gerade bezweckt. Denn wie bereits bei der rechtsgeschäftlichen Deutung der Entlastung erläutert, dient das Entlastungsinstitut nicht in erster Linie dazu, den Geschäftsführer vor einer berechtigten Inanspruchnahme aus tatsächlich begangenen schuldhaften Pflichtverletzungen zu bewahren. Vielmehr soll der Geschäftsführer vor einer *unberechtigten Anspruchsdurchsetzung* geschützt werden, die deshalb droht, weil ihn im Ersatz-

224 Vgl. bereits die Ausführungen auf S. 306 ff.

prozess in aller Regel die Darlegungs- und Beweislast für objektiv pflichtgemäßes Verhalten, jedenfalls aber für fehlendes Verschulden trifft.[225]

Vor diesem Hintergrund griffe es zu kurz, in Anlehnung an *Knoche* oder *Schmeling* – die die vorliegende Konstellation freilich nicht im Blick haben – die Schutzwürdigkeit des Vertrauens von einem klaren Hinweis auf etwaige Verfehlungen abhängig zu machen.[226] Da der Geschäftsführer selbst nicht mit Ersatzansprüchen rechnet, kann von ihm redlicherweise kein klarer und deutlicher Hinweis auf die fraglichen Geschäftsführungsmaßnahmen oder sogar weitergehend auf deren mögliche Pflichtwidrigkeit verlangt werden. Soll der Vertrauensschutz nicht nur auf solche Fälle beschränkt bleiben, in denen sich die Verfehlungen ausnahmsweise – zufällig! – auf den ersten Blick erkennen lassen, muss es ausreichen, wenn Ersatzansprüche im Sinne der Rechtsprechung unter Anlegung eines lebensnahen vernünftigen Maßstabs erkennbar sind.[227]

Besteht dagegen ein Ersatzanspruch und befindet sich der Geschäftsführer insoweit im Rechtsirrtum, begegnet die Schutzwürdigkeit seines Vertrauens Bedenken. Insbesondere stellt sich die Frage, welche Anforderungen an seinen *guten Glauben* zu stellen sind. So zeigen die Vorschriften der §§ 122 Abs. 2, 173, 179 Abs. 3 Satz 1 BGB, dass das Gesetz den Vertrauenden vielfach nicht für schutzwürdig hält, wenn er den Mangel des Vertrauenstatbestands *kennen muss*. Ein solches Kennenmüssen wird bei der Entlastung typischerweise gegeben sein, weil die betroffenen Ersatzansprüche aus der geleisteten Rechenschaft nicht nur für den Geschäftsherrn, sondern erst recht für den Geschäftsführer erkennbar sind. Denn dieser hat – anders als der Geschäftsherr – detaillierte Kenntnis der anspruchsbegründenden Tatsachen und bei der Erstellung der Rechenschaftsunterlagen hatte er sogar nochmals die Gelegenheit, die eigene Tätigkeit kritisch zu reflektieren. Unbehagen resultiert auch daraus, dass dem Geschäftsherrn schon geringfügige Nachlässigkeiten bei der Prüfung zum Nachteil gereichen, während selbst grobe Fahrlässigkeit des Geschäftsführers bei der Geschäftsführung und auch bei der Erstellung der Rechenschaftsunterlagen keine Rolle spielen soll.[228] Denn immerhin ist es auf beiden Seiten zu Nachlässigkeiten gekommen, wobei der Geschäftsführer – wie *Barner* zu Recht geltend macht – »die Ursachen für die schadensstiftenden Vorfälle selbst gesetzt« hat.[229] Seine Haftung erscheint vor diesem Hintergrund trotz erteilter Entlastung nicht zwingend als rechtsethisch

225 Vgl. bereits S. 187 ff. und auch schon S. 11.
226 *Knoche*, S. 80, 81; *Schmeling*, S. 133. Siehe oben S. 298.
227 BGH NJW-RR 1988, 745 (748); BGH NZG 2002, 195 (197); BGH NZG 2005, 562 (563). Vgl. bereits S. 48 f. und S. 298 ff.
228 Zur fehlenden »aufmerksamkeitslenkenden Funktion« der Rechenschaft, vgl. S. 170.
229 *Barner*, S. 75.

untragbar. Selbst wenn auf das Verschulden des Geschäftsherrn gegen sich selbst besonderes Gewicht gelegt wird, dürfte Vertrauensschutz zu verneinen sein, wenn sowohl der Geschäftsführer als auch der Geschäftsherr dem gleichen Rechtsirrtum unterlegen sind. Das ist etwa bei der Beurteilung steuer- oder sozialversicherungsrechtlicher Fragen denkbar. Da der Geschäftsführer insoweit regelmäßig die größere Fach- und Rechtskunde besitzt und deshalb häufig besonderes Vertrauen des Geschäftsherrn genießt, erscheint es wenig überzeugend, wenn er seine spätere Inanspruchnahme mit dem Hinweis verweigern könnte, dem Geschäftsherrn hätte der Rechtsirrtum nicht unterlaufen dürfen, dem er selbst erlegen ist.[230] Das Beispiel veranschaulicht zugleich die Funktionsweise des beweglichen Systems, weil die Gewährung von Vertrauensschutz selbst bei Erkennbarkeit des Ersatzanspruchs aus der geleisteten Rechenschaft und entsprechender Unkenntnis des Geschäftsführers stets von den Umständen des Einzelfalls abhängt. Insofern ist es zwar ein Vorzug des beweglichen Systems, dass die in die Abwägung einzustellenden Elemente in jedem Einzelfall nach »Zahl und Stärke« über den Anspruchsausschluss entscheiden, allerdings ist eine wirklich verlässliche Klarstellung der Haftungsverhältnisse über den Vertrauensschutz – anders als bei Annahme einer echten Prüfobliegenheit – letztlich nicht zu erreichen.

(3) Die gesetzliche Wertung des deklaratorischen negativen Schuldanerkenntnisses

Wäre dem Geschäftsführer nach den vorstehenden Ausführungen im Einzelfall Vertrauensschutz zu gewähren, so stellt sich schließlich die Frage, ob der Anspruchsverlust mit der gesetzlichen Wertung des deklaratorischen negativen Schuldanerkenntnisses in Einklang zu bringen ist. Denn sowohl der Vertrauensschutz als auch das deklaratorische negative Schuldanerkenntnis beruhen im Ausgangspunkt darauf, dass die Entlastung mit der Feststellung einhergeht, es bestünden keine Ersatzansprüche. Beim Vertrauensschutz richtet sich das Vertrauen des Geschäftsführers auf das Nichtbestehen von Ersatzansprüchen, beim deklaratorischen negativen Schuldanerkenntnis ist die Feststellung ihres Nichtbestehens unmittelbarer Inhalt der rechtsgeschäftlichen Regelung.

Bei deklaratorischen Erklärungen geht *Canaris* davon aus, dass zur Begründung von Rechtsfolgen mit den Mitteln der Rechtsgeschäftslehre nicht auszukommen sei, sondern auf den Vertrauensschutz zurückgegriffen werden müs-

---

230 Anders freilich OLG Frankfurt, Urt. v. 09.03.2010 – 14 U 52/09, Juris-Tz. 71, das einem GmbH-Geschäftsführer bei der vergünstigten Vermietung einer Hausmeisterwohnung den Irrtum über die Beitragspflicht in der Sozialversicherung in Höhe des Mietnachlasses zugesteht, die Erkennbarkeit des Ersatzanspruchs für die Gesellschafter dagegen bejaht.

se.[231] Dem ist im Ausgangspunkt beizupflichten. Da deklaratorische Erklärungen nicht auf die Herbeiführung von Rechtsfolgen gerichtet sind, steht der Vertrauensschutz bei ihnen nicht in Konkurrenz zur Privatautonomie, sondern stellt sich von vornherein als dessen Ergänzung dar. Jedoch kann diese Prämisse für die Entlastung bei erkennbaren Ersatzansprüchen – nach der hier vertretenen Sichtweise – keine Geltung beanspruchen, weil das deklaratorische negative Schuldanerkenntnis zwar seiner Bezeichnung und seinem Inhalt nach lediglich feststellenden Charakter hat, aufgrund der gesetzlichen Regelung in §§ 397 Abs. 2, 812 Abs. 2 BGB aber dennoch rechtsgeschäftliche Rechtsfolgen zeitigt. Folglich handelt es sich um den besonderen Fall, dass ein »deklaratorischer« Rechtsakt ausnahmsweise doch rechtsgeschäftliche Folgen hat. Ebenso wie bei der Entlastung in – objektiv erkennbarer – Kenntnis von Ersatzansprüchen konkurriert der Vertrauensschutz deswegen trotz des vorderhand deklaratorischen Erklärungsinhalts unmittelbar mit der Rechtsgeschäftslehre, so dass wiederum die Gefahr besteht, die gesetzlichen Wertungen mit dem »Zauberstab«[232] des Vertrauensschutzes zu unterlaufen.

Unter der Prämisse des vertrauensbasierten Entlastungsmodells fehlt es zwar an einer rechtsgeschäftlichen Bindung der Beteiligten, indessen kann aus dem Fehlen einer Annahmeerklärung oder aus der Nichtbeachtung der gesellschaftsrechtlichen Vertretungsregeln nicht der Schluss gezogen werden, dass die gesetzliche Wertung der §§ 397 Abs. 2, 812 Abs. 2 BGB deshalb keine Geltung beanspruchte. Im Gegenteil: Wenn schon ein Vertragsschluss nur einen kondizierbaren Anspruchsverzicht, also im Ergebnis lediglich eine Beweislastumkehr zulasten des Geschäftsherrn zur Folge hätte, dann kann es schwerlich zu einem endgültigen Anspruchsausschluss kommen, wenn es an einem wirksamen Vertragsschluss fehlt, eine entsprechende Erklärung des Geschäftsherrn tatsächlich jedoch vorliegt. Denn die fehlende Einhaltung der übrigen rechtsgeschäftlichen Vorgaben führt zwar dazu, dass die Rechtsordnung der privatautonom gewollten Feststellung die Geltung versagt, doch ließe sich damit kaum in Einklang bringen, wenn aus diesem Grunde zulasten des Erklärenden mit dem endgültigen Rechtsverlust eine wesentlich schärfere Rechtsfolge griffe.

Der Wertungswiderspruch, der mit dem Anspruchsverlust als Folge der Gewährung von Vertrauensschutz einherginge, lässt sich dadurch sinnvoll vermeiden, dass die im Gesetz für das deklaratorische negative Schuldanerkenntnis getroffene Grundwertung auch auf den Vertrauensschutz erstreckt wird. Das Gesetz gelangt ausgehend von der Feststellung des Gläubigers, ihm stünden keine

231 *Canaris*, Vertrauenshaftung, S. 425 f.; ebenso *Singer*, Widersprüchliches Verhalten, S. 83.
232 *Wieling*, AcP 187 (1987), 95 (100); vgl. bereits oben auf S. 262, 280.

Ansprüche gegen den Schuldner zu, in §§ 397 Abs. 2, 812 Abs. 2 BGB nur zu einem kondizierbaren Verzicht und damit letztlich zu einer Beweislastumkehr zulasten des Gläubigers. Das beruht auf der zutreffenden Erwägung, dass einer bloßen Feststellung des Nichtbestehens von Ansprüchen eine geringere Rechtswirkung zukommt als dem konstitutiven Anspruchsverzicht. Die gesetzliche Regelung erhält dem Gläubiger damit die Möglichkeit, den Anspruch dennoch durchzusetzen, schützt den Schuldner aber zugleich vor der Gefahr, aus Gründen der Darlegungs- und Beweislast im Prozess zu unterliegen. Der Schuldner *darf* sich in Ansehung der gesetzlichen Regelung deshalb nur auf eine beweismäßige Besserstellung einrichten, nicht auf das endgültige Freiwerden von der Schuld. Wird dieser Gedanke auf den Vertrauensschutz übertragen, so ist das Vertrauen des Geschäftsführers nur insoweit als schutzwürdig anzusehen, wie er sich durch das Unterlassen der weiteren Sicherung etwaiger Beweismittel auf das Ausbleiben einer künftigen Inanspruchnahme einrichtet. Vertraut er auf das endgültige Freiwerden von seiner Haftung, ist sein Vertrauen wegen der vorrangigen Wertung des deklaratorischen negativen Schuldanerkenntnisses dagegen nicht schutzwürdig.

Eine solche Sichtweise wird auch dem bereits angesprochenen Umstand besser gerecht, dass es bei der Entlastung im Hinblick auf erkennbare Ansprüche auf beiden Seiten zu Nachlässigkeiten gekommen ist. Während den Geschäftsherrn der Vorwurf einer unsorgfältigen Prüfung trifft, hat der Geschäftsführer seine Pflichten bei der Geschäftsführung schuldhaft verletzt und zudem hätte er den Ersatzanspruch bei sorgfältiger Prüfung der eigenen Rechenschaft auch selbst – regelmäßig sogar besser als der Geschäftsherr – erkennen können. Dieser Ausgangssituation wird der Vertrauensschutz nur unvollkommen gerecht, wenn sich seine Rechtsfolgen darauf beschränken, entweder den Ersatzanspruch völlig zu versagen oder ihn bei unveränderter Verteilung der Darlegungs- und Beweislast aufrechtzuerhalten. Im Schrifttum wird insofern oftmals auf denkbare Beweisschwierigkeiten des Geschäftsführers verwiesen und hieraus die Unzumutbarkeit der späteren Inanspruchnahme abgeleitet.[233] Der Anspruchsschluss ist unter der jeweils gewählten Prämisse dann zwar konsequent, dennoch stellt sich eine Beweislastumkehr – etwa unter Verhältnismäßigkeitsgesichtspunkten – als das angemessenere Mittel zum Schutz vor möglicher Beweisnot dar. Die bisher angenommene Beschränktheit der Rechtsfolgen auf einen Ausschluss oder eine Aufrechterhaltung des Ersatzanspruchs nötigt hingegen zum Ausschluss des Anspruchs, obwohl den schutzwürdigen Interessen des Geschäftsführers bereits mit einer Beweislastumkehr gedient wäre.

233 *Knoche*, S. 87; *A. Zimmermann*, S. 198 f.

cc) Zusammenfassung

Im Ergebnis lässt sich für die Entlastung bei bloßer Erkennbarkeit von Ersatzansprüchen festhalten, dass ein Vertrauensschutz ausscheidet, wenn der Geschäftsführer um das Bestehen von Ersatzansprüchen weiß oder mit solchen Ansprüchen rechnet. In einem solchen Fall ist der Geschäftsführer nicht schutzbedürftig, weil er es selbst in der Hand hat, eine klare Entscheidung des Geschäftsherrn herbeizuführen und auch Vorsorge für eine spätere Inanspruchnahme treffen kann.

Ist der Geschäftsführer dagegen überzeugt, dass keine Ansprüche gegen ihn in Betracht kommen, so vertraut er auf das Nichtbestehen von Ersatzansprüchen und wird in dieser Einschätzung durch die vorbehaltlose Entlastungserteilung auch bestätigt. Allerdings ist sein Vertrauen wegen der gesetzlichen Wertung des deklaratorischen negativen Schuldanerkenntnisses nach §§ 397 Abs. 2, 812 Abs. 2 BGB nur insoweit schutzwürdig, wie er sich durch das Unterlassen der weiteren Sicherung etwaiger Beweismittel auf das Ausbleiben einer künftigen Inanspruchnahme einrichtet. Die Gewährung von Vertrauensschutz befreit ihn daher grundsätzlich von der Darlegungs- und Beweislast im Hinblick auf Einwendungen gegen etwaige Ersatzansprüche, soweit diese bei Anlegung eines lebensnahen vernünftigen Maßstabs aus der unterbreiteten Rechenschaft erkennbar sind. Stattdessen obliegt dem Geschäftsherrn die volle Darlegungs- und Beweislast, insbesondere für die objektive und subjektive Pflichtwidrigkeit der fraglichen Geschäftsführungsmaßnahme, wenn er den Geschäftsführer in Anspruch nehmen will. Im Einzelfall kann es an schutzwürdigem Vertrauen jedoch fehlen.

In prozessualer Hinsicht ist abschließend noch darauf hinzuweisen, dass der Vertrauensschutz eine erhebliche Aufwertung dadurch erfährt, dass der gute Glaube des Geschäftsführers auf das Nichtbestehen von etwaigen Ersatzansprüchen nach allgemeinen Grundsätzen zu vermuten ist.[234] *Canaris* hat die damit verbundene Beweislastumkehr im Bereich der Vertrauenshaftung kraft rechtsethischer Notwendigkeit mit dem Argument gerechtfertigt, »daß eine ›innere Tatsache‹ wie der gute Glaube nur sehr schwer positiv nachzuweisen ist und daß der Vertrauensschutz daher ohne die Beweislastumkehr praktisch weitgehend entwertet wäre«.[235] Dem ist beizupflichten, weil die fehlende Gutgläubigkeit in sämtlichen Vorschriften, die als gesetzliche Ausprägungen des Vertrauensgrundsatzes anzusehen sind (z. B. §§ 122 Abs. 2, 173, 179 Abs. 3, 932 Abs. 2 BGB), als Einwendung gegen den Vertrauenden ausgestaltet ist. Relevant wird dieser Umstand, wenn der Geschäftsführer tatsächlich Kenntnis von etwaigen Ersatzan-

234 *Canaris*, Vertrauenshaftung, S. 507.

235 Ebenda.

sprüchen hat oder mit ihnen rechnet. Gelingt dem Geschäftsherrn der Nachweis der Bösgläubigkeit nicht, so kann sich der Geschäftsführer auf die Entlastungswirkungen berufen, wie wenn er gutgläubig auf das Nichtbestehen von Ersatzansprüchen vertraut hätte.

IV. Die Bewertung der Leistungsfähigkeit des vertrauensbasierten Entlastungsmodells

1. Der Rückgriff auf die Grundsätze des Vertrauensschutzes erscheint auf den ersten Blick als dogmatisch elegant, begegnet aber schon im Ausgangspunkt gravierenden Bedenken, weil ein solcher Begründungsansatz wegen der Ergänzungsfunktion des Vertrauensschutzes voraussetzt, dass eine rechtsgeschäftliche Deutung der Entlastung ausgeschlossen ist. Selbst wenn aber von der Heranziehung des deklaratorischen negativen Schuldanerkenntnisses (§§ 397 Abs. 2, 812 Abs. 2 BGB) und von der Annahme etwaiger Annexkompetenzen zur Begründung der Entlastungfolgen abgesehen wird, ist eine rechtsgeschäftliche Deutung der Entlastung als schenkweiser Erlass (§§ 397 Abs. 1, 516 Abs. 1 BGB) in Fällen, in denen der Geschäftsherr *Kenntnis von Ersatzansprüchen* hat oder mit solchen rechnet, jedenfalls bei der bürgerlich-rechtlichen Geschäftsbesorgung, aber auch bei der GmbH ohne Aufsichtsrat und bei der Wohnungseigentümergemeinschaft ohne weiteres möglich.[236] Der Hinweis auf das vermeintliche Fehlen einer Annahmeerklärung erweist sich dabei als ebenso wenig tragfähig,[237] wie die Verneinung eines Verzichtswillens des Geschäftsherrn.[238] Selbst wenn das Schweigen auf die Entlastung – entgegen der hier vertretenen Ansicht – nicht als Annahmeerklärung ausgelegt werden könnte, läge eine solche Erklärung zumindest dann vor, wenn sich der Geschäftsführer für die Entlastung bedankt.[239] Um dennoch den Anwendungsbereich des Vertrauensschutzes zu eröffnen, müsste im Hinblick auf den Verzichtswillen argumentiert werden, dass der Geschäftsherr die erkannt pflichtwidrigen Geschäftsführungsmaßnahmen nur billigen, auf die entsprechenden Ersatzansprüche jedoch nicht verzichten wolle. Eine solche Unterscheidung erwiese sich als Fiktion, weil Billigung und Verzicht hinsichtlich bekannter Ersatzansprüche letztlich nur zwei Seiten derselben Medaille sind.[240] Liegen die Voraussetzungen eines schenkweisen Erlasses danach aber in be-

236 Ausführlich zum Verhältnis von Entlastungsbeschluss und Vertragsschluss S. 248 ff.
237 Ausführlich S. 225 ff.
238 Ausführlich S. 168 ff. und S. 280.
239 Ausführlich S. 208 ff.
240 Vgl. S. 280.

stimmten Fällen vor, so ist der Rückgriff auf den Vertrauensschutz insoweit von vornherein versperrt.

2. Ausgehend von der Prämisse des vertrauensbasierten Entlastungsmodells, dass das Schweigen auf die Entlastung nicht als Annahmeerklärung ausgelegt werden kann und eine Annexkompetenz für die Beschlussausführung fehlt, ist eine Bewältigung der Entlastung in Kenntnis von Ersatzansprüchen über den Vertrauensschutz unter notwendiger Anerkennung des tatsächlich vorliegenden Verzichtswillens dennoch grundsätzlich möglich. Denn es erwiese sich als rechtsethisch untragbar, das Vertrauen auf den – dann einseitig gebliebenen – Anspruchsverzicht nicht zu schützen.[241] Der zentrale Einwand gegen das vertrauensbasierte Entlastungsmodell besteht aber darin, dieses rechtsethisch untragbare Ergebnis erst durch wertungsmäßig fragwürdige Rigorismen im Bereich der Rechtsgeschäftslehre geschaffen zu haben. Denn schutzwürdiges Vertrauen ist im Ergebnis nur insoweit anzuerkennen, als sich der Geschäftsführer über die eigentliche Herbeiführung der Rechtsfolgen der Entlastung irrt, weil er ihr einen Rechtsverlust beimisst, den sie nach Ansicht der Vertreter des vertrauensbasierten Modells in Ermangelung eines wirksamen rechtsgeschäftlichen Verzichts nicht haben kann. Der Rechtsverlust tritt nach dem Vertrauensgedanken nur ein, weil der Geschäftsführer irrtümlich auf den vermeintlichen Rechtsverlust vertraut und dieses Vertrauen im Hinblick auf das rechtspolitisch umstrittene Vertragsprinzip des § 397 BGB als schutzwürdig anzuerkennen ist.[242] Hätten die Beteiligten dagegen umfassende Rechtskenntnis von den Erfordernissen, die das vertrauensbasierte Entlastungsmodell an einen rechtsgeschäftlichen Anspruchsverzicht stellt, so müssten sie diese Vorgaben letztlich einhalten, weil es an einem schutzwürdigen Vertrauen auf die vermeintliche Wirksamkeit des einseitigen Verzichts bei entsprechender Rechtskenntnis fehlte. Die Vertrauenslösung beruht insofern auf einem umfassenden Rechtsirrtum sämtlicher Beteiligten über die Frage, wie der Anspruchsausschluss als Folge der Entlastung letztlich herbeigeführt wird.[243] Diesen Befund versuchen die Vertreter des vertrauensbasierten Entlastungsmodells zu vermeiden, indem sie maßgeblich auf den Schutz des Vertrauens auf das künftige Ausbleiben einer Anspruchsgeltendmachung abstellen. Darin liegt jedoch eine unzulässige Umgehung der rechtsgeschäftlichen Erfordernisse der §§ 397 Abs. 1, 516 Abs. 1 BGB, weil eine solche Sichtweise auf die Anerkennung eines einseitigen gewollten Verzichts kraft Vertrauens hinausläuft. Angesichts der gesetzlichen Vorgaben der §§ 397 Abs. 1, 516 Abs. 1 BGB ist das

---

241 Ausführlich S. 285 ff.
242 Ausführlich S. 287 ff.
243 Ausführlich S. 289 f.

Vertrauen auf einen solchen einseitigen Verzicht nicht schutzwürdig.[244] Im Ergebnis kommt dem Vertrauensschutz in der Konstellation der Kenntnis von Ersatzansprüchen danach lediglich die Funktion zu, die von den Vertretern des vertrauensbasierten Entlastungsmodells behaupteten rechtsgeschäftlichen Mängel zu überwinden. Das zeigt zwar die allgemeine Leistungsfähigkeit des Vertrauensgedankens, verdeutlicht aber zugleich, dass ihm bei der Entlastung letztlich nur die Funktion einer »Hilfskonstruktion« zukommt, die dogmatisch am rechtsgeschäftlichen Anspruchsverzicht des § 397 Abs. 1 BGB anknüpft.

3. Im Hinblick auf die Entlastung trotz *Erkennbarkeit von Ersatzansprüchen* fehlt es an schutzwürdigem Vertrauen des Geschäftsführers, künftig nicht mehr in Anspruch genommen zu werden, wenn er von eigenen Verfehlungen weiß oder mit solchen rechnet, aber dennoch davon absieht, den Geschäftsherrn entsprechend in Kenntnis zu setzen.[245] Denn kann er die Entlastung mangels verschaffter Kenntnis des Geschäftsherrn redlicherweise nicht als schenkweisen Anspruchsverzicht auffassen, so ist es aus seiner Sicht unklar, von welcher Sach- und Rechtslage der Geschäftsherr bei der Entlastungserteilung ausgegangen ist. In solchen Fällen kann der Geschäftsführer allenfalls vermuten, dass der Geschäftsherr die Verfehlung erkannt und gebilligt habe, dass er bewusst unsorgfältig geprüft habe oder aber dass ihm bei der Prüfung versehentlich ein Fehler unterlaufen sei. Der Geschäftsführer hat deshalb allen Grund, der Reichweite der ausgesprochenen Billigung der Geschäftsführung zu *misstrauen* und darf sich nicht auf den Standpunkt zurückziehen, der Geschäftsherr habe die Geschäftsführung gebilligt und hätte im Zweifel sorgfältiger prüfen müssen.[246] Er ist auch nicht schutzlos, weil er für eine etwaige spätere Inanspruchnahme finanziell und ggf. beweismäßig vorsorgen kann. Die Vertreter des vertrauensbasierten Entlastungsmodells stellen dagegen einseitig auf die Nachlässigkeit des Geschäftsherrn ab und schließen hieraus auf die Schutzwürdigkeit des Vertrauens des Geschäftsführers.[247] Doch betrifft das Verschulden des Geschäftsherrn gegen sich selbst nur die Zurechenbarkeit des Vertrauenstatbestands. Bloße Zurechenbarkeit genügt für die Gewährung von Vertrauensschutz jedoch nicht, wenn schutzwürdiges Vertrauen des Geschäftsführers auf der anderen Seite fehlt.[248] Sachlich gehen die Vertreter des vertrauensbasierten Entlastungsmodells stattdessen von einer echten Prüfobliegenheit aus, indem sie die unsorgfältige Prüfung des Geschäftsherrn einseitig in den Vordergrund stellen. Bestünde aber eine solche

---

244 Ausführlich S. 279 ff.
245 Ausführlich S. 296 ff.
246 Ausführlich S. 303 ff.
247 Ausführlich S. 297 ff.
248 Ausführlich S. 306 ff.

echte, der Entlastung vorgelagerte Prüfobliegenheit, bedürfte es des Vertrauensschutzes zu ihrer Begründung nicht.

4. Anders verhält es sich, wenn der Geschäftsführer davon überzeugt ist, dass er nicht gegen seine Pflichten verstoßen habe.[249] Denn dann vertraut er auf die vermeintliche Rechtslage, dass von vornherein keine Ansprüche gegen ihn bestanden haben. Diese Fehlvorstellung wird durch die unbeschränkte Erteilung der Entlastung bestätigt und, wenn der Geschäftsherr über eine gewisse Fachkompetenz verfügt, sogar bestärkt.[250] Die Zurechenbarkeit des erweckten Vertrauens, es bestünden keine Ersatzansprüche, folgt daraus, dass der Geschäftsherr insoweit eine objektiv unzutreffende Erklärung abgegeben hat und dies bei sorgfältiger Prüfung der Rechenschaft auch hätte erkennen und vermeiden können. Mit dem Verlust erkennbarer Ansprüche würde zwar in seine Rechtssphäre eingegriffen, die innere Rechtfertigung hierfür läge jedoch in der fehlenden Sorgfalt in eigenen Angelegenheiten. Besteht ein Ersatzanspruch und befindet sich der Geschäftsführer hierüber im Rechtsirrtum, so bestehen an der Schutzwürdigkeit des Vertrauens jedoch insofern Bedenken, als der Geschäftsführer – anders als der Geschäftsherr – detaillierte Kenntnis der anspruchsbegründenden Tatsachen hat und bei der Erstellung der Rechenschaftsunterlagen sogar nochmals Gelegenheit hatte, die eigene Tätigkeit kritisch zu reflektieren.[251] Daher überzeugte es nicht, wenn schon geringfügige Nachlässigkeiten bei der Prüfung dem Geschäftsherrn zum Nachteil gereichten, während selbst eine grob fahrlässige Verkennung der Rechtslage durch den Geschäftsführer keine Rolle spielen sollte. Vor diesem Hintergrund ist die Gewährung von Vertrauensschutz stets von den Umständen des Einzelfalls abhängig und eine – mit der Statuierung einer echten Prüfobliegenheit vergleichbare – verlässliche Klarstellung der Haftungsverhältnisse auch bei Gutgläubigkeit des Geschäftsführers über das Nichtbestehen von Ansprüchen letztlich nicht zu erreichen.

5. Noch grundsätzlicheren Bedenken begegnet die mit der Gewährung von Vertrauensschutz bei der Entlastung üblicherweise verbundene Rechtsfolge des endgültigen Anspruchsverlusts.[252] Da der Geschäftsführer ausgehend der Erklärung des Geschäftsherrn lediglich auf das Nichtbestehen von Ersatzansprüchen vertraut, besteht ein Wertungswiderspruch zum deklaratorischen negativen Schuldanerkenntnis. Ein solches Schulanerkenntnis hat die Feststellung des Nichtbestehens von Ersatzansprüchen zum rechtsgeschäftlichen Inhalt, führt aber lediglich zu einem kondizierbaren Anspruchsverlust und damit letztlich nur zu

249 Ausführlich S. 308 ff.
250 Ausführlich S. 310 ff.
251 Ausführlich S. 312 f.
252 Ausführlich S. 313 ff.

einer Beweislastumkehr zulasten des Geschäftsherrn.[253] Der Vertrauensschutz führte danach zu einer weitgehenderen Rechtseinbuße des Geschäftsherrn und hätte insoweit schärfere Rechtsfolgen, als wenn sich die Beteiligten rechtsgeschäftlich durch deklaratorisches Schuldanerkenntnis über das Nichtbestehen von Ersatzansprüchen verständigt hätten. Ausgehend von einem solchen rechtsgeschäftlichen Anerkenntnis dürfte der Geschäftsführer nach der gesetzlichen Wertung der §§ 397 Abs. 2, 812 Abs. 2 BGB nicht auf eine endgültige Haftungsfreistellung vertrauen, so dass nicht einzusehen ist, ihm über den Vertrauensschutz mehr zu gewähren, als er bei rechtsgeschäftlicher Gestaltung erhalten würde.[254] In Ansehung der gesetzlichen Wertungen beim deklaratorischen negativen Schuldanerkenntnis kann das Vertrauen des Geschäftsführers nur insoweit schutzwürdig sein, als er sich auf eine beweismäßige Besserstellung einrichtet. Das Vertrauen auf das endgültige Freiwerden von der Haftung ist demgegenüber nicht schutzwürdig, so dass auch die Rechtsfolge des Vertrauensschutzes lediglich eine Beweislastumkehr zulasten des Geschäftsherrn sein kann. Vor diesem Hintergrund lässt sich die herrschende Entlastungssicht, die zu einem Ausschluss erkennbarer Ersatzansprüche gelangt, auch mit dem Vertrauensschutz nicht begründen.

6. Schließlich ist darauf hinzuweisen, dass sich das klassische Entlastungsverständnis mit dem Vertrauensschutz selbst dann nicht bruchlos bewältigen ließe, wenn die hier vertretene Sperrwirkung des deklaratorischen negativen Schuldanerkenntnisses in Abrede gestellt würde. Denn die vom Schrifttum ganz überwiegend geteilte Entlastungformel der Rechtsprechung sieht als maßgebliche Entscheidungsparameter nur die Kenntnis oder Erkennbarkeit von Ersatzansprüchen vor, ohne daneben auch auf Umstände in der Person des Geschäftsführers – etwa die Kenntnis der Ersatzansprüche – Rücksicht zu nehmen. Solche Umstände können aber für den Vertrauensschutz nicht schlechthin außer Betracht bleiben, weil stets schutzwürdiges Vertrauen erforderlich ist. Insofern verwundert es nicht, dass die Rechtsprechung auf den Gedanken des Vertrauensschutzes zur Begründung der Entlastungsfolgen bislang nicht eingegangen ist; er würde die angenommenen Rechtsfolgen der Entlastung nämlich nur zum Teil rechtfertigen.

7. Im Ergebnis lässt sich der Vertrauensgedanke damit – ebenso wie die Rechtsgeschäftslehre – zwar zur Begründung von Teilaspekten des herrschenden Entlastungsverständnisses heranziehen, eine umfassende Rechtfertigung des Verlusts bekannter und erkennbarer Ersatzansprüche ermöglicht er jedoch nicht. Wegen des generellen Vorrangs der Rechtsgeschäftslehre erscheint eine einheit-

---

253 Ausführlich S. 141 ff.
254 Ausführlich S. 314 ff.

liche rechtsgeschäftliche Konstruktion der Entlastungsfolgen im Ergebnis als vorzugswürdig.

§ 8 Der Rechtsverlust als Folge einer Obliegenheitsverletzung

Als Zwischenergebnis ist festzuhalten, dass sich der in Rechtsprechung und Schrifttum weithin anerkannte Verlust bekannter und erkennbarer Ersatzansprüche nach erteilter Entlastung weder mit der Rechtsgeschäftslehre noch mit dem Vertrauensschutz bruchlos rechtfertigen lässt. Beide knüpfen nicht an der natürlichen Kenntnis des Geschäftsherrn an, weil für die Auslegung die objektiv-normative Erklärungsbedeutung der Entlastung maßgeblich ist. Die Rechtsgeschäftslehre vermag den Verlust erkennbarer Ersatzansprüche nicht zu begründen, sondern führte nur zu einer Beweislastumkehr zugunsten des Geschäftsführers. Der Vertrauensschutz verlangt eine Vertrauensdisposition, so dass der Rechtsverlust erst eintritt, wenn sich der Geschäftsführer tatsächlich auf das Ausbleiben der Inanspruchnahme eingerichtet hat. Hinsichtlich dem Geschäftsherrn unbekannter, aber aus der Rechenschaft erkennbarer Ersatzansprüche lässt sich der Anspruchsausschluss bei Kenntnis des Geschäftsführers über das Bestehen des Anspruchs nicht begründen, bei Gutgläubigkeit nur unter einer sachlich nicht zu rechtfertigen Umgehung der gesetzlichen Wertungen beim deklaratorischen negativen Schuldanerkenntnis.

Die Stellungnahmen, die den Ausschluss erkennbarer Ersatzansprüche nicht nur als gegeben unterstellen, sondern auch argumentativ begründen, beruhen dabei durchweg auf dem Gedanken, der Geschäftsherr sei selbst schuld, weil er die Rechenschaft nicht hinreichend geprüft habe, weshalb er für die Folgen seiner Nachlässigkeit einstehen müsse. Das deutet auf ein *Verschuldensprinzip*, da sich Kenntnis und Erkennbarkeit von Ersatzansprüchen ohne weiteres als Formen des »Verschuldens« begreifen lassen und in ähnlicher Form auch in §§ 122 Abs. 2, 311a Abs. 2 Satz 2 BGB auftauchen. Bezogen auf die von der Entlastung betroffenen Ersatzansprüche handelt es sich dabei zwar nicht um ein Verschulden im technischen Sinne, weil nicht dem Schuldner der Ansprüche, sondern umgekehrt dem Gläubiger angelastet wird, dass er Entlastung erteilt habe, obwohl er die Verfehlungen kannte oder wenigstens hätte erkennen können. In diesem Sinne lässt sich der Rechtsverlust als ein Fall des »Verschuldens gegen sich selbst«, d. h. als Folge der Verletzung einer Obliegenheit begreifen. Sollen bloß erkennbare Ersatzansprüche auch im Falle der Bösgläubigkeit des Geschäftsführers ausgeschlossen sein, so ist der Rückgriff auf die Rechtsfigur einer Obliegenheit unausweichlich, weil weder die Rechtsgeschäftslehre noch der Vertrauensschutz eine Haftungsbefreiung zu rechtfertigen vermögen. Aber auch für die Entlastung in – natürlicher – Kenntnis von Ersatzansprüchen ließe sich dieser Gedanke fruchtbar machen, wenngleich mit Blick auf die bestehende rechtsgeschäftliche Lösungsmöglichkeit und die praktisch nur geringfügigen Abweichungen zur – objektiv erkennbaren – Kenntnis ein Rückgriff auf anderweitige Erklärungsansätze dort weniger dringend erscheint.

I. Die Lehre von den Obliegenheiten

Von der Lehre von den Obliegenheiten war bereits an anderer Stelle ausführlicher die Rede.[1] Obliegenheiten werden nicht als echte Pflichten im Sinne von § 241 BGB angesehen, sondern als »Rechtspflichten minderer Intensität«, die weder zu einem Erfüllungsanspruch noch bei Verletzung zu einem Schadensersatzanspruch führen, sondern lediglich eine Schmälerung der eigenen Rechtsposition bewirken.[2] Die Minderung der eigenen Rechtsstellung liegt häufig in einem Anspruchsverlust,[3] doch ist diese Rechtsfolge nicht zwingend. Maßgebend für die Einordnung als Obliegenheit ist insoweit allein die *Minderung* der eigenen Rechtsstellung, so dass auch eine Verschärfung des Haftungsmaßstabs (§ 300 Abs. 1 BGB) oder eine bloße Beweislastumkehr als Folge einer Obliegenheitsverletzung in Betracht kommt.

1. Der Streit über die Rechtsnatur der Obliegenheiten

Während die vorstehende Einordnung der Obliegenheiten als »Rechtspflichten minderer Intensität« für das übrige Bürgerliche Recht einhellig anerkannt ist, stehen sich im Privatversicherungsrecht im Wesentlichen zwei Theorien gegenüber, die über die Rechtsnatur der im Versicherungsvertrag vereinbarten Obliegenheiten des Versicherungsnehmers streiten: Die Voraussetzungstheorie beruht dabei auf der Annahme, dass es sich bei diesen Obliegenheiten um »Voraussetzungen« handle, die der Versicherungsnehmer erfüllen müsse, um seinen Anspruch gegen den Versicherer zu erhalten.[4] Die Erfüllung der Obliegenheiten liege im Interesse des Versicherungsnehmers, weil er sonst seinen Versicherungsanspruch verlöre. Diese Theorie ist im Privatversicherungsrecht herrschend und sie liegt auch dem allgemeinen bürgerlich-rechtlichen Verständnis der Obliegenheiten zugrunde, weil die Beachtung der Obliegenheiten auch hier gleichsam als

1 Vgl. S. 110 ff.
2 Vgl. die Nachweise auf S. 111 in Fn. 33.
3 Vgl. die Nachweise auf S. 111 in Fn. 34.
4 BGHZ 24, 378 (382); BGH NJW 1995, 401 (402).

»Voraussetzung« für die Erhaltung der eigenen Rechtsstellung angesehen wird.[5] Dagegen gehen die Vertreter der Verbindlichkeitstheorie davon aus, dass die im Versicherungsvertrag festgelegten Obliegenheiten echte Nebenpflichten seien, bei deren schuldhafter Verletzung Schadensersatz geschuldet sei.[6] Da sich der Streit sachlich auf die besonderen Obliegenheiten aus dem Versicherungsvertragsrecht beschränkt,[7] braucht ihm hier nicht nachgegangen zu werden. Bei der Entlastung steht zudem außer Streit, dass eine echte Rechtspflicht des Geschäftsherrn zur Prüfung von Rechenschaft und Rechnungslegung nicht besteht.[8]

2. Das Verhältnis zum Verbot widersprüchlichen Verhaltens

Die Lehre von den Obliegenheiten wird zuweilen als eine besondere Ausprägung des *venire contra factum proprium* angesehen und ihre Besonderheit darin erblickt, dass ein Rückgriff auf den Gedanken des Vertrauensschutzes für die Begründung von Rechtsfolgen nicht erforderlich ist. So hat vor allem *R. Schmidt* ausgeführt, die Verletzung einer Obliegenheit sei zwar nicht rechtswidrig, jedoch liege in ihr ein Verstoß gegen das Verbot widersprüchlichen Verhalten, welches zugleich die »bedeutsame rechtstheoretische Wurzel« für die Anerkennung von Obliegenheiten sei.[9]

Diese Einordnung ist wiederholt auf Bedenken gestoßen.[10] *Esser* sprach etwa von einer »Überschätzung des Gedankens«[11] und auch *Hähnchen* hat erst kürzlich, die »exzessive Heranziehung des Prinzips« durch *R. Schmidt* kritisiert.[12] Gegen die Einordnung der Obliegenheiten als Anwendungsfall des Verbots widersprüchlichen Verhaltens spricht nach der hier vertretenen Ansicht freilich nicht schon, dass die Verletzung einer Obliegenheit zu einer Minderung der materiellen

5 Für das Privatversicherungsrecht ebenda; für das Bürgerliche Recht statt aller *Ernst*, in: MüKo/BGB, Einl. vor § 241 Rn. 14; *Sutschet*, in: Bamberger/Roth, § 241 Rn. 25; Soergel/ *A. Teichmann*, § 241 Rn. 7.

6 *Prölss/Martin*, § 6 VVG a.F. Rn. 30. In jüngerer Zeit dezidiert *Hähnchen*, S. 233 ff., vgl. dort auch die Darstellung der historischen Entwicklung auf S. 169 ff.

7 *Hähnchen*, S. 77 spricht insoweit von »Obliegenheiten ohne Theorienrelevanz«.

8 *Hoeniger*, DJZ 1922, 147; *Hueck*, GmbHR 1959, 189 (192); *Knoche*, S. 80; *Schmeling*, S. 124, 131; *A. Zimmermann*, S. 193, 201, 216 Fn. 762; *Graff*, S. 109 Fn. 67.

9 *R. Schmidt*, S. 317, vgl. dort auch S. 110 – 112, 122, 130 f.; 142 f.; zustimmend *Hanau*, AcP 165 (1965), 220 (239); *Wieling*, AcP 176 (1976), 334 (345 ff., 349).

10 *Ballerstedt*, ZHR 121 (1958) 78 ff.; *Esser*, AcP 154 (1955), 49 ff; *Dette*, S. 99 ff.; *Singer*, Widersprüchliches Verhalten, S. 31 ff, 49; *Hähnchen*, S. 14, 223.

11 *Esser*, AcP 154 (1955) 49 (51).

12 *Hähnchen*, S. 223.

Rechtsstellung führe, während das Widerspruchsverbot zur Folge habe, dass die Ausübung eines subjektiven Rechts wegen Verstoßes gegen § 242 BGB unzulässig werde.[13] Denn ein solches Argument knüpft noch am aktionenrechtlichen Denken des römischen Zivilprozesses an, während im geltenden Recht einer materiellrechtlichen Sichtweise der Vorzug zu geben ist.[14] Widersprüchliches Verhalten führt danach nicht zum Verbot der Ausübung eines Rechts, sondern zum Erlöschen des auszuübenden Rechts.[15] Von diesem Standpunkt aus zeichnen sich sowohl das Verbot widersprüchlichen Verhaltens als auch die Lehre von den Obliegenheiten gleichermaßen dadurch aus, dass das Verhalten des Belasteten zu einer Änderung der materiellen Rechtslage führt, etwa zum Erlöschen eines Rechts. In der möglichen Rechtsfolge unterscheiden sich beide Ansätze also nicht.

Indes darf nicht übersehen werden, dass die entscheidende Frage bei der Erörterung des Widerspruchsverbots nach Maßgabe des Vertrauensschutzes stets die nach der rechtlichen Bindung an das Vorverhalten ist. Genügt nämlich der formale Widerspruch zwischen dem früheren und dem späteren Verhalten für sich betrachtet nicht, um diese Bindungswirkung herbeizuführen, weil jeder sein Verhalten grundsätzlich ändern darf, so stellt sich die Frage, worauf die Bindungswirkung ansonsten beruht. Während sie beim Vertrauensschutz unter Rückgriff auf ein bewegliches System gleichsam für jeden Einzelfall erst aufwendig hergeleitet und wertungsmäßig abgesichert werden muss, bestehen bei den typischen Obliegenheiten insofern überhaupt keine Probleme, weil die Bindungswirkung unmittelbar aus dem Gesetz folgt. Die Rechtsfolge ist nicht erst durch Konkretisierung der Grundsätze von Treu und Glauben zu bestimmen, sondern der Gesetzgeber hat diese Konkretisierung selbst vorgegeben. So legt § 121 BGB fest, dass schuldhaftes Zögern des Anfechtungsberechtigten zum Verlust des Anfechtungsrechts führt; unterbleibt beim Handelskauf eine rechtzeitige Mängelrüge, verliert der Käufer nach § 377 Abs. 2 HGB für erkennbare Mängel seine Gewährleistungsrechte. Der strukturelle Unterschied zur Bindung kraft schutzwürdigen Vertrauens besteht deshalb darin, dass bei den genannten Obliegenheiten die Bindungswirkung nicht begründungsbedürftig ist. Der Rückgriff auf das Widerspruchsverbot dient demnach nicht der Statuierung der Bindungswirkung, sondern er hat *allenfalls* den Zweck, die *ratio legis* der jeweiligen Vorschriften zu erschließen. In diesem Sinne ließe sich zwar durchaus sagen, dass die gesetzliche Statuierung einer Obliegenheit das Ziel verfolge, ein bestimmtes Verhalten für unzulässig zu erklären, weil dieses Verhalten widersprüchlich wäre.[16] Doch ist mit

---

13 So aber *Hähnchen*, S. 15.

14 Vgl. ausführlicher schon S. 267.

15 *Singer*, Widersprüchliches Verhalten, S. 28, und die Nachweise ebenda.

16 Kritisch gegen eine solche Verallgemeinerung *Singer*, Widersprüchliches Verhalten, S. 31 ff.

einem solchen Rückgriff auf das Widerspruchsverbot für die vorliegende Untersuchung nichts gewonnen, weil lediglich ein Begründungsansatz (Verletzung einer Obliegenheit) durch einen anderen ausgetauscht wird (widersprüchliches Verhalten). Der bloße Hinweis auf die formale Widersprüchlichkeit des Verhaltens rechtfertigt aber die Bindungswirkung gerade nicht.

3. Die Möglichkeit der dogmatischen Begründung ungeschriebener Obliegenheiten

Das führt für die vorliegende Untersuchung zu einem gravierenden Problem. Denn im Hinblick auf eine etwaige Prüfobliegenheit des Geschäftsherrn fehlt es gerade an einer gesetzlichen Regelung. Zwar ist im Zusammenhang mit dem vertrauensbasierten Entlastungsmodell oftmals von einer Prüfobliegenheit die Rede, soweit das Vertrauen des Geschäftsführers gerade deshalb für schutzwürdig gehalten wird, weil den Geschäftsherrn eine Prüfobliegenheit hinsichtlich der geleisteten Rechenschaft treffe und er diese Obliegenheit verletzt habe.[17] Doch beruht diese Argumentation – wie bereits an anderer Stelle aufgezeigt wurde – auf einem Zirkelschluss.[18] Sachlich angängig wäre allein die umgekehrte Schlussfolgerung. Das setzte aber voraus, dass sich aus dem Gedanken des Vertrauensschutzes – ohne Rückgriff auf eine vermeintliche Prüfobliegenheit – ein Rechtsverlust des Geschäftsherrn herleiten ließe. Nur dann würde der Vertrauensschutz zu Lasten des Geschäftsherrn eine Prüfobliegenheit begründen, weil er den Rechtsverlust durch eine sorgfältige Prüfung und Absehen von umfassender Entlastung hätte verhindern können. Doch ließe sich selbst unter diesen Umständen für die Entlastung aus dem Rechtsgedanken der Obliegenheit nichts Entscheidendes ableiten, weil der Rechtsverlust seine wertungsmäßige Rechtfertigung gleichwohl aus dem Vertrauensschutz bezöge.

Ohne solche Scheinbegründungen stellt sich dagegen die Frage, ob die Lehre von den Obliegenheiten methodisch hinreichend verfestigt und daher geeignet ist, ähnlich wie der Vertrauensschutz aus sich heraus neue – ungeschriebene – Obliegenheiten zu statuieren. Dagegen besteht erhebliche Bedenken. So hegt etwa *Canaris* grundsätzliche Zweifel, »dass das Institut der Obliegenheiten hinreichend geklärt und vor allem vom Gesetz folgerichtig genug verwendet worden ist, um aus ihm ohne weiteres Rechtsfolgen erklären zu können: mehr als die rein negative Abgrenzung, eine Obliegenheit liege vor, wenn kein Anspruch auf Schadensersatz

---

17 Vgl. bereits S. 306 f.

18 Ebenda.

bestehe, ist bisher nicht gelungen«.[19] Selbst wenn aber das Gesetz die Schmälerung der Rechtsstellung des Belasteten und keinen Schadensersatzanspruch anordne, so *Canaris* weiter, könnten aus dem Gedanken der Obliegenheit keine weiterreichenden Schlüsse gezogen werden: »denn dann wäre weiter zu fragen – und erst das würde unmittelbar auf die ratio legis zielen! –, *warum* das Gesetz eine derartige Obliegenheit statuiert, – ebenso, wie man sich ja auch niemals bei der Feststellung beruhigt, es liege die Verletzung einer echten Rechtspflicht vor, sondern als entscheidend die Frage ansieht, worin diese ihren Grund hat«.[20] In diesem Sinne beruhe die Theorie von den Obliegenheiten für ihn »letzten Endes auf einer doppelten *petitio principii:* sie kann weder erklären, warum gerade diese Rechtsfolge eintritt, noch, worin der sachliche Grund für das Bestehen einer Obliegenheit liegt«.[21] Im Ergebnis spricht *Canaris* der Lehre von den Obliegenheiten also sogar die Eignung ab, aus sich heraus die *ratio legis* einer Vorschrift zu erklären. Die »Obliegenheitskonstruktion bedarf daher stets der Absicherung durch außerhalb ihrer selbst liegenden Sachgründe, soll sie nicht am Vorwurf der petitio principii scheitern«.[22]

Diese Kritik wird verständlich, wenn ein Blick auf die mannigfaltigen Beispiele geworfen wird, in denen von einer Obliegenheit die Rede ist.[23] Im Hinblick auf § 149 Satz 2 BGB, §§ 362, 377 HGB wird in Anlehnung an die Begrifflichkeit von *R. Schmidt* von Erklärungsobliegenheiten gesprochen,[24] während § 121 BGB eine Klarstellungsobliegenheit enthalten soll.[25] Die Rechtsfolgen des Annahmeverzugs werden auf die Verletzung einer Mitwirkungsobliegenheit zurückgeführt.[26] Aus § 254 BGB wird eine Schadenfernhaltungsobliegenheit abgeleitet.[27] Im Kaufrecht soll § 442 Abs. 1 Satz 2 BGB eine Prüfobliegenheit des Käufers begründen.[28] In jüngerer Zeit wird dort zudem von der Obliegenheit des Käufers gesprochen, dem Verkäufer Gelegenheit zur Nacherfüllung zu geben, um damit weitergehende Verhaltungsanforderungen im Zusammenhang mit der Nachfristsetzung (§ 323

---

19 *Canaris*, Vertrauenshaftung, S. 199.

20 *Canaris*, Vertrauenshaftung, S. 199 f.

21 *Canaris*, Vertrauenshaftung, S. 200 gegen *R. Schmidts* Deutung des § 362 HGB als Statuierung einer Obliegenheit.

22 *Canaris*, FS Wilburg, 1975, S. 77 (83).

23 Vgl. ausführlich *R. Schmidt*, S. 105–311; *Hähnchen*, S. 37–102.

24 *R. Schmidt*, S. 121 ff.; *Hähnchen*, S. 77 ff.

25 *R. Schmidt*, S. 130 ff.; *Hähnchen*, S. 77 ff

26 *R. Schmidt*, S. 146 ff.; *Ernst*, in: MüKo/BGB, § 293 Rn. 1; krit. zur Einordnung des Annahmeverzugs als widersprüchliches Verwalten *Singer*, Widersprüchliches Verhalten, S. 34 f.

27 *R. Schmidt*, S. 105 ff.; monografisch *Looschelders*, Die Mitverantwortlichkeit des Geschädigten im Privatrecht, 1999, insb. S. 216 ff.

28 Vgl. *Faust*, in: Bamberger/Roth, § 442 Rn. 21.

Abs. 1 Satz 1 BGB) zu konturieren, etwa dass dem Verkäufer über die bloße Fristsetzung hinaus auch die Möglichkeit zur Untersuchung der Kaufsache eingeräumt wird.[29]

Im Ergebnis ergibt sich damit »nicht das Bild tatbestandlicher Geschlossenheit«.[30] Vielmehr wird der schillernde Begriff der Obliegenheit oft vor allem deshalb herangezogen, um bestimmte gesetzliche Verhaltensanforderungen, deren Nichtbeachtung eine Verschlechterung der Rechtsstellung des Belasteten zur Folge hat, mit einem prägnanten Schlagwort zu versehen. In diesem Sinne tauchte auch in der vorliegenden Untersuchung bei der Erörterung des deklaratorischen negativen Schuldanerkenntnisses der Hinweis auf eine Prüfobliegenheit des Geschäftsherrn auf.[31] Da das deklaratorische negative Anerkenntnis letztlich eine Umkehr der Beweislast und damit eine Schmälerung der Rechtsstellung des Geschäftsherrn bewirkt, kann die Folge des Regelungskonzepts der §§ 397 Abs. 2, 812 Abs. 2 BGB als gesetzliche Statuierung einer Prüfobliegenheit bei der Anerkennung des Nichtbestehens einer Schuld begriffen werden. Freilich ist damit kein dogmatischer Mehrwert verbunden, weil die Einordnung der §§ 397 Abs. 2, 812 Abs. 2 BGB als Obliegenheit keinen weitergehenden Schluss auf die *ratio legis* der beiden Vorschriften zulässt.

Damit ist festzuhalten, dass die Lehre von den Obliegenheiten zur Begründung ungeschriebener Obliegenheiten nicht geeignet ist. So ist schon der Rechtsverlust nicht als zwingende Folge einer Obliegenheitsverletzung anzusehen und auch weisen die gesetzlich geregelten Obliegenheiten keine hinreichende tatbestandliche Geschlossenheit auf, die eine Ableitung verallgemeinerungsfähiger Strukturprinzipien erst ermöglichte.

II. Die Begründung einer Prüfobliegenheit kraft Gewohnheitsrechts

Als letzter Gesichtspunkt zur Begründung einer Prüfobliegenheit kommt schließlich das Gewohnheitsrecht in Betracht. Die Frage könnte ohne sachliche Änderung auch dahin gestellt werden, ob die Verzichtswirkung der Entlastung gewohnheitsrechtlich anerkannt ist,[32] doch spricht nichts gegen ihre Behandlung an dieser Stelle, zumal die beiden wesentlichen Parameter der Verzichtswirkung, nämlich die Kenntnis und Erkennbarkeit von Ersatzansprüchen eine Einordnung

29 BGH NJW 2006, 1195 Tz. 20; BGH NJW 2010, 1448 Tz. 11 f.
30 *Singer*, Widersprüchliches Verhalten, S. 32.
31 Vgl. S. 197.
32 So *Barner*, S. 83 ff.

als Fall des »Verschuldens gegen sich selbst« nahelegen. Die Verzichtswirkung ähnelt sowohl in ihren Voraussetzungen als auch in ihren Rechtsfolgen strukturell einer Obliegenheit.

Im Ergebnis wäre das Gewohnheitsrecht aus dogmatischer Sicht freilich der unbefriedigendste Anknüpfungspunkt zur Rechtfertigung der Entlastungsfolgen, weil damit zugleich konstatiert werden müsste, dass die weithin anerkannte Rechtsfolge der Entlastung zwar mit dem dogmatisch-konstruktiven Instrumentarium des Privatrechts nicht zu erklären, also mit der Rechtsordnung eigentlich nicht in Einklang zu bringen ist, aber dennoch Geltung beanspruchte. Indes sind es sehr strenge Anforderungen, die an das Erstarken einer ständigen Rechtsprechung zu Gewohnheitsrecht gestellt werden, und es wird sich erweisen, dass sie bei der Entlastung nicht erfüllt sind.

Das geltende Recht schließt die Entstehung von Gewohnheitsrecht nicht aus, vielmehr entspricht die Anerkennung des Gewohnheitsrechts als eigenständige Rechtsquelle sogar dem Willen des historischen Gesetzgebers. Beim Gewohnheitsrecht handelt es sich deshalb um Rechtsnormen im Sinne von Art. 2 EGBGB.[33] Geltungsgrund des Gewohnheitsrechts ist eine allgemeine Rechtsüberzeugung (*opinio necessitatis*), die sich in einer konstanten Übung (*inveterata consuetudo*) manifestiert.[34] Das Vorliegen einer Rechtsüberzeugung verlangt dabei mehr als die bloße Erwartung, dass die Gerichte auch weiterhin nach den anerkannten Grundsätzen verfahren werden.[35] Es genügt daher nicht, dass eine bestimmte Judikatur widerspruchslos hingenommen wird, vielmehr muss sich im Rechtsverkehr – also nicht nur unter Juristen – die Überzeugung gebildet haben, bei den geachteten Maximen handele es sich um bindende Normen.[36] Charakteristisch für Gewohnheitsrecht ist, dass es auf tatsächlicher Übung und allgemeinen Rechtsüberzeugungen beruht, die anfangs nur im Rechtsverkehr akzeptiert waren und erst später wegen ihrer allgemeinen Anerkennung von den Gerichten als verbindlich übernommen wurden.[37] Das schließt es jedoch nicht aus, dass Gewohnheitsrecht auch auf einer ständigen Rechtsprechung beruhen kann. Hierfür genügt aber nicht lediglich eine langandauernde Konstanz der Spruchpraxis.[38] Erforderlich ist vielmehr, dass die ständige Rechtsprechung im Rechtsverkehr so sehr Eingang gefunden hat, dass sich eine von der gerichtlichen Praxis »völlig

---

33 *Säcker*, in: MüKo/BGB, Einl. Bd. 1, Rn. 92.

34 *Larenz*, Methodenlehre, S. 433; *Bydlinski*, Methodenlehre, S.215; *Säcker*, in: MüKo/BGB, Einl. Bd. 1, Rn. 92.

35 *Larenz*, Methodenlehre, S. 433.

36 *Larenz*, Methodenlehre, S. 433.

37 *Bydlinski*, Methodenlehre, S. 215.

38 *Larenz*, Methodenlehre, S. 433.

unabhängige Rechtsüberzeugung und Übung des Rechtsverkehrs selbst gebildet hat«.[39] Tendenziell wird die Herausbildung von Gewohnheitsrecht durch die Rechtsprechung daher eher dort zu bejahen sein, wo es sich um eine »Konkretisierung rechtsethischer Grundsätze handelt, die als solche längst Eingang in das allgemeine Rechtsbewusstsein gefunden haben«, zweifelhaft ist sie dagegen regelmäßig im Bereich »vorwiegend rechtstechnischer Regelungen«.[40]

Angewandt auf die Entlastung lässt sich zunächst konstatieren, dass die Überzeugungen des Rechtsverkehrs dort am größten sind, wo es um eher rechtstechnische Fragen geht. Zu nennen wäre etwa die fehlende Annahmebedürftigkeit der Entlastung und das Absehen von der Einhaltung der gesellschaftsrechtlichen Vertretungsregelungen. Dagegen wird sich eine allgemeine Rechtsüberzeugung des Rechtsverkehrs hinsichtlich des Verlusts bloß erkennbarer Ansprüche nicht nachweisen lassen. Schon unter Juristen zwingt diese Frage zu einigem Nachdenken, wie die schiere Zahl an Veröffentlichungen zeigt, die sich der Begründung der Verzichtswirkung widmen. Von einer allgemeinen Rechtsüberzeugung lässt sich vor diesem Hintergrund nicht sprechen, auch wenn im Ergebnis weithin angenommen wird, dass sich die Verzichtswirkung dogmatisch konstruieren lässt. Im Hinblick auf die Beteiligung von Laien zeigen vor allem die jüngeren Diskussionen im Wohnungseigentumsrecht, wo regelmäßig eine rechtlich komplexe und deshalb fehleranfällige Geschäftsführung zur Beurteilung durch die Wohnungseigentümer ansteht, dass unter den Wohnungseigentümern nicht selten Fehlvorstellungen über die Bedeutung und die Rechtsfolgen der Entlastung herrschen. Das Wohnungseigentumsrecht ist insofern ein anschauliches Beispiel für die fehlende allgemeine Rechtsüberzeugung der betroffenen Kreise. Trotz ständiger Rechtsprechung und konsequenter Beibehaltung des Entlastungsprozederes im Rechtsverkehr ist daher eine gewohnheitsrechtliche Verfestigung der Verzichtswirkung der Entlastung nicht anzunehmen.[41]

---

39 *Bydlinski*, Methodenlehre, S. 215.

40 *Larenz*, Methodenlehre, S. 433.

41 Ebenso *Barner*, S. 83 ff.

§ 9 Zusammenstellung der wesentlichen Ergebnisse

Es entspricht nahezu einhelliger Ansicht, dass die Entlastung den Geschäftsherrn mit solchen Ersatzansprüchen und anderen Rechten ausschließt, die ihm im Zeitpunkt der Entlastungserteilung bekannt waren oder die er bei sorgfältiger Prüfung der geleisteten Rechenschaft zumindest hätte erkennen können.[1] Das wesentliche Ergebnis der vorliegenden Untersuchung besteht darin, dass sich diese Rechtsfolge für bloß erkennbare Ansprüche mit den anerkannten Instrumenten des Privatrechts nicht erklären lässt. Der Verlust erkennbarer Ansprüche beruht im Kern auf der Statuierung einer echten Prüfobliegenheit, die sich weder aus der Rechtsgeschäftslehre noch aus dem Vertrauensschutz herleiten lässt. Auch gegen die gewohnheitsrechtliche Verfestigung einer solchen Obliegenheit sprechen gewichtige Gründe. Die beiden verbreiteten Argumente, die Entlastung sei eine besondere organschaftliche Erklärung und der Geschäftsherr handle widersprüchlich, wenn er die Geschäftsführung erst billige und aber später dennoch Ersatzansprüche geltend mache, haben zwar große Suggestivkraft, stellen aber letztlich bloße Leerformeln dar.

I. Die Grundlagen der Untersuchung

1. Bei der Entlastung handelt es sich entgegen verbreiteter Ansicht nicht um ein spezifisch gesellschaftsrechtliches Rechtsinstitut, sondern um eine besondere Ausprägung eines allgemeineren Instituts des Privatrechts.[2] Neben den Organmitgliedern von Gesellschaften werden u. a. auch der Vormund, der Betreuer, der Pfleger, der Testamentsvollstrecker oder der Kommissionär regelmäßig entlastet.[3] Eine gesetzliche Regelung zur Entlastung findet sich demgegenüber nur im Gesellschaftsrecht. Das Gesetz beschränkt sich dort allerdings auf die Festlegung wesentlicher Verfahrens- und Zuständigkeitsvorschriften (§§ 119 Abs. 1 Nr. 3, 120, 133 Abs. 1 AktG, §§ 46 Nr. 5, 47 Abs. 4 Satz 1 GmbHG, §§ 48 Abs. 1, 43 Abs. 6 GenG), während eine Anordnung der anspruchsausschließenden Wirkung der Entlastung fehlt. Die gesellschaftsrechtlichen Vorschriften über die Entlastung beruhen einerseits auf den Besonderheiten der inneren Organisation der Gesellschaft und

1 Vgl. die Nachweise auf S. 14 Fn. 45 und S. 30 Fn. 122.
2 Ausführlich S. 36 ff.
3 Vgl. die Nachweise auf S. 15.

tragen andererseits der auf Dauer angelegten Geschäftsführung besonders Rechnung.[4] So ist das Beschlusserfordernis kein Spezifikum der Entlastung, sondern gilt für sämtliche Gegenstände, die der Gesellschafterversammlung zur Entscheidung zugewiesen sind; aus dem Beschlusserfordernis kann daher nicht abgeleitet werden, dass sich die Entlastung in dem Beschluss erschöpft.[5] Das Erfordernis periodischer Rechenschaft und Entlastung beruht auf dem Leitbild einer auf Dauer angelegten Geschäftsführung.[6] Die gesetzliche Anordnung, dass regelmäßig über die Entlastung zu entscheiden ist, findet ihren Grund einerseits in dem typischen Bedürfnis der Organmitglieder nach Klarstellung und andererseits in der mit der Erörterung der Entlastung verbundenen Aufwertung der versammlungsbezogenen Auskunftsrechte nach Maßgabe des § 131 AktG.[7]

2. Die aktienrechtliche Entlastung nimmt eine Sonderrolle ein, weil es § 120 Abs. 2 Satz 2 AktG ausschließt, die Entlastung der Mitglieder des Vorstands und des Aufsichtsrats als Verzicht auf Ersatzansprüche zu deuten. Die Vorschrift ist über das Aktienrecht hinaus nicht verallgemeinerungsfähig, weil sie auf dessen besonderer Entwicklung nach der Verabschiedung des Aktiengesetzes von 1937 beruht und auf eine bewusste Verschärfung der aktienrechtlichen Organhaftung zielt.[8] Sie steht in einem inneren Zusammenhang mit § 93 Abs. 4 Satz 3 AktG, der einen Verzicht der Gesellschaft auf Ersatzansprüche gegen Organmitglieder für den Zeitraum von drei Jahren ab Anspruchsentstehung ausschließt, um eine vorschnelle Haftungsfreistellung durch die Hauptversammlung zu unterbinden. Im Verhältnis zu § 93 Abs. 4 Satz 3 AktG kommt § 120 Abs. 2 Satz 2 AktG eine Klarstellungs- und Abrundungsfunktion zu, die sich darin äußert, dass die Entlastung selbst dann nicht zu einem Anspruchsverlust führt, wenn die Vorgaben des § 93 Abs. 4 Satz 3 AktG einem Haftungsverzicht nicht entgegenstehen würden.[9] Da der Gesetzgeber von einer mit § 93 Abs. 4 Satz 3 AktG vergleichbaren Vorschrift bei der GmbH mit fakultativem Aufsichtsrat und bei der Genossenschaft bewusst abgesehen hat, scheidet eine analoge Anwendung des § 120 Abs. 2 Satz 2 AktG bei diesen Gesellschaftsformen aus.[10] Für die GmbH mit obligatorischem Aufsichtsrat verweist das Gesetz für die Haftung der Aufsichtsratsmitglieder zwar auf § 93 Abs. 4 Satz 3 AktG, doch ist dieser Verweis aus Gründen der Gleichbehandlung von Aufsichtsratsmitgliedern und Geschäftsführern teleologisch zu reduzieren, so

---

4 Ausführlich S. 36 ff.
5 Ausführlich S. 36 ff.
6 Ausführlich S. 38 ff.
7 Ausführlich S. 41 f.
8 Ausführlich S. 57 ff.
9 Ausführlich S. 64 ff.
10 Ausführlich S. 77 ff. und S. 90 ff.

dass die dreijährige Sperrfrist nicht greift.[11] Damit entfällt auch bei einer GmbH mit obligatorischem Aufsichtsrat das dogmatische Bedürfnis nach einer analogen Anwendung des § 120 Abs. 2 Satz 2 AktG.

II. Die Entlastung als rechtsgeschäftlicher Verzicht

Die rechtsgeschäftliche Deutung der Entlastung hat mehrere zentrale Erkenntnisse zu Tage gefördert, die in der Entlastungsdiskussion bislang nicht hinreichend berücksichtigt werden:

1. Zu nennen ist zu allererst die Erschließung des deklaratorischen negativen Schuldanerkenntnisses nach Maßgabe der §§ 397 Abs. 2, 812 Abs. 2 BGB für die Entlastung trotz erkennbarer Ersatzansprüche.[12] In dieser Konstellation besteht im Schrifttum zu Recht Einigkeit darüber, dass die Entlastung auf der Überzeugung beruht, dass Ersatzansprüche nicht bestehen, weshalb der Geschäftsherr erkennbar auch nicht auf solche Ansprüche verzichten will. Daraus wurde bislang jedoch zu Unrecht abgeleitet, dass eine rechtsgeschäftliche Bewältigung der Entlastung insoweit ausgeschlossen ist. Indes zeigt das deklaratorische negative Schuldanerkenntnis, dass das Gesetz für die bloße Feststellung des Nichtbestehens von Ansprüchen eine passende Regelung bereithält, die durch die Konstruktion eines rechtsgrundlosen, also kondizierbaren Verzichts im Ergebnis zu einer Beweislastumkehr im Hinblick auf Einwendungen führt.[13] Auf diese Weise kann der mit dem Zeitablauf stetig zunehmenden Gefahr einer Beweisnot des Geschäftsführers angemessen Rechnung getragen werden, weil die Entlastung nicht nur den Rechenschaftsvorgang verbindlich abschließt, sondern den Geschäftsführer bei einer späteren Inanspruchnahme aus etwaigen Verfehlungen gerade auch von der Darlegungs- und Beweislast freistellt. Bei Erkennbarkeit der Verfehlung aus der Rechenschaft droht ihm im Ergebnis nur dann noch eine erfolgreiche Inanspruchnahme, wenn dem Geschäftsherrn der volle Beweis des Ersatzanspruchs gelingt. Gegen die zuweilen vertretenen einseitigen Konstruktionsansätze, etwa die Annahme einer Genehmigung nach § 684 Satz 2 BGB oder einer nachträglichen – heilenden – Weisung, bestehen bei der Entlastung trotz Erkennbarkeit von Ersatzansprüchen schon deshalb gravierende Bedenken, weil in dieser Konstellation nicht nur ein bedingter Verzichtswille des Geschäftsherrn

---

11 Ausführlich S. 94 ff. und insb. S. 99 ff.

12 Ausführlich S. 176 ff.

13 Ausführlich S. 141 ff.

fehlt, sondern auch ein entsprechender – letztlich inhaltsgleicher – Genehmigungs- oder Heilungswille.[14]

2. Erteilt der Geschäftsherr demgegenüber Entlastung, obwohl er aus der Sicht eines verständigen Erklärungsempfängers Kenntnis vom Bestehen bestimmter Ersatzansprüche hat oder mit solchen Ansprüchen doch wenigstens rechnet, so lässt sich die Entlastung als schenkweiser konstitutiver Anspruchsverzicht im Sinne der §§ 397, 516 BGB auslegen.[15] Dabei ist es im Ergebnis nicht entscheidend, ob die Entlastung als Erlass, als Eventualerlass oder als konstitutives negatives Schuldanerkenntnis zu deuten ist, weil all diese Erscheinungsformen des konstitutiven Anspruchsverzichts materiell-rechtlich identisch sind. Von positiver Kenntnis des Geschäftsherrn darf der Geschäftsführer nach §§ 133, 157 BGB jedoch grundsätzlich nur ausgehen, wenn er dem Geschäftsherrn die Kenntnis selbst verschafft hat.[16] Hierzu ist er in Ansehung von ihm bekannten tatsächlichen oder etwaigen Verfehlungen im Rahmen der Rechenschaft verpflichtet. Auf private Kenntnisse des Geschäftsherrn erstreckt sich die Entlastung grundsätzlich nur, wenn der Geschäftsherr diese private Kenntnis gegenüber dem Geschäftsführer offen legt.[17] Nur ausnahmsweise kommt es auf die Offenlegung der Kenntnis nicht an, wenn der Geschäftsherr auch für die ihm privat bekannt gewordenen Verfehlungen entlasten will und der Geschäftsführer die Erklärung tatsächlich in diesem Sinne versteht (*falsa demonstratio non nocet*).

3. Eine weitere wesentliche Erkenntnis lässt sich dahin zusammenfassen, dass die rechtsgeschäftliche Deutung der Entlastung – entgegen allgemeiner Ansicht – nicht am fehlenden Vertragsschluss mit dem Geschäftsführer scheitert.[18] Der Umstand, dass er in der Praxis regelmäßig auf die Entlastung schweigt, hatte das Reichsgericht zwar frühzeitig dazu bewegt, die Entlastung als ein einseitiges Rechtsgeschäft zu deuten.[19] Inzwischen ist in Rechtsprechung und Schrifttum jedoch ein leistungsfähiger Konstruktionsansatz unter Rückgriff auf die Wertung des § 516 Abs. 2 BGB anerkannt, um das Schweigen als konkludente Annahmeerklärung auszulegen.[20] Dieser Ansatz beansprucht grundsätzlich bei allen für den Empfänger rechtlich lediglich vorteilhaften Vertragsangeboten Geltung, so dass er ohne weiteres auch für die als konstitutiver Anspruchsverzicht (§§ 397 Abs. 1, 516 Abs. 1 BGB) bzw. als deklaratorisches negatives Schuldanerkenntnis

---

14 Ausführlich S. 202 ff.
15 Ausführlich S. 168 ff.
16 Ausführlich S. 169 ff.
17 Ausführlich S. 172.
18 Ausführlich S. 205 ff.
19 Ausführlich S. 115 f.
20 Ausführlich S. 225 ff

(§§ 397 Abs. 2, 812 Abs. 2 BGB) gedeutete Entlastung herangezogen werden kann. Ein dogmatisch-konstruktives Bedürfnis nach der Anerkennung eines einseitigen Anspruchsverzichts bzw. einer Deutung der Entlastung als einseitiges Rechtsgeschäft mit der Wirkung wie ein Verzicht oder wie ein deklaratorisches negatives Schuldanerkenntnis besteht danach nicht. Mit der hier befürworteten Konstruktion kann zugleich dem vom Gesetz intendierten Schutz des Schuldners vor einem aufgedrängten Verzicht auch bei der Entlastung hinreichend Rechnung getragen werden. Weil an dem Annahmeerfordernis festgehalten wird, ist dem Geschäftsherrn zugleich die Möglichkeit eröffnet, den Eintritt der anspruchsausschließenden Wirkung der Entlastung durch Zurückweisung der Entlastung zu verhindern.[21] Allerdings hat sich ebenfalls gezeigt, dass diesem Umstand in der Praxis kaum eine relevante Bedeutung zukommen dürfte.[22]

3. Im Verbandsrecht begegnet der rechtsgeschäftliche Konstruktionsansatz immer dann Bedenken, wenn für den Vertragsschluss mit den zu entlastenden Organmitgliedern ein von der Gesellschafterversammlung abweichendes Organ zuständig ist.[23] Das betrifft etwa die GmbH mit Aufsichtsrat oder die Genossenschaft. Der rechtsgeschäftliche Lösungsansatz lässt sich insofern nur unter Rückgriff auf eine ungeschriebenen Annexkompetenz der Versammlung zum Vertragsschluss verwirklichen. Sie beruht darauf, dass das Gesetz jeweils der Versammlung die Entlastungskompetenz zuweist und diese Kompetenzzuweisung entwertet würde, wenn die Versammlung nicht auch zur notwendigen rechtsgeschäftlichen Umsetzung des Entlastungsbeschlusses befugt wäre. Eine solche Annexkompetenz ist im Zusammenhang mit der Generalbereinigung bei der GmbH ohne Aufsichtsrat einhellig anerkannt. Sie lässt sich jedoch auch für die übrigen Organisationsformen herleiten, weil eine Mitwirkung anderer Gesellschaftsorgane an der Entlastung mit deren Sinn und Zweck als wertende Stellungnahme zur Geschäftsführung durch die Gesellschafter nicht vereinbar ist.[24] Der Entlastungsbeschluss ist dabei eine Wirksamkeitsvoraussetzung für die in Ausführung des Beschlusses geschlossenen Verträge; wird der Beschluss erfolgreich angefochten, entfallen zugleich die Rechtsfolgen des Ausführungsgeschäfts.[25]

4. Im Ergebnis lässt sich damit konstatieren, dass die in der gesellschaftsrechtlichen Entlastungsdiskussion vielfach unterschätzte Rechtsgeschäftslehre erheblich leistungsfähiger ist, als es den Anschein haben mag. Wegen des feh-

21 Ausführlich S. 212 ff.
22 Vgl. S. 214.
23 Ausführlich S. 244 ff.
24 Ausführlich S. 248 ff.
25 Ausführlich S. 253 ff.

lenden Verzichtswillens im Hinblick auf bloß erkennbare Ersatzansprüche kann sie zwar nur einen Teilaspekt der klassischen Entlastungsfolgen erklären. Die Ergebnisse erweisen sich dennoch nicht als unangemessen. Derjenige Geschäftsführer, der nicht gegen seine Pflichten verstoßen hat, ist durch die mit dem deklaratorischen negativen Schuldanerkenntnis verbundene Beweislastumkehr vor einer Beweisnot bei unberechtigter Inanspruchnahme hinreichend geschützt. Dagegen ist der Geschäftsführer, der um seine Verfehlungen weiß oder mit solchen wenigstens rechnet, zu weitgehender Offenheit gegenüber dem Geschäftsherrn gezwungen, um eine Klarstellung und Bereinigung der Rechtslage herbeizuführen. Hat der Geschäftsführer gegen seine Pflichten verstoßen und kann der Geschäftsherr den Ersatzanspruch vollumfänglich beweisen, so steht die rechtsgeschäftlich gedeutete Entlastung der Haftung nicht entgegen, es sei denn, dem Geschäftsführer gelingt der Nachweis eines konstitutiven Anspruchsverzichts. Eine solche Haftung erweist sich vor allem deshalb nicht als unangemessen, weil die Ursache für den Ersatzanspruch aus der Verantwortungssphäre des Geschäftsführers herrührt.

III. Die Entlastung und das Verbot widersprüchlichen Verhaltens

1. Der Rückgriff auf die Grundsätze des Vertrauensschutzes erscheint auf den ersten Blick als dogmatisch elegant, begegnet aber schon im Ausgangspunkt gravierenden Bedenken, weil ein solcher Begründungsansatz wegen der Ergänzungsfunktion des Vertrauensschutzes voraussetzt, dass eine rechtsgeschäftliche Deutung der Entlastung ausgeschlossen ist. Selbst wenn aber von der Heranziehung des deklaratorischen negativen Schuldanerkenntnisses (§§ 397 Abs. 2, 812 Abs. 2 BGB) und von der Annahme etwaiger Annexkompetenzen zur Begründung der Entlastungfolgen abgesehen wird, ist eine rechtsgeschäftliche Deutung der Entlastung als schenkweiser Erlass (§§ 397 Abs. 1, 516 Abs. 1 BGB) in Fällen, in denen der Geschäftsherr *Kenntnis von Ersatzansprüchen* hat oder mit solchen rechnet, jedenfalls bei der bürgerlich-rechtlichen Geschäftsbesorgung, aber auch bei der GmbH ohne Aufsichtsrat und bei der Wohnungseigentümergemeinschaft ohne weiteres möglich.[26] Der Hinweis auf das vermeintliche Fehlen einer Annahmeerklärung erweist sich dabei als ebenso wenig tragfähig,[27] wie die Ver-

---

26 Ausführlich zum Verhältnis von Entlastungsbeschluss und Vertragsschluss S. 248 ff.
27 Ausführlich S. 225 ff.

neinung eines Verzichtswillens des Geschäftsherrn.[28] Selbst wenn das Schweigen auf die Entlastung – entgegen der hier vertretenen Ansicht – nicht als Annahmeerklärung ausgelegt werden könnte, läge eine solche Erklärung zumindest dann vor, wenn sich der Geschäftsführer für die Entlastung bedankt.[29] Um dennoch den Anwendungsbereich des Vertrauensschutzes zu eröffnen, müsste im Hinblick auf den Verzichtswillen argumentiert werden, dass der Geschäftsherr die erkannt pflichtwidrigen Geschäftsführungsmaßnahmen nur billigen, auf die entsprechenden Ersatzansprüche jedoch nicht verzichten wolle. Eine solche Unterscheidung erwiese sich als Fiktion, weil Billigung und Verzicht hinsichtlich bekannter Ersatzansprüche letztlich nur zwei Seiten derselben Medaille sind.[30] Liegen die Voraussetzungen eines schenkweisen Erlasses danach aber in bestimmten Fällen vor, so ist der Rückgriff auf den Vertrauensschutz insoweit von vornherein versperrt.

2. Ausgehend von der Prämisse des vertrauensbasierten Entlastungsmodells, dass das Schweigen auf die Entlastung nicht als Annahmeerklärung ausgelegt werden kann und eine Annexkompetenz für die Beschlussausführung fehlt, ist eine Bewältigung der Entlastung in Kenntnis von Ersatzansprüchen über den Vertrauensschutz unter notwendiger Anerkennung des tatsächlich vorliegenden Verzichtswillens dennoch grundsätzlich möglich. Denn es erwiese sich als rechtsethisch untragbar, das Vertrauen auf den – dann einseitig gebliebenen – Anspruchsverzicht nicht zu schützen.[31] Der zentrale Einwand gegen das vertrauensbasierte Entlastungsmodell besteht aber darin, dieses rechtsethisch untragbare Ergebnis erst durch wertungsmäßig fragwürdige Rigorismen im Bereich der Rechtsgeschäftslehre geschaffen zu haben. Denn schutzwürdiges Vertrauen ist im Ergebnis nur insoweit anzuerkennen, als sich der Geschäftsführer über die eigentliche Herbeiführung der Rechtsfolgen der Entlastung irrt, weil er ihr einen Rechtsverlust beimisst, den sie nach Ansicht der Vertreter des vertrauensbasierten Modells in Ermangelung eines wirksamen rechtsgeschäftlichen Verzichts nicht haben kann. Der Rechtsverlust tritt nach dem Vertrauensgedanken nur ein, weil der Geschäftsführer irrtümlich auf den vermeintlichen Rechtsverlust vertraut und dieses Vertrauen im Hinblick auf das rechtspolitisch umstrittene Vertragsprinzip des § 397 BGB als schutzwürdig anzuerkennen ist.[32] Hätten die Beteiligten dagegen umfassende Rechtskenntnis von den Erfordernissen, die das vertrauensbasierte Entlastungsmodell an einen rechtsgeschäftlichen Anspruchsverzicht stellt, so

28 Ausführlich S. 168 ff. und S. 280.
29 Ausführlich S. 208 ff.
30 Vgl. S. 280.
31 Ausführlich S. 285 ff.
32 Ausführlich S. 287 ff.

müssten sie diese Vorgaben letztlich einhalten, weil es an einem schutzwürdigen Vertrauen auf die vermeintliche Wirksamkeit des einseitigen Verzichts bei entsprechender Rechtskenntnis fehlte. Die Vertrauenslösung beruht insofern auf einem umfassenden Rechtsirrtum sämtlicher Beteiligten über die Frage, wie der Anspruchsausschluss als Folge der Entlastung letztlich herbeigeführt wird.[33] Diesen Befund versuchen die Vertreter des vertrauensbasierten Entlastungsmodells zu vermeiden, indem sie maßgeblich auf den Schutz des Vertrauens auf das künftige Ausbleiben einer Anspruchsgeltendmachung abstellen. Darin liegt jedoch eine unzulässige Umgehung der rechtsgeschäftlichen Erfordernisse der §§ 397 Abs. 1, 516 Abs. 1 BGB, weil eine solche Sichtweise auf die Anerkennung eines einseitigen gewollten Verzichts kraft Vertrauens hinausläuft. Angesichts der gesetzlichen Vorgaben der §§ 397 Abs. 1, 516 Abs. 1 BGB ist das Vertrauen auf einen solchen einseitigen Verzicht jedoch nicht schutzwürdig.[34] Im Ergebnis kommt dem Vertrauensschutz in der Konstellation der Kenntnis von Ersatzansprüchen danach lediglich die Funktion zu, die von den Vertretern des vertrauensbasierten Entlastungsmodells behaupteten rechtsgeschäftlichen Mängel zu überwinden. Das zeigt zwar die allgemeine Leistungsfähigkeit des Vertrauensgedankens, verdeutlicht aber zugleich, dass ihm bei der Entlastung letztlich nur die Funktion einer »Hilfskonstruktion« zukommt, die dogmatisch am rechtsgeschäftlichen Anspruchsverzicht des § 397 Abs. 1 BGB anknüpft.

3. Im Hinblick auf die Entlastung trotz *Erkennbarkeit von Ersatzansprüchen* fehlt es an schutzwürdigem Vertrauen des Geschäftsführers, künftig nicht mehr in Anspruch genommen zu werden, wenn er von eigenen Verfehlungen weiß oder mit solchen rechnet, aber dennoch davon absieht, den Geschäftsherrn entsprechend in Kenntnis zu setzen.[35] Denn kann er die Entlastung mangels verschaffter Kenntnis des Geschäftsherrn redlicherweise nicht als schenkweisen Anspruchsverzicht auffassen, so ist es aus seiner Sicht unklar, von welcher Sach- und Rechtslage der Geschäftsherr bei der Entlastungserteilung ausgegangen ist. In solchen Fällen kann der Geschäftsführer allenfalls vermuten, dass der Geschäftsherr die Verfehlung erkannt und gebilligt habe, dass er bewusst unsorgfältig geprüft habe oder aber dass ihm bei der Prüfung versehentlich ein Fehler unterlaufen sei. Der Geschäftsführer hat deshalb allen Grund, der Reichweite der ausgesprochenen Billigung der Geschäftsführung zu *misstrauen* und darf sich nicht auf den Standpunkt zurückziehen, der Geschäftsherr habe die Geschäftsführung gebilligt und hätte im Zweifel sorgfältiger prüfen müssen.[36] Er ist auch

33 Ausführlich S. 289 f.
34 Ausführlich S. 279 ff.
35 Ausführlich S. 296 ff.
36 Ausführlich S. 303 ff.

nicht schutzlos, weil er für eine etwaige spätere Inanspruchnahme finanziell und ggf. beweismäßig vorsorgen kann. Die Vertreter des vertrauensbasierten Entlastungsmodells stellen dagegen einseitig auf die Nachlässigkeit des Geschäftsherrn ab und schließen hieraus auf die Schutzwürdigkeit des Vertrauens des Geschäftsführers.[37] Doch betrifft das Verschulden des Geschäftsherrn gegen sich selbst nur die Zurechenbarkeit des Vertrauenstatbestands. Bloße Zurechenbarkeit genügt für die Gewährung von Vertrauensschutz jedoch nicht, wenn schutzwürdiges Vertrauen des Geschäftsführers auf der anderen Seite fehlt.[38] Sachlich gehen die Vertreter des vertrauensbasierten Entlastungsmodells stattdessen von einer echten Prüfobliegenheit aus, indem sie die unsorgfältige Prüfung des Geschäftsherrn einseitig in den Vordergrund stellen. Bestünde aber eine solche echte, der Entlastung vorgelagerte Prüfobliegenheit, bedürfte es des Vertrauensschutzes zu ihrer Begründung nicht.

4. Anders verhält es sich, wenn der Geschäftsführer davon überzeugt ist, dass er nicht gegen seine Pflichten verstoßen habe.[39] Denn dann vertraut er auf die vermeintliche Rechtslage, dass von vornherein keine Ansprüche gegen ihn bestanden haben. Diese Fehlvorstellung wird durch die unbeschränkte Erteilung der Entlastung bestätigt und, wenn der Geschäftsherr über eine gewisse Fachkompetenz verfügt, sogar bestärkt.[40] Die Zurechenbarkeit des erweckten Vertrauens, es bestünden keine Ersatzansprüche, folgt daraus, dass der Geschäftsherr insoweit eine objektiv unzutreffende Erklärung abgegeben hat und dies bei sorgfältiger Prüfung der Rechenschaft auch hätte erkennen und vermeiden können. Mit dem Verlust erkennbarer Ansprüche würde zwar in seine Rechtssphäre eingegriffen, die innere Rechtfertigung hierfür läge jedoch in der fehlenden Sorgfalt in eigenen Angelegenheiten. Besteht ein Ersatzanspruch und befindet sich der Geschäftsführer hierüber im Rechtsirrtum, so bestehen an der Schutzwürdigkeit des Vertrauens jedoch insofern Bedenken, als der Geschäftsführer – anders als der Geschäftsherr – detaillierte Kenntnis der anspruchsbegründenden Tatsachen hat und bei der Erstellung der Rechenschaftsunterlagen sogar nochmals Gelegenheit hatte, die eigene Tätigkeit kritisch zu reflektieren.[41] Daher überzeugte es nicht, wenn schon geringfügige Nachlässigkeiten bei der Prüfung dem Geschäftsherrn zum Nachteil gereichten, während selbst eine grob fahrlässige Verkennung der Rechtslage durch den Geschäftsführer keine Rolle spielen sollte. Vor diesem Hintergrund ist die Gewährung von Vertrauensschutz stets von den Umständen

37 Ausführlich S. 297 ff.
38 Ausführlich S. 306 ff.
39 Ausführlich S. 308 ff.
40 Ausführlich S. 310 ff.
41 Ausführlich S. 312 f.

des Einzelfalls abhängig und eine – mit der Statuierung einer echten Prüfobliegenheit vergleichbare – verlässliche Klarstellung der Haftungsverhältnisse auch bei Gutgläubigkeit des Geschäftsführers über das Nichtbestehen von Ansprüchen letztlich nicht zu erreichen.

5. Noch grundsätzlicheren Bedenken begegnet die mit der Gewährung von Vertrauensschutz bei der Entlastung üblicherweise verbundene Rechtsfolge des endgültigen Anspruchsverlusts.[42] Da der Geschäftsführer ausgehend der Erklärung des Geschäftsherrn lediglich auf das Nichtbestehen von Ersatzansprüchen vertraut, besteht ein Wertungswiderspruch zum deklaratorischen negativen Schuldanerkenntnis. Ein solches Schulanerkenntnis hat die Feststellung des Nichtbestehens von Ersatzansprüchen zum rechtsgeschäftlichen Inhalt, führt aber lediglich zu einem kondizierbaren Anspruchsverlust und damit letztlich nur zu einer Beweislastumkehr zulasten des Geschäftsherrn.[43] Der Vertrauensschutz führte danach zu einer weitgehenderen Rechtseinbuße des Geschäftsherrn und hätte insoweit schärfere Rechtsfolgen, als wenn sich die Beteiligten rechtsgeschäftlich durch deklaratorisches Schuldanerkenntnis über das Nichtbestehen von Ersatzansprüchen verständigt hätten. Ausgehend von einem solchen rechtsgeschäftlichen Anerkenntnis dürfte der Geschäftsführer nach der gesetzlichen Wertung der §§ 397 Abs. 2, 812 Abs. 2 BGB nicht auf eine endgültige Haftungsfreistellung vertrauen, so dass nicht einzusehen ist, ihm über den Vertrauensschutz mehr zu gewähren, als er bei rechtsgeschäftlicher Gestaltung erhalten würde.[44] In Ansehung der gesetzlichen Wertungen beim deklaratorischen negativen Schuldanerkenntnis kann das Vertrauen des Geschäftsführers nur insoweit schutzwürdig sein, als er sich auf eine beweismäßige Besserstellung einrichtet. Das Vertrauen auf das endgültige Freiwerden von der Haftung ist demgegenüber nicht schutzwürdig, so dass auch die Rechtsfolge des Vertrauensschutzes lediglich eine Beweislastumkehr zulasten des Geschäftsherrn sein kann. Vor diesem Hintergrund lässt sich die herrschende Entlastungssicht, die zu einem Ausschluss erkennbarer Ersatzansprüche gelangt, auch mit dem Vertrauensschutz nicht begründen.

6. Schließlich ist darauf hinzuweisen, dass sich das klassische Entlastungsverständnis mit dem Vertrauensschutz selbst dann nicht bruchlos bewältigen ließe, wenn die hier vertretene Sperrwirkung des deklaratorischen negativen Schuldanerkenntnisses in Abrede gestellt würde. Denn die vom Schrifttum ganz überwiegend geteilte Entlastungformel der Rechtsprechung sieht als maßgebliche

42 Ausführlich S. 313 ff.
43 Ausführlich S. 141 ff.
44 Ausführlich S. 314 ff.

Entscheidungsparameter nur die Kenntnis oder Erkennbarkeit von Ersatzansprüchen vor, ohne daneben auch auf Umstände in der Person des Geschäftsführers – etwa die Kenntnis der Ersatzansprüche – Rücksicht zu nehmen. Solche Umstände können aber für den Vertrauensschutz nicht schlechthin außer Betracht bleiben, weil stets schutzwürdiges Vertrauen erforderlich ist. Insofern verwundert es nicht, dass die Rechtsprechung auf den Gedanken des Vertrauensschutzes zur Begründung der Entlastungsfolgen bislang nicht eingegangen ist; er würde die angenommenen Rechtsfolgen der Entlastung nämlich nur zum Teil rechtfertigen.

7. Im Ergebnis lässt sich der Vertrauensgedanke damit – ebenso wie die Rechtsgeschäftslehre – zwar zur Begründung von Teilaspekten des herrschenden Entlastungsverständnisses heranziehen, eine umfassende Rechtfertigung des Verlusts bekannter und erkennbarer Ersatzansprüche ermöglicht er jedoch nicht. Wegen des generellen Vorrangs der Rechtsgeschäftslehre erscheint eine einheitliche rechtsgeschäftliche Konstruktion der Entlastungsfolgen im Ergebnis als vorzugswürdig.

8. Die letzte wesentliche Erkenntnis der Untersuchung besteht darin, dass das herrschende Entlastungsverständnis sachlich auf der Statuierung einer echten, der Entlastungserteilung vorgelagerten Prüfobliegenheit beruht. Nur wenn dem Geschäftsherrn – kraft Gesetzes – eine Prüfung der geleisteten Rechenschaft auferlegt ist, lässt sich der Verlust bekannter und erkennbarer Ersatzansprüche im Sinne der klassischen Entlastungsformel konstruktiv begründen. Da sich im Ergebnis eine solche echte Prüfobliegenheit aus dem Gesetz jedoch nicht ableiten lässt, bedarf das klassische Entlastungsverständnis der Korrektur: Die Entlastung führt danach nur zum Verlust bekannter Ersatzansprüche, während für erkennbare Ansprüche lediglich eine Beweislastumkehr zulasten des Geschäftsherrn greift.

Literaturverzeichnis

Die Abkürzungen folgen dem Abkürzungsverzeichnis der Rechtssprache von *Hildebert Kirchner*, 6. Auflage 2008. Abweichende Auflagen sind im Text gesondert ausgewiesen.

Altmeppen, Holger: Die Einflussrechte der Gemeindeorgane in einer kommunalen GmbH, NJW 2003, 2561.

Armbrüster, Christian: Rechtsfähigkeit und Haftungsverfassung der Wohnungseigentümergemeinschaft, ZWE 2005, 369.

Bachmann, Gottlieb: Der Entlastungsbeschluss (Déchargeerteilung) der Generalversammlung der Aktiengesellschaft für die Geschäftsführung der Verwaltung und Rechnungsprüfung der Kontrollstelle, in: Festschrift für Georg Cohn zu seinem 70. Geburtstage, 1915, S. 698.

Bachmann, Gregor: Reform der Organhaftung? Materielles Haftungsrecht und seine Durchsetzung in privaten und öffentlichen Unternehmen, Gutachten E zum 70. Deutschen Juristentag, 2014 (zit. *Bachmann*).

Ballerstedt, Kurt: Besprechung von „Reimer Schmidt: Obliegenheiten, 1953", ZHR 121 (1958), 78.

Baltzer, Johannes: Der Beschluss als rechtsethisches Mittel organschaftlicher Funktion im Privatrecht, 1965.

Bamberger, Heinz Georg / Roth, Herbert: Kommentar zum Bürgerlichen Gesetzbuch, 3 Bände, 3. Auflage 2012, ebenfalls veröffentlicht als Beck'scher Online-Kommentar BGB, 30. Edition 2014 (zit. *Bearbeiter*, in: Bamberger/Roth).

von Bar, Christian: Vertrauenshaftung ohne Vertrauen. Zur Prospekthaftung bei der Publikums-KG in der Rechtsprechung des BGH, ZGR 1983, 476.

von Bar, Christian / Zimmermann, Reinhard: Grundregeln des Europäischen Vertragsrechts, Teile I und II, 2002.

Bärmann, Johannes: Die Wohnungseigentümergemeinschaft, Ein Beitrag zur Lehre von den Personenverbänden, in: Partner im Gespräch 22 (1986), 1.

Bärmann, Johannes: Wohnungseigentumsgesetz, Kommentar, 12. Auflage 2013 (zit. *Bearbeiter*, in: Bärmann, WEG).

Bärmann, Johannes: Zur Theorie des Wohnungseigentumsrechts, NJW 1989, 1060.

Barner, Friedrich: Die Entlastung als Institut des Verbandsrechts, 1990 (zit. *Barner*).

Baumann, Wolfgang: Die Abstraktion des Schuldanerkenntnisses – Ein Beitrag zum Abstraktionsprinzip, zu § 781 BGB und zu § 812 Abs. 2 BGB, in: Festschrift für Sebastian Spiegelberger zum 70. Geburtstag, 2009, S. 1176.

Baumbach, Adolf / Hopt, Klaus J. : Handelsgesetzbuch, Kommentar, 36. Auflage 2014 (zit. *Bearbeiter*, in: Baumbach/Hopt, HGB).

Baumbach, Adolf / Hueck, Alfred: GmbHG, Kommentar, 20. Auflage 2013 (zit. *Bearbeiter*, in: Baumbach/Hueck, GmbHG).

Baums, Theodor: Der Geschäftsleitervertrag: Begründung, Inhalt und Beendigung der Rechtsstellung der Vorstandsmitglieder und Geschäftsführer in den Kapitalgesellschaften und Genossenschaften, 1987 (zit. *Baums*, Geschäftsleitervertrag).

Bayer, Walter: Die Innenhaftung des GmbH-Geschäftsführers de lege lata und de lege ferenda, GmbHR 2014, 897.

Bayer, Walter: Vorstandshaftung in der AG de lege lata und de lege ferenda, NJW 2014, 2546.

Bayer, Walter/Scholz, Philipp: Die Pflichten von Aufsichtsrat und Hauptversammlung beim Vergleich über Haftungsansprüche gegen Vorstandsmitglieder, Überlegungen anlässlich des Siemens/Neubürger-Vergleichs, ZIP 2015, 149.
Bergmann, Hans: Arbeitnehmervertreter im Aufsichtsrat, NJW 1953, 81.
Bergwitz, Christoph: Die GmbH im Prozess gegen ihren Geschäftsführer, GmbHR 2008, 225.
Beuthien, Volker: Genossenschaftsgesetz, Kommentar, 15. Auflage 2011 (zit. *Beuthien*, GenG).
Beuthien, Volker: Anmerkung zu BGH, Urteil vom 3. Dezember 2001 – II ZR 308/99, WuB II D. § 48 GenG 1.02.
Beuthien, Volker: Zur Grundlagenungewissheit des deutschen Gesellschaftsrechts, NJW 2005, 855.
Beuthien, Volker: Von welcher Last befreit die Entlastung? – Zu Inhalt, Zweck und Rechtsfolgen der gesellschaftsrechtlichen Entlastung, GmbHR 2014, 682.
Beuthien, Volker: Welchen Rechtsschutz gibt es für und wider die Entlastung, GmbHR 2014, 799.
Beuthien, Volker / Brockmeier, Thomas / Klose, Holger: Materialien zum Genossenschaftsgesetz, Band IV, Gesetze, Verordnungen und Parlamentarische Materialien (1969 – 1995), 1997.
Beuthien, Volker / Hüsken, Ulrich: Materialien zum Genossenschaftsgesetz, Band III; Parlamentarische und sonstige Materialien (1923 – 1969), 1990.
Bing, Fritz: Anmerkung zu RG, Urteil vom 21. September 1926 – 46/26 II, JW 1926, 2904.
Boesebeck, Ernst: Anmerkung zu RG, Urteil vom 2. Oktober 1934 – II 164/34, JW 1935, 921.
Boesebeck, Ernst: Die Entlastung der Organe einer AG, GmbH oder Genossenschaft in neuer rechtlicher Betrachtung, ZAkDR 1935, 675.
Boesebeck, Ernst: Stimmenthaltung bei der Entlastung von Vorstand und Aufsichtsrat, NJW 1955, 1657.
Bogen, Torsten: Die Amtsniederlegung des Verwalters im Wohnungseigentumsrecht, 2001.
Böhr, Richard: Beweislastprobleme bei der Schenkung, NJW 2001, 2059.
Bonefeld, Michael: Die Entlastung des Testamentsvollstreckers, 2004 (zit. *Bonefeld*).
Bonse, Egbert: Die Entlastung der leitenden Gemeindebeamten, 1972 (zit. *Bonse*).
Bork, Reinhard: Der Vergleich, 1988.
Bork, Reinhard: Allgemeiner Teil des Bürgerlichen Gesetzbuchs, 3. Auflage 2011 (zit. *Bork*, AT).
Bork, Reinhard: Besprechung von „Alexander M. Schäfer: Das Abstraktionsprinzip beim Vergleich, 1992“, AcP 194 (1994), 419.
Bork, Reinhard: Wider die Rechtsfähigkeit der Wohnungseigentümergemeinschaft – eine resignierende Polemik, ZIP 2005, 1205.
Borsche, Christian: Die Entlastung im Recht der Personengesellschaften, 1989 (zit. *Borsche*).
Bouwman, Egbert: Die Bedeutung der staatsrechtlichen Entlastung unter Besonderer Berücksichtigung des Artikels 114 Absatz 2 des Grundgesetzes, 1969.
Brandner, Hans Erich: Zur gerichtlichen Vertretung der Gesellschaft gegenüber ausgeschiedenen Vorstandsmitgliedern/Geschäftsführern, in: Festschrift für Karlheinz Quack zum 65. Geburtstag, 1991, S. 201.
Brehmer, Dieter: Willenserklärung und Erklärungsbewußtsein, JuS 1986, 441.
Brox, Hans: Probleme der Entlastung im Gesellschaftsrecht, BB 1960, 1226.
Brox, Hans / Walker, Wolf-Dietrich: Allgemeiner Teil des BGB, 37. Auflage 2013 (zit. *Brox/Walker*, AT).

Bub, Wolf-Rüdiger: Rechtsfähigkeit der Wohnungseigentümergemeinschaft, ZWE 2002, 103.
Bub, Wolf-Rüdiger / Petersen, Jens: Konfusion von Hausgeldansprüchen und Insichprozess in der Wohnungseigentümergemeinschaft, NZM 1999, 646.
Buchner, Herbert: Die Entlastung des Geschäftsführers in der GmbH – Wenig Klarheit über ein altes gesellschaftsrechtliches Institut, GmbHR 1988, 9.
Burgard, Ulrich: Gestaltungsfreiheit im Stiftungsrecht, 2006.
Bydlinski, Franz: Juristische Methodenlehre und Rechtsbegriff, 2. Auflage 1991 (zit. *Bydlinski*, Methodenlehre).
Bydlinski, Franz: Erklärungsbewußtsein und Rechtsgeschäft, JZ 1975, 1.
Bydlinski, Franz / Krejci, Heinz / Schilcher, Bernd / Steininger, Viktor: Das Bewegliche System im geltenden und künftigen Recht, 1986 (zit. *Bydlinski*, Bewegliches System).
Cahn, Andreas: Vergleichsverbote im Aktienrecht, 1996 (zit. *Cahn*).
Canaris, Claus-Wilhelm: Die Vertrauenshaftung im deutschen Privatrecht, 1971, abgedruckt in: Gesammelte Schriften, 2012, Band 2: Vertrauenshaftung, S. 3 (zit. *Canaris*, Vertrauenshaftung).
Canaris, Claus-Wilhelm: Die Feststellung von Lücken im Gesetz, 2. Auflage 1983, abgedruckt in: Gesammelte Schriften, 2012, Band 1: Rechtstheorie, S. 3.
Canaris, Claus-Wilhelm: Systemdenken und Systembegriff in der Jurisprudenz, 2. Auflage 1983, abgedruckt in: Gesammelte Schriften, 2012, Band 1: Rechtstheorie, S. 191 (zit. *Canaris*, Systemdenken).
Canaris, Claus-Wilhelm: Handelsrecht, 24. Auflage 2006 (zit. *Canaris*, HaR).
Canaris, Claus-Wilhelm: Schweigen im Rechtsverkehr als Verpflichtungsgrund, in: Festschrift für Walter Wilburg zum 70. Geburtstag, 1975, S. 77, abgedruckt in: Gesammelte Werke, 2012, Band 2: Vertrauenshaftung, S. 691.
Canaris, Claus-Wilhelm: Anmerkung zu BGH, Urteil vom 07. Juni 1984 – IX ZR 66/83 (BGHZ 91, 324), NJW 1984, 2281.
Canaris, Claus-Wilhelm: Die Vertrauenshaftung im Lichte der Rechtsprechung des Bundesgerichtshofs, in: 50 Jahre Bundesgerichtshof, Festgabe aus der Wissenschaft, 2000, Band I, S. 129, abgedruckt in; Gesammelte Schriften, 2012, Band 2: Vertrauenshaftung, S. 795.
Caspers, Wilhelm: Erlaß und Verzicht nach dem Bürgerlichen Gesetzbuch, 1904.
Cohn, Ludwig: Erlaß und Verzicht nach dem BGB, Gruchot 47 (1903), 221.
Dauner-Lieb, Barbara / Dötsch, Wolfgang: Prozessuale Fragen rund um § 313 BGB, NJW 2003, 921.
Deckert, Wolf-Dieter: Kontrollbefugnisse der Wohnungseigentümer und Verwalterentlastung, WE 1993, 120.
Derleder, Peter: Die Übertragung von Rechtsgrundsätzen der Gesellschaft bürgerlichen Rechts auf die Wohnungseigentümergemeinschaft, in: Partner im Gespräch 63 (2002), 29.
Dette, Hans Walter Sebastian: Venire contra factum proprium nulli conceditur, Zur Konkretisierung eines Rechtssprichworts, 1985 (zit. *Dette*).
Dietz-Vellmer, Fabian: Organhaftungsansprüche in der Aktiengesellschaft: Anforderungen an Verzicht oder Vergleich durch die Gesellschaft, NZG 2011, 248.
Du Chesne: Begriff und Arten des Verzichtes, ArchBürgR 42 (1916), 296.
Ebenroth, Carsten Thomas / Boujong, Karlheinz / Joost, Detlev / Strohn, Lutz: Handelsgesetzbuch, Kommentar, Band 1, §§ 1–342e, 2. Auflage 2008 (zit. *Bearbeiter*, in: Ebenroth/Boujong/Joost/Strohn, HGB).
Ebert, Ina: Schweigen im Vertrags- und Deliktsrecht, JuS 1999, 754.

Ehmann, Erik: Schuldanerkenntnis und Vergleich, 2005.
Eickhoff, Andreas: Die Gesellschafterklage im GmbH-Recht: zur Durchsetzung von Ansprüchen der GmbH durch ihre Gesellschafter, 1988.
Elze, Hans: Lücken im Gesetz: Begriff und Ausfüllung, 1916.
Enneccerus, Ludwig / Nipperdey, Hans Carl: Lehrbuch des Bürgerlichen Rechts, Erster Band: Allgemeiner Teil des bürgerlichen Rechts, Zweiter Halbband: Entstehung, Untergang und Veränderung der Rechte, Ansprüche und Einreden, Ausübung und Sicherung der Rechte, 15. Auflage 1960 (zit. *Enneccerus/Nipperdey*, AT I/2).
Enneccerus, Ludwig / Lehmann, Heinrich: Lehrbuch des Bürgerlichen Rechts, Zweiter Band: Recht der Schuldverhältnisse, Schuldrecht, 15. Auflage 1958 (zit. *Enneccerus/Lehmann*).
Erfurter Kommentar zum Arbeitsrecht, 14. Auflage 2014 (zit. *Bearbeiter*, in: ErfK/ArbR).
Erman, Walter: BGB, Kommentar, 3 Bände, 14. Auflage 2014 (zit. Erman/*Bearbeiter*).
Ernst, Wolfgang: Der Beschluss als Organakt, in: Rechtsgeschäft, Methodenlehre und darüber hinaus, Liber Amicorum für Detlef Leenen zum 70. Geburtstag, 2012, S. 1.
Esser, Josef: Besprechung von „Reimer Schmidt: Die Obliegenheiten, 1953", AcP 154 (1955), 49.
Esser, Josef: Grundsatz und Norm in der richterlichen Fortbildung des Privatrechts, 3. Auflage 1974 (zit. *Esser*).
Esser, Josef / Schmidt, Eike: Schuldrecht, Band I, Allgemeiner Teil, Teilband 1, 8. Auflage 1995 (zit. *Esser/Schmidt*, SR I/1).
Fikentscher, Wolfgang / Heinemann, Andreas: Schuldrecht, 10. Auflage 2006 (zit. *Fikentscher/Heinemann*, SR).
Flechtheim, Julius: Die Klage auf Erteilung der Entlastung, JW 1929, 700.
Fleck, Hans-Joachim: Zur Haftung des GmbH-Geschäftsführers, GmbHR 1974, 224.
Fleischer, Holger: Haftungsfreistellung, Prozesskostenersatz und Versicherung für Vorstandsmitglieder, eine rechtsvergleichende Bestandsaufnahme zur Enthaftung des Managements, WM 2005, 909.
Fleischer, Holger: Reichweite und Grenzen der unbeschränkten Organvertretungsmacht im Kapitalgesellschaftsrecht, NZG 2005, 529.
Fleischer, Holger: Vorstandspflichten bei rechtswidrigen Hauptversammlungsbeschlüssen, BB 2005, 2025.
Fleischer, Holger: Vorstandshaftung und Vertrauen auf anwaltlichen Rat, NZG 2010, 449.
Fleischer, Holger / Wedemann, Frauke: Zur sogenannten Annexkompetenz im GmbH- und Aktienrecht, GmbHR 2010, 449.
Fleischer, Holger: Ruinöse Managerhaftung: Reaktionsmöglichkeiten de lege lata und de lege ferenda, ZIP 2014, 1305.
Fleischer, Holger: Vergleiche über Organhaftungs-, Einlage- und Drittansprüche der Aktiengesellschaft, AG 2015, 133.
Feuth, Ernst: Kann über die Entlastung des Aufsichtsrats nach § 104 AktG getrennt gegenüber den Vertretergruppen abgestimmt werden?, NJW 1958, 11.
Flume, Werner: Allgemeiner Teil des Bürgerlichen Rechts, Erster Band, Zweiter Teil: Die juristische Person, 1983 (zit. *Flume*, AT I/2).
Flume, Werner: Allgemeiner Teil des Bürgerlichen Rechts, Zweiter Band: Das Rechtsgeschäft, 4. Auflage 1992 (zit. *Flume*, AT II).
Gach, Bernt / Pfüller, Markus: Die Vertretung der GmbH gegenüber ihrem Geschäftsführer, GmbHR 1998, 64.

Gerhardt, Walter: Erlöschen und Umgestalten von Schuldverhältnissen, in: Athenäum-Zivilrecht I, Grundlagen des Vertrags- und Schuldrechts, 1972, S. 697 (zit. *Gerhardt*, Athenäum-Zivilrecht I, 1972).
Gernhuber, Joachim: Das Schuldverhältnis: Begründung und Änderung, Pflichten und Strukturen, Drittwirkungen, 1989.
Gernhuber, Joachim: Die Erfüllung und ihre Surrogate, 2. Auflage 1994 (zit. *Gernhuber*, Erfüllung).
Gleißner, Helga: Entlastungserteilung für Vormund und Pfleger, RPfleger 1986, 462.
von Godin, Reinhard / Wilhelmi, Hans: Aktiengesetz vom 30. Januar 1937, Kommentar, 2. Auflage 1950 (zit. *v. Godin/Wilhelmi*, AktG 1937).
Goette, Wulf: Zur Verteilung der Darlegungs- und Beweislast der objektiven Pflichtwidrigkeit bei der Organhaftung, ZGR 1995, 648.
Gostomzyk, Tobias: Äußerungsrechtliche Grenzen des Unternehmenspersönlichkeitsrechts – Die Gen-Milch-Entscheidung des BGH, NJW 2008, 2082.
Gottschalg, Wolfgang: Die Haftung von Verwalter und Beirat, 3. Auflage 2009.
Graff, Simone: Die Anfechtbarkeit der Entlastung im Kapitalgesellschaftsrecht, 2007 (zit. *Graff*).
Griesbeck, Michael: Venire contra factum proprium, 1978 (zit. *Griesbeck*).
Grigoleit, Hans Christoph: Aktiengesetz, Kommentar, 2013 (zit. *Bearbeiter*, in: Grigoleit, AktG).
Habersack, Mathias: Die Freistellung des Organwalters von seiner Haftung gegenüber der Gesellschaft, in: Festschrift für Peter Ulmer zum 70. Geburtstag, 2003, S. 151.
Habersack, Mathias: Perspektiven der aktienrechtlichen Organhaftung, ZHR 177 (2013), 782.
Hadding, Walther: Die Rechtsstellung des Verwalters zwischen Verband und Wohnungseigentümern, ZWE 2012, 61.
Hähnchen, Susanne: Obliegenheiten und Nebenpflichten, 2010 (zit. *Hähnchen*).
Hanau, Peter: Objektive Elemente im Tatbestand der Willenserklärung, AcP 165 (1965), 220.
Harbarth, Stephan: § 93 Abs. 4 Satz 3 AktG und kartellrechtliche Kronzeugenregelungen, in: Liber Amicorum für Martin Winter, 2011, S. 215.
Hasselbach, Kai: Der Verzicht auf Schadensersatzansprüche gegen Organmitglieder, DB 2010, 2037.
Hassold, Gerhard: Rechtsfindung durch Konstruktion, AcP 181 (1981), 131.
Hattenhauer, Christian: Einseitige private Rechtsgestaltung. Geschichte und Dogmatik, 2011.
Hattenhauer, Hans: Allgemeines Landrecht für die preussischen Staaten von 1794, 3. Auflage 1996.
Häublein, Martin: Begründung von Sondernutzungsrechten durch bestandskräftigen Mehrheitsbeschluss, ZMR 2000, 423.
Häublein, Martin: Zum Begriff der Angelegenheit i.S.d. § 23 Abs. 1 WEG, ZWE 2001, 2.
Häublein, Martin: Die Entlastung des Verwalters als Maßnahme ordnungsmäßiger Verwaltung, ZfIR 2003, 764.
Häublein, Martin: Die Rechtsfähigkeit der Wohnungseigentümergemeinschaft – Vorzüge eines Paradigmenwechsels, in: Festschrift für Joachim Wenzel zum 65. Geburtstag, 2005, S. 175.
Heck, Philipp: Grundriß des Schuldrechts, 1929 (Nachdruck 1994).
Helios, Marcus / Strieder, Thomas: Beck'sches Handbuch der Genossenschaft, 2009 (zit. *Bearbeiter*, in: Hdb/Gen).
Henß, Olaf: Obliegenheit und Pflicht im Bürgerlichen Recht, 1988 (zit. *Henß*).

Henssler, Martin / Strohn, Lutz: Gesellschaftsrecht, Kommentar, 2. Auflage 2014 (zit. *Bearbeiter*, in: Henssler/Strohn).
Herberger, Maximilian / Martinek, Michael / Rüßmann, Helmut / Weth, Stephan: Juris Praxiskommentar BGB, Band 2: Schuldrecht, 6. Auflage 2012 (zit. *Bearbeiter:* in: JurisPK/BGB).
Hirte, Heribert / Stoll, Andreas: Die Enthaftung insolventer Geschäftsleiter und Aufsichtsratsmitglieder durch Abwendungsvergleich, ZIP 2010, 253.
Hoeniger, Heinrich: Die Entlastung, DJZ 1922, 143.
Hölters, Wolfgang: Aktiengesetz, Kommentar, 2. Auflage 2014 (zit. *Bearbeiter*, in: Hölters, AktG).
Hopt, Klaus J.: Die Verantwortlichkeit von Vorstand und Aufsichtsrat: Grundsatz und Praxisprobleme – unter besonderer Berücksichtigung der Banken, ZIP 2013, 1793.
Hopt, Klaus J. / Wiedemann, Herbert: Aktiengesetz, Großkommentar,
Band 3: §§ 76–94,
Band 5: Mitbestimmungsgesetz; §§ 118–149,
Band 7/2: §§ 241–277, 4. Auflage 1999 ff. (zit. *Bearbeiter*, in: GK/AktG).
Huber, Ulrich: Rechtsfähigkeit, juristische Person und Gesamthand, in: Festschrift für Marcus Lutter zum 70. Geburtstag, 2000, S. 107.
Hueck, Alfred: Das Recht der offenen Handelsgesellschaft, 4. Auflage 1971 (zit. *Hueck*, Recht der OHG).
Hueck, Alfred: Die Entlastung im Recht der GmbH, GmbHR 1959, 189.
Hueck, Alfred: Die Vertretung von Kapitalgesellschaften im Prozeß, in: Festschrift für Eduard Bötticher zum 70. Geburtstag, 1969, S. 197.
Hüffer, Uwe: Aktiengesetz, Kommentar, 11. Auflage 2014 (zit. Hüffer/*Bearbeiter*, AktG).
Isay, Hermann: Die Geschäftsführung nach dem Bürgerlichen Gesetzbuche für das Deutsche Reich, 1900.
Isele, Hellmut Georg: Geschäftsbesorgung – Umrisse eines Systems, 1935 (zit. *Isele*).
Jacobs, Matthias: Der Gegenstand des Feststellungsverfahrens. Rechtsverhältnis und rechtliches Interesse bei Feststellungsstreitigkeiten vor Zivil- und Arbeitsgerichten, 2005.
Jakobs, Horst Heinrich / Schubert, Werner: Die Beratungen des Bürgerlichen Gesetzbuchs in systematischer Zusammenstellung der unveröffentlichten Quellen, Recht der Schuldverhältnisse I: §§ 241 bis 432, 1978 (zit. *Jakobs/Schubert*, SR I).
Janert, Ingo: Neues zur Generalbereinigung?, GmbHR 2003, 830.
Jauernig, Othmar: Bürgerliches Gesetzbuch, Kommentar, 15. Auflage 2014 (zit. Jauernig/*Bearbeiter*).
Jennißen, Georg: Die Auswirkungen der Rechtsfähigkeit auf die innergemeinschaftlichen Beziehungen der Wohnungseigentümer, NZM 2006, 203.
Jungmann, Carsten: Zur Verzichtswirkung der Vorstandsentlastung im Genossenschaftsrecht, EWiR 2005, 501.
Junker, Michael: Die Gesellschaft nach dem Wohnungseigentümergesetz. Ein Beitrag zur dogmatischen Einordnung des Wohnungseigentums, 1993.
Keßler, Jürgen: Die Genossenschaftsreform im Lichte des Regierungsentwurfs, BB 2006, 561.
Kiethe, Kurt: Die Haftung des Stiftungsvorstands, NZG 2007, 810.
Klausing, Friedrich: Gesetz über Aktiengesellschaften und Kommanditgesellschaften auf Aktien, 1937.
Kleinschmidt, Jens: Der Verzicht im Schuldrecht. Vertragsprinzip und einseitiges Rechtsgeschäft im deutschen und US-amerikanischen Recht, 2004 (zit. *Kleinschmidt*).

Knoche, Dietrich: Die sog. „Verzichtswirkung“ der Entlastung im privaten und öffentlichen Recht, 1995 (zit. *Knoche*).

Knütel, Rolf: Weisungen bei Geschäftsbesorgungsverhältnissen, insbesondere bei Kommission und Spedition, ZHR 137 (1973), 285.

Koch, Christian Friedrich: Allgemeines Landrecht für die preußischen Staaten, 4. Auflage 1870 (zit. *Koch*, ALR).

Kohler, Jürgen: Anmerkung zu BGH, Urteil vom 12. Oktober 1999 – XI ZR 24/99, WuB IV A § 151 BGB 1.00

Köhler, Wilfried J. : Anwalts-Handbuch Wohnungseigentumsrecht, 3. Auflage 2012 (zit. *Köhler, Hdb/WEG*).

Köhler, Wilfried J. : Die Entlastung des WEG-Verwalters – eine kritische Betrachtung, ZMR 1999, 293.

Kölner Kommentar: zum Aktiengesetz,
Band 1: §§ 1–147, 1. Auflage 1985;
Band 2/1: §§ 76–94, 3. Auflage 2009; (zit. *Bearbeiter, in: KöKo/AktG*).

Köndgen, Johannes: Selbstbindung ohne Vertrag. Zur Haftung aus geschäftsbezogenem Handeln, 1981 (zit. *Köndgen*).

Koreng, Ansgar: Das „Unternehmenspersönlichkeitsrecht“ als Element des gewerblichen Reputationsschutzes, GRUR 2010, 1065.

Kramer, Ernst A. : Schweigen als Annahme eines Antrags, Jura 1984, 235.

Krauß, Hans-Frieder: Der Rückforderungsanspruch wegen Verarmung des Schenkers im Kontext des Sozialhilferechts, ZEV 2001, 417.

Kress, Hugo: Lehrbuch des Schuldrechts, Ausgabe 1929 (Nachdruck 1974) (zit. *Kress, SR*).

Kropff, Bruno: Textausgabe des Aktiengesetzes vom 6. September 1965 mit der Begründung des Regierungsentwurfs und dem Bericht des Rechtsausschusses des Deutschen Bundestags, 1965 (zit. *Kropff*).

Kunheim, Friedrich: Die Rechtsnatur der Entlastung, 1932 (zit. *Kunheim*).

Laband, Alfred: Die Entlastung des Vorstandes der Aktiengesellschaft, 1913 (zit. *Laband*).

Lando, Ole / Beale, Hugh: Principles of European Contract Law, Parts I and II, 2000.

Lang, Johannes / Weidmüller, Ludwig: Genossenschaftsgesetz, Kommentar, 37. Auflage 2011 (zit. *Bearbeiter*, in: Lang/Weidmüller, GenG).

Larenz, Karl: Methodenlehre der Rechtswissenschaft, 6. Auflage 1991 (zit. *Larenz*, Methodenlehre).

Larenz, Karl: Lehrbuch des Schuldrechts, Band I: Allgemeiner Teil, 14. Auflage 1987 (zit. *Larenz*, SR I).

Larenz, Karl: Lehrbuch des Schuldrechts, Band II: Besonderer Teil, Teilband 1, 13. Auflage 1986 (zit. *Larenz*, SR II/1).

Larenz, Karl / Canaris, Claus-Wilhelm: Lehrbuch des Schuldrechts, Band II: Besonderer Teil, Teilband 2, 13. Auflage 1994 (zit. *Larenz/Canaris*, SR II/2).

Larenz, Karl / Wolf, Manfred: Allgemeiner Teil des Bürgerlichen Rechts, 9. Auflage 2004 (zit. *Larenz/Wolf*, AT).

Leenen, Detlef: Abschluß, Zustandekommen und Wirksamkeit des Vertrages, AcP 188 (1988), 381.

Leenen, Detlef: Die Funktionsbedingungen von Verkehrssystemen in der Dogmatik des Privatrechts, in: Rechtsdogmatik und praktische Vernunft – Symposium zum 80. Geburtstag von Franz Wieacker, 1990, S. 108.

Liebs, Detlef: Rhythmische Rechtssätze. Zur Geschichte einiger lateinischer Rechtsregeln, JZ 1981, 160.

Loges, Rainer: Die Begründung von Erklärungspflichten und der Gedanke des Vertrauensschutzes, 1991 (zit. *Loges*).

Looschelders, Dirk: Die Mitverantwortlichkeit des Geschädigten im Privatrecht, 1999.

Lorenz, Stephan: Anmerkung zu BGH, Urteil vom 12. Oktober 1999 – XI ZR 24/99, EWiR 2000, 213.

Lorenz, Stephan: Der Schutz vor dem unerwünschten Vertrag, Eine Untersuchung von Möglichkeiten und Grenzen der Abschlusskontrolle im geltenden Recht, 1997.

Lorenz, Stephan: Karlsruher Forum 2005: Schuldrechtsmodernisierung – Erfahrungen seit dem 1. Januar 2002, 2006 (zit. *S. Lorenz*, Karlsruher Forum 2005).

Lüke, Wolfgang: Zur Frage der Teilrechtsfähigkeit der Wohnungseigentümergemeinschaft, ZfIR 2005, 516.

Lutter, Marcus / Hommelhoff, Peter: GmbH-Gesetz, Kommentar, 18. Auflage 2012 (zit. *Bearbeiter*, in: Lutter/Hommelhoff, GmbHG).

Manigk, Alfred: Das rechtswirksame Verhalten. Systematischer Aufbau und Behandlung der Rechtsakte des Bürgerlichen und Handelsrechts, 1939.

Mankowski, Peter: Beseitigungsrechte: Anfechtung, Widerruf und verwandte Institute, 2003.

Marburger, Peter: Das kausale Schuldanerkenntnis als einseitiger Feststellungsvertrag, 1971.

Maroldt, Hendrik: Die Rechtsfolgen einer Rechtsfähigkeit der Gemeinschaft der Wohnungseigentümer, 2004.

Maroldt, Hendrik: Zur Rechtsfähigkeit der Wohnungseigentümergemeinschaft, ZWE 2002, 387.

Mayer-Maly, Theo: De se queri debere, officia erga se und Verschulden gegen sich selbst, in: Festschrift für Max Kaser zum 70. Geburtstag, 1976, S. 229.

Medicus, Dieter: Allgemeiner Teil des BGB, 10. Auflage 2010 (zit. *Medicus*, AT).

Medicus, Dieter / Lorenz, Stephan: Schuldrecht I, Allgemeiner Teil, 20. Auflage 2012 (zit. *Medicus/S. Lorenz*, SR I).

Medicus, Dieter / Petersen, Jens: Bürgerliches Recht, 24. Auflage 2013 (zit. *Medicus/Petersen*, BR).

Meier, Norbert: Kann eine Verpflichtung zur Entlastung der Geschäftsführung einer GmbH vorab vertraglich vereinbart werden?, GmbHR 2004, 111.

Merle, Werner: Das Wohnungseigentum im System des bürgerlichen Rechts, 1977.

Mertens, Hans-Joachim: Die gesetzlichen Einschränkungen der Disposition über Ersatzansprüche der Gesellschaft durch Verzicht und Vergleich in der aktien- und konzernrechtlichen Organhaftung, in: Festschrift für Hans-Joachim Fleck zum 70. Geburtstag, 1988, S. 209.

Michalski, Lutz: Kommentar zum Gesetz betreffend die Gesellschaften mit beschränkter Haftung (GmbH-Gesetz), Band 1: §§ 1–34, Band 2: §§ 35–85, 2. Auflage 2010 (zit. *Bearbeiter*, in: Michalski, GmbHG).

Meyer-Landrut, Joachim / Miller, Georg / Niehus, Rudolf J.: GmbH-Gesetz, Kommentar, 1987 (zit. Meyer/Landrut/Miller/Niehus).

Motive zu dem Entwurfe eines Bürgerlichen Gesetzbuchs für das Deutsche Reich, 1888 (zit. *Motive*).

Mugdan, Benno: Die gesammten Materialien zum Bürgerlichen Gesetzbuch für das Deutsche Reich, 5 Bände, 1899 (zit. *Mugdan*).

Mülbert, Peter O. : Die rechtsfähige Personengesellschaft, AcP 199 (1999), 38.

Müller, Klaus: Kommentar zum Genossenschaftsgesetz, Band 3: §§ 43 bis 64c, 2. Auflage 1998 (zit. *K. Müller*, GenG).
Münchener Handbuch zum Arbeitsrecht, Band 1: Individualarbeitsrecht, 3. Auflage 2009 (zit. *Bearbeiter*, in: MüHdb/ArbR).
Münchener Handbuch des Gesellschaftsrechts,
Band 1: BGB-Gesellschaft, Offene Handelsgesellschaft, Partnerschaftsgesellschaft, Partenreederei, EWIV, 3. Auflage 2009;
Band 2: Kommanditgesellschaft, GmbH & Co. KG, Publikums-KG, Stille Gesellschaft, 3. Auflage 2009;
Band 3: Gesellschaft mit beschränkter Haftung, 4. Auflage 2012;
Band 4: Aktiengesellschaft, 3. Auflage 2007 (zit. *Bearbeiter*, in: MüHdb/GesR).
Münchener Kommentar zum Aktiengesetz, 7 Bände, 3. Auflage 2008–2013; Band 2, §§ 76–117 AktG, MitbestG, DrittelbG, 4. Auflage 2014 (zit. *Bearbeiter*, in: MüKo/AktG).
Münchener Kommentar zum Bürgerlichen Gesetzbuch, 11 Bände, 6. Auflage 2012–2013 (zit. *Bearbeiter*, in: MüKo/BGB).
Münchener Kommentar zum GmbH-Gesetz, 3 Bände, 2002 (zit. *Bearbeiter*, in: MüKo/GmbHG).
Münchener Kommentar zum Handelsgesetzbuch, 7 Bände, 3. Auflage 2010–2013 (zit. *Bearbeiter*, in: MüKo/HGB).
Münchener Kommentar zum Versicherungsvertragsgesetz, 3 Bände, 2009–2011 (zit. *Bearbeiter*, in: MüKo/VVG).
Münchener Kommentar zur Zivilprozessordnung, 3 Bände, 4. Auflage 2012–2013 (zit. *Bearbeiter*, in: MüKo/ZPO).
Muscheler, Karlheinz: Stiftung und Schenkung, AcP 203 (2003), 469.
Muscheler, Karlheinz: Die Rechtsstellung der Stiftungsdestinatäre, WM 2003, 2213.
Nägele, Stefan / Nestel, Fred: Entlastung des GmbH-Geschäftsführers und des AG-Vorstands – Chancen und Risiken in der Praxis, BB 2000, 1253.
Neflin, Hermann: Die Verweigerung der Entlastung von Vorstand und Aufsichtsrat einer AG und deren Rechtsfolgen, NJW 1959, 1666.
Oetker, Hartmut: Kommentar zum Handelsgesetzbuch (HGB), 3. Auflage 2013 (zit. *Bearbeiter*, in: Oetker, HGB).
Oetker, Hartmut: Die Vergütung des GmbH-Geschäftsführers im Aufsichtsrat der mitbestimmten GmbH, in: Festschrift für Franz Jürgen Säcker zum 70. Geburtstag, 2011, S. 443.
Ohly, Ansgar: „Volenti non fit iniuria", Die Einwilligung im Privatrecht, 2002.
Oppenländer, Frank / Trölitzsch, Thomas: Praxishandbuch der GmbH-Geschäftsführung, 2. Auflage 2011 (zit. *Bearbeiter*, in: Oppenländer/Trölitzsch, Hdb/GmbH).
Ott, Andreas: Zur Aufhebung im Grundbuch eingetragener Vereinbarungen der Wohnungseigentümer, ZMR 2002, 97.
Palandt, Otto: Bürgerliches Gesetzbuch, Kommentar, 73. Auflage 2014 (zit. Palandt/*Bearbeiter*).
Pauly, Holger: Zur Frage der Rechtsfähigkeit der Wohnungseigentümergemeinschaft und ihre Auswirkungen auf die Praxis, WuM 2002, 531.
Peltzer, Martin: Die Haftung des Aufsichtsrats bei Verletzung der Überwachungspflicht, WM 1981, 346.
Peltzer, Martin: Empfehlen sich gesetzliche Regeln zur Einschränkung des Einflusses der Kreditinstitute auf Aktiengesellschaften?, JZ 1996, 842.

Peter, Hansjörg: Verzicht auf Rechte und Befugnisse, insbesondere im Obligationenrecht. Kausale und abstrakte Verfügungen, AcP 200 (2000), 149.
Petersen, Jens: Allgemeiner Teil des BGB und Handelsrecht, Examinatorium, 2013 (zit. *Petersen*, AT).
Petersen, Jens: Medienrecht, 5. Auflage 2010 (zit. *Petersen*, Medienrecht).
Picenoni, Reno: Der Entlastungsbeschluss (Décharge) im Recht der Handelsgesellschaften und Corporationen aufgrund des deutschen, französischen, italienischen und besonders des schweizerischen Rechts, 1945 (zit. *Picenoni*).
Picker, Eduard: Positive Forderungsverletzung und culpa in contrahendo – Zur Problematik der Haftungen „zwischen" Vertrag und Delikt, AcP 183 (1983), 369.
Pinner, Albert: Die Entlastung von Vorstands- und Aufsichtsratsmitgliedern, DJZ 1903, 470.
Podewils, Felix: Die Geschäftsführerhaftung in der Personengesellschaft, BB 2014, 2632.
Pöhlmann, Peter / Fandrich, Andreas / Bloehs, Joachim: Genossenschaftsgesetz, Kommentar, 4. Auflage 2012 (zit. *Bearbeiter*, in: Pöhlmann/Fandrich/Bloehs, GenG).
Prölss, Jürgen: Beweiserleichterungen im Schadenersatzprozeß, 1966.
Protokolle der Kommission zur Ausarbeitung eines bürgerlichen Gesetzbuchs, 1881–1889 (zit. Protokolle I).
Protokolle der zweiten Kommission für die zweite Lesung des Entwurfs eines Bürgerlichen Gesetzbuchs für das Deutsche Reich (1890–1896, abgedruckt in der amtlichen Ausgabe von 1897–1899 (zit. Protokolle II).
Prütting, Hanns / Wegen, Gerhard / Weinreich, Gerd: BGB, Kommentar, 8. Auflage 2013 (zit. PWW/*Bearbeiter*).
Raiser, Thomas: Rechtsfähigkeit der Wohnungseigentümergemeinschaft, ZWE 2001, 173.
Reichert, Bernhard: Handbuch des Vereins- und Verbandsrecht, 12. Auflage 2009 (zit. *Reichert*, Hdb/VereinsR).
Reimann, Wolfgang: Zur Beweislast im Testamentsvollstreckerhaftpflichtverfahren, ZEV 2006, 186.
RGRK: Das Bürgerliche Gesetzbuch mit besonderer Berücksichtigung der Rechtsprechung des Reichsgerichts und des Bundesgerichtshofes, Kommentar, Band 2, Teil 1: §§ 241–413, 12. Auflage 1976;
Band 2, Teil 2: §§ 414–610, 12. Auflage 1978;
Band 2, Teil 4: §§ 631–811, 12. Auflage 1978 (zit. RGRK/*Bearbeiter*).
Riehm, Thomas: Pflichtverletzung und Vertretenmüssen – Zur Dogmatik der §§ 280ff. BGB, in: Festschrift für Claus-Wilhelm Canaris zum 70. Geburtstag, Band 1, 2007, S. 1079.
Riezler, Erwin: Venire contra factum proprium, Studien im römischen, englischen und deutschen Civilrecht, 1912 (Nachdruck 2013).
Rosenberg, Leo / Schwab, Karl Heinz / Gottwald, Peter: Zivilprozessrecht, 17. Auflage 2010.
Rösing, Wolfgang: Die Entlastung im Stiftungsrecht, 2013 (zit. *Rösing*).
Roth, Günther H.: Anmerkung zu BGH, Urteil vom 21. April 1986 – II ZR 165/85 (BGHZ 97, 382), EWiR 1986, 997.
Roth, Günther H. / Altmeppen, Holger: Gesetz betreffend die Gesellschaften mit beschränkter Haftung (GmbHG), Kommentar, 7. Auflage 2012 (zit. *Bearbeiter*, in: Roth/Altmeppen, GmbHG).
Rowedder, Heinz / Schmidt-Leithoff, Christian: Gesetz betreffend die Gesellschaften mit beschränkter Haftung, Kommentar, 5. Auflage 2013 (zit. *Bearbeiter*, in: Rowedder/Schmidt-Leithoff, GmbHG).

Rühlicke, Lars: Die Entlastung des Verwalters, ZWE 2003, 54.
Rühlicke, Lars: Gesamthand, rechtsfähige Personengesellschaft, juristische Person und Wohnungseigentümergemeinschaft, ZWE 2007, 261.
Rümker, Dietrich: Probleme der Entlastung im Bereich der öffentlich-rechtlichen Kreditinstitute, in: Festschrift für Klemens Pleyer zum 65. Geburtstag, 1986, S. 99.
Säcker, Franz Jürgen: Die Rechte des einzelnen Aufsichtsratsmitglieds, NJW 1979, 1521.
Saenger, Ingo / Merkelbach Matthias: Die investierende Mitgliedschaft im deutschen Genossenschaftsrecht – eine interessante Beteiligungsmöglichkeit für Genossenschaften und Investoren?, BB 2006, 566.
Sauter, Eugen / Schweyer, Gerhard / Waldner, Wolfram: Der eingetragene Verein, 19. Auflage 2010 (zit. *Bearbeiter,* in: Sauter/Schweyer/Waldner).
Schäfer, Alexander M.: Das Abstraktionsprinzip beim Vergleich, 1992.
Schaub, Bernhard: Die Haftung des Geschäftsführers einer GmbH gegenüber der Gesellschaft und den Gesellschaftern, DStR 1992, 985.
Schiemann, Gottfried: Zur Darlegungs- und Beweislast hinsichtlich einer angeblichen Weisung oder Ermächtigung des verstorbenen Schenkers an den potentiell Beschenkten, JZ 2000, 570.
Schifferer, Fritz-Anton: Die Entlastung der Organe einer Aktiengesellschaft unter besonderer Berücksichtigung des Stimmrechts der Organmitglieder bei Entlastungsbeschlüssen der Generalversammlung, 1924.
Schippert, Richard: Die Entlastung des Vorstands und des Aufsichtsrats einer Aktiengesellschaft, BB 1958, 1191.
Schmeling, Christian: Die Entlastung von Mitgliedern geschäftsführender Organe im Recht der Kapitalgesellschaften. Eine rechtsvergleichende Studie zum deutschen, schweizerischen und französischen Recht, 2003 (zit. *Schmeling*).
Schmid, Michael: Die Wohnungseigentümergemeinschaft im System der Rechtsgemeinschaften, BlGBW 1981, 142.
Schmidl, Stephan: Entlastung, Haftungsfreizeichnung und -beschränkung des Anwalts als Testamentsvollstrecker, ZEV 2009, 123.
Schmidt, Karsten: Gesellschaftsrecht, 4. Auflage 2002 (zit. *K. Schmidt*, GesR).
Schmidt, Karten: Handelsrecht, 5. Auflage 1999 (zit. *K. Schmidt*, HaR)
Schmidt, Karsten: Informationsrechte in Gesellschaften und Verbänden: ein Beitrag zur gesellschaftsrechtlichen Institutionenbildung, 1984 (zit. *K. Schmidt*, Informationsrechte).
Schmidt, Karsten: Entlastung, Entlastungsrecht und Entlastungsklage des Geschäftsführers einer GmbH – Versuch einer Neuorientierung, ZGR 1978, 425.
Schmidt, Karsten / Lutter, Marcus: Aktiengesetz, Kommentar, Band 1: §§ 1–149, 2. Auflage 2010 (zit. *Bearbeiter*, in: K. Schmidt/Lutter).
Schmidt, Reimer: Die Obliegenheiten, Studien auf dem Gebiet des Rechtszwangs im Zivilrecht unter besonderer Berücksichtigung des Privatversicherungsrechts, 1953 (zit. *R. Schmidt*).
Schmidt-Rimpler, Walter: Das Kommissionsgeschäft, in: Handbuch des gesamten Handelsrechts, herausgegeben von Victor Ehrenberg, Fünfter Band, 1. Abteilung, 1 Hälfte, 1928 (zit. *Schmidt-Rimpler*).
Schmoeckel, Mathias / Rückert, Joachim / Zimmermann, Reinhard: Historisch-kritischer Kommentar zum BGB, Band II, Schuldrecht: Allgemeiner Teil, Zweiter Teilband: §§ 305–432, 2007 (zit. HKK/*Bearbeiter*).

Schnorr vor Carolsfeld, Ludwig: Anmerkung zu BAG, Urteil vom 27. September 1956 – AZR 253/54, ZfGG 1957, 220.
Scholz, Franz: Kommentar zum GmbH-Gesetz, Band II: §§ 35–52, 11. Auflage 2013 (zit. *Bearbeiter*, in: Scholz, GmbHG).
Schönle, Herbert: Der Entlastungsbeschluss im deutschen Gesellschaftsrecht, ZHR 126 (1964), 199.
Schöpflin, Martin: Anmerkung zu BGH, Urteil vom 21. März 2005 – II ZR 54/03, WuB II D. § 34 GenG 1.05.
Schubert, Werner: Willenserklärung trotz fehlenden Erklärungsbewußtseins, JR 1985, 15.
Schubert, Werner / Hommelhoff, Peter: Hundert Jahre modernes Aktienrecht, 1985.
Schuler, Hans: Die Entlastung des Vorstands und des Aufsichtsrats, AG 1960, 1.
Schuler, Hans: Die Klage auf Entlastung im Aktienrecht, NJW 1960, 601.
Schulzenstein, Max: Die Vormundschaftsordnung vom 5. Juli 1875, Guttentag'sche Sammlung preußischer Gesetze mit Erläuterungen, 1886.
Schuricht, Uwe: Die Klage des GmbH-Geschäftsführers auf Entlastung, 1988 (zit. *Schuricht*).
Schürnbrand, Jan: Organschaft im Recht der privaten Verbände, 2007 (zit. *Schürnbrand*).
Schwintek, Sebastian: Vorstandskontrolle in rechtsfähigen Stiftungen bürgerlichen Rechts, 2001 (zit. *Schwintek*).
Schwintek, Sebastian: Die Haftung von Organmitgliedern gegenüber der Stiftung für fehlerhafte Vermögensverwaltung und Ertragsverwendung, ZSt 2005, 108.
Schwörer, Frank: Parteifähigkeit der Wohnungseigentümergemeinschaft, NZM 2002, 421.
Seckel, Emil: Die Gestaltungsrechte des Bürgerlichen Rechts, 1903.
Semler, Johannes: Zur aktienrechtlichen Haftung der Organmitglieder einer Aktiengesellschaft, AG 2005, 321.
Siber, Heinrich: Die schuldrechtliche Vertragsfreiheit, JherJb 70 (1921), 223.
Siebert, Wolfgang: Verwirkung und Unzulässigkeit der Rechtsausübung: Ein rechtsvergleichender Beitrag von den Schranken der privaten Rechte und zur exceptio doli unter besonderer Berücksichtigung des gewerblichen Rechtsschutzes, 1934.
Siegert, Harald: Die Entlastung in der Aktiengesellschaft nach deutschem Recht im Vergleich mit dem französischen und schweizerischen Recht, 1965/1966 (zit. *Siegert*).
Sigle, Axel: Die Entlastung des GmbH–Geschäftsführers und ihre Wirkung, DStR 1992, 469.
Singer, Reinhard: Das Verbot widersprüchlichen Verhaltens, 1993 (zit. *Singer*, Widersprüchliches Verhalten).
Singer, Reinhard: Selbstbestimmung und Verkehrsschutz im Recht der Willenserklärungen, 1995 (zit. *Singer*, Selbstbestimmung).
Singer, Reinhard: Geltungsgrund und Rechtsfolgen der fehlerhaften Willenserklärung, JZ 1989, 1030.
Singer, Reinhard: Wann ist widersprüchliches Verhalten verboten? Zu den Rechtsfolgen der form- und grundlosen Eigenkündigung eines Arbeitnehmers, NZA 1998, 1309.
Soergel, Hans-Theodor: Bürgerliches Gesetzbuch, Kommentar,
Band 1: Allgemeiner Teil 1, §§ 1–103, 13. Auflage 2000;
Band 2: Schuldrecht I, §§ 241–432, 12. Auflage 1990;
Band 5/3: Schuldrecht 3/3, §§ 328–432, 13. Auflage 2010;
Band 10: Schuldrecht 8, §§ 652–704, 13. Auflage 2012;
Band 20: Familienrecht 4, §§ 1741–1921, 13. Auflage 2000;
Band 22: Erbrecht 2, §§ 2064–2273, 13. Auflage 2003 (zit. Soergel/*Bearbeiter*).

Spindler, Gerald / Stilz, Eberhard: Kommentar zum Aktiengesetz, Band 1: §§ 1–149, 2. Auflage 2010 (zit. *Bearbeiter*, in: Spindler/Stilz, AktG).
Staub, Hermann: Handelsgesetzbuch, Kommentar, Band 9: §§ 373–376, 383–406, 5. Auflage 2013 (zit. Staub/*Bearbeiter*, HGB).
von Staudinger, Julius: Kommentar zum Bürgerlichen Gesetzbuch, Teilbände:
§§ 80–89, Neubearbeitung 2010;
§§ 90–124, 130–133, Neubearbeitung 2011;
§§ 397–432, Neubearbeitung 2012;
§§ 516–534, Neubearbeitung 2005;
§§ 657–704, Neubearbeitung 2006;
§§ 779–811, Neubearbeitung 2009;
§§ 812–822, Neubearbeitung 2007;
§§ 1773–1895, Neubearbeitung 2014;
§§ 2197–2228, Neubearbeitung 2012 (zit. Staudinger/*Bearbeiter*).
von den Steinen, Barnim: Die verweigerte Organentlastung in der Aktiengesellschaft, 2009.
Striewski, Klaus: Verwalterbestellung ohne Verwaltervertrag, ZWE 2001, 8.
Tanneberger, Ernst: Die Entlastung der Vorstands- und Aufsichtsratsmitglieder einer Aktiengesellschaft, 1949 (zit. *Tanneberger*).
Taupitz, Jochen: Die zivilrechtliche Pflicht zur unaufgeforderten Offenbarung eigenen Fehlverhaltens, 1989.
Teichmann, Arndt: Venire contra factum proprium – Ein Teilaspekt rechtsmißbräuchlichen Handelns, JA 1985, 497.
Tellis, Nikolaos: Die Rechtsnatur der gesellschaftsrechtlichen Entlastung und die Entlastungsklage – ein Beitrag zur rechtsformübergreifenden Betrachtung des Entlastungsinstituts, 1988 (zit. *Tellis*).
Tellis, Nikolaos: Besprechung von „Friedrich Barner: Die Entlastung als Institut des Verbandsrechts, 1990“, ZHR 156 (1992), 256.
Thiessen, Jan: Zur Neuregelung der Verjährung im Gesellschafts- und Handelsrecht, ZHR 168 (2004), 503.
Thomas, Stefan: Die Haftungsfreistellung von Organmitgliedern, 2010.
von Tuhr, Andreas: Der Allgemeine Teil des Deutschen Bürgerlichen Rechts, Zweiter Band: Die rechtserheblichen Tatsachen, insbesondere das Rechtsgeschäft, Erste Hälfte, 1914 (Nachdruck 1996) (zit. *v. Tuhr*, AT II/1).
von Tuhr, Andreas: Der Allgemeine Teil des Deutschen Bürgerlichen Rechts, Zweiter Band: Die rechtserheblichen Tatsachen, insbesondere das Rechtsgeschäft, Zweite Hälfte, 1918 (Nachdruck 1996) (zit. *v. Tuhr*, AT II/2).
Ulmer, Peter / Habersack, Mathias / Winter, Martin: GmbHG – Gesetz betreffend die Gesellschaften mit beschränkter Haftung, Großkommentar, Band II: §§ 29–52, 2006 (zit. *Bearbeiter*, in: Ulmer, GmbHG).
Vogel, Wolfgang: Gesellschafterbeschlüsse und Gesellschafterversammlung, 1986.
Volhard, Rüdiger: Eigenverantwortlichkeit und Folgepflicht. Muß der Vorstand anfechtbare oder angefochtene Hauptversammlungsbeschlüsse ausführen und verteidigen?, ZGR 1996, 55.
Volhard, Rüdiger / Weber, Dolf: Entlastung, wie oft?, NZG 2003, 351.
Voss, Christine: Entlastung des Testamentsvollstreckers auf Grundlage der Schlussabrechnung nach § 2218 BGB, ZEV 2007, 363.
Wacke, Andreas: Donatio non praesumitur, AcP 191 (1991), 1.

Wacke, Andreas: Zur Behauptungs- und Beweislast des Beklagten für den Einwand der Schenkung, ZZP 2001, 77.
Wagner, Josef: Die Rechtsnatur der Entlastung im Gesellschaftsrecht, 1938 (zit. *J. Wagner*).
Wagner, Gerhard: Organhaftung im Interesse der Verhaltenssteuerung – Skizze eines Haftungsregimes, ZHR 178 (2014), 227.
Weber, Heinz-Otto: Die eingetragene Genossenschaft als wirtschaftlicher Sonderverein. Zur Anwendbarkeit von Vorschriften des Vereinsrechts sowie des Rechts der Kapitalgesellschaften im Genossenschaftsrecht, 1984.
Wehl, Albrecht: Die Entlastung des Vorstands und Aufsichtsrats nach dem Aktiengesetz, DJ 1937, 935.
Weitemeyer, Birgit: Die Entlastung im Aktienrecht – neueste Entwicklungen in Gesetzgebung und Rechtsprechung, ZGR 2005, 280.
Wenzel, Joachim: Die Teilrechtsfähigkeit und die Haftungsverfassung der Wohnungseigentümergemeinschaft – eine Zwischenbilanz, ZWE 2006, 2.
Wenzel, Joachim: Die Wohnungseigentümergemeinschaft – ein janusköpfiges Gebilde aus Rechtssubjekt und Miteigentümergemeinschaft?, NZM 2006, 321.
Werner, Rüdiger: Die Haftung des Stiftungsvorstands, ZEV 2009, 366.
Westhoff, Franz: Das Stimmverbot bei der Entlastung von Vorstand und Aufsichtsrat, DNotZ 1958, 227.
Wieacker, Franz: Zur rechtstheoretischen Präzisierung des § 242 BGB, 1956 (zit. *Wieacker*).
Wigand, Martin: Verzicht, Vergleich und sonstige Haftungsbeschränkungen im Gesellschaftsrecht, 2012 (zit. *Wiegand*).
Wieling, Hans: Venire contra factum proprium und Verschulden gegen sich selbst, AcP 176 (1976), 334.
Wieling, Hans: Besprechung von „Hans Walter Dette: Venire contra factum proprium nulli conceditur, 1985“, AcP 187 (1987), 95.
Windscheid, Bernhard / Kipp, Theodor: Lehrbuch des Pandektenrechts, 9. Auflage 1906 (Nachdruck 1963).
Wilburg, Walter: Entwicklung eines beweglichen Systems im bürgerlichen Recht, 1950 (zit. *Wilburg*, Bewegliches System).
Wilburg, Walter: Zusammenspiel der Kräfte im Aufbau des Schuldrechts, AcP 163 (1964), 347.
von Wilcken, Christoph Alexander: Die Reformbestrebungen zum Genossenschaftsgesetz in der Frühzeit der Bundesrepublik, 2000.
Wolf, Manfred / Neuner, Jörg: Allgemeiner Teil des Bürgerlichen Rechts, 10. Auflage 2012 (zit. *Wolf/Neuner*, AT).
Wunsch, Peter: Entlastung eines gesetzlichen GmbH-Aufsichtsrates, NJW 1957, 1307.
Zeranski, Dirk: Die Rückforderung von Schenkungen wegen Verarmung, 2014.
Zempelin, Hans Günther: Fragen der Aufsichtsratshaftung, AcP 155 (1956), 209.
Ziemons, Hildegard / Jaeger, Carsten: Beck'scher Online-Kommentar zum GmbHG, 17. Edition 2013 (zit. *Bearbeiter*, in: Ziemons/Jaeger).
Zimmermann, Anja Christina: Die Entlastung von Vorstand und Aufsichtsrat bei der Aktiengesellschaft, 2008 (zit. *A. Zimmermann*).
Zimmermann, Klaus: Vereinbarungen über die Erledigung von Ersatzansprüchen gegen Vorstandsmitglieder von Aktiengesellschaften, in: Festschrift für Konrad Duden zum 70. Geburtstag, 1977, S. 773.
Zimmermann, Reinhard: Europa und das römische Recht, AcP 202 (2002), 243.

Zimmermann, Reinhard: Vertrag und Versprechen, Deutsches Recht und Principles of European Contract Law im Vergleich, in: Festschrift für Andreas Heldrich zum 70. Geburtstag, 2005, S. 467.
Zitelmann, Ernst: Das Recht des Bürgerlichen Gesetzbuchs, System zum Selbststudium und zum Gebrauch bei Vorträgen, Band I: Allgemeiner Teil, 1900.
Zöller, Richard: Zivilprozessordnung, Kommentar, 30. Auflage 2014 (zit. Zöller/ *Bearbeiter*).

MIX
Papier | Fördert gute Waldnutzung
FSC® C083411

Kolibri 360 GmbH
Ferdinand-Jühlke-Straße 7
99095 Erfurt, Deutschland
produktsicherheit@kolibri360.de